Rockstroh/Katko/Meyer
Compliance Handbuch EU Data Act

# Compliance Handbuch EU Data Act

## Rechtssichere Implementierung des neuen EU-Datengesetzes in der Praxis

Herausgegeben von

**Sebastian Rockstroh**
Rechtsanwalt (Syndikusrechtsanwalt), Ingolstadt

**Dr. Peter Katko**
Rechtsanwalt und Digital Law Leader bei EY Law

**Eric Meyer**
Senior Associate bei EY Law

Carl Heymanns Verlag 2025

**Bibliografische Information der Deutschen Nationalbibliothek**
Die Deutsche Nationalbibliothek verzeichnet diese Publikation in der Deutschen Nationalbibliografie; detaillierte bibliografische Daten sind im Internet über http://dnb.d-nb.de abrufbar.

ISBN 978-3-452-30432-2

www.wolterskluwer.com



Zur erleichterten Lesbarkeit wird im Text auf die gleichzeitige Nennung weiblicher, männlicher und diverser Sprachformen verzichtet und nur die männliche Form verwendet. Sämtliche Nennungen gelten jedoch selbstverständlich gleichermaßen für alle Geschlechtsformen.



Umschlagkonzeption: Martina Busch, Grafikdesign, Homburg-Kirrberg
Satz: Datagroup-Int SRL, Timisoara, Romania
Druck und Weiterverarbeitung: Sowa Sp. z o.o., Piaseczno, Polen

Gedruckt auf säurefreiem, alterungsbeständigem und chlorfreiem Papier.

# Vorwort

Willkommen zu unserem Handbuch Data Act.

Von manchen als Meilenstein der europäischen Datenregulierung betrachtet ist zentraler Inhalt des Data Act der Anspruch der Nutzer von vernetzten (IoT) Geräten auf Zugang sowie Bereitstellung der im Rahmen des Betriebs generierten Daten. Die technische Umsetzung bedeutet für die Hersteller jedoch erheblichen Aufwand, weshalb auch viel Kritik am Data Act laut wurde. Tatsächlich stellt sich die Frage, ob so viele brachliegende und gleichzeitig werthaltige Datensilos bei Herstellern und Dateninhabern vorhanden sind, die diese regulatorischen Eingriffe rechtfertigten. Können also mit implementierungsintensiver Regulatorik Geschäftsmodelle befördert werden oder lässt wie schon bei der DSGVO dieser Ansatz Innovation aus der EU abwandern? Andererseits ist der Data Act nun erst einmal bindend Gesetz geworden; als Herausgeber dieses Handbuchs möchten wir die relevanten Stakeholder aufseiten von Herstellern, Dateninhabern und Anbietern bei der Umsetzung des Data Act unterstützen. Dies mit Erfahrung aus der Umsetzungspraxis; und über juristische Interpretation hinaus auch mit Schemata und optischen Darstellungen.

Im Teil 1 geht es um Datenzugang und Datennutzung. Also einerseits die Gestaltung des Datenzugangs (»Access by Design«) und andererseits der Workflow im Hinblick auf die Datenbereitstellung mit dem Fokus auf Authentifizierung, Bestimmung der Daten, Datenschutz sowie Schutz von Geschäftsgeheimnissen. Darüber hinaus werden mögliche Leitplanken für die Gestaltung von Verträgen zwischen einerseits Dateninhabern und anderseits Nutzern und Dritten dargestellt. Die Vielzahl der Themen macht jedoch auch hier augenfällig, dass operative Aufwände für IoT-Hersteller und Betreiber beträchtlich sein werden.

Im Teil 2 geht es dann um die Bereitstellung von Daten der Privatwirtschaft an den öffentlichen Sektor (Business to Government – B2G). Zwar hat die Corona-Pandemie gezeigt, dass in bestimmten Notlagen der öffentliche Sektor mit einer größeren Datengrundlage punktgenauer agieren kann. Aber auch hier stellt sich die Frage, ob nicht sektoral schon ausreichend Berichtspflichten und Zugriffsmöglichkeit bestehen. Die Praxis wird weisen, inwieweit Unternehmen durch die Vorbereitung auf diese Bereitstellungspflichten wie schon bei Access-by-Design erhebliche Kosten entstehen.

Im Teil 3 wird durch Möglichkeiten zum Wechsel des IT-Cloudproviders sowie Interoperabilität versucht, Lock-In-Effekte im IT Betrieb aufzulösen. Kunden von IT-Services soll es erleichtert werden, zu anderen Anbietern zu wechseln. Nachdem das Universum von IT-Dienstleistungen sich immer mehr in die Cloud bewegt, dürfte die Basis für leichteren Anbieterwechsel in der IT geschaffen werden. In der Praxis werden die starke Verzahnung in der Welt des jeweiligen IT-Serviceprovider nebst Migrationsaufwand weiterhin hohe faktische Hürden darstellen. Mit den Transparenzpflichten bei Drittstaatentransfers knüpft der Data Act an Regelungen der DSGVO an – wie schon beim Datenzugang mit der Datenportabilität.

Abschließend möchten wir als Herausgeber betonen, dass uns jedenfalls daran gelegen ist, ein möglichst praxisnahes Werk zum Data Act mit vielen Anwendungshinweisen zu schaffen – unabhängig von der rechtspolitischen Kritik. Insofern gilt unser besonderer Dank den kompetenten Mitautoren sowie Julie Tiltmann und Silvana Redfearn für ihre geduldige Unterstützung.

Wir wünschen viel Spaß beim Lesen.

Ihre Herausgeber

Sebastian Rockstroh, Dr. Peter Katko und Eric Meyer

## Autorinnen und Autoren

| | |
|---|---|
| Birnbauer, Daniela, (LL.M.), MA (Wien)<br>Rechtsanwältin, Wien | Abschnitt 1, Kapitel 2, F. |
| Bürckel, Lorena (LL.M.)<br>Rechtsanwältin (Syndikusrechtsanwältin), Stuttgart | Abschnitt 1, Kapitel 2, H. |
| Mag. Dannhausen, Estella, Bsc. LL.M. (Uni Wien)<br>Rechtsanwältin, Wien | Abschnitt 1, Kapitel 2, D. |
| Foerster, Martin<br>Projectmanager Data & AI Porsche AG, Berlin | Abschnitt 1, Kapitel 2, F. |
| Frison, Laura, LL.M. Eur. (München)<br>Rechtsanwältin (Syndikusrechtsanwältin), Ingolstadt | Abschnitt 1, Kapitel 2, E.<br>Abschnitt 1, Kapitel 2, I. |
| Dr. Katko, Peter<br>EY Digital Law Leader, München | Abschnitt 1, Kapitel 1<br>Abschnitt 1, Kapitel 2, A. I<br>Abschnitt 1, Kapitel 2, A. II. 1.<br>Abschnitt 1, Kapitel 2, E. |
| Krug, Nicole, LL.M. (London)<br>Rechtsanwältin (Syndikusrechtsanwältin), Kassel | Abschnitt 1, Kapitel 2, H. |
| Leuthner, Christian<br>Rechtsanwalt, Partner, Frankfurt | Abschnitt 1, Kapitel 2, H. |
| Meyer, Eric<br>Senior Associate EY Law, München | Abschnitt 1, Kapitel 1<br>Abschnitt 1, Kapitel 2, A. II. 2.<br>Abschnitt 1, Kapitel 2, A. II. 5<br>Abschnitt 1, Kapitel 2, C.<br>Abschnitt 1, Kapitel 2, F. |
| Peschel, Christopher<br>Rechtsanwalt (Syndikusrechtsanwalt), Erlangen | Abschnitt 1, Kapitel 2, G.<br>Abschnitt 1, Kapitel 2, I.<br>Abschnitt 1, Kapitel 3 |
| Reich, Lennart<br>Rechtsanwalt, Baker McKenzie, Stadtbergen | Abschnitt 2, Kapitel 4<br>Abschnitt 2, Kapitel 5<br>Abschnitt 2, Kapitel 6<br>Abschnitt 2, Kapitel 7 |
| Rockstroh, Sebastian<br>Rechtsanwalt (Syndikusrechtsanwalt), Ingolstadt | Abschnitt 1, Kapitel 2, D. |
| Schall, Tobias<br>Rechtsanwalt EY Law, München | Abschnitt 1, Kapitel 2, B.<br>Abschnitt 3, Kapitel 8<br>Abschnitt 3, Kapitel 9 |
| Schels, Stefan<br>Rechtsanwalt (Syndikusrechtsanwalt), Ingolstadt | Abschnitt 1, Kapitel 2, A. II. 3.<br>Abschnitt 1, Kapitel 2, E.<br>Abschnitt 1, Kapitel 2, G. |

# Autorinnen und Autoren

| | |
|---|---|
| Schultz, Marion<br>Rechtsanwältin, Geschäftsführende Gesellschafterin<br>Trenchant Rechtsanwalts-GmbH, Nürnberg | Abschnitt 3, Kapitel 8<br>Abschnitt 3, Kapitel 9 |
| Dr. iur. Schwinger, Florian<br>Rechtsanwalt (Syndikusrechtsanwalt), Ingolstadt | Abschnitt 1, Kapitel 2, A. II. 4.<br>Abschnitt 1, Kapitel 2, A. II. 6.<br>Abschnitt 1, Kapitel 3 |
| Schwarz, Alexander<br>Rechtsanwalt und Partner Shepherd & Black<br>PartGmbB, Nürnberg | Abschnitt 1, Kapitel 2, A. II. 2.<br>Abschnitt 1, Kapitel 2, C.<br>Abschnitt 1, Kapitel 2, G. |
| Tannen, Florian<br>Rechtsanwalt, Partner bei Baker McKenzie, München | Abschnitt 2, Kapitel 4<br>Abschnitt 2, Kapitel 5<br>Abschnitt 2, Kapitel 6<br>Abschnitt 2, Kapitel 7 |
| Weiß, Rebekka, LL.M. (Glasgow)<br>Leiterin Regulierungspolitik, Microsoft Deutschland<br>GmbH, Berlin | Abschnitt 3, Kapitel 8<br>Abschnitt 3, Kapitel 9 |
| Dr. Wiesemann, Hans Peter<br>Rechtsanwalt, München | Abschnitt 1, Kapitel 2, B.<br>Abschnitt 1, Kapitel 3 |
| Zimmermann, Robert<br>Rechtsanwalt (Syndikusrechtsanwalt), Wolfsburg | Abschnitt 1, Kapitel 3 |

# Inhaltsübersicht

# Inhaltsverzeichnis

## Abkürzungsverzeichnis

| | |
|---|---|
| aA | andere Ansicht |
| Abs. | Absatz |
| a.E. | am Ende |
| AEUV | Vertrag über die Arbeitsweise der Europäischen Union |
| AG | Aktiengesellschaft |
| AGB | Allgemeine Geschäftsbedingungen |
| AktG | Aktiengesetz |
| Anh. | Anhang |
| Anm. | Anmerkung |
| Art. | Artikel |
| Aufl. | Auflage |
| BDSG | Bundesdatenschutzgesetz |
| Beschl. | Beschluss |
| BGB | Bürgerliches Gesetzbuch |
| BGH | Bundesgerichtshof |
| bspw. | beispielsweise |
| Buchst. | Buchstabe |
| CMS | Compliance-Management-System |
| DA | VERORDNUNG (EU) 2023/2854 DES EUROPÄISCHEN PARLAMENTS UND DES RATES vom 13. Dezember 2023 über harmonisierte Vorschriften für einen fairen Datenzugang und eine faire Datennutzung sowie zur Änderung der Verordnung (EU) 2017/2394 und der Richtlinie (EU) 2020/1828 (Datenverordnung; »Data Act«) |
| DGA | Data-Governance-Gesetz |
| DSGVO | Verordnung (EU) 2016/679 des Europäischen Parlaments und des Rates vom 27.4.2016 zum Schutz natürlicher Personen bei der Verarbeitung personenbezogener Daten, zum freien Datenverkehr und zur Aufhebung der Richtlinie 95/46/EG (Datenschutz-Grundverordnung) |
| DSMS | Datenschutz-Management-System |
| Erwgr. | Erwägungsgrund |
| etc. | et cetera |
| EU | Europäische Union |
| EuGH | Europäischer Gerichtshof |
| EUR | Euro |
| EWR | Europäischer Wirtschaftsraum |
| f., ff. | folgende bzw. fortfolgende |
| gem. | gemäß |
| ggf. | gegebenenfalls |
| GmbH | Gesellschaft mit beschränkter Haftung |

| | |
|---|---|
| GmbHG | Gesetz betreffend die Gesellschaften mit beschränkter Haftung |
| grds. | grundsätzlich |
| Hs. | Halbsatz |
| idR | in diesem Rahmen |
| IDW PS | Institut der Wirtschaftsprüfer Prüfungsstandard |
| IKT | Informations- und Kommunikationstechnik |
| iSd | im Sinne des/der |
| ISO | Internationale Organisation für Normung |
| IT | Informationstechnik |
| iVm | in Verbindung mit |
| Kap. | Kapitel |
| Nr. | Nummer |
| OECD | Organisation für wirtschaftliche Zusammenarbeit und Entwicklung |
| pbD | personenbezogene Daten |
| RACI | Responsible, Accountable, Consulted, Informed |
| RL | Richtlinie |
| Rn. | Randnummer |
| sog. | sogenannte |
| TOM | technische und organisatorische Maßnahme |
| Urt. | Urteil |
| z.B. | zum Beispiel |

# Literaturverzeichnis


## Fachliteratur (Bücher, Kommentierungen)

| | |
|---|---|
| Auer-Reinsdorff/Conrad | Handbuch IT- und Datenschutzrecht, 3. Aufl. 2019 |
| Beck'scher Online-Kommentar Datenschutzrecht | 46. Edition 2023<br>48. Edition 2024<br>50. Edition 2024 |
| Beck'scher Online-Kommentar IT-Recht | 14. Edition 2023 (DSGVO)<br>14. Edition 2024 (UrhG) |
| Borges/Meents | Cloud-Computing, 1. Aufl. 2016 |
| Czychowski/Lettl/Steinrötter | Data Act, 1. Aufl. 2025 |
| Dauses/Ludwigs | Handbuch des EU-Wirtschaftsrechts, Werkstand: 60. EL Februar 2024 |
| Drexl/Banda/Begoña/Hoffmann/Kim/Kulhari/Moscon/Richter/Wiedemann | Position Statement of the Max Planck Institute for Innovation and Competition of 25 May 2022 on the Commission's Proposal of 23 February 2022 for a Regulation on harmonised rules on fair access to and use of data (Data Act) |
| Ehmann/Selmayr | DS-GVO, 2. Aufl. 2018 |
| Franzen/Gallner/Oetker | Kommentar zum europäischen Arbeitsrecht, 5. Aufl. 2024 |
| Gola/Heckmann | DS-GVO/BDSG, 3. Aufl. 2022 |
| Grigoleit | Aktiengesetz, 2. Aufl. 2020 |
| Immenga/Mestmäcker/Podszun | Wettbewerbsrecht, 7. Aufl. 2024 |
| Katko/Kaiser/Meyer | Checklisten zur Datenschutz-Grundverordnung (DS-GVO), 2. Aufl. 2023 |
| Keller/Schönknecht/Glinke | Geschäftsgeheimnisschutzgesetz, 1. Aufl. 2021 |
| Kipker/Reusch/Ritter | Recht der Informationssicherheit, 1. Aufl. 2023 |
| Koch | Aktiengesetz, 18. Aufl. 2024 |
| Kühling/Buchner | DS-GVO BDSG, 4. Aufl. 2024 |
| Leupold/Wiebe/Glossner | IT-Recht, 4. Aufl. 2021 |
| Marly | Praxishandbuch Softwarerecht, 7. Aufl. 2018 |
| Möslein | Festschrift Hopt, 2020, 805 |
| Paal/Pauly | DS-GVO, 3. Aufl. 2021 |
| Podszun | DMA, 1. Aufl. 2023 (zit. als HK-DMA/Verfasser DMA Art. ***) |
| Peschel/Rockstroh | Chancen und Risiken neuer Daten-basierter Dienste für die Industrie, DSRITB 2014, 309 |
| Schicker | Datenbanken und SQL, 5. Aufl. 2017 |
| Schneider | Handbuch des EDV-Rechts, 4. Aufl. 2009 |

| | |
|---|---|
| Schneider | Handbuch EDV-Recht, 5. Aufl. 2017 |
| Schwartmann/Jaspers/ Eckhardt | TTDSG, 1. Aufl. 2022 |
| Söbbing | Handbuch IT-Outsourcing, 4. Aufl. 2015 |
| Spindler | Münchener Kommentar zum Aktiengesetz, 6. Aufl. 2023 |
| Spindler/Schuster/Nink | Recht der elektronischen Medien, 4. Aufl. 2019 |
| Stephan/Tieves/Fleischer | Münchener Kommentar GmbHG, 4. Aufl. 2023 |
| Sydow/Marsch | DS-GVO/BDSG, 3. Aufl. 2022 |
| Taeger/Gabel | DS-GVO, 4. Aufl. 2022 |
| Wagner | in: Münchener Kommentar zum Bürgerlichen Gesetzbuch, 9. Aufl. 2024 |
| Wandtke/Bullinger | Urheberrecht, 6. Aufl. 2022 |


## Juristische Fachzeitschriften


| | |
|---|---|
| Antoine | Datenzugangsrechte im finalen Data Act – Fortschritt, Rückschritt, neue Fragen?, CR 2024, 1 |
| Antoine | Datenzugang im Spannungsfeld zwischen DSGVO, Geschäftsgeheimnisschutz und Datenbankherstellerrecht, CR 2024, 73 |
| Assion/Willecke | Der EU Data Act, MMR 2023, 805 |
| Böken/Vocks | Data Act und verfassungsrechtlicher Schutz von Geschäftsgeheimnissen - Nichtigkeit oder grundrechtskonforme Auslegung der Art. 3–5 Data Act?, MMR 2024, 1016 |
| Bomhard | Der Anwendungsbereich des Data Act, MMR 2024, 71 |
| Bomhard | Auswirkungen des Data Act auf die Geschäftsmodelle von Cloud Anbietern, MMR 2024, 109 |
| Brandt/Grewe | Datenportabilität 2.0 – Neue Vorgaben im Zuge der EU-Digitalstrategie, MMR 2023, 929 |
| Czychowski/Winzek | ZD 2022, Rechtliche Struktur und Inhalt von Datennutzungsverträgen, ZD 2022, 81 |
| Daute/Sütthoff | Vereinbarkeit von Produktbeobachtungspflicht und Datenschutz beim autonomen Kraftfahrzeug, EuZW 2023, 500 |
| Delventhal | Die Folgen des Data Act für IIoT-Plattformanbietende, ZD-Aktuell 2023, 01463 |
| Gergen/Daum | Data Economy und Digital Compliance, RDi 2022, 514 |
| Ehlen/Sebulke | Der Data Act: Zwischen Markt- und Vertragsgestaltung, CR 2024, 84, 85 |
| Grapentin | Datenzugangsansprüche und Geschäftsgeheimnisse der Hersteller im Lichte des Data Act, RDi 2023, 173 |

| | |
|---|---|
| Hartmann/McGuire/Schulte-Nölke | Datenzugang bei smarten Produkten nach dem Entwurf für ein Datengesetz (Data Act), RDi 2023, 49 |
| Heinzke/Herbers/Kraus | Datenzugangsansprüche nach dem Data Act, BB 2024, 649 |
| Hennemann | Datenportabilität, PinG 2017, 5 |
| Hennemann/Steinrötter | Der Data Act, NJW 2024, 1 |
| Keppeler/Schneider/Nickel | Der »Dateninhaber« im Data Act – faktische Datenherrschaft als Ausweg aus der Definitionsmisere des Art. 2 Nr. 13 DA, ITRB 2024, 180 |
| Kim | Der Datenbankschutz sui generis, Beilage zu MMR 1/2024, 87 |
| Krause/Maasjost | Vereinbarkeit von Data Act und DS-GVO, ZD-Aktuell 2024, 01494 |
| McGuire/Schulte-Nölke | Ansprüche des Nutzers gegen den Dateninhaber nach dem Data Act, ZdiW 2024, 73 |
| Paal/Cornelius/Seeland | Ausgewählte Probleme des Data Acts – insbesondere im Zusammenhang mit der DS-GVO, RDV 2024, 6 |
| Paal/Götz | Aktuelle Rechtsfragen zur Datenübertragbarkeit aus Art. 20 DS-GVO/Voraussetzungen – Verantwortlichkeit – Anspruchsinhalt und -grenzen, ZD 2023, 67 |
| Pauly/Wichert/Baumann | Schutz von Geschäftsgeheimnissen nach dem Data Act - Reichweite und Wirksamkeit, MMR 2024, 211 |
| Piltz/Zwerschke | Cloud Switching nach dem Data Act aus der Beratungsperspektive, CR 2024 |
| Podszun/Offergeld | Zugang zu Daten nach dem europäischen Datengesetz (Data Act), WiVerw 2023, 103 |
| Richter | Vereinbarkeit des Entwurfs zum Data Act und der DS-GVO, MMR 2023, 163 |
| Rockstroh/Katko | Quo Vadis Data Act, ZdiW 2023, 101, 102 |
| Schmidt-Kessel | Heraus- und Weitergabe von IoT-Gerätedaten, MMR 2024, 75 |
| Schreiber | Zu neuem Glanz erwacht: Die Interoperabilität, ZD 2022, 357 |
| Siglmüller | Standardisierungsbestrebungen für das Rückgrat der europäischen Digitalwirtschaft, MMR 2024, 112 |
| Specht-Riemenschneider | Der Entwurf des Data Act – Eine Analyse der vorgesehenen Datenzugangsansprüche im Verhältnis B2B, B2C und B2G, MMR 2022, 809 |
| Steege | Technische Schutzmaßnahmen des Dateninhabers im Data Act – Der Regelungsgehalt des Art. 11 Abs. 1 DA, MMR 2024, 91 |
| Steinrötter | Verhältnis von Data Act und DS-GVO, GRUR 2023, 216 |

| | |
|---|---|
| Tinnefeld/Vogel | Auswirkungen des Datenschutzrechtes auf Datennutzungs- und Datenzugangsrechte nach dem Data Act, ZdiW 2024, 61 |
| Weiß/Brinkel | Die E-Evidence-Verordnung – ein europäischer CLOUD-Act, RDi 2023, 522 |
| Wendehorst/Schwamberger | Zugang zu Kfz-Nutzerdaten im (zukünftigen) europäischen Datenrecht, DAR 2022, 541 |
| Wiebe | Der Data Act als vertragsrechtlicher Rahmen für Datennutzungsverträge, CR 2023, 777 |
| Wiebe | Der Data Act – Innovation oder Illusion?, GRUR 2023, 1569 |
| Wiesemann/Rockstroh | Datenzugang nach dem Data Act, ZdiW 2024, 56 |

# Abschnitt 1 Datenzugang und Datennutzung

## Kapitel 1 Überblick – Datenzugang und Datennutzung

Übersicht Rdn.



Der Data Act stellt einen Meilenstein in der europäischen Datenstrategie dar.[1] Mit dem DA verfolgt die Europäische Union das Ziel, den fairen und transparenten Zugang zu Daten zu gewährleisten und gleichzeitig die Datennutzung zu fördern. 1

Durch die Schaffung von Datenzugangsrechten für Nutzer und Dritte soll ein Datenmonopol einiger weniger Marktteilnehmer, der sogenannten Dateninhaber, aufgebrochen werden. Im Mittelpunkt stehen dabei die Datenzugangsrechte und Datenbereitstellungsansprüche, die der Data Act dem Nutzer einräumt. 2

Mit diesem Abschnitt des Handbuchs möchten wir eine praktische Übersicht der einzelnen rechtlichen Anforderungen an den Datenzugang des Data Acts bieten und daneben Hinweise und Tipps für eine möglichst effiziente Umsetzung in betroffenen Unternehmen geben. Ziel ist es, sowohl Juristen als auch Praktikern eine fundierte und praxisnahe Unterstützung an die Hand zu geben, um die Herausforderungen, aber auch Chancen für Datenempfänger, des Data Acts bestmöglich zu meistern und zu nutzen. 3

### A. Hintergrund und Ziele des Datenzugangs und der Datenbereitstellung des Data Acts

Der Hintergrund des Data Acts liegt in der zunehmenden Bedeutung von Daten als wirtschaftliche Ressource. So führt die Europäische Kommission selbst zu ihrer Erkenntnis aus[2]: 4

*»Der Zugang zu Daten und die Fähigkeit, sie zu nutzen, sind für Innovation und Wachstum ausschlaggebend. Datengesteuerte Innovationen können wichtige und konkrete Vorteile bringen wie:* 5

- *personalisierte Medizin//Präzisionsmedizin*
- *bessere Mobilität*
- *bessere Politikgestaltung*
- *modernere öffentliche Dienste«*

1 https://commission.europa.eu/strategy-and-policy/priorities-2019–2024/europe-fit-digital-age/european-data-strategy_de; zuletzt abgerufen am 01. Juli 2024.

2 Ibid (Hervorhebungen durch den Autor).

6 *»Bisher wurde der verfügbare Datenbestand aufgrund gesetzlicher, wirtschaftlicher und technischer Hemmnisse nicht vollständig ausgenutzt, was sich mit den neuen Vorschriften ändern soll.* ***Die Mitgliedstaaten dürften dadurch bis 2028 einen BIP-Zuwachs in Höhe von 270 Mrd. EUR verzeichnen.***

*Verbraucher und Unternehmen erzeugen Daten, wenn sie Produkte und Dienstleistungen nutzen. Dank des Datengesetzes genießen sie folgende Vorteile:*
- ***niedrigere Preise für Anschlussmarktdienste und Reparaturen*** *ihrer vernetzten Geräte*
- ***neue Möglichkeiten zur Inanspruchnahme*** *von Diensten, die Zugang zu diesen Daten voraussetzen*
- ***besseren Zugang zu Daten****, die von Geräten gesammelt oder erzeugt werden*
- ***neue Schutzvorkehrungen gegen unrechtmäßige Datenübermittlungen***
- *gesenkte Kosten bei der Übertragung von Daten an einen anderen Cloud-Anbieter*

*Dank zusätzlicher Informationen können Verbraucher und Nutzer wie landwirtschaftliche Betriebe, Fluggesellschaften und Bauunternehmen* ***bessere Entscheidungen treffen*** *und z. B.* ***hochwertigere oder nachhaltigere Produkte und Dienste*** *erwerben und damit zu den Zielen des Grünen Deals beitragen.«*

7 Mit dem Data Act wird im Ergebnis ein umfassendes Konzept für eine Datenwirtschaft eingeführt, das darauf abzielt, die Verwendung von Daten sowie die Nachfrage nach datengestützten Produkten und Dienstleistungen im EU Binnenmarkt zu steigern. Durch den Abbau rechtlicher, wirtschaftlicher und technischer Hindernisse soll der Data Act die Nutzung von Daten fördern und gleichzeitig sicherstellen, dass der Zugang zu diesen Daten fair und transparent geregelt wird.

8 Die Komplexität der bisherigen regulatorischen Rahmenbedingungen stellte eine der größten Herausforderungen dar. Der Data Act adressiert diese Problematik, indem er Regelungen für den Zugang zu und die Nutzung von Daten schafft. Dadurch soll nicht nur die Nutzung von Daten vereinfacht werden, sondern es sollen auch Anreize für Innovation und Wettbewerb geschaffen werden, die wiederum zur Stärkung der europäischen Wirtschaft beitragen.

9 Ob dieser Wunsch des europäischen Gesetzgebers aufgeht, wird abzuwarten sein. Hätten Daten tatsächlich einen solchen (monetären) Wert, wie angenommen, hätten dieser Anreiz allein schon dafür sorgen können, dass Unternehmen einen entsprechenden Datenmarkt aufgebaut hätten, in dem die Nachfrage bedient worden wäre. Die bisher zaghaften Versuche und das Nichtvorhandensein sprechen eher dagegen. Und auch das Argument, dass einige (wenige) Unternehmen, etwa die Automobilindustrie, daran kein Interesse hätten, verfängt nicht. Wie wir später im Abschnitt C. zu Art. 3 DA sehen werden, sitzen die Autobauer nicht auf Unmengen an Daten und horten diese in einem Datenmonopol, sondern stellen lediglich eine simple Kosten-Nutzen-Rechnung auf, was Vor- und Nachteile einer Datenausleitung aus und eines Datenzugangs im Fahrzeug angeht. Gerade bei der Art komplexen Produkten wie einem modernen, vernetzten Fahrzeug, dürfte der Data Act bewirken, dass der planwirtschaftliche Wunsch der EU nach *»hochwertigere[n] und nachhaltigere[n] Produkten«* für den Verbraucher eins bedeutet: eine mittelbare Verteuerung und damit ein Preisanstieg, den am Ende der Kunde dieses Produktes zahlen wird.

## B. Wesentliche Inhalte dieses Abschnittes für den Datenzugang und die Datenbereitstellung

Mit dem **Datenzugang** und den **Datenbereitstellungsansprüchen** werden die zwei zentralen Anforderungen des Kapitel II im Data Act etabliert. Danach sollen Nutzer vernetzter Produkte oder verbundener Dienste auf die bei der Nutzung generierten Daten zugreifen und diese für eigene Zwecke nutzen können (Art. 3 DA). Mit den Datenbereitstellungsansprüchen kann der Nutzer auch ohne Weiteres verfügbare Daten von sogenannten Dateninhaber selbst herausverlangen oder an dritte Datenempfänger seiner Wahl weitergeben lassen (Art. 4, 5 DA). Wenngleich der Data Act kein sogenanntes »Dateneigentum« etabliert und auch zumindest in Deutschland kein solches im zivilrechtlichen Sinne bekannt ist, setzt der Data Act den Nutzer in die zentrale Rolle, zu entscheiden, was mit »seinen« Daten passiert. Dies hat zur Folge, dass Unternehmen als Hersteller, Anbieter oder Dateninhaber ihre bisherigen Datenprozesse gegebenenfalls neu denken, aber in jedem Fall ihr Denken über Daten, aufbrechen und anpassen müssen. 10

Die Details zu diesen Anforderungen und praktische Implementierungshinweise finden sich im Kapitel 2 (»Einzelne Rechte und Pflichten«) und 3 (»Datennutzungsverträge und Missbrauchskontrolle«) dieses Buchabschnitts. 11

Dabei gehen wir auch auf die **Pflichten Dritter, die Daten auf Verlangen des Nutzers erhalten** (Art. 6 DA), den **Umfang der Pflichten zur Datenweitergabe von Unternehmen an Verbraucher und zwischen Unternehmen** (Art. 7 DA), die **Bedingungen, unter denen Dateninhaber Datenempfängern Daten bereitstellen** (Art. 8 DA), die **Gegenleistung für die Bereitstellung von Daten** (Art. 9 DA) als auch auf die **technischen Schutzmaßnahmen über die unbefugte Nutzung oder Offenlegung von Daten** (Art. 11 DA) ein. 12

Wie auch bei anderen EU Digitalregulierungen der letzten Zeit (wie etwa die NIS-2-RL ((EU) 2022/2555) oder DORA ((EU) 2022/2554)) sind Kleinst- und Kleinunternehmen sowie deren hergestellte vernetzten Produkte weitestgehend vom Pflichtenkatalog des Kapitel II (»DATENWEITERGABE VON UNTERNEHMEN AN VERBRAUCHER UND ZWISCHEN UNTERNEHMEN«, Artikel 3 bis 7 DA) ausgenommen (vgl. Artikel 7 Abs. 1 DA). Dazu auch ausführlich *Katko* in Kapitel 2, Abschnitt E dieses Abschnitts. 13

In Kapitel 2, Abschnitt F. (»Tatsächliche Implementierung«) zeigen wir die grundlegenden Rahmenbedingungen und (technisch, organisatorischen) Voraussetzungen auf, die für die Erfüllung der Anforderungen an den Datenzugang und die Datenbereitstellungsansprüche aus Kapitel II des Data Acts zu gewährleisten sind. So viel sei nur schon verraten: es sind alles keine wirklichen neuen Themen, wie Data Governance und Datenmanagement, jedoch praktisch und vollständig umgesetzt, dürften die wenigsten Unternehmen diese bis heute haben. 14

Die Einhaltung der Regelungen des Data Act stellt eine Herausforderung dar, bietet aber gleichzeitig große Chancen für Unternehmen, die in der Lage sind, die neuen Möglichkeiten zu nutzen und sich an die veränderten Rahmenbedingungen anzupassen. 15

Der Data Act markiert somit einen Wendepunkt in der europäischen Datenpolitik und eröffnet neue Perspektiven für eine nachhaltige und innovative Datenwirtschaft.

16 Dieses Handbuch und sein Abschnitt 1 für die Datenzugangs und Datenbereitstellungsanforderungen soll eine umfangreiche und praxisorientierte Übersicht der rechtlichen Anforderungen des Data Acts bieten und Ihnen dabei helfen, die neuen Regelungen effizient umzusetzen. Durch die Bewertung Ihrer Betroffenheit, die Anpassung Ihrer Produkte und Dienstleistungen sowie die Implementierung robuster Datenmanagement- und Governance-Strukturen können Sie die Herausforderungen des Data Acts meistern und die sich daraus ergebenden Chancen optimal nutzen.

17 Wir hoffen, dass dieses Handbuch Ihnen eine wertvolle Hilfe bei der Umsetzung der Anforderungen des EU Data Acts bietet und Ihnen dabei hilft, die neuen Möglichkeiten, die sich durch den verbesserten Datenzugang und die erweiterte Datennutzung ergeben, bestmöglich zu nutzen.

## Kapitel 2 Einzelne Rechte und Pflichten

Übersicht Rdn.

## A. Grundsatz des Datenzugangs

### I. Einführung

Der Data Act stellt eine Vielzahl neuer Begrifflichkeiten auf, die es bei der Umsetzung und Sicherstellung der Rechtskonformität für den Datenzugang und die Datennutzung im täglichen Geschäftsbetrieb zu kennen und zu berücksichtigen gilt. 18

Im Folgenden findet sich diesbezüglich eine erste Übersicht an relevanten Begrifflichkeiten. Weitere Details und Ausführungen finden sich in den einzelnen folgenden Kapiteln und Abschnitte. 19

### II. Rechtliche Inhalte

#### 1. Daten

Daten sind in Art. 2 Nr. 1 DA definiert als jede 20

> »digitale Darstellung von Handlungen, Tatsachen oder Informationen sowie jede Zusammenstellung solcher Handlungen, Tatsachen oder Informationen auch in Form von Ton-, Bild- oder audiovisuellem Material«. 21

Die Definition ist kritikwürdig weit.[3] Erwgr. 14 DA geht davon aus, dass vernetzte Produkte mittels ihrer Komponenten oder Betriebssysteme Daten über ihre Leistung, Nutzung oder Umgebung erlangen, generieren oder erheben. Eine EU-rechtlich einheitliche Definition von Daten existiert nicht. Etwa in Art. 4 Nr. 1 DSGVO sind Daten nicht weiter definiert, sondern nur durch den Personenbezug bestimmt. Eine gewisse Anlehnung besteht zu der Definition der digitalen Daten in ISO/IEC 2382:2015: 22

> »Darstellung einer Handlung, Tatsache oder Information in Binärcode oder Hexadezimalcode« 23

Im Hinblick auf vernetzte Produkte dürfte jedes elektronische Signal, das eine gewisse Bedeutung hat, also eine Information darstellt, als Datum zu qualifizieren sein. Eine Eingrenzung der Kernpflichten des Data Acts in Art. 3 bis 5 findet dann erst über die Definitionen von »Produktdaten« und »ohne Weiteres verfügbaren Daten« statt. Dass auch Ton-, Bild- oder audiovisuelles Material genannt sind, hat nur klarstellende Bedeutung. Anwendungsfälle wären hier etwa Mobiltelefone oder vernetzte Kameras, bei denen Bilder (dann auch über einen »verbundenen Dienst« – also etwa einer App) zur Sicherung gespeichert werden.[4] 24

#### 2. Vernetztes Produkt & verbundener Dienst

Ein vernetztes Produkt ist im Sinne des Data Acts ein (physischer[5]) Gegenstand, der Daten über seine Nutzung oder Umgebung mittels seiner Komponenten oder seines 25

---

3 Rockstroh/Katko, Quo Vadis Data Act, ZdiW 2023, 101, 103.
4 Zum Vorstehenden Rockstroh/Katko, Quo Vadis Data Act, ZdiW 2023, 101, 103.
5 Vgl. Erwgr. 14 DA erster Satz.

Betriebssystems erlangt, generiert oder erhebt und nach außen übermitteln kann, wobei dessen Hauptfunktion nicht in der Speicherung, Verarbeitung oder Übermittlung von Daten im Auftrag Dritter besteht.[6] Erfasst sein sollen damit insbesondere solche Produkte, die auch als »Internet der Dinge« bezeichnet werden, mit Ausnahme von Prototypen.[7]

26 Als Beispiele für elektronischen Kommunikationsdienste zählt der Gesetzgeber in Erwägungsgrund 14 insbesondere »terrestrische Telefonnetze, Fernsehkabelnetze, Satellitennetze und Nahfeldkommunikationsnetze« auf.

27 Der Gesetzgeber hat ebenfalls erkannt, dass vernetzte Produkte

28 »in allen Bereichen der Wirtschaft und Gesellschaft vor[kommen], einschließlich in privaten, zivilen oder gewerblichen Infrastrukturen, Fahrzeugen, medizinischer Ausrüstung, Lifestyle-Ausrüstung, Schiffen, Luftfahrzeugen, Haushaltsgeräten und Konsumgütern, Medizin- und Gesundheitsprodukten oder landwirtschaftlichen und industriellen Maschinen und Anlagen«.[8]

29 Bei dem **verbundenen Dienst** handelt es sich um

30 »einen digitalen Dienst, bei dem es sich nicht um einen elektronischen Kommunikationsdienst handelt, – einschließlich Software –, der zum Zeitpunkt des Kaufs, der Miete oder des Leasings so mit dem Produkt verbunden ist, dass das vernetzte Produkt ohne ihn eine oder mehrere seiner Funktionen nicht ausführen könnte oder der anschließend vom Hersteller oder einem Dritten mit dem Produkt verbunden wird, um die Funktionen des vernetzten Produkts zu ergänzen, zu aktualisieren oder anzupassen«.[9]

31 Als verbundener Dienst bzw. »virtueller Assistent« gilt zum Beispiel die Software »Alexa« nach Art. 1 Abs. 4 DA, die auf der gleichnamigen Sprachbox (= vernetztes Produkt) von Amazon läuft bzw. mit dieser verbunden ist. Ebenso können etwa zusätzliche Dienste, etwa Stau- und zusätzliche Ladeinfrastrukturelemente in Navigationsangeboten von Fahrzeugen, die nachträglich durch den Nutzer gebucht werden können, als verbundene Dienste gelten.

### 3. Produktdaten und verbundene Dienstdaten

32 Kapitel II gilt für Daten, mit Ausnahme von Inhalten, die die Leistung, Nutzung und Umgebung von vernetzten Produkten und verbundenen Diensten betreffen, Art. 1 Abs. 2 lit. a DA. Der Data Act unterteilt weiter in Produktdaten und verbundene Dienstdaten.

33 »Produktdaten« sind in Art. 2 Nr. 15 DA definiert als

34 »Daten, die durch die Nutzung eines vernetzten Produkts generiert werden und die der Hersteller so konzipiert hat, dass sie über einen elektronischen Kommunikationsdienst,

---

6 Vgl. Art. 2 Abs. 5; Erwgr. 14, 15 DA.
7 Vgl. Erwgr. 14.
8 Vgl. Erwgr. 14.
9 Vgl. Art. 2 Nr. 6 DA.

eine physische Verbindung oder einen geräteinternen Zugang von einem Nutzer, Dateninhaber oder Dritten – gegebenenfalls einschließlich des Herstellers – abgerufen werden können.«

Verbundene Dienstdaten sind 35

»Daten, die die Digitalisierung von Nutzerhandlungen oder Vorgängen im Zusammenhang mit dem vernetzten Produkt darstellen und vom Nutzer absichtlich aufgezeichnet oder als Nebenprodukt der Handlung des Nutzers während der Bereitstellung eines verbundenen Dienstes durch den Anbieter generiert werden«. 36

Die Daten müssen entweder absichtlich aufgezeichnet oder indirekt durch Nutzerhandlungen generiert werden. Hierunter sind sowohl Daten zu verstehen, die bei der aktiven Nutzung, als auch Daten, welche im inaktiven Zustand (z.B. Stand-by oder abgestellter Modus) des Produkts generiert werden. Diese können die Umgebung oder Interaktion des vernetzten Produkts betreffen. 37

Erfasst sind Daten, welche nicht wesentlich verändert werden, also Daten in Rohform, was auch als Quell- oder Primärdaten bezeichnet wird. Quell- oder Primärdaten beziehen sich auf Datenpunkte, die ohne jegliche weitere Form der Verarbeitung automatisch generiert werden. Weiter sind Daten erfasst, die vor der Weiterverarbeitung und Auswertung aufbereitet wurden, um sie verständlich und nutzbar zu machen.[10] Dazu gehören Daten, die von einem einzelnen Sensor oder einer Gruppe miteinander verbundener Sensoren erfasst werden, um die erfassten Daten für eine Vielzahl von Anwendungen verständlich zu machen.[11] Die EU-Kommission spricht von »nutzbaren Rohdaten«.[12] Beispiele für erfasste Daten könnten also der durch einen Sensor erfasste Kraftstofffüllstand/-verbrauch, die gemessene Geschwindigkeit eines Fahrzeugs, Fehlerspeichereinträge, die Position o.ä. sein. 38

Produktdaten sind allerdings nur solche Daten, die so konzipiert sind, dass diese abgerufen werden können. Dies kann entweder über einen elektronischen Kommunikationsdienst, eine physische Verbindung oder einen geräteinternen Zugang erfolgen. Unter einem elektronischen Kommunikationsdienst sind bspw. Telefonnetze, Satellitennetze und Nahfeldkommunikationsnetze zu verstehen.[13] Im Grunde ist deshalb jede Form der kabelgebundenen oder drahtlosen Datenausleitung umfasst. Bedeutet, dass sämtliche Daten umfasst sind, welche vom Hersteller zur Datenausleitung vorgesehen sind. 39

Weiterhin sind die einschlägigen Metadaten, einschließlich ihres grundlegenden Kontexts und Zeitstempels, umfasst.[14] Dies wird in Erwägungsgrund 15 so begründet, dass diese benötigt werden, um die Daten in Kombination mit anderen Daten, z. B. Daten, die sortiert und mit anderen, mit ihnen verbundenen Datenpunkten klas- 40

10 Erwgr. 15.
11 Erwgr. 15.
12 EU Commission Frequently Asked Questions, S. 6 »raw but usable data«.
13 Erwgr. 14.
14 Erwgr. 15.

sifiziert wurden oder die in ein gängiges Format umformatiert wurden, nutzbar zu machen. Derartige Daten sind potenziell wertvoll für den Nutzer und unterstützen Innovationen und die Entwicklung digitaler und anderer Dienste, unter anderem indem sie die Wartung und Reparatur der betreffenden vernetzten Produkte erleichtern.

41 Jedoch fallen aus solchen Daten gefolgerte oder abgeleitete Informationen, die das Ergebnis zusätzlicher Investitionen in die Zuweisung von Werten oder Erkenntnissen aus den Daten sind (z.B. durch den Einsatz komplexer Algorithmen, die Gegenstand von Geistigem Eigentum sein können), nicht in den Anwendungsbereich des Data Acts.[15]

42 Nicht erfasst sind zudem Daten, die zum Zwecke der Speicherung oder Verarbeitung im Auftrag anderer Parteien, die nicht der Nutzer sind, generiert oder übertragen werden (z. B. bei Servern oder Cloud-Infrastrukturen).[16]

43 Zu weiteren, von Kapitel II nicht erfassten Daten, s. Rdn. 312.

### 4. Ohne Weiteres verfügbare Daten

44 Der Begriff der ohne Weiteres verfügbare Daten ist für die Datenzugangsansprüche insbesondere nach den Art. 4 und 5 DA wesentlich. Gemäß der Legaldefinition in Art. 2 Nr. 17 DA handelt es sich um

45 »Produktdaten und verbundene Dienstdaten, die ein Dateninhaber ohne unverhältnismäßigen Aufwand rechtmäßig von dem vernetzten Produkt oder verbundenen Dienst erhält oder erhalten kann, wobei über eine einfache Bearbeitung hinausgegangen wird.«

46 Es kommt somit zum einen darauf an, dass es sich um Produktdaten[17] oder verbundene Dienstdaten im Sinne des Data Acts handelt, welche der Dateninhaber aus dem vernetzten Produkt oder dem verbundenen Dienst rechtmäßig erhält oder erhalten kann.[18] Diesbezüglich ist die Konzeption des vernetzten Produkts, der Vertrag zwischen dem Nutzer und dem Dateninhaber über die Erbringung der verbundenen Dienste oder die technischen Gegebenheiten des Datenzugangs ausschlaggebend. Dabei ist auffällig, dass der Gesetzgeber es als ausreichend ansieht, wenn der Dateninhaber die relevanten Daten zumindest erhalten kann, mithin ein tatsächliches Vorliegen der Daten bei dem Dateninhaber nicht für zwingend erforderlich hält.

47 Auf der anderen Seite ist es erforderlich, dass der Dateninhaber die Daten ohne unverhältnismäßig hohen Aufwand, der über eine einfache Bearbeitung hinausgeht, beziehen kann.[19]

15 Erwgr. 15.
16 Erwgr. 16.
17 Siehe oben Kapitel 2 A. I. 2.
18 Erwgr. 20.
19 Siehe hierzu bereits oben A. II. 3.

### 5. Nutzer

Mit Blick auf die Datenzugangsansprüche definiert der Data Act drei wesentliche Rollen: den Nutzer, den Dateninhaber und den Datenempfänger. 48

Der Nutzer ist in Art. 2 Nr. 12 legaldefiniert. Es handelt sich danach um 49

> »eine natürliche oder juristische Person, die ein vernetztes Produkt besitzt oder der vertraglich zeitweilige Rechte für die Nutzung des vernetzten Produkts übertragen wurden oder die verbundenen Dienste in Anspruch nimmt«.[20] 50

Anders als im Datenschutz und der dortigen »betroffenen Person«[21], ist der Begriff des Nutzers wesentlich breiter, so dass Dateninhaber und Hersteller von vernetzten Produkten bzw. Anbieter von verbundenen Diensten nicht nur B2C-Verhältnisse im Blick haben müssen, sondern gleichwertig auch B2B-Konstellationen. 51

Als natürliche Personen kommen vor allem Verbraucher i.S.d. § 13 BGB in Frage. Nicht zwingend ist, dass der Nutzer im Sinne des Data Acts auch gleichzeitig betroffene Person nach der Art. 4 Nr. 1 DSGVO ist. Hier geht der Data Act zu Recht davon aus, dass Nutzer und betroffene Person zwar personenidentisch sein können, dies jedoch nicht zwingend ist (so z.B. Erwgr. 34: »Die betroffene Person kann der Nutzer oder eine andere natürliche Person sein.«) 52

Als juristische Personen kommen als Nutzer Unternehmen, wie rechtsfähige Kapitalgesellschaften (insb. GmbH, AG), sowie sonstige Körperschaften (z.B. eingetragener Verein, eingetragene Genossenschaft) als auch öffentliche Stellen in Betracht[22]. 53

Der Nutzer ist insbesondere der Begünstige der Zugänglichmachung zu seinen »Produktdaten« sowie seiner »verbundenen Dienstdaten« nach Art. 3 DA bzw. der Bereitstellungsansprüche nach Art. 4 und 5 DA auf die »ohne Weiteres verfügbaren Daten« beim Dateninhaber. 54

Wenngleich der Data Act kein »Eigentum an Daten« etabliert, positioniert er den Nutzer als »Herr seiner Nutzungsdaten«. So darf der Dateninhaber nach Art. 4 Abs. 13 DA ohne Weiteres verfügbare Daten als nicht-personenbezogene Daten nur auf Grundlage eines Vertrags mit dem Nutzer nutzen. Dies stellt eine akute Abkehr der bisherigen Praxis dar, in denen Unternehmen als Dateninhaber Nutzerdaten für eigene Zwecke faktisch nutzen konnten, da sie es waren, die die Daten gespeichert haben. Dieses Recht des Faktischen – manche würden sagen: »des Stärkeren« – gibt es damit nicht mehr.[23] 55

20 Vgl. Art. 2 Nr. 12 DA.
21 Vgl. Art. 4 Nr. 1 DSGVO.
22 So ausdrücklich Erwgr. 18.
23 So auch Etzkorn, (Vertragliche) Datenzugangsansprüche nach dem Data Act, RDi 2024, 116.

### a) Verhältnis des Nutzers zum vernetzten Produkt

#### aa) Grundsätzliches

56 Der Nutzer muss das vernetzte Produkt besitzen oder ihm müssen vertraglich zeitweilige Rechte für die Nutzung übertragen wurden.

57 Obgleich der Wortlaut es suggeriert, ist nicht der deutsche sachenrechtliche Besitz gemeint, sondern die schuldrechtliche oder gesetzliche Verpflichtung zur Einräumung der Eigentümerstellung am vernetzten Produkt. Dies stellt Erwgr. 18 klar, der ausdrücklich auf das Eigentum des Nutzers am Produkt – und eben nicht den Besitz – abstellt. Darüber hinaus soll ebenfalls Nutzer sein, wer

58 »Inhaber bestimmter befristeter Rechte auf Zugang zu Daten aus dem vernetzten Produkt oder auf deren Nutzung ist oder verbundene Dienste für das vernetzte Produkt in Anspruch nimmt«.

59 Als Beispiele für die vertraglich zeitweilige Übertragung von Rechten am vernetzten Produkt nennt der Gesetzgeber an mehreren Stellen, u.a. in den Erwgr. 17,18 und 21, den Mietvertrag und den Leasingvertrag.

60 Im Ergebnis stellt der Data Act so nicht ausschließlich auf den sachenrechtlichen Eigentümer des vernetzten Produkts bzw. des damit verbundenen Dienstes ab, sondern knüpft vielmehr an den vertraglich oder gesetzlich berechtigten Verwender an.

61 Dies hat zur Folge, dass die Rolle des Nutzers mehrstufig sein kann bzw. es auf der gleichen Verwendungsebene Mehrnutzerkonzepte geben kann.

62 Ebenso wird damit deutlich, dass der nichtberechtigte Besitzer, etwa ein Dieb, nicht als Nutzer i.S.d. Data Act in Betracht kommt.

#### bb) Nutzer auf Grundlage eines zeitweiligen Nutzungsrechts

63 Neben dem Eigentümer kann auch derjenige Nutzer sein, der ein temporäres Nutzungsrecht auf (quasi-)vertraglicher Grundlage an dem vernetzten Produkt hat.

##### (1) Mehrpersonenverhältnisse

64 Falls ein vernetztes Produkt mehr als einen Nutzer hat, so sind die Rechtsverhältnisse der jeweiligen Nutzer einzeln zu bewerten. Im Ergebnis kann ein vernetztes Produkt mehrere Nutzer als Rechtsträger haben.

65 Im Fall mehrerer Nutzer soll nach Erwägungsgrund 21 DA jedem Nutzer der Zugang zu den generierten Daten ermöglicht werden. Dabei scheint jedoch offen zu bleiben, ob dieser Zugang auf die durch den jeweiligen Nutzer generierten Daten beschränkt ist. Für den Dateninhaber dürfte es häufig schwierig bis unmöglich sein, zu bestimmen, welche Daten von welchem Nutzer generiert wurden. Das dürfte insbesondere zu Schwierigkeiten bei der Bestimmung der datenschutzrechtlichen Rechtsgrundlage führen, wenn auch natürliche Personen Nutzer sind. Zudem stößt bei einer Mehrzahl an Nutzern der Ansatz des Data Act zur Kontraktualisierung der Beziehungen

zwischen den Beteiligten an seine Grenzen, da der Dateninhaber mit jedem Nutzer einen Vertrag abschließen müsste, um die Daten überhaupt nutzen zu dürfen. Insofern wurden als erste Lösungsansätze eine Mitteilungspflicht der Nutzer an den Dateninhaber bei einem Nutzerwechsel oder eine einschränkende Auslegung des Art. 4 Abs. 13 DA vorgeschlagen.

Beispielhaft führt der Data Act in Erwägungsgrund 18 Flottenmanagement für ein Leasingunternehmen und Mobilitätslösungen für Einzelpersonen, die einen Car-Sharing-Dienst nutzen, an. 66

Anders als bei bspw. Car-Sharing-Diensten, bei denen das Vermieterunternehmen mit etwa einem Verbraucher als Mieter einen entsprechenden Mietvertrag abschließt, kann es auch immer wieder zu Konstellationen kommen, in denen kein klassische vertragliche Grundlage zur Nutzung des vernetzten Produkts vorliegt. So etwas bei Gefälligkeitsverhältnissen, etwa wenn mehrere Haushaltsangehörige (Eltern, Kinder, usw.) ein »Familienfahrzeug« nutzen. 67

Regelmäßig werden die Eltern untereinander bzw. mit ihren Kindern keine konkreten Verträge geschlossen haben, die die Nutzung des Familienfahrzeugs regeln. Vielmehr wird sich ein Familienangehöriger den Schlüssel des Fahrzeugs nehmen und dieses Nutzen, wenn es »frei« ist und bei Kindern im fahrfähigen Alter die Erlaubnis der Eltern vorliegt. Bei der Nutzung des Familienfahrzeuges durch Haushaltsangehörige ist daher zunächst fraglich, ob der Haushaltsangehörige aus der »Erlaubnis« bzw. dem »zur Verfügung stehen« des Fahrzeugs sein temporäres Nutzungsrecht bzw. rechtmäßigen Besitz auf vertraglicher Grundlage herleiten kann. Verträge begründen in der Regel ein Schuldverhältnis, von dem sogenannte Gefälligkeitsverhältnisse nach deutschem Recht abzugrenzen sind. 68

Auch wenn der Data Act als europäischer Rechtsakt grundsätzlich unionsautonom auszulegen ist, ist durch die Bezugnahme in Art. 2 Abs. 12 DA auf eine »vertragliche Grundlage« zwangsläufig an nationales Recht anzuknüpfen. Jedenfalls kann aufgrund des Wortlauts »vertraglich […] übertragen« davon ausgegangen werden, dass der Gesetzgeber den Beteiligten einen Rechtsbindungswillen bei der Einräumung der Nutzungsrechte unterstellen wollte, weshalb bloße Gefälligkeitsverhältnisse nicht erfasst sein sollen. 69

#### *(2) Gefälligkeitsverhältnisse*

Charakteristisch für Gefälligkeitsverhältnisse ist, dass eine Seite unentgeltlich Leistungen verspricht oder erbringt, ohne dass dies – im Gegensatz zum unentgeltlichen Schuldverhältnis wie der Schenkung oder Leihe (Gefälligkeitsvertrag) – zu einer rechtlichen Bindung führt. Möglich sind auch gegenseitige unentgeltliche Verhaltenszusagen, die unverbindlich erfolgen und deshalb ebenfalls kein Schuldverhältnis darstellen[24]. Ob es sich bei einem konkreten Fall um einen rechtsverbindlichen Vertrag oder um ein bloßes Gefälligkeitsverhältnis handelt, muss einzelfallbezogen 70

24 MüKoBGB/Bachmann BGB § 241 Rn. 232 ff.

geprüft werden. Abzustellen ist hierbei auf den Rechtsbindungswillen der Parteien. Die Rechtsprechung zieht zum Zwecke der Bestimmung des Rechtsbindungswillen bei fehlender Entgeltlichkeit folgende Indizien heran: Art der Gefälligkeit, ihr Grund bzw. Zweck, ihre wirtschaftliche und rechtliche Bedeutung, die Umstände, unter denen sie erwiesen sind, sowie die bestehenden Interessenslagen der Parteien[25].

Ferner sollen nach dem Normzweck des Data Acts jene Personen von den durch die Nutzung generierten Daten profitieren, die auch das wirtschaftliche Risiko des vernetzten Produkts tragen:

»Der Nutzer trägt die Risiken und genießt die Vorteile der Nutzung des vernetzten Produkts und sollte auch Zugang zu den von ihm generierten Daten haben.«[26]

Entsprechend bedarf es zur Begründung der Nutzereigenschaft einer gewissen Qualität des temporären Nutzungsrechts, woran es bei bloßen Gefälligkeitsverhältnissen nach hiesiger Auffassung wohl mangelt.

Hinsichtlich der Frage, ob ein Haushaltsangehöriger bei Nutzung des Fahrzeuges Nutzer im Sinne des Data Acts ist, erfordert daher eine Beurteilung im Einzelfall. Falls ein reines Gefälligkeitsverhältnis vorliegt (wovon in der überwiegenden Zahl von Fällen auszugehen ist), so scheitert die Nutzer-Eigenschaft am Mangel eines Besitzrechts auf vertraglicher Grundlage. Liegt demgegenüber ein Rechtsbindungswille der Beteiligten und somit ein Gefälligkeitsvertrag (z.B. Leihe) vor, so wäre die Nutzer-Eigenschaft aufgrund eines Besitzrechts auf vertraglicher Grundlage anzunehmen.

Im Ergebnis ist es daher vertretbar, in der unentgeltlichen Gebrauchsüberlassung eines Fahrzeuges an einen Haushaltsangehörigen ein Gefälligkeitsverhältnis anzunehmen, mit der Folge, dass der Haushaltsangehörige kein Nutzer im Sinne des Data Acts ist.

#### *b) Verhältnis des Nutzers zum verbundenen Dienst*

71 Nutzer ist, wer einen verbundenen Dienst in Anspruch nimmt. Anknüpfungspunkt für die Beurteilung der Eigenschaft als Nutzer des verbundenen Dienstes ist grds. das Verhältnis vom Nutzer zum vernetzten Produkt. Nicht ausreichend für die Bejahung der Nutzereigenschaft ist daher, dass eine Person lediglich mit dem verbundenen Dienst interagiert.

72 Hierfür spricht auch Erwägungsgrund 18:

73 »Der Nutzer trägt die Risiken und genießt die Vorteile der Nutzung des vernetzten Produkts und sollte auch Zugang zu den von ihm generierten Daten haben. Er sollte daher berechtigt sein, aus den von diesem vernetzten Produkt und allen verbundenen Diensten generierten Daten Nutzen zu ziehen.«

25 MüKoBGB/Bachmann BGB § 241 Rn. 235 ff.
26 Vgl. Erwgr. 18 DA.

Der Nutzer eines verbundenen Dienstes muss auch gleichzeitig Nutzer des vernetzten Produkts sein. 74

Andernfalls wäre jede Person, die auch nur kurzfristig mit einem verbundenen Dienst interagiert auch Nutzer im Sinne des Data Acts. 75

### ▶ Beispiel 1: Nutzung eines sog. »Connected-Car«-Fahrzeugs des Arbeitgebers durch den Arbeitnehmer

Ist der Arbeitgeber Eigentümer, Mieter und Leasingnehmer eines modernen, vernetzten Kraftfahrzeugs, ist er der Nutzer im Sinne des Data Acts. Überlässt der Arbeitgeber dem Arbeitnehmer dieses Kraftfahrzeug, z.B. als Dienstwagen für den dienstlichen und privaten Gebrauch auf Grundlage des Arbeitsvertrages, ist (auch) der Arbeitnehmer Nutzer im Sinne des Data Acts. Stellt der Arbeitgeber seinem Arbeitnehmer ein Kraftfahrzeug ausschließlich für die dienstliche Nutzung aus dem Firmenfahrzeugpool zur Verfügung, ist der Arbeitnehmer kein Nutzer im Sinne des Data Acts (der Arbeitnehmer ist hier lediglich Besitzdiener im Sinne des § 855 BGB und ihm wurden wohl auch keine sonstigen vertraglich zeitweiligen Rechte für die Nutzung übertragen). 76

### ▶ Beispiel 2: Nutzung eines Smart Home Geräts in einer Familie

In einem Mehrpersonenhaushalt wird ein vernetztes Produkt (z.B. smarter Kühlschrank oder Backofen) regelmäßig über einen oder mehrere Miteigentümer, bspw. die Eltern, verfügen. Damit sind die Eltern (oder auch nur ein Elternteil) Nutzer im Sinne des Data Acts. 77

Wird das Smart Home Gerät auch von Kindern in dem Haushalt verwendet, so sind diese nicht als weitere Nutzer zu sehen, da ihnen die Smart Home Geräte regelmäßig nur im Rahmen von Gefälligkeitsverhältnissen zur Nutzung überlassen werden und somit kein zeitweiliges Nutzungsrecht auf vertraglicher Grundlage besteht.

### c) *Prüfschema »Nutzer«*

78

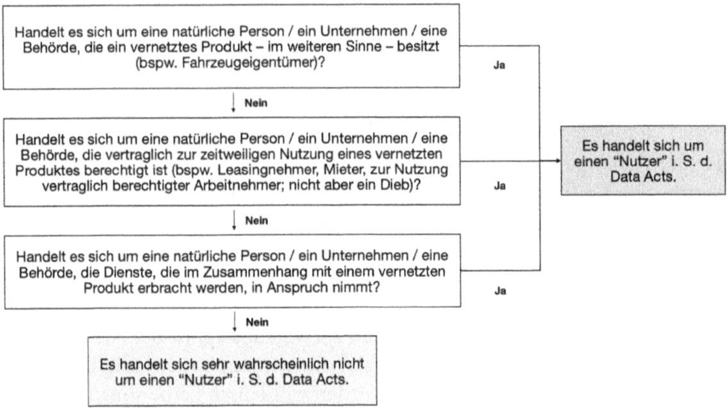


**Abb. 1: Prüfschema »Nutzer«**

## 6. Dateninhaber

79 »Dateninhaber« ist gemäß Art. 2 Nr. 13 DA:

80 »eine natürliche oder juristische Person, die nach dem Data Act, geltendem Unionsrecht oder nationalen Rechtsvorschriften zur Umsetzung des Unionsrechts berechtigt oder verpflichtet ist, Daten – soweit vertraglich vereinbart, auch Produktdaten oder verbundene Dienstdaten – zu nutzen und bereitzustellen, die sie während der Erbringung eines verbundenen Dienstes abgerufen oder generiert hat.«

81 Art. 12 Nr. 13 DA hat nach seinem Wortlaut drei Voraussetzungen: Es muss sich

82 (i) um eine natürliche oder juristische Person handeln,

83 (ii) die nach dem Data Act, nach geltendem Unionsrecht oder nach nationalen Rechtsvorschriften zur Umsetzung von Unionsrecht berechtigt oder verpflichtet ist, diese Daten – soweit vertraglich vereinbart, auch Produktdaten oder verbundene Dienstdaten – zu nutzen und bereitzustellen

84 (iii) und, soweit es sich um Produktdaten oder verbundene Dienstdaten handelt, die diese Daten während der Erbringung eines verbundenen Dienstes abgerufen oder generiert hat.

85 Aus dem Wort »Dateninhaber« (engl. data holder) selbst lässt sich zudem ableiten, dass es sich um eine Person handeln muss, die »Daten innehat« bzw. »hält«.

86 Die Definition des Dateninhabers wurde mehrfach geändert und ist misslungen. Entsprechend unterschiedlich fallen die bisherigen Interpretationen aus: So soll etwa

Dateninhaber sein, wer die faktische Kontrolle über die Daten[27] oder deren Generierung[28] hat, oder wem die Daten eines vernetzten Produkts bzw. verbundenen Dienstes zufließen und der infolgedessen Adressat der Zugangsansprüche des Data Act ist[29]. Es ist zu berücksichtigen, dass der Begriff »Dateninhaber« nicht nur in den Kapiteln II bis IV, sondern auch in Kapitel V (Bereitstellung von Daten für öffentliche Stellen) verwendet wird. Kapitel V betrifft aber nicht (nur) Produkt- und verbundene Dienstdaten.

Ein Dateninhaber kann somit sowohl ein juristische als auch eine natürliche Person 87
sein. Auch ein Handeln zu gewerblichen, geschäftlichen, handwerklichen oder beruflichen Zwecken (vgl. die Definition von Unternehmen in Art. 2 Nr. 24 DA) ist nicht erforderlich, wird aber in den meisten Fällen gegeben sein.

Die Person muss nach dem Data Act, nach geltendem Unionsrecht oder nach natio- 88
nalen Rechtsvorschriften zur Umsetzung von Unionsrecht berechtigt oder verpflichtet ist, diese Daten – soweit vertraglich vereinbart, auch Produktdaten oder verbundene Dienstdaten – zu nutzen und bereitzustellen.

An dieser Stelle enthält die Definition des Dateninhabers einen Zirkelschluss.[30] Bei 89
der Frage, wann eine Person nach dem Data Act verpflichtet ist, Daten bereitzustellen, sind Art. 4 und 5 DA und Art. 14 ff. DA maßgeblich.[31] Der Dateninhaber ist nach den genannten Artikeln zur Bereitstellung verpflichtet. Dies führt jedoch zu dem Ergebnis, dass man auf der einen Seite nach Art. 2 Nr. 13 DA Dateninhaber ist, wenn man zur Bereitstellung von Daten verpflichtet ist, auf der anderen Seite zur Bereitstellung nur dann verpflichtet sein kann, wenn man Dateninhaber ist. Es ist jedoch nicht zulässig, aus diesem Zirkelschluss zu folgern, dass man niemals Dateninhaber ist.

Da die Person zugleich »Inhaber« der Daten sein muss, ist Dateninhaber, in wessen 90
technisch-faktischer Herrschaftssphäre die Daten gespeichert werden.[32] Es bedarf aber auch der rechtlichen/vertraglichen Hoheit über die Daten, denn Auftragsverar-

---

27 McGuire/Schulte-Nölke, Ansprüche des Nutzers gegen den Dateninhaber nach dem Data Act, ZdiW 2024, 73, 75, so auch Keppeler/Schneider/Nickel, Der »Dateninhaber« im Data Act – faktische Datenherrschaft als Ausweg aus der Definitionsmisere des Art. 2 Nr. 13 DA, ITRB 2024, 180, 182.

28 Heinzke/Herbers/Kraus, Datenzugangsansprüche nach dem Data Act, BB 2024, 649, 650.

29 Antoine, Datenzugangsrechte im finalen Data Act – Fortschritt, Rückschritt, neue Fragen?, CR 2024, 1, 4.

30 Vgl. Schmidt-Kessel, Heraus- und Weitergabe von IoT-Gerätedaten – Analyse des Vertragsnetzes unter dem Data Act, MMR 75, 77; Bomhard/Merkle, Der Entwurf eines EU Data Acts – Neue Spielregeln für die Data Economy, RDi 2022, 168, 169.

31 Siehe hierzu Kapitel 2 D. und E.

32 Specht-Riemenschneider, Der Entwurf des Data Act – Eine Analyse der vorgesehenen Datenzugangsansprüche im Verhältnis B2B, B2C und B2G, MMR 2022, 809, 815; s.a. Rdn. 265 ff. mwN.

beiter im Sinne von Art. 4 Nr. 8 der VO (EU) 2016/679 (DSGVO) sollen nicht als Dateninhaber gelten.[33]

91 Dateninhaber ist, wer »berechtigt oder verpflichtet ist, Daten […] zu nutzen und bereitzustellen«. Die Verpflichtung zur Bereitstellung ergibt sich aus der Inhaberschaft der Daten und Art. 4, 5, 14 ff. DA.[34] Der Wortlaut legt aber auch nahe, dass der Inhaber der Daten selbst zur Nutzung berechtigt sein muss (»zu nutzen und bereitzustellen«[35]), um Dateninhaber i.S.d. Art. 2 Nr. 13 DA zu sein. Dieses explizite Tatbestandsmerkmal wird teilweise als »nicht überzeugend« abgelehnt und überwiegend überhaupt nicht thematisiert.[36] Auch hier wird sich zeigen, wie Literatur und Rechtsprechung mit diesem Merkmal umgehen.

92 Darüber hinaus dürfte jede Person unter den Begriff des Dateninhabers fallen, wenn ein Recht zur Datennutzung vertraglich mit dem Nutzer vereinbart wurde. Die Nutzung von ohne Weiteres verfügbaren Daten ist in Art. 4 Abs. 13 DA geregelt.[37]

93 Hierbei ist es auch denkbar, dass mehrere Personen zur Nutzung der Daten berechtigt sind. Dies kann beispielsweise in Konstellationen auftreten, in denen der vorgenannte Vertrag nach Art. 4 Abs. 13 DA in einem Mehrpersonenverhältnis – der Nutzer auf der einen Seite und mehrere Berechtigte auf der anderen Seite – gestaltet ist. Dies ist insbesondere in Kontexten denkbar, in welchen Hersteller Datennutzungsverträge mit ihren Kunden abschließen möchten, in welches ein zusätzliches Unternehmen zur Datennutzung eingeschlossen werden sollen. In solchen Konstellationen ist jedoch sicherzustellen, dass der jeweilige Datennutzungsvertrag nach Artikel 4 Abs. 13 DA, der in der Regel der AGB-Kontrolle unterliegen wird, AGB-konform gestaltet werden kann. Dabei wird es regelmäßig bei der Vertragsgestaltung Probleme bereiten, für den Nutzer transparent (§ 307 Abs. 1 S. 2 BGB) zu gestalten, dass er als Kunde den Kaufvertrag über das Produkt mit dem Hersteller alleine abschließt, den Vertrag zur Nutzung der Daten, welche mittels des gekauften Produktes generiert wurden, eine zusätzliche Person beinhaltet.

94 Die Person muss die Produktdaten oder verbundenen Dienstdaten[38] »während der Erbringung eines verbundenen Dienstes abgerufen oder generiert« haben. Dieses

33 Sie können jedoch ausdrücklich vom Verantwortlichen im Sinne von Art. 4 Nr. 7 der VO (EU) 2016/679 beauftragt werden, Daten bereitzustellen (Erwgr. 22).

34 Insoweit wird von einem Zirkelschluss ausgegangen: Keppeler/Schneider/Nickel, Der »Dateninhaber« im Data Act – faktische Datenherrschaft als Ausweg aus der Definitionsmisere des Art. 2 Nr. 13 DA, ITRB 2024, 180, 181; Antoine, Datenzugangsrechte im finalen Data Act – Fortschritt, Rückschritt, neue Fragen?, CR 2024, 1, 2; s. schon Bomhard/Merkle, Der Entwurf eines EU Data Acts – Neue Spielregeln für die Data Economy, RDi 2022, 168, 169.

35 Herv. d. d. Verfasser.

36 Antoine CR 2024, 1, 4.

37 Siehe hierzu Rdn. 405.

38 Die Beschränkung auf diese für Kapitel II ff. relevanten Daten ergibt sich deutlicher aus der englischen Sprachfassung.

Merkmal wird z.T. als Übersetzungsfehler gedeutet[39]. Eine Beschränkung auf Produktdaten, die während der Erbringung eines verbundenen Dienstes abgerufen wurden, würde den Tatbestand stark einschränken. Das Merkmal ist unklar und es bleibt die weitere Konkretisierung durch die Literatur und die Gerichte abzuwarten.

Worauf sich das Merkmal »soweit vertraglich vereinbart auch Produktdaten oder verbundene Dienstdaten« zielt, ist ebenfalls unklar. Der Dateninhaber muss für nicht-personenbezogene Daten einen Vertrag mit dem Nutzer nach Art. 4 Abs. 13 DA schließen. Aber eben nur für nicht-personenbezogene Daten. Die Person kann personenbezogene Daten weiterhin verarbeiten, wenn hierfür eine datenschutzrechtliche Rechtsgrundlage besteht; ein Vertrag nach Art. 4 Abs. 13 DA dürfte nach dem eindeutigen Wortlaut nicht erforderlich sein. 95

## B. Informationspflichten

### I. Einführung

Die Datenzugangspflichten aus Art. 3 ff. DA werden in Art. 3 Abs. 2 und 3 DA flankiert durch entsprechende Informationspflichten. Diese sollen bei den Nutzern vor allem für Transparenz in Bezug auf Art und Umfang der generierten Produktdaten/verbundenen Dienstdaten und die diesbezüglichen erleichterten Zugangs- und Nutzungsrechte nach dem Data Act sorgen. 96

Diese Informationspflichten treten ggf. neben bereits erforderliche (produkt- bzw. dienstspezifische) Datenschutzinformationen nach Art. 13, 14 DSGVO, was in der Praxis regelmäßig dazu führen wird, dass sich die Informationsdichte für den Nutzer vernetzter Produkte und verbundener Dienste noch weiter erhöhen wird. 97

### II. Rechtliche Inhalte

#### 1. Information

Der Umfang der Informationspflichten ist **unterschiedlich geregelt** je nachdem, ob es sich um ein vernetztes Produkt oder um einen damit verbundenen Dienst handelt. 98

##### *a) Informationspflicht bei vernetzten Produkten*

Direkter **Normadressat** der Informationspflicht sind der **Verkäufer, Vermieter oder Leasinggeber**[40] – wobei es sich hierbei auch um den Hersteller handeln kann. Diese müssen vor Abschluss eines Kauf-, Miet- oder Leasingvertrags für ein vernetztes Produkt detaillierte Information bereitstellen. Die genauen Anforderungen ergeben sich aus Art. 3 Abs. 2 DA. Sofern Verkäufer, Vermieter oder Leasinggeber nicht auch der Hersteller des vernetzten Produktes sind, werden ihnen viele der erforderlichen 99

39 Keppeler/Schneider/Nickel, Der »Dateninhaber« im Data Act – faktische Datenherrschaft als Ausweg aus der Definitionsmisere des Art. 2 Nr. 13 DA, ITRB 2024, 180, 181.

40 Schmidt-Kessel, MMR 2024, 75, 79.

Informationen nicht vorliegen. Dies ist vergleichbar mit der Update-Pflicht für Waren mit digitalen Elementen gem. § 475b Abs. 4 BGB: auch hier werden Verkäufer verpflichtet, zur Mangelfreiheit einer Ware mit digitalen Elementen funktionserhaltenden Software-Updates bereitzustellen, obwohl beim Auseinanderfallen der Hersteller- und Verkäufer-Rolle der erforderliche Source Code nicht vorliegt. Die Normadressaten sind daher auf eine **vertragliche Vereinbarung mit dem Hersteller** angewiesen, in der dieser zur Bereitstellung der erforderlichen Informationen verpflichtet wird. Hersteller können hierfür eine angemessene Kompensation verlangen. Wenn der nicht verbindliche Erwägungsgrund 24 ausführt, dass die Pflicht zur Bereitstellung der Informationen »beim potenziellen Dateninhaber liegen [sollte], unabhängig davon, ob der Dateninhaber einen Kauf-, Miet- oder Leasingvertrag für ein vernetztes Produkt abschließt« kann dies so verstanden werden, dass diese Informationspflicht vertraglich weitergeben werden kann.

100 Bei **vernetzen Produkten** sind diese Informationspflichten **weniger stark ausgeprägt** als bei den damit verbundenen Diensten. Auch wenn Art. 3 Abs. 2 lit. a) – d) DA regelt, dass es sich nur um ›**Mindestanforderungen**‹ handelt, ist davon auszugehen, dass die Informationsverpflichteten nicht freiwillig über diese bereits umfangreichen gesetzlichen Regelungen hinausgehen werden.

101 Inhaltlich müssen die Informationen Folgendes umfassen:

102 **aa**) Nach Art. 3 Abs. 2 lit. a) DA die **Art**, das **Format** und der **geschätzte Umfang der Produktdaten**, die das vernetzte Produkt generieren kann. Ausweislich des Erwägungsgrunds 24 könnte dies, »soweit verfügbar, Informationen über Datenstrukturen, Datenformate, Vokabulare, Klassifizierungssysteme, Taxonomien und Codelisten« umfassen. Dabei sollte das Datenformat, wie es dem Nutzer bereitgestellt wird (nicht – sofern abweichend – das Format, in dem es auf dem vernetzten Produkt verarbeitet wird) benannt werden. Während die Art und das Format vom Dateninhaber relativ leicht benannt werden können (z.B. pdf, csv oder JSON), stellen sich Probleme beim geschätzten Umfang der Produktdaten: Es bleibt unklar, was genau der Referenzwert sein soll (z.B. Umfang der täglich oder monatlich generierten Daten?). Ebenso stellt sich die Frage, welchen Mehrwert diese Information für den Großteil der Nutzer haben wird. Da es sich ausweislich des klaren Wortlauts nur um eine Schätzung handeln muss, sind Abweichung der geschätzten Werte von den tatsächlichen Werten in einem angemessenen Umfang zulässig.

103 **bb**) Nach Art. 3 Abs. 2 lit. b) DA die Angabe, ob das vernetzte Produkt in der Lage ist, **Daten kontinuierlich** und **in Echtzeit** zu generieren: Die Information, ob die Daten kontinuierlich und in Echtzeit generiert werden, ist sicherlich interessant für den Nutzer. Es verwundert aber, dass der EU-Gesetzgeber hier nicht noch zusätzlich als Mindestanforderung die Pflicht aufgenommen hat, darüber zu informieren, dass die Daten nicht nur generiert werden, sondern auch eine Aussage darüber zu treffen, ob die Daten auch kontinuierlichen Echtzeit bereitgestellt werden können.

104 **cc**) Nach Art. 3 Abs. 2 lit. c) DA die Angabe, ob das vernetzte Produkt in der Lage ist, **Daten auf einem Gerät** oder einem **entfernten Server** zu speichern, ggf. einschließ-

lich der vorgesehenen Speicherungsdauer: Die Information, ob die Daten direkt im vernetzten Produkt oder remote auf einem Server gespeichert werden, ist ggf. für etwaige Sicherheitsbedenken des Nutzers relevant. Allerdings geht die Informationspflicht auch hier nicht so weit, den Nutzer darüber zu informieren, ob die Daten nach Art. 3 Abs. 1 DA direkt am vernetzten Produkt abgerufen werden können, oder ob der Nutzer hierfür seinen indirekten Datenzugangsanspruch nach Art. 4 Abs. 1 bzw. Art. 5 Abs. 1 DA geltend machen muss.

**dd)** Nach Art. 3 Abs. 2 lit. d) DA die Angabe, wie der Nutzer auf die Daten zugreifen, sie abrufen oder ggf. löschen kann, einschließlich der **technischen Mittel** hierfür sowie die **betreffenden Nutzungsbedingungen** und die **betreffende Dienstqualität:** Der Nutzer soll bereits vor Vertragsschluss klare und ausreichende Informationen sowie Transparenz darüber haben, wie er an seine Daten gelangen und damit seine Nutzerrechte ausüben kann. Dafür kann vom Nutzer verlangt werden, dass er weitere technische Mittel nutzt (Erwägungsgrund 24 nennt beispielhaft Anwendungsprogrammierschnittstellen und Software Development Kits). Ebenso kann vom Nutzer verlangt werden, sich beim Dateninhaber einen Account anzulegen, für den dann besonderen Nutzungsbedingungen gelten. Im Rahmen dieser Nutzungsbedingungen können weitere Themen (z.B. die Erlaubnis der Nutzung von nicht-personenbezogenen Daten gem. Art. 4 Abs. 13 DA) geregelt werden. Der Abschluss eines solchen weiteren Vertrages stellt damit ausdrücklich keine unzulässige Einschränkung der Rechte des Nutzers auf einen Datenzugang dar. Beachtenswert ist, dass diese Information über die Nutzungsbedingungen nur bei vernetzten Produkten, nicht aber bei den damit verbundenen Diensten gefordert wird. In dem Sonderfall, dass es sich um Produkt handelt, welches die Daten nur über eine physische Verbindung oder einen geräteinternen Zugang übermitteln kann (z.B. nicht online-vernetzbare Geräte wie alte Waschmaschinen) ist – so lange der Hersteller nicht tatsächlich diese physische Verbindung herstellt (z.B. im Rahmen einer Wartung) – der Hersteller mangels Zugriffsmöglichkeit auf die Daten nicht Dateninhaber nach Art. 2 Nr. 13 DA. Bei solchen Produkten kann es sich anbieten, in der Information nach Art. 3 Abs. 2 lit. d) DA darauf hinzuweisen, dass es für den Datenzugriff zusätzlich erforderlich ist, dass der Nutzer dem Hersteller das Gerät auf eigene Kosten übersenden muss, damit der Hersteller überhaupt zum Dateninhaber wird, um dann den Zugriff auf die Daten zu ermöglichen. 105

### *b) Informationspflichten bei verbundenen Diensten (Art. 3 Abs. 3 DA)*

Nicht nur für vernetzte Produkte selbst, sondern auch für damit verbundene Dienste (Art. 2 Nr. 6 DA) bestehen Informationspflichten. Diese sind in Art. 3 Abs. 3 DA normiert und sind **umfassender und ausdifferenzierter ausgestaltet** als jene für das vernetzte Produkt, mit dem sie verbunden sind. 106

**Normadressat** ist insoweit der **Anbieter eines verbundenen Dienstes**. In der Praxis wird dies oftmals (auch) der Hersteller des vernetzten Produktes sein, wenn dieser z.B. eine eigene App zur Steuerung des vernetzten Produktes anbietet. 107

108 Die **inhaltlichen Mindestinformationen** ergeben sich Art. 3 Abs. 3 lit. a) – i) DA:

109 **aa)** Die Informationspflichten aus Art. 3 Abs. 3 lit. a) DA beziehen sich auf **Produktdaten** (Art. 2 Nr. 15 DA), die der potenzielle Dateninhaber voraussichtlich erhalten wird. Der »**potenzielle Dateninhaber**« dürfte im Regelfall der **informationsverpflichtete Anbieter des verbundenen Dienstes** sein, der im Zuge der späteren Nutzung des verbundenen Dienstes durch den Nutzer und der dabei stattfindenden technischen Interaktion zwischen seinem verbundenen Dienst und dem vernetzten Produkt auch gewisse Produktdaten erhebt. Art. 3 Abs. 3 lit. a) DA verpflichtet dementsprechend zunächst über **Art, geschätzten Umfang und Häufigkeit der Erhebung** dieser Produktdaten zu informieren. Mit Blick auf den geschätzten Umfang ergeben sich ähnliche Fragestellungen wie bei den Informationspflichten nach Art. 3 Abs. 2 lit. a) DA.[41] Im Gegensatz zu letztgenannten Informationspflichten muss hier auch explizit über die Häufigkeit der Erhebung dieser Daten informiert werden. Es muss daher auch darüber informiert werden, ob die Produktdaten regelmäßig in bestimmten Zeitintervallen und/oder anlassbezogen (z.B. bei Statusänderungen des vernetzten Produkts oder bei Nutzerhandlungen [über den verbundenen Dienst]) vom verbundenen Dienst erhoben werden. Es muss ferner über die **Modalitäten** informiert werden, **unter denen der Nutzer auf die erhobenen Produktdaten zugreifen bzw. diese abrufen kann**. Dies muss schließlich auch Informationen über **Modalitäten in Bezug auf Speicherung Dauer der Aufbewahrung** der erhobenen Produktdaten umfassen.[42] Für den Nutzer muss mithin klar werden, wo und wie lange die erhobenen Produktdaten gespeichert bleiben und auf welche Art und Weise diese Daten (z.B. Log-Files; Status[historie] in einem Dashboard etc.), eingesehen bzw. abgerufenen werden können.

110 **bb)** Art. 3 Abs. 3 lit. b) widmet sich anschließend den Informationspflichten in Bezug auf **verbundenen Dienstdaten** (Art. 2 Nr. 16 DA), die originär bei der Nutzung des verbundenen Dienstes durch den Nutzer beim potenziellen Dateninhaber[43] generiert werden. Anders als bei den Informationspflichten über erhobene Produktdaten nach Art. 3 Abs. 3 lit. a) DA muss insoweit nur über **Art und geschätzten Umfang** und nicht auch über die Häufigkeit der Generierung informiert werden. Dies dürfte dadurch begründet sein, dass es sich bei »verbundene Dienstdaten« per definitionem (nur) um generierte Daten zu bestimmten Nutzerhandlungen/Vorgängen im Zusammenhang mit dem vernetzten Produkt handelt, die auf Veranlassung des Nutzers erfolgen, wohingegen die über den verbundenen Dienst vom Produkt erhobenen

41 Es wird insoweit auf die Ausführungen unter Rdn. 102 verwiesen.

42 Bei der diesbezüglichen Bezugnahme auf den »künftigen Dateninhaber« handelt es sich um ein Redaktionsversehen in Form einer inkonsistenten Übersetzung des Richtlinientexts ins Deutsche. Gemeint ist auch in diesem Zusammenhang der »potenzielle Dateninhaber«. Dies ergibt sich aus den anderen Sprachfassungen, wie insbesondere der englischen, französischen und spanischen, die über die Norm hinweg jeweils einen einheitlichen Terminus (»prospective data holder«; »détenteur de données potentiel«; »posible titular de datos«) verwenden.

43 Auch insoweit ist der Verweis auf den »künftigen Dateninhaber« ein Redaktionsversehen; s. dazu bereits Fn. 42.

bzw. bezogenen Produktdaten nicht zwingend nutzerhandlungsbezogen sein müssen und insoweit jedenfalls ein potenziell erhöhtes Transparenzbedürfnis für den Nutzer besteht. Flankierend zur Information über Art und geschätzten Umfang der zu generierenden verbundenen Dienstdaten besteht auch insoweit die Verpflichtung über die **Zugriffs- bzw. Abrufmodalitäten für Nutzer** nebst den **Modalitäten für die Speicherung und die Dauer der Aufbewahrung der verbundenen Dienstdaten** zu informieren.

cc) Nach Art. 3 Abs. 3 lit. c) DA muss der Nutzer auch über eine **erwartete Verwendung der ohne Weiteres verfügbaren Daten (Art. 2 Nr. 17 DA) durch den potenzielle Dateninhaber** nebst diesbezüglichen **Verwendungszwecken** sowie über die **Absicht des potenziellen Dateninhabers, die Verwendung dieser Daten zu den mit dem Nutzer vereinbarten Zwecken auch Dritten zu gestatten**, informiert werden. Diese Informationspflicht steht in Verbindung mit den Vorgaben in Art. 4 Abs. 13 und Abs. 14 DA. Nach Art. 4 Abs. 13 S. 1 DA darf der Dateninhaber ohne Weiteres verfügbare Daten, bei denen es sich um nicht-personenbezogene Daten handelt, nur auf der Grundlage eines Vertrags mit dem Nutzer nutzen. Art. 4 Abs. 14 DA regelt, dass Dateninhaber nicht-personenbezogene Produktdaten Dritten zu keinen anderen kommerziellen oder nichtkommerziellen Zwecken als zur Erfüllung ihres Vertrags mit dem Nutzer bereitstellen dürfen. Der (potenzielle) Dateninhaber hat also seine Nutzung der ohne Weiteres verfügbaren Daten und insbesondere die diesbezüglichen Zwecke in einem Vertrag mit dem Nutzer zu regeln. Diese vertraglichen Regelungen begrenzen über Art. 4 Abs. 14 DA jedenfalls indirekt dann auch die Datenweitergabe an Dritte, sofern die Datenweitergabe an Dritte nicht auch direkt im Vertrag mitgeregelt wird. Mit Blick darauf, dass die Informationspflichten nach Art. 3 Abs. 3 DA von Art. 4 Abs. 13 DA unabhängige Verpflichtungen darstellen, genügen vom potenziellen Dateninhaber vorformulierte Vertragsbedingungen, auch wenn darin die geforderten Informationen enthalten sind, nicht, um auch die Informationspflichten nach Art. 3 Abs. 3 lit. c) DA zu erfüllen. Die geforderten Informationen müssen vielmehr – zumindest in zusammengefasster Form zusammen mit den anderen Informationen – (auch) jenseits des Vertrags in der nach Art. 3 Abs. 3 geforderten Art und Weise bereitgestellt werden. Dies schließt nicht aus, dass im Rahmen dieser Informationen zusätzlich bzw. ergänzend auf die entsprechenden Regelungen im Nutzungsvertrag verwiesen werden kann. 111

dd) Nach Art. 3 Abs. 3 lit. d) DA muss auch über die **Identität des potenziellen Dateninhabers** sowie etwaiger **anderer Datenverarbeitungsparteien** informiert werden. Beispielhaft werden insoweit der Handelsname und Anschrift der Niederlassung genannt. Art. 3 Abs. 3 lit. e) DA erweitert die diesbezüglichen Informationspflichten auf die **Angabe von Kommunikationsmitteln**, über die der Nutzer mit dem potenziellen Dateninhaber schnell und effizient kommunizieren kann. 112

ee) Die Informationspflichten aus Art. 3 Abs. 3 lit. f) und lit. g) DA beziehen sich auf **bestimmte Rechte des Nutzers.** So muss nach Art. 3 Abs. 3 lit. f) DA darüber informiert werden, wie der Nutzer darum ersuchen kann, dass die Daten an einen Dritten weitergegeben werden und wie ein bestehendes – auf gewisse Dauer angelegtes – Datenweitergabeersuchen wieder beendet werden kann. Diese Informationspflicht betrifft mithin spezifische Aspekte der Wahrnehmung des Rechts des Nutzers 113 *gegenüber dem (potenziellen) Dateninhaber* auf Weitergabe von Daten an Dritte nach Art. 5 DA. Mit der Informationspflicht aus Art. 3 Abs. 3 lit. g) DA soll der Nutzer hingegen (überhaupt erst) auf sein Recht hingewiesen werden, wegen eines Verstoßes gegen eine der Bestimmungen aus Kapitel II (Art. 3 – 7 DA) bei der in Art. 37 DA genannten *zuständigen Behörde* eine Beschwerde einzulegen. Nach Art. 37 Abs. 1 DA muss jeder Mitgliedstaat insoweit eine oder mehrere zuständige Behörden benennen. Sollten in Deutschland – ähnlich wie im Datenschutzrecht – mehrere »zuständige Behörden« benannt werden, muss für die diesbezügliche Information die im konkreten Fall zuständige Behörde ermittelt werden. Das allgemeine Beschwerderecht selbst, welches auch bei vermeintlichen Verstößen gegen die Bestimmungen aus Kapitel II greift, ergibt sich aus Art. 38 DA.

114 ff) Weitere Informationspflichten bestehen nach Art. 3 Abs. 3 lit. h) DA in Bezug auf etwaige in den Daten, die über das vernetzte Produkt zugänglich bzw. die bei der Erbringung eines verbundenen Dienstes generiert werden, enthaltene **Geschäftsgeheimnisse**. In diesem Fall muss darüber informiert werden, dass sie bestehen. Im Rahmen dieser vorvertraglichen Informationspflicht muss natürlich aber nicht das genaue Geschäftsgeheimnis offenbart werden. Daneben muss der potenzielle Dateninhaber informieren, ob er der Inhaber dieser Geschäftsgeheimnisse ist. Soweit er dies nicht ist, muss der potenzielle Dateninhaber ersatzweise über die Identität des Inhabers des Geschäftsgeheimnisses informieren. Die Regelung ist im Zusammenhang mit den Vorschriften zum Umgang mit Geschäftsgeheimnissen im Rahmen der zentralen Bereitstellungs- und Weitergabepflichten aus Art. 4 Abs. 6 – 8 sowie Art. 5 Abs. 9 – 11 DA zu sehen.

115 gg) Schließlich muss nach Art. 3 Abs. 3 lit. i) DA auch über die **Dauer des Vertrags** zwischen dem Nutzer und dem potenziellen Dateninhaber sowie die **Ausgestaltung für die vorzeitige Beendigung eines solchen Vertrags** informiert werden. Auch insoweit genügt es nicht, dass sich diese Informationen aus den Regelungen des Vertrags ergeben. Sie müssen vielmehr auch in klarer und verständlicher Art und Weise in bzw. als (gesonderte) Informationen nach Art. 3 Abs. 3 DA aufgenommen bzw. exzerpiert werden.

## 2. Ausgestaltung

116 Bei der genauen Ausgestaltung ist der Verkäufer, Vermieter oder Leasinggeber eines vernetzten Produkts bzw. der Anbieter eines verbundenen Dienstes frei. Wichtig ist, dass die Information **vor dem Vertragsabschluss** erfolgt (näher dazu unter 3.) und dass dies »***in klarer und verständlicher Art und Weise***« geschieht. Es sollte daher in möglichst einfacher Sprache, ggf. unter Zuhilfenahme von **Bildern** oder **Piktogrammen** formuliert werden.

117 Sofern es sich um vernetzte Produkte handelt, die in der Verpackung verkauft werden, reicht z.B. eine **Information auf der Produktverpackung** aus. Hier sollte frühzeitig das entsprechende Design der Verpackung angepasst werden. Wenn der Kunde die Verpackung vor dem Kauf öffnen kann, könnte überlegt werden, dass die Information auch durch eine Ergänzung im Handbuch bzw. durch einen Beileger in der Produktverpackung erfüllt werden kann. Es kann aber nicht davon ausgegangen werden, dass ein Kunde anlasslos grundsätzlich die Produktverpackung vor dem Verkauf öffnet bzw. darüber

hinaus auch noch das Handbuch liest. Sollte die detaillierte Informationspflicht daher mittels einer solchen Information über einen **Beileger** oder einen Hinweis im Handbuch erfolgen ist ein deutlich erkennbarer Hinweis auf der Verpackung erforderlich.

Sofern der Nutzer die Produktverpackung nicht vor dem Vertragsabschluss zur Kenntnis nehmen kann (z.B. weil es sich um große Elektronik-Geräte handelt, bei denen der Kunde vor Abschluss des Kaufvertrages nur unverpackte Ausstellungsstücke sieht), reicht eine **Information am Point-of-Sale** aus. Dies kann z.B. durch einen entsprechenden Aufsteller mit den Informationen in direkter räumlicher Nähe zum Ausstellungsstück geschehen. Ausweislich des Erwägungsgrunds 24 DA können die Informationen auch mittels einer **stabilen URL-Adresse** im Internet bereitgestellt werden, die als Weblink oder **QR-Code** (z.B. über einen **Aufkleber** auf dem Ausstellungsstück) bereitgestellt wird. Wenn die Information vom Hersteller bereitgestellt werden, der als Dateninhaber über diese Informationen verfügt, sollte die Verpflichtung zu diesen QR-Codes bzw. die Bereitstellung der URL und der Webseite vertraglich in die Vertriebsverträge aufgenommen werden. 118

Im **Online-Handel** sollte dieser Link in die **Produktbeschreibung** mit aufgenommen werden. Auch hier muss es sich um eine **stabile URL-Adresse** handeln. 119

Eine Verlinkung auf eine entsprechende Webseite mit einer dahinterliegenden **Datenbank** bietet sowohl im on- wie auch im offline-Handel den Vorteil, dass die Informationen direkt vom Hersteller bereitgestellt werden können. Damit reduzieren sich die Aufwände des Verkäufers, Vermieters oder Leasinggebers, wenn dieser nicht auch gleichzeitig der Hersteller ist. Außerdem kann auf diese Weise sichergestellt werden, dass die Informationen **regelmäßig aktualisiert** werden können. Außerdem kann der Informationsverpflichtete so auch auf etwaige nachträgliche Änderung schnell und kostengünstig reagieren: Erwägungsgrund 24 DA stellt klar, dass solche Änderungen möglich sind. Er stellt aber auch klar, dass diese Änderungen (einschließlich von Zweckänderungen zur Nutzung der Daten) dem Nutzer bereitgestellt werden sollen. Diese Pflicht kann über eine Aktualisierung der verlinkten Dokumente erfolgen. 120

Bei der Bereitstellung der Dokumente über eine Online-Ressource muss der Nutzer nach Erwägungsgrund 24 die Möglichkeit haben, die Informationen in jedem Fall **so speichern** zu können, dass sie in der Folge eingesehen werden können und die **unveränderte Wiedergabe der gespeicherten Informationen möglich** ist. Es sollte daher eine Download- und Speichermöglichkeit in einem gängigen Dateiformat (z.B. pdf-Format) angeboten werden. Hier können Parallelen zur Bereitstellung von AGB-Texten nach dem Verbraucherrecht gezogen werden. 121

Zeitlich muss der Informationsverpflichtete die Informationen **nicht unbegrenzt bereithalten.** Für die Speicherung der Daten als solcher sieht Erwägungsgrund 24 dies ausdrücklich vor. Er stellt fest, dass eine *»angemessene Regelung«* ausreicht. Gleiches sollte für die **Speicherdauer** der Informationspflicht gelten. Genauere Aussagen, was als angemessen zu sehen ist enthält der DA allerdings nicht. Als **denkbare Obergrenze** könnte eine Frist von **bis zu sechs Monaten** nach dem **End-of-Production** des vernetzten Produkts in Betracht kommen. 122

### 3. Zeitpunkt

123 Die nach Art. 3 Abs. 2 und 3 DA geforderten Informationen müssen *vor Abschluss* des Vertrags über das vernetzte Produkt bzw. die Erbringung eines verbundenen Dienstes bereitgestellt werden, so dass der interessierte Nutzer diese mit in seine Entscheidung über den Abschluss des betreffenden Vertrags mit einfließen lassen könnte.

124 Für den Fall, dass sich die informationsrelevanten Modalitäten *nach Abschluss* des betreffenden Vertrags ändern sollten, enthalten Art. 3 Abs. 2 und 3 DA – anders als beispielsweise Art. 13 Abs. 3 DSGVO bei zweckändernden Weiterverarbeitungen – **keine explizite anlassbezogene (Nach-)Informationspflicht.** Nach Erwägungsgrund 24 »sollten« die geänderten Informationen gleichwohl an den Nutzer bereitgestellt werden. Dies kann beispielweise durch die Aktualisierung etwaiger auf dem vernetzten Produkt und/oder dessen Verpackung bzw. im Frontend des verbundenen Dienstes (z.B. App) verlinkter Informationen (dazu bereits soeben unter Rdn. 118) erfolgen.

## III. Implementierung

125 Insbesondere die Hersteller von vernetzten Produkten sowie die Entwickler verbundener Dienste sollten – selbst wenn sie am Ende der Leistungskette nicht als Verkäufer, Vermieter oder Leasinggeber bzw. Anbieter fungieren[44] – einen **Prozess**[45] **etablieren,** um die geforderten Informationen sowohl initial bei der Herstellung/Entwicklung als auch bei späteren **Anpassungen** (z.B. bei Reparaturen oder Updates) **zu dokumentieren bzw. nachzuhalten.** Neben den »Produkt Ownern« dürften insoweit regelmäßig auch Juristen sowie Stakeholder aus dem Daten(schutz)bereich(en) zu involvieren sein.

126 Sollten das vernetzte Produkt und der verbundene Dienst aus einer Hand angeboten werden, könnte in Erwägung gezogenen werden, die **Informationen nach Art. 3 Abs. 2 und 3 DA zu kombinieren.**

127 Sofern die generierten und verarbeiteten Daten auch einen starken Personenbezug aufweisen (können), könnte sich unter Umständen auch eine **Kombination mit (produktspezifischen) Datenschutzinformationen** nach Art. 13, 14 DSGVO anbieten.

## IV. Praxistipps

128 Verkäufer, Vermieter oder Leasinggeber, die nicht selber auch Hersteller der von ihnen vertriebenen vernetzten Geräte sind sollten frühzeitig mit den Herstellern vereinbaren, dass diese **Hersteller** sie bei der Bereitstellung der erforderlichen Informationen nach Art. 3 Abs. 2 DA **unterstützten.** Dies kann auch die **Bereitstellung eines statischen Links** umfassen, unter dem eine **Datenbank** mit den erforderlichen Informationen bereitgehalten wird. Diese Datenbank sollte frühzeitig aufgesetzt werden. Danach

---

44 In diesem Fall wird im Regelfall zumindest eine vertragliche Verpflichtung gegenüber den Verkäufern, Vermietern, Leasinggebern bzw. Anbieter bestehen (s. dazu bereits oben unter Rdn. 99).

45 Es könnte sich insoweit auch um einen Teil eines übergeordneten »Data Access by Design«-Prozesses handeln.

sollten unternehmensintern Prozesse definiert werden, um die in der Datenbank enthaltenen Informationen aktuell zu halten.

Im **Online-Handel** sollten die **Produktbeschreibungen** frühzeitig um die entsprechenden Informationen **ergänzt** werden. 129

Im **Offline-Handel** sollten – soweit möglich – **Produktverpackungen** um die entsprechenden Informationen bzw. eine **Link** oder einen **QR-Code** auf diese Informationen ergänzt werden. Falls dies nicht möglich ist, sollten frühzeitig die entsprechenden **Aufsteller** oder **Aufkleber** bereitgehalten werden. 130

## C. Access by Design (Art. 3 DA)

### I. Einführung

Der Data Act etabliert in Art. 3 Abs. 1 die Verpflichtung für Hersteller von **vernetzten Produkten** und Anbietern von **verbundenen Diensten**, Nutzern standardmäßig Zugang zu ihren **Produktdaten** und **verbundenen Dienstdaten** zu verschaffen. Diese Verpflichtung stellt dabei keinen Anspruch des Nutzers gegenüber dem Hersteller oder Anbieter dar, sondern ist eine *ex lege* Verpflichtung, die der Hersteller oder Anbieter bei der Entwicklung seiner vernetzten Produkte oder verbunden Dienste berücksichtigen muss. Sie gilt für derartige Produkte und Dienste, die nach dem 12. September 2026 in Verkehr gebracht werden (vgl. Art. 50 UAbs. 3 DA). Im Ergebnis etabliert der Gesetzgeber hier eine **»Access by Design«-Anforderung** an derartige Produkte und Dienste. 131

Insbesondere die Design-Anforderung der direkten Zugriffsmöglichkeit auf Produktdaten hat naturgemäß weitreichende Konsequenzen für die technischen wie organisatorischen Gegebenheiten und Prozesse beim Hersteller. Denn anders als die **ohne Weiteres verfügbaren Daten**, welche nach Art. 4 bzw. Art. 5 DA bereitzustellen sind (im Detail hierzu unter Rdn. 44 ff.; sowie Abschnitt 1, Kapitel 2, Titel D. und E.), bezieht sich Art. 3 auf alle Produktdaten bzw. verbundenen Dienstdaten, die das vernetzte Produkt bzw. der verbundene Dienst bei seiner Nutzung generiert und die zur Ausleitung konzipiert sind. Diese Datenkategorien müssen daher nicht bereits beim Dateninhaber/Hersteller in dessen Servern/Backends vorliegen, um vom Anwendungsbereich des DA umfasst zu sein. 132

So schlussfolgert auch *Bombhard* richtigerweise, dass »*[a]ngesichts der sehr weiten Datendefinition in Art. 2 Abs. 1 DA als auch der Tatsache, dass personenbezogene Daten und nicht-personenbezogene Daten aufgeführt werden, […] jedes denkbare Datum von Art. 1 Abs. 2 DA und damit vom Data Act umfasst sein [dürfte]*«[46], was auch die Produkt- und verbundenen Dienstdaten nach Art. 2 Nr. 15 und 16 DA praktisch sehr umfassend macht. 133

46 *Bomhard*, »Der Anwendungsbereich des Data Act – Offene Fragen rund um Art. 1 DA«, MMR-Beil. 01/2024, S. 72.

134 So fallen beispielsweise bei einem modernen Fahrzeug mit rund 20.000 Datenpunkten, die sich in Zeitabständen von Zehntelsekunden bis Sekunden aktualisieren und potenziell ausleitbar sind, Datenmengen an, die rasch in die Terabyte gehen.[47] Von diesen Daten wird aktuell nur ein Bruchteil tatsächlich aus dem Fahrzeug ausgeleitet, da jedes übertragene Kilobyte mit **Kosten** verbunden ist, etwa für den Datentransport (d.h., Kosten des Mobilfunkanbieters), das Speichern (d.h., Kosten für die Server) und die Verarbeitung durch Mensch und Computer. Die Kosten einer jeden Datenausleitung sind daher gegen den wirtschaftlichen Vorteil des Nutzbarmachens dieser Daten abzuwägen. Davon abgesehen ist eine kontinuierliche **Echtzeit-Übertragung** von den anfallenden Datenmengen mit der derzeitig verfügbaren LTE/5G-Technologie technisch unmöglich. Die häufig beschworenen Datenmonopole sind in der Automobil-Branchen vor diesem Hintergrund daher bloß beschränkt vorhanden, da Hersteller auf die im Fahrzeug generierten Daten zwar theoretisch zugreifen könnten, dies aus Kostengründen jedoch nur sehr eigeschränkt tun bzw. die technischen Möglichkeiten eine umfassende Ausleitung derzeit auch gar nicht erlauben. So werden von den Automobilherstellern selbst nur selektiv und in vorab definierten Umfängen bestimmte Daten aus zuvor festgelegten Fahrzeugen im Rahmen der rechtlichen Zulässigkeit für einen vorab determinierten Zeitraum ausgeleitet. Die so erhobenen Daten unterscheiden sich somit von Fall zu Fall und stellen in keiner Weise eine kontinuierliche und in Echtzeit nutzbare Zugriffsmöglichkeit dar. Vielmehr dürfte es sich bei derart ausgeleiteten Daten, die der Hersteller zu eigenen konkreten Zwecken nutzt, um ohne Weiteres verfügbare Daten handeln, die Nutzer vom Hersteller als Dateninhaber nach Art. 4 DA verlangen können.

135 Die Verpflichtung des Art. 3 Abs. 1 DA stellt Hersteller daher vor unerwarteten technischen, organisatorischen und letztlich auch finanziellen Herausforderungen. Dabei hat der Gesetzgeber es leider verpasst, die unterschiedliche Komplexität von vernetzten Produkten zu berücksichtigen und für eine entsprechende praktische **Verhältnismäßigkeit** der verschiedenen Hersteller zu sorgen. Denn praktisch dürften Hersteller von etwa Smartwatches, Fitness-IoT Geräten oder etwa »smarten« Staubsaugern vor weniger komplexen Herausforderungen nach Art. 3 DA stehen, wie Automobilhersteller oder Herstellern großer, komplexer IoT-Produktionsanlagen. Hersteller der vorherigen Produktkategorien haben bereits heute etablierte Zugriffsmöglichkeiten der Nutzer auf die Gerätedaten, sei es am dem jeweiligen Produkt selbst oder mittelbar über damit verbundene Applikationen, wie »Health Apps«. Viel entscheidender dürfte aber der Fakt sein, dass eine Smartwatch eine viel geringere Datenmenge bei der Nutzung produziert als etwa das moderne Fahrzeug.

136 Unabhängig von dieser Verhältnismäßigkeitsdiskussion, sind im Ergebnis Entwickler und Hersteller von vernetzten Produkten angehalten, ihre **Entwicklungsprozesse**

47 *»Connected cars are forecast to make up 95% of all vehicles on the road by 2030, with each one generating an estimated 25 gigabytes of data per hour, which is the same amount of data as it would take someone to stream 578 hours of music.«* Quelle: https://www.zdnet.com/article/connected-cars-powered-by-ai-will-make-up-95-of-all-vehicles-on-the-road-by-2030/; https://www.comparitech.com/blog/information-security/how-much-data-does-your-car-log/.

um die Anforderung »**Access by Design**« zu erweitern. Dies kann mit mal mehr, mal weniger Aufwand einhergehen und ist abhängig von der Komplexität des herzustellenden vernetzten Produkts.

Um bei dem Beispiel der Automobilindustrie zu bleiben, so muss das vernetzte Produkt 137
»Fahrzeug« so konzipiert und hergestellt werden, dass auch dem Nutzer Produktdaten zugänglich sind. Wie dieser Zugang im Detail erfolgen muss, ob er etwa direkt oder »mittelbar direkt« erfolgen kann (sprich direkt im Fahrzeug mittels Schnittstelle oder via remote Server-Lösung), bleibt bis zur abschließenden Klärung durch den EuGH abzuwarten. Es spricht einiges dafür, dass Hersteller von vernetzen Produkten hier eine **Abwägung** treffen können, wie sie die Anforderung aus Art. 3 DA erfüllen möchten. Die **EU Kommission** spricht sogar von einem **Wahlrecht**, ob der Zugriff direkt oder indirekt (nach Art. 4 Abs. 1 DA) erfolgen soll (ausführlich dazu unten im Abschnitt II.).[48] In jedem Fall muss der Zugang für den Nutzer zu seinen Produktdaten aber *einfach, sicher und unentgeltlich* sein. Dies stellt die Automobilhersteller wie die gesamte Branche mit ihren produktbedingten langen Entwicklungszyklen, die eher als Jahrzehnt als Jahre gedacht werden vor erhebliche Hürden, gesetzliche Anforderungen mit fundamentalen Auswirkungen auf die fahrzeuginterne Dateninfrastruktur bei relativ kurzen Umsetzungsfristen zur erfüllen. Eine solche Schnittstelle kann daher realistisch erst in zukünftigen Fahrzeuggenerationen vernünftig eingeplant, entwickelt und umgesetzt werden. Bis dahin stehen Fahrzeughersteller vor der Herausforderung, eine Beurteilung für jene Modelle vorzunehmen, die noch lange nach dem Geltungsbeginn des Art. 3 Abs. 1 DA am 12.09.2026 vom Fertigungsband laufen werden, ob eine Anpassung für eine direkte Schnittstelle im Fahrzeug relevant und technisch durchführbar ist. Über diese direkte oder indirekte Schnittstelle müssen in weiterer Folge Datenmengen zugänglich gemacht werden, die in dem nach dem DA geforderten Ausmaß bislang nicht vorgesehen waren. Entsprechend gering fallen die aktuellen (und für kommende Fahrzeuggenerationen bereits geplanten) Kapazitäten aus.

Dabei darf nicht außer Acht gelassen werden, dass der DA gleichzeitig verhindern soll, 138
dass Anreize für Investitionen in vernetzte Produkte, von denen die Daten erlangt werden, verloren gehen.[49] In diesem Sinne sieht Art. 9 DA vor, dass Dateninhaber von Dritten, denen sie die Daten bereitstellen, eine **angemessene Gegenleistung** fordern können, um unverhältnismäßige Belastungen bei Datenzugang und Datennutzung zu vermei-

48 EU Kommission, »Frequently Asked Questions« (v. 1.2), S. 17 (abrufbar unter: https://digital-strategy.ec.europa.eu/en/library/commission-publishes-frequently-asked-questions-about-data-act [letzter Abruf: 3. Februar 2025]) (Hervorhebung durch den Autor): »*By the date of entry into application of the Data Act (12 September 2025), products already on the market and new products (when placed on the market) must allow for data to be accessed by the user.* ***By this date, manufacturers have to decide whether such access will be made directly or <u>indirectly (cf. Article 4[1]</u>).*** *Companies will find practical ways to incentivize the use of the solution that works best for them. Sectoral legislation can be more specific.*«.

49 Vgl. Erwgr. 32 DA.

den. Andernfalls wäre die Datenweitergabe wirtschaftlich nicht mehr tragfähig.[50] Eine solche Entschädigung soll insbesondere jene Kosten umfassen, die mit der Bereitstellung der Daten verbunden sind, wie beispielsweise Kosten, die für die Wiedergabe, die elektronische Verbreitung, die Speicherung und die Formatierung der Daten anfallen.[51]

139 Der europäische Gesetzgeber hat damit im Kontext des Art. 5 DA klargestellt, dass jede Datenbereitstellung mit entsprechenden Kosten verbunden ist. Nichts anderes kann für die Datenzugangsansprüche des Nutzers gelten. Zwar hat sich der europäische Gesetzgeber in dieser Konstellation dazu entschieden, dem **Nutzer** ein **kostenfreies Zugangsrecht** einzuräumen. Dennoch darf die grundsätzliche **Interessensabwägung** auch hier nicht außer Acht gelassen werden: eine unverhältnismäßige Belastung der Normadressaten (Hersteller und Anbieter) muss verhindert werden, andernfalls kein Anreiz mehr besteht, überhaupt noch Daten zu generieren und zu erheben.

140 Neben der Schaffung eines Zugangs für Nutzer durch die Hersteller und Anbieter, treffen die Verkäufer, Vermieter oder Leasinggeber von diesen vernetzten Produkten oder verbunden Diensten – bei dem es sich auch um den Hersteller oder Anbieter handeln kann – **Transparenzanforderungen** gegenüber dem Nutzer.[52] Der Gesetzgeber möchte damit den Nutzer als »Herr seiner Daten« etablieren, und die Information nach Art. 3 Abs. 2 und 3 DA ist dabei die Voraussetzung, den Nutzer über die Datenfähigkeiten der vernetzten Produkts als auch über die entsprechenden Datenempfänger, als mögliche Adressaten seiner Datenbereitstellungsansprüche nach Art. 4 und 5 DA, bestmöglich und umfänglich in Kenntnis zu setzen.

## II. Rechtliche Inhalte – Die einzelnen Elemente und Anforderungen von Art. 3 DA

### 1. Die konkreten Designanforderungen an vernetzte Produkte oder verbundene Dienste aus Art. 3 Abs. 1 DA (»Access by Design«)

141 Nach der Vorstellung des EU Gesetzgebers herrscht *»in vielen Sektoren«* eine Situation, nach der *»die Hersteller, da sie die Kontrolle über die technische Konzeption der vernetzten Produkte oder verbundener Dienste haben, bestimmen, welche Daten generiert werden und wie darauf zugegriffen werden kann, obwohl sie keinen Rechtsanspruch auf diese Daten haben. Daher muss sichergestellt werden, dass vernetzte Produkte so konzipiert und hergestellt sowie damit verbundene Dienste so konzipiert und erbracht werden, dass die Produktdaten und die verbundenen Dienstdaten, einschließlich der entsprechenden Metadaten, die zur Auslegung und Nutzung dieser Daten erforderlich sind, und zwar auch, um die Daten abrufen, nutzen oder weitergeben zu können, für einen Nutzer stets leicht und sicher zugänglich sind, und dies kostenlos, in einem umfassenden, strukturierten, gängigen und maschinenlesbaren Format«*[53].

---

50 Vgl. Erwgr. 46 DA.
51 Vgl. Erwgr. 47 DA.
52 Vgl. Art. 3 Abs. 2 und 3 DA.
53 Vgl. Erwägungsgrund 20 S. 3 ff. DA.

Deshalb verlangt Art. 3 Abs. 1 DA, dass vernetze Produkte und verbundene Dienste so konzipiert bzw. erbracht werden, dass »*die Produktdaten und verbundenen Dienstdaten – einschließlich der für die Auslegung und Nutzung dieser Daten erforderlichen relevanten Metadaten – standardmäßig für den Nutzer einfach, sicher, unentgeltlich in einem umfassenden, strukturierten, gängigen und maschinenlesbaren Format und, soweit relevant und technisch durchführbar, direkt zugänglich sind.*«[54] 142

**Ausgangspunkt** ist damit das vernetzte Produkt bzw. der verbundene Dienst. Diese müssen so konzipiert bzw. erbracht werden, dass Nutzer Zugang zu den von ihnen mit diesen Produkten bzw. Diensten erzeugten Produktdaten und verbundenen Dienstdaten haben. Wenngleich der Gesetzgeber es unterlassen hat, den konkreten Adressaten in Art. 3 Abs. 1 DA zu nennen, so ist denklogisch nur richtig, dass sich die Anforderungen aus Art. 3 Abs. 1 DA zur Konzeptionierung und Herstellung bzw. Erbringung an den jeweiligen Hersteller eines vernetzten Produkts bzw. den Anbieter eines verbundenen Dienstes richten. Sie sind es, die das Produkt bzw. Dienst »*konzipieren und herstellen/erbringen*«. 143

Wie in der Einführung beschrieben, etabliert der Gesetzgeber damit eine *ex lege* Verpflichtung für Hersteller und Anbieter in Form von »**Access by Design**«. 144

Der »Access by Design« nach Art. 3 Abs. 1 DA verlangt dabei nicht die »*Bereitstellung*« der Daten, sondern lediglich deren **Zugänglichmachung.** Begrifflich ist die Bereitstellung ein mehr gegenüber der Zugänglichmachung aus operativer Aufwandssicht. Die Bereitstellung setzt generell eine aktive Komponente des Dateninhabers voraus, indem die Daten dem Nutzer derart verfügbar gemacht werden müssen, dass diese vom Speichermedium extrahiert und in einem gängigen Format so zur Verfügung gestellt werden, dass der Nutzer die bereitstehenden Daten abrufen kann, ohne auf den Speicherort selbst zugreifen zu müssen, um die Daten zu extrahieren. Die Zugänglichmachung hingegen setzt allein die Ermöglichung eines Zugangs des Nutzers auf den Speicherort mit den dort gespeicherten Daten voraus, sodass der Nutzer die Daten ohne weiteres Zutun des Herstellers selbst extrahieren kann – beispielsweise mittels eines Kabels. Ob der Datenzugang tatsächlich realisiert wird, liegt in der Entscheidung des Nutzers, den insoweit die Aktionslast trifft.[55] 145

Beim Zugang wird also der Nutzer selbst aktiv und greift auf den Datenspeicher mit den Daten zu, wohingegen bei der Bereitstellung dem Nutzer die Daten als bereits durch den Dateninhaber extrahiert zur Abrufung zur Verfügung stehen. In Erwägungsgrund 24 DA wird entsprechend differenziert zwischen der Information des Nutzers darüber, wie die Daten durch den Nutzer »***abgerufen***« oder »*wie auf sie **zugegriffen** werden kann*«. 146

Diese Ansicht wird insbesondere weiter durch den Gedanken in Art. 3 Abs. 2 lit. d) DA untermauert, der verlangt, dass der Verkäufer, Vermieter oder Leasinggeber – wobei es sich auch um den Hersteller handeln kann – den Nutzer über die »*techni-* 147

54 Art. 3 Abs. 1 DA.

55 Vgl. *Specht-Riemenschneider*: Der Entwurf des Data Act, MMR 2022, 809 (815).

*schen Mittel«* informiert, die für den Zugriff bzw. den Abruf der Daten notwendig sind (ausführlicher hierzu im Abschnitt 1, Kapitel 2, Titel B.).

148 Die Differenzierung wird besonders in der in Art. 4 Abs. 1 DA angelegten Abgrenzung zu Art. 3 Abs. 1 DA deutlich: *»soweit der Nutzer* ***nicht direkt*** *vom vernetzten Produkt oder verbundenen Dienst aus* ***auf die Daten zugreifen*** *kann, stellen die Dateninhaber dem Nutzer ohne Weiteres verfügbare Daten [...]* ***bereit.***«[56]

149 Ein Abrufen von Daten scheint also mit der Bereitstellung von Daten und ein Zugreifen auf Daten mit einer Zugänglichmachung von Daten zu korrespondieren.

▶ Hinweis

150 In ihren veröffentlichten »*Frequently Asked Questions*«[57] geht die EU Kommission bei Frage 22 davon aus, dass der direkte Zugang erfüllt ist, wenn der Nutzer ohne Eingreifen einer anderen Partei, insbesondere des Dateninhabers, auf etwa die Produktdaten zugreifen kann (Hervorherbungen durch den Autor):

*»Data are ›****directly accessible****‹ when:*
- ***The user is able to access the data without the intervention of any other party, notably the data holder*** *(this is an alternative to making requests under Articles 4 and 5, which do require data holder intervention).*
- ***The user has the technical means to stream or download the data as a result of the design of the connected product[.] Recital 22 explains that the location where the data are stored is irrelevant: data can be ›directly accessible‹ from a storage point on the device itself or from a remote server under the control of the manufacturer or a data holder.***

*Put simply, for data to be ›****directly accessible****‹, the user must therefore be able to access it without the involvement of the data holder, regardless of where the data are stored. Even if there is direct access and a remote server, the data holder is obliged to provide the means (i.e. appropriate interfaces, such as an API) to allow the user to easily access the relevant data (cf. recital 35, which compares Article 3[1] of the Data Act with Article 20 of the GDPR).«*[58]

151 Im Ergebnis reicht es für den »Access by Design« nach Art. 3 Abs. 1 DA aus, wenn der Hersteller oder Anbieter dem Nutzer den Zugang zu den Daten gewährt. Eine aktive Bereitstellung bedarf es durch sie nicht, sondern der Nutzer muss selbst aktiv den Zugang nutzen.

---

56 So beispielsweise auch Erwägungsgrund 40 DA: »*[...]* ***Dritte, denen Daten*** *auf Verlangen des Nutzers* ***bereitgestellt werden*** *[...]*«; in Art. 5 Abs. 1 DA geht es ebenso um bereitstellen und nicht zugänglich machen von Daten.

57 Abrufbar unter: https://digital-strategy.ec.europa.eu/en/library/commission-publishes-frequently-asked-questions-about-data-act (letzter Abruf: 3. Februar 2025).

58 Ibid., S. 16 f.

### *a) Das vernetzte Produkt und der verbundene Dienst*

Ein **vernetztes Produkt** ist im Sinne des Data Acts ein (physischer[59]) Gegenstand, der Daten über seine Nutzung oder Umgebung mittels seiner Komponenten oder seines Betriebssystems erlangt, generiert oder erhebt und nach außen übermitteln kann, wobei dessen Hauptfunktion nicht in der Speicherung, Verarbeitung oder Übermittlung von Daten im Auftrag Dritter besteht.[60] Erfasst sein sollen damit insbesondere solche Produkte, die auch als »**Internet der Dinge**« bezeichnet werden, mit Ausnahme von Prototypen.[61] 152

Als Beispiele für **elektronischen Kommunikationsdienste** zählt der Gesetzgeber in Erwägungsgrund 14 insbesondere *»terrestrische Telefonnetze, Fernsehkabelnetze, Satellitennetze und Nahfeldkommunikationsnetze«* auf. 153

Der Gesetzgeber hat ebenfalls erkannt, dass **vernetzte Produkte** (engl. »Connected Product«) 154

> *»in allen Bereichen der Wirtschaft und Gesellschaft vor[kommen], einschließlich in privaten, zivilen oder gewerblichen Infrastrukturen, Fahrzeugen, medizinischer Ausrüstung, Lifestyle-Ausrüstung, Schiffen, Luftfahrzeugen, Haushaltsgeräten und Konsumgütern, Medizin- und Gesundheitsprodukten oder landwirtschaftlichen und industriellen Maschinen und Anlagen«.*[62] 155

Bei dem **verbundenen Dienst** (engl. »Related Service«) handelt es sich um 156

> *»einen digitalen Dienst, bei dem es sich nicht um einen elektronischen Kommunikationsdienst handelt, – einschließlich Software –, der zum Zeitpunkt des Kaufs, der Miete oder des Leasings so mit dem Produkt verbunden ist, dass das vernetzte Produkt ohne ihn eine oder mehrere seiner Funktionen nicht ausführen könnte oder der anschließend vom Hersteller oder einem Dritten mit dem Produkt verbunden wird, um die Funktionen des vernetzten Produkts zu ergänzen, zu aktualisieren oder anzupassen«.*[63] 157

Als verbundener Dienst bzw. »**virtueller Assistent**« gilt zum Beispiel die Software »Alexa« nach Art. 1 Abs. 4 DA, die auf der gleichnamigen Sprachbox (= vernetztes Produkt) von Amazon läuft bzw. mit dieser verbunden ist. Ebenso können etwa zusätzliche Dienste, etwa Stau- und zusätzliche Ladeinfrastrukturelemente in Navigationsangeboten von Fahrzeugen, die nachträglich durch den Nutzer gebucht werden können, als verbundene Dienste gelten. 158

### *b) Die Produktdaten und verbundene Dienstdaten*

Der Nutzer soll bei diesen vernetzten Produkten und verbundenen Diensten Zugang zu seinen generierten Produktdaten bzw. verbundenen Dienstdaten erhalten. 159

59 Vgl. Erwgr. 14 DA erster Satz.
60 Vgl. Art. 2 Abs. 5; Erwgr. 14, 15 DA.
61 Vgl. Erwgr. 14.
62 Vgl. Erwgr. 14.
63 Vgl. Art. 2 Nr. 6 DA.

160 Die **Produktdaten** sind hierbei definiert als

161 *»Daten, die durch die Nutzung eines vernetzten Produkts generiert werden und die der Hersteller so konzipiert hat, dass sie über einen elektronischen Kommunikationsdienst, eine physische Verbindung oder einen geräteinternen Zugang von einem Nutzer, Dateninhaber oder Dritten – gegebenenfalls einschließlich des Herstellers – abgerufen werden können«.*[64]

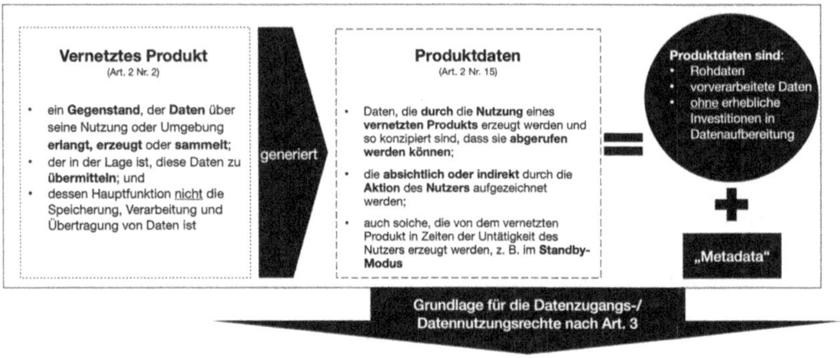


Abb. 2: Vernetztes Produkt & Produktdaten | Überblick sowie Abgrenzung

162 **Verbundene Dienstdaten** sind

163 *»Daten, die die Digitalisierung von Nutzerhandlungen oder Vorgängen im Zusammenhang mit dem vernetzten Produkt darstellen und vom Nutzer absichtlich aufgezeichnet oder als Nebenprodukt der Handlung des Nutzers während der Bereitstellung eines verbundenen Dienstes durch den Anbieter generiert werden«.*[65]

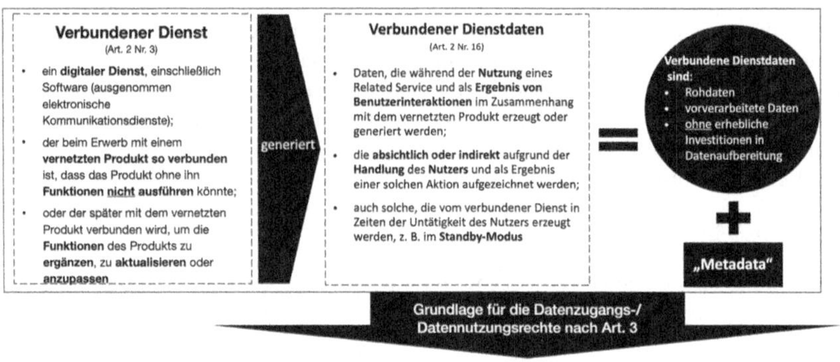


Abb. 3: Verbundener Dienst | Verbundene Dienstdaten | Überblick sowie Abgrenzung

64 Vgl. Art. 2 Nr. 15 DA.
65 Vgl. Art. 2 Nr. 16 DA.

164 Damit Daten vom Data Act erfasst werden, müssen diese demnach durch die Nutzung des jeweiligen vernetzten Produkts, wie einem Fahrzeug, generiert werden und bereits im technischen Design vorgesehen sein, dass die Daten zumindest ausgeleitet werden *können*.

165 Von den »Access by Design«-Anforderungen nach Art. 3 Abs. 1 DA sind auch nur solche Daten erfasst, die nicht wesentlich verändert wurden. Im Ergebnis sind deshalb nur **Rohdaten** und aufbereitete Daten ohne erhebliche Investitionen in Datenaufbereitung vom Anwendungsbereich des DA erfasst:

> 166 *»Daten, die **nicht wesentlich verändert** werden, d.h. Daten in **Rohform**, auch als Quell- oder Primärdaten bezeichnet, die sich auf Datenpunkte beziehen, die ohne jegliche weitere Form der Verarbeitung automatisch generiert werden, sowie Daten, die vor der Weiterverarbeitung und Auswertung **aufbereitet wurden**, um sie verständlich und nutzbar zu machen, fallen in den Anwendungsbereich dieser Verordnung.«*[66]

167 Im Umkehrschluss unterfallen **»veredelte Daten«**, insb. aus Rohdaten und aufbereiteten Daten abgeleitete oder gefolgerte Informationen, **nicht dem Anwendungsbereich des DA**:

> 168 *»Dagegen sollten **aus solchen Daten gefolgerte oder abgeleitete Informationen**, die das Ergebnis zusätzlicher Investitionen in die Zuweisung von Werten oder Erkenntnissen aus den Daten sind (insbesondere mittels komplexer proprietärer Algorithmen, einschließlich solcher, die Teil proprietärer Software sind), nicht in den Anwendungsbereich dieser Verordnung fallen, und somit sollten Dateninhaber bei diesen Daten auch nicht dazu verpflichtet sein, sie einem Nutzer oder Datenempfänger bereitzustellen, es sei denn, der Nutzer und der Dateninhaber haben etwas anderes vereinbart.«*[67]

169 Dabei definiert der Data Act leider nicht, wann eine **wesentliche Veränderung** der Daten vorliegt. Jedoch regelt der Data Act – wie eben zuvor gesehen -, dass Rohdaten und aufbereitete Daten nicht als wesentlich verändert gelten, hingegen aus solchen Daten abgeleitete oder gefolgerte Informationen wesentlich verändert wurden. Über diese in Erwägungsgrund 15 angesprochenen Ober- und Untergrenzen kann sich einer Bestimmung, wie weit der Anwendungsbereich des DA reicht, genähert werden. Dazu wird zunächst definiert was unter diesen Arten von Daten zu verstehen ist, um daraus dann Implikationen für die Abgrenzung zu ziehen.

170 Als **Untergrenze** setzt der Data Act »*Daten in Rohform*« bzw. Quell- oder Primärdaten.[68] In dieser Ausarbeitung wird der Begriff Rohdaten verwendet.

171 Rohdaten beziehen sich auf Datenpunkte[69],

> 172 *»die **ohne jegliche** <u>weitere Form</u> der Verarbeitung **automatisch** generiert werden«.*[70]

66 Vgl. Erwgr. 15.
67 Ibid.
68 Erwgr. 15 DA.
69 Datenpunkt: Datum als eine Einheit von Informationen; *ComputerWeekly*, Definition Datenpunkt, Datenpunkt (Data Point) (computerweekly.com), abgerufen am 14.03.2024.
70 Erwgr. 15 DA, Hervorhebung hinzugefügt.

173 Dabei bleibt unklar, was mit weiterer Form der Verarbeitung gemeint ist. Eine weitere Form impliziert, dass bereits eine Verarbeitung stattgefunden hat. Das kann der Gesetzgeber aber nicht gemeint haben, denn nach dem allgemeinen Sprachgebrauch und der Definition in der Literatur ist für ein Rohdatum gerade charakteristisch, dass es (noch) nicht verarbeitet wurde. Nach dem allgemeinen Sprachgebrauch sind damit Daten gemeint, die noch unverarbeitet sind und nicht ausgewertet wurden.[71] Das deckt sich auch mit einer in der einschlägigen Literatur vorgeschlagenen Definition, in der das Rohdatum als Datum in der Form, in der es vom Produkt oder verbundenen Dienst erfasst wurde, umschrieben wird.[72]

174 Außerdem ergibt sich aus dem zweiten Satzteil (»*automatisch generiert*«) und der im Erwägungsgrund 15 verwendeten Bezeichnung »Quell- und Primärdaten«, dass Rohdaten nur Daten in jener Form sein können, in der sie ursprünglich durch das vernetzte Produkt (hier das Fahrzeug[73]) erfasst wurden. Das Fahrzeug selbst generiert bei dessen Nutzung automatisch Daten über die darin verbauten Sensoren. In verschiedenen Steuergeräten werden diese Daten dann (weiter-)verarbeitet.

175 Als **Zwischenergebnis für die Untergrenze** kann festgehalten werden, dass das Rohdatum ein einzelner Datenpunkt ist, der automatisch vom vernetzten Produkt oder verbundenen Dienst, generiert wird und der in keinerlei Weise verändert wurde. Im Fahrzeugkontext sind dies jene Daten, die mittels Sensoren bei der Nutzung automatisch erzeugt werden.

176 Neben Rohdaten gelten gemäß Erwägungsgrund 15 auch **aufbereitete Daten als nicht wesentlich verändert**.

177 Diese werden näher umschrieben als Daten,

> »*die vor der Weiterverarbeitung und Analyse aufbereitet wurden, um sie verständlich und nutzbar zu machen*«,

insbesondere,

178 > »*indem eine physikalische Größe oder Eigenschaft oder die Veränderung einer physikalischen Größe, wie Temperatur, Druck, Durchflussmenge, Ton, pH-Wert, Flüssigkeitsstand, Position, Beschleunigung oder Geschwindigkeit, bestimmt wird*«.[74]

179 Nach Erwägungsgrund 15 können aufbereitete Daten daher als Rohdaten angereichert um die dazugehörigen Metadaten verstanden werden.

180 Aus dem Wortlaut folgt gerade auch, dass die Aufbereitung eine Vorstufe zur eigentlichen Verarbeitung ist und eine Datenverarbeitung gerade noch nicht erfasst sein soll. Die deutsche Fassung ist insofern nicht ganz eindeutig: Ob »Verarbeitung« und »Weiterverarbeitung« unterschiedliche Prozesse sind, wird daraus nicht eindeutig

---

71 Duden, Definition »Rohdaten«, www.duden.de/rechtschreibung/Rohdaten, abgerufen am 15.03.2024.

72 *Kim*, Der Datenbankschutz sui generis, Beilage zu MMR 1/2024, 87, 89.

73 Vgl. Art. 2 Nr. 5 DA.

74 Erwgr. 15 DA.

ersichtlich. »Aufbereitung« wird zwar ausdrücklich von der »Weiterverarbeitung« abgegrenzt, nicht jedoch von der Verarbeitung generell. In der englischsprachigen Fassung des DA wird hingegen der griffigere Terminus »*pre-processed data*« verwendet. In der Literatur wird – insofern wenig hilfreich – von einer »rudimentären«[75] Weiterverarbeitung gesprochen.[76]

Dass unter dem Schritt »Aufbereitung« die Bereitstellung der Rohdaten zusammen 181 mit den Metadaten, d.h. inklusive des grundlegenden Kontexts und Zeitstempels, zu verstehen ist, lässt sich auch aus dem Zweck, Daten für vielfältigere Anwendungszwecke verständlich zu machen, herleiten.[77] Hintergrund ist, dass Rohdaten an sich in der Regel nicht nutzbar sind, da ein Rohdatum nur aus einer Zeichen- und Ziffernfolge besteht, die noch nicht in einen Kontext gesetzt wurde.[78] Erst der Schritt der Aufbereitung setzt die Rohdaten dann in den erforderlichen Kontext, um diese zu verstehen.[79] Dies geschieht mithilfe der Metadaten, die gem. der Legaldefinition in Art. 2 Nr. 2 DA explizit das Auffinden bzw. die Nutzung der Daten erleichtern sollen. Der Verarbeitungsschritt der Aufbereitung darf jedoch nicht so weit verstanden werden, dass sämtliche Daten umfassend verständlich gemacht werden müssen. Ein über die Bereitstellung der Metadaten im o.g. Sinne hinausgehender Aufwand ist nicht erforderlich. Dies ergibt sich aus der ausdrücklichen Klarstellung in Erwägungsgrund 15, wonach »aufbereitete Daten« nicht so ausgelegt werden soll, »*dass der Dateninhaber dazu verpflichtet ist, wesentliche Investitionen in die Bereinigung und Transformationen der Daten vorzunehmen*«.

Für aufbereitete Daten gilt als **Zwischenergebnis**, dass es solche Daten sind, die in 182 einem ersten Schritt vor der Weiterverarbeitung und Analyse in eine Form gebracht werden, die für den Nutzer verständlich ist. Im Ergebnis sind hierunter Rohdaten angereichert um die dazugehörigen Metadaten zu verstehen.

Im Unterschied zu jenen Daten, die nicht wesentlich verändert wurden – d.h. Rohda- 183 ten und aufbereitete Daten – **fallen »veredelte« Daten als Obergrenze der Begrifflichkeit nicht in den Anwendungsbereich des Data Acts.** Erwägungsgrund 15 erwähnt hierbei insbesondere »*aus solchen Daten gefolgerte oder abgeleitete Informationen, die das Ergebnis zusätzlicher Investitionen in die Zuweisung von Werten oder Erkenntnissen*« sind. Im Umkehrschluss ergibt sich, dass diese Daten wesentlich verändert wurden.

In Abgrenzung zu aufbereiteten Daten ist die Ableitung und Folgerung von Infor- 184 mationen ein weiterer Verarbeitungsschritt, der über die bloße Nutzbarmachung hinausgeht (Bsp.: Rohdatum A, B, C wird durch Analyse zu Datum D; Fahrzeugbeispiel: Rohdatum A, B und C laufen in Steuergerät und Output des Steuergeräts ist dann Datum D). Das ergibt sich schon aus dem Wortlaut und dessen Sinngehalt

75 *Podszun/Offergeld*, Zugang zu Daten nach dem europäischen Datengesetz, WiVerw 2023, 103, 106.

76 So im Ergebnis auch Wiebe/Helmschrot/Kreutz, CR 2023, 484, 486.

77 Erwgr. 15 DA.

78 *Immenga/Mestmäcker/Podszun*, § 20 GWB, Rn. 122.

79 Vgl. Ibid.

(»*aus solchen Daten abgeleitete oder gefolgerte* ***Informationen***«). Informationen und Daten sind nicht identisch: Daten werden erst dann zu Informationen, wenn sie in einen Kontext gesetzt werden.[80] Das geschieht durch die Zuweisung von Werten und Erkenntnissen aus den Daten.[81]

185 Anhaltspunkte dafür, wann Werte oder Erkenntnisse iSd. DA zugewiesen werden, ergeben sich aus dem Wortlaut der aktuellen Fassung sowie aus einem Vergleich mit dem Kommissions-Vorschlag. Ein Blick in den Kommissions-Vorschlag zum DA zeigt, dass der dortige Erwägungsgrund 17 noch vorsah, dass:

186 »*derartige Daten […] auch solche in der Form und dem Format umfassen [sollten], in denen sie vom Produkt erzeugt werden,* ***jedoch nicht Daten, die sich aus einem Softwareprozess ergeben, mit dem abgeleitete Daten aus solchen Daten berechnet werden, da ein solcher Softwareprozess Rechten des geistigen Eigentums unterliegen kann.***«

187 Dieser Halbsatz findet sich nicht mehr in der aktuellen Fassung. Stattdessen wird in Erwägungsgrund 15 ausgeführt, dass insbesondere die Zuweisung von Werten und Erkenntnissen mittels *komplexer proprietärer Algorithmen* dazu führen kann, dass diese Daten nicht mehr in den Anwendungsbereich des DA fallen. Nach der Intention des Gesetzgebers soll demnach nicht jede durch Software abgeleitete Information vom Anwendungsbereich ausgeschlossen sein. Vielmehr ist ein gewisses Maß an zusätzlichem Aufwand erforderlich. Erwägungsgrund 15 stellt hierbei auf das Kriterium der »wesentlichen« bzw. »zusätzlichen« Investionen in die Datenverarbeitung ab, wodurch ein Datum wesentlich verändert wird.

188 Der Begriff »wesentliche Veränderung« selbst wird im DA nicht definiert. Hilfsweise kann jedoch die Verordnung des Europäischen Parlaments und des Rats zur Festlegung harmonisierter Vorschriften für künstliche Intelligenz und zur Änderung bestimmter Rechtsakte der Union (Verordnung (EU) 2024/1689; nachfolgend: KI-VO) herangezogen werden, der »*wesentliche Veränderung*«[82] in Art. 3 Nr. 23 legaldefiniert als:

189 »*eine Veränderung eines KI-Systems nach dessen Inverkehrbringen oder Inbetriebnahme, die in der vom Anbieter durchgeführten ursprünglichen Konformitätsbewertung nicht vorgesehen oder geplant war und durch die die Konformität des KI-Systems mit den Anforderungen in Kapitel III Abschnitt 2 beeinträchtigt wird oder die zu einer Änderung der Zweckbestimmung führt, für die das KI-System bewertet wurde.*«

190 Diese Legaldefinition ist zwar nicht uneingeschränkt auf den DA übertragbar. Als unionsrechtlich determinierter Begriff[83] muss »*wesentliche Veränderung*« jedoch unter Berücksichtigung des jeweiligen Regelungszusammenhangs und des verfolgten Zwecks

80 *Immenga/Mestmäcker/Podszun*, § 20 GWB, Rn. 116.

81 Erwgr. 15 DA.

82 Zum Zeitpunkt des Entwurfs dieses Abschnitts, war die KI-VO noch nicht im EU-Amtsblatt veröffentlicht und es lagen lediglich verschiedene Entwurfsfassungen vor (Datum: 30. April 2024). Aus diesem Grund, erfolgt die Bezugnahme auf den letzten Stand der englischen Verhandlungsversion des europäischen Gesetzgebers für die KI-VO.

83 Es handelt sich immer um einen unionsrechtlichen Begriff, wenn dieser in der Norm legaldefiniert wird, EU-WirtschaftsR-HdB/*Dauses/Ludwigs/Pieper*, B. B.I. Rechtsquellen Rn. 11.

einheitlich ausgelegt werden.[84] Folglich kann daraus abgeleitet werden, dass eine wesentliche Veränderung jedenfalls alle Daten umfasst, die ursprünglich nicht für das Funktionieren des vernetzten Produkts oder des verbundenen Dienstes gedacht waren. Daten, die aus einer Verarbeitung bzw. Analyse generiert werden, die über die für das Produkt oder verbundenen Dienst vorgesehenen Funktionen hinausgehen, sind demnach veredelte Daten und somit nicht vom Anwendungsbereich des DA erfasst.

Dies deckt sich auch mit dem zuvor ausgeführten Kriterium der zusätzlichen Investitionen, die gerade für das bloße Funktionieren des vernetzten Produkts bzw. verbundenen Dienstes nicht erforderlich sind. Ein solches Verständnis wird auch durch den Normzweck des DA untermauert. Erwägungsgrund 18 illustriert diesen anschaulich: 191

> *»Der Nutzer trägt die Risiken und genießt die Vorteile der Nutzung des vernetzten Produkts und sollte auch Zugang zu den von ihm generierten Daten haben. Er sollte daher berechtigt sein, aus den von diesem vernetzten Produkt und allen verbundenen Diensten generierten Daten Nutzen zu ziehen.«* 192

Daraus wird deutlich, dass der Gesetzgeber die Daten, die das Produkt oder der verbundene Dienst aufgrund einer Nutzung generiert, dem Nutzer zuordnet und diesem in weiterer Folge einen Zugangsanspruch einräumt. Das ergibt sich auch aus der Definition der Produktdaten in Art. 2 Nr. 15 DA als »*Daten, die **durch** die Nutzung* [...] *generiert werden*«. Allerdings werden entgegen dem Telos von Erwägungsgrund 15 auch explizit Daten vom Anwendungsbereich des DA erfasst, die bei Inaktivität des Nutzers generiert werden. Dies scheint auf den ersten Blick inkonsequent.[85] Aber auch die Entscheidung des Nutzers das Produkt im Bereitschaftszustand zu belassen oder ganz auszuschalten ist eine Nutzerhandlung, die sich zum Beispiel auf den Status der Batterie auswirken kann.[86] Konsequenterweise können nur jene Daten von den Zugangsansprüchen erfasst sein, die noch als Nutzerhandlung bzw. -vorgang zu verstehen sind. Hingegen sind solche Daten, die eine eigenständige Wertschöpfung[87] des Herstellers oder Dateninhabers darstellen, die über das hinausgeht, was für das Funktionieren des Produkts oder verbundenen Dienstes erforderlich ist, als veredelte Daten anzusehen und somit nicht vom Anwendungsbereich erfasst. 193

Auch im Wettbewerbsrecht gibt es in § 20 Abs. 1a GWB einen Datenzugangsanspruch für den Fall, dass ein anderes Unternehmen für seine eigene Tätigkeit auf Daten angewiesen ist, die von einem anderen Unternehmen kontrolliert werden.[88] Hierbei ist umstritten, welche Art von Daten noch vom Zugangsanspruch erfasst sind.[89] Grundsätzlich wird auf die »Höhe« der Wertschöpfung abgestellt.[90] Dabei gilt, je stärker die Rohdaten veredelt wurden, d.h. je mehr die Daten zu Informationen weiterverarbeitet 194

84 Ibid.
85 So auch *Hennemann/Steinrötter*, Der Data Act, NJW 2024, 1, 2.
86 So die Beispiele in Erwägungsgrund 15 DA.
87 *Hennemann/Steinrötter*, Der Data Act, NJW 2024, 1, 3.
88 *Immenga/Mestmäcker/Podszun*, § 20 GWB, Rn. 93.
89 Darstellung in *Immenga/Mestmäcker/Podszun*, § 20 GWB, Rn. 116 ff.
90 *Immenga/Mestmäcker/Podszun*, § 20 GWB, Rn. 122.

wurden, desto eher sind sie nicht mehr vom Datenzugangsanspruch erfasst.[91] Diese Abgrenzung ist ebenfalls auf den DA übertragbar, da Hintergrund und Normzweck vergleichbar ist. Auch die Anbieter auf Sekundärmärkten, sind zur Ausführung ihrer Tätigkeit (z.B. Wartung oder Reparatur) auf Daten aus dem Produkt oder verbundenen Dienst angewiesen, was der DA gerade erleichtern soll.[92]

195 Grenze des Datenherausgabe- bzw. Datenzugangsanspruchs stellen somit (im Sinne eines Investitionsschutzes) jene Daten dar, die über das bloße Funktionieren des vernetzten Produktes bzw. verbundenen Dienstes Erforderliche hinausgehen und das Ergebnis zusätzlich getätigter Investitionen sind. Diese können nicht mehr »als vom Nutzer generiert« betrachtet werden.

196 So bleibt als Ergebnis, dass Daten wesentlich verändert sind, wenn sie das Ergebnis zusätzlicher Investitionen in die Zuweisung von Werten oder Erkenntnissen sind. Das ist dann der Fall, wenn Daten nicht mehr als vom Nutzer generiert angesehen werden können, sondern eine über das Funktionieren des Produkts hinausgehende Wertschöpfung des Dateninhabers bzw. Herstellers darstellen.

197 Weitere ausführliche Informationen und Details zu den beiden Begriffen der **Produktdaten** und **verbundenen Dienstdaten** sind im Abschnitt 1 Kapitel 2 Abschnitt A. II Rdn. 32 ff. ausgeführt.

198 In Ergänzung für Art. 3 DA ist dabei festzuhalten, dass betreffend der **direkten Zugriffsmöglichkeit** Erwägungsgrund 22 DA davon spricht, dass die Daten entweder von einem geräteinternen Datenspeicher oder von einem Server, an den diese übermittelt werden, abrufbar sein sollen. Der Zugriff auf den geräteinternen Datenspeicher kann wiederum über kabelgebundene oder drahtlose lokale Netzwerke erfolgen, die mit einem öffentlich zugänglichen elektronischen Kommunikationsdienst oder einem Mobilfunknetz verbunden sind.

199 Einschränkend hält Art. 3 Abs. 1 DA jedoch fest, dass der direkte Zugang des Nutzers auch **technisch möglich bzw. durchführbar sein muss.** Der Rechtsbegriff der technischen Machbarkeit ist im DA nicht näher konkretisiert. Dieser findet sich allerdings u.a. auch in Art. 20 Abs. 2 DSGVO, weshalb die dortige Kommentierung zur Bedeutung des Begriffs hilfsweise herangezogen werden kann.

200 Demnach richtet sich die **technische Machbarkeit** grundsätzlich nach den schon vorhandenen technischen Möglichkeiten, muss jedoch auch anhand eines objektiven Standards im Einklang mit dem aktuellen Stand der Technik geprüft werden, wobei in gewissem Maß auch subjektive Machbarkeitsfaktoren (wie zeitlicher und wirtschaftlicher Aufwand) zu berücksichtigen sind. Insgesamt läuft die Abwägung

---

91 Ibid.

92 So auch *Podszun/Offergeld*, Zugang zu Daten nach dem europäischen Datengesetz, WiVerw 2023, 103, 104.

auf eine Verhältnismäßigkeitsprüfung hinaus.[93] Im Detail zu der technischen Machbarkeit sogleich unten beim Absatz
*»– Einschränkung: Soweit technisch durchführbar«.* 201

202 Zusätzlich sind mit den Produktdaten und verbundenen Dienstdaten dem Nutzer entsprechende **Metadaten** bereitzustellen, die dem Nutzer eine Interpretation der Nutzungsdaten ermöglichen. Dabei sind Metadaten in Art. 2 Nr. 2 DA als

*»eine strukturierte Beschreibung der Inhalte oder der Nutzung von Daten, die das Auffinden eben jener Daten bzw. deren Verwendung erleichtert«*

legaldefiniert.

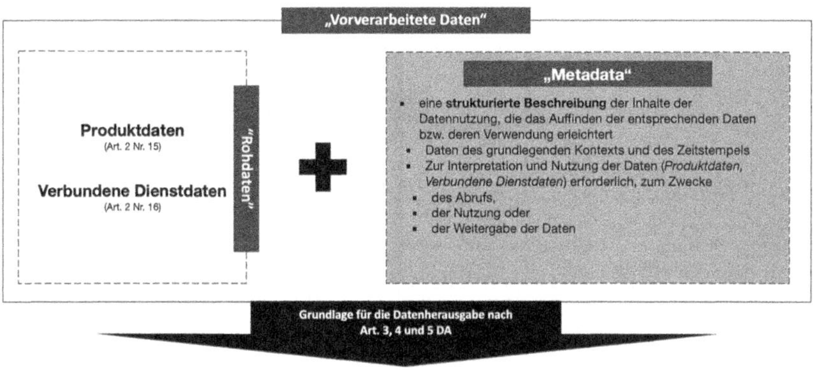


**Abb. 4: Metadaten | Überblick sowie Umgang und Verhältnis zu anderen »Daten« aus dem Data Act**

### *c) Die sonstigen Anforderungen an den Zugang (einfach, sicher, unentgeltlich in einem umfassenden, strukturierten, gängigen und maschinenlesbaren Format)*

203 Der Gesetzgeber hat in Art. 3 Abs. 1 DA dem Grundsatz des »Access by Designs« auch **das »Wie« des Zugangs** für den Nutzer geregelt.

204 So haben Hersteller und Anbieter bei der Zugänglichmachung dafür zu sorgen, dass die Produktdaten oder verbundenen Dienstdaten für den Nutzer

205 *»einfach, sicher, unentgeltlich in einem umfassenden, strukturierten, gängigen und maschinenlesbaren Format und, soweit relevant und technisch durchführbar, direkt zugänglich sind.«*

206 Zu diesen einzelnen formellen Anforderungen an den Zugang zu den Produkt- und verbundenen Dienstdaten hat der Gesetzgeber keine weiteren Hinweise oder Definitionen erlassen. Hilfsweise können aktuell die Bestimmungen der DSGVO und

93 Vgl. u.a. *Kühling/Buchner/Herbst*, DS-GVO Art. 20 Rn. 27; *Ehmann/Selmayr/Kamann/Braun*, DS-GVO Art. 20 Rn. 30; BeckOK IT-Recht/Steinrötter DS-GVO Art. 20 Rn. 43.

deren Kommentarliteratur herangezogen werden, um die einzelnen Begrifflichkeiten auszulegen:

– <u>Einfach Zugänglich</u>

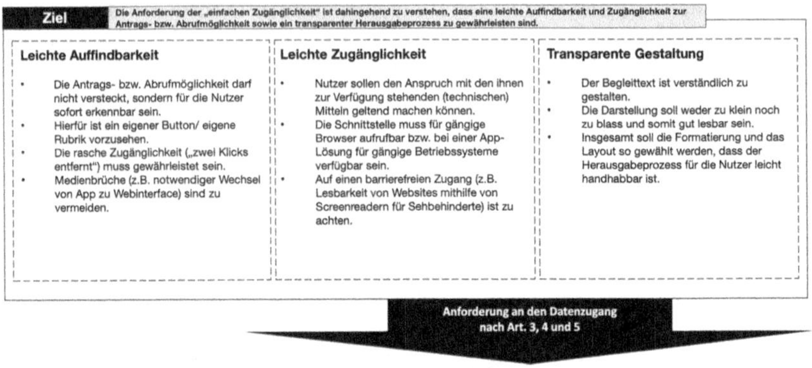


Abb. 5: Einfache Zugänglichkeit | Beschreibung

207 Darüber hinaus ist fraglich, ob eine einfache Zugänglichkeit dadurch verhindert wird, dass der Nutzer etwa der Notwendigkeit der Beischaffung technischer Mittel (bspw. eines Kabels) und etwaiger erforderlicher technischer Kenntnisse zur korrekten Anwendung in einer Gesamtbetrachtung unterliegt.

208 In diesem Zusammenhang spricht Art. 3 Abs. 2 lit. d DA davon, dass dem Nutzer Informationen zu den technischen Mitteln, welche für den Datenzugriff erforderlich sind, bereitzustellen sind. Dem Nutzer wird von Gesetzeswegen demnach mittelbar abverlangt beziehungsweise zugetraut, dass er etwaige insoweit erhaltene Informationen grundsätzlich nachvollziehen und umsetzen kann sowie technische Mittel einbezogen werden müssen beziehungsweise dürfen, denn Art. 3 Abs. 2 lit. d DA verlangt, dass vorvertraglich »[…] *dem Nutzer* […] *mindestens folgende Informationen in klarer und verständlicher Art und Weise bereitgestellt* [werden]: *die Angabe,* ***wie der Nutzer auf die Daten zugreifen****, sie abrufen oder gegebenenfalls löschen kann,* ***einschließlich der technischen Mittel hierfür.***«

209 Erwägungsgrund 24 DA führt hierzu näher aus, dass diese »*Pflicht für Transparenz in Bezug auf die generierten Produktdaten [sorgt] und den Zugang für den Nutzer [vereinfacht]*«. Hiermit ist daher eine reine Informationspflicht angesprochen. Im Umkehrschluss kann somit argumentiert werden, dass dem Nutzer die technischen Mittel selbst nicht zur Verfügung gestellt werden müssen bzw. das Erfordernis solcher der einfachen Zugänglichmachung nicht entgegensteht. Festzuhalten ist im Ergebnis, dass im DA keine besonderen Verpflichtungen geregelt sind, die Erreichung des Datenzugangs durch über den Datenzugang hinaus gehende Unterstützungsleistungen zu för-

dern (z.B. Zugang zu Instrumenten, Download erforderlicher Software).[94] In diesem Sinne sah auch der Entwurf des Europäischen Parlaments die folgende Ergänzung zur Informationspflicht nach Art. 3 Abs. 2 vor: »*The technical means to access the data, such as Software Development Kits or application programming interfaces, and their terms of use and quality of service shall be sufficiently described* ***to enable the development of such means of access***«,[95] was eindeutig für ein Verständnis spricht, dass sich der Nutzer seine Zugriffsmittel selbst (be-)schaffen muss. Im Ergebnis würde dies bedeuten, dass ein einfacher Zugang auch dann gewährleistet wird, wenn der Nutzer die technischen Mittel hierfür selbst bereitstellen oder sich besorgen muss.

Andererseits findet sich eine vergleichbare Regelung in Art. 12 DSGVO, wonach der Verantwortliche alle Informationen in u.a. leicht zugänglicher Form (»*easily accessible*«) übermitteln muss. Nach Stimmen der einschlägigen Kommentarliteratur setzt leichte Zugänglichkeit dabei voraus, dass die betroffene Person mit den ihr zur Verfügung stehenden (technischen) Mitteln die Information erreichen kann.[96] Legt man hilfsweise das Verständnis nach DSGVO zugrunde, könnte dies gegen einen einfachen Zugriff sprechen, wenn sich der Nutzer die technischen Mittel selbst erst beschaffen muss. 210

Eine Verpflichtung, Unterstützungsleistungen zwecks Datenzugang zu erbringen, könnte sich auch aus dem Gedanken der Erzielung einer optimalen Wirkungskraft (*effet utile*) des Gesetzes ergeben. Insoweit wird in der Literatur jedoch vertreten, dass hierfür die Einzelheiten erst über Jahrzehnte hinweg ausjudiziert werden müssten.[97] Diese Auffassung erscheint in ihrer Pauschalität zu weitgehend, denn Art. 3 Abs. 1 DA bringt bereits selbst zum Ausdruck, dass der Datenzugang für den Nutzer einfach und in einem umfassenden, strukturierten, gängigen und maschinenlesbaren Format erfolgen soll – dem würden besondere Spezialinstrumente und Spezialsoftware wohl entgegenstehen, zumindest dann, wenn diese dem Nutzer nicht zur Verfügung gestellt werden. In einem solchen Fall würden zusätzliche Kosten für den Erwerb von technischen Spezialhilfsmitteln wohl in der Gesamtschau in den Bereich eine Gegenleistung für den Zugang rücken, mithin ein Entgelt darstellen und damit der Datenzugang auch nicht mehr »unentgeltlich« i.S.d. Art. 3 Abs. DA sein. Jedenfalls würde dieser Sachverhalt wahrscheinlich der Erreichung der optimalen Wirkungsgraft des Art. 3 Abs. 1 entgegenstehen und damit der Verpflichtung zum »*Access by Design*« nicht genügen. Letztlich wird daher wohl (auch) auf die Kosten und die Alltagsverbreitung der technischen Mittel zum Datenzugang bei der Beurteilung abzustellen sein. 211

Für den Fall, dass ein Nutzer sich für den Zugang ein Kabel besorgen müsste, könnte argumentiert werden, dass die Verwendung eines Kabels, also dem schlichten Verbin- 212

---

94 Vgl. *Wendehorst/Schwamberger*: Zugang zu Kfz-Nutzerdaten im (zukünftigen) europäischen Datenrecht (DAR 2022, 541, 543).

95 Vgl. DA-E des Europäischen Parlaments Art. 3 Abs. 2 lit ca.

96 Vgl. *Paal/Pauly/Paal/Hennemann*, 3. Aufl. 2021, DS-GVO Art. 12 Rn. 32; *Spindler/Schuster/Nink*, Recht der elektronischen Medien, 4. Aufl. 2019, DS-GVO Art. 12 Rn. 10.

97 Vgl. *Wendehorst/Schwamberger*: Zugang zu Kfz-Nutzerdaten im (zukünftigen) europäischen Datenrecht (DAR 2022, 541, 543).

den zweier Geräte/elektronischer Einheiten durch Steckverbinder, wie es bei vielen Verbindungen von Verbraucherartikeln zum Einsatz kommt (Kopfhörer, Tastaturen, Musikanlagen etc.), auch generell eine einfache und technisch durchführbare Lösung darstellt, insbesondere wenn dem Nutzer eine Anleitung (beispielsweise mit graphischer Darstellung) zur Verfügung gestellt wird und der genau Typ des Kabels exakt benannt wird, sodass es durch den Nutzer beispielsweise in einem Elektrofachgeschäft ohne weitere Umstände/Hürden erworben werden kann, solange es sich um einen gängigen Kabeltyp handelt.

213 **Im Ergebnis** lässt sich damit aus dem DA keine explizite Pflicht entnehmen, wonach dem Nutzer die technischen Mittel für den Datenzugang bereitgestellt werden müssen. Auch eine Gesamtbetrachtung steht im vorliegenden Fall der Pflichterfüllung des sog. *»Access by Design«* i.S.d. Art. 3 Abs. 1 DA nicht entgegen, wenn der Nutzer darüber informiert wird, wie er bspw. mit einem Kabel auf die Daten zugreifen kann, das Kabel in der Information genau bezeichnet wird und es sich bei dem Kabel um einen gängigen Kabeltyp handelt, der ohne weiteres durch den Nutzer eigenständige zu einem geringen Preis gekauft und aufgrund einer Anleitung für den Datenzugriff verwendet werden kann. Sofern es sich um eine kostengünstige und gängige technische Lösung handelt, kann wohl argumentiert werden, dass der Zugang zu den Daten dennoch einfach möglich ist, auch wenn der Nutzer die Mittel selbst beibringen muss.

– Sicher Zugänglich

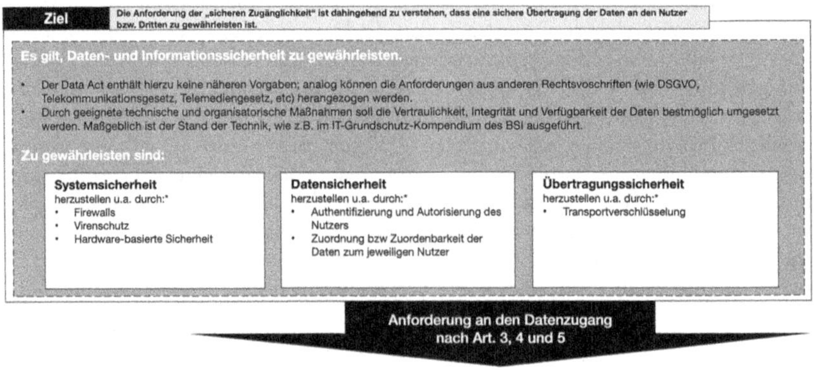


Abb. 6: Sichere Zugänglichkeit | Beschreibung

– Unentgeltlicher Zugang

214 Die Zugänglichkeit zu den Produktdaten bzw. verbundenen Dienstdaten muss für den Nutzer nach Art. 3 Abs. 1 DA auch **unentgeltlich** möglich sein.

215 Dies zementiert auch nochmals die Rolle des Nutzers als »Herr seiner Daten«, auf die er jederzeit einfach und sicher sowie ohne monetäre Gegenleistung zugreifen soll, so als wenn diese wie eine andere (physische) Sache ihm eigen sind. Dies wird auch dadurch deutlich, dass ein Dateninhaber von etwaigen Dritten, denen auf Wunsch

des Nutzers seine Daten nach Art. 5 DA bereitgestellt werden, eine angemessene Gegenleistung nach Art. 9 DA verlangen kann.

Fraglich ist, ob der Zugang auch unentgeltlich für den Nutzer nach Art. 3 Abs. 1 216
DA erfolgt, wenn der Nutzer zwecks Zugriff auf die Daten die technischen Mittel selbst bereitstellen muss. Der Unentgeltlichkeit würden jedenfalls Entgelte, die für den Zugang zu den Daten verlangt werden, entgegenstehen. Dies wäre hier jedoch nicht der Fall, denn die Kosten beziehen sich allein auf das technische Mittel – z.B. das Kabel, das für den Zugang benötigt wird – und nicht auf eine Gegenleistung für den Zugriff auf die Daten an sich.

Unentgeltlich (»*free of charge*«) bedeutet nicht kostenlos, sondern ohne Gegenleis- 217
tung. Eine Differenzierung dieser Begrifflichkeiten, also Entgelt und Kosten, liegt auch dem DA zu Grunde: Beispielsweise wird begrifflich in Art. 34 Abs. 2 DA zwischen »*Datenextraktions**entgelte** [...] zur Weitergabe der entstandenen Extraktions**kosten***« unterschieden, wenn auch hier wohl allein monetär und nicht als Entgelt im Sinne einer abstrakten Gegenleistung, die auch etwas anderes als Geld sein könnte. Dieses Verständnis von Entgelt als Gegenleistung findet sich auch in Art. 49 DA wieder, in dem *es um die* »[...] *Senkung der **Entgelte**, die Anbieter von Datenverarbeitungsdiensten **für den Vollzug des Wechsels** verlangen* [...]« geht. Dass grundsätzlich zwischen Entgelt und Kosten unterschieden wir, ergibt sich auch aus Erwägungsgrund 88 DA, der im Hinblick auf Wechselentgelte ausführt, dass *»mit diesen **Entgelten die Kosten*** [...] *and den Kunden* [...] *weitergegeben werden*«.

Um auf die zugänglichen Daten zugreifen zu können, entstünden beim Nutzer durch die Beischaffung/Herstellung der technischen Mittel (z.B. beim Kabelkauf) die damit verbundenen Kosten. Diese Kosten stellen jedoch kein Entgelt im Sinne einer Gegenleistung für die Zugänglichmachung der Daten dar, weshalb **im Ergebnis** auch das Kriterium der Untentgeltlichkeit erfüllt wäre.

– <u>In einem umfassend, strukturierten, gängigen und maschinenlesbaren Format</u> 218

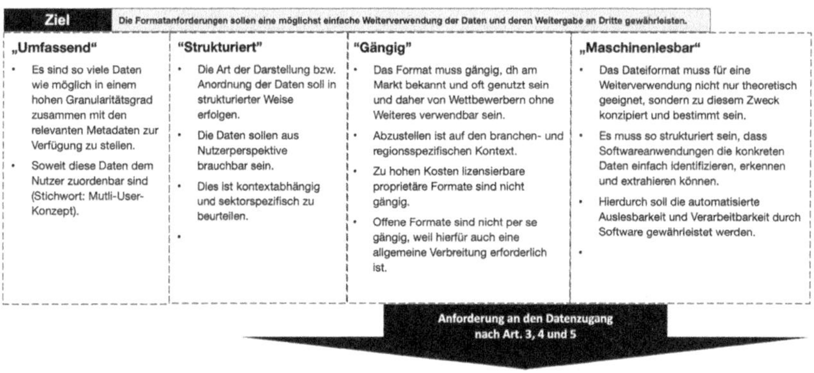


Abb. 7: Formatanforderungen | Beschreibung

– <u>Einschränkung: Soweit technisch durchführbar</u>

219 Soweit es für das vernetzte Produkt relevant und für den Hersteller technisch durchführbar, sollte die Zugänglichmachung für den Nutzer **direkt** erfolgen.

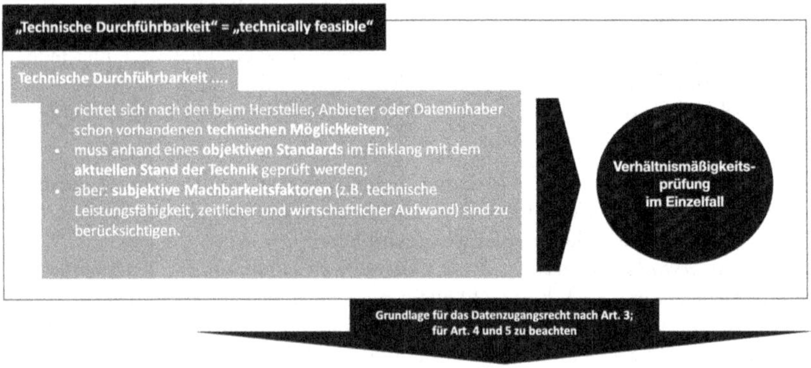


Abb. 8: Technische Durchführbarkeit | Beschreibung

220 Wie in der Einführung oben schon erwähnt, hat insbesondere die Design-Anforderung des direkten Zugangs zu Produktdaten hat naturgemäß weitreichende Konsequenzen für die technischen wie organisatorischen Gegebenheiten und Prozesse beim Hersteller. Denn anders als die ohne Weiteres verfügbaren Daten, welche nach Art. 4 bzw. Art. 5 DA durch Dateninhaber bereitzustellen sind, bezieht sich Art. 3 Abs. 1 DA auf alle Produktdaten bzw. verbundenen Dienstdaten, die das vernetzte Produkt oder der verbundene Dienst bei seiner Nutzung generiert und die zur Ausleitung konzipiert sind. Die Daten müssen daher nicht bereits beim Dateninhaber/Hersteller in dessen Servern/Backends vorliegen, um vom Anwendungsbereich des DA umfasst zu sein.

221 Es ist auch fraglich, ob sämtliche vernetzte Produkte vom Hersteller so konzipiert werden können, dass Nutzer immer direkt auf die durch das Produkt generierten Daten zugreifen kann. Dies hat sowohl zeitliche als auch sachliche Hintergründe.

222 Aus zeitlicher Sicht existieren heute schon vernetzte Produkte, die fertig entwickelt sind und über den Geltungsbeginn des Data Acts noch in der EU in Verkehr gebracht werden. Eine nachträgliche und hardwareseitige Anpassung des vernetzten Produkts ist dabei in den meisten Fällen wohl nicht möglich und dürfte die betroffenen Hersteller vor immense ökonomische Herausforderungen stellen, da derartige Konzeptionen und Entwicklungskosten beim Produktdesign nie berücksichtigt wurden.

223 Aber auch sachliche Hintergründe dürften einen direkten Zugriff oftmals nur schwer ermöglichen; wenn gleich Speichermedien in den letzten Jahrzehnten wesentlich effizienter und kostengünstiger geworden sind, sind wohl die wenigsten vernetzten Produkte mit umfassenden Speichern ausgestattet. Dies hat zur Folge, dass der Nutzer selbst bei Vorliegen eines direkten Zugriffs mittels Hardwareschnittstelle immer nur die Daten abziehen kann, die gerade in dem Moment durch seine Nutzung des

Produkts generiert werden. **Historische Produktdaten** dürften in nur den allerwenigsten Fällen in den vernetzten Produkten selbst gespeichert sein und zum Zugriff vorliegen. Dies ist auch gerade deshalb nachvollziehbar, da gerade moderne vernetzte Produkte, wie vernetzte Fahrzeuge eine regelrechte Datenflut produzieren, so dass es fahrdynamisch als auch ökonomisch nicht sinnvoll ist, entsprechend viele Speichermedien im Fahrzeug zu verbauen.

Für Hersteller bietet sich deshalb neben dem direkten Zugang am vernetzten Produkt auch die alternative Möglichkeit, dem Nutzer **mittelbar direkten Zugriff** mittels eines »**Remote-Servers**« auf seine Produktdaten zu geben.[98] 224

▶ Hinweis

In ihren veröffentlichten »*Frequently Asked Questions*«[99] geht die EU Kommission bei Frage 22 davon aus, dass Hersteller von vernetzten Produkten nicht in allen Situationen und für alle ihre vernetzten Produkte einen direkten Zugang gewähren müssen. Dies ist immer nur dann geboten, »*soweit relevant und technisch durchführbar*« (Hervorhebungen durch den Autor): 225

»*The formulation ›where relevant and technically feasible‹* ***is meant to reinforce the manufacturers' discretion to decide whether to design a connected product in a way that provides users with uncontrolled access (i.e. without any intervention by any other party) or in a way that provides access with additional controls (typically via a remote server).*** *For this purpose, a manufacturer may assess, for example, whether direct access is technically possible; the costs of potential technical modifications; and the difficulty of protecting trade secrets or IP, or of ensuring the connected product's security. One could also consider whether direct access is relevant in a specific scenario from the perspective of the connected product, user, or data holder. Based on this assessment, manufacturers may choose to design the connected product in such a way that all or part of the product data is directly accessible or may enable only indirect access. If agreed upon, data holders can also access product data made directly accessible to a user.*«[100]

Nach dem Verständnis der EU Kommission würde dies bedeuten, dass insbesondere der Hersteller eines vernetzten Produkts immer ein **Wahlrecht** hat, ob er die Produktdaten für den Nutzer direkt oder indirekt zur Verfügung stellt. Ob dieses Verständnis so abschließend vor dem EuGH bestand haben wird, bleibt abzuwarten.

In jedem Fall haben auch diese alternativen Zugriffsmöglichkeiten für Hersteller und Anbieter nicht unerhebliche technischen, organisatorischen und letztlich auch finanziellen Herausforderungen. 226

98 Vgl. Erwgr. 22.
99 Abrufbar unter: https://digital-strategy.ec.europa.eu/en/library/commission-publishes-frequently-asked-questions-about-data-act (letzter Abruf: 3. Februar 2024).
100 Ibid., S. 16.

227 So sind die Produktdaten zunächst erstmal an bzw. via besagten »Remote-Server« zu übermitteln, was mit Datenübermittelungskosten verbunden ist, um Nutzern dann über diese den Zugang zu ermöglichen. Wie oben ausgeführt, kann ein modernes Fahrzeug am Tag Daten im mittleren bis hohen Gigabyte-Bereich erzeugen. Als Datenübermittelung steht Fahrzeugen dabei regelmäßig eine Mobilfunkverbindung zur Verfügung um entsprechende Onboard-Dienste, wie »Remote-Call«, usw. zu erfüllen. Wenn über diese Verbindung nun täglich Datenpakte im Gigabyte-Bereich übermittelt werden, stellt dies Hersteller vor erhebliche Kosten, die sie auch nicht nachträglich ihren Kunden/Nutzern wegen der Unentgeltlichkeit von Art. 3 Abs. 1 DA in Rechnung stellen können. Es ist daher auch wenig überraschen, dass etwa Automobilhersteller heute nur sehr selektiv Fahrzeugdaten zu eigenen Zwecken ausleiten, da jedes übertragene Kilobyte mit Kosten verbunden ist, etwa für den Datentransport (d.h., Kosten des Mobilfunkanbieters), das Speichern (d.h., Kosten für die Server) und die Verarbeitung durch Mensch und Computer. Die Kosten einer jeden Datenausleitung sind daher gegen den wirtschaftlichen Vorteil des Nutzbarmachens dieser Daten abzuwägen. Davon abgesehen ist eine Echtzeit-Übertragung von den anfallenden Datenmengen mit der derzeitig verfügbaren LTE/5G-Technologie technisch unmöglich.

228 Weiter sind Hersteller und Anbieter gehalten, für die Produktdaten und verbundenen Dienstdaten ein entsprechendes Datenmanagement, entweder im Produkt/Dienst selbst oder via Remote-Server-Lösung, aufzusetzen, dass die Anforderungen an Metadaten sowie Einfachheit, Sicherheit und Formatanforderungen der Datenzurverfügungsstellung erfüllt. Hierzu ausführlich im Abschnitt F. dieses Buchteils.

229 Insofern sollten Hersteller und Anbieter **im Einzelfall** für das jeweilige vernetzte Produkte oder den verbundenen Dienst **prüfen**, inwieweit hier eine technische Durchführbarkeit gegeben und **verhältnismäßig** ist.

230 Dabei darf – wie oben in der Einführung schon ausgeführt – nicht außer Acht gelassen werden, dass der DA gleichzeitig verhindern soll, dass Anreize für Investitionen in vernetzte Produkte, von denen die Daten erlangt werden, verloren gehen.[101] So können etwa Dateninhaber von Dritten nach Art. 9 DA eine entsprechende Gegenleistung fordern. Der europäische Gesetzgeber hat damit im Kontext des Art. 5 DA klargestellt, dass jede Datenbereitstellung mit entsprechenden Kosten verbunden ist. Nichts anderes kann für die Datenzugangsansprüche des Nutzers nach Art. 3 DA gelten.

231 Zwar hat sich der europäische Gesetzgeber in dieser Konstellation dazu entschieden, dem Nutzer ein kostenfreies Zugangsrecht einzuräumen. Dennoch darf die grundsätzliche Interessensabwägung auch hier nicht außer Acht gelassen werden: eine unverhältnismäßige Belastung der Normadressaten muss verhindert werden, andernfalls kein Anreiz mehr besteht, überhaupt noch Daten zu generieren und zu erheben.

232 Davon unabhängig ist die Designanforderung des Art. 3 Abs. 1 DA – wie jeder Eingriff von staatlicher Seite – an den durch die Europäische Grundrechtecharta gewährleisteten Rechten zu messen, insbesondere an Art. 16 der Charta. Die Pflicht zur

101 Vgl. Erwgr. 32 DA.

Ermöglichung eines direkten Zugangs ist grundsätzlich geeignet, die durch Art. 16 der Charta gewährleistete unternehmerische Freiheit einzuschränken, welche insbesondere das Recht jedes Unternehmens umfasst, in den Grenzen seiner Verantwortlichkeit für seine eigenen Handlungen frei über seine wirtschaftlichen, technischen und finanziellen Ressourcen verfügen zu können. Die Verpflichtung nach Art. 3 DA legt dem Hersteller eines vernetzten Produkts bzw. dem Anbieter eines verbundenen Dienstes nämlich den Zwang auf, technischen und organisatorische Maßnahmen zu ergreifen, die für ihn mit Kosten verbunden sind und Auswirkungen auf die Ausgestaltung seiner Tätigkeiten haben können.[102]

Selbstredend gilt die unternehmerische Freiheit nicht schrankenlos, sondern ist im Zusammenhang mit ihrer gesellschaftlichen Funktion zu sehen. Eine Einschränkung dieser Freiheit durch den Gesetzgeber muss jedoch insbesondere dem Grundsatz der Verhältnismäßigkeit entsprechen. Nach ständiger Rechtsprechung des EuGH verlangt der Grundsatz der Verhältnismäßigkeit, dass die Handlungen der Unionsorgane nicht die Grenzen dessen überschreiten, was zur Erreichung der mit der fraglichen Regelung zulässigerweise verfolgten Ziele geeignet und erforderlich ist, wobei zu beachten ist, dass dann, wenn mehrere geeignete Maßnahmen zur Auswahl stehen, die am wenigsten belastende zu wählen ist und die verursachten Nachteile nicht außer Verhältnis zu den angestrebten Zielen stehen dürfen.[103] Bei der Auslegung des DA, dessen Wortlaut durchaus Spielraum bei der Anwendung der Normen lässt ohne dabei die Zielsetzung des Gesetzes zu gefährden, sollte daher auf die Verhältnismäßigkeit der auferlegten Pflichten im Besonderen geachtet werden, um nicht mehr Schaden als Nutzen zu verursachen. 233

#### *d) Geltungsbeginn von Art. 3 DA*

Zuletzt ist zu beachten, dass die Anforderungen nach Art. 3 Abs. 1 DA nur für jene vernetzte Produkte und die mit ihnen verbundenen Dienste gilt, die nach dem 12.09.2026 in Verkehr gebracht werden.[104] 234

### 2. Der Hersteller von vernetzten Produkten oder Anbieter verbundener Dienste als Adressaten der »Access by Design«-Anforderungen

Primäre Normadressaten dieser »Access by Design«-Anforderungen sind auf der einen Seite der **Hersteller** von vernetzten Produkten sowie der **Anbieter** von verbundenen Diensten.[105] Zwar werden diese nicht direkt von Art. 3 Abs. 1 DA erwähnt, jedoch ergibt sich aus dem Wortlaut *»werden so konzipiert und hergestellt/erbracht«*, dass es lediglich nur der Entwickler als Hersteller des vernetzten Produkts bzw. der Anbieter des verbundenen Dienstes sein kann, der diese Produkte und Dienste im Sinne der 235

102 Vgl. EuGH vom 27.03.2014, C-314/12 (*UPC Telekabel Wien*), Rz 49f.

103 Vgl. EuGH vom 12.07.2001, C-189/01 (*Jippes*), Rz 81; vom 22.01.2013 C-283/11 (*Sky Österreich*), Rz. 50.

104 Vgl. Art. 50 DA.

105 Vgl. Art. 1 Abs. 3 lit. a) DA.

Anforderungen des Art. 3 Abs. 1 DA entsprechend gestaltet. Dies wird auch durch Erwägungsgrund 14 S. 3 DA konkretisiert:

236 *»Durch die Entscheidungen der Hersteller bei der Konzeption und gegebenenfalls durch das Unionsrecht oder das nationale Recht, [...] sollte vorgegeben werden, welche Daten von einem vernetzten Produkt bereitgestellt werden können.«*

237 Derweilen wird in der Literatur und Lehre teilweise ein eher vertragsrechtlicher Ansatz zur Bestimmung des Adressaten verfolgt, der die Anforderungen aus Art. 3 Abs. 1 DA primär dem Verkäufer, Vermieter oder Leasinggeber nach Art. 3 Abs. 2 DA zuschreibt und lediglich *»darüber hinaus die Setzung eines objektiven Standards, welcher sich auch an Hersteller und anderer Marktbeteiligte richtet«* als Ziel hat.[106] Im Ergebnis ist diese Ansicht jedoch nach hiesiger Auffassung nicht vorzugswürdig, da sie die praktische Entwicklungs- und Geschäftspraxis gänzlich ignoriert. So wird etwa ein Autohaus als Verkäufer oder eine Autovermietung niemals dem Nutzer eine Zugangsermöglichung zu Produktdaten bereitstellen können, wenn dies nicht vom Automobilhersteller im Rahmen der jahrzehntelange Entwicklung- und Produktionsarbeit auch nur im Ansatz berücksichtigt wurde.

238 Art. 1 Abs. 3 lit. a) DA legt das Konzept des Marktortprinzips zu Grunde, wonach der Data Act unabhängig vom Ort der Niederlassung dieser Hersteller oder Anbieter gilt, sofern diese ihre Produkte oder Dienste in der Union in Verkehr bringen.

239 Eine weitergehende Definition von Hersteller oder Anbieter nimmt der Data Act selbst nicht vor.

### 3. Der Nutzer als Begünstigter

240 Der Begünstige der Zugänglichmachung von Produktdaten und verbundenen Dienstdaten ist der **Nutzer**, der in Art. 2 Nr. 12 legaldefiniert ist.

241 Der Data Act etabliert dabei den Nutzer als »Herr der Nutzerdaten«, wenn gleich ein »Dateneigentum« nicht etabliert wird.

242 Ausführliche Details und Erläuterungen zu dem Nutzer und seinen Eigenschaften finden sich in Teil 1 Kapitel 2 Abschnitt A. II Nummer 4 »Nutzer«.

### 4. Transparenzpflichten

243 Damit der (zukünftige) Nutzer seine Rechte insbesondere nach dem Data Act wahrnehmen kann, muss er zunächst in die Lage versetzt werden, das vernetzte Produkt bzw. den verbundenen Dienst und ihre Fähigkeiten zu Datengenerierung zu verstehen.

244 **Art. 3 Abs. 2 DA** regelt hierzu, welche Transparenzpflichten vom Verkäufer, Vermieter oder Leasinggeber – wobei es sich auch um den Hersteller handeln kann – gegenüber

106 So etwa *Schmidt-Kessel*, Heraus- und Weitergabe von IoT-Gerätedaten, in MMR 2024, 75, 79.

dem Nutzer vor Abschluss eines Kauf-, Miet- oder Leasingvertrags für ein vernetztes Produkt zu erfüllen sind.

**Art. 3 Abs. 3 DA** regelt die Transparenzpflichten, die der Anbieter eines verbunde- 245
nen Dienstes gegenüber dem Nutzer vor Abschluss eines Vertrags für die Erbringung dieses Dienstes zu erfüllen hat.

Die Transparenzpflichten erinnern dabei sehr stark an jene aus Art. 12 ff. DSGVO, die 246
sicherstellen sollen, dass die betroffene Person über die Verarbeitung ihrer personenbezogenen Daten durch den datenschutzrechtlichen Verantwortlichen informiert ist.

Von praktischer Relevanz dürfte in Art. 3 Abs. 2 DA insbesondere sein, dass der Her- 247
steller in vielen Fällen nicht identisch mit dem Verkäufer, Vermieter oder Leasinggeber sein muss, was auch der Gesetzgeber erkannte. Dies hat zur Folge, dass die betroffenen Adressaten gemeinsam mit dem Hersteller vertraglich sowie technisch und organisatorisch vereinbaren müssen, wie die Informationen entlang der »Lieferkette« zum Endkunden als Nutzer gelangen. Dabei muss sichergestellt werden, dass dies neben den inhaltlichen Anforderungen auch den formellen Anforderungen aus Art. 3 Abs. 2 und 3 DA genügt (*»[…] in klarer und verständlicher Art und Weise bereitgestellt«*).

Wie dies praktisch aussehen könnte, lässt Erwägungsgrund 24 erahnen: 248

*»Dies könnte, soweit verfügbar, Informationen über Datenstrukturen, Datenformate, Vokabu-* 249
*lare, Klassifizierungssysteme, Taxonomien und Codelisten sowie klare und ausreichende Informationen einschließen, die für die Ausübung der Nutzerrechte relevant sind, und darüber, wie die Daten gespeichert oder abgerufen werden können oder wie auf sie zugegriffen werden kann, einschließlich der Nutzungsbedingungen und der Dienstqualität von Anwendungsprogrammierschnittstellen oder gegebenenfalls der Bereitstellung von Software Development Kits. Diese Pflicht sorgt für Transparenz in Bezug auf die generierten Produktdaten und vereinfacht den Zugang für den Nutzer. Der Informationspflicht könnte beispielsweise dadurch nachgekommen werden, dass eine stabile URL-Adresse im Internet unterhalten wird, die als Weblink oder QR-Code verbreitet werden kann und zu den einschlägigen Informationen führt, die der Verkäufer, der Vermieter oder der Leasinggeber – bei dem es sich auch um den Hersteller handeln kann – dem Nutzer vor Abschluss eines Kauf-, Miet- oder Leasingvertrags für ein vernetztes Produkt bereitstellen könnte. Der Nutzer muss die Informationen in jedem Fall so speichern können, dass sie in der Folge eingesehen werden können und die unveränderte Wiedergabe der gespeicherten Informationen möglich ist. Zwar kann vom Dateninhaber nicht erwartet werden, dass er die Daten mit Blick auf die Bedürfnisse des Nutzers des vernetzten Produkts unbegrenzt speichert, jedoch sollte er eine angemessene Regelung in Bezug auf die Dauer der Datenspeicherung anwenden, gegebenenfalls im Einklang mit dem Grundsatz der Speicherbegrenzung nach Artikel 5 Absatz 1 Buchstabe e der Verordnung (EU) 2016/679, die die wirksame Anwendung der Datenzugangsrechte gemäß dieser Verordnung ermöglicht. Die Informationspflicht berührt nicht die Pflicht des Verantwortlichen, der betroffenen Person Informationen gemäß den Artikeln 12, 13 und 14 der Verordnung (EU) 2016/679 zu übermitteln. Die Pflicht, vor Abschluss eines Vertrags über die Erbringung eines verbundenen Dienstes die entsprechenden Informationen bereitzustellen, sollte beim potenziellen Dateninhaber liegen, unabhängig davon, ob der Dateninhaber einen Kauf-, Miet- oder Leasingvertrag für ein vernetztes Produkt abschließt. Ändern sich die Informationen während der Lebensdauer des vernetzten Produkts oder der Vertragslaufzeit für den verbundenen Dienst, einschließlich wenn sich der Zweck, zu dem diese*

*Daten verwendet werden sollen, gegenüber dem ursprünglich vorgesehenen Zweck ändert, so sollten diesbezügliche Informationen auch dem Nutzer bereitgestellt werden.«*

250 Ausführliche Details und Umsetzungshinweise finden sich im Abschnitt Teil 1 Kapitel 2 Abschnitt B. »Informationspflichten«.

### III. Implementierung – Praktische Umsetzung der »Access by Design«-Anforderungen und Transparenzanforderungen

#### 1. Vorgehensweise für Hersteller von vernetzten Produkten und Anbietern von verbundenen Diensten

251 Art. 3 Abs. 1 DA stellt die Hersteller von vernetzten Produkten und Anbieter von verbundenen Diensten vor umfangreiche technische und rechtliche Herausforderungen. Die Konzeptionsanforderung des Art. 3 Abs. 1 DA gilt nach Art. 50 DA für vernetzte Produkte und die mit ihnen verbundenen Dienste, die nach dem 12. September 2026 in Verkehr gebracht werden. Dieser sehr kurze Übergangszeitraum berücksichtigt nur geringfügig aktuelle Entwicklungszyklen der Industrie, welche sich über mehrere Jahre erstrecken.

252 Die Hersteller von vernetzten Produkten müssen nicht nur aktuell in Verkehr gebrachte vernetzte Produkt auf ihre Konformität im Hinblick auf die Anforderungen des Data Acts überprüfen und ggf. anpassen – jedenfalls, wenn diese Produkte auch über den 12. September 2026 in Verkehr gebracht werden sollen.

253 Bereits begonnene Neuentwicklungen und anstehende Entwicklungen von vernetzten Produkten müssen nunmehr bereits jetzt an der Konzeptionsanforderung des Art. 3 Abs. 1 DA ausgerichtet werden.

254 Daher müssen sich Hersteller über die bislang erhobenen oder künftig zu erhebenden Daten ihrer Produkte und Dienste Klarheit verschaffen. Die klare und strukturierte Einordnung der Daten im Rahmen einer Data Governance bildet das Fundament für die Einhaltung der gesetzlichen Verpflichtungen des Data Acts. Die folgende Entscheidungshilfe gibt einen Überblick, ob und wann sich ein Datum als Produktdatum oder verbundenes Dienstdatum einordnen lässt – und wann nicht.

#### 2. Praxistipps: Checkliste

255

| I. | **Organisation** | |
|---|---|---|
| | Zusammenstellung eines interdisziplinären Projektteam (siehe Implementierungskapitel Abschnitt F) | ☐ |
| II. | **Übersicht vernetzte Produkte und verbundene Dienste** | |
| | Identifikation aller vorhandenen und künftigen **vernetzten Produkte** | ☐ |
| | Identifikation aller vorhandenen und künftigen **verbundener Dienste** | ☐ |
| III. | **Datensammlung (»Product Data Governance«)** | |

| | | |
|---|---|---|
| | Definition aller **Produktdaten** und **verbundenen Dienstdaten**<br>– Zusammenstellung aller nutzungsgenerierten Daten von der Generierung des Rohdatums bis zur Weiterverarbeitung<br>– Erfassung der relevanten **Meta**daten<br>– Katalogisierung | ☐ |
| | Bewertung und Klassifizierung der Daten, insb. nach<br>– Geschäftsgeheimnis<br>– personenbezogen/nicht-personenbezogen<br>– Produktsicherheitsrelevanz | ☐ |
| | Bestimmung, ob Hersteller auch Dateninhaber ist | ☐ |
| IV. | **Zugänglichmachung der Daten** | |
| | Definition und Implementierung einer Zugangsmöglichkeit für Nutzer, insb. Einrichtung von Nutzerkonten<br>– Implementierung von objektiven Schutzmaßnahmen für Geschäftsgeheimnisse (z.B. Zugriffskontrolle, need-to-know Prinzip, etc.)<br>– Prüfen, ob Datenzugang Sicherheitsanforderungen gefährden könnte<br>– Registrierung und Verifizierung der Nutzer<br>– Abschluss von Nutzungsbedingungen für Zugriff auf Schnittstelle<br>– Vertragsklauseln zum Schutz von Geschäftsgeheimnissen und pbD Daten (NDAs, Anwendung von technischen Standards/Codes of Conduct, etc.)<br>– ggf. Vereinbarung vertraglicher Beschränkungen wenn Datenbereitstellung Sicherheitsanforderungen gefährden könnte | ☐ |
| | Art und Weise der Zugänglichmachung der Daten<br>– einfach und sicher zugänglich<br>– in einem umfassenden, strukturierten, gängigen und maschinenlesbaren Format<br>– Anwendung technischer Schutzmaßnahmen zur Verhinderung eines unauthorisierten Zugriffs auf die Daten (z.B. Verschlüsselung) | ☐ |
| | Vertragsmanagement bei Herstellern und Verkäufern, etc. zur Erfüllung der Transparenzanforderungen (siehe Transparenzkapitel Abschnitt B) | ☐ |
| | Vertragsmanagement bei Herstellern als Dateninhaber und Nutzern zur Sicherstellung der Datennutzung zu eigenen »Herstellerzwecken« | ☐ |
| V. | **Umsetzung in der Produktentwicklung** | |
| | Etablierung »access by design« als Kernprozess der Produktentwicklung<br><br>Schnittstellen insb. zu (*nicht abschließend*):<br>– Data Governance<br>– Datenschutzorganisation<br>– Geschäftsgeheimnisse<br>– Produktsicherheit | ☐ |
| | Etablierung einer »Product-Data-Governance« | ☐ |

## D. Datenzugang und Pflichten des Nutzers (Art. 4 DA)

### I. Einführung

256 Die rasche Verbreitung von mit dem Internet vernetzten Produkten – ein Phänomen, das unter dem Begriff »Internet der Dinge« (Internet of Things, IoT) bekannt ist – hat zu einer signifikanten Zunahme der Verfügbarkeit von Daten geführt.[107] Der europäische Gesetzgeber vertritt die Auffassung, dass solche IoT-Geräte-Daten »co-generiert« sind.[108] Neben dem Hersteller sei insb. der »Nutzer« – im Rahmen des Data Acts soll dies zB der Eigentümer, Mieter oder Leasingnehmer sein – an ihrer Entstehung beteiligt.

257 Der Data Act will nun sicherstellen, dass diese »Nutzer eines vernetzten Produkts oder verbundenen Dienstes in der Union zeitnah auf die Daten zugreifen können, die bei der Nutzung dieses vernetzten Produkts oder verbundenen Dienstes generiert werden, und dass diese Nutzer die Daten verwenden und auch an Dritte ihrer Wahl weitergeben können«.[109] Der Nutzer trage die Risiken und genieße die Vorteile der Nutzung des vernetzten Produkts; er sollte daher auch berechtigt sein, von den durch das vernetzte Produkt und alle damit verbundenen Dienste generierten Daten zu profitieren.[110]

258 Die Art. 3, 4 und 5 DA regeln die Pflicht der Zugänglichmachung von Produktdaten und verbundene Dienstdaten »für den Nutzer«[111]. Die drei Artikel und die enthaltenen Regelungen sind als Paket hinsichtlich der Zugänglichmachung der Daten zu verstehen[112]: Art. 3 DA regelt, dass vernetzte Produkte und damit verbundene Dienste so zu konzipieren und herzustellen sind, dass die Produkt- und verbundene Dienstdaten für den Nutzer standardmäßig leicht – und, »soweit relevant und technisch durchführbar, direkt« – zugänglich sind (hierzu Kapitel 2 C. II. 1, insb. Rdn. 141 ff.). Art. 4 DA regelt die Pflicht des Dateninhabers zur Bereitstellung der ihm ohne Weiteres verfügbaren Daten an den Nutzer. Art. 5 DA regelt das Recht des Nutzers auf Weitergabe der Produktdaten und verbundenen Dienstdaten an Dritte (hierzu Kapitel 2 E.).

### II. Rechte und Pflichten von Nutzern und Dateninhabern nach Art. 4 DA

259 Art. 4 Abs. 1 S. 1 DA bestimmt, dass, soweit der Nutzer nicht direkt vom vernetzten Produkt oder verbundenen Dienst aus auf die Daten zugreifen kann (zum Verhältnis zu Art. 3 DA s. Rdn. 260 ff.), die Dateninhaber (s. Rdn. 265 ff.) dem Nutzer (s. Rdn. 265 ff.) ohne Weiteres verfügbare Daten (s. Rdn. 293 ff.) einschließlich

---

107 Erwgr. 1.
108 Erwgr. 6.
109 Erwgr. 5.
110 Erwgr. 18; Antoine, Datenzugangsrechte im finalen Data Act – Fortschritt, Rückschritt, neue Fragen?, CR 2024, 1, 2.
111 Vgl. Wortlaut der Überschrift von Art. 3 Abs. 1 DA.
112 Wiesemann/Rockstroh, Datenzugang nach dem Data Act, ZdiW 2024, 56, 59 f.

der zur Auslegung und Nutzung der Daten erforderlichen Metadaten (s. Rdn. 320) unverzüglich (s. Rdn. 322 ff.), [in der gleichen Qualität wie für den Dateninhaber (s. Rdn. 349 ff.)], einfach (s. Rdn. 324 ff.), sicher (s. Rdn. 329 ff.) unentgeltlich (s. Rdn. 334 ff.), in einem umfassenden, [strukturierten], gängigen und maschinenlesbaren Format (s. Rdn. 338 ff.) und – falls relevant und technisch durchführbar – kontinuierlich und in Echtzeit (s. Rdn. 351 ff.) bereitstellen (s. Rdn. 360 ff.). Dies geschieht auf einfaches Verlangen auf elektronischem Wege, soweit dies technisch durchführbar ist (Art. 4 Abs. 1 S. 2 DA – s. Rdn. 288 ff.).

## 1. Subsidiarität von Art. 4 Abs. 1 DA ggü. Art. 3 Abs. 1 DA

Art. 3 Abs. 1 Hs. 1 DA scheint den allgemeinen Grundsatz aufzustellen, dass nut- 260
zungsgenerierte Daten, die ein Dateninhaber oder Dritter, ggf. einschl. des Herstellers, abrufen und damit nutzen kann[113], (auch) dem Nutzer – Eigentümer, Mieter oder Leasingnehmer – zugänglich sein sollen.[114] Darüber hinaus bestimmt Art. 3 Abs. 1 DA, dass die Daten »soweit relevant und technisch durchführbar« dem Nutzer »direkt zugänglich« gemacht werden müssen.[115]

Art. 4 Abs. 1 DA bestimmt, dass »soweit der Nutzer nicht direkt vom vernetzten Pro- 261
dukt oder verbundenen Dienst aus auf die Daten zugreifen kann«, der Dateninhaber dem Nutzer die Daten auf die in Art. 4 Abs 1 bestimmte Weise bereitzustellen hat. Art. 3 Abs. 1 Hs. 2 und Art. 4 Abs. 1 DA stehen in einem echten Alternativverhältnis zueinander.[116] Ein Nutzer, dem Daten nach Art. 3 DA »direkt« zugänglich sind, hat damit grds. keinen Anspruch mehr auf Datenbereitstellung nach Art. 4 Abs. 1 DA.[117] Die EU-Kommission scheint in ihren FAQ zudem die Ansicht zu vertreten, dass es grds. im Ermessen des Herstellers/Dateninhabers liegt, ob Daten direkt nach Art. 3 Abs. 1 DA oder indirekt nach Art. 4 DA zugänglich gemacht werden.[118] Siehe zu Art. 3 DA: Rdn. 131 ff.

---

113 So der Wortlaut von Art. 2 Nr. 15 DA: »Produktdaten«.

114 Siehe bereits Kapitel 2 C., Rn. 219 ff.; Wiesemann/Rockstroh, Datenzugang nach dem Data Act, ZdiW 2024, 56, 58 f.

115 Wiesemann/Rockstroh, Datenzugang nach dem Data Act, ZdiW 2024, 56, 58 f.

116 Wiesemann/Rockstroh, Datenzugang nach dem Data Act, ZdiW 2024, 56, 59; EU Commission Frequently Asked Questions v. 1.2, S. 13.

117 Drexl u.a., Rn. 79; Wiesemann/Rockstroh, Datenzugang nach dem Data Act, ZdiW 2024, 56, 59; EU Commission Frequently Asked Questions v. 1.2, S. 13; a.A. Specht-Riemenschneider, Der Entwurf des Data Act – Eine Analyse der vorgesehenen Datenzugangsansprüche im Verhältnis B2B, B2C und B2G, MMR 2022, 809, 815; Schmidt-Kessel, Heraus- und Weitergabe von IoT-Gerätedaten – Analyse des Vertragsnetzes unter dem Data Act, MMR 2024, 75, 80.

118 EU Commission Frequently Asked Questions v. 1.2, S. 13, 16 f.; die FAQ sind an dieser Stelle aber nicht eindeutig. Es wird zwar von einem »Ermessen« (»manufacturers' discretion«, FAQ, S. 16) und einer »Wahl« des Herstellers (»manufacturers may choose«, S. 16) gesprochen, um eine Lösung zu finden, die »für sie am besten funktioniert« (»put in place solutions that work best for them«, FAQ, S. 13, **Anm.:** hier wird zudem im Rahmen von Art. 3 der Begriff des »data holders« genutzt). In bestimmten Situation

262 In Art. 3 Abs. 1 DA wird offengelassen, wann der Zugang zu den Daten für den Nutzer als »**direkt**« einzustufen ist. Ein erster Hinweis könnte sich aus Art. 4 Abs. 1 DA selbst ergeben, der eben erst anwendbar ist, wenn die Daten nicht »direkt vom vernetzten Produkt oder verbundenen Dienst aus« zugänglich sind. Nach Erwgr. 22 könne ein »direkter« Zugang zunächst über kabelgebundene oder drahtlose lokale Funknetze ermöglicht werden, die mit einem öffentlich verfügbaren elektronischen Kommunikationsdienst oder Mobilfunknetz verbunden sind. Ein »direkter« Zugang könne sowohl durch eine geräteinterne Datenspeicherung als auch über einen Remote-Server (»Backend«), an den die Daten übermittelt werden, ermöglicht werden.[119] Die Daten wären nach dieser Lesart mithin auch dann noch »direkt« zugänglich, wenn die Produktdaten zwar nicht im Produkt selbst, sondern auf Backend-Servern gespeichert werden, aber ohne unwesentliche Verzögerung für den Nutzer ***vom Produkt aus*** zugänglich sind (z.B. über das Interface des Produkts).[120]

263 Im Rahmen des Data Acts wird den Nutzern eine zentrale Rolle zugesprochen: Ihnen soll ein einfacher Zugang zu den Daten gewährt werden. Es kann daher angezeigt sein, auch die Nutzersicht zu berücksichtigen. Eine solche weitergehende Auslegung eröffnet die Möglichkeit, einen Datenzugang auch dann noch als »direkt« anzusehen, wenn die Daten dem Nutzer jederzeit ***ohne Umwege*** zugänglich sind, insbesondere ohne, dass dieser mit dem Hersteller oder einem sonstigen Dritten in Kontakt treten muss. In diesem Sinne legt nun auch die EU-Kommission den »direkten« Zugang nach Art. 3 Abs. 1 DA aus.[121] In diesem Zusammenhang stellt sich die Frage, ob der »direkte« Zugriff auch durch die Zurverfügungstellung einer App, mit der der Nutzer die Daten abrufen kann, erfüllt ist. Unter der Prämisse, dass der Begriff »direkt« im Sinne von unmittelbar ohne Umwege oder Zwischenschaltung eines Intermediären zu verstehen ist, scheint eine Applösung denkbar. In Erwgr. 21 wird ausdrücklich die »mobile Anwendung« genannt.[122]

---

würden Dateninhaber einen indirekten Zugang bevorzugen (»data holders prefer to offer indirect access« FAQ, S. 13). Gleichzeitig ist aber auch von einer Bewertung (»Assessment«) die Rede, die der Hersteller durchführen »kann« (»may assess«, S. 16) und auf dessen Basis er entscheiden »kann« (»may choose«, S. 16); vgl. auch Rn. 137, Rn. 150 und Rn. 225; vgl. zu Art. 5 auch Rockstroh in Czychowski/Lettl/Steinrötter Rn. 25 ff. Art. 5 mwN (im Erscheinen).

119 Erwgr. 22, so auch Specht-Riemenschneider, Der Entwurf des Data Act – Eine Analyse der vorgesehenen Datenzugangsansprüche im Verhältnis B2B, B2C und B2G, MMR 2022, 809, 815.

120 Art. 4 Abs. 1 Hs 1 spricht zudem allgemein davon, dass der Nutzer »auf die Daten« nicht »direkt vom Produkt oder verbundenen Dienst aus« zugreifen kann. (**Anm.:** Herv.d.d.Verfasser). Eine weite Auslegung könnte mithin zu dem Ergebnis kommen, dass ein »direkter« Zugang auf Produkt- und verbundene Dienstdaten über den »verbundenen Dienst« möglich ist. Siehe zur App-Lösung auch Rn. 263. Hier werden erst die Entscheidungen von Behörden und Gerichten Klarheit bringen.

121 EU Commission Frequently Asked Questions v 1.2, 16 f.

122 Vgl. auch Fn. 120 sowie Rdn. 137, Rdn. 150 und Rdn. 225.

▶ Hinweis

Hersteller und Dateninhaber sollten (dokumentiert) bewerten, ob sie dem Nutzer die Daten »direkt« oder »indirekt« zugänglich machen (wollen). Der jeweilige Sachverhalt sollte zudem rechtlich sauber geprüft und bewertet und die weitere Entwicklung beobachtet werden. Die EU-Kommission hat mit ihren FAQ keine Deutungshoheit und ihre Auslegung ist nicht verbindlich.[123] 264

## 2. Verpflichteter: »Dateninhaber«

Zur Bereitstellung nach Art. 4 Abs. 1 DA verpflichtet ist der sog. **Dateninhaber.** Potenziell betroffene Personen müssen mithin in einem ersten Schritt klären, ob sie »Dateninhaber« i.S.d. Data Acts sind. 265

Dateninhaber ist nach Art. 2 Nr. 13 DA 266

> »eine natürliche oder juristische Person, die nach dieser Verordnung, nach geltendem Unionsrecht oder nach nationalen Rechtsvorschriften zur Umsetzung des Unionsrechts berechtigt oder verpflichtet ist, Daten – soweit vertraglich vereinbart, auch Produktdaten oder verbundene Dienstdaten – zu nutzen und bereitzustellen, die sie während der Erbringung eines verbundenen Dienstes abgerufen oder generiert hat«. 267

Die Definition ist misslungen, unklar und enthält mindestens einen Zirkelschluss.[124] Entsprechend **unterschiedlich** sind die **Interpretationen.**[125] 268

Dateninhaber für Kapitel II ff. des Data Acts ist, wer »**Produktdaten oder verbundene Dienstdaten** […] **abgerufen** oder **generiert** hat«. Die Person muss die Daten »halten« (engl. »data holder«) bzw. »innehaben« (»Dateninhaber«). Es bedarf zudem der **rechtlichen/vertraglichen Hoheit** über die Daten. So sollen Auftragsverarbeiter im Sinne von Art. 4 Nr. 8 der VO (EU) 2016/679 (DSGVO) ausdrücklich nicht als Dateninhaber gelten.[126] Dateninhaber dürfte daher grds. sein, wer die Daten in seiner **Herrschaftssphäre speichert**[127] und **diese rechtmäßig bereitstellen kann.**[128] 269

---

123 Was die EU-Kommission im Vorwort der FAQ auch betont.

124 Statt aller s. BeckOK DatenschutzR/Raue, 50. Ed. 1.11.2024, DA Art. 4 Rn. 4 oder Keppeler/Schneider/Nickel, Der »Dateninhaber« im Data Act – faktische Datenherrschaft als Ausweg aus der Definitionsmisere des Art. 2 Nr. 13 DA, ITRB 2024, 180.

125 McGuire/Schulte-Nölke, Ansprüche des Nutzers gegen den Dateninhaber nach dem Data Act, ZdiW 2024, 73, 75, sowie Keppeler/Schneider/Nickel, Der »Dateninhaber« im Data Act – faktische Datenherrschaft als Ausweg aus der Definitionsmisere des Art. 2 Nr. 13 DA, ITRB 2024, 180, 182: »faktische Kontrolle über die Daten«; Antoine, Datenzugangsrechte im finalen Data Act – Fortschritt, Rückschritt, neue Fragen?, CR 2024, 1, 4: »tatsächliche[r] Datenzufluss«; ausführlich zum Begriff des »Dateninhabers« in Art. 5 DA: Rockstroh in Czychowski/Lettl/Steinrötter Art. 5 Rn. 43 ff. mwN (im Erscheinen).

126 Sie können jedoch ausdrücklich vom Verantwortlichen im Sinne von Art. 4 Nr. 7 der VO (EU) 2016/679 beauftragt werden, Daten bereitzustellen (Erwgr. 22).

127 Zum Merkmal »ohne unverhältnismäßigen Aufwand erhalten kann« s. Rdn. 300 ff.

128 Ähnlich: BeckOK DatenschutzR/Raue, 50. Ed. 1.11.2024, DA Art. 4 Rn. 5; vgl. auch Rn. 477 ff.; ausführlich zum Begriff des »Dateninhabers« in Art. 5 DA: Rockstroh in

270 Die EU-Kommission vertritt in ihren FAQ die Auffassung, dass sich die Stellung des Dateninhabers nicht danach bestimmt, wer ein Produkt hergestellt hat, sondern danach, wer den **Zugang zu ohne Weiteres verfügbaren Daten kontrolliert.**[129]

271 Die Person muss die Produktdaten oder verbundenen Dienstdaten »**während der Erbringung eines verbundenen Dienstes** abgerufen oder generiert« haben. Dieses Merkmal wird z.T. als Redaktionsversehen oder Übersetzungsfehler gedeutet[130]. Das Merkmal ist unklar und es bleibt die weitere **Konkretisierung durch die Literatur** und die **Gerichte** abzuwarten.[131]

272 Dateninhaber ist zudem die Person, die »berechtigt oder verpflichtet ist, Daten [...] zu nutzen und bereitzustellen«. Es stellt sich die Frage, ob der Inhaber der Daten selbst **zur Nutzung berechtigt** sein muss (»zu nutzen *und* bereitzustellen«[132]), um Dateninhaber i.S.d. Art. 2 Nr. 13 DA zu sein. Dieses Merkmal wird z.T. als »nicht überzeugend« abgelehnt.[133] Auch hier wird sich zeigen, wie die **Literatur**, die **Behörden** und die **Gerichte** mit dem Merkmal umgehen.

▶ Hinweis

273 Unternehmen müssen prüfen, ob sie auf Produktdaten oder verbundene Dienstdaten »ohne Weiteres« i.S.v. Art. 2 Nr. 17 DA rechtmäßig Zugriff haben. Die übrigen Tatbestandsvoraussetzung, wie die Nutzungsberechtigung des Dateninhabers, sollten sorgsam geprüft werden.

274 Zum Begriff des Dateninhabers s.a. Rdn. 79 ff. und Rdn. 476 ff.

### 3. Anspruchsinhaber: »Nutzer«

275 Die Daten sind dem **Nutzer** bereitzustellen. Dateninhaber müssen mithin klären, wer »Nutzer« i.S.d. Data Acts ist (s. unter Rdn. 276 ff.) und wie die Berechtigung des Nutzers geprüft bzw. nachgewiesen werden kann (s. unter Rdn. 281 ff.).

---

Czychowski/Lettl/Steinrötter Art. 5 Rn. 43 ff. mwN (im Erscheinen); vgl. Specht-Riemenschneider, Der Entwurf des Data Act – Eine Analyse der vorgesehenen Datenzugangsansprüche im Verhältnis B2B, B2C und B2G, MMR 2022, 809, 815.

129 EU Commission Frequently Asked Questions v. 1.2, S. 15: »who controls access to the readily availabe data«.

130 BeckOK DatenschutzR/Raue, 50. Ed. 1.11.2024, DA Art. 4 Rn. 7 »Redaktionsversehen«; Keppeler/Schneider/Nickel, Der »Dateninhaber« im Data Act – faktische Datenherrschaft als Ausweg aus der Definitionsmisere des Art. 2 Nr. 13 DA, ITRB 2024, 180, 181: »Übersetzungsfehler«.

131 Die EU-Kommission stellt in ihren FAQ nicht auf dieses Merkmal ab (EU Commission Frequently Asked Questions v 1.2, S. 15 ff.). Vielmehr soll Dateninhaber sein, »who controls access to the readily availabe data«, FAQ v. 1.2, S. 15.

132 Herv.d.d.Verfasser.

133 Antoine, Datenzugangsrechte im finalen Data Act – Fortschritt, Rückschritt, neue Fragen?, CR 2024, 1, 4.

### *a) Wer ist »Nutzer«*

Nutzer ist nach Art. 2 Nr. 12 DA eine natürliche oder juristische Person (z.B. ein Unternehmen, ein Verbraucher oder eine öffentliche Stelle), 276

(i) die ein **vernetztes Produkt** besitzt (wobei »Besitz« wohl i.S.v. **Eigentum** zu verstehen ist)[134]; oder 277

(ii) der **vertraglich zeitweilige Rechte für die Nutzung** des vernetzten Produkts übertragen wurden (z.B. durch einen Miet- oder Leasingvertrag); oder 278

(iii) die mit einem vernetzten Produkt **verbundene Dienste in Anspruch** nimmt[135]. 279

Die Person muss die entsprechende Rechtsposition (vertraglich) erworben haben.[136] Siehe ebenfalls die Ausführungen in Rdn. 48 ff. und zu Art. 5 in Rdn. 443 ff. 280

### *b) Überprüfung der Berechtigung des Nutzers (Nutzeridentifikation)*

Art. 4 Abs. 1 Data Act räumt dem Nutzer einen Anspruch gegen den Dateninhaber ein. Der Nutzer muss jedoch »**berechtigt**« i.S.d. Data Acts sein. 281

▶ Hinweis

Die Verifizierung der Berechtigung eines Nutzers wird in der Praxis eine entscheidende Rolle spielen: Stellt der Dateninhaber die Daten nicht bereit, weil er die Anforderungen an die Nutzeridentifikation zu hoch ansetzt, kann ein Bußgeld drohen. 282

Die **anfragende Person muss umfassend nachweisen, dass sie** nach Art. 4 DA **berechtigt** ist.[137] Es bleibt jedoch unklar, welchen Nachweis der Dateninhaber verlangen kann bzw. muss.[138] 283

Nach Erwgr. 29 »*können* [Dateninhaber] eine geeignete Nutzeridentifizierung verlangen, um die Berechtigung eines Nutzers auf Zugang zu den Daten zu überprüfen«[139]; der europäische Gesetzgeber scheint die **Prüfung und deren Umfang ins Ermessen des Dateninhabers** zu stellen.[140] Art. 4 Abs. 5 DA bestimmt, dass für die Zwecke der 284

134 Bei dem Merkmal »besitzt« handelt es sich um einen Übersetzungsfehler aus dem Englischen »own« und ist i.S.v. Eigentum zu verstehen; s.a. Paal/Cornelius/Seeland, Ausgewählte Probleme des Data Acts – insbesondere im Zusammenhang mit der DS-GVO, RDV 2024, 5, 6; EU Commission Frequently Asked Questions v 1.2, S. 12; siehe auch Rdn. 48 ff., insb. Rdn. 57 ff.

135 Erwgr. 18; Schmidt-Kessel, Heraus- und Weitergabe von IoT-Gerätedaten – Analyse des Vertragsnetzes unter dem Data Act, MMR 2024, 75, 77.

136 Auf den vertraglichen Erwerb beschränkend: Schmidt-Kessel, Heraus- und Weitergabe von IoT-Gerätedaten – Analyse des Vertragsnetzes unter dem Data Act, MMR 2024, 75, 76.

137 EU Commission Frequently Asked Questions v 1.2, S. 20 f.: »conclusively demonstrates that a person is a user«.

138 Tinnefeld/Vogel, Auswirkungen des Datenschutzrechtes auf Datennutzungs- und Datenzugangsrechte nach dem Data Act, ZdiW 2024, 61, 65: »geeignete[r] Nachweis«.

139 Herv.d.d.Verfasser.

140 Vgl. auch die Ausführungen zu Art. 5 DA in Rdn. 448 ff.

Überprüfung, ob eine natürliche oder juristische Person für die Zwecke von Art. 4 Abs. 1 DA als Nutzer einzustufen ist, vom Dateninhaber oder Dritten keine Informationen verlangt werden dürfen, die über das »**erforderliche Maß**« hinausgehen. Der Data Act bestimmt nicht näher, was das »erforderliche Maß« ist. Nach Erwgr. 21 sollte »[d]er Zugang [...] dem Nutzer auf der Grundlage einfacher Antragsverfahren gewährt werden, die eine automatische Ausführung ermöglichen und keine Prüfung oder Freigabe durch den Hersteller oder Dateninhaber erfordern. [...] Ist die automatische Ausführung des Datenzugangsverlangens, beispielsweise über ein Nutzerkonto oder die mit dem vernetzten Produkt oder dem verbundenen Dienst bereitgestellte mobile Anwendung, nicht möglich, so sollte der Hersteller dem Nutzer mitteilen, wie auf die Daten zugegriffen werden kann.«

285 Nach Ansicht der EU-Kommission soll der Dateninhaber hinsichtlich der Nutzeridentifikation frei sein, solange er sich an die Vorgaben aus Art. 4 Abs. 4 und Abs. 5 DA hält.[141] Dateninhaber könnten etwa bewerten (i) was am **besten zur Art ihres Produkts passt**; (ii) die **Art der Nutzer** (Verbraucher oder Industrie); (iii) die **Anzahl** der wahrscheinlichen **Nutzer**; (iv) die erwartete **Häufigkeit von Datenzugangsverlangen**; (v) das Vorhandensein **spezifischer Mechanismen** zum **Nachweis** der Stellung als Eigentümer; (vi) die Kosten für die Einrichtung **differenzierter Nutzerkonten**; und (vii) die **Benutzerfreundlichkeit** solcher **Konten** für die Nutzer.[142]

286 Die Nutzeridentifikation muss jedoch **für beide Seiten** (Dateninhaber und Nutzer) **zumutbar** sein. So dürfte es für Nutzer beispielsweise zumutbar sein, bei der erstmaligen Erstellung eines **Nutzerkontos** bestimmte Informationen anzugeben, wie etwa die Seriennummer des Produkts, Angaben zu Vertragsdaten, Bestätigung einer Emailadresse etc. In gleicher Weise wird es für den Dateninhaber zumutbar sein, eine Plausibilisierung der angegebenen Daten durchzuführen. Bei jedem weiteren Verlangen von Daten über das Nutzerkonto könnte ggf. eine Bestätigung des Nutzers, dass die angegebenen Daten immer noch korrekt sind, eingeholt werden (z.B. in Form eines »Pop-Ups« mit Bestätigung des Nutzers durch entsprechendes Ankreuzen). **In der Praxis** wird der Dateninhaber nämlich **keine faktische Möglichkeit** haben, zu **überprüfen**, ob Veränderungen vorliegen (z.B. ob ein Eigentümerwechsel stattgefunden hat). Da es sich um einen Anspruch des Nutzers gegen den Dateninhaber handelt, **obliegt es dem Nutzer den Nachweis zu erbringen,** dass er Berechtigter i.S.d. Data Acts ist.[143] Kann er den Nachweis nicht erbringen oder hat der Dateninhaber berechtigte Zweifel an der Berechtigung, kann er das Zugangsverlangen ablehnen. Dies erscheint auch sachgerecht, um missbräuchliche Zugangsverlangen auszuschließen.

---

141 EU Commission Frequently Asked Questions v 1.2, S. 20.

142 EU Commission Frequently Asked Questions v 1.2, S. 20.

143 EU Commission Frequently Asked Questions v 1.2, S. 19.: »conclusively demonstrates that a person is a user«.

▶ Empfehlung

Die Überprüfung der Berechtigung des Nutzers ist beispielsweise über **Nutzerkonten** möglich.[144] Die Einrichtung von Nutzerkonten ist aber nicht zwingend. Andere Formen der Verifizierung sind möglich, wie etwa der Upload von Dokumenten über ein Webportal. In der Praxis sind Nutzerkonten jedoch eine effiziente Lösung, um Nutzer zu authentifizieren und Datenzugangsverlangen zu erfüllen. Der Nutzer eines Staubsaugerroboter könnte z.B. bei der erstmaligen Erstellung seines (passwortgeschützten) Nutzerkontos die Seriennummer angeben, sodass sein Nutzerkonto mit dem Produkt verknüpft ist. Dadurch wird auch der Nachweis der Berechtigung des Nutzers erleichtert: Die Tatsachen, dass eine Person das Produkt (hier den Staubsauger) in Besitz hat (typischerweise kann nur derjenige, der das Produkt besitzt auch die Seriennummer bei der Nutzerkontoerstellung angeben) und Zugriff auf das (passwortgeschützte) Nutzerkonto hat, welches mit dem Produkt verknüpft ist, sind sehr starke Indizien dafür, dass es sich bei der Person auch um einen berechtigten Nutzer handelt. Nutzerkonten können[145] außerdem auch die Möglichkeit vorsehen, dass ein Nutzer sein Konto endgültig löschen kann, damit z.B. im Rahmen eines Weiterverkaufs von gebrauchten Produkten der neue Eigentümer ein Nutzerkonto anlegen kann.[146] 287

### *c) Einfaches Verlangen auf elektronischem Wege, soweit dies technisch durchführbar ist*

Der Dateninhaber stellt dem Nutzer die Daten »auf einfaches Verlangen auf elektronischem Wege [bereit], soweit dies technisch durchführbar ist«. Es ist eine **aktive Handlung** des **Nutzers** erforderlich (»auf [...] Verlangen«). »[D]ie Daten [sollten] nur bereitgestellt werden, **wenn der Nutzer tatsächlich Zugang wünscht**«.[147] Ein **Nutzerkonto** kann zur Einreichung und Bearbeitung von Datenzugangsverlangen verwendet werden.[148] Dies ist jedoch keine zwingende Anforderung des Data Acts. Art. 4 Abs. 1 DA fordert aber, anders als etwa Art. 5 Abs. 1 DA, dass es sich um ein »einfaches Verlangen auf elektronischem Wege« handeln muss, »soweit dies technisch durchführbar ist«. Erwgr. 21 bestimmt in diesem Zusammenhang, dass »[d]er Zugang [...] dem Nutzer auf der Grundlage einfacher Antragsverfahren gewährt werden [sollte], die eine automatische Ausführung ermöglichen und keine Prüfung oder Freigabe durch den Hersteller oder Dateninhaber erfordern«. Ist eine solche 288

144 Siehe auch Erwgr. 21.
145 Die EU-Kommission geht davon aus, dass kein »Recht auf Vergessenwerden« besteht, EU Commission Frequently Asked Questions v 1.2, S. 21 f. Die Daten sollen vielmehr dem Produkt folgen können.
146 Vgl. und beachte ausdrücklich auch die EU Commission Frequently Asked Questions v 1.2, S. 21 f.
147 Erwgr. 21 und 35.
148 Erwgr. 21.

automatische Ausführung nicht möglich, ist dem Nutzer mitzuteilen, wie auf die Daten zugegriffen werden kann, Erwgr. 21.

289 Für die technische Durchführbarkeit dürfte es grds. auf die bereits beim Dateninhaber vorliegenden Mittel ankommen (zur Auslegung des Merkmals »technisch durchführbar«. Zur Frage der »technischen Durchführbarkeit« s.a. Rdn. 356 ff. und Rdn. 359).[149]

▶ Empfehlung

290 **Nutzerkonten** sind eine in der Praxis effiziente Möglichkeit, um die Datenzugangsverlangen von Nutzern abzuwickeln. Unternehmen sollten jedoch darauf achten, dass – sofern das Produkt auch ohne Nutzerkonto verwendet werden kann – dem Nutzer eine Alternative angeboten wird. Umgekehrt sind Unternehmen auch nicht gezwungen, Nutzerkonten anzulegen.

291 Werden personenbezogene Daten von einem Auftragsverarbeiter im Auftrag des für die Verarbeitung Verantwortlichen verarbeitet, so sollten die Dateninhaber sicherstellen, dass das Zugangsverlangen vom Auftragsverarbeiter entgegengenommen und bearbeitet wird.[150]

### 4. Umfang des Anspruchs nach Art. 4 Abs. 1 DA

292 Der Dateninhaber stellt dem Nutzer ohne Weiteres verfügbare Daten (s. Rdn. 293 ff.) einschließlich der zur Auslegung und Nutzung der Daten erforderlichen Metadaten (s. Rdn. 320) unverzüglich (s. Rdn. 322 ff.), einfach (s. Rdn. 324 ff.), sicher (s. Rdn. 329 ff.), unentgeltlich (s. Rdn. 334 ff.), in einem umfassenden, gängigen, [strukturierten] und maschinenlesbaren Format (s. Rdn. 338 ff.) und – falls relevant und technisch durchführbar – in der gleichen Qualität wie für den Dateninhaber (s. Rdn. 349 ff.), kontinuierlich und in Echtzeit (s. Rdn. 351 ff.) bereit (zum Merkmal Bereitstellen, s. Rdn. 360 ff.).

#### *a) Ohne Weiteres verfügbare Daten*

293 Der Dateninhaber hat dem Nutzer nach Art. 4 Abs. 1 DA die ihm **ohne Weiteres verfügbaren Daten** bereitzustellen. Das sind gem. Art. 2 Abs. 17 DA

294 »Produktdaten und verbundene Dienstdaten, die ein Dateninhaber ohne unverhältnismäßigen Aufwand rechtmäßig von dem vernetzten Produkt oder verbundenen Dienst erhält oder erhalten kann, wobei über eine einfache Bearbeitung hinausgegangen wird.«

---

149 Die technische Durchführbarkeit der »direkten Zugänglichkeit« in Art. 3 Abs. 1 DA scheint die EU-Kommission ins Ermessen des Herstellers/Dateninhabers zu stellen (EU Commission Frequently Asked Questions v 1.2, S. 16 f.); vgl. Rdn. 261.

150 Erwgr. 29.

### *aa) Produktdaten und verbundene Dienstdaten*

295 Die Definition von »ohne Weiteres verfügbare Daten« baut auf den Definitionen von »Produktdaten« bzw. »verbundene Dienstdaten« (im Detail Rdn. 32 ff.) auf. Es handelt sich jeweils um Daten, die die **Leistung, Nutzung** und **Umgebung** von **vernetzten Produkten** und **verbundenen Diensten** betreffen[151], die bei deren Nutzung generiert werden und die der Hersteller im Falle von Produktdaten **so konzipiert** hat, **dass sie abgerufen werden können.**

296 »Ohne Weiteres verfügbare Daten« umfassen – ebenso wie Produktdaten (bzw. verbundene Dienstdaten)– nur »Rohdaten« bzw. »vorverarbeitete Daten«. Darunter fallen Daten, die »**nicht wesentlich verändert** werden«, d.h. die sich auf Datenpunkte beziehen, die »ohne jegliche weitere Form der Verarbeitung **automatisch generiert** werden, sowie Daten, die vor der Weiterverarbeitung und Auswertung aufbereitet wurden, um sie verständlich und nutzbar zu machen«[152] (im Detail Rdn. 44 ff.). In ihren FAQ spricht die EU-Kommission von »**nutzbaren Rohdaten**«.[153]

▶ Empfehlung

297 Hersteller von vernetzten Produkten und Anbieter von verbundenen Diensten sollten zunächst **prüfen**, welche Daten, die durch ihre vernetzten Produkte bzw. verbundenen Dienste generiert werden, abrufbar gestaltet sind und als »**Rohdaten**« bzw. »**vorverarbeitete Daten**« gelten (im Detail Rdn. 32 ff.). Anschließend kann geprüft werden, ob es sich bei den ermittelten Produktdaten bzw. verbundene Dienstdaten auch um »ohne Weiteres verfügbare Daten« handelt. Zudem trifft die Pflicht zur Datenbereitstellung »nur« den »Dateninhaber« (s. hierzu Rdn. 265 ff.).

298 Im Übrigen zieht die Definition von »ohne Weiteres verfügbare Daten« eine doppelte Schranke ein: es sind nur solche (abrufbar gestalteten) Produktdaten umfasst, die der Dateninhaber (i) **rechtmäßig** (ii) **erhält** oder **ohne unverhältnismäßigen Aufwand** erhalten kann.

299 Der Begriff der »ohne Weiteres verfügbaren Daten« stellt damit subjektiv auf die tatsächlichen und rechtlichen Zugriffsmöglichkeiten eines »potenziellen Dateninhabers«[154] ab.

### *bb) Unverhältnismäßiger Aufwand*

300 Der Data Act bestimmt nicht näher, wann ein Dateninhaber Daten ohne »unverhältnismäßigen Aufwand« erhalten kann. Denkbar ist zunächst, dass der Data Act hier auf einen »**technischen**« **Aufwand** abstellt, d.h. dass der Dateninhaber das Datum auf »einfache« Weise beschaffen kann, ohne dass er dafür komplexere Bearbeitungsschritte

151 Art. 1 Abs. 2 lit. a) DA.
152 Erwgr. 15.
153 EU Commission Frequently Asked Questions, S. 6: »raw but usable data«.
154 So der Wortlaut von Art. 3 Abs. 3 lit. c) DA.

oder Rechenoperationen bzw. gar Änderungen an der Konfiguration des Produkts (oder verbundenen Dienstes) tätigen muss. In diesem Sinn ist wohl auch der zweite Teil der Definition zu verstehen, der bestimmt, dass ohne Weiteres verfügbare Daten vom Dateninhaber ohne unverhältnismäßigen Aufwand erhalten werden können, »wobei über eine **einfache Bearbeitung** hinausgegangen wird«. In der englischen Sprachfassung heißt es »**simple operation**«, in der französischen »simple opération«. Hier ist anzumerken, dass es sich in der deutschen Fassung um einen Übersetzungsfehler handeln muss, d.h. es müsste heißen »wobei *nicht* über eine einfache Bearbeitung hinausgegangen wird« oder ggf. »*ohne dass dabei über* eine einfache Bearbeitung hinausgegangen wird«.[155]

301 Der europäische Gesetzgeber könnte aber auch einen **faktischen Aufwand** einbezogen haben. Beispielsweise könnte die Situation eintreten, dass der **Dateninhaber** aufgrund anderer Umstände **faktisch keinen Zugriff auf die Produktdaten** hat (Serverabsturz, Netzwerkprobleme, ggf. Streitigkeiten mit dem Cloud-Anbieter über die Produktdaten selbst usw.). Es liegt auf der Hand, dass solche (temporären) Leistungshindernisse nicht per se zum Verlust der Dateninhaberschaft führen sollten.[156] Der Dateninhaber muss daher grundsätzlich weiterhin die Daten bereitstellen. Allerdings könnte das (temporäre) Leistungshindernis dazu führen, dass die betroffenen Produktdaten (bzw. verbundenen Dienstdaten) ggf. für die Dauer des Leistungshindernisses nicht ohne Weiteres verfügbare Daten sind. Solange das (unverschuldete) Leistungshindernis besteht, könnte der Dateninhaber damit auch nicht seine Pflicht nach Art. 4 Abs. 1 DA verletzen.[157]

302 Darüber hinaus könnte ein faktischer Aufwand auch in der Situation von »Nutzerketten« entstehen: Es ist denkbar, dass ein Nutzer (z.B. eine juristische Person) gegenüber einem ihm nachgelagerten Nutzer Dateninhaber ist bzw. wird.[158]

---

155 Vgl. dazu auch die englische Sprachfassung: »[·] without disproportionate effort going beyond a simple operation« oder die französische Sprachfassung: »[·] sans effort disproportionné allant au-delà d'une simple opération«, aus denen semantisch klar hervorgeht, dass der Aufwand gerade nicht über eine einfache Bearbeitung hinausgehen soll, andernfalls er »unverhältnismäßig« ist.

156 Gleicher Ansicht auch Schmidt-Kessel, Heraus- und Weitergabe von IoT-Gerätedaten – Analyse des Vertragsnetzes unter dem Data Act, MMR 2024,75; Vgl. auch die Definition des Dateninhabers in Art. 2 Abs. 13 DA.

157 Eine a.A. ist aber durchaus vertretbar. Evtl. könnte der Punkt auch im Rahmen der Prüfung der »Unverzüglichkeit« zu berücksichtigen sein. Die Entwicklung bleibt abzuwarten.

158 Vgl. Erwgr. 34, der klarstellt, dass »davon ausgegangen werden sollte, dass ein solcher Nutzer, sobald Daten bereitgestellt wurden, seinerseits Dateninhaber werden kann, wenn jener Nutzer die Kriterien dieser Verordnung erfüllt, und damit seinerseits den Pflichten zur Bereitstellung von Daten im Rahmen dieser Verordnung unterliegen kann.« Die EU-Kommission will die Ausführungen in Erwgr. 34 jedoch eher so verstehen, dass nur Fälle einer gemeinsamen Verantwortlichkeit erfasst sind: EU Commission Frequently Asked Questions v. 1.2, S. 22 klar.

Letztlich könnte ein »unverhältnismäßiger« Aufwand auch darin liegen, dass dem Dateninhaber ein **unangemessen hoher finanzieller Aufwand** entstehen würde. 303

▶ Hinweis

Bei der Beurteilung, ob Daten »ohne unverhältnismäßigen Aufwand« erhalten werden können, sind zunächst technische Aufwände zu berücksichtigen. Es sprechen gute Gründe dafür, dass ein Umbau der Hardware oder Änderungen der Software unverhältnismäßige Aufwände sind. Außerdem sollten Unternehmen ggf. auch die von ihnen eingenommene Stellung in einer Produktkette berücksichtigen. 304

#### *cc) Rechtmäßiger Erhalt der Daten*

Ohne Weiteres verfügbare Daten umfassen nur jene Produktdaten und verbundenen Dienstdaten, die ein Dateninhaber ***rechtmäßig* erhalten** hat oder erhalten kann. Erläutert wird das Merkmal »rechtmäßig« nicht. 305

Der europäische Gesetzgeber stellt für ein »rechtmäßig erhalten« wohl auf die Einhaltung der Bestimmungen der **DSGVO** und – für nicht-personenbezogene Daten – auf das Bestehen eines Vertrages nach **Art. 4 Abs. 13 DA** ab.[159]

#### *dd) EU-Kommission*

Die EU-Kommission spricht in ihren FAQ von »Rohdaten und vorverarbeitete Daten, die einem Dateninhaber aufgrund des technischen Designs des Herstellers leicht zugänglich sind« (»raw and pre-processed data that are readily available to a data holder as a result of the manufacturers technical design«).[160] 306

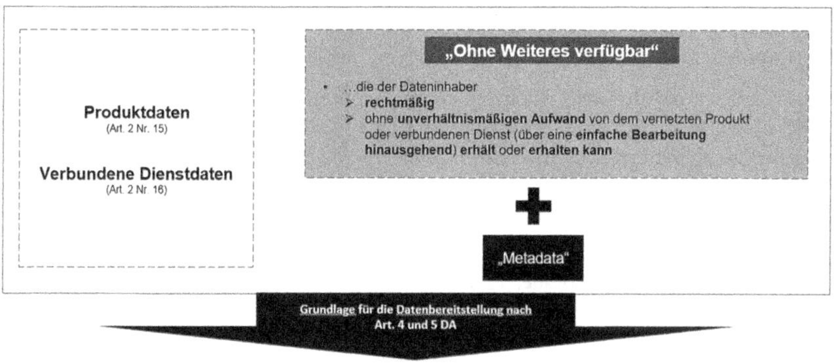


**Abb. 9: Ohne Weiteres verfügbare Daten| Überblick sowie Abgrenzung**

159 BeckOK DatenschutzR/Raue, 50. Ed. 1.11.2024, DA Art. 4 Rn. 22.
160 EU Commission Frequently Asked Questions v. 1.2, S. 6.

*ee) Gelöschte Daten*

307 **Gelöschte Daten** sind dem Dateninhaber nicht (mehr) ohne Weiteres verfügbar. Ihre Wiederherstellung ist entweder **technisch nicht möglich** oder mit **einem unverhältnismäßigen Aufwand** verbunden.[161]

308 Der Data Act verpflichtet Hersteller bzw. Dateninhaber ausdrücklich nicht »zur Speicherung von Daten auf der zentralen Rechnereinheit eines vernetzten Produkts«.[162]

309 Der **Verkäufer**, **Vermieter** oder **Leasinggeber** hat den Nutzer nach Art. 3 Abs. 2 lit. c) DA u.a. darüber zu **informieren**, ob »das vernetzte Produkt in der Lage ist, Daten **auf einem Gerät** oder einem **entfernten Server zu speichern**, gegebenenfalls einschließlich der **vorgesehenen Speicherungsdauer.**« Der **Anbieter eines verbundenen Dienstes** hat den Nutzer nach Art. 3 Abs. 3 lit. b) DA über »die Modalitäten, nach denen der Nutzer auf die Daten zugreifen oder sie abrufen kann, einschließlich der Modalitäten des künftigen Dateninhabers in Bezug auf die **Speicherung und der Dauer der Aufbewahrung von Daten**« zu informieren. Der Hersteller bzw. Dateninhaber kann folglich über die Speicherdauer bzw. die sonstigen Modalitäten selbst entscheiden. Dies erscheint auch sachgerecht, ist doch die Konzeption der Speicherdauer von durch das Produkt generierten Daten fundamental mit der (technischen) Konzeption des gesamten Produkts verbunden, die unter Berücksichtigung sonstiger rechtlicher Anforderungen grundsätzlich im Ermessen des Herstellers liegt.[163]

310 Allerdings scheint Erwgr. 24 klarzustellen, dass der Hersteller bzw. Dateninhaber auch keine »willkürliche« Speicherdauer wählen kann bzw. Daten systematisch löschen kann, um den Datenzugangsanspruch zu verhindern[164], sondern eine »angemessene Regelung in Bezug auf die Dauer der Datenspeicherung« anwenden muss (s. Rn. 316). An dieser Stelle ist jedoch unklar, ob sich der europäische Gesetzgeber auf eine Speicherdauer für die Daten vor oder nach dem Eingang eines Nutzerverlangens nach Art. 4 Abs. 1 S. 2 DA bezieht.

▶ Hinweis

311 Der Data Act führt grds. **nicht zu einer allgemeinen Verpflichtung** des Herstellers bzw. Dateninhabers, **Produktdaten** bzw. verbundene **Dienstdaten** (fortlaufend) **zu speichern.** Der Dateninhaber muss die Speicherdauer angeben.[165]

---

161 BeckOK DatenschutzR/Raue, 50. Ed. 1.11.2024, DA Art. 4 Rn. 9 stellt darauf ab, dass mit dem Löschen der Daten die Qualifikation als »Dateninhaber« wegfällt.

162 Siehe auch Erwgr. 20.

163 Erwgr. 14: »Durch die Entscheidungen der Hersteller bei der Konzeption […] sollte vorgegeben werden, welche Daten von einem vernetzten Produkt bereitgestellt werden können«.

164 Hennemann/Steinrötter, Der Data Act, NJW 2024, 1.

165 Specht-Riemenschneider, Der Entwurf des Data Act – Eine Analyse der vorgesehenen Datenzugangsansprüche im Verhältnis B2B, B2C und B2G, MMR 2022, 809, 815, 820 geht davon aus, dass dem Nutzer vor der Löschung die Möglichkeit zum Datenzugang gegeben werden müsse.

### *ff) Nicht erfasste Daten*

Der Datenbereitstellungsanspruch des Nutzers umfasst lediglich **nutzbare Rohdaten**[166], während hieraus **gefolgerte** und **abgeleitete Daten** bzw. Informationen (engl. *derived, inferred;* s.a. Erwgr. 15) sowie **weiterverarbeitete**[167] und **aggregierte Daten**[168] ausgeschlossen sind[169] (s.a. Rdn. 41). 312

**Daten**, die durch die Nutzung von **Prototypen** von vernetzen Produkten generiert wurden, d.h. die noch nicht in Verkehr gebracht wurden, sind ebenfalls ausgeschlossen.[170] 313

Art. 1 Abs. 2 lit. a) DA nimmt »**Inhalte**« aus dem Anwendungsbereich von Art. 4 Abs. 1 DA aus. Nach der EU-Kommission soll es sich um urheberrechtlich schützbares Material handeln (»something akin to copyrightable material«).[171] Es wird sich zeigen, ob diese Interpretation des Gesetzeswortlauts haltbar ist. In der Praxis wird die Abgrenzung im Einzelfall sehr schwierig sein. 314

Der Data Act soll ferner nicht für Daten gelten, die »von dem vernetzten Produkt für die Zwecke der Speicherung oder Verarbeitung im Namen Dritter, erlangt oder generiert wurden oder auf die über das vernetzte Produkt zugegriffen wurde oder die an es übermittelt wurden, wie es etwa bei **Servern oder Cloud-Infrastrukturen**, die von ihren Eigentümern ausschließlich im Auftrag Dritter betrieben werden, unter anderem zur Nutzung durch einen Online-Dienst, der Fall sein kann«.[172] Die EU-Kommission will Server und Router ausnehmen, solange sie nicht im Eigentum eines Nutzers stehen oder von diesem gemietet oder geleast sind.[173] 315

### *gg) In zeitlicher Hinsicht erfasste Daten*

Der Data Act soll nach Auffassung der EU-Kommission zunächst nur Daten erfassen, auf die der Dateninhaber nach dem 12. September 2025 zugreift (Art. 50 Abs. 2 DA).[174] 316

166 Siehe Rdn. 296.

167 Antoine, Datenzugangsrechte im finalen Data Act – Fortschritt, Rückschritt, neue Fragen?, CR 2024, 1, 3; es ist aber unklar, wo die Grenze zwischen »aufbereiteten Daten« und abgeleiteten bzw. »gefolgerten« Daten i.S.d. Erwgr. 15 gezogen werden kann.

168 Die Aggregation dürfte nach Erwgr. 25 eine »Ableitung« der »Rohdaten« sein, wobei wiederum unklar ist, wie fortgeschritten die Aggregation sein muss. In Erwgr. 25 heißt es: »sofern diese abgeleiteten Daten es nicht ermöglichen, einzelne Daten zu ermitteln, die von dem vernetzten Produkt an den Dateninhaber übermittelt wurden, und es Dritten nicht ermöglichen, diese Daten aus dem Datensatz abzurufen«. Die Passage in Erwgr. 25 dürfte aber insb. den Vertrag nach Art. 4 Abs. 13 DA betreffen.

169 Siehe auch Erwgr. 25 sowie Antoine, Datenzugangsrechte im finalen Data Act – Fortschritt, Rückschritt, neue Fragen?, CR 2024, 1, 3.

170 Siehe auch Erwgr. 14 »mit Ausnahme von Prototypen«.

171 EU Commission Frequently Asked Questions v. 1.2, S. 8.

172 Erwgr. 16.

173 EU Commission Frequently Asked Questions v. 1.2, S. 8.

174 So ausdrücklich die EU-Kommission »only data generated/collected after the entry into application of the Data Act«, EU Commission Frequently Asked Questions v. 1.2, S. 6.

317 Der Data Act bestimmt nicht näher, wie lange der Dateninhaber einmal erhobene Daten speichern muss bzw. darf. Der Dateninhaber soll eine »angemessene Regelung in Bezug auf die Dauer der Datenspeicherung anwenden«[175] und den Nutzer hierüber informieren, Art. 3 Abs. 2 lit. c) sowie Art. 3 Abs. 3 lit. b) DA (vgl. bereits oben Rdn. 310 f.).

318 Ansonsten verweist der Data Act hinsichtlich der Speicherung von Daten an verschiedenen Stellen auf die **DSGVO** und die **ePrivacy-Richtlinie**[176]. In Anbetracht dieser zahlreichen Verweise kann davon ausgegangen werden, dass eine gemäß den Anforderungen der DSGVO für die Speicherung personenbezogener Daten erstellte Richtlinie zur Datenspeicherung und -aufbewahrung die Anforderungen des Kriteriums »angemessen« erfüllt. In der Praxis könnten sich Unternehmen etwa an **bestehenden DSGVO-Richtlinien zur Datenspeicherung und -aufbewahrung** orientieren.

▶ Empfehlung

319 Der Dateninhaber speichert Daten für einen angemessenen Zeitraum. Er teilt dem Nutzer diese Speicherfrist vor dem Abschluss des Kauf-/Miet-/Leasingvertrages mit. In der Praxis können sich Unternehmen bei der Erstellung einer Richtlinie zur Datenspeicherung hinsichtlich des Kriteriums »angemessen« an bereits bestehende DSGVO-Richtlinien zur Datenspeicherung und -aufbewahrung orientieren.

#### *b) Erforderliche Metadaten*

320 Der Dateninhaber stellt dem Nutzer neben den ohne Weiteres verfügbaren Daten auch »die für die **Auslegung und Nutzung** dieser Daten **erforderlichen Metadaten**« bereit. Erwgr. 15 führt dazu näher aus, dass die vom Dateninhaber bereitzustellenden Daten die »einschlägigen Metadaten, einschließlich ihres grundlegenden Kontexts und Zeitstempels«, umfassen sollen. Metadaten meint gem. Art. 2 Nr. 2 DA eine strukturierte Beschreibung der Inhalte oder der Nutzung von Daten, die das Auffinden eben jener Daten bzw. deren Verwendung erleichtert. Sinn und Zweck ist, dass die Bereitstellung der Metadaten dem Nutzer die Nutzung der breitgestellten Daten erleichtert. Die EU-Kommission geht davon aus, dass Metadaten relevant für das Verständnis der Bedingungen sind, unter denen die Daten erhoben wurden.[177] Von Nutzern und Dritten werde allerdings erwartet, dass sie über ein angemessenes Maß an technischer Fähigkeit zur Interpretation der Daten verfügen.[178]

### 5. Anforderungen an die Bereitstellung der Daten

321 Art. 4 Abs. 1 legt folgende Anforderungen an die Datenbereitstellung an den Nutzer fest: Der Dateninhaber ist verpflichtet, dem Nutzer ohne Weiteres verfügbare Daten

175 Erwgr. 24.
176 Siehe z.B. Erwgr. 7 oder Erwgr. 20.
177 EU Commission Frequently Asked Questions v. 1.2, S. 7.
178 EU Commission Frequently Asked Questions v. 1.2, S. 7.

(einschließlich der Metadaten) unverzüglich (Rdn. 322 f.), einfach (Rdn. 324 ff.), sicher (Rdn. 329 ff.), unentgeltlich (Rdn. 334 ff.), in einem umfassenden, [strukturierten], gängigen und maschinenlesbaren Format (Rdn. 338 ff.) und – falls relevant und technisch durchführbar – in der gleichen Qualität wie für den Dateninhaber (Rdn. 349 ff.) kontinuierlich und in Echtzeit (Rdn. 351 ff.) bereitzustellen (Rdn. 360 ff.).

*a) Unverzüglich*

Der Dateninhaber stellt dem Nutzer die ohne Weiteres verfügbaren Daten »**unverzüglich**« bereit. Das Merkmal »unverzüglich« in Art. 12 Abs. 3 DSGVO wird z.T. als »**so schnell wie möglich**« interpretiert[179]. Der Dateninhaber muss Verzögerungen daher technisch oder organisatorisch rechtfertigen können.[180] 322

▶ Praxishinweis

Unternehmen sind gefordert, Prozesse zu etablieren, die eine effiziente und zeitnahe Bearbeitung von Nutzeranfragen sicherstellen. 323

*b) Einfach*

Die Datenbereitstellung muss für den Nutzer »einfach« sein. Die Daten sollen »für einen Nutzer **stets leicht** […] **zugänglich** sein«.[181] Der Nutzer sollte daher **so einfach bzw. leicht wie möglich** auf die Daten zugreifen können, ohne komplexe Verfahren durchlaufen oder spezielle Zugriffstools verwenden zu müssen.[182] 324

In der Praxis wäre z.B. eine Download-Option als Möglichkeit der »einfachen« Datenbereitstellung denkbar. Hier kann eine Parallele zur DSGVO gezogen werden, da der Data Act das Recht auf Erhalt und Übermittlung personenbezogener Daten gemäß Art. 20 DSGVO ergänzt. Nach der DSGVO gilt das Recht auf Datenübertragbarkeit als erfüllt, wenn der für die Verarbeitung Verantwortliche die Daten zum Herunterladen bereitstellt. 325

Der Data Act enthält allerdings keine näheren Kriterien dazu in welchen Intervallen ein Download ermöglicht werden muss. Der Dateninhaber hat hier einen Ermessensspielraum, er muss jedoch sicherstellen, dass die Datenbereitstellung »unverzüglich« erfolgt. Dies ist so zu verstehen, dass der Dateninhaber sicherstellen sollte, dass der Download der Daten so schnell wie möglich unter Berücksichtigung der gegebenen Umstände erfolgen kann. 326

---

179 EDSA Leitlinien 01/2022 v. 28.03.2023, S. 5.

180 BeckOK DatenschutzR/Raue, 50. Ed. 1.11.2024, DA Art. 4 Rn. 26; siehe auch Erwgr. 5, wonach Nutzer »zeitnah« auf ihre Daten zugreifen können sollen; ausführlich zum Begriff des »unverzüglich« in Art. 5 DA: Rockstroh in Czychowski/Lettl/Steinrötter Art. 5 Rn. 97 ff. mwN (im Erscheinen).

181 Siehe auch Erwgr. 20.

182 Vgl. hierzu auch C. Rdn. 206 ff.

**▶ Empfehlung**

327 Das Kriterium »einfach« ist unter anderem bei der Gestaltung der Nutzeroberfläche, über die der Nutzer ggf. Daten abfragen kann (d.h. Frontend bei einer App oder bei einem Webportal) zu berücksichtigen. Ein Login mit anschließender Weiterleitung zum Downloadbereich wäre wohl »einfach«. Müsste der Nutzer sich allerdings von der Login-Seite durch verschiedene Oberflächen »klicken«, um zum Datendownload zu gelangen, würde das wohl nicht mehr das Kriterium »einfach« erfüllen.

Daneben ist noch Art. 4 Abs. 4 DA zu berücksichtigen, der festlegt, dass das Design des Nutzerinterfaces (d.h. Frontend) nicht dazu führen darf, dass der Nutzer in seiner Wahlmöglichkeit oder Entscheidungsfreiheit unangemessen beeinflusst wird (z.B. unangemessen zu einem Vertragsabschluss incentiviert wird, s. hierzu auch Rdn. 402 ff.).

328

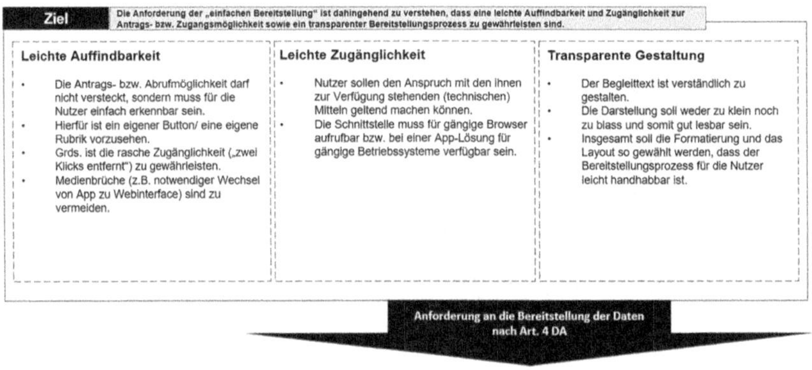


**Abb. 10: »Einfache Bereitstellung« der Daten**

### *c) Sicher*

329 Der Dateninhaber muss dafür sorgen, dass die Daten auf eine »sichere« Weise bereitgestellt werden. Die Daten sollen »für einen Nutzer stets […] sicher zugänglich sein«.[183] Konkretisiert wird dieses Merkmal nicht.

330 »Sicher« kann zunächst dahingehend verstanden werden, dass der Dateninhaber sicherstellen sollte, dass der Datenzugang zumindest die auf dem jeweiligen Markt allgemein **üblichen und gebräuchlichen Sicherheitsanforderungen** erfüllt (z.B. verschlüsselte Verbindung). Eine spezifische Verpflichtung, jeden Datensatz zu verschlüsseln, dürfte sich aus dem Data Act aber nicht ergeben.

183 Siehe auch Erwgr. 20.

Der Dateninhaber kann nach Art. 11 Abs. 1 DA geeignete technische Schutzmaßnahmen anwenden, um einen unbefugten Zugang zu den Daten zu verhindern und die Einhaltung der Art. [4], 5, 6, 8 und 9 DA sowie der für die Datenbereitstellung vereinbarten Mustervertragsklauseln sicherzustellen.[184] 331

▶ Hinweis

Nutzer und Dateninhaber können nach Art. 4 Abs. 2 DA die Weitergabe von Daten vertraglich beschränken, wenn eine solche Verarbeitung die im Unionsrecht oder im nationalen Recht festgelegten Sicherheitsanforderungen des vernetzten Produkts beeinträchtigen und damit zu schwerwiegenden nachteiligen Auswirkungen auf die Gesundheit oder die Sicherheit von natürlichen Personen führen könnten. Die EU-Kommission nennt dies »safety and security handbrake«.[185] 332

Vereinbaren der Nutzer und der Dateninhaber eine Beschränkung der Weitergabe, so muss der Dateninhaber jedenfalls die zuständige Behörde darüber informieren.[186]

333

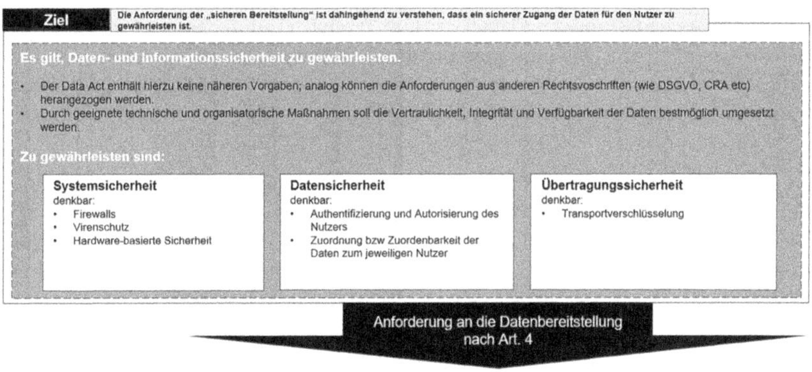


**Abb. 11: »Sichere Bereitstellung« der Daten**

### *d) Unentgeltlich*

Der Dateninhaber muss dem Nutzer die Daten **unentgeltlich** bereitstellen. Dies gilt sowohl im B2C als auch im B2B Kontext. Aufwendungen, die dem Nutzer im Rahmen der Geltendmachung entstehen, sind allerdings von ihm zu tragen (z.B. eigene Internetkosten). 334

184 Vgl. umfangreich Steege, Technische Schutzmaßnahmen des Dateninhabers im Data Act – Der Regelungsgehalt des Art. 11 Abs. 1 DA, MMR 2024, 91.
185 EU Commission Frequently Asked Questions v 1.2, S. 17 f.
186 Vgl. dazu Art. 4 Abs. 2 S. 3 i.V.m. Art. 37 DA.

335 Im Unterschied dazu, kann der Dateninhaber von Dritten, denen er Daten auf Verlangen des Nutzers nach Art. 5 Abs. 1 DA bereitstellt, eine Gegenleistung verlangen (s. hierzu Rdn. 428 ff.).[187]

336 Der Dateninhaber kann dem Nutzer zudem weitere Daten bereitstellen, die nicht unter den Data Act fallen (z.B. **veredelte Daten** bzw. Datenprodukte). In diesem Fall kann für die Datenbereitstellung auch eine Gegenleistung verlangt werden.

▶ Hinweis

337 Die Datenbereitstellung ist für den Nutzer (B2B und B2C) grds. unentgeltlich. Eine Monetarisierung von Daten durch den Dateninhaber ggü. dem Nutzer ist im Hinblick auf veredelte bzw. abgeleitete Daten aber weiterhin möglich.

#### *e) In einem umfassenden, gängigen, [strukturierten] und maschinenlesbaren Format*

338 Der Dateninhaber stellt dem Nutzer die Daten in einem in einem umfassenden (Rdn. 339), gängigen (Rdn. 340 ff.), strukturierten (Rdn. 343 ff.) und maschinenlesbaren Format (Rdn. 345 ff.) bereit. Das Merkmal »strukturiert« fehlt in Art. 4 der deutschen Sprachfassung des Data Acts. Der Vergleich mit der englischen[188] und der französischen[189] Sprachfassung zeigt allerdings, dass es sich wohl um einen Übertragungsfehler handelt.[190] Die Merkmale »gängig«, »strukturiert« und »maschinenlesbar« finden sich ebenfalls in Art. 20 Abs. 1 DSGVO.

##### *aa) Umfassend*

339 Die Daten sind dem Nutzer in einem »**umfassenden Format**« bereitzustellen. Das Merkmal, welches Art. 20 DSGVO nicht kennt, ist unklar. Die Anforderung könnte so interpretiert werden, dass Daten in einer standardisierten Form bereitgestellt werden sollen, die alle erforderlichen Details (wie Metadaten) umfasst. Andere vertreten, dass ein Dateninhaber ein konkretes Verlangen nicht durch die Bereitstellung von Daten in verschiedenen Formaten erfüllen können sollen.[191]

##### *bb) Gängig*

340 Das Format soll »**gängig**« sein. In der englischen Fassung findet sich die Bezeichnung »commonly used«, welche mit Art. 20 Abs. 1 DSGVO korrespondiert.

---

187 Zu Art. 5 DA: Rockstroh in Czychowski/Lettl/Steinrötter Art. 5 Rn. 94 ff. mwN (im Erscheinen).

188 Dort heißt es: »comprehensive, structured, commonly used and machine-readable format«.

189 Dort heißt es: »un format complet, structuré, couramment utilisé et lisible par machine«.

190 BeckOK DatenschutzR/Raue, 50. Ed. 1.11.2024, DA Art. 4 Rn. 30.

191 Lienemann/Wienroeder in Hennemann/Ebner/Karsten/Lienemann/Wienroeder Data Act, S. 90.

Der Dateninhaber muss dem Nutzer die jeweiligen Daten in einem Format breitstellen, dass auf dem jeweiligen Markt bzw. für ein in diesem Sektor tätiges Unternehmen »gängig« bzw. »üblich« ist. **341**

Anerkannt »gängige« Formate sind CSV, XML oder JSON.[192] **342**

### *cc) Strukturiert*

Damit Daten **maschinenlesbar** sind, müssen sie eine Form haben, die **von Software leicht analysiert und verarbeitet** werden kann, d.h. sie müssen **strukturiert** sein. **Der Data Act legt jedoch keine besondere Struktur fest.** **343**

Einige Beispiele für strukturierte Datenformate sind CSV, XML oder JSON. **344**

### *dd) Maschinenlesbar*

Entscheidend dürfte sein, dass die Daten dem Nutzer in einem »maschinenlesbaren Format« bereitgestellt werden. **345**

Mangels eingeständiger Definition im Data Act kann auf die Definition der EU-Kommission zurückgegriffen werden. Diese definiert »maschinenlesbar« in anderem Kontext als »**Data in a data format that can be automatically read and processed by a computer, such as CSV, JSON, XML, etc. Machine-readable data must be structured data**«.[193] Die Anforderung aus Art. 4 Abs. 1 DA sind mithin erfüllt, wenn die Daten in einem Dateiformat vorliegen, das so strukturiert ist, dass Softwareanwendungen die konkreten Daten einfach identifizieren, erkennen, extrahieren und verarbeiten können.[194] **346**

192 Brandt/Grewe, Datenportabilität 2.0 – Neue Vorgaben im Zuge der EU-Digitalstrategie, MMR 2023, 929, 930; Hennemann, Datenportabilität, PinG 2017, 5, 7; BeckOK IT-Recht/Steinrötter, 17. Ed. 1.1.2023, DS-GVO Art. 20 Rn. 29.

193 www.eur-lex.europa.eu/content/eli-register/glossary.html.

194 Erwgr. 35 Richtlinie (EU) 2019/1024 ; vgl. auch EuGH Urt. v. 9.11.2023 – C-319/22, Rn. 39.

347

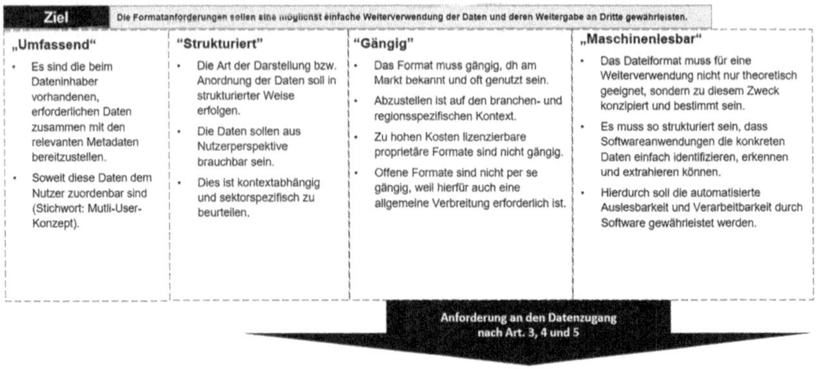


**Abb. 12: Formatanforderungen**

348 Siehe hierzu auch Kapitel 2 C II. 1, Rdn. 218.

### *f) Gleiche Qualität wie Dateninhaber*

349 Art. 4 Abs 1 bestimmt, dass die Daten in der »gleichen Qualität wie für den Dateninhaber« bereitgestellt werden müssen.[195] Nach Erwgr. 30[196] sollten die »bereitgestellten Daten **so genau, vollständig, zuverlässig, relevant und aktuell** [sein], wie die bei der Nutzung des vernetzten Produkts oder verbundenen Dienstes generierten Daten, auf **die der Dateninhaber selbst zugreifen kann** oder darf«. Daraus kann abgeleitet werden, dass der Dateninhaber zwar keine bestimmte Qualität der Daten schuldet, er darf den Nutzer aber auch nicht schlechter stellen.

350 Der Vergleich mit der englischen und der französischen Sprachversion zeigt, dass die Qualitätsvorgabe stets einzuhalten ist und nicht unter dem Vorbehalt »falls relevant und technisch durchführbar« steht. Es handelt sich hier um einen Übersetzungsfehler in der deutschen Sprachfassung.

### *g) Bereitstellung »kontinuierlich und in Echtzeit«*

351 Der Dateninhaber soll dem Nutzer die Daten »kontinuierlich und in Echtzeit« bereitstellen, sofern dies »relevant und technisch durchführbar« ist.

352 Der Data Act spezifiziert nicht, was »kontinuierliche« und »in Echtzeit« meint. »**Echtzeit**« dürfte bedeuten, dass der Nutzer **Zugang zum jeweils aktuellen Datenstand des Dateninhabers** hat und Änderungen an diesem für den Nutzer **ohne nennenswerte**

195 In Art. 5 DA heißt es in der deutschen Sprachfassung »in derselben Qualität«.
196 allerdings im Zusammenhang mit Dritten.

**Zeitverzögerung** sichtbar sind.[197] »**Kontinuierlich**« dürfte bedeuten, dass der Zugang zu Daten **durchgehenden und fortlaufend** sein soll.[198]

In Bezug auf die technische Umsetzung eines Echtzeitzugangs erwähnt der Data Act in Erwgr. 24 ausdrücklich die **Anwendungsprogrammierschnittstelle (API)**. 353

In diesem Zusammenhang ist zu beachten, dass die Daten für den Nutzer immer »einfach« (s.o. Rdn. 324 ff.) zugänglich sein müssen. Der Dateninhaber sollte diese Anforderung aus der Sicht des Nutzers betrachten. So könnte beispielsweise die Bereitstellung einer API-Lösung (d.h. lediglich die Einrichtung des Endpunkts und die Bereitstellung der entsprechenden Dokumentation für die Nutzung und Implementierung) für einige B2B-Nutzer als »einfach« angesehen werden. Für den durchschnittlichen B2C-Nutzer (oder sogar für einige B2B-Nutzer) würde eine solche Zugangslösung jedoch nicht als »einfacher« Zugang gelten. 354

*aa) Relevant*

Der Dateninhaber schuldet die kontinuierliche Bereitstellung der Daten und eine Bereitstellung in Echtzeit, soweit dies »relevant« ist. Aus der Gesamtbetrachtung des Data Acts sollten bei der Beurteilung der Relevanz eines Echtzeitzugangs (neben Sicherheitsaspekten und technischer Durchführbarkeit) ggf. auch die Nutzerinteressen berücksichtigt werden.[199] Das übergeordnete Ziel des Data Acts ist, dass der Nutzer möglichst einfach Zugang zu Daten bekommt. Die Nutzerinteressen können je nach Anwendungsfall unterschiedlich ausfallen. Ein Echtzeitzugang wird umso mehr in jenen Fällen »relevant« sein, in denen der Echtzeitzugang eine für den Nutzer sinnvolle Nutzung der Daten ermöglicht. Beispielsweise kann argumentiert werden, dass bei einem smarten Eiskasten eine Echtzeitdatenübertragung nicht ausschlaggebend für eine sinnvolle Datennutzung durch den Nutzer ist, während das bei einem smarten Gesundheitstracker schon eher der Fall sein kann. In der Konsequenz räumt der Data Act dem Dateninhaber einen gewissen Ermessensspielraum ein. Letztlich kann argumentiert werden, dass ein kontinuierlicher Zugriff und ein Zugriff in Echtzeit zumindest dann als relevant zu betrachten sind, wenn der Hersteller oder Dritte selbst kontinuierlich und in Echtzeit auf die Daten zugreifen können, um hierauf basierend Dienste bereitzustellen. 355

197 Zu Art. 6 Abs. 10 DMA: HK-DMA/Wolf-Posch, 1. Aufl. 2023, DMA Art. 6 Abs. 10 Rn. 232, 233; ähnlich BeckOK InfoMedienR/Louven, 46. Ed. 1.8.2023, DMA Art. 6 Rn. 154: Zugang zu aktuellen Daten; historische Daten seien ausgeschlossen.

198 Zu Art. 6 Abs. 10 DMA: MüKoEuWettbR/Bueren/Weck, 4. Aufl. 2023, DMA Art. 6 Rn. 237.

199 Die EU-Kommission spricht im Rahmen von Art. 3 DA von einer Relevanz aus der Perspektive des vernetzten Produkts, Nutzers oder Dateninhabers (EU Commission Frequently Asked Questions v 1.2, S. 16).

### *bb) Technisch durchführbar*

356 Der Dateninhaber schuldet die kontinuierliche Bereitstellung der Daten und eine Bereitstellung in Echtzeit, soweit dies »**technisch durchführbar**« ist. Der Data Act spezifiziert, wie an anderer Stelle[200], den Begriff der »technischen Durchführbarkeit« nicht weiter bzw. schränkt diese auch nicht weiter ein. In der Theorie ist vieles »technisch durchführbar«, praktisch werden Umsetzungsmöglichkeiten jedoch regelmäßig durch damit verbundene Kosten oder einer einhergehenden technischen Komplexität begrenzt sein. Es sprechen gute Gründe dafür, dass eine technische Durchführbarkeit wohl dann nicht mehr »relevant und technisch durchführbar« ist, wenn deren Umsetzung zu **unangemessenen Kosten** auf Seiten des Dateninhabers führen würde bzw. deren Komplexität für den Dateninhaber unverhältnismäßig wäre.

357 Einen weiteren Anhaltspunkt bietet hier die DSGVO. **Art. 20 Abs. 2 DSGVO** kennt ebenfalls eine ähnliche Voraussetzung, nämlich »soweit dies technisch machbar ist«. Im Rahmen der DSGVO soll sich die technische Machbarkeit vor allem nach den bei dem Verantwortlichen bereits vorhandenen technischen Möglichkeiten richten.[201] Mangels anderer Anhaltspunkte könnte argumentiert werden, dass Gleiches auch im Rahmen des Data Acts gilt.

358 Darüber hinaus sind gesetzliche Vorgaben wie etwa Sicherheits- und Cybersicherheitsanforderungen oder sektorspezifische Vorgaben zu berücksichtigen. Hier ist an die Richtlinie 2014/53/EU, die Maschinenverordnung oder die Verordnung (EU) 2018/858 zu denken.

### *cc) Stellungnahme der EU-Kommission zu »relevant und technisch durchführbar« in Art. 3 Abs. 1 DA*

359 In diesem Kontext sei darauf verwiesen, dass die EU-Kommission in ihren FAQ auch zum Merkmal des »direkten« Zugangs Stellung nimmt. Auch dieser steht unter der Bedingung »soweit relevant und technisch durchführbar«.[202] Die EU-Kommission vertritt die Auffassung, dass die Entscheidung, den Zugang »direkt« oder »indirekt« auszugestalten, grds. **im Ermessen des Herstellers bzw. Dateninhabers** liegt. Der Hersteller könne eine Bewertung vornehmen, in deren Rahmen die **technische Machbarkeit**, die **Kosten potenzieller technischer Anpassungen** sowie der **Schutz von Geschäftsgeheimnissen** Berücksichtigung finden. Die Übertragbarkeit dieser Ausführungen auf die Merkmale »relevant und technisch durchführbar« in Art. 4 Abs. 1 DA ist unklar.

---

200 Vgl. zu Art. 3: Rdn. 199 und zu Art. 5: Rdn. 527.

201 Paal/Götz, Aktuelle Rechtsfragen zur Datenübertragbarkeit aus Art. 20 DS-GVO/Voraussetzungen – Verantwortlichkeit – Anspruchsinhalt und -grenzen, ZD 2023, 67, 70.

202 EU Commission Frequently Asked Questions v 1.2, S. 13, 16 f., 18.

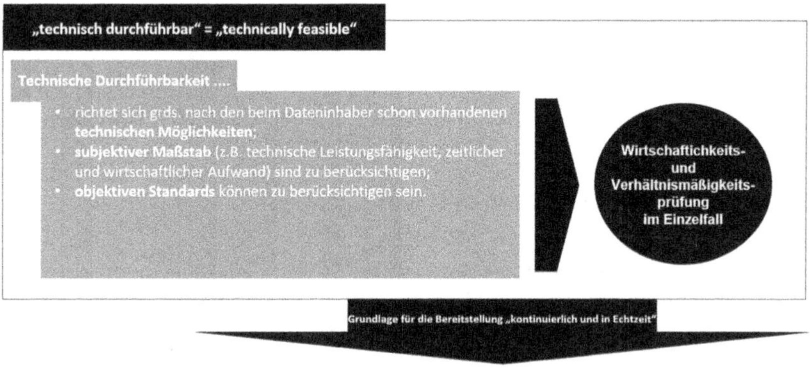


Abb. 13: Technische Durchführbarkeit| Beschreibung

### *h) Bereitstellung*

Gemäß Art. 3 Abs. 1 DA müssen die Daten dem Nutzer »zugänglich sein«, während sie gemäß Art. 4, 5 DA vom Dateninhaber »bereitzustellen« sind. 360

Der Data Act enthält keine Definition des Begriffs »bereitstellen«. In Art. 2 Nr. 7 DA wird »die Offenlegung durch Übermittlung, Verbreitung oder eine *andere Form der Bereitstellung*«[203] als eine Form der Verarbeitung genannt. 361

»Bereitstellen« meint laut Duden »zur Benutzung an einen bestimmten Ort stellen, zur Verfügung stellen«.[204] Der europäische Gesetzgeber überlässt die Form der Zugänglichmachung dem Hersteller bzw. dem Dateninhaber. Dies ergibt sich zum einen aus dem breiten Wortlaut, der keine bestimmte Form vorsieht. Art. 44 Abs. 2 DA verweist für »technische Aspekte des Datenzugangs« auf sektorales Unionsrecht.[205] 362

Erwgr. 22 bestimmt zudem sehr weit, dass vernetzte Produkte so konzipiert sein können, »dass bestimmte Daten direkt von einem Datenspeicher auf dem Gerät oder von einem entfernten Server, an den die Daten übermittelt werden, zugänglich gemacht werden. Der Zugang zu Datenspeichern auf dem Gerät kann über kabelgebundene oder drahtlose lokale Funknetze ermöglicht werden, [...]. Bei dem Server kann es sich um die eigenen lokalen Serverkapazitäten des Herstellers oder um die eines Dritten oder eines Cloud-Diensteanbieters handeln [...].« 363

Vernetzte Produkte können sogar »so konzipiert sein, dass der Nutzer oder ein Dritter die Daten auf dem vernetzten Produkt, auf einer Rechnerinstanz des Herstellers oder 364

203 Herv. d. d. Verfasser.
204 www.duden.de/rechtschreibung/bereitstellen.
205 Zu Art. 5 DA: Rockstroh in Czychowski/Lettl/Steinrötter Art. 5 Rn. 63, 69 mwN (im Erscheinen).

in einer von dem Nutzer oder Dritten ausgewählten Informations- und Kommunikationstechnologie-(IKT)-Umgebung verarbeiten kann«, Erwgr. 21.[206]

365 Der Dateninhaber kann dem Nutzer die Daten mithin zum Abruf oder – in Ausnahmefällen[207] – zur Verarbeitung vor Ort bereitstellen[208] oder aber in dessen Sphäre übermitteln.[209] Teilweise wird vertreten, dass das bloße **Wahrnehmbarmachen** der Daten den Anspruch nach Art. 4 DA erfüllt.[210]

### ▶ Praxisbeispiel: »Der intelligente Staubsaugerroboter«

366 Der Nutzer könnte

- über ein lokales drahtloses Netzwerk (z. B. Wi-Fi oder Bluetooth) eine Verbindung zum Staubsauger herstellen und so »direkt« i.S.v. »ohne weitere Umwege« auf die Daten im Gerät zugreifen (Art. 3 Abs. 1 Hs. 2 DA);
- über eine mobile App auf Daten zugreifen, die direkt auf dem Staubsauger gespeichert sind (je nach Umsetzung und Sichtweise Art. 3 Abs. 1 Hs. 1/2 oder Art. 4 Abs. 1 DA);
- auf einer Website des Dateninhabers in seinem Dashboard die Daten einsehen (Art. 4 Abs. 1 DA)[211];
- auf einer Website des Dateninhaber seine Daten downloaden (Art. 4 Abs. 1 DA);
- einen Link vom Dateninhaber empfangen, über den ihm die Daten zum Download angeboten werden.

Zu diesen Daten könnten historische Gerätestatusberichte (wie Akkulaufzeit, Anzeige des vollen Behälters und Wartungsbedarf), sofern sie noch gespeichert sind, und sonstige Daten (z.B. gereinigte Gesamtfläche, Dauer der Reinigungssitzungen) gehören.[212]

In der Praxis wird – aufgrund von geringeren Kosten – die Situation wohl häufiger anzutreffen sein, dass vernetzte Produkte, wie auch der Staubsaugerroboter, ihre Daten mit einem Cloud-Server synchronisieren, anstelle sie direkt im Gerätespeicher zu speichern. Die Nutzer könnten ebenso wie bei der geräteinternen Speicherung über ein Webportal oder eine mobile App auf diese Daten zugreifen.

206 Nach BeckOK DatenschutzR/Raue, 50. Ed. 1.11.2024, DA Art. 4 Rn. 24 müsse eine solche Beschränkung gesondert gerechtfertigt werden; der Wortlaut von Erwgr. 22 sieht diese Art der Verarbeitung allerdings als gleichwertige Alternative vor.
207 Siehe Fn. 132.
208 BeckOK DatenschutzR/Raue, 50. Ed. 1.11.2024, DA Art. 4 Rn. 24.
209 Vgl. zu Art. 5 umfassend Rockstroh in Czychowski/Lettl/Steinrötter Art. 5 Rn. 62 ff. mwN (im Erscheinen).
210 Für Art. 5 DA: Rockstroh in Czychowski/Lettl/Steinrötter Art. 5 Rn. 65 ff. mwN (im Erscheinen); a.A. BeckOK DatenschutzR/Raue, 50. Ed. 1.11.2024, DA Art. 4 Rn. 24.
211 Dies dürfte nur für bestimmte Daten gelten; a.A. BeckOK DatenschutzR/Raue, 50. Ed. 1.11.2024, DA Art. 4 Rn. 24.
212 Vgl. EU Commission Frequently Asked Questions 1.2, S. 21 f.

## 6. Geschäftsgeheimnisse

Der Anspruch nach Art. 4 Abs. 1 **Data Act erfasst grds. auch Daten, die unter den Geschäftsgeheimnisschutz fallen**[213]: 367

»Grundsätzlich können Dateninhaber ein Datenzugangsverlangen gemäß dieser Verordnung nicht allein aufgrund dessen ablehnen, dass bestimmte Daten als Geschäftsgeheimnisse gelten, da dies die beabsichtigte Wirkung dieser Verordnung untergraben würde«.[214] 368

»[D]er **Schutz von Geschäftsgeheimnissen** nach Maßgabe der Richtlinie (EU) 2016/943« soll gleichfalls »gewahrt« werden.[215] Die Art. 4 Abs. 6 bis Abs. 8 DA enthalten diverse Vorgaben zum Schutz der Geschäftsgeheimnisse und ein abgestuftes System von Anforderungen an und Einwendungen gegen Zugangsverlangen mit Geschäftsgeheimnisbezug. 369

▶ Empfehlung

Unternehmen sollten eine Data Governance sowie ein Datenmanagement aufsetzen, in dem die Geschäftsgeheimnisse berücksichtigt sind. 370

### *a) Grundsatz in Art. 4 Abs. 6 DA*

Art. 4 Abs. 6 DA bestimmt, dass Geschäftsgeheimnisse gewahrt und nur offengelegt werden, wenn vom Dateninhaber und vom Nutzer vor der Offenlegung alle Maßnahmen getroffen worden sind, die erforderlich sind, um die Vertraulichkeit der Geschäftsgeheimnisse (s. Rdn. 372), insbesondere gegenüber Dritten, zu wahren. Der **Daten- oder Geschäftsgeheimnisinhaber** (s. Rdn. 377) **ermittelt**, auch in den relevanten Metadaten, die als **Geschäftsgeheimnisse** geschützten Daten (s. Rdn. 378 ff.) und **vereinbart** mit dem Nutzer **angemessene technische und organisatorische Maßnahmen**, die erforderlich sind, um die Vertraulichkeit der weitergegebenen Daten, insbesondere gegenüber Dritten, zu wahren (s. Rdn. 381 ff.). 371

#### *aa) Geschäftsgeheimnis*

»**Geschäftsgeheimnis**« meint nach Art. 2 Nr. 18 DA i.V.m. Art. 2 Nr. 1 GeschGehRL ([EU] 2016/943) Informationen, die in dem Sinne geheim sind, dass sie 372

(i) **weder** in ihrer Gesamtheit noch in der genauen Anordnung und Zusammensetzung ihrer Bestandteile den Personen in den Kreisen, die üblicherweise mit dieser Art von Informationen umgehen, **allgemein bekannt oder ohne weiteres zugänglich sind** (lit. a)) und 373

213 Zum Folgenden s. bereits Rockstroh/Katko, Quo Vadis Data Act, ZdiW 2023, 101, 105 ff.; Wiesemann/Rockstroh, Datenzugang nach dem Data Act, ZdiW 2024, 56, 58 f.; umfangreich zu Geschäftsgeheimnissen im Rahmen von Art. 5 Rn. 217 ff. DA: Rockstroh in Czychowski/Lettl/Steinrötter Art. 5 mwN (im Erscheinen).

214 Erwgr. 31.

215 Erwgr. 31.

374 (ii) von **kommerziellem Wert** sind, **weil sie geheim** sind (lit. b)) und

375 (iii) die Gegenstand von **den Umständen entsprechenden angemessenen Geheimhaltungsmaßnahmen** durch die Person sind, die die rechtmäßige Kontrolle über die Informationen besitzt (lit. c)).

376 IoT-Rohdaten können Geschäftsgeheimnisse im Sinne der GeschGehRL ([EU] 2016/943) enthalten.[216]. Die vom Data Act umfassten Datensätze enthalten zudem häufig produktbezogene Daten, aus denen auf die zu Grunde liegenden Geschäftsgeheimnisse geschlossen werden kann.[217]

*bb) Geschäftsgeheimnisinhaber*

377 »**Inhaber eines Geschäftsgeheimnisses**« ist gem. Art. 2 Nr. 19 DA i.V.m. Art. 2 Nr. 2 GeschGehRL ([EU] 2016/943) jede natürliche oder juristische Person, die die rechtmäßige Kontrolle über ein **Geschäftsgeheimnis** besitzt.[218]

*cc) Ermitteln der Geschäftsgeheimnisse*

378 Der Dateninhaber oder, wenn sie nicht dieselbe Person sind, der Inhaber des Geschäftsgeheimnisses ermittelt, auch in den relevanten Metadaten, die als Geschäftsgeheimnisse geschützten Daten.[219]

379 Gemeint ist wohl, dass die als Geschäftsgeheimnis ermittelten Daten als solche **gekennzeichnet** werden.

▶ Empfehlung

380 Unternehmen sollten sicherstellen, dass sie Daten, die Geschäftsgeheimnisse darstellen, eindeutig kennzeichnen oder identifizieren. Dies ist ohnehin erforderlich, da andernfalls nicht davon ausgegangen werden kann, dass Unternehmen auch entsprechende Maßnahmen getroffen haben, um diese Daten geheim zu halten (s. nächster Schritt). Die Daten müssen aber nicht vor Abschluss der Geheimhaltungsvereinbarung und dem Ergreifen der entsprechenden Maßnahmen zugänglich gemacht werden.

---

216 H.M., zuletzt Böken/Vocks, Data Act und verfassungsrechtlicher Schutz von Geschäftsgeheimnissen – Nichtigkeit oder grundrechtskonforme Auslegung der Art. 3–5 Data Act?, MMR 2024, 1016 mwN; s. zu Art. 5 DA: Rockstroh in Czychowski/Lettl/Steinrötter Art. 5 Rn. 234 ff. mwN (im Erscheinen).

217 Pauly/Wichert/Baumann, Schutz von Geschäftsgeheimnissen nach dem Data Act – Reichweite und Wirksamkeit, MMR 2024, 211, 212; Grapentin, Datenzugangsansprüche und Geschäftsgeheimnisse der Hersteller im Lichte des Data Act RDi 2023, 173, 175; Böken/Vocks, Data Act und verfassungsrechtlicher Schutz von Geschäftsgeheimnissen – Nichtigkeit oder grundrechtskonforme Auslegung der Art. 3–5 Data Act?, MMR 2024, 1016 f.

218 ÖOHG Beschl. v. 10.12.2020 – 4 Ob 182/20y; zur Frage des Umgangs mit Geschäftsgeheimnissen im Rahmen von Art. 5 DA: umfangreich Rockstroh in Czychowski/Lettl/Steinrötter Art. 5 Rn. 231 ff. mwN (im Erscheinen).

219 Art. 4 Abs. 2 Hs 1 DA; Erwgr. 31.

#### *dd) Angemessene technische und organisatorische Maßnahmen*

Der Dateninhaber vereinbart mit dem Nutzer für die in Schritt 1 ermittelten und gekennzeichneten Daten **angemessene technische und organisatorische Maßnahmen**, die **erforderlich** sind, um die Vertraulichkeit der weitergegebenen Daten, insbesondere gegenüber Dritten, zu wahren.[220] 381

Dateninhaber sollten »die Möglichkeit haben, mit Nutzern […] notwendige Maßnahmen zur Wahrung ihrer Vertraulichkeit zu vereinbaren«.[221] 382

Geheimhaltungsmaßnahmen sind alle Mittel, die geeignet und dazu bestimmt sind, die unbefugte Erlangung, Nutzung oder Offenlegung der geheimen Informationen zu verhindern oder zu erschweren.[222] **Schutzmaßnahmen** können insbesondere organisatorischer, technischer oder rechtlicher Art sein.[223] Der Data Act nennt als mögliche Maßnahmen **Mustervertragsklauseln**, **Vertraulichkeitsvereinbarungen**, **strenge Zugangsprotokolle**, **technische Normen** und die **Anwendung von Verhaltenskodizes.** 383

▶ Empfehlung

Geheimhaltungsvereinbarungen sollten **schriftlich** abgeschlossen werde. Der Dateninhaber sollte zudem prüfen, ob das Vereinbaren einer **Vertragsstrafe** sinnvoll oder gar zwingend ist.[224] 384

### *b) Verweigern bzw. Aussetzen des Zugangsverlangens nach Art. 4 Abs. 7 DA*

Der Dateninhaber kann die Weitergabe von Daten, die als Geschäftsgeheimnisse eingestuft wurden, verweigern oder gegebenenfalls aussetzen, wenn 385

(i) **keine Einigung** über die in Art. 4 Abs. 6 DA genannten erforderlichen **Maßnahmen** erzielt wird oder 386

(ii) vom Nutzer die gemäß Abs. 6 vereinbarten **Maßnahmen nicht umgesetzt** werden oder 387

(iii) die **Vertraulichkeit** der Geschäftsgeheimnisse **verletzt** wird. 388

Der Dateninhaber ist verpflichtet, seine Entscheidung »**ordnungsgemäß zu begründen** und dem Nutzer unverzüglich schriftlich mitzuteilen«.[225] Allgemeine Begründungen dürften nicht genügen. Die erforderliche Begründungstiefe hängt von dem jeweiligen Ablehnungsgrund ab. 389

»Schriftlich« dürfte nicht als »Schriftform« i.S.v. § 126 BGB zu verstehen sein. Möglich sein dürften auch andere fixierte und dokumentierbare Formen. Hier ist allerdings noch viel offen. Zu »unverzüglich« s. Rdn. 322. 390

---

220 Art. 4 Abs. 6 S. 2 Hs. 2 DA.
221 Erwgr. 31.
222 LAG Baden-Württemberg Beschl. v. 22.9.2023 – 7 Ta 1/22, Rn. 10.
223 LAG Baden-Württemberg Beschl. v. 22.9.2023 – 7 Ta 1/22, Rn. 10.
224 Keller/Schönknecht/Glinke/Schönknecht, 1. Aufl. 2021, GeschGehG § 2 Rn. 65.
225 Erwgr. 31.

391 Der Dateninhaber hat zudem die nationale **zuständige Behörde** des Mitgliedstaats, in dem er niedergelassen ist, davon **zu unterrichten**, dass er die Weitergabe von Daten verweigert oder ausgesetzt hat, und anzugeben, welche Maßnahmen nicht vereinbart oder umgesetzt wurden und bei welchen Geschäftsgeheimnissen die Vertraulichkeit verletzt wurde.

*c) Ablehnen des Zugangsverlangens (»Handbrake Mechanism« – Art. 4 Abs. 8)*

392 Der Dateninhaber kann ein **Datenbereitstellungsverlangen** für die betreffenden Daten im Einzelfall **ablehnen**, wenn er als Inhaber des Geschäftsgeheimnisses nachweisen kann, dass er trotz der vom Nutzer gemäß Art. 4 Abs. 6 DA getroffenen technischen und organisatorischen Maßnahmen mit hoher Wahrscheinlichkeit einen **schweren wirtschaftlichen Schaden** durch die Offenlegung der Geschäftsgeheimnisse erleiden wird.[226]

393 Ein »schwerer wirtschaftlicher Schaden« muss nach der Vorstellung des Gesetzgebers **schwere irreparable wirtschaftliche Verluste** nach sich ziehen, die durch objektive Fakten nachgewiesen werden müssen.[227] Aus diesen »objektiven Fakten« muss hervorgehen, dass die Offenlegung bestimmter Daten die konkrete Gefahr eines schweren wirtschaftlichen Schadens mit sich bringt und warum die Maßnahmen zum Schutz der Daten als unzureichend angesehen werden.[228] Bei der Beurteilung sollen insbesondere die Durchsetzbarkeit des Geschäftsgeheimnisschutzes in Drittstaaten, die Art und Vertraulichkeit der angefragten Daten sowie die Einzigartigkeit und Neuheit des gegenständlichen Produkts zu berücksichtigen sein.[229] Außerdem können auch negative Auswirkungen auf die Cybersicherheit herangezogen werden.[230] Es gelten die Ausführungen zur Begründung in Rdn. 389 entsprechend.

394 Der Dateninhaber hat die nationale zuständige Behörde des Mitgliedstaats, in dem er niedergelassen ist, davon unterrichten, dass er die Weitergabe von Daten verweigert hat (Art. 4 Abs. 8 S. 3 DA).

226 Art. 4 Abs. 8 DA.

227 Erwgr. 31; Böken/Vocks, Data Act und verfassungsrechtlicher Schutz von Geschäftsgeheimnissen – Nichtigkeit oder grundrechtskonforme Auslegung der Art. 3–5 Data Act?, MMR 2024, 1016, 1017.

228 Erwgr. 31.

229 Erwgr. 31.

230 Erwgr. 31.

#### *d) Interessensabwägung?*

Der Zugang zu Daten, die Geschäftsgeheimnisse beinhalten, war eines der meistdiskutierten Themen im Gesetzgebungsverfahren.[231] Zum Teil wird die Verfassungsmäßigkeit der Verpflichtung in Frage gestellt.[232] 395

Es wird daher vorgeschlagen, insb. Art. 4 Abs. 8 und 5 Abs. 11 DA großzügig zugunsten des Dateninhabers auszulegen. Außergewöhnliche Umstände sollen nicht bloß im absoluten Ausnahmefall angenommen werden dürfen. Im Zweifel sei vielmehr eine **Interessenabwägung** im Sinne einer grundrechtskonformen Abwägung bzw. Verhältnismäßigkeitsprüfung in Art. 4 Abs. 8 und Art. 5 Abs. 11 DA hineinzulesen.[233] Auch hier bleibt die **Auslegung durch die Gerichte** abzuwarten. 396

▶ Empfehlung

Der gesamte Vorgang von 397
- der Ermittlung und Kennzeichnung der Daten als Geschäftsgeheimnis;
- über die Vereinbarung der angemessenen technischen und organisatorischen Maßnahmen;
- der Bereitstellung der Daten;
- [der – teilweisen – Zurückweisung, einschl. Mitteilung an den Nutzer und Mitteilung an die Behörde];
- bis zu deren Löschung durch den Nutzer, wenn sie nicht mehr benötigt werden;

sollte transparent nachgehalten und dokumentiert werden.

#### *e) Rechtsmittel*

Der Nutzer kann nach Art. 4 Abs. 9 lit. a) DA gem. Art. 37 Abs. 5 lit. b) DA bei der zuständigen Behörde eine **Beschwerde** einlegen, die sodann unverzüglich entscheidet, ob und unter welchen Bedingungen die Weitergabe der Daten beginnen oder wieder 398

---

231 Vgl. schon Rockstroh/Katko, Quo Vadis Data Act, ZdiW 2023, 101, 105 ff.; zuletzt Böken/Vocks, Data Act und verfassungsrechtlicher Schutz von Geschäftsgeheimnissen – Nichtigkeit oder grundrechtskonforme Auslegung der Art. 3–5 Data Act?, MMR 2024, 1016 f; zu Art. 5 Data Act: Rockstroh in Czychowski/Lettl/Steinrötter Art. 5 Rn. 217 ff. mwN (im Erscheinen).

232 Zu Art. 5 Data Act: Rockstroh in Czychowski/Lettl/Steinrötter Art. 5 Rn. 230, 259 mwN (im Erscheinen); zuletzt Böken/Vocks, Data Act und verfassungsrechtlicher Schutz von Geschäftsgeheimnissen – Nichtigkeit oder grundrechtskonforme Auslegung der Art. 3–5 Data Act?, MMR 2024, 1016 mwN.

233 Grützmacher CR 2024, 281, 291; Heinzke/Herbers/Kraus, Datenzugangsansprüche nach dem Data Act, BB 2024, 649, 652 oder schon Specht-Riemenschneider, Der Entwurf des Data Act – Eine Analyse der vorgesehenen Datenzugangsansprüche im Verhältnis B2B, B2C und B2G, MMR 2022, 809, 819; ähnlich Böken/Vocks, Data Act und verfassungsrechtlicher Schutz von Geschäftsgeheimnissen – Nichtigkeit oder grundrechtskonforme Auslegung der Art. 3–5 Data Act?, MMR 2024, 1016.

aufgenommen werden sollte. Der Nutzer kann zudem nach lit. b) mit dem Dateninhaber vereinbaren, eine **Streitbeilegungsstelle** mit der Angelegenheit zu befassen. Die Entscheidung der Streitbeilegungsstelle ist nur bindend, wenn die Parteien dies vorab vereinbart haben.[234]

399 Die vorgenannten Rechte sollen »unbeschadet« des Rechts des Dritten bestehen, jederzeit vor einem Gericht eines Mitgliedstaats Rechtsmittel einzulegen, Art. 4 Abs. 9 S. 1 DA.

### 7. Datenschutz

400 Die Produkt- und verbundene Dienstdaten können sich auf eine betroffene Person im Sinne von Art. 4 Nr. 1 DSGVO beziehen. Die Verarbeitung solcher Daten unterliegt den Vorschriften der DSGVO. Dies gilt auch für sogenannte gemischte Datensätze, d.h. wenn personenbezogene und nicht personenbezogene Daten in einem Datensatz untrennbar miteinander verbunden sind (Erwgr. Nr. 7, 34). Der Data Act gilt unbeschadet der DSGVO, die im Konfliktfalle allerdings Vorrang genießt (Art. 1 Abs. 5 DA).

401 Die **datenschutzrechtlichen Anforderungen** werden in Kapitel 2 H. behandelt.

### 8. Beschränkung der Wahlmöglichkeiten

402 Dateninhaber dürfen die Ausübung der **Wahlmöglichkeiten** oder **Rechte** durch den Nutzer nach Art. 4 DA **nicht unangemessen erschweren**, auch nicht dadurch, dass sie dem Nutzer in nicht neutraler Weise Wahlmöglichkeiten anbieten oder die Autonomie, die Entscheidungsfreiheit oder die Wahlfreiheit des Nutzers durch die Struktur, die Gestaltung, die Funktion oder die Funktionsweise einer digitalen Benutzerschnittstelle oder eines Teils davon unterlaufen oder beeinträchtigen, Art. 4 Abs. 4 DA.

403 Der Gesetzgeber will insb. sicherstellen, dass Dateninhaber bei der Gestaltung ihrer digitalen Schnittstellen keine sogenannten »Dark Patterns« verwenden.[235] »Dark Patterns« beschreibt der Data Act in Erwgr. 38 als »Gestaltungstechniken, die dazu dienen, Verbraucher zu Entscheidungen zu verleiten oder zu täuschen, die für sie nachteilige Folgen haben. Diese manipulativen Techniken können eingesetzt werden, um Nutzer, insbesondere schutzbedürftige Verbraucher, zu unerwünschtem Verhalten zu verleiten oder zu täuschen, indem sie zu Entscheidungen über die Preisgabe von Daten verleitet werden, oder um die Entscheidungsfindung der Nutzer des Dienstes in einer Weise unverhältnismäßig zu beeinflussen, die ihre Autonomie, Entscheidungsfähigkeit oder Wahlfreiheit untergräbt oder beeinträchtigt.«

234 Art. 10 Abs. 12 DA.
235 Erwgr. 38.

Keine ausreichende Wahlmöglichkeit kann zudem gegeben sein, bei Fehlen »einer ausreichenden Granularität der Einstellungsmöglichkeiten« und ist gegeben, wenn »überhaupt keine Wahlmöglichkeit« vorgesehen ist (»take it or leave it«-Situation).[236] 404

### 9. Verträge zwischen Dateninhaber und Nutzer

Der Dateninhaber darf ohne Weiteres verfügbare Daten, bei denen es sich um nicht-personenbezogene Daten handelt, nur auf der Grundlage eines Vertrags mit dem Nutzer nutzen, Art. 4 Abs. 13 S. 1 DA. Er darf zudem nicht-personenbezogene Produktdaten Dritten zu keinen anderen kommerziellen oder nichtkommerziellen Zwecken als zur Erfüllung ihres Vertrags mit dem Nutzer bereitstellen, Art. 4 Abs. 14 S. 1 DA. Die Datennutzung durch den Dateninhaber wird in Kapitel 2 G. (Rdn. 731 ff.) behandelt. 405

Nutzer und Dateninhaber können aber auch sonst ein Interesse haben, die Rechte und Pflichten der Datennutzung vertraglich zu regeln. Der Zugang zu sowie die Nutzung oder die erneute Weitergabe von Daten kann nach Art. 4 Abs. 2 DA vertraglich beschränkt werden. Der Dateninhaber vereinbart zudem mit dem Nutzer nach Art. 4 Abs. 6 DA angemessene technische und organisatorische Maßnahmen, wenn Geschäftsgeheimnisse betroffen sind. Nach Erwgr. 25 können Nutzer im B2B Kontext »auf ihr Recht, diese Daten zu verwenden oder weiterzugeben« verzichten, wenn sie »eine angemessene Gegenleistung erhalten«. 406

### 10. Beschränkungen des Nutzers

Art. 4 DA regelt nicht nur die Pflichten des Dateninhabers zur Bereitstellung der Daten und die korrespondieren Rechte des Nutzers, sondern auch die Pflichten des Nutzers hinsichtlich des Zugangs zu und seiner Nutzung von Daten.[237] So darf der Nutzer keine Zwangsmittel einsetzen oder Schutzmaßnahmen umgehen (unter Rdn. 408 ff.), um an die Daten zu gelangen und er darf kein **Konkurrenzprodukt** mit Hilfe der bereitgestellten Daten entwickeln (unter Rdn. 412 ff.) oder den Dateninhaber ausspähen (unter Rdn. 416 ff.). 407

#### *a) Zwangsmittel und Umgehung von Schutzmaßnahmen durch Dritte (Art. 4 Abs. 11 DA)*

Der Nutzer darf keine Zwangsmittel verwenden oder Lücken in der zum Schutz der Daten bestehenden technischen Infrastruktur des Dateninhabers ausnutzen, um Zugang zu Daten zu erlangen, Art. 4 Abs. 11 DA. 408

Art. 4 Nr. 11 DA dürfte sich insb. auf technische »Zwangsmittel« beziehen, da die Vorschrift im Übrigen das Ausnutzen von Lücken in der zum Schutz der Daten bestehenden technischen Infrastruktur des Dateninhabers untersagt. 409

236 So das BKartA, Beschl. v. 5.10.2023 – B7–70/21.

237 Vgl. etwa die Überschrift zu Art. 4 DA: Rechte und *Pflichten von Nutzern* und Dateninhabern *in Bezug auf den Zugang zu sowie die Nutzung und die Bereitstellung* von Produktdaten und verbundenen Dienstdaten (Herv.d.d.Verfasser).

410 Außerdem darf der Nutzer keine Lücken in der zum Schutz der Daten bestehenden technischen Infrastruktur des Dateninhabers ausnutzen, um Zugang zu Daten zu erlangen (Art. 4 Abs. 11 Hs. 2 DA). Specht-Riemenschneider meint hierzu, es dürfe kein »right to hack« geben.[238] Ziel sei die Gewährleistung eines geordneten Verfahrens im Rahmen der neuen Datenzugangsrechte.[239] Ein »Selbsthilferecht« auf Datenzugang besteht nicht.[240] Der Nutzer könne sich gegen unzulässige technische Schutzmaßnahmen lediglich rechtlich wehren.[241]

▶ Empfehlung

411 Dateninhaber sollten daher regelmäßig die technische Infrastruktur überprüfen, um potenzielle Sicherheitslücken zu schließen, die ausgenutzt werden können.

*b) Konkurrenzprodukt (Art. 4 Abs. 10 DA)*

412 Der Nutzer darf die aufgrund eines Verlangens nach Art. 4 Abs. 1 DA erlangten Daten weder zur Entwicklung eines vernetzten Produkts nutzen, das mit dem vernetzten Produkt, von dem die Daten stammen, im Wettbewerb steht, noch darf er diese Daten mit dieser Absicht an einen Dritten weitergeben.[242]

413 Das Verbot zielt darauf ab, die Innovationsbemühungen der Hersteller und Dateninhaber zu schützen.[243]

414 Ob ein vernetztes Produkt mit dem vernetzten Produkt, von dem die Daten ursprünglich stammen, im Wettbewerb steht, hängt davon ab, ob die beiden Produkte auf demselben Produktmarkt miteinander konkurrieren. Zur Bestimmung des einschlägigen Produktmarkts kann auf die bewährten Grundsätze des Wettbewerbsrechts der Union zurückgegriffen werden.[244] Es muss ein hinreichender Grad an Austauschbarkeit zwischen allen zum gleichen Markt gehörenden Erzeugnissen im Hinblick auf die gleiche Verwendung gegeben sein.[245]

▶ Empfehlung

415 Der Dateninhaber sollte die Datenbereitstellung auch vor dem Hintergrund dokumentieren, dass es später mit dem Nutzer zu Streitigkeiten hinsichtlich der Entwicklung eines Konkurrenzproduktes kommt.

---

238 Specht-Riemenschneider, Der Entwurf des Data Act – Eine Analyse der vorgesehenen Datenzugangsansprüche im Verhältnis B2B, B2C und B2G, MMR 2022, 809, 821.
239 Ehlen/Sebulke, Der Data Act: Zwischen Markt- und Vertragsgestaltung, CR 2024, 84, 85.
240 Ehlen/Sebulke, Der Data Act: Zwischen Markt- und Vertragsgestaltung, CR 2024, 84, 85.
241 Steege, Technische Schutzmaßnahmen des Dateninhabers im Data Act – Der Regelungsgehalt des Art. 11 Abs. 1 DA, MMR 2024, 91, 93.
242 Art. 4 Abs. 10 DA.
243 Erwgr. 32.
244 Erwgr. 32.
245 EuGH, Urt. v. 23.1.2018, Rs. C-179/16, Rn. 51; zu Art. 6 DA vertiefend hierzu: Rockstroh in Czychowski/Lettl/Steinrötter Art. 6 Rn. 66 ff. mwN (im Erscheinen).

### c) Ausspähen des Dateninhabers

Nach Art. 4 Abs. 10 DA darf der Nutzer die nach Art. 4 Abs. 1 DA erlangten Daten nicht nutzen, um Einblicke in die wirtschaftliche Lage, die Vermögenswerte und die Produktionsmethoden des Herstellers oder gegebenenfalls des Dateninhabers zu erlangen. 416

Es besteht die Gefahr, dass der Nutzer über die durch den Data Act gewonnene Kontrolle der Datenströme Informationen erlangt, die ihm einen Wettbewerbsvorteil verschaffen. Der Data Act nennt z.B. die Gefahr, dass so erlangtes Wissen in Vertragsverhandlungen über den potenziellen Erwerb des Produkts eingesetzt werden könnte.[246] 417

▶ Empfehlung

Der Dateninhaber sollte die Datenbereitstellung auch vor dem Hintergrund dokumentieren, dass es später mit dem Nutzer zu Streitigkeiten hinsichtlich des Ausspähens des Dateninhabers kommt. 418

## III. Implementierung

Die Implementierung wird in Abschnitt F. behandelt. 419

## IV. Praxistipps

### 1. Übersicht

Die folgenden Skizzen stellen die Rechte und Pflichten der involvierten Parteien (Nutzer und Dateninhaber) dar und geben eine Übersicht, über die (teilweise zwingend) vorzunehmenden Schritte, bevor eine Bereitstellung der Daten stattfinden kann. Die Darstellungen spiegeln den Regelungsgehalt des Art. 4 DA in einer möglichst praktikablen Abfolge wider. 420

246 Erwgr. 27, allerdings für den umgekehrten Fall.

### *a) Vorprüfung*

421

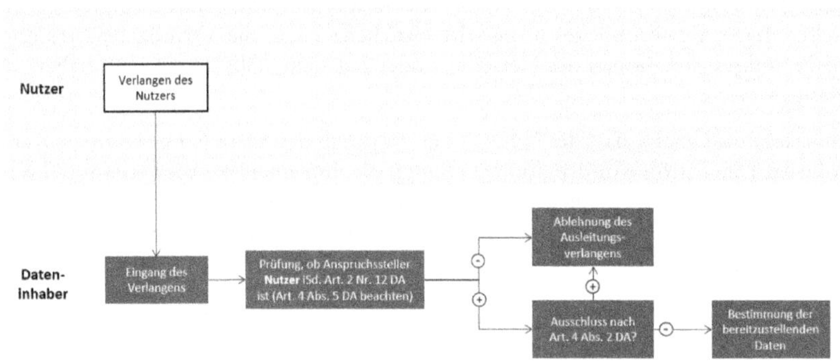


Abb. 14: Vorprüfung eines Datenbereitstellungsverlangens

### *b) Bestimmung der bereitzustellenden Daten*

422

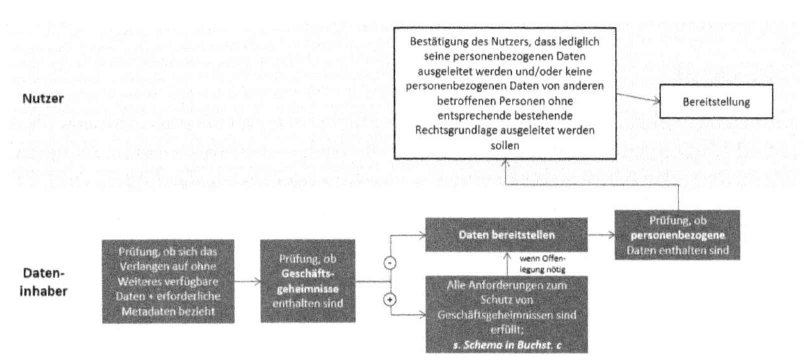


Abb. 15: Bestimmung der bereitzustellenden Daten

### *c) Prüfung der Offenlegung von Daten, die Geschäftsgeheimnisse beinhalten*

423

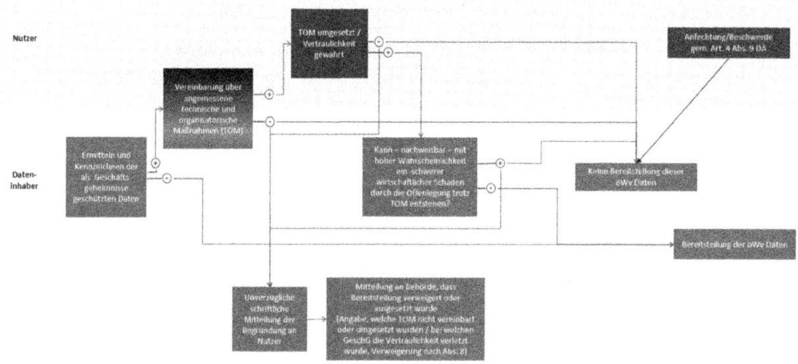


Abb. 16: Prüfung der Offenlegung von Daten, die Geschäftsgeheimnisse beinhalten

## 2. Beschränkung des Nutzers

424

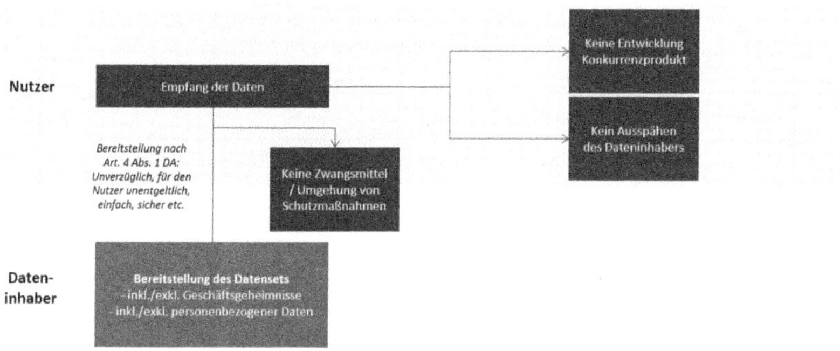


Abb. 17: Bereitstellung (des Datensets)

## 3. Checkliste für Erfüllung der Anforderungen von Art. 4 DA

| | | |
|---|---|---|
| 1 | Identifizierung der bereitzustellenden Daten | |
| | Ohne Weiteres verfügbare Daten, die dem Bereitstellungsanspruch unterliegen, sind ermittelt. | ☐ |
| | Für die Auslegung und Nutzung der Daten erforderliche Metadaten sind ermittelt. | ☐ |

425

| | | |
|---|---|---|
| 2. | Umsetzung des Datenbereitstellungsverlangen | |
| 1.1 | Der Nutzer kann auf »einfaches Verlangen« [soweit technisch durchführbar: auf elektronischem Wege] ein Datenbereitstellungsverlangen stellen. | ☐ |
| 1.2 | Die Benutzeroberfläche (User Interface) ist so gestaltet, dass die Wahlfreiheit des Nutzers nicht beeinträchtigt ist. Wahlmöglichkeiten sind für den Nutzer neutral dargestellt. | ☐ |
| 2 | Nutzeridentifikation | |
| 2.1 | Im Rahmen des Identifikationsprozesses werden nur solche Informationen abgefragt, die auch tatsächlich zur Identifikation des Nutzers erforderlich sind. | ☐ |
| 2.2 | Im Rahmen des Identifikationsprozesses werden keine Informationen über den Zugang des Nutzers zu den verlangten Daten aufbewahrt, die über das hinausgehen, was für die ordnungsgemäße Ausführung des Zugangsverlangens des Nutzers und für die Sicherheit und Pflege der Dateninfrastruktur erforderlich ist. | ☐ |
| 3 | Datenschutz | |
| 3.1 | Die datenschutzrechtliche Zulässigkeit der Weitergabe der Daten im Falle von personenbezogenen Daten wird geprüft. | ☐ |
| 4 | Verträge | |
| 4.1 | Die gewählte Implementierung ermöglicht den Abschluss von Verträgen mit dem Nutzer, wie Geheimhaltungsvereinbarungen oder Verträge nach Art. 4 Abs. 2 DA. | ☐ |
| 5 | Anforderung an die Datenbereitstellung | |
| 5.1 | Die Bereitstellung der Daten erfolgt unverzüglich nach Eingang des Nutzerverlangens. | ☐ |
| 5.2 | Die Bereitstellung der Daten erfolgt einfach und sicher. | ☐ |
| 5.3 | Die Bereitstellung der Daten erfolgt in der gleichen Datenqualität, wie sie dem Dateninhaber vorliegen (insbesondere betreffend Genauigkeit, Vollständigkeit, Zuverlässigkeit, Relevanz und Aktualität). | ☐ |
| 5.4 | Die Bereitstellung der Daten erfolgt in einem umfassenden, strukturierten, gängigen und maschinenlesbaren Format. | ☐ |
| 5.5 | Die Bereitstellung der Daten erfolgt – soweit relevant und technisch durchführbar – kontinuierlich und in Echtzeit. | ☐ |
| 5.6 | Die Bereitstellung der Daten erfolgt für den Nutzer unentgeltlich. | ☐ |
| 6 | Geschäftsgeheimnisschutz | ☐ |
| 6.1 | Daten, die unter den Geschäftsgeheimnisschutz fallen, sind ermittelt und gekennzeichnet. | ☐ |
| 6.2 | Maßnahmen zum Schutz von Geschäftsgeheimnissen sind getroffen (z.B. NDA mit dem Nutzer). | ☐ |

## E. Weitergabe an Dritte (Art. 5 DA)

### I. Einführung

Durch Art. 4 DA erhält der Nutzer einen Datenzugangsanspruch zu »seinen« eigenen Daten. Dieser Grundsatz wird durch Art. 5 DA **auf Dritte erweitert**, wenn der Nutzer dies verlangt. 426

Nach Art. 5 Abs. 1 DA kann der Nutzer von dem Dateninhaber die Bereitstellung von »ohne Weiteres verfügbaren Daten« sowie die für die Bereitstellung und Nutzung dieser Daten erforderlichen Metadaten an einen Dritten verlangen. 427

Die Daten, die der Nutzer (auch) an sich selbst herausverlangen kann (vgl. Art. 4 Abs. 1 DA), kann er gemäß Art. 5 DA durch den Dateninhaber einem Dritten bereitstellen lassen. 428

Diese Regelung soll dazu beitragen, einen fairen und effizienten Datenzugang zu gewährleisten und die Nutzung von Daten für Wirtschaft und Gesellschaft zu optimieren. Mit »minimalem rechtlichen und technischem Aufwand« sollen die Nutzer vernetzter Produkte hierzu die Daten »einem anderen« – auch für kommerzielle Zwecke – weitergeben können.[247] 429

Art. 5 DA, obwohl erst der dritte Anspruch in Kapitel II DA, ist in der Praxis der für den Normzweck Bedeutsamste. Drittunternehmen sollen das wirtschaftliche Potenzial heben, indem sie aus den erhaltenen Daten neue Geschäftsmodelle entwickeln. 430

Zur Veranschaulichung nachfolgend ein Schaubild der EU-Kommission über die Variationen von Kapitel II DA hinweg:[248] 431

247 Erwgr. 26.
248 FAQ DA, Question 3.

## Access to and use of data in the Internet-of-Things context

*An example of Chapter II in practice*

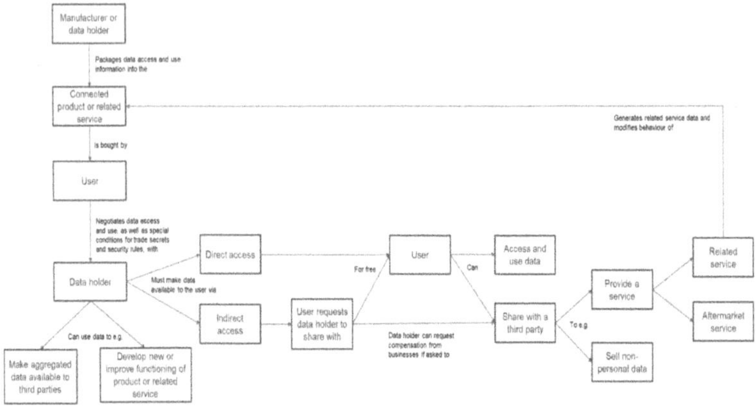


**Abb. 18: Entscheidungsbaum der Art. 3 bis 5 aus den FAQ der EU Kommission**

432 **Art. 4 und 5 DA** sind sich in der Ausgestaltung sehr ähnlich. Die Regelungen überschneiden sich zum Teil bereits im Wortlaut. So hat die Datenweitergabe an den Dritten auch hier »für den Nutzer unentgeltlich« zu erfolgen (nicht jedoch für den Dritten). Anders jedoch als in Art. 4 Art. 1 DA findet sich in Art. 5 DA keine Subsidiaritätsklausel, wonach die Zurverfügungstellung der Daten nur erfolgen soll, wenn **kein Zugang zu den Daten nach Art. 3 DA** möglich ist. Basierend auf dem Alternativverhältnis von Art. 3 und 4 DA[249] ließe sich das auch für Art. 5 DA behaupten, dass dieser bei Erfüllung von Art. 3 nicht greift. Aus hiesiger Sicht erfordert Art. 5 jedenfalls keinen Nachweis des fehlenden Zugangs; vielmehr ist die direkte Übermittlung an den Dritten ein zwingendes Element des DA. Alles andere würde wohl dem *Effet Utile* widersprechen, da für den Nutzer zu aufwändig.

433 Dabei lässt eine Erfüllung des direkten Anspruchs nach Art. 4 den Drittübermittlungsanspruch nach Art. 5 DA nicht entfallen.[250]

434 Jedoch sind im Kontext des Zugangsanspruchs von Dritten auf Verlangen des Nutzers nach Art. 5 DA insbesondere auch die **Art. 6, 8 und 9 DA** zu beachten. Während Art. 5 DA den Anspruch des Nutzers und die Verpflichtung des Dateninhabers regelt, legt **Art. 6 DA dem Dritten**, also dem Empfänger der Daten, **gewisse Verpflichtungen** auf. Die **Artikel 8 und 9 DA** beziehen sich wiederum auf die **Pflichten des Dateninhabers bei der Datenbereitstellung.** Hierzu gehören die Bedingungen,

249 FAQ DA, Question 14.
250 FAQ DA, Question 28.

unter denen der Dateninhaber den Datenempfängern die Daten bereitstellt und die Gegenleistung für diese Bereitstellung von Daten. Diese beiden letztgenannten Verpflichtungen werden im Kapitel B. I behandelt.

▶ Praxisbeispiel: Der Telematik-Versicherungstarif

Ein anschaulicher »Use Case« für Art. 5 DA stellen die sog. »Telematik-Versicherungstarife« dar. Der Nutzer hat das Recht, vom Fahrzeughersteller als Dateninhaber zu verlangen, dass dieser der Haftpflicht- und Kaskoversicherung als Drittem relevante, durch sein Fahrzeug (vernetztes Produkt) generierte, Daten zur Verfügung stellt. Diese Daten schaffen sodann die Grundlage für eine präzisere Kalkulation des Versicherungstarifs. 435

## II. Ohne Weiteres verfügbare Daten

Der bereitzustellende Datensatz bestimmt sich prioritär durch die ohne Weiteres verfügbaren Daten. Der Begriff der »**ohne Weiteres verfügbaren Daten**« ist in Art. 2 Nr. 17 DA definiert. Der Begriff hat erst über die Verhandlungen zum DA seine endgültige Ausprägung erhalten. Ziel war es, Dateninhaber nicht mit zusätzlichem Aufwand zur Bereitstellung von ansonsten eben nicht verfügbaren Daten zu belasten. Der Dateninhaber muss die Daten **ohne unverhältnismäßigen Aufwand** erhalten können.[251] Die Daten können **Produktdaten** gem. Art. 2 Nr. 15 DA oder **verbundene Dienstdaten** gem. Art. 2 Nr. 16 DA sein. Das für die Produktdaten relevante **vernetzte Produkt** ist definiert in Art. 2 Nr. 5 DA.[252] **Ausgenommen sind dort Inhalte**, die etwas urheberrechtlich geschützt sind. Der verbundene Dienst ist definiert in Art. 2 Nr. 6 DA. Daten an sich wiederum sind definiert in Art. 2 Nr. 1 DA. In der Praxis ergibt sich auch kein Unterschied zur Definition und Ermittlung der Daten in Art. 3 und 4 DA. 436

Hinzu kommen für die Auslegung und Nutzung der Daten erforderlichen relevanten **Metadaten**. Ausgenommen werden können sog. veredelte Daten mit dem Ergebnis, dass **nur Rohdaten und vorverarbeitete Daten** bereitgestellt werden müssen. 437

▶ Praxisbeispiel

Führt man das obige Beispiel des Telematik-Versicherungstarifs weiter, wären Daten zum Teileverschleiß, die der Hersteller ohnehin ausleitet und speichert, ohne Weiteres verfügbar. Ob die für eine Versicherung relevanteren Daten über das Einhalten des Tempolimits übermittelt werden müssen, hängt davon ab, ob der technische Aufwand hierfür noch verhältnismäßig ist. Die Positionsdaten des Fahrzeugs im Kontext des Navigationssystems, wären u. U. verbundene Dienstdaten, wobei noch festzustellen wäre, ob es dich dabei überhaupt um Rohdaten handelt. Als Inhalte ausgenommen wären dabei die Kartenbilder. Sofern der Fahr- 438

251 Vgl. o. Rdn. 44 ff.
252 FAQ DA, Question 5.

zeughersteller nicht durch Orte beschriebene Positionen, sondern nur Koordinaten zur Verfügung stellt, bedarf es als Metadaten noch einer Legende.

## III. Nutzerverlangen und Berechtigungsprüfung

439 Bevor es zur Bereitstellung des noch zu bestimmenden Datensatzes kommt, empfiehlt sich für den Dateninhaber eine Art »Vorprüfung«. Diese beinhaltet Prüfungsschritte, die bereits am Anfang des Bereitstellungsverlangen des Nutzers geprüft werden sollten, da diese zu einer Ablehnung genau dieses Verlangens berechtigen könnten. Damit käme es auf eine Bestimmung des dem Dritten bereitzustellenden Datensatzes nicht mehr an. Die »Torwächter-Prüfung« (s. Rdn. 570 ff.) dürfte dabei aufgrund des sich daraus ergebenden Verbots der Datenweitergabe u. U. sogar zwingend vorzunehmen sein.

440 Die folgenden Schritte bieten sich aus Praxissicht für eine (Vor)prüfung an:

### 1. Begriff des Nutzers

441 Gem. Art. 2 Nr. 12 DA ist »**Nutzer**« eine natürliche oder juristische Person, die ein vernetztes Produkt besitzt oder der vertraglich zeitweilige Rechte für die Nutzung des vernetzten Produkts übertragen wurden oder die verbundenen Dienste in Anspruch nimmt.[253]

442 Weitere Spezifizierungen zum Nutzer ergeben sich aus Erwgr. 18 DA. Unter dem Nutzer eines vernetzten Produkts soll verstanden werden

443 *eine **natürliche oder juristische Person**, z. B. ein Unternehmen, ein Verbraucher oder eine öffentliche Stelle, verstanden werden, die **Eigentümer eines vernetzten Produkts** oder – beispielsweise durch einen Miet- oder Leasingvertrag – **Inhaber bestimmter befristeter Rechte auf Zugang zu Daten** aus dem vernetzten Produkt oder auf deren Nutzung ist oder verbundene Dienste für das vernetzte Produkt in Anspruch nimmt.*

444 Der Nutzer trägt die Risiken und darf die Vorteile der Nutzung des vernetzten Produkts genießen; somit soll er auch Zugang zu den von ihm generierten Daten haben. Er soll daher berechtigt sein, aus den von diesem vernetzten Produkt und allen verbundenen Diensten generierten Daten Nutzen zu ziehen. Ein Eigentümer, Mieter oder Leasingnehmer soll ebenfalls als Nutzer gelten, auch in Fällen, in denen mehrere Rechtsträger als Nutzer gelten können. Im Falle mehrerer Nutzer kann jeder einzelne Nutzer auf unterschiedliche Weise zur Datengenerierung beitragen und ein Interesse an verschiedenen Formen der Nutzung haben; Beispiele sind das Flottenmanagement für ein Leasingunternehmen oder Mobilitätslösungen für Einzelpersonen, die einen Car-Sharing-Dienst nutzen.

445 Schließlich muss es sich um einen **Nutzer innerhalb der EU** handeln, wie sich aus Art. 1 Abs. 3 lit. b) DA ergibt.[254]

---

253 Verweis auf Definitionen.
254 Vgl. FAQ DA Nr. 34.

## 2. Berechtigtes Interesse an einer Prüfung der Nutzereigenschaft

Der Dateninhaber kann prüfen, ob ein Anspruchssteller (bzw. im Falle der Bevollmächtigung die vertretene Person) ein Nutzer im Sinne des Art. 2 Nr. 12 DA ist. 446

Auf Verlangen eines Nutzers oder einer im Namen des Nutzers handelnden Partei stellt der Dateninhaber einem Dritten die ohne Weiteres verfügbaren Daten und die erforderlichen Metadaten bzw. das »Datenset« bereit, vgl. Art. 5 Abs. 1 S. 1 DA. Inhaber des Anspruchs auf Bereitstellung ist damit der Nutzer. Im Umkehrschluss ist dem Verlangen anderer Personen, die nicht Nutzer im Sinne des Data Acts sind, nicht nachzukommen, so dass ein behaupteter Bereitstellungsanspruch abgelehnt werden kann. 447

Der Data Act sieht ausdrücklich vor, dass Dateninhaber eine **Nutzeridentifizierung** verlangen können, um die Berechtigung eines Nutzers auf Zugang zu den Daten überprüfen zu können.[255] »Zugang zu den Daten« in Erwgr. 29 ist hierbei so weit formuliert, dass darunter sowohl der Zugang zu den Daten gem. Art. 4 DA, als auch die Weitergabe der Daten an einen Dritten gem. Art. 5 DA umfasst sein können. Insbesondere enthält Art. 5 Abs. 4 DA eine Regelung zur Identifizierung des Nutzers, vgl. Art. 5 Abs. 4 S. 1 DA. 448

*Für die Zwecke der Überprüfung, ob eine natürliche oder juristische Person für die Zwecke von Absatz 1 als Nutzer oder als Dritter einzustufen ist, werden vom Dateninhaber oder Dritten keine Informationen verlangt, die über das erforderliche Maß hinausgehen.* 449

Aus dieser Regelung ergibt sich keine Verpflichtung des Dateninhabers, eine Nutzeridentifikation durchzuführen. Es werden lediglich die Maßstäbe festgesetzt, die im Falle einer Überprüfung zu beachten sind. Diese Freiwilligkeit wird auch durch Erwgr. 29 DA unterstrichen: »Dateninhaber können« – nicht »müssen« – eine Nutzeridentifizierung verlangen. Gegen eine »Identifikationspflicht« spricht auch das Recht des Nutzers (und damit die Verpflichtung des Dateninhabers), dass die Daten gem. Art. 5 Abs. 1 DA »einfach, sicher, für den Nutzer unentgeltlich, in einem umfassenden, strukturierten, gängigen und maschinenlesbaren Format und [...] in Echtzeit bereit« gestellt werden. Eine umfassende Verpflichtung einer Nutzerverifizierung könnte dem entgegenstehen. Eine Nutzeridentifikation kann auch dann durchgeführt werden, wenn eine im Namen des Nutzers handelnde Partei – also ein Bevollmächtigter (s. hierzu III. Ziff. 5 dieses Kapitels) – die Bereitstellung verlangt. 450

Welche **Anforderungen** an eine Nutzeridentifizierung gestellt werden können, wird vom Data Act nicht konkretisiert. Geregelt ist lediglich, dass keine Informationen verlangt werden dürfen, **»die über das erforderliche Maß hinausgehen«**[256] bzw. nur Informationen verlangt werden dürfen, die zur Nutzeridentifizierung **»geeignet«**[257] sind. 451

255 Erwgr. 29.
256 Art. 5 Abs. 4 S. 1 DA.
257 Erwgr. 29.

### 3. Dritter

452 Darüber hinaus kann der Dateninhaber prüfen, ob derjenige, an den die Daten bereitgestellt werden sollen, ein Dritter im Sinne des Art. 5 Abs. 1 DA ist.

453 Der Dritte ist nicht legaldefiniert, sondern in Art. 2 Nr. 14 DA lediglich als eine Variante des Datenempfängers erwähnt, der innerhalb seiner gewerblichen, geschäftlichen, handwerklichen oder beruflichen Tätigkeit handelt, ohne Nutzer eines vernetzten Produktes oder verbundenen Dienstes zu sein, und dem vom Dateninhaber Daten bereitgestellt werden.

454 Nach Erwgr. 33 DA kann ein Dritter, dem Daten bereitgestellt werden, eine natürliche oder juristische Person, wie etwa ein Verbraucher, ein Unternehmen, eine Forschungseinrichtung, eine gemeinnützige Organisation oder ein in beruflicher Eigenschaft handelnder Rechtsträger, sein. Demnach sind öffentliche Stellen keine Dritten im Sinne des Art. 5 Abs. 1 DA, weshalb an diese im Rahmen eines solchen Bereitstellungsverlangens nicht ausgeleitet werden muss.

455 Schließlich muss es sich um einen **Dritten innerhalb der EU** handeln, wie sich aus Art. 1 Abs. 3 lit. d DA ergibt.[258]

▶ Praxisbeispiel

456 Um unberechtigten Datenabfluss und auch mögliche Datenschutzverletzungen zu vermeiden, muss der Dateninhaber bzw. gem. obigem Beispiel der Fahrzeughersteller prüfen, ob die Versicherung vom Nutzer tatsächlich als Dritter bzw. Datenempfänger benannt wurde. Für diese gesamten Verifikationsaufgaben empfiehlt sich für den Datenempfänger ein standardisierter Prozess, der sich etwa an der Identifizierung datenschutzrechtlich nach Art. 15 DSGVO[259] oder geldwäscherechtlich nach § 11 GWG.[260]

### 4. Datensparsamkeit gem. Art. 5 Abs. 4 DA

457 Nach Art. 5 Abs. 4 Satz 1 darf der Dateninhaber keine Informationen verlangen, die über das für die Einordung als Dritter oder Nutzer **erforderliche Maß** hinausgehen (Verweis Art. 4). Dies stellt eine Konkretisierung des allgemeinen DSGVO-Prinzips der Datensparsamkeit gem. Art. 5 Abs. 1 lit. c DSGVO dar – gilt aber hier gleichwohl auch für Nutzer und Dritte, die nicht natürliche Personen sind. Verlangt werden können also etwa Seriennummern des Geräts oder bei einem Auto die Fahrzeugidentifikationsnummer (FIN), jedoch nicht zwingend das Geburtsdatum oder sonstige personenbezogene Daten.

458 Bei vernetzten Produkten wären dies also folgende Informationen:
- Geräteidentifikation;

258 Vgl. FAQ DA, Nr. 34.
259 Krämer/Burghoff: ZD 2022, 428 ff.
260 Thelen, Geldwäscherecht: D. Rn. 204 ff.

- Natürliche oder juristische Person (z.B. Unternehmen, Verbraucher, öffentliche Stelle);
- Eigentümer (z.B. Kaufvertrag), oder
- Inhaber befristeter Rechte auf Zugang zu Daten aus dem vernetzten Produkt oder auf deren Nutzung (z.B. Miet- oder Leasingvertrag).

Ergänzend nennt die EU Kommission EU Digital Identity Wallet als Lösung[261] sowie folgende Kriterien zur Gestaltung der Nutzerqualifikation:[262] 459

(i) what best fits the type of product; 460
(ii) the type of user (consumer vs industrial); 461
(iii) the number of likely users (owner of an elevator vs multiple users in car rental); 462
(iv) the expected frequency of data access requests; 463
(v) presence of specific mechanisms of demonstrating ownership (e.g. car holder registration); (vi) the cost of setting up differentiated user accounts; and 464
(vii) the ease of use of such accounts for the actual consumers. 465

## 5. Praktische Umsetzung

In der Praxis würde dies bedeuten, dass der Dateninhaber bspw. die Vorlage eines **Kauf- oder Mietvertrags** verlangt, um die Nutzereigenschaft überprüfen zu können, wenn er nicht selbst Verkäufer, Vermieter oder Leasinggeber ist. Denkbar wäre dann z.B. ein **Upload** in einem vom Dateninhaber zur Verfügung gestelltem Portal. 466

Dies scheint aber nicht nur sehr aufwändig, sondern ist ggf. auch nicht zielführend. Nur aus der Vorlage eines Vertrages kann nicht geschlossen werden, dass der Vertrag wirksam zustande gekommen oder noch gültig ist. Möglich wäre, dass z.B. bei einem Kaufvertrag der Rücktritt erklärt oder der Mietvertrag bereits gekündigt wurde, wodurch die Rechtsgrundlage, die den Nutzer als solchen qualifiziert, nicht mehr bestehen würde. Darüber hinaus gibt es für die o.g. Verträge keinen Formzwang, d.h. diese könnten auch mündlich geschlossen werden, so dass eine Vorlage des Vertrages nicht möglich wäre. Vorzugswürdig erscheint es vor diesem Hintergrund, dass der Dateninhaber sich die **Nutzereigenschaft** »lediglich« **bestätigen** lässt. Dies dürfte allerdings dann nicht genügen, wenn der Dateninhaber Kenntnis davon hat, dass die Angaben des Nutzers diesbezüglich unrichtig sind. 467

Schließlich sind auch mehrere parallele Nutzer denkbar, was in Erwgr. 21 entsprechend reflektiert wird. Durch mehrere Nutzerkonten sollte die treffgenaue Bereitstellung von Daten sichergestellt werden. 468

▶ Praxisbeispiel

Obiges Beispiel fortgeführt wäre also der Fahrzeughersteller als Dateninhaber und der Leasingnehmer als Nutzer einzuordnen. Der Hersteller würde grundsätzlich Name, Adresse, FIN und Leasingvertrag abfragen – um dann die Daten 469

261 https://ec.europa.eu/digital-building-blocks/sites/display/EUDIGITALIDENTITYWALLET/EU+Digital+Identity+Wallet+Home.

262 FAQ DA Nr. 27 – zur Vereinfachung in der einzig verfügbaren englischen Fassung.

an die Versicherung als Dritten bereitstellen zu lassen. In der Praxis würde die Verifizierung jedoch regelmäßig über die mobile Fahrzeughersteller-App erfolgen, da die individuelle Infotainment-Nutzung (also nicht nur als Gast-Nutzer) auch eine entsprechende Nutzung erfordert. Damit kann dann auch eine Mehrzahl von Fahrzeugnutzern besser abgebildet werden (Leasingnehmer als Hauptnutzer – Ehepartner oder Kinder als Nebennutzer). Sofern es sich um ein Flottenleasing durch den Arbeitgeber handelt, wäre auch dieser (neben dem individuellen Fahrer) Nutzer (denn er ist als mittelbarer Besitzer und rechtlicher Leasingnehmer). Der Hersteller müsste dann jedoch auch die Rechtsgrundlage gem. Art. 5 Abs. 7 DA (für eine Übermittlung der Nutzer-Daten im Hinblick auf das Fahrzeug an die Flottenversicherung) verifizieren (vgl. u.).

### 6. Bevollmächtigung

470 Anspruchsinhaber des Art. 5 Abs. 1 DA ist der Nutzer, auf dessen Verlangen der Dateninhaber die Daten einem Dritten bereitstellen muss. Der Data Act legt ausdrücklich fest, dass nicht nur der Nutzer, sondern alternativ auch **eine im Namen eines Nutzers handelnde Partei** dieses Zugangsverlangen geltend machen kann, Art. 5. Abs. 1 S. 1 DA.

471 Gemeint ist hiermit ein **Bevollmächtigter**[263]. Die Erteilung der **Vollmacht** kann bei Umsetzung in Deutschland gemäß § 167 Abs. 1 BGB zum einen gegenüber dem zu Bevollmächtigenden erklärt werden. Zum anderen kann die Bevollmächtigung der dritten Partei, der gegenüber die Vertretung stattfinden soll, erklärt werden. Die Folge ist, dass der Bevollmächtigte das Recht hat, im Namen des Vollmachtgebers, also in diesem Fall des Nutzers, zu handeln und für und gegen ihn Rechtsfolgen herbeizuführen[264]. Im Rahmen des Art. 5 Abs. 1 DA bedeutet das, dass der Bevollmächtigte die Datenbereitstellung für den Vollmachtgeber (Nutzer) an einen Dritten verlangen kann.

**Abb. 19: Bevollmächtigung einer im Namen des Nutzers handelnden Partei**

472 Denkbar wäre insbesondere auch, dass der Nutzer den **Dritten** im Sinne des Art. 5 Abs. 1 DA selbst (also denjenigen, an den der Dateninhaber auf Verlangen des Nutzers die Daten weitergeben soll), bevollmächtigt. Lässt sich der Dritte eine entsprechende Bevollmächtigung, z.B. im Rahmen seines Diensteangebots, einräumen, könnte er für den Nutzer »direkt« auf den Dateninhaber zugehen. Diese Konstellation dürfte auch der Grund sein, warum die Bevollmächtigung in Art. 5 DA, aber nicht in Art. 4 DA genannt ist. Andererseits dürfte in Art. 4 DA eine Vollmacht auch möglich sein.

263 Vgl. Erwgr 30.
264 MüKoBGB/Schubert, 9. Aufl. 2021, BGB § 167 Rn. 1.

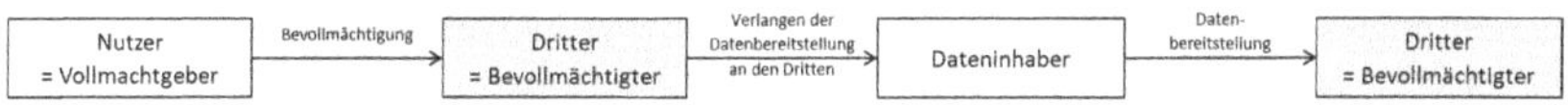


**Abb. 20: Bevollmächtigung des Dritten als im Namen des Nutzers handelnde Partei**

▶ Praxisbeispiel

Ein Versicherungsunternehmen gewährt einen Telematik-Tarif nur, wenn es über 473
die Daten gem. Art. 5 DA verfügt. Hierzu lässt er sich vom Versicherungsnehmer als Nutzer bevollmächtigen, um beim Fahrzeughersteller als Dateninhaber die Bereitstellung der Daten zu verlangen. Der Dateninhaber ist insofern gehalten, die Echtheit der Vollmacht zu prüfen – was wiederum mithilfe eines digitalen Prozesses (App) einfacher zu gestalten sein dürfte.

### 7. Formfreiheit des Verlangens

Während Art. 4 Abs. 1 S. 2 DA für die Datenbereitstellung ein einfaches Verlangen 474
auf elektronischem Wege, soweit dies technisch durchführbar ist, enthält Art. 5 keine Formvorschrift. Somit ist – wohl im Hinblick auf die Identifikationsanforderungen – ein digitaler Prozess nicht zwingend – aber in der Praxis gleichwohl hilfreich.

## IV. Dateninhaber

Gem. Art. 5 verpflichtet wird der Dateninhaber. 475

### 1. Legaldefinition

Der Dateninhaber ist definiert in Art. 2 Nr. 13 DA 476

*als eine natürliche oder juristische Person, die ...... berechtigt oder verpflichtet ist, Daten – soweit* 477
*vertraglich vereinbart, auch Produktdaten oder verbundene Dienstdaten – zu nutzen und bereitzustellen, die sie während der Erbringung eines verbundenen Dienstes abgerufen oder generiert hat.*

Zur besseren Nachvollziehbarkeit hier auch die englische Definition des *data holder* 478

*a natural or legal person that has the right or obligation .... to use and make available data,* 479
*including, where contractually agreed, product data or related service data which it has retrieved or generated during the provision of a related service;*

Die Definition ist reichlich komplex – Dateninhaber im Hinblick auf Art. 5 ist, wer 480
Daten nach Art. 2 Nr. 1 DA nutzen kann, also die Verfügungsmacht darüber hat. Im zweiten Teil läuft die Definition jedoch auf einen Zirkelschluss hinaus. Dateninhaber ist derjenige, der Daten (vertraglich) bereitstellen muss. Die vertragliche Pflicht wiederum ergibt sich aber nur aus einem Vertrag, den der Dateninhaber nach dem DA schließt, weil er die Definition des Dateninhabers erfüllt.

481 Daher wird nach überwiegender Meinung zu Recht vertreten, dass all diejenigen Dateninhaber sind, die faktisch Herrschaft über die ohne Weiteres verfügbaren Daten haben.[265]

482 Zu unterscheiden ist der Dateninhaber vom Hersteller gem. Art. 3 DA.[266] Etwa auch der Vermieter, Leasinggeber oder Verkäufer können Dateninhaber sein, wie die Illustration der EU Kommission zeigt.[267]

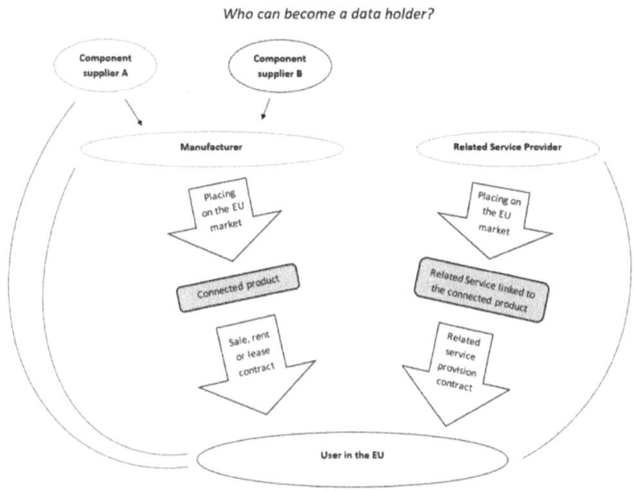


Abb. 21: Who can become a data holder?

## 2. Einschränkung der Pflichten für Kleinstunternehmen und Kleinunternehmen gem. Art. 7 DA

483 Art. 7 DA enthält eigentlich eine Beschränkung der relevanten Daten. Strukturell stellt es jedoch eine Einschränkung relevanter Dateninhaber dar, so dass die Thematik an dieser Stelle betrachtet wird.

484 Gem. Erwgr. 41 DA sei es angesichts des derzeitigen Stands der Technik zu aufwendig, Kleinstunternehmen und Kleinunternehmen weitere Konzeptionspflichten für vernetzte Produkte, die von ihnen hergestellt oder konzipiert, oder verbundene Dienste, die von ihnen erbracht werden, aufzuerlegen.

485 Insofern gelten gem. Art. 7 Abs. 1 S. 1 DA das Kapitel II DA, also die Art. 3 bis 7 DA **nicht für Daten**, die bei der Nutzung von vernetzten Produkten generiert werden,

265 Vgl. o. D. II. 2.
266 Verweis auf Art. 3.
267 FAQ DA, Question.

die von einem **Kleinstunternehmen** oder einem **Kleinunternehmen** hergestellt oder konzipiert werden oder die bei der Nutzung von verbundenen Diensten generiert werden, die von einem solchen Unternehmen erbracht werden. Art. 2 Nr. 25 und 26 DA verweisen für die Definition von Kleinstunternehmen bzw. Kleinunternehmen auf den Anhang der Empfehlung der (EU) Kommission 2003/361/EG (»KMU-Empfehlung«). Als **kleines Unternehmen** gilt nach Art. 2 Abs. 3 KMU-Empfehlung ein Unternehmen, **das weniger als 50 Personen beschäftigt und dessen Jahresumsatz bzw. Jahresbilanz 10 Mio. EUR nicht übersteigt**; als **Kleinstunternehmen** wird nach Art. 2 Abs. 2 KMU-Empfehlung ein Unternehmen definiert, das **weniger als 10 Personen beschäftigt und dessen Jahresumsatz bzw. Jahresbilanz 2 Mio. EUR nicht überschreitet**. Die Ausnahmen gelten jedoch nicht für verbundene Unternehmen oder im Verbund mit sog. Partnerunternehmen (25 % Beteiligung), es sei denn im Verbund finden sich lediglich kleine und Kleinstunternehmen. Auch sog. **mittlere Unternehmen** (vgl. Art. 2 Abs. KMU-Empfehlung 50 bis 250 Personen, Jahresumsatz von höchstens 50 Mio. EUR oder Jahresbilanzsumme bis 43 Mio. EUR) sind nach gem. Art. 7 Abs. 1 S. 2 DA dann ausgenommen, wenn sie weniger als ein Jahr die Schwelle zum mittleren Unternehmen erreichen.[268]

## V. Bestimmung des Datensets

Das bereitzustellende Datenset wird in Art. 5 Abs. 1 DA zum einen durch die **ohne Weiteres verfügbaren Daten** und zum anderen durch die **für die Auslegung und Nutzung erforderlichen Metadaten** definiert. 486

### 1. Vertiefung zu »ohne Weiteres verfügbaren Daten«

#### *a) Erhalt der Daten »ohne unverhältnismäßigen Aufwand«*

Die Unverhältnismäßigkeit des Erhalts der Daten ist das Korrektiv zu einer maßlosen Datenbereitstellung und grenzt die Ansprüche nach Art. 4 und 5 DA gegen den unmittelbaren Zugangsanspruch nach Art. 3 DA ab. Fraglich ist was miteinander in Verhältnis gesetzt wird. Das Gesetz beantwortet dies schon damit, dass über eine einfache Bearbeitung hinausgegangen werden muss (damit Unverhältnismäßigkeit vorliegt). Es liegt also am Dateninhaber, die Komplexität – auch anhand interner Personal- und Kapitalkosten nachzuweisen, die erforderlich ist, um die Daten verfügbar zu machen. Allerdings wird es selten Bereitstellungsbegehren nach Art. 5 DA geben, bei dem dann gar keine Daten »verfügbar« wären. Vielmehr dürfte der Dateninhaber manche Daten bereitstellen, andere mangels Verfügbarkeit eben nicht. Erwgr. 20 nimmt aus 487

> *Daten, die bei der Produktnutzung generiert werden, sofern das vernetzte Produkt nicht dafür ausgelegt ist, dass solche Daten außerhalb der Komponente, in der sie generiert werden, oder des vernetzten Produkts als Ganzem gespeichert oder übermittelt werden. Diese Verordnung sollte daher nicht dahingehend ausgelegt werden, dass die Verpflichtung zur Speicherung von Daten auf der zentralen Rechnereinheit eines vernetzten Produkts besteht.* 488

268 Zur Anwendung der Unternehmensbegriffe in der Praxis vgl. EuG, T-392/13.

489 Letzteres leuchtet auch ein, da die Speicherkapazität der zentralen Rechnereinheit nicht blockiert werden soll.

▶ Praxisbeispiel

490 Der Eigentümer eines Autos verlangt für den günstigen Telematik-Tarif Bereitstellung der Daten über ein Nichteinhalten von Tempolimits und Mindestabständen (»Konformitätsdaten«). Wenn etwa bei einem vernetzten Fahrzeug pro Tag rund 600 GB Daten produzierten werden,[269] ist auch verständlich, dass diese Daten – gerade auch im Hinblick auf den Datenschutz, nicht in der externen IT-Infrastruktur des Herstellers gespeichert werden. Der Hersteller müsste nun also diese Konformitätsdaten an die Mobilfunkschnittstelle leiten, damit diese über die IT-Infrastruktur der Versicherung bereitgestellt werden. Im Lichte von Entwicklungskosten pro Modell von mehreren Milliarden Euro und stringenten Unternehmensprozessen, kann also eine solche Anpassung erheblichen Aufwand auslösen. Über Personal- und Sachkostenerfassung wäre u. U. schnell ein sechsstelliger, wenn nicht siebenstelliger Euro-Betrag erreicht. Dies würde dann sicherlich auch über die definitorische einfache Bearbeitung hinausgehen und wäre wohl unverhältnismäßig.

*b) Rechtmäßiger Erhalt der Daten*

491 Das Gesetz stellt das allgemeine Prinzip der Gesetzmäßigkeit klar. Besonders relevant wird dies im Datenschutzkontext. Datenschutz ist der naheliegende Anwendungsfall. Wenn der (ggf. gewerbliche) Nutzer bzw. der Dateninhaber gar nicht berechtigt ist, die ggf. personenbezogene Daten zu erheben, dürfen sie auch nicht bereitgestellt werden (vgl. u.). Den Grundfall stellt die Konstellation nach Art. 5 Abs. 7 DA dar, wonach es für die Weiterleitung der Daten an den Dritten einer Rechtsgrundlage nach Art. 6 Abs. 1 DSGVO, wenn der Nutzer nicht die relevante natürliche Person ist. Aber natürlich ist die Betrachtung schon ein Schritt früher anzulegen. Der Dateninhaber bedarf natürlich schon für die Erhebung (und Speicherung) der Daten nach Art. 4 Abs. 2 DSGVO einer Rechtsgrundlage.

▶ Praxisbeispiel

492 Ohne Einwilligung des Fahrers oder eines sehr spezifischen Vertragszwecks gem. Art. 6 Abs. 1 DSGVO darf der Hersteller weder Tempoübertretungen des Fahrers noch dessen Positionsdaten erheben und speichern. Ähnliches würde für Videoaufnahmen durch eine Fahrzeug-Dashcam gelten. Eine Weiterleitung an die Telematik-Versicherung im Auftrag des Flottenleasingnehmers als Nutzer käme dann ohne entsprechende Rechtsgrundlage jedenfalls nicht in Frage. Umgekehrt wären Daten mit geringer Personenbezogenheit (etwa Daten des FIN-bezogenen Katalysators) und jegliche anonymisierten Daten im Fahrzeug grundsätzlich bereitstellbar bzw. rechtmäßig erlangt.

269 https://www.bigdata-insider.de/welche-daten-produziert-ein-vernetztes-auto-a-19196541734b7a4fa21d2d4ebef2c705/

*c) Keine veredelten Daten – nur Rohdaten bereitzustellen*

Der Data Act möchte einerseits »Datensilos« aufbrechen, andererseits aber Investitionen des Dateninhabers auch nicht ohne Not entwerten. Daher beschränkt Erwgr. 15 die Pflicht zu Zugang und Bereitstellung auf Rohdaten, d.h. Daten, die **nicht wesentlich verändert** werden, und ohne weitere Verarbeitung automatisch generiert werden, sowie Daten, die nur **aufbereitet wurden**, um sie verständlich und nutzbar zu machen.[270] Dagegen sollten aus solchen Daten **gefolgerte oder abgeleitete Informationen**, die das Ergebnis zusätzlicher Investitionen sind (insbesondere mittels komplexer proprietärer Algorithmen, einschließlich solcher, die Teil proprietärer Software sind), nicht in den Anwendungsbereich fallen.[271] Sie sind insofern als veredelte Daten zu betrachten.[272] 493

▶ Praxisbeispiel

Der Eigentümer eines Autos verlangt für den günstigen Telematik-Tarif Bereitstellung der Daten über ein Nichteinhalten von Tempolimits und Mindestabständen (»Konformitätsdaten«). Diese Konformitätsdaten dürften Rohdaten sein. Die Aggregation der Daten dergestalt, dass der Fahrer während eines Monats zu 65 % der Zeit das Tempolimit überschritten hat, dürften veredelte Daten sein. 494

## 2. Die für die Auslegung und Nutzung erforderlichen Metadaten

Gem. Art. 2 Nr. 2 DA sind Metadaten definiert als eine strukturierte Beschreibung der Inhalte oder der Nutzung von Daten, die das Auffinden eben jener Daten bzw. deren Verwendung erleichtert. Gem. Erwgr. 15 soll dies Metadaten erfassen, einschließlich ihres grundlegenden Kontexts und Zeitstempels, um die Daten in Kombination mit anderen Daten, z. B. Daten, die sortiert und mit anderen, mit ihnen verbundenen Datenpunkten klassifiziert wurden oder die in ein gängiges Format umformatiert wurden, nutzbar zu machen. Derartige Daten sind potenziell wertvoll für den Nutzer und unterstützen Innovationen und die Entwicklung digitaler und anderer Dienste zum Schutz der Umwelt, der Gesundheit und der Kreislaufwirtschaft, unter anderem indem sie die Wartung und Reparatur der betreffenden vernetzten Produkte erleichtern. 495

## 3. Innovationsvorbehalt, Art. 5 Abs. 2 DA

Eine Beschränkung des auszuleitenden Datensets kann sich aus Art. 5 Abs. 2 DA ergeben. Demnach müssen bei einem Bereitstellungsverlangen nach Art. 5 Abs. 1 DA **nicht diejenigen ohne Weiteres verfügbaren Daten** bereitgestellt werden, welche **im Zusammenhang mit der Prüfung neuer vernetzter Produkte, Stoffe oder Verfahren, die noch nicht in Verkehr** gebracht werden, stehen. Eine Ausnahme hiervon ist, 496

270 Vgl. Erwgr. 15.
271 FAQ DA, Question 4.
272 Vgl. o. C. Art. 3.

dass diese Daten trotzdem bereitzustellen sind, wenn ihre Verwendung durch Dritte vertraglich genehmigt ist.

497 Unter »Inverkehrbringen« ist die erstmalige Bereitstellung eines vernetzten Produkts auf dem Unionsmarkt zu verstehen.[273] Folglich kann lediglich bei vernetzten Produkten, die sich bspw. noch in der Entwicklungs- bzw. Testphase befinden, von der Ausnahmeregelung des Art. 5 Abs. 2 DA Gebrauch gemacht werden. Auch die Testdaten hinsichtlich neuer Substanzen oder Verfahrensweisen, die noch nicht auf den Markt gebracht sind, werden von der Ausnahme erfasst.[274]

498 Ab erstmaligem Bereitstellen des vernetzten Produkts, des Stoffes oder Verfahrens auf dem Unionsmarkt sind die Daten von dem Bereitstellungsverlangen nach Art. 5 Abs. 1 DA erfasst.

### VI. Anforderungen an die Bereitstellung der Daten

499 In Art. 5 Abs. 1 DA werden die Anforderungen an die Datenbereitstellung auf Verlangen des Nutzers an den Dritten festgelegt: die ohne Weiteres verfügbaren Daten (einschließlich der erforderlichen Metadaten) sollen dem Dritten

> *»unverzüglich, für den Nutzer unentgeltlich, in derselben Qualität, die dem Dateninhaber zur Verfügung steht, einfach, sicher, in einem umfassenden, strukturierten, gängigen und maschinenlesbaren Format und, soweit relevant und technisch durchführbar, kontinuierlich und in Echtzeit«*

bereitgestellt werden.

500 Diese Anforderungen entsprechen Art. 4 Abs. 1 DA, so dass sie hier verkürzt dargestellt werden.[275]

#### 1. Bereitstellung der Daten

501 Art. 5 Abs. 1 DA verpflichtet den Dateninhaber zur »*Bereitstellung der Daten*«. Hierzu existieren keine weiteren Definitionen. Jedenfalls in der deutschen DA-Fassung ist der Begriff identisch zu Art. 4 Abs. 1 DA; dafür müssen bei vernetzten Produkten in Art. 3 DA die Daten **zugänglich** sein, wohingegen Art. 3 und 4 DA in der englischen Fassung »**make accessible**« fordern. In Art. 5 DA wiederum ist »**make avialable**« formuliert.

502 Unionsrechtlich findet sich das »making (publicly) avialable« in Art. 3 Abs. 1 der Urheberrechtsrichtlinie 2001/29/EG, was dann in § 19a UrhG zur öffentlichen **Zugänglichmachung** wird. Dabei reicht im Sinn des Urheberschutzes die Abrufbarkeit. In der Digitale Inhalte-Richtlinien (EU) 2019/770 wird von »Bereitstellen von digitalen Inhalten« gesprochen, was in der englischen Fassung jedoch wieder zum »provide« wird. Auch in Art. 20 DSGVO als Vorläufer des DA heißt es für den Content des Betroffen englisch »**provided**« und deutsch »bereitgestellt«.

273 Vgl. Art. 2 Nr. 22 DA.
274 So auch: Schmidt-Kessel MMR 2024,75 (80).
275 Vertiefend daher oben, Kapitel D.

Nachdem im DA der Erhalt der Daten durch den Dritten leicht realisierbar sein soll, gebietet sich eine Auslegung, die durch eine technische Dimension bestimmt ist. Mehr im Hinblick auf Art. 3 DA, aber gleichwohl relevant auf für Art. 5 DA heißt es insofern in Erwgr. 22 DA[276] 503

> *Die vernetzten Produkte können so konzipiert sein, dass bestimmte Daten direkt von einem Datenspeicher auf dem Gerät oder von einem entfernten Server, an den die Daten übermittelt werden, zugänglich gemacht werden. Der Zugang zu Datenspeichern auf dem Gerät kann über kabelgebundene oder drahtlose lokale Funknetze ermöglicht werden, die mit einem öffentlich verfügbaren elektronischen Kommunikationsdienst oder Mobilfunknetz verbunden sind.* 504

Im Ergebnis ist dem Dateninhaber daher ein gewisses Ermessen bei der Bereitstellung zuzubilligen. Er kann ein entsprechendes **Front-end wählen**. Im Übrigen ist er ohnehin schon durch Anforderung an ein umfassendes, strukturiertes, gängiges und maschinenlesbares Format stark gebunden. 505

## 2. unverzüglich

Der Dateninhaber muss dem Dritten die ohne Weiteres verfügbaren Daten »unverzüglich« bereitstellen. Erwgr. 5 DA spricht davon, dass die der Nutzer die Daten möglichst »zeitnah« erhalten bzw. an Dritte weitergeben können soll. Im Rahmen des bei Umsetzung in Deutschland anwendbaren § 121 BGB meint »unverzüglich« »ohne schuldhaftes Zögern«, so dass dem Dritten die Daten möglichst schnell zur Verfügung zu stellen sind. Nicht zu vergessen ist, dass der Dateninhaber allerdings auch die Voraussetzungen des Anspruchs des Nutzers prüfen darf bzw. muss (z.B. Torwächter-Prüfung) und hierfür Zeit benötigt. Die Durchführung dieser Prüfung ist ihm zuzugestehen und kann daher kaum ein »schuldhaftes Zögern« darstellen. Eine Parallele lässt sich auch zu Art. 16 DSGVO mit der dortigen Pflicht zur unverzüglichen Berichtigung ziehen. Auch dort geht man von einem angemessenen Prüfungszeitraum aus.[277] 506

In der Praxis sollten Unternehmen dennoch effiziente Prozesse für Nutzeranfragen etablieren, damit der Anforderung »unverzüglich« genüge getan werden kann.[278] 507

## 3. einfach und sicher

Der Dateninhaber soll dem Dritten, die Daten »einfach« und »sicher« bereitstellen. Keiner der beiden Begriffe werden im Data Act explizit definiert. 508

Im »normalen« Sprachgebrauch wird mit »**einfach**« auch unkompliziert oder simpel gemeint. Der Dritte sollte daher die Möglichkeit haben, die Daten ohne komplexe Verfahren oder große Aufwände erhalten zu können. Für die Praxis heißt dies, dass dem Dritten für die Datenbereitstellung keine besonderen technischen Hürden bereitet werden dürfen. Dies wäre z.B. bei komplizierten Registrierungsverfahren oder die 509

276 Vertiefend: Kaesling, GRUR 2024, 821 (823).
277 Katko/Menz, Checklisten zur Datenschutz-Grundverordnung (DS-GVO), § 7 Rn. 2 ff.
278 Vgl. o. D. Art. 4, Rdn. 288.

Voraussetzung von bestimmen Tools der Fall. Eine denkbare »einfache« Bereitstellung könnte hingegen sein, wenn der Dateninhaber die Daten zum Herunterladen bereitstellt. Eine Download-Option dürfte unter dem Data Act ausreichen, solange sie für den Dritten »einfach« ist. Diese muss natürlich auch den anderen Anforderungen des Art. 5 Abs. 1 DA gerecht werden. So dürften IT-Systeme eben nicht standardmäßig für Bereitstellung an Außenstehende konzipiert sein, so dass u. U. eine »Vereinfachung« angezeigt ist.

510 Die Anforderung an die »**sichere**« Bereitstellung meint die Anforderungen an IT-Sicherheit und Cybersecurity, wie sich aus der englischen Sprachfassung (»securely«) ableiten lässt. Zunächst sollte der Dateninhaber sicherstellen, dass der Zugriff auf die Daten zumindest den allgemein üblichen Sicherheitsstandards entspricht, wie beispielsweise einer verschlüsselten Verbindung über HTTPS. Der Data Act dürfte den Dateninhaber nicht dazu verpflichtet, die jeweiligen Datensätze zu verschlüsseln. Anders ist dies natürlich, wenn es sich um personenbezogene Daten mit entsprechendem Schutzbedarf handelt, da dann korrespondierende Datensicherheit nach Art. 32 DSGVO bei einer Bereitstellung erforderlich ist.[279] Letztlich haben aber auch juristische Personen als Nutzer, die die Daten generieren sowie Dritte, die ein Geschäftsmodell auf Datenverfügbarkeiten aufbauen, ein gewisses Bedürfnis, dass die Vertraulichkeit gewahrt wird.

511 Des Weiteren muss Sicherheit (auch im Lichte des kommenden »Cyber Resilience Act«)[280] so interpretiert werden, dass der Dateninhaber sicherstellen muss, dass der Zugriff auf die Daten keine Sicherheitslücken im Produkt verursacht. Das bedeutet, er muss gewährleisten, dass das Produkt weiterhin sämtliche notwendigen Sicherheitsstandards erfüllt.

### 4. Unentgeltlich für den Nutzer

512 Die Bereitstellung muss auch im Rahmen des Art. 5 für den Nutzer **unentgeltlich**, also kostenlos, erfolgen. Allerdings kann der Dateninhaber vom Dritten, jedenfalls im B2B-Bereich, eine Kompensation gem. Art. 9 verlangen. Hierfür ist zwischen dem Dateninhaber und dem Dritten bzw. Datenempfänger eine vertragliche Vereinbarung über die Entgeltabrede und die Bedingungen des Datenzugangs notwendig (vgl. Art. 8 Abs. 1 DA).

### 5. in einem umfassenden, gängigen [strukturierten] und maschinenlesbaren Format

513 Der Dateninhaber stellt dem Dritten die Daten in einem in einem umfassenden, gängigen und maschinenlesbaren und strukturierten Format bereit.

279 Vgl. Erwgr. 8 sowie Katko/Meyer, Checklisten zur Datenschutz-Grundverordnung (DS-GVO), § 9 Nr. 62 ff.

280 Vgl. : https://digital-strategy.ec.europa.eu/en/policies/cyber-resilience-act.

Die o.g. Formatanforderungen werden im Data Act nicht weiter konkretisiert, wobei »strukturiert«, »gängig« und »maschinenlesbar« zumindest aus Art. 20 Abs. 1 DSGVO bekannt sind. 514

»**Strukturiert**« meint die Art der Darstellung der Daten in strukturierter Weise, bezieht sich also nicht auf das Format.[281] Der gesetzgeberische Zweck der Formatvorgaben besteht üblicherweise darin, dass sich das jeweilige Format für die Übermittlung von Daten an eine Vielzahl von Diensteanbietern eignet.[282] Im Grunde genommen dürfen die Daten für den Dritten also nicht unbrauchbar sein. 515

Abgeleitet aus der englischen Fassung (»commonly used format«), liegt ein »**gängiges**« Format vor, wenn es allgemein gebräuchlich ist. Dieses Kriterum soll sicherstellen, dass die Daten in einem verwendbaren Format an Dritte bereitgestellt werden. Als Beispiele für strukturierte, gängige Formate werden XML, JSON und CSV genannt.[283] 516

Die EU-Kommission definiert die Anforderung »**maschinenlesbar**« in ihrem Glossar wie folgt: »*Data in a data format that can be automatically read and processed by a computer, such as CSV, JSON, XML, etc. Machine-readable data must be structured data. Compare human-readable.*«[284] 517

Das »**umfassende**« Format kennt auch Art. 20 DSGVO nicht, so dass es hier, auch mangels weiterer Spezifizierung im Data Act selbst, keine weitere Orientierungsmöglichkeit gibt. Gemeint sein könnte, dass alle notwendigen Informationen (wie die Metadaten) bei der Datenbereitstellung berücksichtigt werden müssen. Diese Anforderung ist wohl erfüllt, wenn die ohne Weiteres verfügbaren Daten inkl. der erforderlichen Metadaten in dem o.g. Format bereitgestellt werden. 518

### 6. gleiche Qualität wie für den Dateninhaber

Der Dateninhaber muss dem Dritten die Daten »in der selben **Qualität**, die [ihm] zur Verfügung steht« bereitstellen. Art. 5 Abs. 1 legt damit keine spezifischen Qualitätsanforderungen fest, sondern regelt lediglich, dass der Dritte die Daten zumindest in der Qualität bekommt, in der der Dateninhaber die Daten selbst hat. Der Dritte darf also nicht schlechter gestellt werden. 519

Art. 5 Abs. 1 spricht von »**derselben**« Qualität, während Art. 4 Abs. 1 die »**gleiche**« Qualität voraussetzt. Der Gesetzgeber wollte hiermit übrigens wohl keine Unterschiede an die Qualität zwischen den beiden Anspruchsgrundlagen darstellen, zumal in der englischen Fassung in beiden Tatbeständen »**[data]of the same quality as is available to the data holder**« Voraussetzung ist. 520

281 Taeger/Gabel/Munz, 4. Aufl. 2022, DS-GVO Art. 20 Rn. 37.
282 Paal/Götz, ZD 2023, 67 (69).
283 Taeger/Gabel/Munz, 4. Aufl. 2022, DS-GVO Art. 20 Rn. 38.
284 https://eur-lex.europa.eu/content/eli-register/glossary.html (Stand: 30.06.2024).

### 7. Kontinuierlich und in Echtzeit

521 Die Anforderung an die Bereitstellung der Daten »kontinuierlich und in Echtzeit« bestehen »nur«, soweit dies »relevant und technisch durchführbar« ist.

522 Für die Bereitstellung in **Echtzeit** könnte eine Parallele zum Digital Markets Act (DMA) gezogen werden, der mit einem »Echtzeitzugang« meint, dass dieser einen zeitlich ununterbrochenen Zugang zu den Daten ermöglicht.

523 »**Kontinuierlich**« bzw. »permanent« bedeutet dabei, dass der Zugang zu Daten durchgehenden und zeitlich ununterbrochenen sein soll.[285]

524 Denkbar wäre in diesem Zusammenhang wohl die Implementierung einer sog. **API** (Application Programming Interface), also einer Schnittstelle. Allerdings müsste diese auch einen permanenten Echtzeitzugang ermöglichen können.

### 8. falls relevant und technisch durchführbar

525 Auch die Kriterien der »Relevanz« und »technischen Durchführbarkeit« werden weder im Gesetzestext noch in den Erwägungsgründen weiter spezifiziert. Insofern ist dies eine auch durch Wirtschaftlichkeits-Aspekte getriebene Einschränkung. Die Relevanz dürfte sich an dem Nutzungsmodell des jeweiligen Dritten orientierten.

526 Ein kontinuierlicher Zugang und ein Echtzeitzugang sind nach allgemeinem Verständnis wohl dann »**relevant**«, wenn der Dateninhaber selbst in Echtzeit auf die Daten zugreift, um z.B. bestimmte Dienstleistungen für die Nutzer erbringen zu können.

527 Bzgl. der »**technischen Durchführbarkeit**« kennt zumindest Art. 20 Abs. 2 DSGVO die »technische Machbarkeit«, die mangels weiterer Anhaltspunkte herangezogen werden könnte. Dann würde sich die technische Durchführbarkeit entsprechend nach den beim Dateninhaber bereits vorhandenen technischen Möglichkeiten richten.[286] Es ist jedoch zu beachten, dass durch Art. 5 Abs. 1 die Datenbereitstellung an einen Dritten für den Nutzer ja gerade ermöglicht werden soll, so dass dem Dateninhaber eine gewisse Anstrengung an die Ermöglichung der technischen Durchführung zuzumuten ist. Dagegen dürfte es bei der technischen Durchführbarkeit nicht nur auf theoretische technische Szenarien, sondern wie bei der technischen Machbarkeit bei der Datenportabilität nach Art. 20 DSGVO auf die Höhe der Investition des Dateninhabers ankommen.[287]

▶ Praxisbeispiel

528 Versicherungstarife werden nur einmal pro Jahr neu berechnet. Insofern braucht der Versicherer auch Daten für Telematiktarife nicht kontinuierlich und in Echtzeit. Dagegen dürfte bei einem Meteorologiedienst, der als Dritter Regensensordaten bezieht, diese Daten in Echtzeit relevant sein.

---

285 HK-DMA/Wolf-Posch, 1. Aufl. 2023, DMA Art. 6 Abs. 10 Rn. 240.
286 Vgl. Kühling/Buchner/Herbst, 4. Aufl. 2024, DS-GVO Art. 20 Rn. 27.
287 BeckOK DatenschutzR/von Lewinski DS-GVO Art. 20 Rn. 89.

Wenn dann wiederum die Regensensordaten nur mit sehr komplexen außergewöhnlichen technischen Konstruktionen kontinuierlich übermittelt werden können, was einen Millionenbetrag an Entwicklung beim Autohersteller auslösen würde, könnte u. U. die technische Durchführbarkeit zu verneinen sein.

## VII. Datenschutz

Der Schutz personenbezogener Daten stand seit seiner Vorstellung in einem besonderen Spannungsverhältnis zum DA. Einerseits ist der DA gleichsam eine Weiterführung des Rechts auf Datenübertragbarkeit nach Art. 20 DSGVO. Andererseits fordert der DA in der praktischen Umsetzung auch, dass Daten die im Sinn des Datenschutzes ansonsten gelöscht oder anonymisiert würden, dem Nutzer zur Verfügung gestellt werden müssen. Schließlich gerät der Bereitstellungsanspruch dann an die Grenzen durch den Datenschutz, wenn die Daten personenbezogen sind, aber eben nicht vom Nutzer im Sinn des DA stammen. 529

Zur Bekräftigung und Spezifizierung des Datenschutzes heißt es in Erwgr. 8 DA wie folgt: 530

*Die Grundsätze der Datenminimierung und des Datenschutzes durch Technikgestaltung und durch datenschutzfreundliche Voreinstellungen sind von wesentlicher Bedeutung, wenn die Verarbeitung erhebliche Risiken für die Grundrechte des Einzelnen mit sich bringt. Unter Berücksichtigung des Stands der Technik sollten alle Parteien, die an der Datenweitergabe – einschließlich der Datenweitergabe im Anwendungsbereich dieser Verordnung – beteiligt sind, technische und organisatorische Maßnahmen zum Schutz dieser Rechte ergreifen. Zu diesen Maßnahmen gehören nicht nur Pseudonymisierung und Verschlüsselung, sondern auch der Einsatz zunehmend verfügbarer Technik, die es ermöglicht, Algorithmen direkt am Ort der Datengenerierung einzusetzen und wertvolle Erkenntnisse zu gewinnen, ohne dass die Daten zwischen den Parteien übertragen bzw. die Rohdaten oder strukturierten Daten selbst unnötig kopiert werden.* 531

Zusammengefasst werden durch Erwgr. 8 folgende Kernprinzipien des Datenschutzes bekräftigt: 532
- Datenminimierung (vgl. Art. 5 Abs. 1 lit. c. DSGVO)
- Data Protection by Design and by Default (vgl. Art. 25 DSGVO)
- Sicherheit bei der Datenweitergabe (vgl. Art. 32 DSGVO)

### 1. Personenbezogene Daten

Damit Datenschutz überhaupt relevant ist, müssen die Daten (iSv Art. 2 Abs. 1 Nr. 1 DA) bzw. die ohne Weiteres verfügbaren Daten gem. Art. 2 Abs. 1 Nr. 17 DA personenbezogen sein. Maßgebliche Definition ist Art. 4 Nr. 1 DSGVO.[288] Entscheidend ist die Zuordenbarkeit der Daten zu einer natürlichen Person. Sofern sich eine natürliche Person über eine App des Herstellers zur Nutzung bzw. Steuerung eines vernetzten Produkts (iSv Art. 2 Nr. 5 DA) anmeldet, sind idR sämtliche Daten des Geräts (ein vernetzter Staubsauger) personenbezogen. Allerdings kann eine Zuord- 533

288 Vgl. Katko Checklisten.

nung auch ohne App erfolgen, wenn etwa der Hersteller den Käufer eines Neuwagens der FIN (Fahrzeugidentifikationsnummer) zuordnet.[289] Wenn andererseits etwa eine Maschine zur Fließbandfertigung von einer juristischen Person erworben wird, erfolgt erst einmal keine Zuordnung zu einer natürlichen Person.

### 2. Rechtsgrundlage nach DSGVO erforderlich (Art. 5 Abs. 7 DA)

534 Sofern die nach Art. 5 Abs. 1 DA bereitzustellenden Daten personenbezogen sind, ist die maßgebliche Anforderung aus der Anwendbarkeit der DSGVO dann, dass es für die Bereitstellung (bzw. Übermittlung an den Dritten) gem. Art. 6 Abs. 1 DSGVO einer Rechtsgrundlage bedarf. Dies ist dann relativ unproblematisch, wenn sich die personenbezogenen Daten einzig auf den Nutzer beziehen. Denn dann wären Vertragserfüllung bzw. Einwilligung gem. Art. 6 Abs. 1 lit. a oder b DSGVO die Rechtsgrundlage.[290] Anders aber dann, wenn es sich beim Nutzer um ein Unternehmen handelt, das die Bereitstellung von Daten an einen Dritten, die sich auf seine Mitarbeiter bezieht. Diesen Fall stellt Art. 5 Abs. 7 DA dahingehend klar, dass Art. 5 Abs. 1 DA selbst keine solche Rechtsgrundlage darstellt. Gängige Rechtsgrundlagen in solchen Fällen wären dann neben **der Einwilligung des Betroffenen die Vertragserfüllung oder berechtigte Interessen.**[291] Für die Einwilligung sind die Vorgaben nach Art. 7 DSGVO zu beachten – sie muss insbesondere unzweifelhaft erklärt worden sein. Allerdings dürften das Recht auf informationelle Selbstbestimmung des Betroffenen gem. Art. 6 Abs. 1 lit. f DSGVO diese Interessen nicht überwiegen. Bei Fahrzeugen wären Daten zum Druck des Turboladers sicherlich weniger schützenswert als GPS-Positionsdaten. Insofern sollten der gewerbliche Nutzer bei der Auswahl des Datensets möglichst das Prinzip der Datensparsamkeit anwenden. Bei der Einwilligung in Bezug auf besondere Arten von personenbezogenen Daten iSv Art. 9 DSGVO (also etwa Gesundheitsdaten), sind die dort vorgegebenen besonderen Anforderungen zu berücksichtigen. Wenn also etwa ein Krankenhaus als Nutzer eines Medizinprodukts Daten an eine Forschungseinrichtung übermitteln möchte, bedürfte es einer ausdrücklichen Einwilligung des Patienten als natürlicher Person.

▶ Praxisbeispiel

535 Ein Unternehmen als Leasingnehmer einer KfZ-Flotte (und damit Nutzer) möchte die Gerätedaten zum jeweiligen Fahrzeug vorab an ein KfZ-Serviceunternehmen als Dritten übermitteln. Allerdings dürften bestimmte Daten in Bezug auf die das Fahrzeug nutzende Mitarbeiter personenbezogen sein. Berechtigte Interessen des (gewerblichen) Nutzers nach Art. 6 Abs. 1 lit. f DSGVO könnten günstigere Wartungskonditionen seitens des Dritten sein. Wenn es jedoch um Konformitätsdaten der Fahrer für einen Telematik-Tarif geht, würden das Recht auf informationelle Selbstbestimmung wohl vorgehen und es bedürfte jedenfalls einer Einwilligung der Mitarbeiter nach Art. 6 Abs. 1 lit. a DSGVO.

289 EuGH, Urteil vom 9.11.2023 – C-319/22.
290 Vertiefend Erwgr. 7 DA.
291 Vgl. Art. 6 Abs. 1 lit. a. und f.

### 3. Gewährleistung von Datenportabilität und anderen Betroffenenrechten nach Art. 15 ff. DSGVO (Art. 5 Abs. 8 DA)

Natürliche Personen können im Rahmen sog. Betroffenenrechte vom Verantwortlichen u. a. Auskunft und Übertragung im Hinblick auf ihre personenbezogenen Daten verlangen (Art. 15 ff., 20 DSGVO). Dieser Anspruch kann sich in der Konstellation von Art. 5 DA sowohl gegen den Dateninhaber (ggf. auch den Nutzer) wie auch den Dritten als jeweils Verantwortliche richten. Art. 5 Abs. 8 DA sowie Erwgr. 35 DA gehen nun davon aus, dass durch die Datenübermittlung zwischen Dateninhaber und Dritten sowie den erforderlichen vertraglichen Vereinbarungen ein gewisses Potenzial dafür besteht, dass in dieser Zweierkonstellation die Interessen des datenschutzrechtlich Betroffenen nicht ausreichend berücksichtigt werden. Nicht zuletzt auch in der Konstellation, wo das Übermittlungsverlangen gar nicht einer natürlichen Person gestellt wird. Dementsprechend verlangt Art. 5 Abs. 8 DA, dass fehlende Vereinbarungen (insofern die engl. Fassung klarer mit »*arrangements*«) zwischen Dateninhaber eben nicht dazu führt, dass die Rechte behindert, verhindert oder beeinträchtigt werden. Dies ist auch umso mehr verständlich als das Recht auf Datenübertragbarkeit nach Art. 20 DSGVO der Ausgangspunkt für den DA im Ganzen war. Allerdings sind dort gem. Art. 20 Abs. 1 DSGVO erfasst nur Daten, die der Betroffene dem Verantwortlichen bereitgestellt hat (z. B. Content in Sozialen Medien). 536

▶ Praxisbeispiel

Auf Verlangen des Leasingnehmers als Nutzers übermittelt der Hersteller als Dateninhaber Verkehrskonformitätsdaten an die Kfz-Versicherung zum Zwecke eines Telematiktarifs. Der eigentliche Fahrer (und auch Nutzer) willigt darin ein. Nach einigen Monaten widerruft er seine Einwilligung gegenüber der Versicherung und seinem Arbeitgeber. Er verlangt Löschung der Daten sowohl vom Hersteller wie von der Versicherung (Art. 17 DSGVO) – und die entsprechende Erhebung und Übermittlung künftig zu unterlassen. In Variation könnte der Mitarbeiter nach Art. 20 DSGVO auch verlangen, dass seine Daten an seine private Versicherung für einen Telematiktarif direkt im laufenden Arbeits- und Versicherungsverhältnis übertragen werden. 537

## VIII. Rechtsbeziehung Dateninhaber – Dritter

### 1. Vertragliche Grundlagen

Art. 5 Abs. 1 Satz 2 DA verweist für die vertraglichen Grundlagen zwischen Dateninhaber und Drittem auf Art. 8 und 9 DA. Der Dritte wird dort unter dem Begriff des Datenempfängers nach Art. 2 Nr. 14 DA erfasst. Der Dateninhaber ist gem. Art. 8 Abs. 1 DA verpflichtet, die Daten dem Dritten zu fairen, angemessenen und nichtdiskriminierenden Bedingungen und in transparenter Weise bereitzustellen, siehe Rdn. 912. 538

539 Gem. Art. 9 Abs. 1 DA darf der Dateninhaber zwar eine Gegenleistung für die Bereitstellung von Daten verlangen, doch muss diese diskriminierungsfrei und angemessen sein, darf jedoch gleichwohl eine Marge enthalten.

### 2. Beschränkungen der Parteien

#### *a) Möglicher Missbrauch durch den Dritten, Art. 5 Abs. 5 DA*

540 Gem. Art. 5 Abs. 5 DA darf der Dritte keine Zwangsmittel verwenden oder Lücken in der zum Schutz der Daten bestehenden technischen Infrastruktur des Dateninhabers ausnutzen, um Zugang zu Daten zu erlangen. Das bedeutet, dass der Dritte lediglich Zugang zu den nach Art. 5 Abs. 1 DA bereitgestellten »ohne Weiteres verfügbare Daten« haben darf. Dagegen darf der Dritte nicht nach dem Motto – *jetzt bin ich über eine »virtuelle Leitung« beim Dateninhaber schon angeschlossen* – sich Zugang zu sonstigen Daten im Sinn der weiten Definition von Art. 2 Abs. 1 DA verschaffen.

#### *b) Beschränkungen des Dritten nach Art. 6 DA*

##### *aa) Keine Bereitstellung an Dritte*

541 Dem Dritten ist es nach Art. 6 Abs. 2 lit. c DA untersagt, die erhaltenen Daten einem anderen Dritten bereitzustellen, es sei denn, die Daten werden auf der Grundlage eines Vertrags mit dem Nutzer bereitgestellt, und vorausgesetzt, der andere Dritte trifft alle zwischen dem Dateninhaber und dem Dritten vereinbarten Maßnahmen, die erforderlich sind, um die Vertraulichkeit von Geschäftsgeheimnissen zu wahren.

##### *bb) Keine Bereitstellung an Torwächter*

542 Dem Dritten ist es nach Art. 6 Abs. 2 lit. d DA untersagt, die erhaltenen Daten einem Torwächter bereitzustellen. Eine logische Beschränkung, soll es doch einem Torwächter verwehrt sein, vom Nutzer Daten zu erlangen (s. Rdn. 570 ff.). Hintergrund sei es gem. Erwgr. 40, dass durch die Anhäufung und Aggregation gewaltiger Datenmengen und die technologische Infrastruktur für ihre Monetarisierung in der digitalen Wirtschaft gleichzeitig eine kleine Zahl sehr großer Unternehmen mit beträchtlicher wirtschaftlicher Macht entstanden. Zu diesen »Torwächtern« gehören Betreiber zentraler Plattformdienste, die ganze Plattformökosysteme in der digitalen Wirtschaft kontrollieren, sodass es bestehenden oder neuen Marktteilnehmern nicht möglich sei, ihnen ihre Position streitig zu machen oder mit ihnen in Wettbewerb zu treten.

##### *cc) Kein Wettbewerb mit dem Dateninhaber*

543 Dem Dritten ist es nach Art. 6 Abs. 2 lit. e DA untersagt, die erhaltenen Daten zu nutzen, um ein Produkt zu entwickeln, das mit dem vernetzten Produkt, von dem die Daten stammen, im Wettbewerb steht, oder die Daten zu diesem Zweck an einen anderen Dritten weiterzugeben. Dritten ist ferner untersagt, ihnen bereitgestellte nicht-personenbezogene Produktdaten oder verbundene Dienstdaten zu nutzen, um

Einblicke in die wirtschaftliche Lage, die Vermögenswerte und die Produktionsmethoden des Dateninhabers oder die Nutzung durch den Dateninhaber zu gewinnen.

##### *dd) Schadensverbot*

Dem Dritten ist es nach Art. 6 Abs. 2 lit. f DA untersagt, die erhaltenen Daten in einer Weise zu verwenden, die nachteilige Auswirkungen auf die Sicherheit des vernetzten Produkts oder des verbundenen Dienstes haben. 544

Dem Dritten ist es nach Art. 6 Abs. 2 lit. g DA untersagt, die mit dem Dateninhaber oder dem Inhaber der Geschäftsgeheimnisse gemäß Artikel 5 Absatz 9 vereinbarten Maßnahmen zu missachten und die Vertraulichkeit von Geschäftsgeheimnissen zu untergraben. 545

#### *c) Beschränkungen des Dateninhabers*

##### *aa) Speicherbegrenzung*

Gem. Art. 5 Abs. 4 S. 2 dürfen Dateninhaber keine Informationen über den Zugang des Dritten zu den verlangten Daten aufbewahren, die über das hinausgehen, was für die ordnungsgemäße Ausführung des Zugangsverlangens des Dritten und für die Sicherheit und Pflege der Dateninfrastruktur erforderlich ist. Wiederum eine Vorgabe, die sich an den Prinzipien der Datenminimierung sowie der Speicherbegrenzung nach Art. 5 Abs. 1 lit. c und e DSGVO orientiert, aber auch für Dritte als juristische Personen gilt. Damit dürfte wohl ein Logging über die Abrufe seitens des Dritten unzulässig sein. 546

##### *bb) Möglicher Missbrauch durch den Dateninhaber, Art. 5 Abs. 6 DA*

Gem. Art. 5 Abs. 6 DA (bekräftigt durch Erwgr. 33) darf der Dateninhaber ohne Weiteres verfügbare Daten 547

> *»**nicht verwenden, um daraus Einblicke in die wirtschaftliche Lage, Vermögenswerte und Produktionsmethoden des Dritten** oder in die Nutzung durch den Dritten auf jegliche andere Art, die die gewerbliche Position des Dritten auf den Märkten, auf denen dieser tätig ist, untergraben könnte, zu erlangen, es sei denn, der Dritte hat eine solche Nutzung genehmigt und hat die technische Möglichkeit, diese Genehmigung jederzeit einfach zu widerrufen.«* 548

Diese Vorschrift verwundert etwas, als der parallele Art. 4 Abs. 13 DA sich ja auf den Nutzer bezieht, dessen Daten sich ja genuin bei dem Dateninhaber befinden. Der Dritte dagegen hat erst einmal keine direkte Beziehung zu den Daten des Nutzers. Gleichwohl ist dies z. B. bei spezialisierten Wartungsanbietern nicht ausgeschlossen, weshalb diese stark wettbewerbsrechtliche Norm ihren Anwendungsfall finden kann. 549

### IX. Geschäftsgeheimnisse

550 Wie auch in Art. 4 hat der Dateninhaber für den Fall, dass es ich bei den Daten um Geschäftsgeheimnisse handelt, besondere Rechte (hier aber gegenüber dem Dritten), kann aber die Datenbereitstellung nicht in toto verweigern.[292]

551 Bei den ohne Weiteres verfügbaren Daten kann es sich um Geschäftsgeheimnisse des Dateninhabers bzw. anderer Personen handeln. Denkbar ist etwa an besonderes Know-how zur Steuerung der Produkte. Der Bedeutung von Geschäftsgeheimnissen wird insbesondere durch die Geschäftsgeheimnis-Richtlinie EU 2016/943 Rechnung getragen (in Deutschland umgesetzt durch das GeschäftsgeheimnisG). Gem. Art. 5 Abs. 9 S. 1 DA sollen auch im Data Act die Geschäftsgeheimnisse (des Dateninhabers) gewahrt werden. Sie müssen vom Dateninhaber nur insofern offengelegt werden,

552 *als dies für den zwischen dem Nutzer und dem Dritten vereinbarten Zweck unbedingt erforderlich ist.*

553 Damit kann der Dateninhaber die Offenlegung verweigern, wenn es für Zweckvereinbarung zwischen Nutzer nicht »unbedingt erforderlich« ist.[293] Wenn es dies dagegen ist, stellt Art. 5 DA in den Abs. 9 bis 12 eine ganze Reihe weiterer Anforderungen auf.

#### 1. Definition Geschäftsgeheimnisse

554 Gem. Art. 5 Abs. 9 Satz 2 DA haben der Dateninhaber oder, wenn sie nicht dieselbe Person sind, der Inhaber des Geschäftsgeheimnisses, die Geschäftsgeheimnisse zu ermitteln. Geschäftsgeheimnisse sind in Art. 2 Nr. 18 DA, Art. 2 Nr. 1 GeschGehRL ([EU] 2016/943) bzw. § 2 Nr. 1 GeschGehG definiert als

555 *»eine Information*
*a) die weder insgesamt noch in der genauen Anordnung und Zusammensetzung ihrer Bestandteile den Personen in den Kreisen, die üblicherweise mit dieser Art von Informationen umgehen, allgemein bekannt oder ohne Weiteres zugänglich ist und daher von wirtschaftlichem Wert ist und*
*b) die Gegenstand von den Umständen nach angemessenen Geheimhaltungsmaßnahmen durch ihren rechtmäßigen Inhaber ist und*
*c) bei der ein berechtigtes Interesse an der Geheimhaltung besteht;«*

556 Auffällig ist eine gewisse Parallelität der Begriffe. Wo der DA für den Dateninhaber »ohne Weiteres verfügbare Daten« fordert, ist bei Geschäftsgeheimnissen erforderlich, dass die Informationen für die Allgemeinheit gerade **nicht »ohne Weiteres zugänglich** sind«.[294]

557 Die zentralen Begriffe zur Feststellung eines Geschäftsgeheimnisses sind somit
- **Informationen,**

292 Verweis auf Art. 4 mit vertiefenden Hinweisen.
293 Pauly/Wichert/Baumann, MMR 2024, 211 (214).
294 Vgl. o. D. Art. 4 und Harte-Bavendamm/Ohly/Kalbfus/Harte-Bavendamm GeschGehG, § 2 Rn. 3 ff.

- **nicht allgemein bekannt** oder **ohne Weiteres zugänglich,**
- **vom Inhaber geheim gehalten,**
- **mit berechtigtem Interesse an der Geheimhaltung.**

▶ Praxisbeispiel

In einem Flugzeugmotor werden Daten über die Rotation der Triebwerke erfasst und vom Hersteller als Dateninhaber periodisch abgerufen und in der IT-Infrastruktur gespeichert. Der Hersteller qualifiziert diese als Geschäftsgeheimnis und blockiert den Zugang zu diesen Daten auf technischem Wege. Ein Triebwerk-Wartungsunternehmen will sich über die Fluglinie (als Nutzer) diese »Geschäftsgeheimnisse« übermitteln lassen, um bei der Wartung die Motorsteuerung noch präzisier zu bedienen. In diesem Fall könnte sich der Hersteller als Dateninhaber auf den Geschäftsgeheimnisschutz berufen. 558

## 2. Ermitteln der Geschäftsgeheimnisse

Gem. Art. 5 Abs. 9 DA ***ermittelt*** 559

> *»der Dateninhaber oder, wenn sie nicht dieselbe Person sind, der Inhaber des Geschäftsgeheimnisses …, auch in den relevanten Metadaten, die als Geschäftsgeheimnisse geschützten Daten«* 560

Zum Begriff des Ermittelns gibt auch der korrespondierende Erwgr. 31 keinen weiteren Anhaltspunkt. Aus Praxissicht wäre davon auszugehen, dass vor allem ohnehin angewandte Geheimhaltungsmaßnahmen als Abgrenzungskriterium gelten. Diese sollte der Dateninhaber vorsehen – sofern er eben das berechtigte Interesse an der Geheimhaltung im Sinn von § 2 GeschGehG hat. Schon in der Entwicklungsphase von vernetzten Produkten sollte der Hersteller bzw. Dateninhaber entsprechende Prozessschritte vorsehen, um die Geheimhaltung nachweisen zu können. Als Geheimhaltungsmaßnahmen kommen alle technischen, organisatorischen und rechtlichen Mittel in Betracht, die geeignet sind, die unbefugte Erlangung, Nutzung und Offenlegung geheimer Informationen zu verhindern oder zu erschweren. Angesichts der Vielgestaltigkeit von Geschäftsgeheimnissen, der rasanten technischen Entwicklungen und der Veränderlichkeit der Bedrohungslagen ist es nicht möglich, einen auch nur annähernd erschöpfenden Maßnahmenkatalog zu benennen.[295] 561

## 3. Vereinbarung angemessener technischer und organisatorischer Maßnahmen

Um die Geschäftsgeheimnisse zu wahren, kann/soll gem. Art. 5 Abs. 9 Satz 2 DA **der Dateninhaber mit dem Dritten** alle angemessenen technischen und organisatorischen Maßnahmen vereinbaren, die erforderlich sind, um die Vertraulichkeit der weitergegebenen Daten zu wahren. Schon nach dem Gesetzestext können organisatorische Maßnahmen sein: Mustervertragsklauseln, Vertraulichkeitsvereinbarungen und die Anwendung von Verhaltenskodizes. Als technische Maßnahmen sind genannt strenge 562

---

295 Harte-Bavendamm/Ohly/Kalbfus/Harte-Bavendamm GeschGehG § 2 Rn. 42.

Zugangsprotokolle und technische Normen. Die einzelnen Klauseln werden dann Teil der Gesamtvereinbarung zwischen Dateninhaber und Drittem nach Art. 8 DA.

563 Wenn es jedoch zu keiner Einigung kommt, sieht Art. 5 DA weitere Prozessschritte vor.

### 4. Verweigern bzw. Aussetzen des Zugangsverlangens nach Art. 5 Abs. 10 DA

564 Wenn keine Einigung über die gem. 5 Abs. 9 DA erforderlichen Maßnahmen erzielt wird, wenn von dem Dritten die vereinbarten Maßnahmen nicht umgesetzt werden oder die Vertraulichkeit der Geschäftsgeheimnisse verletzt wird, kann der Dateninhaber gem. Art. 5 Abs. 10 DA die **Weitergabe von Daten,** die als Geschäftsgeheimnisse ermittelt wurden, **verweigern oder gegebenenfalls aussetzen.** Der Dateninhaber hat dies ordnungsgemäß zu begründen und dem Dritten unverzüglich schriftlich mitzuteilen. Zudem muss der Dateninhaber der gemäß Artikel 37 benannten zuständigen Behörde mitteilen, dass er die Weitergabe von Daten verweigert oder ausgesetzt hat, und welche Maßnahmen nicht vereinbart oder umgesetzt wurden und bei welchen Geschäftsgeheimnissen die Vertraulichkeit verletzt wurde.

### 5. Ablehnen des Übermittlungsverlangens (»Handbrake Mechanism« – Art. 5 Abs. 11 DA)

565 Wenn der Dateninhaber trotz der vom Dritten getroffenen technischen und organisatorischen Maßnahmen mit **hoher Wahrscheinlichkeit einen schweren wirtschaftlichen Schaden** durch eine Offenlegung von Geschäftsgeheimnissen erleiden wird, kann er gem. Art. 5 Abs. 11 DA das **Datenzugangsverlangen für die betreffenden Daten ablehnen.** Der Nachweis ist auf der Grundlage objektiver Fakten, insbesondere der Durchsetzbarkeit des Schutzes von Geschäftsgeheimnissen in Drittländern, der Art und des Grads der Vertraulichkeit der verlangten Daten sowie der Einzigartigkeit und Neuartigkeit des vernetzten Produkts hinreichend zu begründen und dem Dritten unverzüglich schriftlich vorzulegen. Verweigert der Dateninhaber die Weitergabe von Daten gemäß diesem Absatz, so teilt er dies der gemäß Art. 37 DA zuständigen Behörde mit.

566 Die Formulierung des Gesetzestextes zeigt den starken Ausnahmecharakter. Der Dateninhaber muss also substantiiert Dokumentation schaffen zu

- dem **Risiko** für Geschäftsgeheimnisse in **Drittländern** (außerhalb der EU),
- der **Art und des Grads der Vertraulichkeit** der verlangten Daten sowie
- zur **Einzigartigkeit und Neuartigkeit** des vernetzten Produkts.

567 Somit sollte auch diese Dokumentation schon bei Identifizierung der Daten erfolgen und zeigt die Relevanz einer konsistenten Data Governance im Unternehmen.

### 6. Rechtsbehelf nach Art. 5 Abs. 12 DA

568 Unbeschadet sonstiger Rechtsmittel, können Dritte nach Art. 5 Abs. 12 lit. a) DA eine negative Entscheidung des Dateninhabers gemäß Art. 5 Abs. 10 und 11 DA durch eine Beschwerde gem. Art. 37 Abs lit. b DA bei der lokal im jeweiligen Mitgliedstaat

benannten Behörde anfechten, die entgegen dem Dateninhaber eine Weitergabe der Daten anordnen kann (und darüber unverzüglich entscheiden soll). Aufgrund des Spezialrechtscharakter wäre hiervon zu unterscheiden die allgemeine Anordnung der sofortigen Vollziehbarkeit nach Art. 80 Abs. 1 Nr. 4 VwGO.

Gem. Art. 5 Abs. 12 lit. b) DA sollen Dritte mit dem Dateninhaber zudem vereinbaren können, gemäß Art. 10 Abs. 1 DA eine Streitbeilegungsstelle zu befassen. Der Regelungsgehalt hiervon ist gleichwohl relativ überschaubar, handelt es sich doch um eine unverbindliche Anregung. Ohne Zustimmung des Dateninhabers resultieren keine weiteren Rechtsfolgen. 569

## X. Torwächter-Prüfung

Torwächter als besonders mächtige Digital-Unternehmen sollen nach dem DA keine Daten erhalten. Obwohl in der Reihenfolge von Art. 5 DA bereits weiter oben gelistet, behandeln wir die Thematik erst am Schluss, da die Praxis-Relevanz eher gering ist. Als Torwächter qualifizierte Unternehmen werden sich in der Praxis davor hüten, Verlangen auf Datenbereitstellung zu stellen. 570

Torwächter im Sinne des Artikel 3 der Verordnung (EU) 2022/1925 (im Folgenden: »DMA« für Digital Markets Act) sind gem. Art. 5 Abs. 3 DA nicht als Dritte anzusehen. Im Kontext mit Erwgr. 40 DA bedeutet dies für den Dateninhaber, dass die ohne Weiteres verfügbaren Daten auf Verlangen eines Nutzers überhaupt nicht an einen Torwächter ausgeleitet werden dürfen. 571

### 1. Torwächter

Ein Unternehmen ist ein Torwächter, wenn es als ein solcher von der EU-Kommission benannt wurde. Die aktuell als Torwächter benannten Unternehmen sind mitsamt Ernennungsentscheidung auf der Website der Europäischen Kommission abrufbar.[296] 572

Gemäß Artikel 3 Absatz 1 DMA wird ein Unternehmen als Torwächter benannt, wenn es 573
a) erheblichen Einfluss auf den Binnenmarkt hat, 574
b) einen zentralen Plattformdienst bereitstellt, der gewerblichen Nutzern als wichtiges Zugangstor zu Endnutzern dient, und 575
c) hinsichtlich seiner Tätigkeiten eine gefestigte und dauerhafte Position innehat oder absehbar ist, dass es eine solche Position in naher Zukunft erlangen wird. 576

Der erhebliche Einfluss auf den Binnenmarkt ist anzunehmen, wenn das Unternehmen in jedem der vergangenen drei Geschäftsjahre in der Union einen Jahresumsatz von mindestens 7,5 Mrd. EUR erzielt hat oder wenn seine durchschnittliche Marktkapitalisierung oder sein entsprechender Marktwert im vergangenen Geschäftsjahr mindestens 75 Mrd. EUR betrug. Darüber hinaus muss das Unternehmen in mindestens drei Mitgliedstaaten denselben zentralen Plattformdienst bereitstellen. Der von 577

296 https://digital-markets-act.ec.europa.eu/gatekeepers_en?prefLang=de; zuletzt abgerufen am 18.03.2024.

dem Unternehmen angebotene zentrale Plattformdienst gilt als wichtiges Zugangstor zu Endnutzern, wenn dieser im vergangenen Geschäftsjahr mindestens 45 Millionen in der Union niedergelassene oder aufhältige monatlich aktive Endnutzer und mindestens 10 000 in der Union niedergelassene jährlich aktive gewerbliche Nutzer hatte. Das Innehaben einer gefestigten und dauerhaften Position wird angenommen, wenn die vorstehend aufgeführten Schwellenwerte in jedem der vergangenen drei Geschäftsjahre erreicht wurden.

### 2. keine Bereitstellung an Torwächter

578 Ein Torwächter kann über Art. 5 DA keinen Zugang zu ohne Weiteres verfügbaren Daten verlangen oder erhalten, welche bei der Nutzung eines vernetzten Produkts oder verbundenen Dienstes oder eines virtuellen Assistenten generiert wurden. Darüber hinaus dürfen Dritte, denen Daten auf Verlangen des Nutzers bereitgestellt werden, diese keinem Torwächter bereitstellen. Demnach sollte im Rahmen der Vorprüfung von dem Dateninhaber eine Torwächter-Prüfung vorgenommen werden. Wird dabei festgestellt, dass das Unternehmen, an welches nach Art. 5 Abs. 1 DA ausgeleitet werden soll, ein Torwächter ist, muss das Bereitstellungsverlangen abgelehnt werden.

579 Das Verbot der Bereitstellung kann aus dem Erwgr. 40 DA hergeleitet werden. Ziel ist es demnach, den Start-Ups, kleinen und mittleren Unternehmen sowie Unternehmen aus traditionellen Branchen den Zugang zu Daten zu erleichtern und gleichzeitig sicherzustellen, dass die entsprechenden Pflichten so verhältnismäßig wie möglich sind, um eine Übervorteilung zu vermeiden. Torwächter werden in dem Erwägungsgrund als sehr große Unternehmen aus der digitalen Wirtschaft mit beträchtlicher wirtschaftlicher Macht beschrieben, welche durch die Anhäufung und Aggregation gewaltiger Datenmengen sowie des Innehabens der technologischen Infrastruktur für die Monetarisierung der Daten entstanden sind. Zur Erreichung des Ziels des Data Acts ist es nicht erforderlich und in Bezug auf die den entsprechenden Pflichten unterliegenden Dateninhaber unverhältnismäßig, solchen Torwächtern ein Datenzugangsrecht einzuräumen. Ihre Einbeziehung würde auch die Vorteile einschränken, die der Data Act im Zusammenhang mit der gerechten Verteilung der Datenwertschöpfung unter den Marktteilnehmern für KMU bewirken soll.

### 3. Verbote für Torwächter

580 Neben dem Bereitstellungsverbot für die Dateninhaber an die Torwächter bzw. dem Bereitstellungsverbot für Dritte, Daten die diesen auf Verlangen des Nutzers bereitgestellt wurden an den Torwächter auszuleiten, bestehen auch gesetzliche Verbote für den Torwächter selbst. Diese sind in Artikel 5 Absatz 3 lit. a – c DA normiert. Torwächter sind danach nicht berechtigt,

581 *a) einen Nutzer dazu aufzufordern oder durch geschäftliche Anreize in irgendeiner Weise, auch durch eine finanzielle oder sonstige Gegenleistung, dafür zu gewinnen, Daten, die vom Nutzer aufgrund eines Verlangens nach Artikel 4 Abs. 1 DA erlangt wurden, für einen seiner Dienste bereitzustellen;*

*b) einen Nutzer dazu aufzufordern oder durch geschäftliche Anreize dafür zu gewinnen, vom Dateninhaber zu verlangen, gemäß Absatz 1 dieses Artikels [Artikel 5 DA: Bereitstellung von ohne Weiteres verfügbaren Daten durch den Dateninhaber an Dritte] Daten für einen seiner Dienste bereitzustellen;* 582

*c) von einem Nutzer Daten zu erhalten, die der Nutzer aufgrund eines Verlangens nach Artikel 4 Absatz 1 erlangt hat.* 583

Zudem dürfen nach Art. 6 Abs. 2 lit d) DA die Dritten Daten auch nicht an Torwächter weitergeben.[297] 584

### 4. Freiwillige Vereinbarungen mit Torwächtern

Es sind weiterhin freiwillige Vereinbarungen zwischen Torwächtern und Dateninhabern möglich, nach denen den Torwächtern Daten zur Verfügung gestellt werden können. Diese werden nicht vom Data Act erfasst. 585

## XI. Praxistipps

Die folgenden Skizzen zeigen die Verpflichtungen und Rechte der involvierten Parteien (Nutzer, Dateninhaber und Dritter) auf und geben eine Übersicht, über die (teilweise zwingend) vorzunehmenden Schritte, bevor eine Bereitstellung der Daten stattfinden kann. Die Darstellungen spiegelt den Regelungsgehalt des Art. 5 DA in einer möglichst praktikablen Abfolge wider. 586

### 1. Vorprüfung

587

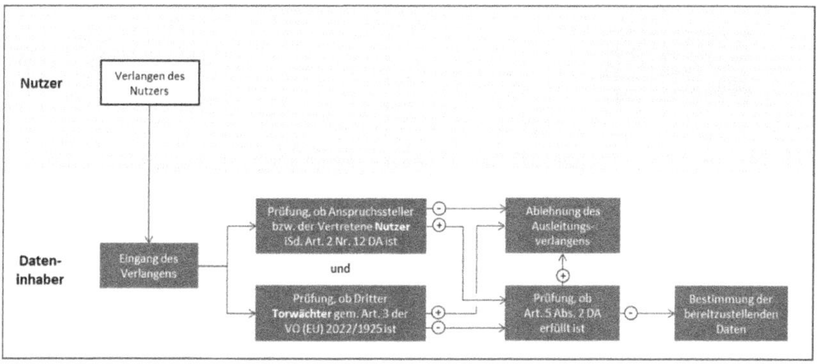


Abb. 22: Art. 5 DA – Vorprüfung

297 Vgl. VII 2 a bb.

## 2. Bestimmung der bereitzustellenden Daten

588

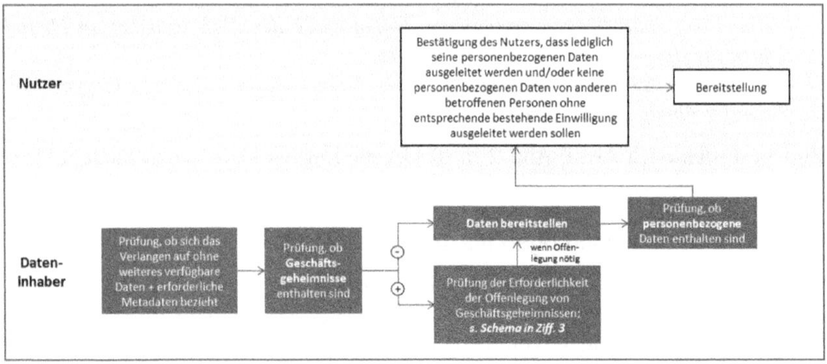


Abb. 23: Art. 5 DA – Bestimmung der bereitzustellenden Daten

## 3. Prüfung der Erforderlichkeit der Offenlegung von Geschäftsgeheimnissen

589

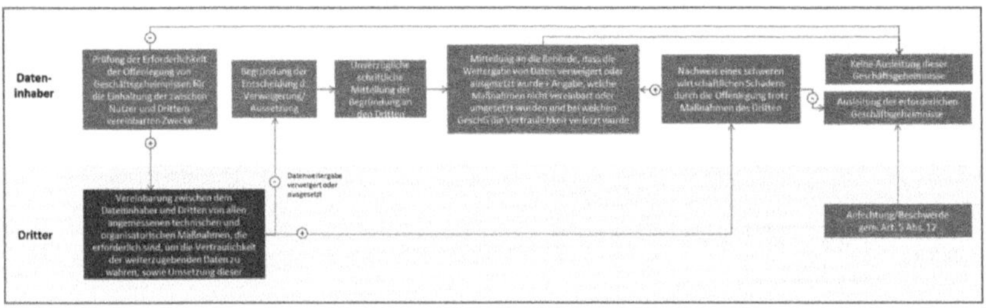


Abb. 24: Art. 5 DA – Prüfung der Erforderlichkeit der Offenlegung von Geschäftsgeheimnissen

## 4. Bereitstellung (des Datensets)

590

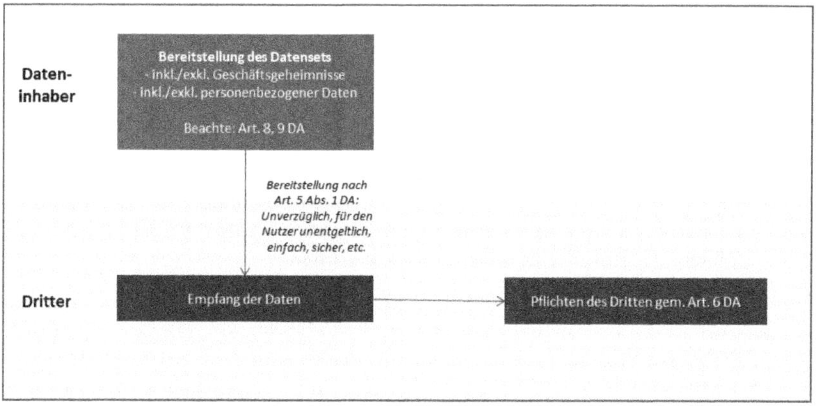


Abb. 25: Art. 5 DA – Bereitstellung (des Datensets)

# F. Tatsächliche Implementierung

## I. Einführung

Der Data Act ist mit dem Ziel erlassen worden, die Entwicklung zu einer Data Economy zu beschleunigen. Hierzu führt der europäische Gesetzgeber aus, dass *»[u]m den Bedürfnissen der digitalen Wirtschaft gerecht zu werden und die Hindernisse für einen reibungslos funktionierenden Binnenmarkt für Daten zu beseitigen, ein harmonisierter Rahmen geschaffen werden [muss], in dem festgelegt wird, wer unter welchen Bedingungen und auf welcher Grundlage berechtigt ist, Produktdaten oder verbundene Dienstdaten zu nutzen.«*[298] 591

Dieses ausgerufene Ziel stellt Unternehmen und Organisationen aus Sicht einer Digital/Data Compliance oder *Corporate Digital Responsibility* (CDR)[299] vor nicht unerhebliche, neue Herausforderungen.[300] Allgemein wird vor diesem Hintergrund zu erwarten sein, dass die Geschäftsleitung insbesondere ein **angemessenes Datenmanagement** einrichtet und betreibt. Speziell für den Data Act stellt dieses Datenmanagement die Grundlage dar, Anforderungen bzw. Ansprüche der Nutzer an etwa Hersteller, Anbieter und Dateninhaber, durch die Unternehmen und Organisationen, zu erfüllen. 592

Sowohl das Datenmanagement als »**Enabler**« als auch die konkrete Erfüllung der Anforderungen aus dem Data Act verlangen von Unternehmen konkrete rechtliche, technische sowie organisatorische Umsetzungsmaßnahmen, um ihrer *Corporate Digi-* 593

298 Vgl. Erwgr. 4 DA.
299 Zu dem Begriff und seiner Bedeutung s. *Möslein* FS Hopt, 2020, 805, (805 ff.).
300 So auch Gergen/Daum, »Data Economy und Digital Compliance«, RDi 2022, 514.

*tal Responsibility* und Data Act Compliance nachzukommen. Dafür werden in der **Implementierungsphase** als auch die sich anschließende **Regelbetriebsphase** erhebliche Ressourcen gebunden. Im Vergleich zu anderen EU-Gesetzesinitiativen wie z.B. des Entwurfs des Gesetzes über künstliche Intelligenz (EU KI-Verordnung), besteht beim EU Data Act die Herausforderung in der **Umsetzung der sehr technischen, IT-lastigen Anforderungen.** Diese sind vor allem in der Umsetzung der Designanforderungen von Art. 3 DA für vernetzte Produkte selbst sowie der Bereitstellung der Daten für den Nutzer oder an einen Dritten zu sehen.

594 Die Komplexität der Implementierung erhöht sich insbesondere für Unternehmen mit vernetzten Produkten, die von mehreren Personen genutzt werden. Hiervon ist unter anderem die Automobilindustrie stark betroffen.

595 Um den Aufwand und den Umfang eines Implementierungsprojektes abschätzen zu können, bedarf es einer anfänglichen Analyse der IST-Situation. Hierbei sollten auch bereits etablierte Prozesse, sowie bestehende Rollen innerhalb des Unternehmens berücksichtigt werden, um möglichst ressourcenschonend zu arbeiten. Wie eingangs erwähnt, ist hierbei besonderes Augenmerk vor allem auf die unternehmensinterne Data Governance sowie das Data Management zu legen. Diese stellen eine Grundvoraussetzung für die spätere Datenbereitstellung an den Nutzer bzw. den Dritten dar.

596 Im Fokus der weiteren Betrachtung dieser Ausführungen sind:

597 1. Der Aufbau einer Projektstruktur

598 2. Die Umsetzung der Designanforderungen gemäß Art. 3 DA

599 3. Die Umsetzung der Bereitstellungsanforderungen gemäß Artt. 4, 5 DA

600 4. Die Etablierung einer Data Governance und Data Managements sowie

601 5. Die anschließende Überführung in den Regelbetrieb.

602 Vergleichbare Überlegungen sind aber auch von anderen Stakeholdern des Data Acts, etwa Cloud Providern für die Erfüllung der Interoperabilitätsanforderungen anzustellen.

603 Die nachfolgenden Kapitel sollen als Hilfestellung dienen, um mit minimalinvasivem Ansatz bestehende organisatorische Strukturen und Prozesse auf die Anforderungen des EU Data Acts hin anzupassen und Compliance im Sinne Data Act für das Unternehmen zu erreichen. Bei der Planung sollten sich Unternehmen überlegen, ob sie als Minimum die Vermeidung von Sanktionen erreichen wollen oder den Data Act als Chance sehen und als »Best in Class« dem Kunden und Nutzer ihres vernetzten Produkts oder verbundenen Dienstes einen tatsächlichen Mehrwert in Form von Produkt-Features als Wettbewerbsvorteil bieten wollen.

## II. Organisatorische Umsetzung

604 Der EU Data Act verlangt von verschiedenen Stakeholdern[301] die Einhaltung und Umsetzung verschiedenster Datenzugangs- und Herausgabeanforderungen als zentrale Kernstücke der Regulierung.

301 Art. 1 Abs. 3 DA.

Die Erfüllung dieser Anforderungen setzt dabei voraus, dass die betroffenen Unternehmen und Organisationen ein angemessenes Datenmanagement einrichten. Denn nur eine strukturelle Organisation von Daten mit einem geeigneten Datenmanagement kann im weiteren Sinne der Data Act Compliance einer *Corporate Digital Responsibility* gewährleisten. 605

Die Aufgabe der Etablierung eines derartigen Datenmanagements obliegt dabei grundsätzlich der Geschäftsleitung der jeweiligen betroffenen Organisation, welche die Umsetzung jedoch auf einzelne Organisationsmitglieder delegieren kann. Jedoch bleibt die Geschäftsleitung zur Kontrolle und Überwachung der betrauten Mitglieder und Personen verpflichtet. 606

### 1. Datenmanagement als Aufgabe der Geschäftsleitung

Der Vorstand einer Aktiengesellschaft hat in Deutschland nach §§ 76 Abs. 1, 93 Abs. 1, § 91 Abs. 2 AktG, § 130 OWiG die Leitung der Gesellschaft unter eigener Verantwortung und mit der **Sorgfalt eines ordentlichen und gewissenhaften Geschäftsleiters** zu führen.[302] 607

Diese Sorgfaltspflicht beinhaltet die Sicherstellung eines regelungskonformen Verhaltens der Gesellschaft und ihrer Mitarbeiter gegenüber Dritten sowie gegenüber der eigenen Belegschaft als sogenannte **Legalitäts- bzw. Legalitätskontrollpflicht.** Dies setzt voraus, dass der Vorstand angemessene und geeignete Maßnahmen trifft, die die frühzeitige Erkennung bestandsgefährdender Entwicklung gewährleisten, die Wahrung der Vorteile der Unternehmung sicherstellen, Schäden abzuwenden und den Fortbestand des Unternehmens zu sichern. Ebenso hat er dafür ein Überwachungssystem einzuführen. Der Vorstand muss sich also nicht nur selbst rechtskonform verhalten, sondern hat auch dafür zu sorgen, dass die Gesellschaft sowie deren Mitarbeitende sich an gesetzliche Vorgaben halten.[303] 608

Als eine zentrale Maßnahme obliegt dem Vorstand dabei die **Unternehmensorganisationspflicht**, die die Schaffung einer Organisationsstruktur verlangt, welche die Rechtmäßigkeit und Effizienz des Handelns der Gesellschaft gewährleistet und generell Schäden vom Unternehmen und Unternehmenswert fernhält. 609

Als weitere Sorgfaltspflicht wird von dem Vorstand verlangt, dass er die Wirksamkeit der ergriffenen Maßnahmen überprüft (**Kontrollpflicht**). 610

---

302 Die nachfolgenden Ausführungen gelten für die Vorstände einer Aktiengesellschaft und die Geschäftsführung einer Gesellschaft mit beschränkter Haftung gleichermaßen.; allgemein zur Compliance-Verantwortung in der GmbH MüKoGmbHG/Stephan/Tieves, 3. Aufl. 2019, § 37 Rn. 25 ff. und MüKoGmbHG/Fleischer, § 43 Rn. 151; allgemein zur Übertragbarkeit etwa Spindler/Stilz/Fleischer AktG, 5. Aufl. 2022, § 91 Rn. 3 und 41 mwN.

303 OLG Nürnberg NZG 2022, 1058 Rn. 79; Henssler/Strohn/Dauner-Lieb AktG § 93 Rn. 7 a; Koch AktG, 2022, § 93 Rn. 16; Grigoleit/Grigoleit/Tomasic AktG § 93 Rn. 26; Bicker AG 2014, 8; Grützner BB 2014, 850.

611 Dabei ist grundsätzlich festzuhalten, dass die organisatorische Umsetzung von hier einem Datenmanagement für die Data Act Compliance und der weiteren *Corporate Digital Responsibility* dem Vorstand lediglich ein Ermessen auf das »Wie« ermöglicht (etwa Berücksichtigung von »Best Practices«, anerkannter Standards), aber nicht bezüglich des »Ob«.

612 Die Geschäftsführung einer GmbH ist in diesem Sinne gleichermaßen verpflichtet (§ 43 Abs. 1 GmbHG).[304] Für Personengesellschaften gilt regelmäßig unter ergänzender Heranziehung der §§ 347 HGB, 276 BGB in einer Gesamtschau das Gleiche.

613 Diese gesetzlichen Anforderungen und Grundsätze an eine »gute Unternehmensführung« wurden in der sogenannten *Siemens/Neubürger*-Entscheidung des LG München I vom 10.12.2013 (aufgegriffen in OLG Nürnberg, 30.03.2022) richterlich konkretisiert und weiter etabliert. Die in den getroffenen Entscheidungen Erwägungen sind dabei auch grundsätzlich im Rahmen einer *Corporate Digital Responsibility* auf Daten und das Datenmanagement übertragbar.

614 Zusammenfassend lässt sich festhalten, dass die Geschäftsleitung von Data Act-betroffenen Unternehmen und Organisationen dafür Sorge zu tragen hat, dass entsprechende Organisationsstrukturen etabliert werden, die bei der Entwicklung von vernetzten Produkten oder verbundenen Diensten den Grundsatz »Access by Design« aus Art. 3 DA für die Zugänglichmachung von Daten für Nutzer berücksichtigen und bei Herausgabeverlangen der Nutzer nach Art. 4 und 5 DA entsprechend agieren können. Grundvoraussetzung für die Sicherstellung dieses regelkonformen Verhaltens im Sinne des Data Acts ist dabei die Etablierung eines geeigneten Datenmanagements.

### 2. Organisatorische Maßnahmen für eine Data Act Compliance, inkl. Datenmanagement

615 Unternehmen und Organisationen, die vom Data Act betroffen sind, müssen also – wie gerade zuvor gesehen – eine geeignete Organisationsstruktur als Governance schaffen, um Anforderungen des Data Acts rechtskonform zu erfüllen.

616 Als wesentliche organisatorische Maßnahmen sind dabei insbesondere die Schaffung einer geeigneten Ablauf- und Aufbauorganisation als Compliance Management System von Bedeutung.

617 Die **Ablauforganisation** regelt dabei die prozessualen Schritte, Tätigkeiten und Aufgaben, die zur Einhaltung der einzelnen relevanten Data Act Anforderungen erforderlich sind.

618 Die **Aufbauorganisation** ist daneben eine Festlegung der konkreten Rollen und Verantwortlichkeiten für die einzelnen Prozessschritte der Ablauforganisation innerhalb der einzelnen Unternehmen und Organisationen.

304 MüKoGmbHG/Fleischer, § 43 Rn. 71; MAH GmbHR/Theusinger/Jung, 4. Aufl. 2018, § 24 Rn. 71.

So kann beispielsweise die Anforderung der sicheren Zugänglichmachung zu den Produktdaten eines Herstellers an den Verantwortlichen für die Informationssicherheit und IT übertragen, der sich mit den jeweilig relevanten Produktteams abstimmen muss. 619

Als **geeignete und anerkannte Standards** für die Etablierung eines derartigen Compliance Management Systems kommen insbesondere die Normen ISO 37301:2021[305] oder der Prüfstandard (PS) 980 des Institut der deutschen Wirtschaftsprüfer (IDW)[306] in Betracht. Diese bestehen je nach Standard aus knapp 7 Elementen: 620

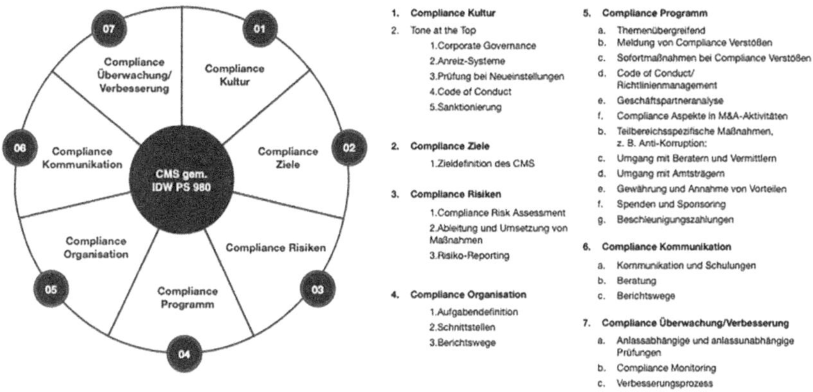


Abb. 26: Ein typisches CMS nach IDW PS 980

Als **Konzeptions- und Umsetzungshinweise** für die Ablauforganisation bietet es sich zunächst an, die relevanten gesetzlichen Anforderungen aus dem Data Act abzuleiten und für das Unternehmen oder die Organisation so zu dokumentieren, dass Mitarbeiter und Mitarbeiterinnen ohne juristischen Hintergrund diese bei ihrer Arbeit verstehen und berücksichtigen können. 621

Dafür bieten sich Prozessschaubilder, Checklisten oder ähnliche Formate an, abhängig auch von der jeweiligen Anforderung und wie in den einzelnen Anforderungskapiteln in diesem Handbuch dargestellt. 622

Danach ist je Anforderung und abgeleiteter Tätigkeit bzw. Prozessschritt zu schauen, wo in der Organisation diese für die praktische Umsetzung und Einhaltung verankert werden kann. Dabei bietet sich eine sogenannte **RACI-Matrix** an. Diese legt fest, welche definierte Rolle bzw. Organisationsstelle für die einzelne Tätigkeit bzw. Prozessschritt operativ ausführungszuständig ist (Responsible – **R**), inhaltlich Verantwortlich (Accountable – **A**), eingebunden werden muss (Consulted – **C**) und informiert werden muss (Informed – **I**). 623

---

305 https://www.iso.org/standard/75080.html.

306 https://www.idw.de/idw/idw-aktuell/idw-ps-980-n-f-09–2022-zur-pruefung-von-compliance-management-systemen-verab-schiedet.html.

624 Die konkrete Umsetzung des so konzipierten Compliance Management Systems mit seiner Ablauf- und Aufbauorganisation sollte dem anerkannten **PDCA-Managementansatz** (Plan – Do – Check – Act) folgen.[307] Der PDCA-Zyklus besteht aus vier Elementen:[308]

625 1. »***Plan***
*der jeweilige Prozess muss vor seiner eigentlichen Umsetzung geplant werden: Plan umfasst das Erkennen von Verbesserungspotentialen (in der Regel durch den Arbeitnehmer beziehungsweise Teamleiter vor Ort), die Analyse des aktuellen Zustands sowie das Entwickeln eines neuen Konzeptes (unter intensiver Einbindung des Arbeitnehmers).*

626 2. ***Do***
*Do bedeutet entgegen weit verbreiteter Auffassung nicht die Einführung und Umsetzung auf breiter Front, sondern das Ausprobieren beziehungsweise Testen und praktische Optimieren des Konzeptes mit schnell realisierbaren, einfachen Mitteln (z. B. provisorische Vorrichtungen) an einem einzelnen Arbeitsplatz (wieder unter starker Einbindung des Arbeitnehmers).*

627 3. ***Check***
*der im Kleinen realisierte Prozessablauf und seine Resultate werden sorgfältig überprüft und bei Erfolg für die Umsetzung auf breiter Front allgemein freigegeben.*

628 4. ***Act***
*in der Phase Act wird die neue allgemeine Vorgabe auf breiter Front eingeführt, festgeschrieben und regelmäßig auf Einhaltung überprüft (Audits). Hier handelt es sich tatsächlich um eine »große Aktion«, die im Einzelfall umfangreiche organisatorische Aktivitäten (z. B. Änderung von Arbeitsplänen, NC-Programmen, Stammdaten, die Durchführung von Schulungen, Anpassung von Aufbau- und Ablauforganisation) sowie erhebliche Investitionen (an allen vergleichbaren Arbeitsplätzen, in allen Werken) umfassen kann. Die Verbesserung dieses Standards beginnt wiederum mit der Phase Plan.«*

629 Um das Rad nicht neu zu erfinden, und die effiziente Schaffung einer ganzheitlichen *Corporate Digital Responsibility* für das Unternehmen zu gewährleisten, sollte bei der Einführung und Umsetzung des Compliance Management Systems zwingend darauf geachtet werden, bestehende Strukturen, Rollen und Prozesse, soweit vorhanden und möglich, zu nutzen und **Doppelstrukturen** zu **vermeiden**. Dies ist insbesondere vor dem Hintergrund sinnvoll, dass etwa Datenmanagementprozesse und dazugehörige Rollen und Verantwortlichkeiten nicht nur für den Data Act von erheblicher Bedeutung sind, sondern auch von weiteren rechtlichen und regulatorischen Anforderungen benötigt werden. Hier sollten insbesondere seit Einführung und Geltung der EU Datenschutzgrundverordnung im Jahr 2018 gewisse Datamanagementprozesse für personenbezogene Daten[309] in Unternehmen und Organisationen etabliert

307 Vgl. etwa analog eines Datenschutzmanagementsystems *Kaiser* in Katko Checklisten DS-GVO, § 2. Accountability: die Rechenschaftspflicht Rn. 7, beck-online.

308 Ulrich Schirrmann: Der Deming-Kreis. In: Qualitaetsmanagement. Auf Schirrmann-Consulting.de, abgerufen am 16. Mai 2024.

309 Für die Etablierung eines Datenschutzmanagementsystems/Datensicherheitskonzepts ausführlich auch von *Kaiser* und *Meyer* in Katko Checklisten DS-GVO, § 2. Accounta-

sein, die jetzt für den Data Act, die EU KI-Verordnung und weitere Regularien der EU Daten- und Cyberstrategie angewendet können und erweitert werden müssen.

Im weiteren Verlauf dieses Abschnittes werden konkrete Hinweise für die Planung 630
und Durchführung eines Implementierungsprojekts für den Data Act mit Fokus auf die Zugangs- und Herausgabeanforderungen nach Art. 3 ff. DA sowie das Datenmanagement als »Enabler«-Projekt gemacht:

## III. Projektmanagement für die Implementierung

### 1. Projektorganisation

#### *a) Projektaufstellung*

Aufgrund seiner strategischen Bedeutung für das Unternehmen, ist eine Verankerung 631
des Umsetzungsprojekts und des Regelbetriebs für den EU Data Act in den direkten Berichtswegen zur Geschäftsführung erforderlich. Hierdurch können vor allem bereits etablierte Rollen wie bspw. ein Datenverantwortlicher, der zukünftig für die Einhaltung der Data Governance und dem Data Management verantwortlich sein wird, von der Nähe und Sichtbarkeit der Geschäftsführung profitieren und in ihrer Relevanz für das Unternehmen gestärkt werden.

Ebenfalls wird durch die Nähe zur Geschäftsführung das Mandat zur Durchsetzung 632
von Änderungen, die rasche Freigabe notwendiger Budgets für Prozessänderungen, personelle Kapazitäten und der Umsetzung von technischen Aufwänden gestärkt. Hierdurch wird die Erfolgswahrscheinlichkeit der Umsetzung erheblich gesteigert und etwaige Nachbesserungen in Bezug auf den späteren Regelbetrieb bestmöglich vermieden.

Daneben empfiehlt es sich, die Leitung des Projektes im Bereich der »Unterneh- 633
mensorganisation« anzusiedeln. Hierbei sollte die Projektleitung direkt durch die Geschäftsführung eingesetzt werden, um rechtliche, technische und organisatorische Aspekte bei der Umsetzung abzusichern. Eine tiefergehende Betrachtung hierzu findet sich in Kapitel 3.2.

#### *b) Zieldefinition und Umsetzungsphasen*

Für jedes Projekt ist die Definition des Projektziels von elementarer Bedeutung – ins- 634
besondere für Projekte mit längerer Umsetzungsdauer. Im Rahmen des Data Acts sind zwei Implementierungsphasen zu unterscheiden. 20 Monate für die Umsetzungen der Anforderungen aus Art. 4/Art. 5 DA und weitere 12 Monate für die Umsetzung der Anforderungen gemäß Art. 3 DA.

---

bility: die Rechenschaftspflicht sowie § 9. Die Sicherheit der Verarbeitung sowie technische und organisatorische Maßnahmen, beck-online.

635 Im nachfolgenden soll der Schwerpunkt auf zwei Phasen mit jeweils differenzierten Zielen gesetzt werden:

636 - **Phase 1: Implementierung des Umsetzungsprojektes zur Erreichung von »Compliance«:**

637 Aufgrund des durch das Gesetz vorgegebenen zeitlich bis zur Geltung des Data Acts begrenzte erste Projektphase zur Erreichung von »Compliance« bzgl. den Anforderungen des Data Acts. Konkret enthält dies folgende Punkte:

638 a. Etablierung von Data Managements sowie Data Governance,
639 b. Umsetzung der Designanforderungen gemäß Art. 3 DA,
640 c. Datenbereitstellung an Nutzer bzw. Dritter gemäß Art. 4, 5 DA inklusive notwendiger Anpassungen u.a. Erfüllung von Informationspflichten, Vertragsgestaltungen, etc.,
641 d. Datenbereitstellung an öffentliche Stellen gemäß Art. 14 ff. DA.

642 - **Phase 2: Aufnahme des Regelbetriebs zur Erhaltung der »Compliance«**

643 Im Anschluss an das Umsetzungsprojekt sind weitere Schritte notwendig, um dauerhaft Compliance sicherzustellen. Hierzu gehören u.a.:

644 a. Umsetzung der Anforderungen nach Art. 3, 4, 5 DA im Zielbild,
645 b. Betrieb von Data Management/Data Governance mit den etablierten Rollen und Verantwortlichkeiten.
646 c. Ggfs. Integration in das unternehmensinterne Compliance Management System

### *c) Vorschlag zur Gesamtprojektstruktur inklusive der Möglichkeit zur Definition von Teilprojekten*

647 Die Designanforderungen von Art. 3 DA richten sich an den Hersteller. Daneben ist die Datenbereitstellung nach Art. 4, 5 DA vom Dateninhaber zu erfüllen. Diese Rollen können personenverschieden sein oder wie z.B. im Fall von Automobilherstellern identisch. Gerade im letzteren Fall bietet es sich, aufgrund der unterschiedlichen prozessualen Abläufe, an, im Rahmen der Gesamtprojektstruktur ggf. auch Teilprojekte zu etablieren.

648 Bei der Erfüllung der Ansprüche von Art. 4, 5 DA spielt die Umsetzung und Verankerung von Data Managements sowie Data Governance eine entscheidende Rolle. Die Etablierung wird in den meisten Fällen zu einer umfassenden Veränderung der innerbetriebliche IT-Infrastruktur führen und zudem zusätzliche, neue Schnittstellen zu Nutzern beinhalten. Letzteres beschreibt konkret die Umsetzung dahingehend, wie der Nutzer seinen Anspruch dem Dateninhaber gegenüber geltend machen kann, eine entsprechende Nutzerauthentifizierung stattfindet, ggf. Verträge geschlossen werden und im letzten Schritt dem Nutzer die Daten bereitgestellt werden. Grob lässt sich hierbei die Phase der unternehmensinternen »Datenbeschaffung« und die spätere Verfügbarmachung der Daten an den Nutzer unterscheiden. Da hiervon oftmals unterschiedliche Fachabteilungen betroffen sind, bietet es sich an, hier das Gesamtprojekt in Teilprojekte aufzugliedern.

Entsprechend dieser Betrachtung könnte sich die Aufteilung in die folgenden Teilprojekte anbieten: 649
- **Produkt** – Umsetzung der gesetzlichen Anforderungen des Data Acts zur nutzergenerierten Datenbereitstellung,
- **Data Management/Data Governance** – Aufbau und Etablierung einer Datenorganisation, die eine möglichst automatisierte Verarbeitung und Bereitstellung der Daten ermöglicht sowie
- **Prozess und Rollen** – die Definition aber auch die Implementierung sowie das Leben/am Leben halten der Prozesse und Rollen sind notwendige Grundvoraussetzung nicht nur für das Projekt, sondern insbesondere für den noch wesentlich relevanteren dauerhaften Betrieb nach In-Krafttreten des Data Acts.

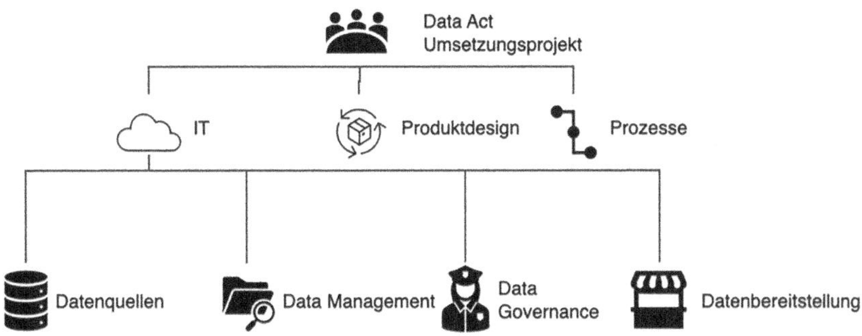


Abb. 27: **Übersicht Projekt/Teilprojekte zum Data Act**

## 2. Zusammenstellung Projektteam – Notwendige Kompetenzen und Teamgröße

Bereits im Rahmen der Empfehlung zur Aufteilung in Teilprojekten wurde kurz darauf eingegangen, dass innerhalb der Teilprojekte unterschiedliche Kompetenzen benötigt werden. Für eine erfolgreiche Projektumsetzung sollten sowohl das Gesamtprojekt als auch die Teilprojekte cross-funktional aufgestellt sein. Daraus abgeleitet ergibt sich Folgendes: 650

1. **Projektmanagement** – Gesamtprojektleitung des Umsetzungsprojekts, idealerweise in einem Bereich nahe der Geschäftsleitung zu verorten, um das entsprechende Mandat und dessen Anerkennung in der Organisation sicherzustellen. Hierbei ist insbesondere aufgrund der hohen Anforderung zur Dokumentation der im Projektverlauf getroffenen Entscheidungen auf die Ausstattung mit ausreichend Projektmanagementsupport zu achten, da die Aufwände zur revisionssicheren Dokumentation nicht unterschätzt werden sollten. 651
2. **Rechtliche Expertise** – Zur Ableitung der rechtlichen Anforderungen sowie dessen Implikation für die Organisation ist die rechtliche Beratung von zentraler Bedeutung. Idealerweise ist die rechtliche Expertise nicht nur in beratender Funktion im Projekt zu integrieren, sondern zudem als Teil der Projektleitung. Hierdurch wird die Mitverantwortung für den erfolgreichen Abschlusses des Projektes auch auf die 652

rechtliche Organisation übertragen. Durch die Nähe zu den umsetzenden Fachbereichen erhöht sich zudem die Wahrscheinlichkeit einer praxisnäheren Umsetzung. Die rechtliche Expertise sollte hierbei umfassend erfolgen und alle relevanten Rechtsgebiete z.B. Datenschutz etc. berücksichtigen.

653 3. **IT** – Hinsichtlich IT sind unterschiedliche Aspekte von Relevanz. Einerseits die klassische IT-Kompetenz zur Speicherung und dem Umgang mit den Daten, z.B. in der Cloud. Hier sind alle Teilaspekte wie Security, Integrität, Verfügbarkeit und Speicherung mit umfasst. Neben dem tatsächlichen Umgang der Daten (Data Management) ist das autorisierte Nutzbarmachen der Daten innerhalb der Organisation von großer Bedeutung (Data Governance). Bei letzterem liegt der Fokus auf prozessualen und organisatorischen Aspekten. Data Governance stellt mit implementierten Richtlinien und Verfahren sicher, dass Unternehmensdaten von Anfang an korrekt sind sowie bei der Eingabe, Speicherung, Bearbeitung, dem Zugriff und der Löschung ordnungsgemäß behandelt werden. Entsprechend werden unterschiedliche Teilaspekte unter dem Oberbegriff Data Governance zusammengefasst:
   - Technologie, Architektur der Infrastruktur,
   - Prozesse und Handlungsanweisungen,
   - Rollen für den Umgang mit den Daten

   Nachfolgend wird ausschließlich auf eine abstrakte Beschreibung von benötigten Prozessen und Rollen eingegangen. Der technische Aspekt bleibt hierbei unberücksichtigt, da dieser sich im Einzelfall je nach Unternehmen sehr stark unterscheiden kann.

   Auch für die Umsetzung des notwendigen Tools zur Authentifizierung und Datenbereitstellung ist IT-Kompetenz notwendig – insbesondere, wenn es um die Implementierung der eigentlichen Schnittstelle zum Anspruchsberechtigten geht, also der Datenbereitstellung.

654 4. **Produkt** – Das vernetzte Produkt ist für die Umsetzung des Data Acts selbstverständlich von zentraler Bedeutung. Entsprechend ist das Involvieren der Produktseite von großer Bedeutung. Die Umsetzung der Designanforderungen an das vernetzte Produkt – sowohl kurzfristig als auch dauerhaft – sind entsprechend durch die Produktorganisation zu planen und umzusetzen. Je nach dem um welches vernetzte Produkt es sich handelt, ist ein frühes Involvieren der Produktseite von enormer Bedeutung, um ggf. bestehende Risiken einschätzen zu können und auch die Umsetzungszeitschiene realistisch abschätzen zu können.

655 Daneben existieren je nach Unternehmen viele weitere Stakeholder bzw. umzusetzende Aufgaben, wie z.B. Projektkommunikation intern und extern, Internetverantwortliche sowie andere Bereiche, deren Aufgabe in der Nutzung von Daten besteht.

656 Für die Umsetzung des Projekts sind je nach Unternehmensgröße für die genannten Kompetenzen jeweils mindestens eine Person vorzusehen, allerdings sind insbesondere für die Realisierung der Anforderungen auf der Produkt- und der IT-Seite je nach Komplexität des eigentlichen Produkts ggf. auch mehr personelle Kapazitäten vorzusehen.

Daneben werden für den sich nach der Implementierungsphase anschließenden operativen Regelbetrieb zur Sicherstellung der IT, vor allem für die Umsetzung von Data Management und Data Governance, personelle Kapazitäten vorzuhalten sein. Dies sollte frühzeitig berücksichtigt werden, um entsprechende Kapazitäten frühzeitig aufzubauen zu können. Daneben muss je nach Anforderungen an das vernetzte Produkt geprüft werden, ob zudem zusätzliche Kapazitäten auf Produktseite benötigt werden. 657

### 3. Projektzeitschiene

Die Implementierungszeitschiene des Projekts orientiert sich an dem Umsetzungszeitraum bis zur Geltung des Gesetzes. Ansprüche gegenüber dem Dateninhaber gemäß Art. 4, 5 DA sind bis zum 12. September 2025 umzusetzen. Designanforderungen gemäß Art. 3 DA müssen vom Hersteller für vernetzte Produkten, die nach dem 12. September 2026 in Verkehr gebracht werden, entsprechend umgesetzt sein. 658

## IV. Technische Implementierung

659

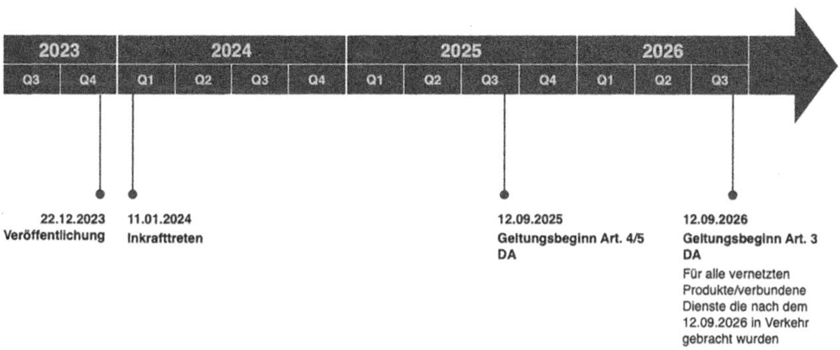


Abb. 28: Zeitschiene Data Act

### 1. Technische Umsetzung/Erfüllung der Anforderungen gemäß Art. 3 DA

Die technische Umsetzung und Anpassung bzgl. des Designs der Produkte kann je nach Komplexität im Aufwand variieren. Da es sich bei dem EU Data Act um eine horizontale Gesetzgebung handelt, unterscheidet er hinsichtlich seiner Anforderungen nicht zwischen einem vernetzten Toaster, Staubsaugerroboter oder einem vernetzten Automobilfahrzeug mit Remote-Diensten und einem Mehrnutzerkonzept. Anhand dieses Beispiels zeigt sich, dass der Aufwand der Anforderungsumsetzung sehr stark variieren kann, auch hinsichtlich des einzuplanenden Zeitrahmens – insbesondere unter Berücksichtigung des Produktlebenszyklus. 660

Für Art. 3 DA ist das Design des Produktes dahingehend anzupassen, dass die generierten Daten einfach, sicher, unentgeltlich in einem umfassenden, strukturierten, gängigen und maschinenlesbaren Format und, soweit relevant und technisch durchführbar direkt dem Nutzer zugänglich gemacht werden. Hierbei ist jedoch zu berück- 661 sichtigen, dass Erwägungsgrund 22 die Option vorsieht, dass die Daten »von einem entfernten Server«, an den die Daten übermittelt wurden, zugänglich gemacht werden können. Dies ermöglicht eine Argumentation gerade bei vernetzten Produkten mit hoher Komplexität und langen Entwicklungszeiten, die schon heute entwickelt bzw. produziert werden und noch nach dem 12. September 2026 in Verkehr gebracht werden, dass eine direkte Schnittstelle nicht »relevant und/oder technisch durchführbar« ist. Erwägungsgrund 22 beschränkt diese Möglichkeit dabei nicht nur auf vernetzte Produkte, die ihren Entwicklungsprozess bereits vor Geltung des Data Acts abgeschlossen haben.

662 Ausführlich hierzu im Teil 1, Kapitel 2, Abschnitt C »Access by Design (Art. 3 DA).«

663 Hierbei sollte jedoch geprüft werden, ob eine direkte Schnittstelle oder andere technische Änderungen am Produktdesign nicht ggf. den Aufwand des Unternehmens reduzieren können oder bspw. zu einem unternehmerischen Mehrwert führen können.

▶ Hinweis

664 Dies sei illustriert am Beispiel eines »Connected Car« moderner Prägung. Unter einem »Connected Car« ist ein Automobilfahrzeug zu verstehen, das aufgrund seiner Fähigkeit, Daten zu empfangen und zu senden, Funktionen bereitstellen kann, die dem Nutzer sicherheits- oder komfortstiftende Mehrwertdienste ermöglichen. Beispielhaft genannt sind hier Verkehrsflussinformationen oder Prädiktionsfunktionen.

665 Am Beispiel des »Connected Cars« und der damit verbundenen Automobilfahrzeugentwicklung lässt sich die zunehmende Komplexität erahnen. So gibt es nicht mehr nur eine immer größere Abhängigkeit und »Vernetztheit« der einzelnen Fahrzeugmomponenten, der Fahrzeugsysteme und des gesamten Fahrzeugs am Ende, sondern auch eine größere Abhängigkeit auf der Funktionsebene. »Smart Cars« generieren bzw. erfassen immer mehr Daten ihrer Nutzer, die von immer neuen Funktionen im Fahrzeug verarbeitet werden. Damit wird nicht nur die Entwicklung selbst immer umfangreicher, sondern auch deren Absicherung zur Sicherstellung der eigentlichen Funktionen bei der Nutzung.

666 Aus dem gesetzlichen Anspruch für einen idealerweise direkten Datenzugriff des Nutzers aus Art. 3 Abs. 1 DA sind zwei Umsetzungsvarianten denkbar und sind im Folgenden skizziert.

667 Hierbei wird berücksichtigt, dass die Ressourcen in einem »Connected Car« begrenzt sind. Dies bedeutet, dass die Rechenleistung im Fahrzeug begrenzt ist. Ebenso die (Zwischen-)Speicherung von Daten. Auch die Bandbreite zur Ausleitung der Daten über z.B. die Luftschnittstelle ist limitiert. Weiterhin ist zu berücksichtigen, dass – im Gegensatz zu anderen vernetzten Produkten – ein Automobilfahrzeug nicht von einem sondern von mehreren Fahrern genutzt wird. Dies alles ist bei der Betrachtung der beiden Varianten zur Bereitstellung von Daten zu berücksichtigen.

1. »Direct Access« 668
Unter »Direct Access« wäre bei einem »Connected Car« zu verstehen, dass das Fahrzeug derart im Vergleich zu heutigen Fahrzeugarchitekturen zu verändern wäre, dass
- Der jeweilige Nutzer eineindeutig im Fahrzeug ohne Zugriff auf ein Backend identifiziert werden kann. Dies ist notwendig, um datenschutzrechtliche Aspekte einzuhalten.
- Aufbereitung der Daten im Fahrzeug: hierunter ist zu verstehen, dass die Aufbereitung der Daten derart im Fahrzeug erfolgen muss, dass Metadaten im Fahrzeug appliziert werden, Formate aufbereitet werden im Fahrzeug, die maschinenlesbar und interpretationsfrei sind
- Der Datenzugang muss direkt im Fahrzeug ermöglicht werden. Hierzu ist ggfs. eine Schnittstelle im Fahrzeug zu implementieren, die eine Ausleitung auf ein Speichermedium des Nutzers ermöglicht.
- Um die oben beschriebenen Funktionen im Fahrzeug für den Nutzer bereitzustellen, sind entsprechende Anpassungen im HMI des Fahrzeugs vorzunehmen, um diese durch den Nutzer bedienbar zu gestalten.

Diese Änderungen sind ressourcenintensiv, was Rechenleistung und Speicherumfang angeht. Die Änderungen an HMI sind aufgrund ihrer Neuartigkeit ebenfalls umfangreich. Schnittstellen im Fahrzeug zu integrieren sind mit Packageänderungen sowie Hardwarekosten verbunden.
Im Kontext der ebenfalls dargestellten Komplexität des Fahrzeugs bzw. der Software im Fahrzeug stellt dies neben den reinen Entwicklungskosten zusätzlichen Absicherungsaufwand, Versionsmanagement, Sicherstellung von Abwärtskompatibilität sowie Anforderungen an Sicherheits- und Cybersecurityanforderungen dar. Weiterhin ist festzuhalten, dass die Implementierung solcher Änderungen an Fahrzeugarchitekturen mindestens einen Zeitraum von 2–3 Jahren in Anspruch nehmen.

2. »Indirect Access« 669
Im Vergleich zum »direct Access« können bestehende architektonische Gegebenheiten, die ein »Connected Car« mit sich bringt, genutzt werden. Weiterhin sind die Veränderungen an HMI etc. nicht notwendig.
- Die Bereitstellung der Daten kann über bestehende Datenverbindungen realisiert werden. Ggf. notwendige Anpassungen an Bandbreite sind zu prüfen
- HMI, Nutzeridentifikation sowie Hardware für Schnittstellen zur Ausleitung von Daten sind nicht zu schaffen
- Für die Aufbereitung der Daten können skalierbare Backendsysteme des Herstellers genutzt werden – die Hardware im Fahrzeug selbst ist nicht anzupassen

Generell ist festzuhalten, dass die notwendigen Anpassungen bei einer indirekten Lösung im Fahrzeug deutlich geringer ausfallen, womit die Komplexität der Anpassung im Fahrzeug geringer und somit die Umsetzungsgeschwindigkeit höher ist – auch ist der Absicherungsaufwand und damit ein potenzielles Cybersecurityrisiko geringer.

## 2. Datenzugangs- und Datennutzungsanspruch gemäß Art. 4, 5 DA – »Rechte und Pflichten von Nutzern und Dateninhabern in Bezug auf den Zugang zu sowie die Nutzung und die Bereitstellung von Produktdaten und verbundenen Dienstdaten sowie Recht des Nutzers auf Weitergabe von Daten an Dritte«

670 Für die Bereitstellung der Daten an den Nutzer selbst oder über den Nutzer zur Weitergabe an Dritte sind weitere Voraussetzungen zu schaffen. Hier ist die gesamte Kette von der Generierung der Daten im Produkt über dessen Aufbereitung im Unternehmen bis zum Verfügung stellen für den Nutzer oder an den Dritten zu betrachten. Ein wesentlicher Bestandteil ist hierbei das Data Management sowie die Data Governance. Hierauf wird im Folgenden noch näher eingegangen.

671

Abb. 29: Betrachtung Ende-zu-Ende Datenkette

672 1. **Voraussetzung: Data Management sowie DataGovernance**
Wie aus der Abbildung 2 – Produktlebenszyklus am Beispiel des vernetzten Fahrzeugs ersichtlich, sind von dem Unternehmen nicht nur Designanforderungen hinsichtlich des Produktes zu berücksichtigen, sondern auch für die Datenbereitstellung an den Nutzer oder Weitergabe an einen Dritten Vorkehrungen hinsichtlich der Datenaufbereitung zu treffen. Diese werden nachfolgend beschrieben.

673 2. **Begriffsklärung Data Management und Data Governance**
Die Begriffe Data Management und Data Governance, die im Zusammenhang mit dem Data Act verwandt werden, werden häufig synonym verwandt. Allerdings die beiden Begriffe dringend zu unterscheiden.

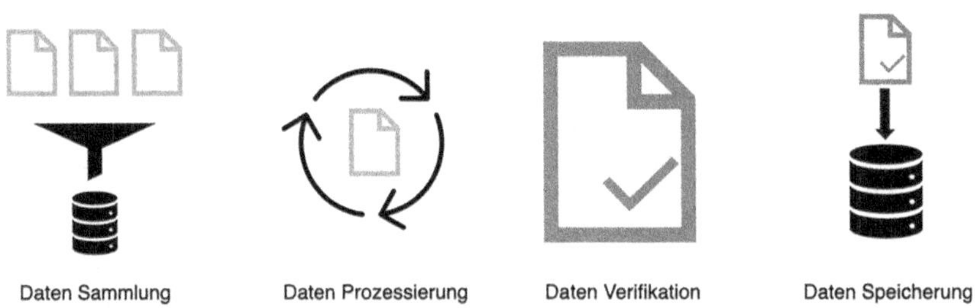


Abb. 30: Elemente eines Data Managements

3. **Data Management** 674

Unter dem Begriff Data Management ist die komplette Kette von der
- Generierung/Sammlung der Daten,
- die Integration der strukturierten und unstrukturierten Daten aus
- unterschiedlichen Quellen,
- die Sicherstellung der Verfügbarkeit von Daten über das gesamte Unternehmen hinweg – inklusive der Datenwiederherstellung zu verstehen.

4. **Data Governance** 675

Zwar werden die Aspekte der Data Governance mit dem des Data Managements oftmals vermischt. Jedoch ist es empfehlenswert, hier aufgrund der unterschiedlichen Aufgaben und Beteiligten eine Vermischung zu vermeiden. Zumal in der praxisnahen Umsetzung sowie des Betriebs die Aufgaben getrennt implementiert werden.

Data Governance umfasst
- Regelung der Nutzung von und des Zugriffs auf Daten durch interne Nutzer sowie die Nutzung der Daten für Anwendungen oder Auswertungen,
- der Schutz und die Sicherheit von Daten sowie die Einhaltung des Datenschutzes zu gewährleisten.

## 3. Implementierung Data Management und Data Governance im Rahmen eines eigenständigen Teilprojekts

Der Data Act setzt voraus, dass Organisationen und Unternehmen, die vernetzte 676
Produkte in der EU in Verkehr bringen, angemessene Data Management und Data Governance Maßnahmen definiert, implementiert und kontinuierlich verbessert haben. Dieser Zustand ist so nicht immer in der Praxis und Realität gegeben. Und diese Erkenntnisse aus der Praxis ist unabhängig von der Größe der Organisationen bzw. Unternehmen.

Daher haben eine Vielzahl von Organisationen und Unternehmen einen nicht uner- 677
heblichen Nachholbedarf was Data Management und Data Governance angeht, um zukünftig die Anforderungen des Datenzugangs- und Datennutzungsanspruch i.S.d. Data Acts zu erfüllen. Die Implementierung derartiger Maßnahmen sind wahrscheinlich die herausforderndsten Teilprojekte im Kontext des Gesamtumsetzungsprojektes zum Data Act. Sie umfassen hohe Anforderungen in Bezug auf die Etablierung von Unternehmensprozesse, ein striktes Einhalten von definierten Rollen und Verantwortungen sowie stetige prozessuale Verbesserung hin bis zu dem Ziel der Erreichung einer datengetriebenen Organisation.

Für die Implementierung sind unterschiedliche Schritte notwendig: 678

### *a) Schritte zur Implementierung*

1. **Identifikation der Datenquellen** 679

In einem ersten Schritt ist es notwendig, alle entsprechenden internen Datenquellen, die zur Erfüllung der Anforderungen nach Art. 3ff DA umfasst sind, zu identifizieren. Ausgangspunkt ist hierbei u.a. bereits die Generierung der Daten im

Produkt selbst, z.B. mit Hilfe von Sensoren bzw. durch die Nutzung von Diensten, die ihrerseits wiederum nutzergenerierte Daten produzieren und wo diese im Unternehmen oder bei welchen (Cloud-)Dienstleistern diese Daten gespeichert werden.

680 2. **Potenzielle Modifikation der Datenquellen zur Datenbereitstellung im Sinne von Art. 3 DA**
Im Zusammenhang mit Art. 3 DA sind die Datenquellen/Produkte, also beispielsweise das Fahrzeug, so zu designen, dass Daten direkt dem Nutzer bereitgestellt werden können – also ohne Umweg über ein Backend System.
Hinweis
*Soweit die Erleichterung des Erwägungsgrund 22 nicht berücksichtigt werden soll.*

681 3. **Definition von Rollen und Verantwortlichkeiten (organisatorisch) inclusive Festlegung des inhaltlichen Umfangs der definierten Metadaten (z.B. Definition einer Information als Geschäftsgeheimnis, Klassifizierung als personenbezogenes Datum, etc.).**
Die Definition von Rollen für die Datenverantwortung im Unternehmen ist von großer Bedeutung für den späteren Regelbetrieb. Nur wenn direkt bei der Entwicklung des Produkts entsprechend die Verantwortung für die Vergabe z.B. von Metadaten, Klassifizierung von Geschäftsgeheimnissen bzw. personenbezogenen Daten verankert wird, werden im Nachgang dem Unternehmen die Möglichkeiten der automatisierte Datenbereitstellung zur Verfügung stehen. Dies ist zwingende Voraussetzung, um aufwändige, fehleranfällige manuelle Prozesse zu vermeiden.

4. **Definition von Freigabeprozessen bzw. deren Automatisierung**
Die Freigabe zur Bereitstellung an den Nutzer oder Weitergabe an Dritte sind unternehmensinternen Freigabeprozessen zu unterwerfen. Diese sind – wie auch für andere Use-Cases – so zu etablieren, dass sie weitgehend automatisiert ablaufen. Durch die Automatisierung wird auch die Nachverfolgbarkeit der Nutzung von Daten transparent, da für jedes Datum die Bereitstellung bzw. der Use-Case für die unternehmensinterne Nutzung protokolliert wird – aber auch z.B. der Weitergabepreis.

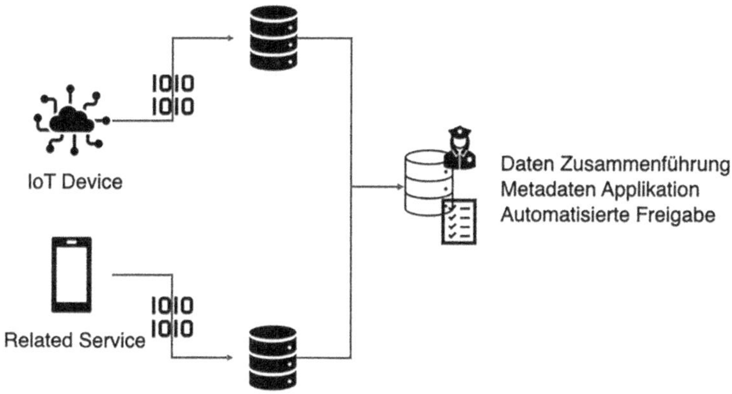


Abb. 31: Data Management, exemplarisch (Connected Car)

### *b) Nutzen von Data Governance und Data Management über den Zweck der Erfüllung des Data Acts hinaus für Unternehmen*

Wie bereits ausgeführt sind unterschiedliche, vorbereitende Maßnahmen im Kontext Data Act zu treffen, die das Data Management bzw. die Data Governance betreffen. Auch wenn der Anlaß Compliance gegenüber den Anforderungen aus dem Data Act ist, liegen die Vorteile für die Implementierung eines Data Managements sowie einer Data Governance für Unternehmen auf der Hand. 682

Diese sind u.a.: 683

1. **Nachvollziehbarkeit** 684

   In Unternehmen, die datengetrieben agieren bzw. agieren wollen, ist die Transparenz über die Nutzung der generierten und gesammelten Daten von essenzieller Bedeutung. Dies beinhaltet bereits die Kenntnis über Existenz und Verfügbarkeit der Daten im Unternehmen selbst. Der Data Act bietet für ein Unternehmen darüber hinaus die Möglichkeit, neben der Erfüllung gesetzlicher Anforderungen auch die Chance weitere Verwendungsmöglichkeiten und ggf. neue Geschäftsfelder durch die Nutzung der Daten zu erschließen. Die Datennutzung intern erstreckt sich hier von der Verbesserung der Produkte selbst durch die Analyse von Materialien, Nutzung durch den Kunden oder Produktauslegung bin hin zu prozessualen Optimierungen. Diese können ebenfalls mit der konsequenten Nutzung der Daten vorangetrieben werden wie z.B. die Objektivierung von Entscheidungsprozessen (»*Data Driven Decision Making*«).

2. **Organisation** 685

   Auch organisatorische Vorteile können durch den Data Act beschleunigt werden. Gerade die Etablierung von geforderten Rollen und Verantwortlichkeiten und die Anpassung der Organisation zahlen auf die Zielerreichung »ein datengetriebenes Unternehmen« (»Data Driven Company«) zu werden, positiv ein. Dies wird zwar auch durch die Nutzung der Daten, aber vor allem durch das Bewusstsein im

Unternehmen, dass Daten ein enormes Potenzial zu Verbesserung, Beschleunigung und Optimierung von Prozessen und Produkten bieten, erreicht. Diese Vorteile sind nur vollumfänglich nutzbar durch die konsequente Umsetzung und Nutzung von Data Management und Data Governance.

686 3. **Automatisierung**
Die Menge an Daten, die vernetzte Produkte bereitstellen (können), wächst exponentiell und ist auch durch die Hersteller gewünscht. Vor diesem Hintergrund ist eine manuelle, gremienbasierte Verfügbarmachung/Bereitstellung von Daten bzw. Freigabe der Datennutzung faktisch unmöglich und nicht zu empfehlen. Vielmehr ist die Automatisierung der Daten ein wesentlicher Bestandteil der Erfüllung der Ansprüche des Data Acts aber auch für die interne Datennutzung. Dazu sind einerseits automatisierte Prozesse und die Automatisierung der Datenströme ggf. neu zu schaffen, andererseits sind darin alle weiteren Anforderungen z.B. Metadaten zu integrieren.

687 4. **Metadaten**
In den meisten Unternehmen werden Daten generiert, ohne den späteren Verwender der Daten, einschließlich den Nutzer des vernetzten Produkts, im Blick zu haben. Entsprechend ist es in den meisten Unternehmen so, dass z.B. Metadaten nicht konsequent vergeben werden oder nur in einem sehr reduzierten Umfang. Dabei sind gerade Metadaten nicht nur im Sinne des Data Acts von essenzieller Bedeutung sondern auch für die Automatisierung bzw. die im Unternehmen angestrebte Nutzung der Daten.
Metadaten sind dabei nach Art. 2 Nr. 2 DA »eine strukturierte Beschreibung der Inhalte oder der Nutzung von Daten, die das Auffinden eben jener Daten bzw. deren Verwendung erleichtert«. Hierzu ist es notwendig, dass bereits bei der Definition der Datengenerierung im Produkt die notwendigen Metadaten prozesskonform und vollständig vergeben werden. Dies beginnt mit der Definition der Wertebereiche, Einheit und weiterer Parameter, die für ein einzelnes Datum relevant sind. Zudem müssen bereits an der Datenquelle schon Kennzeichnungen wie »Geschäftsgeheimnis« und »personenbezogenes Datum« des jeweiligen Dateninhabers vergeben werden. Diese Kennzeichnungen stellen wiederum die Grundlage für Automatisierung und Nutzung dar. Sie ermöglichen der Organisation des Dateninhabers festzustellen, ob beispielsweise für die eigene Weiterverwendung von personenbezogenen Daten eine Rechtsgrundlage bzw. Zweckänderung nach der EU-Datenschutzgrundverordnung erforderlich ist oder ob zusätzliche objektive Schutzmaßnahmen erforderlich sind, wenn Geschäftsgeheimnisse an Dritte nach Art. 5 DA weitergegeben werden sollen.

688 5. **Datenbereitstellung und Vermarktung**
Über die im Data Act geforderte Bereitstellung bzw. Zugänglichmachung von Daten ergibt sich für Unternehmen die Chance neue Geschäftsfelder zu erschließen (z.B. Datenvermarktung). Da die Bereitstellung der Daten an den Nutzer oder Weitergabe an Dritte über eine technische Plattform erfolgen muss (vgl. Tool), welches im Zuge der Implementierung des Data Acts sowieso konzipiert, implementiert und betrieben werden muss, kann derselbe Bereitstellungsmechanismus

auch für einen kommerziellen Datenmarktplatz außerhalb des Kontext Data Act genutzt werden.

Zusammenfassend lässt sich feststellen, dass die Etablierung eines Data Management und Data Governance die Grundlage für die digitale Transformation und datengetriebene Geschäftsmodelle auch mit vernetzten Produkten darstellt. Digitale Transformation ist für Unternehmen von essenzieller Bedeutung zur Beschleunigung und Steigerung der Effizienz von Prozessen. Datengetriebene Technologien haben dabei eine transformative Wirkung auf alle Wirtschaftssektoren. Die daraus resultierenden Daten sind im Ergebnis essenziell und stellen die Basis für diese datengetriebenen Technologien von heute und morgen, wie beispielsweise Künstliche Intelligenz (KI), maschinelles Lernen, Industrie 4.0, fortschrittliche Analysen, das Internet der Dinge und intelligente Automatisierung dar. Dies setzt bei allen Unternehmen und Organisationen ein »digitales Mindset« bzw. »Data Mindset« voraus, um am Markt wettbewerbsfähig zu bleiben. Wie im Teil 1, Kapitel 1 schon dargestellt, schafft der Data Act dabei »Chancengleichheit« zwischen Unternehmen selbst aber auch gegenüber der Gesellschaft, um Datensilos aufzubrechen und eine optimale Verteilung der Daten zum größtmöglichen Nutzen verfügbar zu machen. 689

## 4. Nutzerinterface und Verfügbarmachung/Bereitstellung von Daten

### *a) Interface zur Geltendmachung des Anspruches des Nutzers*

Das Interface zum Nutzer muss die Möglichkeit der Authentifikation und Legitimierung bieten. Zudem als Basis für die vertragliche Ausgestaltung zum Nutzer und letztendlich die faktische Datenbereitstellung erfüllen können. 690

### *b) Zugänglichmachung/Bereitstellung von Daten*

Hierunter ist die tatsächliche Datenbereitstellung an den Nutzer selbst gemäß Art. 4 DA oder auf Wunsch des Nutzers an einen Dritten gemäß Art. 5 DA zu verstehen. Hierauf soll im Folgenden näher eingegangen werden: 691

#### *aa) Zugänglichmachung durch den Hersteller gemäß Art. 3 DA*

Zunächst darf nicht vergessen werden, dass sich auch der Hersteller bzw. Anbieter für die Umsetzung der »Access by Design«-Anforderung nach Art. 3 Abs. 1 DA einer mittelbaren Lösung mittels »Remote-Server« bedienen kann.[310] Hierzu bedarf es ebenfalls den technischen Möglichkeiten, die in der Folge durch den Dateninhaber zur Erfüllung der Datenherausgabe nach Art. 4 und 5 DA erforderlich sind. 692

Im Unterschied zu Art. 4 und 5 DA ist jedoch der »Scope« der relevanten Daten durch Produktdaten und verbundene Daten bei Art. 3 DA tatsächlich größer, als bei den ohne Weiteres verfügbaren Daten. 693

310 Vgl. Erwgr. 22.

*bb) Datenbereitstellung durch den Dateninhaber gemäß Art. 4, 5 DA*

694 Im Sinne der Datenbereitstellung von Art. 4, 5 DA könnte der Prozess zur Bereitstellung der Daten über ein Tool selbst als ein Teilprojekt umgesetzt werden. Dies ist jedoch nicht zwangsweise notwendig. Entscheidend hierbei ist, dass folgende Punkte im Rahmen der Definition des Prozesses und der Toolauswahl beachtet werden sollten:
- ohne Weiteres verfügbare Daten einschließlich der zur Auslegung und Nutzung der Daten erforderlichen Metadaten
- unverzüglich, einfach, sicher, unentgeltlich bzw. mit dem entsprechenden Preis, in einem umfassenden, gängigen und maschinenlesbaren Format und
- falls relevant und technisch durchführbar – in der gleichen Qualität wie für den Dateninhaber kontinuierlich und in Echtzeit bereitzustellen sind.

Nach erfolgreich etabliertem Data Management sowie Data Governance sind Daten bereits zu diesem Zeitpunkt klassifiziert und können z.B. als Information dem GeschGehG unterfallen und damit geschützt werden.

*c) Datenbereitstellungstool/Datenmarktplatz*

695 Wie oben beschrieben, empfiehlt es sich für Hersteller und Dateninhaber die Schnittstelle zum Nutzer mit einer technischen Lösung abzubilden. Es wird hier nicht auf ein bestimmtes Tool eingegangen, sondern mehr auf die notwendigen Funktionalitäten, die das Tool erfüllen muss. Diese werden nachfolgend beschrieben.

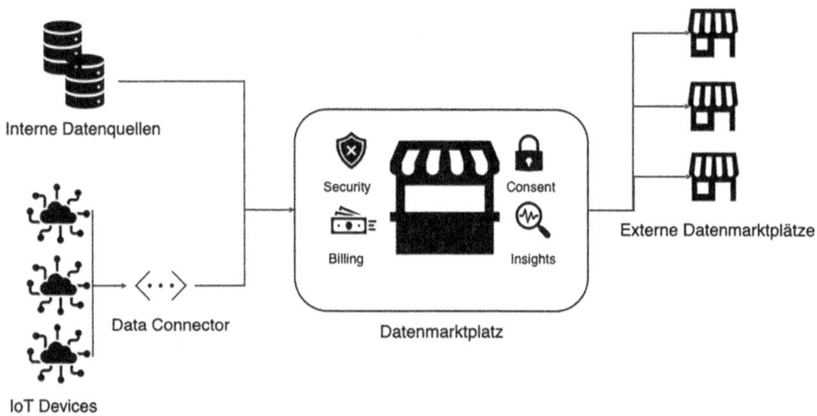


**Abb. 32: Schematische Darstellung Datenmarktplatz zur kommerziellen Datenbereitstellung aber auch zur Erfüllung von Art. 4, 5 DA**

696 1. **Authentifikation des Nutzers**
Der Dateninhaber kann eine geeignete Nutzeridentifizierung verlangen, um die Berechtigung eines Nutzers auf Zugang zu den Daten zu überprüfen. Dies ist einerseits zum Schutz des Unternehmens, andererseits aber auch zur Einhaltung des Datenschutzes, sofern personenbezogene Daten betroffen sind. Idealerweise kann diese Identifikation auf eine Registrierung der Hardware durch den Nutzer zurück-

geführt werden. Für IoT-Devices – wie zum Beispiel vernetzte Fahrzeuge mit einem Mehrbenutzerkonzepten sind hierbei entsprechende Vorkehrungen zu treffen. Dies kann z.B. die Etablierung von unterschiedlichen Nutzerkonten ggf. Haupt- und Nebennutzerkonzepte beinhalten. Zudem ist darauf zu achten, dass die eigentliche Nutzung ebenfalls mit der Anmeldung des eigentlichen Haupt- oder Nebennutzers erfolgt, so dass letztendlich die generierten Daten eineindeutig einem Profil zuordenbar sind.

Daneben kann die Berechtigung des Nutzers neben der Registrierung auch über den Nachweis des Kauf-/Miet- oder Leasingvertrags erfolgen.

2. **Authentifikation des Dritten** 697

Sollen Daten auf Wunsch des Nutzers an einen Dritten weitergegeben werden, so muss auch hier eine Verifizierung des Dritten erfolgen. Diese beinhaltet die Prüfung:

- **Beziehung des Dritten zum Nutzer:**
  es bedarf eines Nachweises, dass der Nutzer seine Daten an einen Dritten weitergeben möchte.
- **Identifikation des Dritten:**
  Es muss die Verifikation des Dritten dahingehend erfolgen, dass es sich hierbei um den Dritten handelt, den der Nutzer ausgewählt hat.
- **Klassifizierung des Dritten:**
  Entsprechend der Klassifizierung des Dritten (z.B. als KMU) kann für die Datenausleitung ein entsprechender Preis verlangt werden. Die Datenbereitstellung an KMUs muß z.B. zum Selbstkostenpreis erfolgen, an den Kunden kostenlos.

Zudem sollte auch berücksichtigt werden, dass sogenannte Gatekeeper nach dem EU Digital Markets Act (Verordnung 2022/1925) keine Nutzungsdaten von vernetzten Produkten durch Dateninhaber bereitgestellt werden dürfen. Für den Nachweis der Klassifizierung können unterschiedliche Wege genutzt werden – z.B. durch einen Nachweis aus dem Handelsregister, etc.

Abschließend muss der Dateninhaber prüfen, ob es andere Ausschlussgründe gibt, warum Nutzungsdaten einem Dritten, trotz Wunsch des Nutzers, nicht bereitgestellt werden dürfen. In Frage kommen unteranderem europäische und ggf. internationale Embargo-Vorschriften, oder aber auch Datenschutzgesetze.

3. **Nutzungspotenzial – Intern, externer Datenmarktplatz** 698

Da alle Voraussetzungen für die Vermarktung der Daten über die gesetzliche Bereitstellung im Zuge der Implementierung des Data Acts geschaffen werden müssen, sollte der Mehrwert der Implementierung durch das Unternehmen berücksichtigt werden. Neben der internen Nutzung soll hier auch auf die konkrete Schaffung eines Datenmarktplatzes eingegangen werden.

Wie bereits im Rahmen des Kapitels zu Data Management und Data Governance stellt die Verfügbarkeit der Daten für die interne Nutzung einen Vorteil für das Unternehmen bedeuten, z.B. durch:

- Sammlung und Verwendung von Metadaten,
- interne Bereitstellung (»Datendemokratisierung«) im gesamten Unternehmen ohne Rücksicht auf die Datenherkunft

- automatisierte Freigabe und damit einer hohen prozessualer Geschwindigkeit für unterschiedliche Anwendungsfälle.

Dies kann z.B.

- die Analysen zur Produktverbesserung,
- Prozessoptimierungen,
- Generierung von neuen Diensten und Services basierend auf den Daten
- sowie die Nutzung der Daten für Entscheidungsprozessen

in einem deutlich breiteren Maßstab ermöglichen. Jeder einzelne auf Daten basierende Anwendungsfall trägt hinsichtlich seiner eigenen Wirtschaftlichkeit – sei es durch Kostensenkung oder durch die Generierung von Mehrwert durch den Verkauf neuer Services oder Daten selbst – zur Re-Amortisierung der Kosten, die durch den Data Act entstehen, bei.

699 Die Schaffung eines Datenmarktplatzes kann zu einer zusätzlichen Monetarisierung durch die kommerzielle Nutzung der Daten beitragen. Bei der Vermarktung der Daten ist hier insbesondere das Angebot des Unternehmens an seine Kunden für Dienstleistungen berücksichtigen. Dies kann je nach Angebot sich stark unterscheiden. In der Automobilbranche kann dies durch partnerschaftliche Vereinbarungen zu neuen Services für die Endkunden führen. Demnach steht nicht nur der Refinanzierungsaspekt im Vordergrund, sondern vor allem auch die eigene Kundenzufriedenheit und stärkere Kundenbindung. Diese Chancen sollten bei der Implementierung der Anforderungen des Data Acts zu keinem Zeitpunkt außer Acht gelassen werden.

### V. Technische Schutzmaßnahmen

700 Aus Sicht des Herstellers bzw. Dateninhabers birgt die Zugänglichmachung bzw. Bereitstellung der Daten das Risiko, dass die Daten in die Hände Dritter gelangen, denen keine Anspruchsberechtigung nach Data Act zukommt. Ebenso besteht die Gefahr, dass die Daten – einmal dem Nutzer ausgehändigt – zu vertrags- bzw. gesetzwidrigen Zwecken genutzt werden; im schlimmsten Fall der Entwicklung von Konkurrenzprodukten dienen. Zwar sieht der Data Act an mehreren Stellen ein Verbot der Nutzung der Daten zu dem Zweck vor, dem ursprünglichen Hersteller des vernetzten Produkts Konkurrenz zu machen. Sind die Daten jedoch erst einmal aus der Hand gegeben und das schädigende Verhalten gesetzt worden, können rechtliche Schritte den entstandenen Schaden zumeist auch nicht mehr hundertprozentig beseitigen.

701 Dateninhaber sollten daher ein Interesse daran haben, im Rahmen der Bereitstellung ihre Daten technisch abzusichern, um einen solchen Missbrauch soweit wie möglich präventiv verhindern zu können. Dieses Bedürfnis hat auch der DA erkannt und sieht in **Art. 11** die Möglichkeit für Dateninhaber vor, **geeignete technische Schutzmaßnahmen anzuwenden, um den unbefugten Zugang zu Daten (einschließlich der Metadaten) zu verhindern** und die **Einhaltung der gesetzlichen sowie vertraglichen Pflichten der Nutzer und Datenempfänger** aus den Artt. 5, 6, 8 und 9 DA sowie der vertraglichen Vereinbarung sicherzustellen.

702 Diese **technischen Schutzmaßnahmen** dürfen jedoch einzelne Datenempfänger nicht unterschiedlich behandeln (Art. 11 Abs. 1 S. 2 DA), d.h. sie **müssen nicht-diskrimi-**

**nierend ausgestaltet sein.** Darüber hinaus dürfen sie Nutzer nicht an der Ausübung ihrer Rechte nach dem DA hindern. Hierbei ist auch stets die allgemeine Anforderung der Artt. 3 – 5 DA nach einem einfachen Zugang zu den Daten zu beachten. Der Dateninhaber darf daher durch den Einsatz technischer Schutzmaßnahmen den Datenzugang nicht faktisch erschweren. Dies gilt es bei der Wahl der Schutzmaßnahmen im jeweiligen Fall zu bedenken.

Insbesondere bei Verfahren, die auch für den Empfänger technisch anspruchsvoll 703 umzusetzen sind, wird diese Anforderung regelmäßig dazu führen, dass deren Einsatz unzulässig ist. Denn sowohl der Kreis der Nutzer (Privatpersonen vs. Unternehmen) wie auch jener der potenziellen Dritten nach Art. 5 (multinationaler Konzern vs. KMU) wird in den seltensten Fällen homogen sein. Bei der Implementierung von Schutzmaßnahmen hat sich der Dateninhaber daher an jenen Nutzern bzw. Dritten zu orientieren, die über die geringsten technischen Fähigkeiten und Ressourcen verfügen. Insbesondere bei Privatpersonen als Nutzern muss demnach eine hohe Benutzerfreundlichkeit der implementierten Schutzmaßnahmen gegeben sein. Der Datenzugriff muss mit den technischen Mitteln möglich sein, die einem Durchschnittsverbraucher üblicherweise zur Verfügung stehen, wie z.B. ein Aufruf der Nutzerschnittstelle über gängige Webbrowser.

Sind Geschäftsgeheimnisse in den herauszugebenden Daten enthalten, ist gleichzei- 704 tig zu bedenken, dass **der Geheimnisschutz nach § 2 Nr. 1b GeschGehG nur für solche Informationen greift, die Gegenstand von den Umständen nach angemessenen Geheimhaltungsmaßnahmen durch ihren rechtmäßigen Inhaber sind.** In dieser Hinsicht geben Gesetz und Rechtsprechung nur abstrakte Kriterien vor, um die Angemessenheit zu beurteilen, wie z.B. den Wert und die Bedeutung des Geheimnisses, dessen Entwicklungskosten, die Größe des Unternehmens und die dort üblichen Geheimhaltungsmaßnahmen. Im Kontext der Datenherausgabe nach Data Act entsteht so gewissermaßen ein Zielkonflikt, da einerseits ein angemessenes Schutzniveau gewährleistet werden muss, andererseits keine technisch zu anspruchsvolle Lösung gewählt werden darf, um den Datenzugang nicht faktisch zu erschweren.

Gleiche Überlegungen sind anzustellen, wenn es sich um Daten mit Personenbezug 705 oder sogar sensible Daten i.S.d. Art. 9 DSGVO handelt. Hier sind angemessene technische und organisatorische Schutzmaßnahmen zwingend aus Gründen des Datenschutzes vorzusehen.

Wurden technischen Schutzmaßnahmen implementiert, dürfen Nutzer, Dritte und 706 Datenempfänger diese nicht ohne Zustimmung des Dateninhabers verändern oder aufheben. Rechtsfolgen eines Zuwiderhandelns sind (vgl. Art. 11 Abs. 2 DA), dass auf Aufforderung des Dateninhabers

- die vom Dateninhaber bereitgestellten Daten (inklusive etwaiger Kopien) zu löschen sind;
- die Nutzung dieser Daten einzustellen und etwaige Waren, die auf den mit den Daten erlangten Kenntnissen beruhen, zu vernichten sind, sofern dies in einer Gesamtbetrachtung nicht unverhältnismäßig ist;

- die Partei, die durch den Missbrauch oder die Offenlegung der unrechtmäßig abgerufenen oder genutzten Daten geschädigt wurde (d.h. in den meisten Fällen der Dateninhaber oder gegebenenfalls der Geschäftsgeheimnisinhaber), zu entschädigen ist.

707 Verstößt ein Datenempfänger, der die Daten auf Verlangen des Nutzers erhält, gegen seine Pflichten aus Art. 6 Abs. 2 lit. a) oder b) DA, so sieht Art. 11 Abs. 5 DA vor, dass dem Nutzer dieselben Rechte, wie gerade für den Dateninhaber aufgezählt, zustehen.

708 Vor dem Hintergrund dieser gesetzlich angeordneten Konsequenzen sollte bei der Auswahl der technischen Schutzmaßnahmen darauf geachtet werden, dass **hierdurch auch eine gewisse Nachvollziehbarkeit der Datenzugriffe und -verwendung ermöglicht wird bzw. eine Protokollierung erfolgt**, um ein Zuwiderhandeln auch zeitnah erkennen und beweisen zu können.

709 Es zeigt sich, dass Auswahl und Implementierung solcher Schutzmaßnahmen aufgrund des Spannungsverhältnisses zwischen angestrebtem Sicherheitsniveau und gleichzeitig einfacher Bedienbarkeit keine triviale Aufgabe ist. Hierbei sind zusammengefasst die folgenden Parameter in die Betrachtung einzubeziehen:

- Art der bereitzustellenden Daten (nicht-personenbezogene vs. personenbezogene Daten, Geschäftsgeheimnisse?);
- Kreis der möglichen Datenempfänger (Nutzer und Dritte);
- Vernünftigerweise erwartbarer Stand an technischem Wissen und Ressourcen der Datenempfänger;
- Technische Möglichkeiten der Zugriffsüberwachung und Protokollierung zur Aufdeckung und Nachweis von Missbrauch.

710 Idealerweise werden diese Aspekte bereits früh beim Design der Datenbereitstellungsverfahren mitberücksichtigt und in enger Abstimmung mit IT-Fachabteilungen und technischen Experten einerseits, sowie mit zuständigen Spezialistinnen für Datenschutz und Compliance erarbeitet.

711 Der DA selbst beschreibt die geeigneten technischen Schutzmaßnahmen nicht näher, führt aber beispielhaft intelligente Verträge (Smart Contracts) und Verschlüsselung in diesem Zusammenhang an. **Zu denken sind auch an weitere Schutzverfahren, wie sie bereits als technische und organisatorische Maßnahmen nach IT-Sicherheits- und Datenschutzrecht bekannt sind.** Hilfestellung bietet hierbei u.a. auch das Bundesamt für Sicherheit in der Informationstechnologie (BSI), welches entsprechende Guidelines, Standards und Best Practices zur Verfügung stellt.[311]

712 Im Folgenden sollen die geläufigsten Verfahren näher dargestellt werden.

311 Weitergehende Informationen sind auf der Webseite des BSI abrufbar unter https://www.bsi.bund.de/DE/Themen/Unternehmen-und-Organisationen/Standards-und-Zertifizierung/IT-Grundschutz/it-grundschutz_node.html.

## 1. Intelligente Verträge (Smart Contracts)

**Bei langfristigen Vereinbarungen zur Datenbereitstellung zwischen Dateninhabern und Dritten kann die Verwendung von Smart Contracts die Abwicklung erheblich erleichtern.** Auch der DA hat deren Bedeutung als technische Lösung für den kontrollierten und sicheren Austausch von Daten erkannt und sieht in Art. 36 spezifische Vorgaben zur Gewährleistung der Interoperabiltät intelligenter Verträge vor. 713

Ein intelligenter Vertrag wird dabei definiert als ein Computerprogramm, das für die automatisierte Ausführung einer Vereinbarung oder eines Teils davon mittels Abfolge elektronischer Datensätze verwendet wird, wobei die Integrität dieser Datensätze sowie die Richtigkeit ihrer chronologischen Reihenfolge gewährleistet werden.[312] In anderen Worten handelt es sich dabei um ein digitales Protokoll, das automatisch die Bedingungen eines Vertrags ausführt, sobald vordefinierte Regeln erfüllt sind. Werden die im Vertrag festgelegten Kriterien erfüllt – z.B. eine Zahlung, die einen bestimmten Schwellenwert erreicht oder ein Ereignisdatum, das eintritt – führt der Smart Contract die im Code festgelegten Aktionen aus, im gegebenen Kontext die Datenbereitstellung. **Ein Smart Contract ist demnach kein Vertrag im Rechtssinn, sondern ein technischer Ausführungsmechanismus.** 714

Intelligente Verträge werden häufig und typischerweise auf einer Blockchain implementiert, zwingend ist dies jedoch nicht. Automatisierte Datenzugangsmechanismen kommen vielfach auch ohne Distributed Ledger-Technologie aus, deren Vorteil die dezentrale, transparente und unveränderliche Aufzeichnung aller Transaktionen ist. Insbesondere wenn Geschäftsgeheimnisse in den relevanten Datensätzen enthalten sind, ist vom Einsatz einer Blockchain-Technologie sogar abzuraten, denn hierdurch könnten die Geschäftsgeheimnisse auch an Dritte offengelegt werden. Umgekehrt können die Vorteile einer transparenten und unveränderlichen Protokollierung aller Transaktionen auch überwiegen, da die Aufdeckung unbefugter Zugriffe hierdurch wesentlich erleichtert wird. Die Vor- und Nachteile des Einsatzes der Blockchain-Technologie sind im jeweiligen Einzelfall gegeneinander abzuwägen. 715

Als technische Schutzmaßnahme können intelligente Verträge vielfältig eingesetzt werden. So können sie z.B. 716

- als Zugriffskontrollmanager fungieren, indem sie die Identität des anfragenden Benutzers überprüfen und nur autorisierten Benutzern Zugriff auf die Daten gewähren. Die Bedingungen für den Zugriff sind hierbei im Smart Contract festgelegt. So können sie auch zusätzliche Sicherheitsmaßnahmen einführen, indem sie eine Mehrfaktor-Authentifizierung für den Datenzugriff verlangen. Bevor auf Daten zugegriffen werden kann, muss der Benutzer mehrere Authentifizierungsschritte durchlaufen, die vom Smart Contract überprüft werden.
- die Schlüsselverwaltung bei verschlüsselten Daten übernehmen und so sicherstellen, dass nur Benutzer mit den entsprechenden Entschlüsselungsschlüsseln (die durch den Smart Contract freigegeben werden) auf die Daten zugreifen können.

312 Vgl. Art. 2 Z 39 DA.

717 Zum Zwecke der Standardisierung und Sicherstellung eines hohen Sicherheitsniveaus jener Smart Contracts, die zur Ausführung einer Datenbereitstellungsvereinbarung genutzt werden, statuiert Art. 36 DA eine Reihe technischer Anforderungen. Diese treffen einerseits die Anbieter einer Anwendung, in der intelligente Verträge verwendet werden, andererseits auch Personen, deren gewerbliche, geschäftliche oder berufliche Tätigkeit den Einsatz von Smart Contracts für Dritte beinhaltet. Der reine interne Einsatz im Unternehmen reicht nicht aus. Softwarelösungen, die vom Dateninhaber für den Datenaustausch selbst entwickelt wurden, fallen daher nicht darunter.[313]

718 Als technische Anforderungen an intelligente Verträge zur Datenbereitstellung sieht Art. 36 DA die folgenden vor:
- hinreichende Robustheit und Zugangskontrollmechanismen, um Funktionsfehler zu vermeiden und Manipulationen durch Dritte stand zu halten;
- sichere Beendigung und Unterbrechung, zur Gewährleistung, dass es einen Mechanismus gibt, mit dem die weitere Ausführung von Transaktionen beendet werden kann;
- Datenarchivierung und Datenkontinuität zwecks Möglichkeit der Archivierung der Transaktionsdaten, der Logik und des Programmcodes; sowie
- Kohärenz, zur Gewährleistung der Übereinstimmung mit den Bedingungen der Datenweitergabevereinbarung, die mit dem intelligenten Vertrag umgesetzt wird.

719 Anbieter oder Einsetzende von Smart Contracts für Datenbereitstellungsvereinbarungen sind verpflichtet, für die Erfüllung der oben genannten Anforderungen eine Konformitätsbewertung durchzuführen und bei deren Erfüllung eine EU-Konformitätserklärung auszustellen. Eine solche Konformitätserklärung erleichtert für potentielle Kunden die Entscheidung, auf welche Softwarelösung sie setzen wollen, da hierdurch die Einhaltung der unionsrechtlichen Standards bestätigt wird.

## 2. Verschlüsselung

720 Die Verschlüsselung von Daten ist ein Vorgang, bei dem Daten mithilfe eines Algorithmus, bekannt als Verschlüsselungsverfahren, und eines Schlüssels in eine unlesbare Form umgewandelt werden. Das Ergebnis ist ein verschlüsselter Datensatz, der ohne den entsprechenden Schlüssel nicht verständlich ist. **Gerade bei der Übertragung von Daten mittels elektronischer Kommunikation, z.B. via E-Mail, spielt die Verschlüsselung eine zentrale Rolle, um Vertraulichkeit zu gewährleisten**. Sie stellt dabei sicher, dass nur derjenige, der im Besitz des geeigneten Schlüssels ist, Zugriff auf die Daten erhält.

721 Es gibt zwei Hauptarten der Verschlüsselung:
- **Bei der symmetrischen Verschlüsselung wird derselbe Schlüssel sowohl zum Verschlüsseln als auch zum Entschlüsseln der Daten verwendet.** Der Schlüssel muss geheim gehalten und sicher zwischen den Kommunikationspartnern ausgetauscht

313 Vgl. Erwgr. 104.

werden. Bekannte symmetrische Verschlüsselungsalgorithmen sind AES (Advanced Encryption Standard) und DES (Data Encryption Standard).

– **Die asymmetrische Verschlüsselung, auch Public-Key-Verschlüsselung genannt, verwendet ein Schlüsselpaar:** einen öffentlichen Schlüssel, der zum Verschlüsseln der Daten verwendet wird, und einen privaten Schlüssel, der zum Entschlüsseln benötigt wird. Der öffentliche Schlüssel kann frei geteilt werden, während der private Schlüssel geheim gehalten werden muss. Hierdurch entfällt der aufwendige sichere Schlüsseltausch des symmetrischen Verfahrens. Allerdings ist die asymmetrische Verschlüsselung um einiges rechenintensiver und dadurch langsamer. RSA (Rivest-Shamir-Adleman) ist ein bekanntes Beispiel für asymmetrische Verschlüsselung.

In der Praxis finden sich vielfach auch hybride Verschlüsselungsverfahren, bei denen ein 722 pro Vorgang zufälliger symmetrischer Schlüssel asymmetrisch verschlüsselt ausgetauscht wird. Die Daten selbst werden dann mit jenem Schlüssel symmetrisch verschlüsselt ausgetauscht. Dieser hybride Ansatz löst das Problem des sicheren Schlüsseltausches bei der symmetrischen Verschlüsselung und erlaubt gleichzeitig eine bessere Performance als die asymmetrische Verschlüsselung. Praktisch kommen hybride Verschlüsselungen in der Regel bei der Datenübertragung zum Einsatz.

Sowohl durch die symmetrische wie auch die asymmetrische Verschlüsselung kann 723 die Vertraulichkeit der Daten gewährleistet und die Kenntnisnahme durch einen unberechtigten Dritten verhindert werden. **Grundsätzlich gilt, je länger der Schlüssel, desto geringer ist das Risiko der Entschlüsselung durch einen Nichtberechtigen.** Gleichzeitig steigt aber auch die erforderliche Rechenkapazität beim Einsatz des Verschlüsselungsverfahrens. Hierbei ist wiederum darauf zu achten, durch die Stärke der Verschlüsselung keine faktische Hürde für den nach DA Zugangsberechtigten zu schaffen.

Bei einer Bereitstellung der Daten via E-Mail oder über einen Webbrowser sollte 724 zumindest eine Transportverschlüsselung implementiert werden. Eine solche »Punkt-zu-Punkt«-Verschlüsselung schützt die Daten jedoch nur während der Übertragung zwischen zwei an der Kommunikation beteiligten Systemen. An den Knotenpunkten selbst können die Daten kurzzeitig unverschlüsselt vorliegen und werden sodann gegebenenfalls neu verschlüsselt. Je nach Art der Datenübertragung können mehr als zwei Systeme daran beteiligt sein; im Ergebnis ist die Transportverschlüsselung somit an den »Zwischenstationen« unterbrochen. Diese Schwachstelle kann durch »Man-in-the-Middle«-Angriffen ausgenutzt werden, um Daten abzufangen, zu kopieren oder zu verändern.

Einen höheren Sicherheitsstandard als die Transportverschlüsselung bietet die 725 »Ende-zu-Ende«-Verschlüsselung, bei der vom Absender bis zum Empfänger die Daten durchgehend mit demselben Schlüssel verschlüsselt sind. Die Entschlüsselung erfolgt erst zur eigentlichen Nutzung der Daten beim Empfänger. Hierdurch werden unsichere Knotenpunkte im Internet unbeachtlich und »Man-in-the-Middle«-Angriffe stellen grundsätzlich keine Gefahr mehr dar. Solche Verschlüsselungen sind jedoch deutlich aufwendiger in der technischen Umsetzung. In der Regel müssen das Verfahren und der eingesetzte Algorithmus von den beteiligten Parteien gemeinsam ausgewählt und von beiden Seiten implementiert werden. Eine »Ende-zu-Ende«-Verschlüsselung kann daher wiederum eine faktische Hürde für den tatsächlich Berechtigten darstellen, wenn dieser nicht über die notwendigen technischen Kenntnisse und Mittel verfügt.

### 3. Technische Zugriffskontrolle

726 Auch die technische Zugriffskontrolle spielt eine entscheidende Rolle bei der Absicherung von Daten, indem sie sicherstellt, dass nur Berechtigte (Nutzer wie Dritte i.S.d. Art. 5) Zugang zu den Daten erhalten. Zugriffskontrollmechanismen umfassen eine Vielzahl von Tools und Verfahren, die von einfachen Passwörtern bis hin zu komplexen biometrischen Authentifizierungssystemen reichen. Welche konkreten Maßnahmen implementiert werden sollten, hängt primär von der technischen Ausgestaltung der Datenbereitstellung ab.

727 **Bei einer Umsetzung der Datenbereitstellungspflicht mittels Account-Lösung bzw. Nutzer-Schnittstelle sollte der Zugang zumindest durch Identifikation und Authentisierung mittels Benutzerkennung und Passwort abgesichert werden.** Vor allem aufgrund ihrer recht einfachen und damit wirtschaftlichen Administration hat diese Kombination bis dato den größten Anteil an den technischen Zugriffskontrollmaßnahmen.

728 Das Sicherheitsniveau ist durch geeignete flankierende Maßnahmen weiter zu erhöhen. Zunächst sollte die Anzahl der möglichen Falscheingaben begrenzt (üblicherweise max. drei Autorisierungsversuche) und die Benutzerkennung danach gesperrt werden. Eine Entsperrung erfolgt daraufhin entweder manuell durch einen Administrator oder automatisiert erst nach Ablauf einer angemessenen Zeit (zumindest 30 Minuten). Hierdurch werden Brute-Force-Attacken deutlich erschwert.

729 Ferner sollten für die Passwortvergabe qualitative Vorgaben gelten, die auch technisch durchgesetzt werden. So sollte zumindest:
- die Mindestlänge des Passworts auf acht Zeichen festgelegt werden (bei personenbezogenen Daten oder Geschäftsgeheimnissen wird eine Länge von mind. 12 bis 14 Zeichen empfohlen);
- die Verwendung von Groß- wie Kleinbuchstaben als auch Ziffern und idealerweise Sonderzeichen gefordert werden;
- die Benutzerkennung selbst nicht als Passwort verwendet werden dürfen;
- der Benutzer regelmäßig zur Änderung seines Kennworts (zumindest alle drei Monate) veranlasst werden; und
- die Verwendung von alten Passwörtern nicht für die obligatorische Kennwortänderung zugelassen werden.

730 Zusätzliche Sicherheit bietet eine Zwei-Faktor-Authentisierung (2FA), bei der »Wissen« (z.B. Passwort, PIN) mit dem »Besitz« eines eindeutig identifizierbaren Gegenstandes (z.B. Security-Token, Authentifizierungs-App) oder mit einem persönlichen Merkmal des Benutzers (z.B. Fingerabdruck, Gesichtserkennung) kombiniert wird. Hierdurch wird es für einen Angreifer schwieriger, sich unbefugten Zugang zu ver-

schaffen, selbst wenn er das Passwort kennt. Nach erfolgreicher Eingabe des Passworts wird der Benutzer aufgefordert, den zweiten Faktor zu bestätigen. Dies kann beispielsweise durch Eingabe eines Einmal-Passworts geschehen, das an das Smartphone des Benutzers gesendet oder von einer Authentifizierungs-App generiert wird. Eine 2FA kann daher ein wirksames und gleichzeitig benutzerfreundliches Mittel sein, um die Authentifizierungssicherheit zu verbessern.

## G. Datennutzung durch den Dateninhaber (Art. 4 Abs. 13 & Abs. 14 DA)

### I. Einführung

Vor in Kraft treten des Data Acts war die **Rechtslage** bzgl. der **Nutzung von Daten nicht eindeutig** geregelt und damit auch nicht eindeutig eingeschränkt. Lediglich in einigen **Spezialgesetzen**, die spezielle Daten zum Gegenstand hatten, gab es **Regelungen**, die die Verfügungsbefugnis über Daten bestimmten Personen zuweisen, insbesondere im Datenschutzrecht oder Urheberecht. Zusätzlich zu diesen Spezialgesetzen enthält der Data Act nun weitere Einschränkungen im Hinblick auf die Nutzung von ohne Weiteres verfügbaren Daten. Der Dateninhaber darf nach Art. 4 Abs. 13 DA ohne Weiteres verfügbare Daten, bei denen es sich um nicht-personenbezogene Daten handelt, nur auf Grundlage eines Vertrags mit dem Nutzer nutzen. 731

### II. Rechtliche Inhalte

#### 1. Abgrenzung des Anwendungsbereichs – nicht personenbezogene Daten vs. personenbezogene Daten

Der Data Act steht grundsätzlich neben dem geltenden Datenschutzrecht, insbesondere der DSGVO, im Falle von Widersprüchen zwischen dem Data Act und u.a. der DSGVO, soll die DSGVO Vorrang vor dem Data Act haben.[314] Dem Gesetzgeber ist das sich ergebende Spannungsfeld wohl bewusst und er überlässt es den Rechtsanwendern, Gerichten und zuständigen Aufsichtsbehörden zur Klärung. In erster Linie sind die Rechtsanwender mit einer erheblichen Rechtsunsicherheit konfrontiert. Maßgeblich wird es darauf ankommen, dass Dateninhaber eine strikte Trennung zwischen personenbezogenen und nicht-personenbezogenen Daten vornehmen. Diese Trennung wird rechtlich und organisatorisch mit erheblichen Schwierigkeiten verbunden sein, in vielen Fällen wird sie gar unmöglich sein. 732

Während der Dateninhaber ohne Weiteres verfügbare Daten mit Personenbezug nur auf einer Grundlage nach Art. 6 bzw. Art. 9 DSGVO verarbeiten und nutzen darf, muss für jegliche Nutzung (keine Einschränkung auf kommerzielle Tätigkeiten) von nicht-personenbezogenen Daten ein Vertrag zwischen Dateninhaber und Nutzer geschlossen werden. Das Spannungsverhältnis zwischen dem Data Act und der DSGVO kommt hier insbesondere zum Vorschein, wenn der Nutzer im Sinne des Data Acts und die betroffene Person im Sinne der DSGVO auseinanderfallen. 733

314 Art. 1 Abs. 5 DA.

734 In der Praxis wird es regelmäßig vorkommen, dass Dateninhaber über Datensätze verfügen, die sowohl personenbezogene als auch nicht-personenbezogene Daten enthalten. Bei solchen Mischdatensätzen ist der Vorrang der DSGVO vor dem Data Act zu beachten[315].

### 2. Dateninhaber

735 Die Regelung des Art. 4 Abs. 13 DA richtet sich an den Dateninhaber (vgl. Kapitel 2 A. II. 5.). Dieser kann auch zugleich Hersteller des vernetzten Produkts bzw. verbundenen Dienstes sein.

### 3. »nutzen«

736 Die ohne Weiteres verfügbaren Daten dürfen nur auf Grundlage eines Vertrags genutzt werden. Der Begriff »nutzen« bezieht sich auf die Verwendung von Daten im Zusammenhang mit dem fairen Datenzugang und der fairen Datennutzung.

737 Demnach ist hierunter die Datenverwendung durch den Dateninhaber, wie beispielweise durchführen einer Analyse, Verarbeitung, Aggregation, Visualisierung oder Interpretation der Daten zu verstehen. Auch die Datenweitergabe an andere Parteien ist hierunter zu fassen.

### 4. Nutzung nur auf Grundlage eines Vertrags

738 Der Data Act verleiht den Dateninhabern kein neues Recht auf die Nutzung von Produktdaten oder verbundener Dienstdaten[316]. Für die Nutzung nicht-personenbezogener Daten durch den Dateninhaber ist nach Art. 4 Abs. 13 DA eine vertragliche Grundlage zwischen Dateninhaber und Nutzer notwendig. Ist der Hersteller eines vernetzten Produkts der Dateninhaber, so muss der Vertrag zwischen Hersteller (in seiner Rolle als Dateninhaber) und dem Nutzer geschlossen werden.

#### *a) Vertragsgrundlage*

739 Solche vertraglichen Regelungen können entweder in den bspw. Kauf- oder Mietvertrag über das vernetzte Produkt bzw. den verbundenen Dienst als eigenständige Klauseln integriert oder als losgelöster eigenständiger Vertrag mit dem Nutzer – neben dem Hauptvertrag – geschlossen werden.

740 Zu beachten ist, dass bei einer Integration der nach Art. 4 Abs. 13 DA erforderlichen vertraglichen Grundlage in den bspw. Kauf- oder Mietvertrag über das vernetzte Produkt ein typengemischter Vertrag generiert wird. Dieser besteht dann aus zwei Teilen, nämlich dem bspw. Kaufvertrag über das vernetzte Produkt an sich und dem Vertrag zur Bereitstellung bzw. Nutzung der durch das vernetzte Produkt erzeugten Daten.

315 Siehe Erwgr. 7.
316 Siehe Erwgr. 5 und 25.

Eine andere Möglichkeit ist der Abschluss eines vom Hauptvertrages losgelösten eigenständigen Vertrages mit dem Nutzer über die Datenbereitstellung und Nutzung. Dieser Vertrag könnte wie die Lizenzbedingungen bei Softwareprodukten verankert werden. Dies bedeutet für die Customer Journey, dass man vor der ersten Nutzung des vernetzten Produkts den Datenbereitstellungsvertrag verankert.[317] 741

### *b) Vereinbarung von Nutzungszwecken*

In dem Vertrag mit dem Nutzer hinsichtlich der Datennutzung müssen auch die Verwendungszwecke, zu denen der Dateninhaber die Daten zu verwenden beabsichtigt, aufgeführt und vereinbart werden.[318] Als Beispiele für Verwendungszwecke werden in Erwägungsgrund 25 des Data Acts die Verbesserung der Funktionsweise des vernetzten Produkts oder verbundener Dienste, die Entwicklung neuer Produkte oder Dienste oder die Aggregation von Daten mit dem Ziel, die sich daraus ergebenden abgeleiteten Daten Dritten bereitzustellen, sofern diese abgeleiteten Daten es nicht ermöglichen, einzelne Daten zu ermitteln, die von dem vernetzten Produkt an den Dateninhaber übermittelt wurden, und es Dritten nicht ermöglichen, diese Daten aus dem Datensatz abzurufen, genannt. 742

Sofern ein beabsichtigter Zweck in dem Vertrag nicht dargelegt ist und nachträglich verfolgt werden soll, bedarf es einer Vertragsänderung, zu welcher die fundierte Zustimmung des Nutzers erforderlich ist.[319] 743

### *c) Vertragsgestaltung*

Im Rahmen der Vertragsgestaltung gilt weitestgehend die Vertragsfreiheit. Zu beachten sind die Beschränkungen des Data Acts (z.B. in Art. 13 DA) oder anderer anwendbarer Rechtsvorschriften, wie dem (nationalen) Vertragsrecht, Kartellrecht oder Datenschutzrecht.[320] 744

Einige Beispiele für nach dem Data Act zulässige vertragliche Vereinbarungen, wie bspw. die Vereinbarung, dass die Nutzung von nicht-personenbezogenen Daten oder bestimmten Kategorien hiervon durch einen Dateninhaber ausgeschlossen oder eingeschränkt wird, können Erwägungsgrund 25 entnommen werden. 745

Besonders relevant dürften Klauseln seitens der Dateninhaber sein, welche eine vollumfängliche Einräumung von Rechten an sämtlichen Daten des vernetzten Produkts bzw. verbundenen Dienstes an die Ermöglichung der Nutzung dieser vernetzten Produkte bzw. verbundenen Dienste koppeln. Bezüglich dieser ist derzeit ungeklärt, ob dies rechtlich zulässig ist. Die Entscheidung hierüber wird den Gerichten obliegen. In der juristischen Literatur wird diskutiert, dass solche Klausel unwirksam und unzu- 746

317 Siehe bzgl. Koppelungsmöglichkeit des Vertragsschlusses an die Nutzungsmöglichkeit des Produkts Kapitel 3.c (Vertragsgestaltung).

318 Siehe Erwgr. 25 sowie Art. 4 Abs. 14 Satz 1 DA.

319 Siehe Erwgr. 25.

320 Vgl. Erwgr. 7, 9 und 10 sowie Art. 1 Abs. 5ff. DA.

lässig seien, weil diese missbräuchlich sind oder ein Verstoß gegen Art. 7 Abs. 2 DA vorliegen würde. Auch AGB-rechtlich erscheinen diese Klauseln als problematisch.[321] Auch wird in der juristischen Literatur vertreten, dass jedenfalls im Verhältnis zu natürlichen Personen, insbesondere Verbrauchern, die Möglichkeit besteht, solche Buy-out-Verträge einseitig vorzugeben, die den Dateninhaber dazu berechtigen, die Daten ungehindert an Dritte gegen Entgelt weiterzureichen, zu sämtlichen Zwecken, auch an zentrale Plattformdienste i.S.d. DMA, was dem Nutzer noch verboten ist. Begründet wird dies damit, dass es sich bei der Erlaubnis der Datennutzung um die Hauptleistungspflicht des Nutzers handeln dürfte und die AGB-Kontrolle für Hauptleistungspflichten nicht gilt.[322]

747 Hingegen erscheint aufgrund des Fehlens eines Koppelungsverbots im Data Act eine Koppelung des Erwerbs des vernetzten Produkts bzw. die Inanspruchnahme des verbundenen Dienstes an eine entsprechende Vereinbarung zur Datennutzung als rechtlich zulässig. Dies könnte ähnlich wie Software-EULA ausgestaltet werden, welche dann auch bei einer Abweichung des Dateninhabers vom Vertragspartner bzgl. des Erwerbs des vernetzten Produkts bzw. verbundenen Dienstes zu einem entsprechenden Vertragsschluss nach Art. 4 Abs. 13 DA genutzt werden können. Jedoch sind bei der genauen Ausgestaltung insbesondere im B2C-Bereich die nationalen Regeln der §§ 307 ff. BGB sowie im B2B-Bereich auch Art. 13 DA zu beachten.[323]

748 In der Praxis dürften sich für Dateninhaber schwierige Fallgestaltungen ergeben, wenn es mehrere Nutzer bei einem vernetzten Produkt bzw. verbundenen Dienst geben wird. Der Vertrag nach Art. 4 Abs. 13 DA muss zwischen allen Nutzern und dem Dateninhaber geschlossen werden. Die Konzeption des vernetzten Produkts oder verbundenen Dienstes oder der entsprechenden Schnittstelle sollte jedem Nutzer den Zugang zu den von ihm generierten Daten ermöglichen. Deshalb wird wohl die Einrichtung und Etablierung von Nutzerkonten zur Identifizierung des jeweiligen Nutzers erforderlich sein.[324]

749 Sofern ein Nutzer anderen Nutzern die Nutzung des vernetzten Produkts oder verbundenen Dienstes ermöglicht, so wird er sich die hierbei generierten Daten zurechnen lassen müssen, zumal es für den Dateninhaber nicht möglich ist, zu erkennen, dass ein anderer Nutzer die Daten generiert hat.[325] Um sich im Rahmen von Bereitstellungsverlangen abzusichern, sollten sich Dateninhaber im Vorfeld der Bereitstellung von dem Nutzer bestätigen lassen, dass keine personenbezogenen Daten von anderen Nutzern bereitgestellt werden sollen.[326] Falls der Nutzer diese Bestätigung nicht abgibt, sollten nur die nicht-personenbezogenen Daten bereitgestellt werden.

321 Wiebe, CR 2023, 777 (783); Specht-Riemenschneider, MMR 2022, 809 (817).
322 Specht-Riemenschneider, MMR 2022, 809 (817).
323 Antoine, CR 2024, 1 (6) m.w.N.
324 Siehe Erwgr. 21.
325 Antoine, CR 2024, 1 (7): beschränkende Auslegung des Art. 4 Abs. 13 DA.
326 Vgl. hierzu Art. 4 Abs. 12 DA.

### 5. Erfüllung rechtlicher Verpflichtungen vs. Notwendigkeit einer Vertragsgrundlage

Sofern gesetzliche bzw. rechtliche Verpflichtungen in Bezug auf die Produkte an sich bestehen, wie beispielsweise Produktbeobachtungspflichten, stellt sich die Frage, welche Auswirkungen das Fehlen der nach Art. 4 Abs. 13 DA erforderlichen vertraglichen Grundlage für die Nutzung der Daten hat. 750

#### *a) Problemaufriss*

Produktbeobachtungspflichten bestehen, weil nach Inverkehrbringen eines Produkts gewisse Gefahren durch bspw. den technischen Fortschritt oder die Weiterentwicklung mittels sicherer Verfahren und Techniken erkannt und auch behoben werden können. Dem Hersteller ist es möglich, Erfahrungen bei der Anwendung des Produkts zu sammeln, auszuwerten und die gebotenen Konsequenzen für den Konstruktions- und den Instruktionsbereich zu ziehen. Die Rechtsprechung hält den Hersteller demnach für verpflichtet, seine Produkte nach Inverkehrbringen auf noch unbekannte schädliche Eigenschaften hin zu beobachten und sich über sonstige, eine Gefahrenlage verursachende Folgen ihres Gebrauchs zu informieren.[327] 751

In der Praxis muss der Hersteller im Rahmen der passiven Produktbeobachtungspflicht Beschwerden von Kunden, insbesondere über Schadensfälle und Sicherheitsdefizite, entgegennehmen, sammeln und systematisch auszuwerten sowie im Rahmen der aktiven Produktbeobachtungspflicht Informationen über mögliche Schadensrisiken des eigenen Produkts generieren. Als Quellen für solche Informationen können z.B. Erfahrungen mit Konkurrenzprodukten gleicher oder ähnlicher Beschaffenheit in Betracht kommen, sofern derartige Daten dem Hersteller zugänglich sind. Außerdem ist das wissenschaftlich-technische Fachschrifttum auszuwerten, soweit es für das eigene Angebot relevant ist.[328] 752

Die Reichweite der Pflichten der Hersteller hängt u.a. vom Schädigungspotential des Produkts, von seinem Preis und den darauf gestützten berechtigten Sicherheitserwartungen seiner Nutzer und schließlich von dem Aufwand ab, mit dem sich entsprechende Informationen beschaffen lassen.[329] 753

Betrachtet man beispielsweise Verkehrsmittel, wie z.B. Fahrzeuge, Flugzeuge oder Eisenbahnen, Medizinprodukte, wie z.B. CTs oder MRTs, oder vergleichbare Produkte, so sind die Hersteller zu einer besonders intensiven Produktbeobachtung verpflichtet, weil diese Produkte eine komplexe Neuentwicklung mit einer hohen Gefahr für Leib und Leben darstellen.[330] Folglich ist es notwendig, dass die Hersteller möglichst viele Daten auswerten, um ihrer Pflicht nachzukommen, denn aus all den Informationen 754

327 MüKoBGB/Wagner, 9. Aufl. 2024, BGB § 823 Rn. 1109.
328 MüKoBGB/Wagner, 9. Aufl. 2024, BGB § 823 Rn. 1110 f.
329 MüKoBGB/Wagner, 9. Aufl. 2024, BGB § 823 Rn. 1111.
330 Vgl. auch EuZW 2023, 500 (502).

können sich sicherheitsrelevante Erkenntnisse ergeben, welche als Entscheidungsgrundlage für etwaige Rückrufe oder Warnungen dienen können.[331]

755 Bei bspw. einem Fahrzeughersteller werden im Rahmen des Betriebs des Fahrzeugs notwendigerweise eine Vielzahl an Daten zunächst im Fahrzeug generiert und sodann sowohl im Fahrzeug selbst, als auch in den Backends verarbeitet, gespeichert und analysiert. Die rechtliche Frage ist nun, ob diese Daten im Rahmen der Produktbeobachtung genutzt werden dürfen, auch wenn keine vertragliche Grundlage für die Nutzung der Daten nach Art. 4 Abs. 13 DA besteht.

*b) »Nutzung« der Daten*

756 Die Verwendung der Daten zur Erfüllung einer gesetzlichen Verpflichtung stellt keine Nutzung im Sinne des Art. 4 Abs. 13 DA dar. Dies würde dem Sinn und Zweck des Data Acts zu wider laufen. Dieser hat zum Ziel einen fairen Datenzugang und eine faire Datennutzung festzulegen[332]. Der Data Act zielt darauf ab, den Austausch bzw. den Zugang zu Daten und die Nutzung von Daten innerhalb des Europäischen Wirtschaftsraums zu erleichtern, indem Hindernisse bei der Datenweitergabe überwunden werden sollen, und zu fördern[333].

757 Jedoch muss auch beachtet werden, dass auch rechtliche Verpflichtungen außerhalb des Data Acts zu erfüllen sind. Sofern man deren Erfüllung durch den Data Act, wie hier durch ein Vertragsschlusserfordernis, unmöglich machen würde bzw. erheblich erschweren würde und somit ggf. Menschenleben gefährdet oder Sachschäden verursacht werden könnten, muss man im Rahmen einer entsprechenden Auslegung und Abwägung der widerstreitenden Interessen zu dem Ergebnis kommen, dass die Daten ohne entsprechende vertragliche Grundlage zur Erfüllung der gesetzlichen Verpflichtungen verwendet werden dürfen. Der Sinn und Zweck der Datennutzung ist hier nicht anhand des Data Acts ausgerichtet, weshalb kein »nutzen« im Sinne des Art. 4 Abs. 13 DA vorliegt. Die Verwendung der Daten zur Erfüllung der gesetzlichen Verpflichtungen stellt keine Nutzung der Daten im Sinne des Data Acts dar und bedarf daher keiner vertraglichen Grundlage mit dem Nutzer, welche gleichwohl nicht schädlich ist.

758 Zudem ist, wie oben aufgezeigt, der Hersteller zur Produktbeobachtung verpflichtet und muss hierfür Daten selbst von externen Quellen beschaffen bzw. das entsprechende wissenschaftlich-technische Fachschrifttum auszuwerten o.ä.. Die Daten, welche ohnehin beim Hersteller vorhanden sind, dürften aber nach dem Data Act ohne entsprechende vertragliche Grundlage nicht dafür genutzt werden. Dies, obwohl diese Daten dazu beitragen könnten, Rechtsgüter, wie Leib und Leben oder Eigentum, zu schützen. Auch wäre hier kein Verstoß gegen die Datenschutzgrundverordnung vor-

331 EuZW 2023, 500 (503).
332 Siehe Erwgr. 5.
333 Siehe Erwgr. 2 und 4.

liegend, weil es sich bei den nach Art. 4 Abs. 13 DA relevanten Daten lediglich um nicht-personenbezogene Daten handelt.

Folglich wird hier im Rahmen einer teleologischen Reduktion kein »nutzen« im Sinne 759
des Art. 4 Abs. 13 DA anzunehmen sein. Vielmehr wird es so sein, dass die Daten für die Produktbeobachtung genutzt werden müssen.

### c) »implied licenses«

Ein anderer Ansatz, das Fehlen einer ausdrücklichen vertraglichen Vereinbarung zur 760
Nutzung der Daten für Nutzungszwecke, welche die reine Produktsphäre betreffen, zu kompensieren ist die Annahme von »*implied licenses*«. Die reine Produktsphäre würden Nutzungszwecke wie Verbesserung und Optimierung betreffen.[334] Hierunter müssen wohl auch die korrespondieren gesetzlichen Verpflichtungen, wie die Produktbeobachtungspflichten, zu fassen sein.

### d) Weitere Entwicklung

Den aufgezeigten Konflikt zwischen dem Erfordernis einer vertraglichen Vereinbarung 761
zur Nutzung der nicht-personenbezogenen Daten und der state of the art Nutzung solcher Daten für die Erfüllung gesetzlicher Verpflichtungen hat der Gesetzgeber im Rahmen des Gesetzgebungsverfahrens nicht gelöst. Die hier vertretene Ansicht ist derzeit nicht durch Rechtsprechung o.ä. untermauert. Die weitere Entwicklung bleibt abzuwarten.

Verbot der Nutzung 762

Dem **Nutzer** steht zwar **kein echtes Eigentum an Daten** zu, **aber** eine **ausschließliche** 763
**Verfügungsbefugnis**. Dies zeigt sich auch daran, dass Art. 4 Abs. 13 DA ausdrücklich regelt, dass eine **Nutzung von Daten**, bei denen es sich nicht um personenbezogen Daten handelt durch den **Dateninhaber ohne einen Vertrag** mit dem Nutzer, der die jeweilige Nutzung erlaubt **nicht zulässig** ist. Dies betrifft auch die Nutzung von Daten für eine spezifische Dienstleistung für den Nutzer, z.B. Reparatur oder Wartung.

Die Nutzung der Daten regelt sich ausschließlich nach dem Vertrag zwischen den 764
betroffenen Parteien. Im Folgenden sind die betroffenen Parteien der Dateninhaber, der auch Hersteller sein kann und der Nutzer. Ohne vertragliche Regelung gelten die gesetzlichen Grenzen und Beschränkungen. Mit Ausnahme einer Fairness- und Missbrauchsprüfung sind den Parteien dabei für die vertraglichen Inhalte keine Grenzen gesetzt[335]. **Gesetzliche Beschränkungen** können durch ausdrückliche, transparente anderweitige Vereinbarung der Parteien **teilweise auch umgestaltet werden.**

---

334 Grundlegend Antoine, CR 2024, 1 (6).

335 Data Act Erwgr. 59 Bei den Vorschriften über Vertragsklauseln sollte der Grundsatz der Vertragsfreiheit als wesentliches Konzept in den Geschäftsbeziehungen zwischen Unternehmen berücksichtigt werden. Daher sollten nicht alle Vertragsklauseln einer Missbräuchlichkeitsprüfung unterzogen werden, sondern nur jene Klauseln, die einseitig auferlegt werden. Dies betrifft Situationen ohne Verhandlungsspielraum, in denen eine

765 Gesetzliche Beschränkungen für den **Dateninhaber/Hersteller**

766 Art. 4 Abs. 13 DA Zweckbindung

767 Es ist davon auszugehen, dass der **Dateninhaber** in **vielen Fällen auch der Hersteller** von Produkten ist und damit eine **technische Kontrolle** über die **Verfügbarkeit und Zugänglichkeit** von Daten ausüben kann. Zusätzlich ist zu erwarten, dass **viele Hersteller** im Rahmen des zulässigen versuchen werden (zwingende) vertragliche Vereinbarungen zu erwirken, die Ihnen **weite Nutzungsrechte** einräumen. Der Dateninhaber soll daher gehindert werden seine Position im Markt missbräuchlich auszunutzen. Daher sieht der Data Act in den Erwägungsgründen[336] ausdrücklich vor, dass eine Nutzung die die gewerbliche Position dieses Nutzers auf Märkten, auf denen der Nutzer tätig ist, untergraben könnte, nicht zulässig ist. Der **Dateninhaber** darf daher **Daten** nur **auf Grundlage** und gemäß den Inhalten eines **Vertrages** mit dem Nutzer nutzen. Darüber hinaus ist dem Dateninhaber nicht erlaubt Daten zu nutzen, um die gewerbliche Position des Nutzers auf den Märkten, auf denen der Nutzer tätig ist zu untergraben.

768 Art. 4 Abs. 14 DA Verbot der Weitergabe

769 Der **Dateninhaber** darf **ohne Zustimmung** des Nutzers nicht-personenbezogene **Daten** nur an Dritte **weitergeben, soweit** dies zur Erfüllung eines Vertrages zwischen dem Dateninhaber und Nutzer **erforderlich** ist. Falls Daten rechtmäßig an Dritte weitergegeben werden, muss der Dateninhaber ggf. diese Dritten verpflichten die Daten nicht weiterzugeben.

770 Dem Wortlaut nach bezieht sich Art. 4 Abs. 14 Satz 1 DA nur auf Produktdaten, jedoch nicht auf verbundene Dienstdaten. Der Dateninhaber darf Produktdaten nur an Dritte weitergeben, soweit dies der Erfüllung seines Vertrages mit dem Nutzer dient. Weshalb dies nicht auch für verbundene Dienstdaten gelten soll, erschließt sich nicht.

771 Dateninhaber können nach Satz 2 der Vorschrift Dritten eine Verfügungsbeschränkung auferlegen, dass die Dritten die erhaltenen Daten nicht erneut weitergeben dürfen.

772 Diese Verfügungsbeschränkung wird in der Praxis regelmäßig vom Dateninhaber gewünscht sein und sollte daher standardisiert in die verwendeten Datenlizenzverträge aufgenommen werden.

773 In Kettenkonstellationen werden sich für Dateninhaber auch vertragliche Verpflichtungen zur Weiterreichung von Datenweitergabeverboten ergeben.

774 Art. 13 DA Fairness- und Missbrauchsprüfung

---

Partei eine bestimmte Vertragsklausel einbringt und das andere Unternehmen den Inhalt dieser Klausel trotz Verhandlungsversuchs nicht beeinflussen kann. Vertragsklauseln, die lediglich von einer Partei eingebracht und von dem anderen Unternehmen akzeptiert werden, oder Klauseln, die zwischen den Vertragsparteien ausgehandelt und anschließend in geänderter Form vereinbart werden, sollten nicht als einseitig auferlegt gelten.

336 Siehe Erwägungsgründe 27 und 33.

**Vertragsklauseln,** die ein Unternehmen einem anderen Unternehmen **zwingend auferlegt** sind **nicht bindend**, wenn sie **missbräuchlich** sind. Das Gesetz beschreibt detailliert, was unter missbräuchlich[337] zu verstehen ist. Hier ist besonders auf die zusätzliche Beschränkung nach Art. 8 Abs. 2 DA sowie nach Art. 7 Abs. 2 DA hinzuweisen, nach denen eine missbräuchliche Regelung auch vorliegt, wenn sie zum Nachteil des Nutzers die Ausübung der Rechte des Nutzers nach Kapitel II ausschließt, davon abweicht oder deren Wirkung abändert. 775

Gem. Art. 41 DA wird die Kommission vor dem 12.09.2025 Musterklauseln zur Verfügung stellen, die die Datennutzung regeln. Wenn die Parteien diese Klausel verwenden, so ist davon auszugehen, dass die Vertragsklauseln nicht missbräuchlich sind.Details dazu s. in Kapitel 3. 776

Rechtliche Folgen bei Fehlen eines Vertrags zur Nutzung der Daten 777

Der Dateninhaber darf ohne eine entsprechende vertragliche Vereinbarung mit dem Nutzer die ohne Weiteres verfügbaren Daten, welche nicht-personenbezogene Daten sind, nicht nutzen. Die sich aus einer unerlaubten Nutzung ergebenden rechtlichen Konsequenzen sind derzeit noch nicht abschließend geklärt. 778

Der Data Act begründet im Verhältnis zwischen Dateninhaber und Nutzer lediglich schuldrechtliche Positionen. Absolute Rechte des Nutzers an den Daten werden nicht begründet, es wird kein neues Immaterialgüterrecht oder eine andere Form eines »Dateneigentums« geschaffen.[338] 779

Fraglich ist, ob die Regelungen des Data Acts als ein Schutzrecht des Nutzers zu werten sind. Dies könnte zu einer Anwendbarkeit des § 823 Abs. 2 BGB führen, und Unterlassungs-, Schadensersatz- und ggf. Auskunftsansprüche ermöglichen. Auch könnten dann Regelungen aus dem Deliktsrecht (sonstiges Recht), Bereicherungsrecht (Zuweisungsgehalt), Sachenrecht (Abwehr von Störungen) und unter Umständen auch Verfassungsrecht (Inhaltsbestimmung), anwendbar sein.[339] 780

Die DSGVO gewährt Personen, denen aufgrund eines Verstoßes gegen die DSGVO ein materieller oder immaterieller Schaden entstanden ist, einen Anspruch auf Schadenersatz.[340] An einer des Art. 82 DSGVO vergleichbaren Regelung fehlt es jedoch dem Data Act. Der Data Act sieht »lediglich« verwaltungsrechtliche Beschwerdemöglichkeiten in Art. 38 DA sowie ein Recht auf einen wirksamen gerichtlichen Rechtsbehelf im verwaltungsrechtlichen Verfahren in Art. 39 DA vor. Dass der Data Act keine zusätzliche Schadenersatzmöglichkeiten für Verletzte schafft, ist insoweit nur konsequent, da der Data Act nicht den Schutz des Individualrechts auf informationelle Selbstbestimmung bezweckt. 781

337 Siehe Art. 13 Abs. 2- 4.

338 Schmidt-Kessel, MMR 2024, 75 (78); Antoine, CR 2024, 1 (6) m.w.N.; Hennemann/Steinrötter NJW 2024, 1 (7).

339 Hennemann/Steinrötter NJW 2024, 1 (7); Schmidt-Kessel MMR 2024, 75 (78).

340 Art. 82 Abs. 1 DSGVO.

782 Die Nutzung der ohne Weiteres verfügbaren Daten ohne entsprechende vertragliche Vereinbarung stellt einen Verstoß gegen den Data Act dar und kann mit aufsichtsrechtlichen Konsequenzen sanktioniert werden. Ferner kommt ggf. § 3a UWG in Betracht.[341]

### III. Implementierung

783 Zunächst steht die Verfügungsbefugnis über *ohne Weiteres verfügbare Daten*, die bei der Nutzung eines *vernetzten Produktes* generiert werden, dem Nutzer zu.

784 D.h. jeder, der diese **Daten nutzen** möchte muss über ein spezifisches, **vertraglich eingeräumtes Recht** zur Nutzung verfügen. Dieses Recht zur Nutzung muss vom Recht des Nutzers abgeleitet sein. Die Inhalte solcher Verträge müssen bei der Nutzung von Daten natürlich auch beachtet, gelebt und ggf. nachgewiesen (z.B. im Rahmen von Audits oder auch streitigen Auseinandersetzungen) werden. Dazu sind Prozesse hilfreich und teilweise erforderlich.

#### 1. Aus Sicht des Nutzers, der Rechte an Daten erteilt

785 Der **Nutzer** selbst hat **weiterhin Rechte** an den *ohne Weiteres verfügbaren Daten*, **selbst wenn** er auch an Dritte **Rechte vergibt**. Er kann sich daher rechtlich durch die Bereitstellung von Daten und Vergabe von nicht exklusiven Rechten **nicht schlechter stellen**, sondern **lediglich faktisch verbessern**. Eine wesentliche **Ausnahme** hiervon, d.h. eine **potentielle Verschlechterung**, kann vorliegen, wenn das **Teilen** von Daten **per se** ein **faktisches Risiko** für den Nutzer darstellt, wenn sich aus den Daten z.B. Betriebsgeheimnisse des Nutzers erkennen lassen. Bei der Erteilung von Rechten sollte der Nutzer daher besonders folgende Aspekte berücksichtigen:

- Bringt es mir **mittel- bis langfristig** einen **Mehrwert**, wenn ich Rechte an Daten erteile? Ich kann z.B. zur Weiterentwicklung oder Neuentwicklung von Produkten und Dienstleistungen beitragen, die später auch für mich einen Nutzen haben.
- Bring es mir **kurzfristig** einen **Mehrwert**, wenn ich Rechte an Daten erteile? Erwarte ich eine unmittelbare Gegenleistung für die erteilten Rechte? Ist es wert, in eine potentiell langwierige Verhandlung einzutreten?
- Bestimmte Dienstleistungen setzen die Verarbeitung von Daten zwingend voraus. Bin ich bereit auf diese **Dienste zu verzichten** oder gewähre ich ein eingeschränktes Recht die Daten nur für die Erbringung der Dienste zu verwenden?
- Haben die Daten für mich einen **monetären Wert**? Worauf basiert dieser und wie berechne ich diesen?
- Sehe ich ein **Risiko** für die **Entwicklung meines Geschäftes**, wenn ich die Daten Dritten zugänglich mache, z.B. weil sie Informationen beinhalten, die ich als streng vertraulich ansehe, z.B. zur Nutzung oder Auslastung von vernetzten Produkten?

341 Wiebe, CR 2023, 777 (778).

## 2. Aus Sicht des Dateninhabers und Datenempfängers

Der Dateninhaber muss möglicherweise berücksichtigen, dass es an einem vernetzten Produkt **mehrere Nutzer** gibt. Soweit Daten einem Nutzer zugeordnet werden können, muss der Dateninhaber sicherstellen, dass er auch mit dem betroffenen Nutzer eine Vereinbarung zur Nutzung der Daten trifft. 786

In der Umsetzung gibt es hierbei mehrere Möglichkeiten, dieses Problem in den Griff zu bekommen: 787

1. Daten **klar separieren**, z.B. in dem vor Nutzung eines vernetzten Produktes eine Anmeldung mit einem spezifischen Nutzerkonto erfolgt. In diesem Fall kann der Dateninhaber mit jedem Nutzer einen Vertrag schließen und die Daten auch dem jeweiligen Nutzer zuordnen. 788
2. Mit dem **Hauptnutzer** einen Vertrag zur Nutzung von Daten schließen. In diesem Vertrag den »Hauptnutzer« vertraglich dazu verpflichten mit allen anderen Nutzern eine Vereinbarung zu treffen, die besagt, dass auch dieser Nutzer der Nutzung durch den Dateninhaber zustimmen. Eine solche Regelung kann aber die Hauptnutzer vor beträchtliche Probleme stellen und ggf. zu viel Verhandlungsaufwand führen oder sogar dazu, dass potentielle Kunden ganz auf die Nutzung eines verbundenen Produktes verzichten. 789
3. Vertrag mit einer **juristischen Person**, die Arbeitgeber verschiedener Individuen ist, als ausschließlichem Nutzer. Alle Daten, die dann durch die Nutzung des vernetzten Produktes von verschiedenen Mitarbeitern generiert werden, werden dann dem Arbeitgeber als Nutzer zugeordnet und sind von der vertraglichen Vereinbarung mit dem Arbeitgeber umfasst. Dies setzt aber voraus, dass die Daten es nicht ermöglichen einzelne Individuen zu identifizieren. Außerdem ist es empfehlenswert den Vertragspartner darauf hinzuweisen, dass auch aus technischen Daten potentiell Rückschlüsse auf Arbeitstempo/Qualität der Arbeit einzelner Individuen gezogen werden könnten und es Aufgabe des Arbeitgebers ist dafür den ausreichenden Rechtsrahmen zu schaffen, wenn der Arbeitgeber einzelne Individuen identifizieren kann. Dies kann z.B. der Fall sein, wenn technische Daten Zeitstempel haben und der Arbeitgeber diese mit Schichtplänen kombinieren kann. 790
4. Daten entsprechend der vertraglichen Vereinbarung mit einem Nutzer von einem verbundenen Produkt abziehen und nutzen und dabei eine Art der Nutzung wählen, **die eine Identifizierung eines Nutzers nicht erlaubt**. Diese Variante würde im Ergebnis dazu führen, dass Daten von Nutzern- auch wenn nicht identifizierbar- genutzt werden, obwohl mit dem betroffenen Nutzer evtl. kein Vertrag vorliegt; sie bedarf daher einer Einzelfallbewertung und rechtlichen Beratung. 791

Datenclearing 792

Soweit Daten nur spezifisch für ein Gerät verarbeitet werden, ist eine Zuordnung von Daten zu einem Vertrag noch möglich und auch dokumentierbar. Sobald aber **Datenseen** angelegt werden, die automatisch verarbeitet werden, wird eine solche Zuordnung ohne Prozesse und Strukturen kaum möglich mehr möglich sein. 793

794 Daher ist es von großer Bedeutung, dass ein Datensee so strukturiert wird, dass er es ermöglicht Daten, für die es auf Grund von unterschiedlichen Verträgen unterschiedliche Rechte zur Nutzung gibt, zu **separieren** und für die jeweiligen Töpfe **unterschiedliche Zugriffsrechte** zu vergeben und **unterschiedliche Schutzmaßnahmen** anzuwenden. Faktoren, die dabei unter anderem zu berücksichtigen sind, sind:

- Dürfen Daten nur für den **Zweck einer Serviceleistung** verwendet werden oder darüber hinaus?
- Sind Daten **vertraulich** zu behandeln und dürfen nur von ausgewählten Personen auf Basis des »need to know« Prinzips eingesehen werden, z.B. weil sie Geschäftsgeheimnisse sind?
- Ist die Nutzung der Daten **zeitlich befristet**?
- Dürfen die Daten **weitergegeben** werden?
- Sind bestimmte **Verwendungszwecke ausgeschlossen**, z.B. das Profiling oder die Nutzung zu Zwecken, die die gewerbliche Position des Nutzers untergraben könnten[342]?
- Benötigt man für die Nutzung von Daten neben den Anforderungen aus dem Data Act eine **zusätzliche Rechtsgrundlage**/Erlaubnis, z.B. beim Umgang mit Daten, die unter die DSGVO fallen

795 Dazu gehört dann auch ein Prozess und eine Kennzeichnung mit **Metadaten**, die sicherstellen, dass Daten vor dem Zufluss in einen Datensee anhand des jeweiligen Vertrages richtig eingeordnet und behandelt werden (**Datenclearing**).

796 Es ist hier empfehlenswert möglichst **wenige Kategorien** zu bilden und eine größtmögliche **Standardisierung** zu erreichen, um den Prozess einfach zu halten. Dennoch sollten es aber ausreichend Kategorien sein, um die Bedürfnisse und Anforderungen des jeweiligen Geschäftes zu berücksichtigen.

342 Denkbar ist hier z.B. aus der Nutzung von Maschinen Rückschlüsse auf Produktionskapazitäten und Auslastung zu ziehen und damit ggf auf die wirtschaftliche Lage eines Unternehmens.

Beispielhafte Darstellung für ein Datenclearing: 797

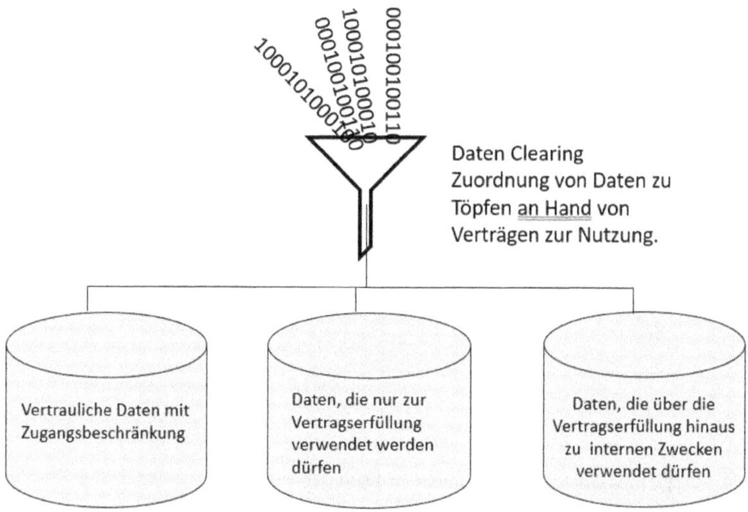


**Abb. 33: Beispiel Datenclearing**

Soweit Daten innerhalb eines Datentopfes eine unterschiedliche Behandlung erfahren sollen, ist es erforderlich, diese Daten **isolierbar und identifizierbar** zu machen. Dies kann z.B. durch eine **Metadatenstruktur** und Daten **Markierungen** (»**Tagging**«) erfolgen. Daneben erscheint auch eine Ordnerstruktur möglich. Die Pflicht zur unterschiedlichen Behandlung kann sich z.B. aus zeitlichen, räumlichen oder inhaltlichen Beschränkungen ergeben. 798

799 Beispielhafte Darstellung für eine Metadatenstruktur:

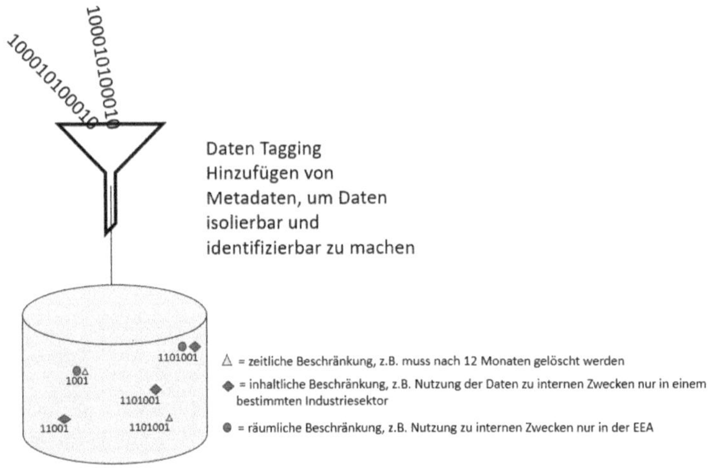


**Abb. 34: Bespiel Metadatenstruktur in einem Datensee**

## IV. Praxistipps

800 Verhandlung von Verträgen zur Datennutzung

801 Verlangt ein Nutzer vom potentiellen Dateninhaber eine Bezahlung für das Recht Daten zu nutzen, besteht das Risiko, dass potentielle Dateninhaber darauf verzichten Daten zu verarbeiten, wenn sie dafür eine übermäßige Gegenleistung entrichten müssen. Dies kann zu einem **Innovationsstopp** führen, der sich auch für den Nutzer negativ auswirkt. Der Nutzer ist daher gut beraten sorgfältig abzuwägen, ob eine **kurzfristige Gegenleistung** das Risiko eines **Innovationsstopps überwiegt**.

802 Hersteller von vernetzten Produkten oder Anbieter von verbundenen Diensten könnten versuchen den Verkauf eines vernetzten Produktes oder verbundenen Dienstes **zwingend** mit einem **Recht zur Datennutzung** durch den Hersteller zu verknüpfen. Inwieweit eine solche zwingende Verknüpfung **rechtlich zulässig** ist bedarf einer Einzelfallprüfung und letztlich verbindlicher Rechtsprechung. Üben Hersteller im Rahmen des rechtlich zulässigen einen übermäßigen Druck oder Zwang auf Nutzer aus Daten teilen zu müssen besteht das Risiko, dass Nutzer auf die Inanspruchnahme bestimmter Dienste oder sogar den Erwerb bestimmter vernetzter Produkte verzichten. Für Hersteller mag es daher vorteilhaft sein einen fairen, transparenten Ansatz zu wählen.

## H. Zusammenspiel DSGVO, TDDDG und Data Act

### I. Einführung

Art. 1 Abs. 5 Data Act legt die Geltung des Data Act unbeschadet der unionsrechtlichen und nationalen Regelungen zum Schutz personenbezogener Daten, der Vertraulichkeit der Kommunikation und der Integrität von Endgeräten[343] fest. Die DSGVO (Verordnung [EU] 2016/679) und die ePrivacy-Richtlinie (Richtlinie [EU] 2002/58/EG geändert durch Richtlinie 2009/136/EG, auch genannt: Cookie-Richtlinie) bzw. ihre nationale Umsetzung im TDDDG werden ergänzt und bleiben unberührt; im Falle von Widersprüchen sind sie vorrangig gegenüber dem Data Act.[344] 803

### II. Verhältnis DSGVO und TDDDG zum Data Act

#### 1. DSGVO

Die DSGVO regelt die **Verarbeitung**[345] von **personenbezogenen Daten**[346] von identifizierten oder identifizierbaren natürlichen Personen, den **betroffenen Personen**[347]. Der **Schutzzweck** umfasst die Grundrechte und Grundfreiheiten der betroffenen Personen und den Schutz des freien Verkehrs personenbezogener Daten.[348] 804

Verpflichtet wird der **Verantwortliche**[349], der allein oder gemeinsam mit anderen über die Zwecke und Mittel der Verarbeitung von personenbezogenen Daten entscheidet. Er kann eine natürliche oder juristische Person sein. Gleiches gilt für den **Auftragsverarbeiter**[350], der personenbezogene Daten für einen oder mehrere Verantwortliche auf deren Weisung verarbeitet, und den **Empfänger**[351]. Letzterer kann auch ein Dritter i.S.d DSGVO sein. Es muss eine datenschutzrechtliche Rolle vergeben werden, ein »Nullum« gibt es bei der Verarbeitung von personenbezogenen Daten in der DSGVO nicht. 805

Art. 2 Nr. 3 DA verweist für die Definition von personenbezogenen Daten auf die DSGVO. Alles andere sind nicht-personenbezogene Daten, Art. 2 Nr. 4 DA.[352] 806

343 Die Begriffe »Endeinrichtung« und »Endgerät« sind nach autonom-europarechtlicher Auslegung Synonyme. Englischer Begriff für beide: »Terminal Equipment«.

344 Art. 1 Abs. 5 S. 3 DA und Erwgr. 7 DA.

345 Art. 4 Nr. 2 DSGVO.

346 Art. 4 Nr. 1 DSGVO.

347 Art. 4 Nr. 1 DSGVO.

348 Taeger/Gabel/Schmidt, in: DS-GVO, 4. Auflage 2022, Art. 1 Rn. 1 m. w. N.

349 Art. 4 Nr. 7 DSGVO.

350 Art. 4 Nr. 8 DSGVO.

351 Art. 4 Nr. 9 S. 1 DSGVO.

352 Zum Begriff der Daten unter dem Data Act s.o. Rdn. 20 ff.

807 Personenbezogene Daten umfassen ohne Einschränkung alle Informationen, die sich auf eine identifizierte oder identifizierbare Person beziehen. Der Begriff ist weit zu verstehen.[353]

808 Gem. Erwgr. 15 DA stellen die vom Data Act umfassten Daten digitalisierte Nutzerhandlungen dar. Bei Daten aus vernetzten Produkten i.S.d. Data Act also IoT-Geräten, handelt es sich in der Regel um personenbezogene Daten, ob aus einem vernetzten Fahrzeug[354] oder smarten Kühlschrank. In der Regel sind Identifikatoren dabei, die aus vermeintlich technischen Daten personenbezogene Daten machen.[355] Bei einem **gemischten Datensatz**, also einem untrennbaren Mix aus personenbezogenen und nicht-personenbezogenen Daten, findet die DSGVO Anwendung.[356] Praktisch sinnvoll ist eine kontextbezogene Einstufung.[357] **Nicht-personenbezogene Daten** sind insbesondere reine Sachdaten oder anonyme Daten. Ein Beispiel für reine Sachdaten sind technische Informationen über den Gerätezustand, die ein vernetztes Windrad sendet. Auch bei Daten aus Landmaschinen, Schiffen oder Maschinen wird es sich häufig um nicht-personenbezogenen Daten handeln.

809 Für die Verarbeitung von personenbezogenen Daten benötigen Nutzer, die nicht zugleich die betroffene Person oder der Dateninhaber sind, eine **Rechtsgrundlage** gem. Art. 6 DSGVO[358] und gegebenenfalls Art. 9 DSGVO. Der Data Act selbst enthält keine solchen Rechtsgrundlagen, auch keine weiteren Rechte für die Datennutzung.[359] Insoweit schränkt die DSGVO die weitere Nutzung von personenbezogenen Daten durch Dritte ein.[360]

### 2. TDDDG, speziell § 25 TDDDG

810 § 25 TDDDG setzt Art. 5 Abs. 3 ePrivacy-Richtlinie in nationales deutsches Recht um. Er regelt die **Speicherung** von Informationen in und den **Zugriff** auf Informationen in **Endeinrichtungen**[361] über ein elektronisches Kommunikationsnetz, beispielsweise auf Smartphones, Computer, IoT-Geräte wie Küchengeräte, Heizkörperthermostate, Alarmsysteme[362]. Informationen können personenbezogene oder nicht-personenbezogene Daten sein. Ein Beispiel ist das Setzen und anschließende Auslesen von Cookies.

---

353 Kühling/Buchner/Klar/Kühling, in: DS-GVO, 4. Aufl. 2024, Art. 4 Nr. 1 Rn. 8.
354 EDPB, Leitlinien 01/2020 zur Verarbeitung personenbezogener Daten im Zusammenhang mit vernetzten Fahrzeugen und mobilitätsbezogenen Anwendungen, Version 2.0, 09.03.2021.
355 IWGDPT, Working Paper on Telemetry and Diagnostic Data, Version 0.99, 11.10.2023.
356 Klarstellend auch Erwgr. 34 DA.
357 Art.-29-Datenschutzgruppe, Stellungnahme 4/2007 zum Begriff »personenbezogene Daten«, WP 136, 20.06.2007.
358 EU Kommission, FAQ Data Act, Version 1.1 vom 13.09.2024, S. 7.
359 Erwgr. 7 DA. Näheres s.u. unter 3.a.ii.
360 EU Kommission, FAQ Data Act, Version 1.1 vom 13.09.2024, S. 4.
361 § 2 Abs. 2 Nr. 6 TDDDG.
362 BT-Drucks. 19/27441, S. 38.

Der **Schutzzweck** ist die Geräteintegrität vor der Distanzgefahr und folgt aus Art. 7 GRCh. Auch juristische Personen sind geschützt.

Normadressat ist jedermann, der auf Endeinrichtungen Informationen speichern oder bereits darin gespeicherte Informationen auslesen möchte. Berechtigt ist der **Endnutzer**[363] der Endeinrichtung, dessen Definition den Begriff des **Nutzers**[364] und damit sowohl natürliche als auch juristische Personen umfasst. 811

IoT-Geräte gelten gem. Erwgr. 36 DA als Endgeräte und unterliegen § 25 TDDDG, wenn sie direkt oder indirekt mit einem öffentlichen Kommunikationsnetz verbunden sind. Nicht davon umfasst ist das Auslesen von Komponenten, die nicht an ein öffentliches Telekommunikationsnetz angeschlossen sind, beispielsweise das Auslesen des Fehlerspeichers eines Fahrzeugs in der Werkstatt über die On-Board-Diagnose-Schnittstelle.[365] 812

Für die Speicherung sowie den Zugriff muss gem. § 25 Abs. 1 TDDDG eine TDDDG-**Einwilligung** des Endnutzers eingeholt werden. § 25 Abs. 1 S. 2 TDDDG verweist auf das Einwilligungsregime der DSGVO. Hiervon sieht § 25 Abs. 2 TDDDG zwei Ausnahmen vor. Erstens die **Kommunikationsausnahme**: Die Nachrichtenübertragung[366] über ein öffentliches TK-Netz, zweitens bei einem ausdrücklich gewünschten **digitalen Dienst**[367]. Bei komplexen Systemen wie einem vernetzten Fahrzeug kann eine Systematisierung der verschiedenen Komponenten, Zugriffe und Datenverarbeitungen erforderlich sein.[368] 813

### 3. Informationspflichten

§ 25 Abs. 1 S. 2 TDDDG verweist auf das Informationsregime der Art. 12 – 14 DSGVO. Die bekannten **Datenschutzhinweise** sind entsprechend um Informationen zur Speicherung und den Zugriff auf das Endgerät zu ergänzen. Der Data Act enthält in Art. 3 Abs. 2, 3 ein eigenes Informationsregime.[369] Während die Datenschutzhinweise Transparenz über die Datenverarbeitung schaffen, dienen die **vorvertraglichen Informationen** unter dem Data Act auch dazu, dem Nutzer die Auswahl eines Produkts inklusive entsprechender Daten zu ermöglichen. Die Vorgaben sind den Datenschutzhinweisen in vielen Punkten ähnlich, sodass man sich an diesen orientieren kann, um eine Balance zwischen Prägnanz und Vollständigkeit zu finden und 814

363 § 2 Abs. 1 TDDDG i.V.m. § 3 Nr. 13 TKG.
364 § 2 Abs. 1 TDDDG i.V.m. § 3 Nr. 41 TKG.
365 Schwartmann/Jaspers/Eckhardt, in: TTDSG, 1. Aufl. 2022, § 25 Rn. 23.
366 Nachricht: § 2 Nr. 4 TDDDG.
367 § 1 Abs. 4 Nr. 1 DDG. Europarechtskonforme Auslegung von Telekommunikationsdiensten und digitalen Diensten als »Dienste der Informationsgesellschaft«: Keine Abgrenzung erforderlich, auch OTT- und M2M-Kommunikation im IoT umfasst (Schwartmann/Jaspers/Eckhardt, in: TTDSG, 1. Aufl. 2022, § 25 Rn. 96 f.).
368 Schwartmann/Jaspers/Eckhardt, in: TTDSG, 1. Aufl. 2022, § 25 Rn. 157.
369 Praktische Umsetzung: Beispielsweise Weblink oder QR-Code mit Verweis auf stabile URL-Adresse im Internet, Erwgr. 24 DA.

einen »information overload« zu vermeiden. Alle Informationen sind frühzeitig, also zum Zeitpunkt der Datenerhebung (DSGVO), der Speicherung oder dem Zugriff (TDDDG) bzw. vor dem Vertragsschluss (Data Act) zu erteilen.

### 4. Datenschutzgrundsätze Art. 5, 25 DSGVO vs. Art. 3 DA

815 Die Grundsätze von Privacy by Design und Accessibility by Design widersprechen sich auf den ersten Blick. Bei Art. 25 DSGVO handelt es sich um eine Designvorschrift[370]. Im Rahmen der Produktentwicklung sind »ex ante« **Privacy by Design und by Default** zu berücksichtigen.[371] Allerdings ist Verpflichteter der Verantwortliche, der Hersteller wird lediglich gem. Erwgr. 78 DSGVO hierzu ermutigt.

816 Art. 3 Abs. 1 DA regelt ebenfalls die Konzeption und Herstellung bzw. Diensterbringung, allerdings mit dem Ziel, einen **Datenzugang** zu ermöglichen. Strittig ist, ob Art. 3 Abs. 1 Data Act ebenfalls eine Designvorschrift ist (»Accessibility by Design«)[372], oder dem Nutzer ein Datenzugangs- und Weitergaberecht verleiht[373].

817 Um den Grundsatz der **Datenminimierung** gem. Art. 5 Abs. 1 lit. c DSGVO nicht zu unterlaufen, spricht Art. 4 Abs. 1 DA nur von »ohne Weiteres verfügbaren« Daten[374] und auch Dritte sollen nur Zugang zu für die Erbringung des vom Nutzer verlangten Dienstes erforderlichen Informationen erhalten.[375] Als konkrete Maßnahmen nennt der Data Act u.a. die lokale Datenverarbeitung, also die Nutzung von Algorithmen direkt am Ort der Datengenerierung, um unnötige Datenübertragungen zu vermeiden.[376] Eine unbegrenzte Speicherdauer ist im Einklang mit dem Grundsatz der Speicherbegrenzung gem. Art. 5 Abs. 1 e) DSGVO ebenfalls durch den Data Act nicht vorgesehen.[377]

### 5. Betroffenenrechte Art. 15, 20 DSGVO vs. Art. 4, 5 DA

818 Art. 4, 5 DA **spezifizieren und ergänzen** das Auskunftsrecht gem. Art. 15 DSGVO und das Recht auf Datenübertragbarkeit gem. Art. 20 DSGVO.[378] Dabei gehen sie tatbestandlich über Art. 20 DSGVO in zwei wesentlichen Punkten hinaus: Sie umfassen sowohl aktiv bereitgestellte als auch passiv erfasste Daten und lösen damit einen

---

370 Kühling/Buchner/Hartung, in: DS-GVO, 4. Aufl. 2024, Art. 25 Rn. 11.
371 Ehmann/Selmayr/Baumgartner, in: DS-GVO, 2. Aufl. 2018, Art. 25 Rn. 1.
372 Siehe oben: Art. 3 DA, Rdn. 131 ff.
373 Schmidt-Kessel MMR 2024, 75, 78 f m.w.N.
374 Keine Speicherung oder anderweitige Verarbeitung von nicht für die Zwecke ihrer Verarbeitung erforderlichen personenbezogenen Daten, Erwgr. 20 DA.
375 Erwgr. 38 DA.
376 Erwgr. 8 DA; so auch bereits EDPB, Leitlinien 01/2020 zur Verarbeitung personenbezogener Daten im Zusammenhang mit vernetzten Fahrzeugen und mobilitätsbezogenen Anwendungen, Version 2.0, 09.03.2021, Rn. 73 ff.
377 Erwgr. 24 DA.
378 EU Kommission, FAQ Data Act, Version 1.1 vom 13 September 2024, S. 4, 13.

DSGVO-Meinungsstreit auf.[379] Zudem sind sie unabhängig von der Einschränkung des Art. 20 DSGVO, der nur Verarbeitungen aufgrund Einwilligung oder Vertrags und mithilfe automatisierter Verfahren umfasst.

Der Datenbereitstellungsanspruch des Art. 4 DA ergänzt Art. 20 Abs. 1 DSGVO. 819
Art. 15 DSGVO grenzt sich dergestalt von Art. 20 Abs. 1 DSGVO ab, dass weder die Auskunft noch die Kopie eine Datenbereitstellung in dem von Art. 20 Abs. 1 DSGVO vorgegebenen **Format** erfordern.[380] Der Datenweitergabeanspruch gem. Art. 5 DA ergänzt den Anspruch auf Direktübermittlung an einen anderen Verantwortlichen gem. Art. 20 Abs. 2 DSGVO.

Auch bezüglich des zu erfüllenden **Umfangs** gehen Art. 4, 5 DA über Art. 20 DSGVO 820
hinaus. Daher sind unterschiedliche Tools zur Erfüllung erforderlich. Art. 20 DSGVO sieht die Datenbereitstellung bzw. Datenweitergabe in einem strukturierten, gängigen und maschinenlesbaren Format vor. Akzessorisch dazu besteht die Pflicht zur Formatierung der Daten, allerdings erst bei Erfüllung des Anspruchs, und es bedarf gerade keiner dauerhaften Schnittstelle.[381]

**Rechte Dritter** können die genannten Rechte einschränken. Sowohl Art. 15 Abs. 4 821
DSGVO als auch Art. 20 Abs. 4 DSGVO legen fest, dass die Rechte und Freiheiten anderer Personen nicht beeinträchtigt werden dürfen. Zu Art. 15 Abs. 4 DSGVO werden in Erwgr. 63 DSGVO ausdrücklich Geschäftsgeheimnisse oder Rechte des geistigen Eigentums, insbesondere das Urheberrecht an Software, genannt. Daran kann man sich auch im Rahmen des Art. 20 Abs. 4 DSGVO orientieren.

### III. Implementierung

Die Datenzugangs- und Weitergaberechte des Data Act gemäß Art. 4 und Art. 5 DA 822
umfassen grundsätzlich auch personenbezogene Daten.[382] Bei der Implementierung des Data Act und den mit ihm eingehenden Prozessen sind demnach auch die Anforderungen der DSGVO zu berücksichtigen.

#### 1. Rechtsgrundlagen

Eine wesentliche Frage, die sich für den Dateninhaber stellt, ist vor allem die Wahl der 823
datenschutzrechtlichen Rechtsgrundlage. Insbesondere erhöht sich die Komplexität des Zusammenspiels von Datenschutz und Data Act, sobald das vernetzte Produkt von mehreren Personen genutzt werden kann. Denn gerade hier müssen das Grund-

379 Erwgr. 35 DA. Bei Art. 20 DSGVO ist umstritten, ob nur aktiv bereitgestellte oder auch passiv erfasste Daten umfasst sind. Nutzungsgenerierte Daten gem. DA sind i.d.R. passiv erfasste Daten.

380 Sydow/Marsch DS-GVO/BDSG/Bienemann, in: DSGVO, 3. Aufl. 2022, Art. 15 Rn. 30 m.w.N.

381 BeckOK DatenschutzR/von Lewinski, in: DS-GVO, 46. Ed. 1.11.2023, Art. 20 Rn. 49, 53.

382 Vgl. Erwgr. 7 DA.

recht auf informationelle Selbstbestimmung[383] und der Schutz in die Investition in ein Wirtschaftsgut und die wirtschaftlichen Aspekte der nutzergenerierten Daten[384] in Einklang gebracht werden. Welche Fragen sich in diesem Zusammenhang in der Praxis stellen und welche Punkte hierbei besonders zu beachten sind, lässt sich am besten an einem konkreten Beispiel darstellen.

#### a) Das Mehrnutzerkonzept im Fahrzeug und die Zuordnung der Daten zu einer natürlichen Person

824 Gerade bei einem Fahrzeug handelt es sich um ein vernetztes Produkt, welches im Alltag von mehreren Personen genutzt werden kann. Aus diesem Grund hat sich in der Automobilbranche überwiegend ein Mehrnutzerkonzept etabliert. Mit der Nutzung des **Mehrnutzerkonzeptes** besteht die Möglichkeit der Individualisierung der eigenen Fahrt, indem ein entsprechender Account genutzt wird. Eine Aufteilung kann sich in Hauptnutzer, Nebennutzer und Gastnutzer ergeben. Wobei insbesondere der Gastnutzer vor allem datenschutzrechtliche Anforderungen abbildet. Denn in den meisten Fällen bietet die Fahrt unter diesem Account die Möglichkeit, anonymisiert zu fahren. In den beiden anderen Fällen wird das Profil mit der Fahrzeugidentifikationsnummer oder einem anderen Identifikator verbunden, so dass Daten, die unter dem jeweiligen Nutzeraccount generiert werden, als personenbezogen gelten können.

825 Besonderes Augenmerk ist darauf zu richten, dass Anspruchsberechtigter nach Data Act der Nutzer ist.[385] Hierunter ist eine natürliche oder juristische Person zu verstehen, die ein vernetztes Produkt besitzt oder der vertraglich zeitweilige Rechte für die Nutzung des vernetzten Produkts übertragen wurden oder die verbundenen Dienste in Anspruch nimmt.[386] Hiervon zu unterscheiden ist die betroffene Person nach DSGVO. Nach Art. 4 Nr. 1 DSGVO handelt es sich bei personenbezogenen Daten um alle Informationen, die sich auf eine identifizierte oder identifizierte Person (»betroffene Person«) beziehen. Demnach ist die betroffene Person diejenige, die dahingehend schützenswert ist, dass durch den Umgang mit ihren personenbezogenen Daten sie nicht in ihren Persönlichkeitsrechten beeinträchtigt wird.[387] Zu berücksichtigen ist hierbei, dass unter der DSGVO eine betroffene Person nur eine natürliche Person sein kann. Angaben zu juristischen Personen gelten nicht als personenbezogen[388] wodurch Nutzer und betroffene Person auseinanderfallen können.

826 Demnach sind drei Fallgruppen zu unterscheiden:
- Der Nutzer nach Data Act ist zeitgleich die betroffene Person nach DSGVO,
- der Nutzer nach Data Act ist nicht zeitgleich betroffene Person nach DSGVO und

383 BVerfG Urt. v. 15.12.1983 - 1 BvR 209/83.

384 Delventhal ZD-Aktuell 2023, 01463.

385 Vgl. Art. 2 Nr. 12 DA.

386 Vgl. Art. 2 Nr. 12 DA.

387 Schild, in: BeckOK Datenschutzrecht, Wolff/Brink/v. Ungern-Sternberg, 46. Edition, Art. 4 Rn. 28.

388 Ernst, in: Paal/Pauly, DS-GVO BDSG, 3 Auflage, Art. 4 Rn. 4–7.

– bei dem Anspruchsteller nach Data Act handelt es sich um eine juristische Person.

Auf die einzelnen Fallgruppen wird im nachfolgenden vertieft eingegangen. 827

### *b) Nutzer nach Data Act ist Betroffener nach DSGVO*

Sobald es sich bei dem Nutzer zeitgleich auch um die datenschutzrechtliche betroffene 828 Person handelt, könnte man davon ausgehen, dass die Datenbereitstellung für das Unternehmen an sich erstmal unproblematisch ist. Jedoch muss in Bezug auf personenbezogenen Daten das Verhältnis von Data Act und DSGVO beachtet werden. Grundsätzlich stehen beide Gesetze nebeneinander, soweit jedoch vom Datenzugangs- und Weitergaberecht personenbezogene Daten betroffen sind, sind die Regelungen der DSGVO neben dem Data Act einzuhalten.[389] Dies bedeutet, dass nach Art. 6 Abs. 1 DSGVO eine Verarbeitung von personenbezogenen Daten nur dann rechtmäßig ist, wenn sie auf einer Rechtsgrundlage beruht.[390] Soweit der Nutzer selbst die betroffene Person ist, lässt sich der Anspruch des Nutzers nach Art. 4 DA zeitgleich als konkludente Einwilligung im Sinne von Art. 6 Abs. 1 lit. a DSGVO auszulegen.[391] Dass eine konkludente Einwilligung grundsätzlich möglich ist, zeigt bereits Erwgr. 32[392] der besagt, dass eine Einwilligung auch »durch eine andere (…) Verhaltensweise geschehen kann, sofern die betroffene Person im jeweiligen Kontext eindeutig ihr Einverständnis mit der beabsichtigten Verarbeitung ihrer personenbezogenen Daten signalisiert«. Diese Eindeutigkeit ist dem Bereitstellungsverlangen des Nutzers nach dem Data Act imminent. Jedoch muss zwingend berücksichtiget werden, dass eine konkludente Einwilligung nur dort möglich ist, wo der Verordnungstext eine ausdrückliche Einwilligung nicht zwingend vorschreibt wie beispielsweise in Art. 9 Abs. 2 lit. a DSGVO.[393]

Nach dem Wortlaut des Erwgr. (»Handelt es sich bei dem Nutzer nicht um die betroffene 829 Person, deren personenbezogene Daten verlangt werden, so dürfen personenbezogene Daten, die bei der Nutzung eines vernetzten Produktes oder verbundenen Dienstes generiert werden, nur dann vom Dateninhaber dem Dritten bereitgestellt werden, wenn es für die Verarbeitung eine gültige Rechtsgrundlage gemäß Artikel 6 der Verordnung (EU) 2016/679 gibt und gegebenenfalls die Bedingungen des Artikels 9 jener Verordnung …«)[394] könnte darauf geschlossen werden, dass für den Nutzer der zeitgleich betroffenen Person ist, keine datenschutzrechtliche Rechtsgrundlage benötigt wird oder der Data Act hierfür selbst eine Rechtsgrundlage darstellt. Zu berücksichtigen ist dabei, dass die DSGVO neben dem Data Act Anwendung findet und damit

389 Vgl. Art. 1 Abs. 5 DA; Erwgr. 7 DA; Assion/Willecke, MMR 2023, 809 f.

390 Vgl. Art. 6 Abs. 1 DSGVO.

391 Stemmer, in: BeckOK Datenschutzrecht, Wolff/Brink/v. Ungern-Sternberg, 46. Edition, Art. 7 Rn. 84–85; Wiebe, GRUR 2023, 1569 (1574), Steinrötter, GRUR 2023, 216 (222 ff.).

392 Vgl. Erwgr. 32 DSGVO.

393 EuGH Urt. v. 21.12.2023 – C-667/21, neben Voraussetzungen des Art. 9 DSGVO müssen (wohl) zusätzlich die des Art. 6 DSGVO erfüllt sein.

394 Vgl. Erwgr. 7 DA.

das Prinzip gilt, dass eine datenschutzrechtliche Verarbeitung nur dann zulässig ist, wenn diese auf eine Rechtsgrundlage nach Art. 6 Abs. 1 DSGVO gestützt werden kann (»Verbot mit Erlaubnisvorbehalt«)[395]. Demnach wäre es nur möglich, wenn es sich bei der Datenbereitstellung an den Nutzer nach Art. 4 DA entweder nicht um eine Verarbeitung im Sinne des Art. 4 Nr. 2 DSGVO handeln würde oder für die betroffene Person die Übermittlung der nutzergenerierten Daten erforderlich ist, um eine rechtliche Verpflichtung handelt, der der Verantwortliche unterliegt nach Art. 6 Abs. 1 lit. c DSGVO unterliegt.

830 Da Art. 4 Nr. 2 DSGVO jedoch weit auszulegen ist und als Beispiel für eine Datenverarbeitung die »Offenlegung durch Übermittlung« nennt, ist davon auszugehen, dass eine Rechtsgrundlage benötigt wird.[396] Ob schlussendlich der Verantwortliche die Anfrage des Nutzers auf eine konkludente Einwilligung oder die Erfüllung einer rechtlichen Verpflichtung stützt, kann letztendlich dahinstehen.

*c) Nutzer nach Data Act ist nicht Betroffener nach DSGVO*

831 Ist der Nutzer hingegen nicht die betroffene Person selbst, stellt sich die Situation deutlich komplexer dar. Hierbei stellt bereits Erwgr. 7 DA fest, dass soweit dieser Fall einschlägig ist, dass die vorliegende Verordnung keine Rechtsgrundlage für die Gewährung des Zugangs zu personenbezogenen Daten oder für deren Bereitstellung an Dritte ist.[397] Dies bedeutet, dass die Bereitstellungspflichten des Data Act nicht über Art. 6 Abs. 1 lit. c DSGVO in eine Rechtsgrundlage für eine Verarbeitung für diesen Vorgang »umgewidmet« werden kann.[398]

832 Soweit ein Nutzer Zugang zu seinen personenbezogenen Daten, sowie personenbezogene Daten einer anderen betroffenen Person über Art. 4 DA begehrt, bedarf es hierzu einer Rechtsgrundlage nach Art. 6 Abs. 1 DSGVO. In Bezug auf das als Beispiel herangezogene Mehrnutzerkonzept im Fahrzeug wäre dies der Fall, soweit ein Nutzer nach Data Act, zum Beispiel der Hauptnutzer, seine Nutzerberechtigung nachgewiesen hat und zudem für seine personenbezogenen Daten unter dem Hauptnutzeraccount betroffene Person nach DSGVO ist sowie mit seiner Anfrage nach Art. 4 DA zeitgleich auch Zugang zu den personenbezogenen Daten des Nebennutzers erlangen möchte. In Betracht kommt die Einwilligung nach Art. 6 Abs. 1 lit. a DSGVO sowie eine Interessenabwägung nach Art. 6 Abs. 1 lit. f DSGVO. Damit eine Verarbeitung auf das berechtigte Interesse gestützt werden kann, muss diese erstens zur Wahrung des berechtigen Interesse des Verantwortlichen oder eines Dritten erfolgen und zweitens die Verarbeitung erforderlich sein und schließlich dürfen die Interessen oder Grundrechte der betroffenen Personen demgegenüber nicht überwiegen.[399] Demnach müsste

395 Kühling/Buchner/Buchner/Petri, in: DS-GVO BDSG, 4. Auflage, Art. 6 Rn. 11f.

396 Gola/Heckmann, in: Gola, Datenschutz-Grundverordnung – Bundesdatenschutzgesetz, 3 Auflage, Art. 4 Rn. 36f.

397 Vgl. Erwgr. 7 DA; Antoine, CR 2024, 73.

398 Antoine, CR 2024, 73; Leistner/Antoine, 2022, S. 90 f.; Bomhard, MMR 2024, 74.

399 Buchner/Petri, in: DS-GVO BDSG, Kühling/Buchner, 4. Auflage, Art. 6 Rn. 146ff.

der datenschutzrechtlich Verantwortliche eine Abwägung seiner eigenen berechtigter Interessen bzw. der berechtigten Interessen eines Dritten mit möglicherweise entgegenstehenden und überwiegenden Interessen der betroffenen Person vornehmen. Wobei nach Erwgr. 47»die vernünftigen Erwartungen der betroffenen Personen, die auf ihrem Verhältnis, zu dem für die Verarbeitung Verantwortlichen beruhen, zu berücksichtigen« sind.[400] Konkret bedeutet dies, dass eine Interessenabwägung zwischen dem vollumfänglichen Zugang zu allen personenbezogenen Daten durch einen Nutzer und dem Interesse z.B. des Nebennutzers, dass dessen personenbezogenen Daten nicht ebenfalls an den Hauptnutzer zugänglich gemacht werden, im Rahmen einer vollumfänglichen Interessenabwägung abgewogen werden. Da es sich jedoch beim Zugang zu gemeinsam generierten Daten und der Weitergabe derer an einen Nutzer um ein durch den Data Act grundsätzlich anerkanntes rechtliches Interesse handelt, sollte dieses bei der Interessenabwägung des Art. 6 Abs. 1 lit. f DSGVO grundsätzlich berücksichtigt werden.[401]

Als weitere Rechtsgrundlage für die Datenbereitstellung kommt die Einwilligung 833
der betroffenen Person gemäß Art. 6 Abs. 1 lit. a DSGVO in Betracht.[402] Hierbei ist jedoch zu berücksichtigen, dass zum einen die Anforderungen an eine wirksame Einwilligung hoch sind.[403] Zudem ist die Einwilligung jederzeit widerrufbar. Dies kann den Dateninhaber gerade beim Bereitstellen von Echtzeitdaten vor Herausforderungen stellen. Des Weiteren muss die besondere Stellung des Dateninhabers in solchen Situationen berücksichtigt werden. In den meisten Fällen wird zwischen dem Dateninhaber und der neben dem Nutzer betroffenen Person keine Verbindung existieren. In dieser Situation scheint es unangemessen den Dateninhaber die Einwilligung einholen zu lassen. Interessengerecht schiene es, wenn der Nutzer die Einwilligung für die spätere Datenbereitstellung an ihn oder einen Dritten durch den Dateninhaber einholen würde.[404] Hierbei wird sich in der Praxis jedoch die Herausforderung der Dokumentation der Einwilligung ergeben. Denn eine reine Bestätigung durch den Hauptnutzer ist hier nicht ausreichend. Dieser müsste ggf. eine vom Dateninhaber bereitgestellte Einwilligungserklärung durch den Nebennutzer unterzeichnen lassen und dem Dateninhaber wieder zur Verfügung stellen. Ob sich dieser Weg in der Praxis durchsetzen wird oder die Datenbereitstellung an nicht zugleich betroffenen Personen mit mangels einschlägiger datenschutzrechtlicher Rechtgrundlage abgelehnt wird, bleibt abzuwarten.

400 Vgl. Erwgr. 47 DSGVO; Hennemann/Steinrötter NJW 2024, 6.
401 Steinrötter GRUR 2023, 216 (224 ff.).
402 Krause/Maasjost ZD-Aktuell 2024, 01494.
403 Podszun/Offergeld WiVerw 2023, 103 (107); Schulz, in: Datenschutz-Grundverordnung – Bundesdatenschutzgesetz, Gola/Heckmann, 3. Auflage, Art. 7 Rn. 41f.
404 Antoine CR 2024, 74.

### *d) Nutzer nach Data Act ist eine juristische Person*

834 In der Praxis wird es häufig Fälle geben in denen der anspruchsberechtigte Nutzer keine natürliche, sondern eine juristische Person ist[405]. Ein Beispiel sind z.B. **Flottenbetreiber** im Automobilsektor, die Fahrzeuge des Fuhrparks auf eine juristische Person angemeldet haben.[406] Auch juristische Personen können als Nutzer des vernetzten Produktes ihre Datenbereitstellungsverlangen geltend machen.[407] Hierdurch können sich zusätzliche Schwierigkeiten ergeben. Im Fokus steht das Zusammenspiel zwischen den Anforderungen des Data Act und dem relativen Personenbezug.[408] Nach Art. 4 Abs. 12 DA darf der Dateninhaber dem Nutzer, wenn er nicht zugleich betroffene Person ist, die Daten nur bereitstellen, soweit es für die Verarbeitung eine gültige Rechtsgrundlage gibt. Im Fall des Flottenbetreibers hätte dies zur Folge, dass der Dateninhaber praktisch eine Überprüfungspflicht hinsichtlich der Rechtsgrundlage für die Verarbeitung des Flottenbetreibers bezüglich seiner Endkunden hätte. Dass dies nicht gewollt sein kann, zeigt sich bereits an Erwgr. 34 DA[409]. Dieser stellt fest, dass der Nutzer, in unserem Fall der Flottenbetreiber, nach der Datenbereitstellung selbst Dateninhaber werden kann und somit selbst der Datenbereitstellungspflicht unterfällt. In diesem Verhältnis wäre die Überprüfung der Einholung der Rechtsgrundlage gegenüber den Endkunden auch zweckmäßig. Zu einem gleichen Ergebnis kommt man, wenn man in Fällen des Business-to-Business Verhältnisses mit anschließendem Business-to-Consumer Verhältnis den relativen Personenbezug zu Grunde legt. Hierbei wird in Bezug auf die Identifikationsmöglichkeit des Personenbezugs immer auf die Sicht der maßgeblichen Stelle, die Zugang zu dem Datum hat, abgestellt. Dies bedeutet konkret, wenn der Datensatz für den Flottenbetreiber im Verhältnis zu seinen Endkunden als personenbezogen identifizierbar gilt, heißt das nicht zugleich, dass dies im Verhältnis Flottenbetreiber zum Dateninhaber ebenfalls der Fall ist. Demnach lassen sich auch komplexere Fälle sowohl datenschutzrechtlich als auch nach Data Act abbilden und praxisnah umsetzen.

## 2. Datenschutz als Mittel zur Einschränkung?

835 Aufgrund des oben genannten Spannungsverhältnisses zwischen dem Datenschutzrecht und dem Data Act und um unverhältnismäßigem Aufwand für den Dateninhaber bzw. Verantwortlichen zu vermeiden, ist **frühzeitig zu bestimmen**, ob im konkreten Fall personenbezogene Daten vorliegen.[410] Zudem stellt sich in der Praxis die Frage, ob die Befolgung des anwendbaren Datenschutzrechts eine Möglichkeit darstellt, die umfassenden Ansprüche aus dem Data Act enger zu gestalten oder zumindest in für

405 Vgl. Art. 2 Nr. 12 DA.

406 Vgl. Erwgr. 34 DA.

407 Vgl. Definition »Nutzer« nach Art. 2 Nr. 12 DA iVm. Art. 4 Abs. 1 und Art. 5 Abs. 1 DA.

408 S. insb. zur Bestimmung des Personenbezugs bei Daten EuGH, v. 26.4.2023 – T-557/20; Franzen, in: Kommentar zum europäischen Arbeitsrecht, Franzen/Gallner/Oetker, 5. Aufl., Art. 4 Rn. 5.

409 Vgl. Erwgr. 34 DA.

410 Steinrötter GRUR 2023, 216, (223).

die DSGVO bereits umgesetzte Prozesse aufzunehmen.[411] Umgekehrt könnte unter Berücksichtigung des Privacy by Design Grundsatzes, das Datenschutzrecht nicht zur Anwendung kommen und damit der Dateninhaber bzw. Verantwortliche umfassend, jedoch ausschließlich, den Anforderungen des Data Act ausgesetzt sein.[412] Das bestehende **Spannungsverhältnis** führt auch dazu, dass die Erfüllung beider Rechtsakte nicht ohne Weiteres möglich ist. Beide Rechtsakte enthalten ein ähnliches Sanktionsregime[413] weshalb eine Weichenstellung und Abwägung zwischen den jeweiligen Rechtsfolgen im Einzelfall erforderlich ist.

### 3. Infizierung des Datensatzes mit personenbezogenen Daten

Der Data Act lässt die DSGVO unberührt und die im Data Act verankerten Ansprü- **836**
che stellen keine Rechtsgrundlagen im Sinne des Datenschutzrechts dar, soweit der Nutzer nicht selbst die betroffene Person ist.[414] Es stellt sich für den Dateninhaber bzw. Verantwortlichen die Frage, ob es durch das Belassen bzw. Aufnahme von personenbezogenen Daten in die relevanten Datensätze bzw. geschickter Gestaltung der Datenverarbeitung erreicht werden kann, die Ansprüche aufgrund fehlender Rechtsgrundlagen abzuweisen oder zumindest in der Anzahl und Umfang zu beschränken.[415] Diese Möglichkeit besteht aber **nur insoweit keine datenschutzrechtlichen Grundsätze entgegenstehen**. Werden personenbezogene Daten aufgenommen oder in Datensätzen belassen, ohne dass es für die Zweckerreichung erforderlich ist, ist ein Verstoß gegen die **Grundsätze der Datenminimierung und Speicherbegrenzung** naheliegend, wenn dem Verantwortlichen selbst keine geeignete Rechtsgrundlage für die weitere Verarbeitung zur Verfügung steht. Es drängt sich auf, dass die Vermeidung von Pflichten aus dem Data Act als einzige Interesse des Verantwortlichen im Rahmen einer Interessenabwägung gemäß Art. 6 Abs. 1 Satz 1 lit. f DSGVO regelmäßig **hinter den Interessen der betroffenen Person zurückbleiben** wird.

### 4. Vorhalten von Daten

Die widerstreitenden Pflichten der DSGVO und des Data Act lassen sich gut am **837**
Beispiel der Speicherung von personenbezogenen Daten sowie der anonymen Nutzung von Dienstleistungen verdeutlichen.

#### *a) Löschung*

Gemäß Art. 5 Abs. 1 lit. e DSGVO (**Grundsatz der Speicherbegrenzung**) dürfen **838**
personenbezogene Daten nur solange »identifizierbar« gespeichert werden, wie es zur

411 Bomhard MMR 2024, 71, 74.

412 Streng genommen kann das datenschutzrechtliche Prinzip des Privacy by Design nicht zur Anwendung kommen, wenn es sich von Beginn um anonymisierte Daten handelt, da in diesen Fällen die DSGVO und damit auch Art. 25 DSGVO keine Anwendung findet.

413 Art. 40 Abs. 4 DA verweist zur Bußgeldbemessung auf Art. 83 DSGVO.

414 Vgl. Art. 4 Abs. 12 DA und Art. 5 Abs. 7 DA.

415 Vgl. Ausführungen oben 3.a.

Zweckerreichung erforderlich ist. Der Verantwortliche hat entsprechende technische und organisatorische Maßnahmen zu ergreifen, um die Einhaltung der DSGVO und die Sicherheit der personenbezogenen Daten zu gewährleisten (Art. 24 und 32 DSGVO). Naheliegende Lösung ist, die Daten zu **löschen.** Die DSGVO stellt darüber hinaus klar, dass der Verantwortliche nicht verpflichtet ist, personenbezogene Daten aufzubewahren oder zu erheben, nur um die DSGVO einhalten und insbesondere Betroffenenanfragen beantworten zu können.[416]

*b) Anonyme Nutzung*

839 Oft besteht beim Verantwortlichen bzw. Dateninhaber aber der Wunsch, vorhandene personenbezogene Daten weiter zu nutzen, zum Beispiel für die Verbesserung der Produkte oder Weiter-bzw. Neuentwicklungen. Neben der Löschung steht dem Verantwortlichen daher auch die **Anonymisierung** zur Verfügung, um die Daten zwar nicht mehr identifizierbar zu speichern, aber weiterhin nutzen zu können.[417] Nach der Anonymisierung dürfen die Daten im Ergebnis keiner identifizierten oder identifizierbaren Person mehr zugeordnet werden können.[418] Der Data Act geht dagegen davon aus, dass vor der Erfüllung eines Datenzugangs- und Weitergaberechts der **Nutzer identifiziert** werden muss.[419] Identifikationsdaten zu speichern, um die datenschutzrechtlichen Betroffenenrechte zu erfüllen, ist aber von **der DSGVO ausdrücklich nicht erwünscht.**[420] Da die Grundsätze der DSGVO unberührt bleiben, kann ein etwaiges Datenzugangs- und Weitergaberecht daher nicht dazu führen, dass eine Anonymisierung unterlassen wird.

*c) Aggregierte Daten*

840 Soweit personenbezogene Daten nur zusammengefasst (aggregiert) oder pseudonymisiert sind, bleibt der Personenbezug und die Verarbeitung unterliegt der DSGVO.[421] Sind Daten aggregiert oder pseudonymisiert und liegt eine Einwilligung der betroffenen Personen nicht vor, stellt sich die Frage, wie sich ein **Widerspruch** einer einzelnen Person auf den Zugang und/oder die Weitergabe der Daten auswirkt. Da es sich bei Datenzugangsanfragen oder Weitergaben an Dritte nicht um Werbemaßnahmen handelt, steht den betroffenen Personen aber nicht in jedem Fall ein Wider-

416 Art. 11 DSGVO.

417 Kipker/Reusch/Ritter/Herbst, 1. Aufl. 2023, DS-GVO Art. 5 Rn. 48; BfDI, Positionspapier zur Anonymisierung unter der DSGVO unter besonderer Berücksichtigung der TK-Branche, S. 2, abrufbar unter https://www.bfdi.bund.de/SharedDocs/Downloads/DE/Konsultationsverfahren/1_Anonymisierung/Positionspapier-Anonymisierung.pdf?__blob=publicationFile&v=6.

418 Kühling/Buchner/Herbst, 4. Aufl. 2024, DS-GVO Art. 5.

419 Erwgr. 29 S. 1, Art. 4 Abs. 5 DA sowie Art. 5 Abs. 4 DA. Fraglich ist daher, ob es überhaupt nicht-personenbezogene Daten unter dem Data Act gibt, wenn der Nutzer eine natürliche Person ist.

420 Vgl. Art. Abs. 1 DSGVO.

421 Erwgr. 26 Satz 1 DSGVO.

spruchsrecht zu.[422] So muss sich der Grund für den Widerspruch aus der besonderen Situation der betroffenen Person ergeben.[423] Liegen keine **atypischen Gründe** vor, die von der allgemeinen Interessenabwägung des Betroffenen abweichen, ist in der Regel kein Widerspruch möglich. Im Regelfall wird daher das **Interesse des Dateninhabers weiterhin überwiegen.**

### 5. Datenzugangs- und -weitergabeanspruch

Macht ein Nutzer als betroffene Person einen Datenweitergabeanspruch gemäß 841
Art. 5 DA/Art. 20 DSGVO geltend, stellt sich die Frage in welchem **Zeitrahmen** ein solcher Anspruch bedient werden muss.

Für die Erfüllung regelt die DSGVO, dass der Verantwortliche die Betroffenenanfrage 842
nach Eingang des Antrags unverzüglich beantworten soll, wobei er sich bis zu einem Monat Zeit lassen darf.[424] Dieser Zeitraum kann zudem um weitere zwei Monate verlängert werden, sollte die Beantwortung der Anfrage aus Gründe des Umfangs oder der Komplexität nicht innerhalb eines Monats beantwortet werden können.[425] Demgegenüber fordern Art. 4, 5 DA einen größeren Umfang und eine unverzügliche, kontinuierlich und in Echtzeit erfolgende Datenbereitstellung bzw. -weitergabe. Zudem steht Art. 20 Abs. 2 DSGVO unter dem **Vorbehalt der technischen Machbarkeit**, diese wird durch Art. 3 DA gerade hergestellt.[426]

Teilweise wird vertreten, dass der Anspruch des Data Act vorgeht, da damit auch die 843
Anforderungen der DSGVO eingehalten werden.[427] Eine andere Meinung möchte auf das geäußerte Begehren des Anfragenden abstellen,[428] wobei im Regelfall wohl beide Begehren in der Anfrage enthalten sein werden.[429] Soweit der datenschutzrechtliche Portabilitätsanspruch ohne weiteres unverzüglich und in Echtzeit erfüllt werden kann, sollten Dateninhaber **beide Ansprüche direkt erfüllen.** Soweit dies nicht der Fall ist, muss berücksichtigt werden, dass die Wertungen der DSGVO durch den Data Act unberührt bleiben sollen. Der Gesetzgeber hat den Verantwortlichen mit Blick auf die mit einer Betroffenenanfrage verbundenen Komplexität einen Zeitrahmen vorgegeben, der nicht unberücksichtigt bleiben darf. Da ggf. zunächst noch Maßnahmen zum Schutz anderer personenbezogenen Daten bzw. anderer betroffener Personen ergriffen werden müssen[430], **fällt die Beantwortung der Ansprüche möglicherweise zeitlich auseinander.** Ist eine Trennung von personenbezogenen Daten und nicht-personenbezogener Daten nicht möglich, gelten nach der hier vertretenen Auffassung die **Anforderungen der DSGVO uneingeschränkt.**

422 Vgl. Art. 21 Abs. 2 DSGVO.
423 Vgl. Art. 21 Abs. 1 DSGVO.
424 Vgl. Art. 12 Abs. 3 Satz 1 DSGVO.
425 Vgl. Art. 12 Abs. 3 Satz 2 DSGVO.
426 Siehe oben Art. 3 DA, Rdn. 131 ff.
427 Steinrötter GRUR 2023, 216 (221).
428 Richter MMR 2023, 163 (166).
429 So zutreffend Steinrötter GRUR 2023, 216 (221).
430 Vgl. Art. 20 Abs. 4 DSGVO.

## 6. Nutzung von Daten

844 **Dateninhaber** können generierte Daten auf Grundlage eines **Vertrags mit dem Nutzer** nutzen.[431] Sind personenbezogene Daten (mit-)enthalten, ist eine Rechtsgrundlage nach Art. 6 und/oder Art. 9 DSGVO ausreichend.[432] Die Nutzung von personenbezogenen Daten für Zwecke des Data Act ist daher auf den ersten Blick einfacher, da nicht nur die direkte Zustimmung der betroffenen Person notwendig ist, sondern die Daten auch insbesondere auf Basis einer Interessenabwägung genutzt werden können. Dateninhaber könnten daher in Erwägung ziehen, Datensätze mit personenbezogenen Daten anzureichern, um die Nutzungsmöglichkeiten zu erleichtern. Jedoch ist zu berücksichtigen, dass, innerhalb der **Grenzen des AGB-Rechts**, der Dateninhaber die vertragliche Zustimmung im Rahmen der Produktnutzungsbedingungen für das relevante Produkt die vertragliche Nutzungsmöglichkeit einholen kann. **Ein Kopplungsverbot[433] oder Gebot der getrennten Erklärungen[434] besteht außerhalb der DSGVO nicht.** Da der Verhandlungsspielraum der Nutzer begrenzt ist, soll das Produkt genutzt werden, scheint diese Hürde eher gering.[435] Nur aufgrund einer erweiterten Nutzungsmöglichkeit die weiteren umfassenden datenschutzrechtlichen Anforderungen in Kauf zu nehmen, ist daher aufgrund der vertraglichen Flexibilität nicht sinnvoll.

## 7. Auftragsverarbeitung

845 Die datenschutzrechtliche Auftragsverarbeitung ist davon gekennzeichnet, dass der Auftragsverarbeiter nur nach **Weisung** des Verantwortlichen tätig wird.[436] Durch die Verarbeitung für eigene Zwecke schwingt sich der Auftragsverarbeiter zum Verantwortlichen auf.[437] Das bedeutet auch, dass der Verantwortliche für die Beantwortung von Betroffenenanfragen verantwortlich bleibt. Der Data Act stellt folgerichtig klar, dass **Auftragsverarbeiter keine Dateninhaber** sind.[438] Der **Dateninhaber kann jedoch den Auftragsverarbeiter beauftragen, Daten bereitzustellen.**[439] Eine Pflicht hierzu besteht jedoch nicht. In der Praxis wird man auf die Art der Verarbeitung abstellen müssen, ob eine Bereitstellung durch den Auftragsverarbeiter sinnvoll und überhaupt möglich ist. In jedem Fall soll der Dateninhaber sicherstellen, dass der Auftragsverarbeiter Datenzugangsverlangen entgegennimmt und bearbeitet.[440] Da aber unbegrenzt viele Ausgestaltungen von Auftragsverarbeitungen existieren, ist diese pauschale Anforderung nicht ohne Weiteres umsetzbar. Insbesondere dort, wo der Auftragsverarbeitung

431 Art. 4 Nr. 13 DA.
432 Steinrötter GRUR 2023, 216 (219).
433 Art. 7 Abs. 4 DSGVO.
434 Art. 7 Abs. 2 DSGVO.
435 Steinrötter GRUR 2023, 216 (219).
436 Vgl. Art. 28 Abs. 3 Satz 2 lit. a, 29 DSGVO.
437 Art. 28 Abs. 10 DSGVO.
438 Erwgr. 22 DA.
439 Erwgr. 22 DA.
440 Erwgr. 29 DA.

von der eigentlichen Datenverarbeitung ausgeschlossen ist und die Zugangsverlangen nicht ohne Weiteres zuordnen kann. Eine Klarstellung, dass die Art der Datenverarbeitung zu berücksichtigen ist, sieht der Data Act jedoch nicht vor.[441] Zumindest dann, wenn personenbezogene Daten betroffen sind, ist die **Unterstützungsleistung unter Berücksichtigung der Art der Dienstleistung festzulegen.**

## I. Wettbewerbsrecht und Data Act

### I. Einführung

Weitere rechtliche Anforderungen zum Zugänglichmachen von Daten und zu den Modalitäten einer Bereitstellung. 846

Eine **Pflicht zum Zugänglichmachen von Daten**, wie sie der Data Act vorsieht, ist **nicht vollkommen neu.** Auch vor dem In Kraft treten des Data Acts konnte sich ein Zwang zum Zugänglichmachen von Daten bereits ergeben. Zum Teil sind diese Pflichten inhaltlich nun deckungsgleich mit den Pflichten aus dem Data Act. Insbesondere können sich solche Pflichten aus dem **Art. 102 AEUV**, z.B. dem **Ausnutzen einer marktbeherrschenden Position**[442] oder der **Essential Facility Doctrine**[443] ergeben, die bereits in den frühen 1990er Jahren Einzug in das Europäische Recht fanden und in § 19 Abs 2 Nr. 4 GWB auch in Deutschland kodifiziert sind. Dabei handelt es sich um ein Rechtsinstitut, das **Dritten unter engen Voraussetzungen** den Zugang zu geschützten **Betriebsmitteln von marktbeherrschenden Unternehmen** ermöglicht, soweit diese Betriebsmittel »wesentliche Einrichtungen« sind. Immaterielle Güter sind zumindest dann betroffen, wenn sie rechtlich geschützt sind. Selbst wenn Daten nicht rechtlich geschützt sind, ist eine Anwendbarkeit auf Daten damit nicht ausgeschlossen[444]. 847

Daneben steht mit der Richtlinie zum **Recht auf Reparatur** eine weitere Europäische Regelung in den Startlöchern, die Einfluss auf Hersteller von Produkten haben kann[445] und diese ggf. indirekt verpflichten kann bestimmte Daten offen zu legen oder zugänglich zu machen. 848

---

441 Vgl. Art. 28 Abs. 3 Satz 2 lit. e DSGVO.

442 Siehe z.B. Fall T-612/17 *Google Shopping* ECLI:EU:T:2021:763.

443 Die Essential Facility Doctrine fand über die Entscheidungen Sealink I und Sealink II Eingang in das Europäische Recht- Europäische Kommission, 11.6.1992, IV/34.174, Sealink/B&I – Holyhead, Rz 43., Europäische Kommission, 21.12.1993, IV/34.689, Sea Containers/Stena Sealink, Rz 68ff.

444 Siehe auch Münchener Kommentar, Art. 102 AEUV, Rz 479 und 517.

445 Nach der Richtlinie (EU) 2024/1799 sind die Richtlinie (EU) 2019/771 über bestimmte vertragsrechtliche Aspekte des Warenkaufs, die Richtlinie (EU) 2020/1828 über Verbandsklagen zum Schutz der Kollektivinteressen der Verbraucher sowie die Verordnung (EU) 2017/2394 über die Zusammenarbeit der für Verbraucherschutzgesetze zuständigen nationalen Behörden anzupassen.

849 Auch **sektorspezifische Gesetze** können einen Einfluss auf den Umgang mit Daten haben. Die **Zahlungsdiensterichtlinie**[446] sowie die **Elektrizitätsrichtlinie**[447] sehen bereits Regelungen zur Datenweitergabe[448] vor. Auch die Idee zur Schaffung eines **Europäischen Gesundheitsdatenraumes**[449] und die dazugehörige Verordnung, die im Dezember 2024 vom Europäischen Parlament verabschiedet wurde[450], können Einfluss auf das Thema Umgang mit Daten haben.

850 Daneben ist zu beachten, dass es nicht nur im Hinblick auf die Frage »ob« Daten herauszugeben sind weitere gesetzliche Regelungen gibt, sondern auch bzgl der Frage des »wie«. So können sich z.B. aus dem Datenschutzrecht oder dem Wettbewerbsrecht **Anforderungen an das »wie«** ergeben.

851 Es ist daher im Hinblick auf den Umgang mit Daten darauf zu achten, den Fokus nicht nur auf den Data Act zu legen, sondern eine ganzheitliche Betrachtung vorzunehmen. Selbst wenn sich aus dem Data Act keine Pflicht zum Zugänglichmachen von Daten ergibt bzw. kein Recht zur Nutzung, so können sich doch Rechte und Pflichten aus anderen Gesetzen bzw. Rechtskonstrukten ergeben.

## II. Rechtliche Inhalte

### 1. Essential Facility (»wesentliche Einrichtung«) Doctrine

852 Unter dem Data Act gibt es **Einschränkungen** im Hinblick auf das Zugänglichmachen von Daten, z.B. wenn Daten das Ergebnis eines **komplexen Verarbeitungsvorganges** sind[451]. Diese Einschränkungen können Herstellern und Dateninhabern zu Gute kommen. Diese Einschränkungen gelten aber nicht selbstverständlich auch für Pflichten, Daten zugänglich zu machen, die sich aus anderen Gesetzen ergeben. Pflichten, Daten zugänglich zu machen, die sich aus anderen Gesetzen oder rechtlichen Konstrukten ergeben, können daher sogar weitergehen als der Data Act. Diese Einschränkungen gelten bspw. nicht per se im Wettbewerbsrecht, wenn die (verarbeiteten) Daten eine »wesentliche Einrichtung« sind. Dies ist im Data Act selbst in Erwgr. 20 angelegt, der darauf verweist, dass es für Daten von wesentlicher Bedeutung, weitere gesetzliche Regelungen geben könnte[452]. Für **marktbeherrschende Unternehmen** ist es daher wichtig zu prüfen, ob Daten einen **wesentlichen Charakter** haben.

---

446 Richtlinie 2015/2366 (PSD2).
447 Richtlinie 2019/944.
448 Siehe Art. 64 ff PSD2 oder Art. 20 Elektrizitätsrichtlinie.
449 Europäischer Raum für Gesundheitsdaten (EHDS) – Europäische Kommission (europa.eu).
450 eur-lex.europa.eu/legal-content/DE/TXT/HTML/?uri=CELEX:52022PC0197&from=EN.
451 Siehe Erwgr. 15.
452 Es könnte Unionsrecht oder nationales Recht eingeführt werden, um weitere Besonderheiten festzulegen, wie etwa die Produktdaten, die über vernetzte Produkte oder verbundene Dienste zugänglich sein sollten, da diese Daten für den effizienten Betrieb, die Reparatur oder die Wartung dieser vernetzten Produkte oder verbundenen Dienste von wesentlicher Bedeutung sein können.

### a) Voraussetzungen

Die Anwendbarkeit der Essential Facility Doctrine auf geistiges Eigentum fällt unter die Generalklausel des § 19 Abs 2 Nr. 1 GWB[453] und ist an mehrere Voraussetzungen geknüpft. Zum einen muss die **gegenständliche Einrichtung »wesentlich«** sein und zum anderen muss diese **Einrichtung genutzt werden** und **unerlässlich sein**, um ein **neues Produkt oder eine neue Dienstleistung anzubieten**[454]. Ob und in welchem Umfang die zweite Voraussetzung auch für Daten gilt, ist noch nicht abschließend geklärt. Auch der Data Act verleiht dem Nutzer keine absolute Rechtsposition an Daten. Es ist daher fraglich, ob es für Daten eine dem geistigen Eigentum vergleichbare Wirkung im Hinblick auf Innovation gibt. Tatsächlich gibt aber gerade die **Kontrolle über Daten** dem Hersteller eines Produktes bereits eine **starke Position** und die Möglichkeit andere von der Nutzung auszuschließen. Dies spricht dafür, die zweite Voraussetzung der Essential Facility Doctrine im Zusammenhang mit geisteigen Eigentum auch für Daten zur Anwendung zu bringen. Bzgl. dieser Innovationsschwelle ist jedoch die Anforderungshöhe bis heute nicht eindeutig definiert. Im Fall Microsoft v. Europäische Kommission[455] erkannte das Gericht die Innovationsschwelle als erreicht an, wenn die Verweigerung des Zugangs geeignet war, die technische Entwicklung zum Nachteil der Verbraucher zu beschränken. Hier soll nun der Schwerpunkt auf die **Frage der Wesentlichkeit** gelegt werden. Soweit diese Schwelle erreicht wird, ist in einem zweiten Schritt die Frage der Innovationschwelle zu beantworten, die aber hier nicht weiter thematisiert wird. 853

### b) Daten als wesentliche Einrichtung

Der Begriff der wesentlichen Einrichtung ist nicht legal definiert. 854

Die Rechtsprechung hat an Hand von Beispielen erläutert, was unter den Begriff der **Einrichtung** fallen kann[456] und auch der deutsche Gesetzgeber stellt in § 19 Abs. 2 Nr. 4 GWB eine Auflistung zur Verfügung. Darüber hinaus hat der BGH[457] bereits 2004 entschieden, dass auch geistiges Eigentum eine Einrichtung sein kann, die dann allerdings unter die Generalklausel des § 19 Abs 2 Nr. 1 GWB fällt. **Daten als solche sind zwar kein geistiges Eigentum**, aber der Data Act sieht vor, dass auch an Daten **Nutzungsrechte** vergeben werden können und zur rechtmäßigen Nutzung auch müssen. Darüber hinaus verleiht die faktische Kontrolle über den Zugang zu Daten eine Position mit Ausschlussmöglichkeiten, die einem absoluten Recht wie Eigentum nahekommt. Somit ist zumindest eine Vergleichbarkeit zwischen Daten und geistigem Eigentum gegeben und die Anwendbarkeit der Doctrine nicht per se ausgeschlossen. 855

453 BGH, Urt. v. 13.7.2004.

454 Siehe dazu C-241/91 P and C-242/91 P *RTE and ITV v Commission (›Magill‹)* ECLI:EU:C:1995:98.

455 T-201/04 *Microsoft* ECLI:EU:T:2007:289.

456 EuGH, 5.10.1988, Rs 238/87.

457 BGH a.a.O.

856 Die **Wesentlichkeit** kann sich z.B. ergeben, wenn ein Unternehmen **ohne Nutzung** der Einrichtung Waren oder **Dienste nicht anbieten** kann, mithin nicht am Wettbewerb im betreffenden Markt partizipieren kann[458]. Im Hinblick auf die »Wesentlichkeit« können Daten in einer bestimmten Situation eine Einrichtung sein, die für einen wirksamen Wettbewerb unerlässlich ist. Wenn man die in der Rechtsprechung entwickelten Kriterien der Essential Facility Doctrine auch auf den Zugang zu Daten anwendet, so wäre Voraussetzung für einen Zugangsanspruch zu Daten, dass es für konkret betroffenen Daten im Hinblick auf die konkret geplante wirtschaftliche Verwendung keine Substitute gibt. Für manche Daten mag es Alternative geben aber einige Daten können auch einzigartig sein.

857 Die Einzigartigkeit kann sich z.B. aus der Einzigartigkeit eines Produkts oder einer Dienstleistung ergeben, die ein marktbeherrschende Unternehmen anbietet und auf die sich die Daten beziehen[459].

858 Auch die Größe und der Umfang von Datensets kann eine Wesentlichkeit, z.B. für das Trainieren von KI begründen.

859 Daneben ist es aber ebenso wichtig, die Entwicklung des Internet of Things (IoT) zu beachten. Im Zusammenhang mit dem IoT kann sich die Einzigartigkeit auch aus anderen Faktoren ergeben. Daten können für die Wartung von Produkten oder für mit diesen verbundenen Dienstleistungen, z.B. im Bereich der predictive maintenance (vorausschauende Wartung) wesentlich sein.

860 Daneben können Daten eine wesentliche Rolle spielen, wenn es um die Frage von Kompatibilitäten von komplementären Produkten oder Dienstleistungen geht. Soweit ein Hersteller im Rahmen seiner Dispositionsbefugnis seine vernetzten Produkte so konzipiert hat, dass solche Daten nicht abgerufen werden können oder solche Daten nicht ohne Weiteres verfügbar sind oder Ergebnis eines komplexen Verarbeitungsvorganges sind, sind diese Daten nicht Gegenstand des Data Acts bzw. nicht Gegenstand einer Teilungspflicht.

861 Marktbeherrschende Unternehmen können dennoch verpflichtet sein, solche Daten im Zusammenhang mit der »Essential Facitlity Doctrine« zur Verfügung stellen zu müssen.

### 2. Informationsaustausch zwischen Wettbewerbern

862 Die Wettbewerbsrelevanz von Daten nimmt kontinuierlich zu. Mit dem Data Act soll unter anderem ein angemessener Rechtsrahmen für den Zugang zu Daten gestaltet werden. Mit der Bereitstellung von Daten (insbesondere auch an Dritte gem. Art. 5 Abs. 1 DA) ist ein Augenmerk auf einen möglicherweise **unzulässigen Informationsaustausch zwischen Wettbewerbern** zu legen. Hier bedarf es Sorgfalt, um einen Verstoß gegen das Kartellrecht zu vermeiden. Die Anwendung von Wettbewerbsvorschriften, insbesondere der Artikel 101 f. AEUV, sollen vom Data Act unberührt

458 Entscheidung 94/19/EG (Sea Containers/Stena Sealink).

459 Z.B. Zugang zu Diagnosedaten von Kfz- Siehe BGH, Urt. v. 6.10.2015, Porsche-Tuning.

bleiben.[460] **Daraus folgt, dass ein denkbarer wettbewerbswidriger Informationsaustausch nicht durch die Verpflichtung zur Datenbereitstellung aus dem Data Act gerechtfertigt werden kann.**

Wettbewerbsrelevante bzw. wettbewerblich sensible Daten dürfen in bestimmten Fällen nicht zwischen (potenziellen) Wettbewerbern ausgetauscht werden, wenn diese Informationen z.B. geeignet sind, etwas über das Verhalten eines Wettbewerbers zu erfahren[461]. Grund ist, dass jedes Unternehmen selbst geschäftliche Entscheidungen auf dem Markt treffen soll, um eine Verfälschung des Wettbewerbs zu verhindern. Dies ist nur schwer möglich, wenn durch einen Informationsaustausch die Unwissenheit über ein Wettbewerbsverhalten reduziert (oder gar beseitigt) werden kann.[462] 863

Vom »**Verbot des Informationsaustauschs**« ist nicht nur der gegenseitige Austausch, sondern auch die einseitige Offenlegung oder der Empfang von wettbewerbsrelevanten Daten[463] sowie der Austausch über einen Dritten[464], umfasst. Es genügt bereits ein einmaliger Austausch von wettbewerblich sensiblen Daten und es müssen darüber hinaus keine (weiteren) Absprachen zwischen den Wettbewerbern getroffen werden[465]. In einer Datenbereitstellung durch den Dateninhaber an einen Nutzer (Art. 3, 4 DA) oder auf Verlangen eines Nutzers an einen Dritten (Art. 5 DA) kann eine solche unzulässige einseitige Offenlegung durch den Dateninhaber oder ein Empfang durch den Nutzer/Dritten liegen. Voraussetzung ist, dass die einseitig offengelegten oder empfangenen Informationen wettbewerbsrelevant sind. 864

Zu den **wettbewerbsrelevanten Daten und Informationen** gehören u.a. 865
- Preise (z.B. Höchst- und Mindestpreise, Rabatte, Preisänderungen),
- Verkaufsinformationen (z.B. Umsätze, Geschäftsvolumina, Marktanteile, Verkaufsgebiete)
- Kapazitäten,
- Elemente der Strategie eines Unternehmens
- Pläne zum Markteintritt oder -austritt oder
- andere wichtige Informationen.[466]

In engen kartellrechtlichen Grenzen kann ein Informationsaustausch zulässig sein, wenn z.B. die Daten **historisch**[467], bereits **öffentlich zugänglich**[468] oder ausreichend 866

460 Erwgr. 116.
461 EuGH, Urteil v. 4. 6. 2009, C-8/08, Slg. 2009 I-4529 Rn. 34 ff. – T-Mobile Netherlands.
462 Vgl. Deere/Kommission, EuGH, Urt. v. 28.5.1998 – C-7/95, Rn. 88 ff.
463 Schlussanträge der Generalanwältin Kokott, Rs. C-8/08 P, T-Mobile Netherlands, Slg. 2009, I-4529 Rn. 54.
464 MüKoEuWettbR/Wagner-von Papp, 4. Aufl. 2023, AEUV Art. 101 Rn. 353.
465 EuGH, Urteil v. 4. 6. 2009, C-8/08, Slg. 2009 I-4529 Rn. 54 ff. – T-Mobile Netherlands.
466 Vgl. European Commission, C(2023) 3445 final, 01.06.2023, Guidelines on the applicability of Article 101 of the Treaty on the Functioning of the European Union to horizontal co-operation agreements, Rn. 385.
467 Ebd., Rn. 393.
468 Ebd., Rn. 400.

**aggregiert**[469] sind. Ob ein Austausch wettbewerblich sensibler Daten unzulässig ist, hängt von mehreren Faktoren ab. Ob wettbewerblich sensible Daten betroffen sind und ob eine Offenlegung oder der Empfang dieser kartellrechtlich unzulässig ist, bedarf einer detaillierten Einzelfallprüfung und lässt sich nicht pauschal beantworten.

867 Laut Data Act sollte die Anwendung der Wettbewerbsvorschriften, insbesondere der Art. 101 und 102 AEUV (und damit auch das Verbot des Informationsaustauschs) unberührt bleiben[470], so dass kartellrechtliche Vorgaben natürlich zu berücksichtigen sind und mit den Vorgaben des Data Acts in Einklang gebracht werden müssen. Im Übrigen ist Art. 101 AEUV als unmittelbar geltendes Primärrecht dem Data Act als Sekundärakt vorrangig zu beachten. Die Regelungen des Data Acts dürfen nicht dazu verwendet werden, den Wettbewerb entgegen den Vorschriften des AEUV einzuschränken.[471]

868 Zu beachten ist, dass kartellrechtliche Vorgaben nicht »vorgeschoben« werden dürfen, um sich einer Datenweitergabe zu entziehen. Umgekehrt darf der Data Act aber auch nicht dazu genutzt werden, dass sich Wettbewerber gegenseitig Datenzugangsansprüche einräumen, um dann unter diesem »Deckmantel« wettbewerblich sensitive Informationen austauschen zu können (z.B. über Kundeninformationen).[472]

▶ Hinweis

869 Um einen kartellrechtlichen Verstoß zu vermeiden, ist in jedem Fall darauf zu achten, dass ein unzulässiger Austausch von wettbewerblich sensiblen Informationen durch die Erfüllung der Ansprüche aus dem Data Act nicht stattfindet.

### 3. Verbot der Entwicklung von konkurrierenden Produkten unter Einsatz der Daten/Erkenntnisse

870 Ein weiterer wettbewerblicher Aspekt sind die sog. »**Konkurrenzprodukte**«. Zu den Pflichten des Dritten, bzw. des sogenannten »Datenempfängers«, gehört das Verbot, mit den erhaltenen Daten ein sog. Konkurrenzprodukt zu entwickeln. Gem. Art. 6 Abs. 2 lit. e DA ist es einem Dritten nämlich untersagt, »die erhaltenen Daten zu nutzen, um ein Produkt zu entwickeln, das mit dem vernetzten Produkt, von dem die Daten stammen, im Wettbewerb steht, oder die Daten zu diesem Zweck an einen anderen Dritten weiterzugeben.«

871 Das Konkurrenzverbot bezieht sich ausdrücklich auf die Entwicklung von **konkurrierenden Produkten** und nicht auf die Entwicklung von verbundenen Diensten. Hintergrund ist, dass durch den Data Act gerade die Förderung von Innovationen auf dem Sekundärmarkt bezweckt und diese nicht durch Verbote abgeschreckt wer-

469 Ebd., Rn. 391.
470 Vgl. Erwgr. 116.
471 Vgl. Erwgr. 116.
472 Podszun, Rupprecht, Der EU Data Act und der Zugang zu Sekundärmärkten am Beispiel des Handwerks, Wirtschaft und Recht für Mittelstand und Handwerk, S. 90.

den sollen. Das Primärprodukt ist im Fall des Data Acts das vernetzte Produkt oder der verbundene Dienst, welche auf dem sog. Primärmarkt angeboten werden. Ziel ist vielmehr die Entwicklung von gänzlich neuen Diensten anzuregen, indem durch die Zugangsansprüche aus der Verordnung die Daten aus vernetzten Produkten und verbundenen Diensten erlangt werden können. Ein Entwicklungsverbot von verbundenen Diensten hätte hingegen wohl eine innovationshemmende Wirkung.[473]

Auf der anderen Seite sind die Innovationsanstrengungen zu schützen. Art. 6 Abs. 2 872
lit. e DA schützt dabei nicht nur den Dateninhaber, sondern auch den Hersteller, da sich die Vorschrift nicht nur auf den Dateninhaber bezieht.[474] Für Unternehmen besteht mit der möglichen Verpflichtung zur Bereitstellung der Daten des vernetzten Produktes zu Gunsten eines anderen Unternehmens (Dritten) das Risiko, dass kostenintensive und durchdachte Entwicklungen von vernetzten Produkten nachgeahmt werden. Durch das Verbot der Nutzung der Daten zur Entwicklung eines konkurrierenden Produkts, sollen diese Investitionen in die Entwicklung von vernetzten Produkten abgesichert werden.[475]

Das Konkurrenzprodukt, also wie »ähnlich« sich die beiden Produkte sein müssen, 873
ist im Data Act nicht weiter definiert. Um zu »konkurrieren«, müssen die Produkte laut Erwgr. 32 **im Wettbewerb stehen.** Dies ist der Fall, wenn das entwickelte Produkt und das Produkt, von dem die Daten stammen, auf demselben Produktmarkt angeboten werden, was nach den anerkannten (kartellrechtlichen) Grundsätzen des EU-Wettbewerbsrechts zu bestimmen ist.[476] Der Data Act verweist hierbei ausschließlich auf den Produktmarkt, also den sachlich relevanten Markt[477]. Dieser umfasst alle Produkte, die die Kunden angesichts der Eigenschaften der fraglichen Produkte, ihrer Preise und ihres Verwendungszwecks unter Berücksichtigung der Wettbewerbsbedingungen und der Struktur des Angebots und der Nachfrage auf dem Markt als mit dem Produkt bzw. den Produkten des/der beteiligten Unternehmen(s) austauschbar oder substituierbar ansehen[478].

Darüber hinaus ergibt sich aus dem Erwgr. 32 des Data Acts, dass das sog. **Reverse** 874
**Engineering, (Nachkonstruktion)** eines vernetzten Produktes, mit Hilfe der durch den Dateninhaber erlangten Daten nicht von diesem Konkurrenzverbot erfasst sein soll. Bei einem Reverse Engineering kann es sich um Dienste zu Zwecken der Reparatur oder der Verlängerung der Lebensdauer eines vernetzten Produkts oder der Erbringung von Folgemarkt-Diensten für vernetzte Produkte handeln[479].

---

473 Vgl. Erwgr. 32.

474 Schmidt-Kessel, MMR 2024, 75, Heraus- und Weitergabe von IoT-Gerätedaten, S. 77.

475 Vgl. Erwgr. 32. Weitere Informationen zu den Geschäftsgeheimnissen finden Sie in Kapitel D. II. 6. bzw. E. IX.

476 Vgl. Erwgr. 32.

477 Heinzke/Herbers/Kraus, BB 2024, 649, Datenzugangsansprüche nach dem Data Act, S. 654.

478 Bekanntmachung der Kommission über die Abgrenzung des relevanten Marktes im Sinne des Wettbewerbsrechts der Union (C/2024/1645), Rz. 12.

479 Erwgr. 32.

875 Art. 6 Abs. 2 lit. e DA stellt bzgl. der Weitergabe der Daten an einen Dritten auf den Zweck der Weitergabe ab. Entsprechend der Vorschrift dürfen die Daten zum Zweck der Entwicklung von Konkurrenzprodukten vom Datenempfänger oder Dritten nicht an einen (weiteren) Dritten weitergegeben werden. Im Umkehrschluss ist die Weitergabe der Daten zu einem anderen Zweck gem. Art. 6 Abs. 2 lit. e DA gerade nicht ausdrücklich untersagt. Hierbei besteht die Gefahr, dass die Schutzvorschrift leerläuft, wenn die Daten zunächst zu einem anderen Zweck weitergegeben werden, der Dritte sich aber später entschließt, mit diesen Daten nun doch ein konkurrierendes Produkt zu entwickeln. Damit das Konkurrenzverbot seine Wirkung entfalten kann, ist die Vorschrift wohl so zu verstehen, dass der Empfänger der Daten (also der Dritte gem. Art. 5 Abs. 2 DA) das Verbot zur Entwicklung konkurrierender Produkte aktiv mit dem weiteren Dritten vereinbaren muss.[480]

▶ Hinweis

876 Wird durch den Dritten oder den Datenempfänger ein Konkurrenzprodukt entwickelt, kann der Dateninhaber (oder der Nutzer) diesen auffordern, unverzüglich Korrektur- oder Abhilfemaßnahmen zu ergreifen.[481]

## III. Implementierung

### 1. »FRAND«

877 Für den Fall, dass ein Nutzer eines vernetzten Produktes oder verbundenen Dienstes Zugang zu »seinen« Daten – also den Daten die im Zusammenhang mit seiner Nutzung des Produktes bzw. Dienstes generiert wurden – haben möchte, wird das Rechtskonstrukt der Essential Facility Doctrine nur eine kleine Rolle spielen. Denn dieses Konstrukt soll ja vornehmlich dazu dienen den Wettbewerb zwischen Unternehmen zu ermöglichen und fördern. Es ist daher zu erwarten, dass dieses Konstrukt insbesondere dann relevant werden wird, wenn Dritte Interessenten Zugang zu Daten verlangen, um darauf aufbauend Dienste anzubieten, die z.B. in Konkurrenz zu Diensten des Inhabers der Daten stehen.

878 Derjenige, der aus faktischen Gründen den Zugang zu diesen Daten kontrolliert, hat gegenüber den Interessenten an solchen Daten eine vergleichsweise starke Verhandlungsposition. Auch wenn es aus der Essential Facility Doctrine einen Zwang geben mag, solche Daten zur Verfügung zu stellen, so könnte der Inhaber der fraglichen Daten den Nutzen dieser Daten über vertragliche Modalitäten stark dezimieren. Daher ist auch im Rahmen der Essential Facility Doctrine ein Mechanismus anzuwenden, der der Missbrauchskontrolle aus dem Data Act ähnelt. Die Bedingungen zu denen Daten nach der Essential Facility Doctrine zur Verfügung gestellt werden müssten, müssen dem Maßstab »FRAND« (Fair, reasonable and non discriminatory)

480 Heinzke/Herbers/Kraus, BB 2024, 649, Datenzugangsansprüche nach dem Data Act, S. 655.

481 Vgl. Erwgr. 57.

standhalten. Damit wird die Dispositionsbefugnis des Inhabers der Daten stark eingeschränkt. Eine eindeutige Definition des Maßstabs FRAND im Zusammenhang mit dem Wettbewerbsrecht gibt es Stand heute nicht. Es kann daher nur eine Hilfestellung zum Verständnis dieses Begriffes gegeben werden.

879 Die Komponente »Fair« hat hierbei einen subjektiven Charakter und bedarf einer Einzelprüfung. Die Komponenten »reasonable« und »non discriminatory« sind eher objektiv bewertbar. Bzgl der Komponenten »reasonable« ist beispielsweise ein Vergleich mit Industriestandards oder Marktüblichkeit möglich. Die Komponente »non discriminatory« verlangt, dass Empfänger von Daten unter vergleichbaren Umständen gleich behandelt werden, außer es liegt ein objektiver Grund vor, der eine unterschiedliche Behandlung rechtfertigt. So kann z.B. die Bonität eines Interessenten unterschiedliche Zahlungsmodalitäten rechtfertigen oder die Zuverlässigkeit eines Interessenten unterschiedliche Anforderungen an Sicherheitsmaßnahmen zum Schutz von vertraulichen Informationen rechtfertigen.

## 2. Vorkehrungen beim Informationsaustausch

880 Verlangt der Nutzer die Bereitstellung der entsprechenden Daten gem. Art. 5 Abs. 1 Data Act an einen Dritten, sollte sichergestellt werden, dass diese keine wettbewerbsrelevanten Informationen enthalten. Wie oben bereits dargestellt, bleiben wettbewerbsrelevante Vorschriften unberührt, so dass der Data Act nicht verwendet werden darf, um (unter anderem) die Vorschriften des Art. 101 f. AEUV zu umgehen und den Wettbewerb zu beschränken.

881 Vor diesem Hintergrund »liegt die Kunst« wohl darin, die beiden Gesetze in Einklang zu bringen und die Grenze zwischen erlaubter und verbotener Datenweitergabe abzustecken. Im Hinblick auf den – unter bestimmten Voraussetzungen – unzulässigen Informationsaustausch ist sicherzustellen, dass keine wettbewerbsrelevanten Informationen an einen Wettbewerber bereitgestellt werden. Empfehlenswert scheint vor diesem Hintergrund, die wettbewerbliche Relevanz der ohne Weiteres verfügbaren Daten (und zugehörigen Metadaten) aus den Zugangsansprüche des Data Acts zu identifizieren und entsprechend zu clustern. Auf diese Cluster, in denen sich die wettbewerblich sensiblen Informationen befinden, ist ein besonderes Augenmerk im Hinblick auf die kartellrechtlichen Vorgaben zu richten.

882 Eine ausdrückliche Regelung, wie mit diesen Daten zu verfahren ist, gibt es im Data Act nicht: Es stellt sich insbesondere die Frage, ob die Bereitstellung aufgrund der wettbewerblichen Relevanz der betroffenen Daten gänzlich verweigert werden kann oder ob bzgl. dieser Daten Vorkehrungen zur Minimierung des Risikos zu treffen sind, um eine Datenbereitstellung zu ermöglichen. Zweiteres erscheint zumindest vor dem Ziel des Data Acts, Datensilos aufzubrechen, vorzugswürdiger.

883 Eine **Risikominimierung** der kartellrechtlichen Bedenken kann grundsätzlich beispielsweise erreicht werden, indem nur Informationen in aggregierter Form ausgetauscht werden oder eine angemessene Verzögerung zwischen der Erzeugung der

Informationen und ihrem Austausch gewährleistet wird[482]. Dies scheint jedoch im Hinblick auf den Data Act nur wenig hilfreich, da dieser genau festlegt, welche Daten – nämlich ohne Weiteres verfügbare Daten sowie die für die Auslegung und Nutzung dieser Daten erforderlichen Metadaten, vgl. Art. 4 Abs. 1 und 5 Abs. 1 Data Act – in welchem Format bereitgestellt werden müssen, so dass höchst fraglich ist, ob eine Aggregierung überhaupt in Betracht kommt. Darüber hinaus sind diese Daten – soweit technisch möglich – »kontinuierlich und in Echtzeit«[483], also gerade ohne Verzögerung, bereitzustellen.

884 Eine weitere Möglichkeit zur Minderung von wettbewerbsrechtlichen Risiken können **technische, vertragliche oder administrative Maßnahmen** wie Firewalls bzw. »Chinese Walls« sein, mittels derer sichergestellt werden soll, dass sensible Informationen nur einem beschränkten Kreis von Personen (z.B. Mitarbeitern) zur Verfügung gestellt werden, die nicht für nachgelagerte Direktvertriebstätigkeiten des Unternehmens verantwortlich sind.[484] Ob eine solche Vorkehrung bei der Datenbereitstellung nach dem Data Act umgesetzt werden kann, ist stets im Einzelfall zu prüfen.

885 Im Übrigen ist aktuell auch keine Tendenz der Europäischen Kommission erkennbar, den kartellrechtlichen Zugriff auf Datenpools und Datenkooperationen zu erleichtern, um den Anforderungen aus dem Data Act besser nachkommen zu können.[485]

886 **Jedenfalls ist es aus kartellrechtlichen Gründen ratsam, die wettbewerbsrechtliche Relevanz der Daten festzustellen und den Umgang mit diesen festzulegen.**

482 Europäische Kommission, Leitlinien für vertikale Beschränkungen, 30.06.2022, C 248/01 Rn. 103.

483 Art. 4 Abs. 1 und Art. 5 Abs. 1 Data Act.

484 Europäische Kommission, Leitlinien für vertikale Beschränkungen, 30.06.2022, C 248/01 Rn. 103.

485 Podszun, Rupprecht, Der EU Data Act und der Zugang zu Sekundärmärkten am Beispiel des Handwerks, Wirtschaft und Recht für Mittelstand und Handwerk, No. 8, Nomos Verlagsgesellschaft, Baden-Baden, 1. Auflage 2023, S. 90.

# Kapitel 3 Datennutzungsverträge und Missbrauchskontrolle

Übersicht Rdn.



## A. Einführung

### I. Data is the new IP

Im Zuge der **Europäischen Datenstrategie**[486] verfolgt die EU **mehrere Ziele**. Einen **Europäischen Binnenmarkt für Daten** schaffen, die **Datensouveränität der EU** zu gewährleisten und die Verbreitung von **datengesteuerten Anwendungen zu fördern**. Die EU sieht **Daten** als eine der **wesentlichen Ressourcen**, die zukünftig für Wirtschaftswachstum und Innovation sorgen werden. Bereits heute hat der Europäische **Datenmarkt ein Volumen von mehr als 400 Mrd. EUR**[487]. Optimistische Schätzun- 887

486 Europäische Datenstrategie abrufbar unter Eine europäische Datenstrategie | Gestaltung der digitalen Zukunft Europas, Stand: 26.04.2024.

487 European DATA Market Study 2021–2023 abrufbar unter Ergebnisse der neuen Studie über den europäischen Datenmarkt 2021–2023 | Gestaltung der digitalen Zukunft Europas, Stand: 26.04.2024.

gen gehen davon aus, dass der Datenmarkt im Jahr 2030 die 1 Billion EUR Grenze überschreiten wird[488]. Der **Data Act** ist ein **wesentlicher Bestandteil dieser Strategie**[489].

888 Bisher gibt es im **deutschen Recht keine Regelung**, die das **Eigentum an Daten** einer bestimmten Person zuweist[490]. In einigen **Spezialgesetzen** gibt es zwar **Regelungen**, die die **Verfügungsbefugnis** über Daten bestimmten Personen zuweisen, insbesondere im **Datenschutzrecht oder Urheberecht**. Aber dies ist **kein generell anwendbares Muster** und gilt **nicht für Daten, die von Maschinen generiert** werden. Daher ließ sich bisher vertreten, dass Daten, die nicht durch Spezialgesetze oder Verträge geschützt sind durch alle Personen genutzt werden konnten, die rechtmäßigen Zugang zu diesen Daten hatten.

889 Daraus ergab es sich, dass ein **Schutz von Daten** besonders durch **reglementierten und beschränkten Zugang**, oftmals durch den Hersteller der betroffenen Produkte, erreicht werden konnte. Somit konnten Hersteller mittels technischer und organisatorischer Maßnahmen die Verbreitung und Nutzung von Daten kontrollieren.

890 Mit dem **Data Act** sollen die Möglichkeiten zur Zugangsbeschränkung beseitigt werden und somit **Daten dem Markt zugänglich** gemacht werden. Gleichzeitig sollen **Nutzer von »Internet of Things«** Produkten eine **alleinige Verfügungsbefugnis** über die Nutzung der Daten, die diese Nutzer durch die Nutzung eines Produktes generieren, erhalten. **Jeder, der** solche **Daten nutzen möchte**, muss sich dazu **ein Recht vom Nutzer einräumen** lassen.

### II. Datennutzungsverträge allgemein

891 Wie eingangs[491] dargestellt sind Daten für die digitale Wirtschaft essenziell. Daher ist es wichtig, die erlaubte Nutzung dieser Daten und die damit verbundenen **Rechte und Pflichten vertraglich klar und eindeutig** zu **regeln**.

892 Dies gilt umso mehr, als dass es für Datennutzungsverträge als solche nach deutschem Recht **kein** darauf zugeschnittenes **eigenes Vertragsrecht** gibt.[492] Vielmehr richtet es sich nach der geplanten Art und Weise der Datennutzung sowie den allgemeinen Grundsätzen des Vertragsrechts, insbesondere den Vorschriften des Bürgerlichen Gesetzbuchs. Die Rechtsnatur von Datennutzungsverträgen kann daher je nach Ausgestaltung unterschiedlich sein. Auch wenn es **kein Eigentum an Daten** gibt,[493] werden Datennutzungsverträge teilweise als **Kauf- oder Mietverträge** eingeordnet.

488 E u r o p e a n DATA Market Study 2021–2023 a.a.O.

489 Daneben gibt es z.B. auch den Daten Governance-Rechtsakt (Verordnung EU 2022/866), welcher seit September 2023 anwendbar ist. Dieser regelt u.a. die Nutzung von Daten, die im Besitz öffentlicher Stellen sind sowie das freiwillige Spenden von Daten.

490 Peschel/Rockstroh: Chancen und Risiken neuer Daten-basierter Dienste für die Industrie (DSRITB 2014, 309).

491 Rdn 887.

492 Czychowski/Winzek, ZD 2022, 81, 83.

493 Ausführlich dazu z.B. Czychowski/Winzek, ZD 2022, 81, 88.

Daneben kommt insbesondere eine Einordung als **IP-Lizenzvertrag** sowie als **Vertrag sui generis**[494] in Betracht.

Da der Data Act mit Art. 13 DA nunmehr ein **eigenes AGB-Recht** für Datennutzungsverträge aufstellt,[495] ist die genaue Einordnung – zumindest sofern dies für eine AGB-Kontrolle nach §§ 307 Abs. 1; Abs. 2 Nr. 1 BGB relevant ist (d.h. für die Beurteilung einer unangemessenen Benachteiligung durch Unvereinbarkeit mit wesentlichen Grundgedanken der gesetzlichen Regelung) – nicht von entscheidender Bedeutung. Sofern allerdings wegen fehlender vertraglicher Regelungen Gesetzesrecht Anwendung findet (z.B. im Bereich der Gewährleistung oder der Haftung) würde die genaue vertragliche Einordung wieder relevant. Um Rechtsunsicherheit für beide Parteien zu vermeiden und um den spezifischen Anforderungen der Datenökonomie gerecht zu werden ist eine **sorgfältige Vertragsgestaltung essentiell.** 893

*[unbelegt]* 894

## B. Rechtliche Inhalte

### I. Datennutzungsverträge unter dem EU Data Act

Die wesentlichen Beteiligten im Data Act (d.h. Nutzer; Dateninhaber und Datenempfänger) stehen in einem **Dreiecksverhältnis** zueinander: insofern kann bei Datennutzungsverträgen unter dem Data Act zwischen den Verträgen zwischen (1.) dem Nutzer und dem Dateninhaber; (2.) dem Dateninhaber und dem Datenempfänger und (3.) dem Nutzer und dem Datenempfänger unterschieden werden. 895

In allen drei Vertragsverhältnissen ist es wie bei jedem Vertrag wichtig, neben den jeweiligen **Hauptleistungspflichten** insbesondere die entsprechenden **Nebenleistungspflichten** zu **regeln.** 896

Das **Erst-Vorschlagsrecht** bezüglich der **vertraglichen Grundlage** sollte bei den Verträgen mit dem **Dateninhaber** bei diesem liegen: insbesondere hat nur er einen Überblick darüber, welche etwaigen Geschäftsgeheimnisse in den betroffenen Daten liegen und wie diese zu schützen sind. Da es sich ebenfalls um ein Massengeschäft handeln wird, liegt es auch an ihm, die genaue Art und Weise der Bereitstellung der Daten vorzugeben. Sofern gegenüber dem Datenempfänger eine Gegenleistung verlangt werden kann, kann der Dateninhaber den Wert seiner Daten am besten bewerten. 897

#### 1. Datennutzungsverträge zwischen dem Nutzer und dem Dateninhaber

Datennutzungsverträge zwischen dem Nutzer und dem Dateninhaber werden regelmäßig zwei Aspekte regeln: Zum einen die Nutzung der bereitgestellten Daten durch den Nutzer, zum anderen die Erlaubnis des Dateninhabers zur Nutzung der nicht-personenbezogenen Daten des Nutzers. 898

494 Schur, GRUR 2020, 1142, 1147.
495 Vgl. weiterführend hierzu Kapitel B. II.

### *a) Nutzung der bereitgestellten Daten durch den Nutzer*

899 Auch wenn der Data Act das Bereitstellungsverlangen des Nutzers nach Art. 4 als die Geltendmachung eines **gesetzlichen Zugangsrechts** ausgestaltet hat (d.h. gerade keinen Vertrag voraussetzt) und auch Erwägungsgrund 42 DA ausdrücklich klarstellt, dass das Recht auf Weitergabe von Daten an Dritte in keinerlei Weise an das Bestehen eines Vertrags geknüpft ist (d.h. der Nutzer kann das Recht auf Datenweitergabe an einen Dritten auch ohne einen bestehenden Vertrag vor nationalen Gerichten einklagen) hat insbesondere der **Dateninhaber ein gesteigertes Interesse**, die indirekte Datenherausgabe nach Art. 4 Abs. 1 DA auf eine **sichere vertragliche Grundlage** zu stützen. Dies dient insbesondere der **Produktsicherheit** sowie dem **Schutz** etwaiger in den Daten enthaltener **Geschäftsgeheimnisse.** Da das BGB keinen auf die Überlassung von Daten gerichteten Vertragstypus kennt, werden solche Verträge als **Verträge sui generis** (§ 311 Abs. 1 BGB) einzuordnen sein, auf die einzelne Regelungen z.B. des Pachtrechts analog angewendet werden können.[496]

900 Mit Blick auf die **Produktsicherheit** sieht Art. 4 Abs. 2 Satz 1 DA diese **Einschränkungsmöglichkeit** ausdrücklich vor. Nach dieser Regelung kann der Dateninhaber den Zugang sowie die Nutzung oder die erneute Weitergabe von Daten vertraglich beschränken, sofern dies rechtlich vorgegebene »*(...) Sicherheitsanforderungen des vernetzten Produkts beeinträchtigen und damit zu schwerwiegenden nachteiligen Auswirkungen auf die Gesundheit oder die Sicherheit von natürlichen Personen führen könnte.*« Könnte ein Nutzer z.B. durch die Kenntnis der ohne Weiteres verfügbaren Daten gesetzlich erforderliche Sicherheitsmechanismen des vernetzten Produkts umgehen und als Folge dessen vom vernetzten Produkt eine Brandgefahr ausgehen, könnte der Dateninhaber den Zugang zu sowie die Weitergabe der Daten vertraglich beschränken. In diesem Fall müsste er dies nach Art. 4 Abs. 2 Satz 3 DA der nach Art. 37 DA **zuständigen Behörde mitteilen.**

901 Neben dieser vertraglichen Beschränkung kann der Dateninhaber gemäß Art. 4 Abs. 6 Satz 2 DA vom Nutzer die **Einhaltung angemessener technischer und organisatorischer Maßnahmen** zum **Schutz** der Vertraulichkeit seiner **Geschäftsgeheimnisse** fordern, die erforderlich sind, um die Vertraulichkeit der weitergegebenen Daten, insbesondere gegenüber Dritten, zu wahren. Als Beispiele nennt Art. 4 Abs. 6 Satz 2 HS. 2 DA u.a. **Vertraulichkeitsvereinbarung, strenge Zugangsprotokolle** und die Anwendung von **Verhaltenskodizes.** Auch hier bleibt zu beachten, dass der sachliche Anwendungsbereich des Data Acts abgeleitete Daten erst gar nicht umfasst.

902 Schließlich können auch die im Data Act vorgesehenen **gesetzlichen Nutzungsbeschränkungen** nochmals **vertraglich wiederholt** werden. Hierzu gehört u.a. nach Art. 4 Abs. 10 DA, das Verbot, die erlangten Daten weder zur **Entwicklung eines Konkurrenzproduktes** auf dem Primärmarkt noch zur **Ausforschung** der wirtschaftlichen Lage, Vermögenswerte und Produktionsmethoden des Herstellers oder gege-

---

496 Vgl. zu Datennutzungsverträgen allgemein Czychowski/Winzek, ZD 2022, 81 (84).

benenfalls des Dateninhabers zu nutzen. Gleiches gilt für die verbotene Weitergabe an die sog. Gatekeeper nach dem Digital Markets Act gemäß Art. 5 Abs. 3 lit. c DA.

903 Bei allen vertraglichen Beschränkungen ist allerdings zu beachten, dass nach Art. 7 Abs. 2 DA das Recht zur Bereitstellung der Daten **nicht vertraglich abbedungen** oder **über** die im Data Act vorgesehenen **Grenzen hinaus eingeschränkt** werden kann. Ebenso ist – sofern es sich um allgemeine Geschäftsbedingungen handelt – das allgemeine AGB-Recht der §§ 305 ff. BGB und des Art. 13 DA zu beachten.[497] dabei darf nicht außer Acht gelassen werden, dass die Regelung der AGB-Kontrolle entzogen ist, sofern es sich hier um die inhaltliche Ausgestaltung der vertraglichen Hauptleistungspflicht handelt.

904 Nur in dem sehr **beschränkten Ausnahmefall** des Art. 4 Abs. 8 DA (»**Handbreak**«-Mechanismus) kann eine **Datenbereitstellung vollständig abgelehnt** werden. Dafür sind vom Dateninhaber **nachzuweisende außergewöhnliche Umständen** erforderlich, die darauf schließen lassen, dass er trotz der vereinbarten Schutzmaßnahmen mit **hoher Wahrscheinlichkeit** einen **schweren wirtschaftlichen Schaden** durch die Offenlegung von Geschäftsgeheimnissen erleiden wird. Aber auch in diesem Fall begrenzt sich das Verweigerungsrecht nur auf die betreffenden speziellen Daten. Dies unterstreicht den Ausnahmencharakter dieser Norm. Neben einer schriftlichen Begründung an den Nutzer muss auch hier die nach Art. 37 DA **zuständige Behörde informiert werden.** Es wird daher bei einer Berufung auf Art. 4 Abs. 8 DA immer auf eine Einzelfallprüfung ankommen.

905 Werden **personenbezogene Daten** an den Nutzer bereitgestellt bedarf dies nach Art. 4 Abs. 12 DA einer Erlaubnisnorm im Sinne der DSGVO. Ausweislich des Erwägungsgrund 7 DA stellt der Data Act keine solche Rechtsgrundlage dar. Sofern die betroffene Person und der Nutzer identisch sind, kann in dem Vertrag mit dem Nutzer festgehalten werden, dass das **Herausgabeverlangen als Einwilligung** gem. Art. 6 Abs. 1 lit. a DSGVO gesehen wird. Sollten die bereitzustellenden ohne Weiteres verfügbaren Daten daneben die personenbezogenen Daten weiterer betroffener Personen enthalten kann in dem Datennutzungsvertrag von dem Nutzer die **Bestätigung** eingeholt werden, dass dieser eine wirksame **Einwilligung aller betroffener Personen** zur Bereitstellung der Daten an ihn vorab eingeholt hat und den Datenempfänger unverzüglich darüber informiert, sollte diese Einwilligung nachträglich widerrufen werden.

### *b) Nutzung der nicht-personenbezogenen Daten des Nutzers durch den Dateninhaber und Weitergabe an Dritte*

906 Art. 4 Abs. 13 DA regelt ausdrücklich, dass der Dateninhaber ohne Weiteres verfügbare nicht-personenbezogene Daten *»nur auf Grundlage eines Vertrags mit dem Nutzer nutzen«* darf bzw. gem. Art. 4 Abs. 14 DA *»nicht-personenbezogene Produktdaten Dritten zu keinem anderen kommerziellen oder nichtkommerziellen Zweck als zur*

497 Vgl. weiterführend zum besonderen AGB-Recht des Data Act in Art. 13 DA hierzu Kapitel B. II.

*Erfüllung ihres Vertrages mit dem Nutzer bereitstellen darf.*« Insofern geht der Schutz der nicht-personenbezogenen Daten durch den Data Act weiter als der Schutz der personenbezogenen Daten unter der DSGVO: Diese kennt als Erlaubnisnorm z.B. das berechtigte Interesses nach Art. 6 Abs. 1 lit. f DSGVO. Eine solche Erlaubnisnorm fehlt im Data Act. Der Dateninhaber hat daher ein vitales Interesse daran, eine entsprechende **Vereinbarung zur Nutzung bzw. Weitergabe von nicht-personenbezogener Daten** mit dem Nutzer einzugehen. Da ›Nutzer‹ nach dem Data Act auch eine juristische Person sein kann, bleiben in diesen Fällen die nicht-personenbezogene Daten auch durch Abschluss eines Vertrages weiterhin nicht-personenbezogene Daten (d.h. sie werden nicht dadurch personenbezogen, dass es eine natürliche Person gibt, die der Vertragspartner wird).

907 Die genaue **Zweckbestimmung** kann dabei durchaus **abstrakt erfolgen**. So regelt Erwägungsgrund 25 DA, dass z.B. die Nutzung für die Produktentwicklung, Produktverbesserung oder Aggregation von Daten zur Weitergabe der Ergebnisse an Dritte mögliche Zwecke sind.

908 Sofern eine solche ausdrückliche Regelung fehlt, wird teilweise vertreten, dass eine Erlaubnis sich aus einer ***›implied licence‹*** ergeben könnte.[498] Da der Wortlaut des Art. 4 Abs. 13 bzw. 14 DA jedoch ausdrücklich eine vertragliche Grundlage fordert, erscheint der Anwendungsbereich für eine solche implied licence bei Verträgen, die nach Geltungsbeginn des Data Acts sehr eingeschränkt. Da der Data Act keine Übergangsregelung enthält,[499] kommt gerade bei **(nicht-personenbezogenen) Bestandsdaten**, die **vor dem Geltungsbeginn des Data Act erhoben** wurden, eine solche implied licence allerdings in Betracht: wenn man annimmt, dass sich der Data Act auch auf nicht-personenbezogene Daten bezieht, die vor dem In-Kraft-Treten des Data Acts gesammelt wurden, so kann argumentiert werden, dass es vor dem Geltungsbeginn des Data Acts Teil der guten Geschäftspraxis war, dass nicht-personenbezogene Daten von den Dateninhabern z.B. zur Produktentwicklung oder- verbesserung genutzt werden konnten. Hierfür war vor dem Data Act keine ›Lizenz‹ erforderlich.

909 Geht man von dem ausdrücklichen Erfordernis einer vertraglichen Erlaubnis aus, so kann diese Vereinbarung mit dem Nutzer insbesondere zu **zwei möglichen Zeitpunkten** erfolgen: Zum einen ist denkbar, diese direkt **beim Verkauf des vernetzten Produkts** abzuschließen. Der Data Act sieht anders als die DSGVO kein ausdrückliches Koppelungsverbot vor.[500] Ebenso ist bei einer solchen vertraglichen Vereinbarung kein jederzeitiges Widerrufsrecht wie bei der datenschutzrechtlichen Einwilligung erforderlich. Allerdings sind allgemeine vertragsrechtliche Regelungen (z.B. eine AGB-Kontrolle oder etwaige Kündigungsrechte bei Dauerschuldverhältnissen) zu beachten. Zum anderen ist denkbar, dass diese Vereinbarung **beim Zugang des Nutzers zu den Daten** abgeschlossen wird. Dies kann z.B. in **Accountbedingungen** erfolgen. Dabei ist allerdings zu beachten, dass der Nutzer vor dem Vertragsschluss über

498 Antoine, CR 2024, 1, 6.
499 Bomhard/Merkle, RDi 2022, 168, Rn 52.
500 Bomhard/Merkle, RDi 2022, 168, Rn 46.

das vernetzte Produkt gemäß Art. 3 Abs. 2 lit. d DA ausdrücklich darüber informiert werden muss, welche Nutzungsbedingungen für den Datenzugang gelten. Eine solche ausdrückliche Regelung fehlt in Art. 3 Abs. 3 DA bei den verbundenen Diensten. Da nicht davon ausgegangen werden kann, dass alle Nutzer einen Datenzugang verlangen werden, wäre aus Sicht des Dateninhabers allein mit Blick auf eine möglichst große Datenbasis der Verkauf des vernetzten Produkts vorzugswürdig, sofern dies über das gewählte Vertriebsmodell abbildbar ist.

### 2. Datennutzungsverträge zwischen dem Dateninhaber und dem Datenempfänger

Nach Art. 41 DA erstellt und empfiehlt die EU-Kommission bis zum 12.09.2025 **Musterklauseln** für den Datenzugang und die Datennutzung.[501] Diese sind allerdings nur **unverbindlich.** 910

Sollten Dateninhaber nicht auf diese Musterklauseln zurückgreifen wollen, ist es unabhängig von der genauen Vertragsart essentiell, dass der Datennutzungsvertrag klar definieren, welche **Daten genau Vertragsgegenstand** sind. Die Weitergabepflicht des Art. 5 Abs. 1 DA bezieht sich insofern nur auf die ›ohne Weiteres verfügbaren Daten‹ gem. Art. 2 Nr. 17 DA. Nach Erwägungsgrund 15 sind dies die »*Daten, die nicht wesentlich verändert werden, d.h. Daten in Rohform, auch als Quell- oder Primärdaten bezeichnet, die sich auf Datenpunkte beziehen, die ohne jegliche weitere Form der Verarbeitung automatisch generiert werden, sowie Daten, die vor der Weiterverarbeitung und Auswertung aufbereitet wurden, um sie verständlich und nutzbar zu machen, fallen in den Anwendungsbereich dieser Verordnung. Dazu gehören Daten, die von einem einzelnen Sensor oder einer Gruppe miteinander verbundener Sensoren erhoben wurden, um die erfassten Daten für vielfältigere Anwendungsfälle verständlich zu machen (...)*«. Dagegen sollen »*(...) aus solchen Daten gefolgerte oder abgeleitete Informationen, die das Ergebnis zusätzlicher Investitionen in die Zuweisung von Werten oder Erkenntnissen aus den Daten sind (insbesondere mittels komplexer proprietärer Algorithmen, einschließlich solcher, die Teil proprietärer Software sind), nicht in den Anwendungsbereich (...)*« des Data Acts fallen. Um hier Streitigkeiten vorzubeugen sollten zumindest die Datenkategorien daher vertraglich klar festgelegt sein. 911

Daneben sollte auch die genaue **Art und Weise der Bereitstellung** geregelt werden, wobei dies nach Art. 8 Abs. 3 DA diskriminierungsfrei erfolgen muss. Dies kann mit geringem Kostenaufwand für den Dateninhaber durch eine **Datenübermittlung** z.B. über eine standardisierte **API** geschehen. Allerdings verliert der Dateninhaber dadurch seine Zugriffs- und Überwachungsmöglichkeit über die Daten. Gerade bei Daten, die Geschäftsgeheimnisse enthalten kann es sich daher anbieten, die Daten nicht zu übermitteln, sondern auf einer eigenen, **vom Dateninhaber verwalteten und überwachten Plattform** für den Datenempfänger bereitzustellen. Nach Art. 9 Abs. 2 lit. a DA können die damit verbundenen höheren Kosten (zumindest teilweise) vom Datenempfänger als Gegenleistung verlangt werden. 912

501 Vgl. ausführlich hierzu Kapitel B. III.

913 Sofern sich Dateninhaber und –empfänger nicht darüber einigen können, welche Daten genau von dem Vertrag umfasst sind, bietet es sich an eine **Escrow-/Hinterlegungsvereinbarung** für die Zeit der Klärung zu treffen: Da der Data Act keine langfristigen Aufbewahrungspflichten statuiert wären sonst bei längerfristigen Streitigkeiten viele der während der Klärung der Streitigkeit entstandenen Daten verloren.

914 Der Dateninhaber sollte ebenfalls berechtigt sein, die **Datenstruktur anpassen** zu dürfen. Sofern dies geschieht, sollte eine **vorherige Mitteilung** mit einer **angemessenen Vorlauffrist** vereinbart werden.

915 Ebenso sollte die **Gegenleistung** vereinbart werden. Hierzu regelt Art. 9 Abs. 1 DA, dass diese diskriminierungsfrei und angemessen sein muss. Bei der Berechnung können neben der in Art. 9 Abs. 1 DA a.E. genannten **Marge** insbesondere in Art. 9 Abs. 2 DA genannten **weiteren Kriterien** herangezogen werden. Dies sind z.B. die angefallenen **Kosten der Bereitstellung** der Daten einschließlich der **Investitionen** in die Erhebung und Generierung der Daten. Nach Art. 9 Abs. 3 DA kann die Gegenleistung auch vom **Umfang, dem Format und der Art der Daten** abhängen. Da die Aufzählung des Art. 9 Abs. 2 DA nicht abschließend ist, können weitere Kriterien herangezogen werden, z.B. das mit der Herausgabe **verbundene Risiko** (z.B. für Geschäftsgeheimnisse) oder die mit dem Abschluss des Datennutzungsvertrages einhergehenden **Verhandlungskosten**. Nach Art. 9 Abs. 5 DA wird die EU-Kommission unter Berücksichtigung des EDIP entsprechende Leitlinien erlassen.

916 Da die Herausgabe gem. Art. 5 Abs. 1 DA grundsätzlich nicht mit dem Hinweis auf etwaige in den herauszugebenden Daten enthaltenden Geschäftsgeheimnisse verweigert werden kann, ist es an dem Dateninhaber, diese **Geschäftsgeheimnisse proaktiv zu schützen.**[502] Hierzu sieht Art. 5 Abs. 9 DA insbesondere die Vereinbarung von angemessenen technischen und organisatorischen Maßnahmen vor, die erforderlich sind, um die Vertraulichkeit der weitergegebenen Daten zu wahren. Als Beispiele werden u.a. Vertraulichkeitsvereinbarungen, strenge Zugangsprotokolle, technischen Normen und die Anwendung von Verhaltenskodizes genannt. Gerade im Hinblick darauf, dass nach **§ 2 Abs. 1 lit. b GeschGehG** die Anwendung von **den Umständen nach angemessenen Geheimhaltungsmaßnahmen** eine Voraussetzung für ein Geschäftsgeheimnis ist, sollten diese Maßnahmen auch tatsächlich umgesetzt werden. Andernfalls können diese Informationen die Einordnung als Geschäftsgeheimnisse verlieren.

917 Sofern der Dateninhaber technisch-organisatorische Maßnahmen nicht nur selber anwendet, sondern mit dem Datenempfänger auch vertraglich vereinbart, sollte die Einhaltung dieser Maßnahmen im Rahmen eines **vertraglichen Auditrechts** überprüft werden können.

918 Ferner sollte der Datennutzungsvertrag die Verpflichtung des Datenempfängers enthalten, seine **Berechtigung durch den Nutzer nachzuweisen.**

502 Zur Ausnahmeregelung in Art. 5 Abs. 11 DA, die der Regelung von Art. 4 Abs. 8 DA entspricht, vgl. Rdn. 565 ff.

Ebenso sollten Regelungen für den Fall der nicht vertragsgemäßen Pflichterfüllung getroffen werden. Dies sind zum einen vertraglichen **Nachbesserungsansprüche bei mangelhafter Datenqualität.** Zum anderen können **Vertragsstrafen für den Fall einer Vertraulichkeitsverletzung** vereinbart werden. 919

**Exklusivitätsregelungen** dürfen nach Art. 8 Abs. 4 DA nur auf Verlangen des Nutzers vereinbart werden. 920

Bei einer **Rechtswahlklausel** stellt sich die Frage, ob hier durch die Vereinbarung eines nicht EU-Rechts die Anwendbarkeit der Vorgaben des EU Data Acts, insbesondere der Missbrauchskontrolle gem. Art. 13 DA umgangen werden können.[503] 921

### 3. Datennutzungsverträge zwischen dem Nutzer und dem Datenempfänger

Bei den Datennutzungsverträgen zwischen dem Nutzer und den Datenempfänger handelte sich streng genommen **nicht um einen Datenbereitstellungsvertrag** im eigentliche Sinne. Vielmehr wird in einem solchen Vertrag der Datenempfänger regelmäßig berechtigt werden, im Namen des Nutzers auf den Dateninhaber zuzugehen und von diesem die Herausgabe an sich gem. Art. 5 Abs. 1 DA zu verlangen. 922

In diesem Vertrag zwischen dem Nutzer und dem Datenempfänger sollte in Anlehnung an Art. 6 Abs. 1 DA insbesondere geregelt werden, zu welchen **Zwecken** der Datenempfänger die Daten tatsächlich nutzen darf. Ebenso sollte festgelegt werden, dass der Datenempfänger die **Daten löschen** muss, sobald sie für den vertraglich vorgesehenen Zweck nicht mehr benötigt werden. Sollte eine **darüberhinausgehende Nutzung von nicht-personenbezogenen Daten** gewünscht sein, sollte dies auch vertraglich ausdrücklich geregelt werden. 923

Beim Abschluss solcher Verträge ist nach Art. 6 Abs. 2 lit. a DA zu beachten, dass dem Nutzer die möglichen Optionen möglich neutral angeboten werden und **kein sog. ›Nudging‹** (d.h. eine Manipulation hin zu der vom Datenempfänger gewünschten Option) erfolgt. 924

## II. Missbrauchskontrolle nach dem EU Data Act

### 1. Gesetzgeberischer Hintergrund

Datennutzungsverträge unterliegen der allgemeinen **Vertragsfreiheit** und somit der Privatautonomie. Auf der anderen Seite hatte der Gesetzgeber bei dem Data Act vor Augen, dass die von vernetzten Produkten und verbundenen Diensten generierte Daten ein **wichtiges Wirtschaftsgut** darstellen. Dieses Wirtschaftsgut soll nach Intention des Data Acts wirtschaftlich bestmöglich genutzt werden, insbesondere auch von Wirtschaftsakteuren, welche eine schwache Verhandlungsposition am Markt haben.[504] Um 925

503 Vgl. ausführlich hierzu Kapitel B. III.

504 Data Act Erwägungsgrund 6.

diese schwache bzw. schwächere Position **auszugleichen**, sieht Art. 13 DA eine Missbrauchskontrolle von Vertragsklauseln innerhalb eines Datennutzungsvertrages vor.

926 Die Missbrauchskontrolle des Art. 13 DA soll verhindern, »*dass der Zugang zu Daten wirtschaftlich weniger tragfähig und bisweilen untragbar [wird].*«[505] Mit anderen Worten soll der **Datenmarkt für alle Wirtschaftsakteure eröffnet werden.** Der Gesetzgeber geht dabei jedoch auch davon aus, dass die Anwendung des Art. 13 DA die **Ausnahme** ist und die Mehrheit der Klauseln eines Vertrages zwar wirtschaftlich für eine Seite günstiger ist als für die andere Vertragspartei, dies jedoch gerade ein normaler Ausdruck der Vertragsfreiheit ist.[506]

## 2. Missbrauchskontrolle im Einzelnen

### *a) Allgemein*

927 Eine Klausel, welche im Sinne des Art. 13 DA missbräuchlich von einer Vertragspartei verwendet wird, ist für die andere Partei **nicht bindend.** Der **persönliche Anwendungsbereich** des Art. 13 Abs. 1 DA bezieht sich ausschließlich auf Verträge zwischen Unternehmern (B2B). Die Missbrauchskontrolle wird ausschließlich auf Vertragsklauseln angewendet, welche sich auf den Datenzugang oder die Datennutzung beziehen, eine **Erstreckung** auf die restlichen vertraglichen Regelungen **erfolgt nicht.**[507] Der übrige Vertrag bleibt dementsprechend auch weiter wirksam, außer eine missbräuchliche Klausel lässt sich von dem restlichen Vertrag nicht abtrennen (Art. 13 Abs. 7 DA).[508] Gemäß Art. 13 Abs. 8 DA sind die Regelungen über die Missbrauchskontrolle des Art. 13 DAs **nicht** auf Regelungen des **Vertrags(haupt)gegenstandes** sowie des **Preises** für die betroffenen Daten anwendbar.

928 **Sachlich anwendbar** ist die Missbrauchskontrolle des Art. 13 DA für alle Vertragsklauseln über den Datenzugang wie auch über die Datennutzung. Es sind zum einen alle Verträge für die Datenausleitung gemäß Art. 4 als auch nach Art. 5 DA betroffen, aber auch alle sonstigen Klauseln über die Verwendung oder die Ausleitung von Daten und somit beispielsweise auch Klauseln in Kaufverträgen von Herstellern.

929 Damit eine Vertragsklausel gemäß Art. 13 Abs. 1 DA wegen Missbräuchlichkeit unwirksam ist, muss die entsprechende Klausel von einer Partei **einseitig gestellt** worden sein.[509]

930 Darüber hinaus muss eine Missbräuchlichkeit der Klausel vorliegen. Für die Feststellung der Missbräuchlichkeit erfolgt eine **dreistufige Prüfung.** Zunächst ist zu prüfen, ob die Klausel unter Art. 13 Abs. 4 DA fällt.[510] Der Wortlaut des Art. 13 Abs. 4 DA

505 Data Act Erwägungsgrund 58.
506 Data Act Erwägungsgrund 61.
507 Data Act Erwägungsgrund 60.
508 Data Act Erwägungsgrund 61 a.E.
509 Siehe unten 2b.
510 Siehe unten 2c.

in der deutschen Fassung (»gilt insbesondere dann als missbräuchlich«) ist dabei weniger deutlich, wie die englische Fassung (»shall be unfair«). Die Gesetzesbegründung erläutert, dass es sich bei Art. 13 Abs. 4 DA um eine Aufzählung von Klauseln handelt, welche »stets missbräuchlich« sind.[511] Hieraus ergibt sich, dass Art. 13 Abs. 4 DA einen Katalog von Vertragsregelungen darstellt, bei welchen die Gesetzesfiktion der Missbräuchlichkeit kaum[512] beziehungsweise überhaupt **nicht widerlegt** werden kann. Demgegenüber enthält Art. 13 Abs. 5 DA eine Aufzählung von Klauseln, welche von dem Gesetz als **widerlegbar missbräuchlich** (»shall be presumed to be unfair«) eingestuft werden.[513] Sofern eine Klausel weder unter Art. 13 Abs. 4 noch unter Art. 13 Abs. 5 DA zu subsumieren ist, findet in der dritten Stufe gemäß Art. 13 Abs. 3 noch eine **allgemeine Missbrauchsprüfung** statt, wobei die Gedanken der Regelungen von Art. 13 Abs. 4 und 5 DA sowie die von der Kommission erstellten und empfohlenen unverbindlichen Mustervertragsklauseln für Verträge über die Datenweitergabe als Maßstab dienen.[514]

Zur Absicherung der Missbrauchskontrolle hat der Gesetzgeber in Art. 13 Abs. 9 DA **931**
vorgesehen, dass die Regelungen des Art. 13 **zwingendes Recht** sind und somit nicht abbedungen werden können.

### *b) Einseitig gestellt*

Wann eine Klausel einseitig von einer Vertragspartei auferlegt worden ist, bestimmt **932**
Art. 13 Abs. 6 DA. Hiernach liegt eine einseitige Auferlegung vor, wenn eine Partei die **Klausel einbringt** und der **Inhalt** trotz des Versuchs darüber zu verhandeln, **von der anderen Partei nicht beeinflusst werden konnte.** Einseitig auferlegt sind somit keine Klauseln, welche nach Verhandlung in abgewandelter Form vereinbart oder von der anderen Partei ohne Verhandlung einfach akzeptiert werden.[515] Nach dem Wortlaut des Gesetzes kommt es auf die einzelne Klausel an. D.h. ähnlich wie im deutschen AGB Recht führt eine Änderung einer Klausel nach entsprechender Verhandlung nicht dazu, dass der gesamte Vertrag aus der Anwendung des Art. 13 DA herausfällt, sondern lediglich die verhandelte Klausel. Es ist jedoch fraglich und wird von der Rechtsprechung zu klären sein, ob im Umkehrschluss der Vertragspartner hinsichtlich **jeder Klausel** versucht haben muss zu verhandeln, um nicht zu riskieren, die Klausel ohne Verhandlung akzeptiert zu haben und daher die Klausel nach Art. 13 DA nicht mehr überprüft werden kann. Weiter fraglich ist, ob eine sogenannten **Button Lösung** dazu führt, dass alle Vertragsklauseln durch die andere Vertragspartei ohne Verhandlung akzeptiert wurde und somit Art. 13 DA nicht angewendet werden kann. Bei der Button Lösung stellt der Klauselsteller der anderen Partei bei Abschluss des Vertrages nur eine Schaltfläche zur Verfügung, mit welcher die Partei die Vertragsbedingungen akzeptiert, so dass es zu einer Verhandlung, wenn überhaupt, nur über das

511 Data Act Erwägungsgrund 62.
512 Vgl. Graf von Westphalen, BB 2024, Rn. 516.
513 Siehe unten 2d.
514 Data Act Erwägungsgrund 61.
515 Data Act Erwägungsgrund 59.

Versenden eines gesonderten Schriftverkehrs außerhalb der Online Strecke kommen kann. Es wird von der Rechtsprechung zu klären sein, ob dies nicht als unzulässige Umgehung des Art. 13 DA gesehen werden muss.

933 Gemäß Art. 13 Abs. 6 S. 2 DA besteht eine **Beweislastumkehr.** D.h. nicht die andere Vertragspartei, welche sich darauf beruft, dass die jeweilige Klausel missbräuchlich ist, ist beweispflichtig, sondern die Partei, welche die Klausel eingebracht hat. Art. 13 Abs. 6 S. 3 DA stellt dabei klar, dass nur die andere Vertragspartei, nicht aber die einbringende Partei, sich auf die Missbräuchlichkeit berufen kann.

*c) Klauseln nach Art. 13 Abs. 4 DA*

934 Wie in Ziffer 2 a. dargelegt, sieht das Gesetz in Art. 13 Abs. 4 DA Klauseln vor, welche stets missbräuchlich sind. Dies ist dann der Fall, wenn die Partei, welche die Klausel einseitig gestellt hat, die **Haftung** entweder in Fällen von vorsätzlicher beziehungsweise grob fahrlässigen Handlungen oder in Fällen von Verletzungen von Vertragspflichten **ausschließt** (Art. 13 Abs. 4 lit. a DA). In den Fällen der vorsätzlichen oder grob fahrlässigen Handlungen reicht bereits eine **Haftungsbeschränkung** für die Missbräuchlichkeit der Klausel.

935 Darüber hinaus sind Klauseln gemäß Art. 13 Abs. 4 DA missbräuchlich, welche **Rechtsbehelfe ausschließen,** die der anderen Vertragspartei in Fällen der Nichterfüllung von Vertragspflichten zustehen (Art. 13 Abs. 4 lit. b DA) oder in Fällen, in welchen die Partei, die die Klausel einseitig auferlegt, das **ausschließliche Recht** zusteht, zu bestimmen, ob die gelieferten Daten **vertragsgemäß** sind oder **Vertragsklauseln auszulegen** (Art. 13 Abs. 4 lit. c DA).

936 Zusammenfassend ist auffallend, dass es sich bei der abschließenden Aufzählung in Art. 13 Abs. 4 DA um Klauseln handelt, die wenig mit den Datenzugangsanspruch per se zu tun haben, sondern wesentliche Vertragsrechte der anderen Partei allgemein zivilrechtlich über Gebühr einschränken.

*d) Klauseln nach Art. 13 Abs. 5 DA*

937 Art. 13 Abs. 5 DA enthält eine abschließende Aufzählung von Klauseln, bei welchen die Missbräuchlichkeit der vertraglichen Regelung **gesetzlich vermutet** wird. Die Partei, welche die Klausel einseitig gestellt hat, kann diese Vermutung jedoch widerlegen.

938 Der Katalog enthält zum einen wiederum Klauseln, welche allgemein zivilrechtliche Vertragsrechte betreffen und somit keine datenrechtlichen Besonderheiten aufweisen müssen. Dies sind zum einen nochmals Regelungen zur Haftung und zur Einschränkung von Rechtsbehelfen (Art. 13 Abs. 5 lit. a DA). In Abgrenzung zu den oben genannten Klauseln des Art. 13 Abs. 4 lit. a und b DA sind die Voraussetzungen nach Art. 13 Abs. 5 lit. a DA geringer. In Bezug auf Haftungsbeschränkungen reicht jede unangemessene Haftungsbeschränkung zu Gunsten des Klauselstellers bei Nichterfüllung von Vertragspflichten für eine Missbräuchlichkeit aus, ein Bezug auf vorsätzliche oder grob fahrlässige Handlungen ist somit nicht erforderlich. Weiter gilt eine widerlegbare Missbrauchsfiktion, sofern die **Haftung der anderen Vertragspartei**

**erweitert** wird. Auch bei der Begrenzung von Rechtsbehelfen hat der Gesetzgeber geringere Anforderungen vorgesehen, so dass unangemessene Einschränkungen von Rechtsbehelfen bei Nichterfüllung von Vertragspflichten ausreichen und kein vollständiger Ausschluss dieser notwendig ist.

Darüber hinaus erfasst Art. 13 Abs. 5 lit. d und f DA Klauseln zur **Kündigungsfrist.** 939
Diese sind widerlegbar missbräuchlich, wenn zum einen die Kündigungsfrist für die andere Vertragspartei **unverhältnismäßig lange** ist (Art. 13 Abs. 5 lit d DA) oder für die Partei, welche die Klausel stellt, **unangemessen verkürzt** wird (Art. 13 Abs. 5 lit f DA). Über die Länge der Kündigungsfrist kann eine Partei unverhältnismäßig bevorzugt oder benachteiligt sein. Auf der anderen Seite können in der Praxis Situationen auftreten, welche eine Verkürzung oder Verlängerung der Kündigungsfrist (wie z.B. ein besonderer Vertrauensschutz für Investitionen in Bezug auf die Datennutzung) erforderlich machen und gerade auf keiner Missbräuchlichkeit beruhen, so dass eine Verortung in Art. 13 Abs. 5 und nicht in Art. 13 Abs. 4 DA sachgerecht ist.

Des Weiteren vermutet das Gesetz in Art. 13 Abs. 5 lit. g DA eine widerlegbare Miss- 940
bräuchlichkeit, sofern die klauselstellende Partei einseitig den **Preis** oder andere **wesentliche Bedingungen** in Bezug auf die vertragsgegenständlichen Daten abändern kann, **ohne dass die Voraussetzungen für die Abänderung vertraglich vereinbart sind**, und der anderen Vertragspartei **kein außerordentliches Kündigungsrecht** eingeräumt wird.

Auf der anderen Seite beinhaltet die Aufzählung in Art. 13 Abs. 5 DA Klauseln, wel- 941
che sich mit dem **Zugang oder der Nutzung der vertragsgegenständlichen Daten** beschäftigen. Hiervon sind Regelungen erfasst, die es dem Steller ermöglichen, Daten der anderen Vertragspartei zu deren Schaden zu nutzen (Art. 13 Abs. 5 lit. b DA). Außerdem gilt die Missbrauchsfiktion bei Klauseln, die eine **ordnungsgemäße Nutzung** (Art. 13 Abs. 5 lit. c DA) oder die **Erstellung einer Kopie der bereitgestellten Daten während der Vertragslaufzeit** durch die andere Vertragspartei verhindern (Art. 13 Abs. 5 lit e DA).

Bei den vorgenannten Klauseln des Art. 13 Abs. 5 DA sieht das Gesetz vor, dass die 942
Vermutung der Missbräuchlichkeit widerlegt werden kann. Dies wird stets von den jeweiligen Gründen des Einzelfalles abhängen. Eine größere Klarheit wird in den nächsten Jahren insbesondere die Rechtsprechung bringen.

### 3. Vergleich mit deutschen AGB-Recht

Sowohl die Systematik des Art. 13 DA als auch die einzelnen Klauseln, welche sich auf 943
allgemein zivilrechtliche Vertragsrechte beziehen, sind größtenteils **zumindest ähnlich** ausgestaltet wie die **AGB-Prüfung** nach §§ 307 ff. BGB im deutschen Recht. Diese AGB-Prüfungssystematik wird sich für Unternehmen aber in Bezug auf Datenrecht auf zusätzliche Regelungen wie zum Beispiel Art. 13 Abs. 5 lit. b, c und e DA erweitern.

## 4. Prüfungsschema

944

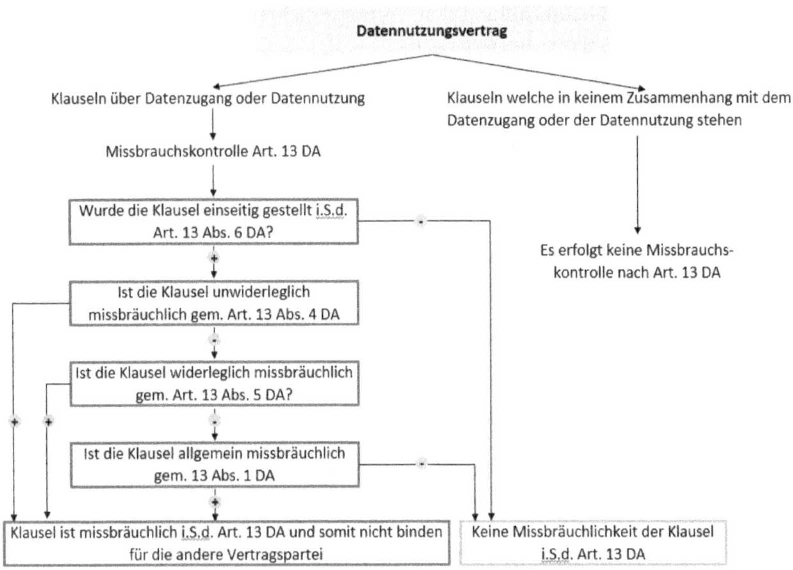


Abb. 1: Datennutzungsvertrag

## III. Mustervertragsbedingungen nach Art. 43 DA

Aktuell befinden sich die MCT/SCC in Ausarbeitung der Expertengruppe und EU Kommission. Der letzte Stand kann hier eingesehen werden: https://ec.europa.eu/transparency/expert-groups-register/screen/expert-groups/consult?lang=en&groupID=3840. Der letzte Report der Expertengruppe und Stand der Mustervertragsklauseln ist hier abrufbar (Stand: 2. April 2025): https://ec.europa.eu/transparency/expert-groups-register/core/api/front/document/116180/download.

▶ Mustervertragsklauseln und Standardvertragsklauseln

945 Der europäische Gesetzgeber sieht in Art. 41 DA eine Verpflichtung der EU Kommission vor bis zum 12. September 2025 Mustervertragsklauseln und Standardvertragsklauseln zu entwerfen. Diese sind nicht-verbindlich. Die Mustervertragsklauseln regeln den Datenzugang sowie die Datennutzung und die Standardvertragsklauseln befassen sich mit dem Wechsel zwischen Datenverarbeitungsdiensten.

Art und Ziel der Mustervertragsklauseln

Die EU-Kommission ist dem aus Art. 41 DA enthaltenen Auftrag dergestalt nachgekommen, dass unverbindliche Mustervertragsklauseln für den Fall des Datenzugangs nach Art. 5 DA zwischen Unternehmen aufgestellt wurden. Allerdings umfasst aufgrund der weiten Formulierung des Art. 41 DA das Mandat der Kommission auch die Erstellung von Mustervertragsklauseln für den Datenvertrag zwischen Dateninhaber und Nutzer aus Art. 4 DA, zwischen Nutzer und Datenempfänger sowie für sonstige Datenverträge.

Der Unionsgesetzgeber verfolgt ausweichlich der Erwägungsgründe des Data Acts mit den Mustervertragsklauseln verschiedene Ziele. So wird in Erwägungsgrund 111 DA eine Erleichterung des Abschlusses von Datenverträgen durch KMUs genannt, aber auch die Möglichkeit sektorspezifische Besonderheiten zu berücksichtigen (im derzeitigen Entwurf nicht ausgenutzt). Gemäß Erwägungsgrund 62 DA sollen die Mustervertragsklauseln dem Dateninhaber ermöglichen einfacher Maßnahmen zur Wahrung der Vertraulichkeit von Geschäftsgeheimnissen zu vereinbaren und dadurch insgesamt den Abschluss von Datenverträgen fördern.

Aufgrund der Unverbindlichkeit der Mustervertragsklauseln bleibt abzuwarten, ob sich die verfolgten Zielen realisieren lassen. Der Unionsgesetzgeber sieht zumindest eine ausstrahlende Wirkung der Mustervertragsklauseln auf die Gestaltung von Datenverträgen, da zum einen die Streitbeilegungsstellen (Vgl. Art. 10 DA) diese bei ihrer Arbeit berücksichtigen sollen (Erwägungsgrund 55 DA) und zum anderen die Mustervertragsklauseln als Prüfungsmaßstab herangezogen werden können, ob Datenverträgen gemäß Art. 8 DA faire, angemessene, nichtdiskriminierende und transparente Bedingungen für den Zugang zu Daten aufweisen (Erwägungsgrund 42 DA).

Allgemeine Inhalte Struktur der Mustervertragsklauseln zu Art. 5 DA

Der derzeitige Entwurf der Mustervertragsklauseln regelt den Zugang zu Daten des Dateninhabers durch den Datenempfänger, der auf Basis eines Nutzerverlangens tätig wird (Art. 5 DA).[516] Die Abkürzung MKV wird daher im Weiteren nur für diese Mustervertragsklauseln verwendet.

Die MVK verlassen sich dabei auf bekannte vertragsrechtliche Konstruktionen und versuchen eng am Wortlaut der Data Act zu bleiben. Für individuell von Partei zu Partei verschiedene Inhalte wie Art der Daten, Geschäftsgeheimnisse oder Vergütung wird auf Appendixes verwiesen, die für den jeweiligen in Frage stehenden Datenzugang individuell ausgefüllt werden müssen.

Die MVK sehen in ihrer Ausgestaltung eine gewisse Flexibilität vor. Sie geben an diversen Stellen Optionen, aus denen die Parteien wählen können. Auf diese wird jeweils bei der konkreten Behandlung der MVK gesondert eingegangen.

Allgemeine Kritik an den MVK

Ob die von der Kommission vorgeschlagenen Regelungen sich in der Praxis bewähren und die in den Erwägungsgründen genannten Ziele erreichen können, ist offen. Jedenfalls begegnen den MVK schon heute einige Kritikpunkte. So bildet die vorgeschlagene Lösung kein Massengeschäft ab, obwohl davon auszugehen ist, dass die Mehrzahl der Verträge automatisiert ohne menschliches Zutun zu Stande kommen wird. Dies ist im Datengeschäft der Regelfall. So ist davon auszugehen, dass ein Datenempfänger nicht nur für einen Nutzer einen Vertrag mit dem Dateninha-

516 Ein Entwurf der Mustervertragsklauseln zwischen Dateninhaber und Nutzer gemäß Art. 4 DA liegt ebenfalls vor, konnte aber für diese Auflage noch nicht berücksichtigt werden.

ber schließen möchte, sondern gleich für mehrere. Sehr wahrscheinlich ist, dass dies bereits im Vorgriff auf ein Nutzerverlangen geschieht. Dadurch werden einige Regelungen in den MVK ihrer Sinnhaftigkeit beraubt und müssen entsprechend angepasst werden (bspw. dass der Nachweis des Verlangens des Nutzers dem Vertrag beigefügt wird). Dadurch wird der Zweck verfehlt diese Klauseln schnell und unangepasst als Muster verwenden zu können, da diese schon dem Grunde nach nicht auf diese Sachverhalte passen.

Die MVK enthalten Zusicherungen und Gewährleistungen, die je nach Perspektive der Vertragspartei wünschenswert oder nachteilig sind. Generell ist anzumerken, dass diverse vorgeschlagene Zusicherungen und Gewährleistungen so nicht erbracht werden können und dazu führen, dass die Parteien von einer Verwendung der MVK Abstand nehmen. Als Beispiel ist hier zu nennen, dass beide Vertragsparteien zusichern, dass ein gültiges Verlangen des Nutzers vorliegt (Ziffer 3.1.1. MVK). Neben der Frage des Vorliegens der Geschäftsfähigkeit, wird hier vor allem relevant sein zu verifizieren, ob überhaupt ein berechtigter Nutzer (bspw. aufgrund eines Kauf-, Miet- oder Leasingvertrages) die Herausgabe verlangt. Die MVK versuchen hier die tatsächlichen Unwägbarkeiten des Datenaustausches durch zwischen-parteiliche Risikoverteilungen zu beseitigen. Dies führt zu einer falschen Sicherheit zu Lasten einer der Parteien.

Gleiches gilt bspw. für die Zusicherung beider Parteien, dass eine DSGVO-konforme Rechtsgrundlage vorliegt (Ziffer 3.3.1. MVK). Hier wird versucht wird ein weiteres allgemeines Problem der Datengesetzgebung durch spezifische Regelungen in den MVK zu lösen. Wer welche Verantwortung nach der DSGVO trägt, muss im spezifischen Einzelfall geklärt werden und kann nicht durch eine allgemeine Zusicherung beider Parteien, die Rechtsgrundlage läge vor, abgemildert werden. Durch den Vorrang der DSGVO vor dem Data Act und dem Umstand, dass der Art. 5 DA im Speziellen keine Rechtsgrundlage für die Verarbeitung von personenbezogenen Daten darstellt, werden die Erfordernisse der DSGVO immer den schnellen und standardisierten Austausch von Daten hindern. Dies wird die Parteien regelmäßig dazu zwingen neben den MVK auch Datenschutzvereinbarungen zu schließen. Denn ein Personenbezug wird regelmäßig zumindest bei Produktdaten nicht rechtssicher auszuschließen sein, insbesondere bis verbindliche Anforderungen an die Anonymisierung solcher Daten vorliegen.

Zwar bemüht sich die Kommission mit den MVK den schnellen Abschluss von Datenzugangsverträgen zu ermöglichen, allerdings kann die MVK auch nicht die ihr vorgelagerte Herausforderung lösen, dass die Ziffer 5 DA die Vertragsautonomie des Dateninhabers grundsätzlich einschränkt. Dieser Umstand kann zu einer Unwilligkeit des Dateninhabers führen sich um einen besonders schnellen Abschluss von Geschäften zu bemühen, wenn er im grundsätzlich kein Interesse an dieser Art von Geschäften hat oder aber mit einem konkreten Vertragspartner keine Verträge schließen möchte.

Konkrete Hinweise zu den MVK

Ziffer 1 – Parteien

Ziffer 1.2.2 (Option)

Diese Ziffer sieht vor, dass es zur Erweiterung der Berechtigten unter dem Vertrag um den Nutzer kommen kann. Von dieser Option wird im Regelfall abzusehen sein, da der Nutzer hier im Sinne eines echten Vertrages zu Gunsten Dritter die Rechte aus dem Vertrag durchsetzen kann. Eine solche Rolle verkompliziert die Vertragsverhältnisse weiterhin unnötig, da der Nutzer bereits Rechte gegenüber dem Dateninhaber nach Art. 3 oder Art. 4 DA sowie gegen den Datenempfänger aus Vertrag hat.

Ziffer 2 – Definitionen

Die enthaltenen Definitionen beziehen sich auf die des Data Acts. Eine Anpassung ist hier grundsätzlich nicht notwendig.

Ziffer 2.2.3.

Diese Ziffer enthält eine Klarstellung des Datenumfanges. Aus Sicht des Dateninhabers wäre es sinnvoll diese entweder zu streichen und sich nur auf die gemäß Ziffer 4.1.1. MVK vereinbarten Daten zu verlassen oder zumindest die abgeleiteten (*inferred and derived*) Daten auszunehmen. Diese sind laut des Data Acts (vgl. Erwägungsgrund 15 DA) nicht Teil der geschuldeten Leistung und sollten daher auch nicht über die MVKs zu dieser werden.[517]

Ziffer 3 – Grundsätzliche Zusicherungen und Gewährleistungen

Ziffer 3 MVK enthält diverse Zusicherungen und Gewährleistungen bei denen grundsätzlich zu empfehlen ist diese nicht aufzunehmen, da durch diese entweder tatsächliche Unwägbarkeiten klar dem Risikobereich einer Partei zugeschlagen werden ohne dass der Data Act dies selbst vorsieht oder Pflichten aus dem Rechtskreis der anderen Parteien übernommen werden.

Ziffer 3.1.1.

Diese Ziffer der MVK enthält die Zusicherung, dass ein gültiges Verlangen (*valid request*) des Nutzers vorliegt und damit der Tatbestand des Art. 5 DA erfüllt ist. Die Formulierung der MVK geht aber über den Gesetzeswortlaut hinaus und verlangt die Zusicherung durch den Datenempfänger, dass ein gültiges Verlangen vorliegt. Ob ein Verlangen tatsächlich gültig ist, wird der Datenempfänger nicht ohne unverhältnismäßig hohen Aufwand beurteilen können. Dieser Punkt sollte daher dahingehend abgeändert werden, dass der Datenempfänger nachweist, dass ein Verlangen vorliegt und der Prozess zur Authentifizierung des Nutzers offengelegt wird. Gleiches gilt für die wirksame Vertretung wie in der Option zu Ziffer 3.1.1. MVK vorgesehen.

Ziffer 3.3.1. MVK

Eine weitere Zusicherung der MVK ist, dass beim Austausch von personenbezogenen Daten eine entsprechende Rechtsgrundlage für deren Verarbeitung gemäß Art. 6 DSGVO sowie im Falle von besonderen personenbezogenen Daten die Anforderungen von Art. 9 DSGVO vorliegt. Keiner der Parteien wird hier zuzumuten sein, dass sie Zusicherungen für die Erfüllung von Pflichten abgibt, die im Rechtskreis der anderen Partei liegen. Wenn die MVK Verwendung finden sollen, ist es ratsam, dass sich beide Parteien stattdessen dazu verpflichten, alle datenschutzrechtlichen Verpflichtungen im eigenen Rechtskreis zu erfüllen und entsprechend notwendige Datenschutzverträge zusätzlich abschließen.

Ziffer 3.4 MVK

Für Verstöße gegen die abgegebenen Zusicherungen und Gewährleistungen aus Ziffer 3.1. bis 3.3. MVK sieht Ziffer 3.4. MVK als Rechtsfolge die unmittelbare Beendigung

517 Siehe oben B.I.2.

des Vertrages vor. Dies kann dazu führen, dass der Vertrag endet ohne dass eine oder beide Parteien dies bemerken. Solch ein Fall kann gerade in größeren Organisationen denkbar sein. Ziffer 3.4.2. MVK versucht diesen Umstand durch eine Haftungsregelung abzumildern. Derjenige der schuldhaft die vorgenannten Pflichten verletzt, davon Kenntnis hat und den anderen Teil nicht darüber informiert, haftet. Allerdings löst der Verweis auf Sekundäransprüche, die wiederrum Verschulden voraussetzen auch nicht die Herausforderungen, die durch den Entfall von Regelungen zum Geheimnisschutz oder Datenschutz entstehen sowie der Abwicklung der gesamten Vereinbarung über Kondiktionsansprüche im Dreieck mit dem Nutzer. Aus diesem Grund sollten die Parteien ein großes Interesse haben, diese Regelung durch eine Kündigungsregelung wie bspw. in Ziffer 9.4.1. MVK enthalten, zu ersetzen. Darüber hinaus spiegelt die vorgeschlagene Haftungsverteilung insbesondere im Hinblick auf die Kostenregelung bei KMUs (Vgl. Art. 9 Abs. 4 DA) nicht im adäquaten Maß die Risikoverteilung wieder. Dem Dateninhaber obliegt es den Nutzer zu identifizieren, datenschutzrechtliche Grundlagen sicherzustellen, Geschäftsgeheimnisse herauszugeben und ein Vertragsmanagement zu organisieren. Der Dateninhaber wird einseitig belastet.

Ziffer 4 MVK – Zurverfügungstellung der Daten

Ziffer 4.1.2. MVK

Aus Praktikabilitätsgründen sollte stets die Möglichkeit gewählt werden die Daten wie in den MVK vorgeschlagen in einem Appendix aufzulisten. Dies gibt die Möglichkeit diese hinsichtlich Format, Quantität und Qualität weiter zu beschreiben und dadurch ein klares Bild des Vertragsgegenstandes zu gewinnen. Zudem beseitigt es auch auf Seiten des Datenempfängers Unsicherheiten darüber, welches die konkret geschuldeten Leistungen sind. Der Datenempfänger wird sich ohnehin nie davon überzeugen können, ob der Dateninhaber tatsächlich gemäß einer Catch-all-Herausgabeklausel alle geschuldeten Daten aus seinem Produkt und den verbundenen Diensten zur Verfügung stellt, da es dem Datenempfänger in den MVK an vertraglichen Reporting- und Auditrechten mangelt. Gleichzeitig wird eine Auflistung der Daten im Appendix, der regelmäßig vom Dateninhaber stammen wird, auch der Verantwortlichkeitsverteilung des Data Acts gerecht, da diese dem Dateninhaber ohnehin ein höheres Wissen in Bezug auf die Daten zuschreibt, die seine Produkte und verbundenen Dienste generieren.

Ziffer 4.2.2. MVK (Option)

Hier sollten sich beide Parteien auf eine den übermittelten Daten angemessene Art des Zugangs einigen. Der Datenempfänger sollte hier insbesondere darauf achten, dass die Daten in einer einfachen und standardisierten Weise, bestenfalls durch den Abruf einer API erhalten kann.[518] Die Art der Zurverfügungstellung wird maßgeblich davon abhängig sein, welche weiteren Anforderungen ihm durch andere Gesetzte an die Sicherheit seiner Produkte und der darin enthaltenen Daten gestellt werden.

Ziffer 4.2.3. MVK und Ziffer 7.2. MVK (Option)

Die MVK sehen hier die Möglichkeit vor, dem Datenempfänger zusätzliche Leistungen wie Software oder die Unterstützung im Umgang mit Behörden zur Verfügung zu stellen. Der dem Art. 5 DA innewohnende Vertragszwang und der damit einher-

518 Siehe oben B.I.2.

gehenden Umstand, dass sich der Dateninhaber den Datenempfänger regelmäßig nicht aussuchen kann, wird im Regelfall wohl dazu führen, dass die vertraglichen Leistungen des Dateninhabers auf das gesetzliche Minimum beschränkt werden. Allerdings zeigen sich hier auch diverse Optionen wie der Dateninhaber durch einen Up-Sell zusätzliche Vergütung erhalten kann.

Ziffer 4.3. Abs. 1 bis 3 MVK

Ziffer 4.3. Abs. 1 bis 3 MVK enthaltenen generische Regelungen, welche man regelmäßig, jedoch in detaillierterem Umfang, in einem Service Level Agreement (SLA) findet. Die MVK tragen hier dem Umstand Rechnung, dass zum einen der Datenempfänger bei Fehlern in der Datenübermittlung vom Dateninhaber abhängig ist und dass es sich zum anderen regelmäßig um eine dauerhafte Vertragsbeziehung handeln wird. Grundsätzlich ist hier anzuraten, diese Absätze durch einen SLA zu ersetzen, der genauere Prozessbeschreibungen enthält. Dies wäre für den Dateninhaber schon aus dem Grund empfehlenswert, dass er in Bezug auf die Zurverfügungstellung der Daten möglicherweise keine Drittmarkt geeigneten Geschäftsprozesse aufweist und diese Regelung in den MRV ihn mithin überfordern kann. Zudem geben klare Regelungen in einem SLA Rechtssicherheit für beide Parteien, ab wann von einer Schlecht- oder Nichtleistung zu sprechen ist. Klarstellungshalber sei angemerkt, dass eine Schlecht- oder Nichtleistung nicht bereits vorliegt, wenn die Daten nicht oder mangelhaft im Backend des Dateninhabers ankommen, da der Dateninhaber nur die ihm vorliegenden Daten herausgeben muss.

Ziffer 4.3.2. MVK

Der Datenempfänger sollte sich im Klaren darüber sein, dass in Ziffer 4.3.2. MVK das Recht des Dateninhabers beschrieben wird, einseitig die Vertragsleistungen (Spezifikation der Daten, Art des Zugangs etc.) mit einer Ankündigungsfrist von 30 Tagen zu ändern. Grundsätzlich wird der Dateninhaber auf dieses Recht bestehen, allerdings ist es möglicherweise sinnvoll, für den Datenempfänger längere Fristen zu vereinbaren; gerade wenn es sich um geplante Änderungen handelt. Die für den Dateninhaber in Ziffer 4.3.2. Abs. 3 MVK enthaltene Pflicht auch die Interessen des Datenempfängers zu berücksichtigen, sollte aus Perspektive des Dateninhabers gestrichen werden, insbesondere wenn es sich bei der Bereitstellung des Datenzugangs um ein Massengeschäft mit vielen Datenempfängern handelt. Eine Berücksichtigung von Einzelinteressen ist dann nicht mehr möglich.

Ziffer 5. MVK – Schutz von Geschäftsgeheimnissen

[Hier ist vorliegend der Entwurf der Kommission noch nicht vollständig.]

Ziffer 5.1. MVK

Der Schutz von Geschäftsgeheimnissen bezieht sich im derzeitigen Entwurf nur auf Geschäftsgeheimnisse, die vor Vertragsschluss vorliegen. Es ist allerdings denkbar, dass es im Laufe der Vertragsbeziehung Produkt-Updates dazu führen können, dass neue Daten oder bereits vorhandene Daten als Geschäftsgeheimnis geschützt sind. Weiterhin muss es dem Dateninhaber möglich sein, auch nach Vertragsschluss noch Daten als Teil von Geschäftsgeheimnissen zu identifizieren, falls deren Tragweite zum Vertragsschluss noch nicht bekannt war (bspw. wäre denkbar, dass der Dateninhaber von einem White Head Hacker darauf hingewiesen wird, dass durch besonders geschicktes Reverse Engineering der vorhandenen Daten Rückschlüsse auf das Produkt möglich sind).

Ziffer 5.3. MVK

Aus Sicht des Dateninhabers ist unbedingt darauf zu achten den Datenempfänger darauf zu verpflichten, dass der Schutz der erhaltenen Geschäftsgeheimnisse auch noch eine angemessene Zeit nach Ablauf der Vertragslaufzeit gewährleistet wird.

Ziffer 5.4.1. MVK

Die MVK konkretisieren in Ziffer 5.4.1. das Recht des Dateninhabers aus Art. 5 Abs. 10 DA den Datenzugang einzustellen bzw. die Vereinbarung zu beenden, falls die vereinbarten Maßnahmen nicht umgesetzt wurden und macht dies davon abhängig, dass der Dateninhaber diesen Umstand positiv beweisen kann. Dies wird in der Praxis jedenfalls nur schwer umsetzbar sein, ohne ein kostspieliges Audit beim Datenempfänger vorzunehmen, um die Verletzung nachzuweisen. Ein solches Audit sehen die MVK in ihrer Standardformulierung auch nicht vor. Es ist aus Sicht des Dateninhabers daher zu empfehlen die Klausel so anzupassen, dass bereits eine begründete Vermutung ausreichend ist, um zumindest die Zurverfügungstellung der Daten einzustellen.

Ziffer 6. MVK – Nutzung der Daten und Offenlegung gegenüber Dritten

Ziffer 6 sammelt im Wesentlichen die im Data Act enthaltenen Verbote zu Gunsten des Dateninhabers und bringt diese auch auf der vertraglichen Ebene zur Anwendung.

Ziffer 6.2.2. MVK

Diese Klausel regelt die Weitergabe der erhaltenen Daten durch den Datenempfänger, soweit es ihm nach Ziffer 6.2.1. MVK gestattet ist. Dem Datenempfänger ist hier zu empfehlen zumindest die unter Unterabsatz (a) enthaltenen Informationspflichten gegenüber dem Dateninhaber für von ihm beauftragte Dritte (verlängerte Werkbank) bzw. Unternehmen im selben Konzern aufzuheben.

Ziffer 6.3. MVK

Ziffer 6.3. MVK enthält die Rechtsfolge für die Verletzung der Pflichten aus Ziffer 6 und verknüpft diese mit den Rechtsbehelfsklauseln aus Ziffer 9.1.3. MVK und Ziffer 6.3.2. MVK. Diese Rechtsbehelfe können aber im Ergebnis für den Dateninhaber ein stumpfes Schwert bleiben, da ihm tatbestandlich die Informationen über die Verletzung durch den Datenempfänger regelmäßig nicht zur Verfügung stehen. Hier ist es empfehlenswert vom Datenempfänger zu verlangen, dass dem Dateninhaber notwendige Dokumente und Informationen bereitgestellt werden, aus denen sich eventuelle Verletzungen erkennen lassen.

Ziffer 7. MVK – Vergütung

Die Vergütungsklausel des Ziffer 7.1. MVK gibt es in zwei Versionen; einmal als KMU-Fassung und einmal als Non-KMU-Fassung und spiegelt damit die Anforderungen des Data Acts wieder.

Ziffer 7.1.4. MCT KMU (Option)

In Ziffer 7.1.4 MCT KMU-Option wird zwar vorgeschlagen, dass für den Fall, dass der Datenempfänger nicht mehr KMU im Sinne des Gesetzes ist, dann über die Vergütung zwischen den Parteien verhandelt werden muss, allerdings fehlt es an einem konkreten Druckpunkt in der Verhandlung durch den Dateninhaber. Hier könnte eine Abänderung der Ziffer dahingehend helfen, dass der Dateninhaber mit der Möglichkeit in einem solchen Fall auch den Datenzugang bis zur Einigung auszusetzen kann.

Ziffer 7.1.4. MVK

Weiterhin sollte der Dateninhaber nicht vergessen, die in Ziffer 7.1.4. MVK übermittelten Informationen zur Preiskalkulation auch als Geschäftsgeheimnisse zu kennzeichnen und unter denselben Schutz zu stellen, sofern er diese Informationen als solche betrachtet. Grundsätzlich muss der Dateninhaber prüfen, ob er bspw. durch Geheimhaltungsvereinbarung mit Dritten daran gehindert ist, solche Informationen herauszugeben.

Ziffer 8. MVK – Laufzeit und Beendigung

Ziffer 8.1. MVK

In Ziffer 8.1. MVK sind der Beginn der Vertragslaufzeit sowie Datenbereitstellung geregelt. Hier sind diverse Optionen für die verwendeten Parteien vorgesehen. Die vereinbarte Laufzeit wird grundsätzlich davon abhängen, ob eine dauerhafte oder nur einmalige Datenbereitstellung gewählt wird. Es ist möglicherweise ratsam, die Verpflichtung zur Datenbereitstellung nicht unmittelbar mit Vertragsschluss beginnen zu lassen, sondern dies davon abhängig zu machen, dass die entsprechenden technischen Schnittstellen zum Datenaustausch funktionsfähig sind.

Ziffer 8.2.2. MVK (Option)

Die in Ziffer 8.2.2 optionale Möglichkeit vergebliche Aufwendungen vom Datenempfänger im Falle einer Kündigung ersetzt zu bekommen, sollte durch den Dateninhaber immer gewählt werden.

Ziffer 9. MVK – Rechtsbehelfe bei Nichtleistung

Ziffer 9. MVK regelt die Nichtleistung der Parteien, wobei die Tatbestände und Rechtsbehelfe dem entsprechen, was bereits aus dem Schuldrecht AT bekannt ist. Diese Ziffer wird nicht benötigt, falls sich die Parteien auf das anwendbare Recht geeinigt haben und sich auf dieses verlassen wollen. Aufgrund der Neuartigkeit der Datenverträge und der damit einhergehenden Schwierigkeiten ihrer Qualifikation im Regime der schuldrechtlichen Vertragstypen, ist es aber grundsätzlich zu empfehlen die Rechtsbehelfe vertraglich zu regeln, um sich Unsicherheiten zu ersparen.

Ziffer 9.5. MVK

Ziffer 9.5. MVK regelt die Haftung der Parteien. Die Regelungen entsprechen im Wesentlichen denen des deutschen Schadensersatzrechts. Hier sollte die Parteien ein besonderes Augenmerk darauf legen, ob die vorgegeben Regelungen tatsächlich der Risikoverteilung entsprechen. Insbesondere dem Dateninhaber ist anzuraten, dass er die Haftung für indirekte Schäden und solche Schäden, die nicht Vermögensschäden sind, ausschließt. Hier zeigt sich umso mehr das Risiko, dass nicht der Dateninhaber seinen Vertragspartner auswählt, sondern der Nutzer und er sich somit aufgrund des vom Datenempfänger gewählten Geschäfts sich erhöhten Risiken in Person des jeweiligen Datenempfängers ausgesetzt sieht.

Um diese vorgenannten Risiken handhabbar zu gestalten, würde es sich anbieten auch Haftungsbegrenzungen der Höhe nach zu vereinbaren. Falls die Parteien sich hier darauf einlassen Haftungsbegrenzungen zu vereinbaren, wären an einigen Stellen sicherlich Rückausnahmen denkbar. Für den Dateninhaber käme hier insbesondere Regelungen zu den Geschäftsgeheimnissen (Ziffer 5. MVK) sowie zur Nutzung der Daten durch den Datenempfänger (Ziffer 6. MVK) in Betracht. Beiden Parteien wäre auch daran gelegen die Zusicherungen und Gewährleistungen aus Ziffer 3. MVK von der Haftungsbegrenzung zu befreien.

Ziffer 9.6. MVK (Option)

Dem Datenempfänger ist zu empfehlen diese Option zu wählen, da er sich dadurch den Nachweis eines Schadens bei Nichtleistung durch den Datenempfänger erspart. Gleichzeitig ermuntert die Vertragsstrafe zu fristgemäßen und ordentlichen Leistung. Falls der Datenempfänger ein KMU ist, stellt sich aufgrund der Vergütungsregelung des Art. 9 Abs. 4 DA die Frage nach der Rechtmäßigkeit einer Vertragsstrafe, da eine solche nach ständiger dt. Rechtsprechung nur den Gewinn des Schädigers abschöpfen jedoch nicht in die Substanz eingreifen soll.

Ziffer 10. MVK – Allgemeine Regelungen

Ziffer 10.1.1. MVK (Optionen)

Diese Klausel gibt den Parteien die Optionen, die Geheimhaltung um das Bestehen des Vertrages, die Identität der Parteien sowie die Inhalte des Vertrages zu erweitern. Dies ist grundsätzlich empfehlenswert, es sei denn, es besteht ein werbendes Interesse mit dem Geschäftspartner oder die Bedingungen zu denen man Daten zugänglich macht, sind grundsätzlich frei verfügbar.

Ziffer 10.1.3. MVK (Option)

Die hier genannte Option dem Nutzer die Vereinbarung zur Verfügung zu stellen, wird nur relevant sein, wenn die Parteien sich nicht dazu entscheiden, dem Nutzer originäre Rechte einzuräumen (s. Option bei Ziffer 1.2.2. MKV). Ansonsten wird es keine Notwendigkeit geben dem Nutzer den Vertrag zu übermitteln, insbesondere weil er nicht zur Geheimhaltung der darin enthaltenen Informationen verpflichtet ist.

## C. Implementierung

946 Bei der **Ausgestaltung von Verträgen** zu Nutzung von Daten ist **zuallererst das Prinzip der Vertragsfreiheit** zu berücksichtigen[519], d.h. die **Parteien sind frei in der Ausgestaltung der Verträge.** Dieses Prinzip erfährt aber durch das **FRAND (fair, reasonable and non discriminatory) Prinzip Einschränkungen**[520]. Diese Einschränkungen und das FRAND Prinzip werden im Data Act spezifiziert durch das **Diskriminierungsverbot und eine Missbrauchskontrolle.** Die EU wird Musterverträge und Klauseln zur Verfügung stellen[521]. Diese sind nicht verpflichtend anzuwenden. Sie bieten aber den Vorteil, dass davon auszugehen ist, dass die Muster den Vorgaben des Data Acts entsprechen. Sie werden daher helfen einer Missbrauchskontrolle Stand zu halten und sie werden dabei helfen Verträge zu schließen, die dem FRAND Prinzip entsprechen. Aus dem Umkehrschluss zu Erwägungsgrund 42 DA lässt sich aber auch ableiten, dass die Verwendung dieser Muster nicht per se dazu führt, dass ein Vertrag in Gänze

519 Siehe Erwgr. 43 DA.
520 Details zu FRAND s. Kapitel 2 I.
521 Siehe B.III.

als FRAND anzusehen ist. Denn **FRAND geht über die reinen Klauseln hinaus** und umfasst beispielsweise **auch die Preisgestaltung.** Dennoch ist die **Verwendung der Musterklauseln** zumindest im Hinblick auf die vertraglichen Bedingungen **relativ risikolos** und kann zu **wenig Aufwand** bei der Verhandlung von Verträgen führen. Ein **Abweichen** von diesen Klauseln wird aber **möglich** sein. Soweit die Klauseln die Bedürfnisse der Parteien nicht erfüllen, können die Parteien sich auch auf andere Regelungen einigen. Dann trägt die **Partei, die eine Klausel einbringt** aber ein größeres **Risiko**, dass ihre Klauseln der Missbrauchskontrolle nicht standhalten.

Darüber hinaus ist zu berücksichtigen, dass der Data Act bereits einige **Bestimmungen vorsieht**, die die **Nutzung von Daten einschränken.** Diese **Bestimmungen** sind zwar **teilweise** dispositiv, d.h. die jeweils betroffenen Parteien **können eine anders lautende Regelungen** treffen, soweit die betroffenen Parteien aber nicht explizit eine anders lautende Regelung treffen, gelten die gesetzlichen Bestimmungen. Nicht möglich ist es dagegen, dass Parteien eine Regelung treffen, die zu Lasten einer Dritten unbeteiligten Partei geht, z.B. können der Nutzer und ein Dritter nicht wirksam eine Regelung treffen, die es dem Dritten erlaubt mit den betroffenen Daten ein Produkt zu entwickeln, das mit dem betroffenen vernetzten Produkt in Konkurrenz steht. 947

Relevant als dispositiv sind hier die folgenden Bestimmungen[522]: 948

(i) Für den **Dateninhaber** gelten folgende dispositive Regelungen: 949
- Art. 4 Abs. 13 DA Verbot Einblicke in die Produktionsmethoden, wirtschaftliche Lage des Nutzers zu gewinnen.
- Art. 4 Abs. 14 Satz 2 DA Verbot der Weitergabe der Daten an Dritte
- Art. 5 Abs. 6 DA Verbot Einblicke in die Produktionsmethoden, wirtschaftliche Lage des Dritten zu gewinnen.

(ii) Für **Nutzer** gelten folgende dispositive Regelungen: 950
Art. 4 Abs. 10 DA Verbot der Nutzung von Daten für die Entwicklung eines mit dem vernetzten Produktes konkurrierenden Produktes[523].

(iii) Für **Dritte** gelten folgende dispositive Regelungen: 951
- Art. 6 Abs. 1 DA Zweckbindung
- Art. 6 Abs. 2 DA Verbotsliste, u.a. Verbot der Nutzung von Daten für die Entwicklung eines mit dem vernetzten Produktes konkurrierenden Produktes

Bzgl. der **Prüfung von Klauseln** sind folgende Regelungen zu berücksichtigen: 952

(i) Art. 7 Abs. 2 DA Umfang der Pflichten zur Datenweitergabe 953
Eine **Beschränkung der Rechte** des Nutzers aus Kapitel II DA zu dessen Nachteil ist für den **Nutzer nicht bindend**, d.h. diese Regelung ist nicht dispositiv.
Die Rechte des Nutzers aus Kapitel II[524] sind insbesondere das **Recht auf Zugang zu den Daten** direkt am vernetzten Produkt, das **Recht auf Herausgabe der Daten an den Nutzer** soweit der direkte Zugang nicht möglich ist und das **Recht zu ver-**

522 Details dazu s.a. Kapitel 2 D. und E.
523 Erwgr. 39, 57 DA.
524 Art. 3 – Art. 7 DA.

**langen, dass die Daten auch an Dritte weitergegeben** werden sowie das Recht zu bestimmen welche Dritten zum Erhalt der Daten berechtigt sein sollen

954 (ii) Art. 8 Abs. 2 DA Missbrauchskontrolle

Art 8 ist im Kapitel »Bedingungen, unter denen Dateninhaber Datenempfängern Daten bereitstellen« angesiedelt und bezieht sich daher auf Verträge zwischen Dateninhabern und Datenempfängern, d.h. nicht Nutzern. Bestimmte Vertragsklauseln sind **nicht bindend, wenn sie missbräuchlich** nach Art. 13 DA sind, d.h. vertragliche Regelungen sind in einem vorgegeben Rahmen möglich.[525] Das **Ausschließen der Rechte des Nutzers** aus Kapitel II[526] ist für den **Nutzer nicht bindend**, d.h. dieser Teil der Missbrauchskontrolle ist nicht dispositiv.

Eine Vertragsklausel in Bezug auf den **Datenzugang und die Datennutzung** oder die **Haftung** und **Rechtsbehelfe bei Verletzung** oder **Beendigung datenbezogener Pflichten** ist **nicht bindend, wenn sie eine missbräuchliche Vertragsklausel** im Sinne des Artikels 13 darstellt oder wenn sie zum Nachteil des Nutzers die Ausübung der Rechte des Nutzers nach Kapitel II ausschließt, davon abweicht oder deren Wirkung abändert[527].

Art. 8 Abs. 2 DA ist hier als generelle Regelungen zu verstehen, die durch die speziellere Regelung des Art. 13 DA teilweise konkretisiert wird.

955 (iii) Art. 8 Abs. 1 DA, Art. 8 Abs. 3 DA und Art. 9 Abs. 1 DA Diskriminierungsverbot

Ein **Datenempfänger** darf **nicht diskriminiert** werden.

In vergleichbaren Situationen darf ein Dateninhaber nur **unterschiedliche Modalitäten und Vertragsklauseln** im Zusammenhang mit dem Teilen von Daten zu Grunde legen, wenn es dafür einen **objektiven, rechtfertigenden Grund** gibt. Es sollte in der **Verantwortung des Dateninhabers** liegen nachzuweisen, dass eine Vertragsklausel gerade **nicht diskriminierend** ist[528]. Umgekehrt hat ein Datenempfänger das **durchsetzbare Recht** auf eine **diskriminierungsfreie Behandlung.** Der Datenempfänger kann dafür den im Data Act vorgesehenen Prozess zur Streitbeilegung nutzen.

Hier ist zu berücksichtigen, dass der **Dateninhaber** in der **Pflicht** ist nachzuweisen, dass eine **Klausel nicht diskriminierend** ist. Es liegt **keine rechtswidrige Diskriminierung** vor, wenn der Dateninhaber für die Bereitstellung von Daten **unterschiedliche Vertragsklauseln** vorsieht, **sofern diese Unterschiede aus objektiven Gründen** gerechtfertigt sind[529].

956 (iv) Art. 9 DA Recht auf Gegenleistung für das zur Verfügung stellen von Daten sowie Informationspflicht zur Schaffung von Transparenz

Der **Dateninhaber ist berechtigt** im Rahmen des Art. 9 DA **vom Datenempfänger** eine **Gegenleistung** für die Überlassung von Daten zu verlangen.

Dies gilt allerdings **nicht gegenüber einem Nutzer**[530]. Dies entspricht der Idee des Data Acts, dass der Nutzer grds. selbst Zugriff auf Daten erhalten soll und diese

525 Siehe oben B.II.

526 Art. 3 – Art. 7 DA.

527 Zu den Rechten des Nutzer s. Rdn. 948.

528 Siehe Erwgr. 45 DA.

529 Siehe Erwgr. 45 DA.

530 Der Nutzer unterfällt nicht der Definition des Datenempfängers, so dass der Dateninhaber vom Nutzer keine Vergütung verlangen darf.

Daten nur dann vom Dateninhaber verlangen soll, wenn er selbst keinen Zugriff hat. Der Dateninhaber stellt dabei dem Datenempfänger Informationen bereit, in denen die Grundlage für die Berechnung der Gegenleistung so detailliert dargelegt ist, dass der Datenempfänger beurteilen kann, ob die Anforderungen der Absätze 1 bis 4 des Art. 9 erfüllt sind.

Die **Gegenleistung** soll gerade **nicht eine Vergütung** für die **Daten selbst** sein, **sondern** vielmehr die **Leistungen des Dateninhabers** im Zusammenhang mit dem zugänglich machen der Daten berücksichtigen und damit weitere Investitionen in die Bereitstellung wertvoller Daten fördern. Die **Gegenleistung** muss **diskriminierungsfrei** sowie **transparent berechnet** sein und könnte folgende Komponenten berücksichtigen:

a) Kosten, die direkt mit der Bereitstellung der Daten, wie Speicherung, Formatierung und Verbreitung auf elektronischem Weg zusammenhängen.
b) Investitionen in die Erhebung und Generierung von Daten.
c) Kosten für das Vorhalten der erforderliche Ressourcen für Vertragsanbahnung und -abwicklung mit Dritten.
d) Risikozuschläge, z.B. für potentiellen Verlust von Geschäftsgeheimnissen.
e) Eine Gewinnmarge.

Soweit der Empfänger der Daten ein **kleines oder mittleres Unternehmen** ist (KMU)[531] oder eine **gemeinnützige Forschungseinrichtung**, darf die Vergütung die Kosten nach Punkt a) nicht überschreiten und **keine Marge** enthalten[532].

Nach Art. 9 Abs. 5 wird die Kommission Leitlinien für die Berechnung einer angemessenen Gegenleistung unter Berücksichtigung des Rates des in Artikel 42 genannten Europäischen Dateninnovationsrates (EDIB) erlassen.

(v) Art. 12 DA Umfang der Pflichten der Dateninhaber **957**

Eine **Beschränkung der Rechte des Dateninhabers, Datenempfängers oder Nutzers** aus Kapitel III[533] ist für diese Partei **nicht bindend**, d.h. diese Regelung ist nicht dispositiv.

Die Rechte in Kapitel III sind insbesondere das **Recht auf Transparenz** und **faire, nicht diskriminierende Behandlung**, das **Recht auf vorteilhafte Behandlung für KM/gemeinnützige Einrichtungen** bei Berechnung einer Gegenleistung sowie das **Recht auf Zugang zu einer Streitbeilegungsstelle.**

(vi) Art. 13 DA Missbrauchskontrolle[534] **958**

Prüfung an Hand von generellen Regeln aus dem Vertragsrecht und Gesetz gegen den unlauteren Wettbewerb.

a) AGB Kontrolle

Nach den §§ 307 ff. BGB unterliegen **Allgemeine Geschäftsbedingungen** einer Inhaltskontrolle. Demnach sind Regelungen, die den Vertragspartner des Verwenders der Allgemeinen Geschäftsbedingungen entgegen Treu und Glauben

531 Das Statistische Bundesamt verwendet in Anlehnung an die Empfehlung (2003/361/EG) der Europäischen Kommission eine Einteilung nach Mitarbeitern und Umsatz. Kleine und mittlere Unternehmen (KMU): Definition – Statistisches Bundesamt (destatis.de).

532 Siehe Erwgr. 47 DA.

533 Art. 8 – Art. 12 DA.

534 Details s.o. Kapitel 3 II.

**unangemessen benachteiligen unwirksam.** Diese Kontrolle ähnelt inhaltlich der Missbrauchskontrolle des Art. 13 DA und wird daher für Datennutzungsverträge **kaum eine eigenständige Relevanz** entfalten. Allerdings ist zu beachten, dass **Art. 13 DA lediglich im B2B** gilt. Die verbleibende **Lücke im Bereich B2C** wird daher durch die **allgemeine Inhaltskontrolle** geschlossen. Im Bereich B2C bedarf es einer vollumfänglichen Prüfung von Allgemeinen Geschäftsbedingungen nach den §§ 307 ff. BGB.

b) Lauterkeitskontrolle
Geschäftliche **Handlungen, die unlauter** sind, sind nach dem Gesetz gegen den unlauteren Wettbewerb (UWG) **unzulässig.** Dies gilt grds. **sowohl im B2B als auch im B2C.** Der Gesetzgeber liefert allerdings keine Definition des Begriffes »Unlauter«. Lediglich im Bereich B2C gibt es einige Regelbeispiele für die Unlauterkeit[535]. Es bedarf daher jeweils einer **Einzelprüfung.** Es ist aber davon auszugehen, dass Datennutzungsverträge, die den Vorgaben des Data Acts entsprechen nicht gegen das UWG verstoßen.

959 Übersichten zur Ausgestaltung von Verträgen:

960

| B2B<br>Verträge mit Datenbezug, die gestellt werden vom | Art. 7 (2) | Art. 8 (2) | Art. 8 (3) | Art. 9 | Art. 12 | Art. 13 | AGB Kontrolle | UWG Kontrolle |
|---|---|---|---|---|---|---|---|---|
| Hersteller B2B | X | | | | | X | X | X |
| Nutzer B2B | | | | | | X | X | X |
| Dateninhaber B2B | X | X | X | X | X | X | X | X |

961

| B2C<br>Verträge mit Datenbezug, die gestellt werden vom[536] | Art. 7 (2) | Art. 8 (2) | Art. 8 (3) | Art. 9 | Art. 12 | Art. 13 | AGB Kontrolle | UWG Kontrolle |
|---|---|---|---|---|---|---|---|---|
| Hersteller B2C | X | | | | | | X | X |
| Dateninhaber B2C | X | X | X | X | X | | X | X |

535 Siehe Anhang zum Gesetz gegen den unlauteren Wettbewerb.

536 Es erscheint äußerst unwahrscheinlich, dass ein Nutzer als Verbraucher Klauseln und Verträge gegenüber einem Unternehmer stellt. Diese Variante ist hier daher nicht aufgenommen.

## D. Praxistipps

Vertragsinhalte 962

In der **Praxis** könnten die folgenden Themen in Verträgen zur Datennutzung **berücksichtigt** werden: 963

- **Recht zu Nutzung**
  - für die Zwecke der Erfüllung eines Vertrages
  - für weitergehende Zwecke, wie z.B. Entwicklung, Fehlersuche, Benchmarking, Überwachung
  - ggf. räumlich, zeitlich oder inhaltlich beschränkt
- Versprechen desjenigen, der Daten nutzt, **Daten nicht weiterzugeben** oder **über Vereinbarung hinaus zu nutzen**
- **Recht zur Weitergabe von Daten** ggf. versehen mit Bedingungen, z.B.
  - Informationspflicht bei Weitergabe
  - Weitergabe nur in eingeschränkter Form (räumlich, zeitlich oder inhaltlich)
  - Weitergabe innerhalb eines Konzerns
- Weitergabe nur bei Vereinbarung von Schutzmechanismen
  - Berechtigung zur weiteren Unterweitergabe
- Technische und organisatorische Maßnahmen zum Schutz von Daten
- Reporting- und **Audit-Recht** zur Überprüfung der Einhaltung der technischen und organisatorischen Maßnahmen sowie der Datennutzung
- Löschpflichten bzw. **Archivierungsrechte**
- Regelung, die sicherstellt, dass die erforderlichen Rechte an Daten beim Dateninhaber vorhanden sind sowie Rechtsfolgen, falls dem nicht so ist[537].
- Gegenleistung
- Geschäftsgeheimnisschutz beachten
- Klauselkontrolle nach Art. 13 DA beachten

Wert der Daten 964

Der **Data Act** sieht **nicht explizit** vor, dass **Daten ein Wert** beizumessen ist. Regelungen, die eine Gegenleistung betreffen, sollen gerade nicht eine Gegenleistung für einen den Daten innewohnenden Wert darstellen, sondern für Leistungen des Dateninhabers. Soweit die Parteien aber in der Lage sind den **Daten einen Wert beizumessen**, **ist es möglich und zulässig**, dass ein Nutzer für die Vergabe von Rechten zur Nutzung an Daten eine Gegenleistung verlangt, die dann den Wert der Daten widerspiegelt. 965

Erfüllen von Transparenzpflichten 966

Der Dateninhaber ist verpflichtet, **soweit** er eine **Gegenleistung** für das zur Verfügung stellen von Daten verlangen möchte, **transparent darzulegen**, wie sich diese **Gegenleistung zusammensetzt**. Für potentielle Dateninhaber, die bereits heute Kosten aufwenden, um ihre künftigen Verpflichtungen erfüllen zu können, z.B. Hersteller, 967

537 Hier kann man sich an den üblichen Standards für die Rechtsmangelfreiheit orientieren.

ist es ratsam transparente Übersichten zu den Kosten zu erstellen, um diese künftig als Basis nutzen zu können.

# Abschnitt 2 Datenzugang des öffentlichen Sektors (Business to Government - B2G)

## Kapitel 4 Einführung

Übersicht Rdn.



Vgl. Erwgr. 63 ff. und Art. 14 ff. DA 968

In diesem zweiten Abschnitt des Handbuchs wird der Datenzugang öffentlicher Stel- 969
len, der Kommission, der Europäische Zentralbank und Einrichtungen der Union (in diesem Teil gemeinsam als »**Public Bodies**« bezeichnet) nach dem Data Act beleuchtet. Zunächst werden in dieser Einführung der Hintergrund und die Inhalte des Kapitel V des Data Act knapp dargestellt. Anschließend werden die rechtlichen Inhalte des Kapitel V des Data Act des beleuchtet (s. Kapitel 5) bevor Hinweise zur Implementierung (s. Kapitel 6) und Praxistipps (s. Kapitel 7) gegeben werden. Der Datenzugang des öffentlichen Sektors ist zum Zeitpunkt der Erstellung dieses Handbuchs – soweit ersichtlich – ein in der Literatur kaum betrachteter Bereich des Data Act.[538] Es bleibt daher abzuwarten, wie Literatur, Behörden und Gerichte die Vorschriften des Kapitel V des Data Act auslegen werden und ob sich eine erkennbare Marktpraxis zum Umgang mit dem Datenzugang des öffentlichen Sektors herausbildet; dieser Umstand sollte auch im Rahmen der Vorbereitung auf Ansprüche nach Kapitel V des Data Act berücksichtigt werden.

Datenzugangsansprüche (egal ob spezifisch oder allgemein) von Public Bodies auf Grundlage anderer Rechtsakte als dem Data Act werden vorliegend nicht betrachtet.

Neben Ansprüchen von Nutzern enthält die Datenverordnung in Kapitel V (Art. 14 ff. 970
DA) Regelungen über die Bereitstellung von Daten für Public Bodies.

### A. Hintergrund des Kapitel V des Data Act

Der europäische Gesetzgeber war beim Erlass der Datenverordnung davon überzeugt, 971
es könne im Falle außergewöhnlicher Notwendigkeit erforderlich sein, »*dass öffentliche Stellen, die Kommission, die Europäische Zentralbank oder Einrichtungen der Union bei der Wahrnehmung ihrer gesetzlichen Pflichten im öffentlichen Interesse vorhandene Daten, gegebenenfalls einschließlich beigefügter Metadaten, die von einem Unternehmen gehalten werden, nutzen, um auf öffentliche Notlagen oder andere Ausnahmesituationen*

538 Verfügbar sind die Frequently Asked Questions zum Data Act der Europäischen Kommission vom 6. September 2024 (Version 1.0), abrufbar unter https://digital-strategy.ec.europa.eu/en/library/commission-publishes-frequently-asked-questions-about-data-act (zuletzt abgerufen am 13.09.2024 um 21.40 Uhr).

*zu reagieren*«[539]. Anders als der Begriff »Reaktion« nahelegt, möchte der europäische Gesetzgeber jedoch nicht nur auf ein Ereignis folgendes Verhalten der öffentlichen Hand ermöglichen, sondern diese auch zu präventivem Handeln befähigen.[540]

## B. Inhalte des Kapitel V des Data Act

972 Kapitel V des Data Act regelt in insgesamt neun Artikeln, wann, unter welchen Umständen und in welchem Umfang welche öffentliche Stellen von Dateninhabern Daten verlangen können (Art. 14 – 18 DA), welchen Rechte und Pflichten die öffentlichen Stellen im Hinblick auf so erlangte Daten haben (Art. 19 und 21 DA), unter welchen Umständen den Dateninhabern in diesen Fällen ein Anspruch auf Gegenleistung zusteht (Art. 20 DA), sowie Regeln zur Amtshilfe und grenzüberschreitender Zusammenarbeit in diesem Zusammenhang (Art. 22 DA).

539 Erwägungsgrund 63 Satz 1 DA.

540 Erwägungsgrund 70 Satz 1 DA spricht neben der Bewältigung und Überwindung von öffentlichen Notständen auch von deren Verhinderung, s. hierzu auch Frage 40 der Frequently Asked Questions zum Data Act der Europäischen Kommission vom 6. September 2024 (Version 1.0), abrufbar unter https://digital-strategy.ec.europa.eu/en/library/commission-publishes-frequently-asked-questions-about-data-act (zuletzt abgerufen am 13.09.2024 um 21.40 Uhr).

# Kapitel 5 Rechtliche Inhalte

Übersicht Rdn.

973 In diesem Kapitel werden die rechtlichen Inhalte des Kapitel V des Data Act erläutert.

## A. Systematik des Kapitel V des Data Act

974 Den Dreh- und Angelpunkt des Kapitel V des Data Act bildet die Pflicht zur Bereitstellung von Daten wegen außergewöhnlicher Notwendigkeit aus Art. 14 DA. Die weiteren Regelungen des Kapitel V des Data Act knüpfen an diese Datenbereitstellungspflicht an. Die gewählte Verteilung der Regelungen auf die Art. 15 bis einschließlich 22 DA erscheint dabei keinesfalls zwingend. Beispielhaft hierfür sind die Art. 17 (3) und (4) DA. Art. 17 (3) DA, welcher die die Bereitstellung von erlangten Daten durch Public Bodies zur Weiterverwendung und das Verhältnis der Kapitel V des Data Act zu relevanten anderen Unionsrechtsakten regelt, hätte systematisch mit den Regelungen aus Art. 19 (2) und/oder Art. 21 DA zusammengeführt werden können. Ebenso hätte Art. 17 (4) DA, welcher den Austausch erlangter Daten zwischen den Public Bodies regelt, systematisch mit den Regelungen aus Art. 21 und/oder Art. 22 DA zusammengeführt werden können. Auch setzt Kapitel V des Data Act Rechte voraus, die nicht ausdrücklich geregelt werden. Beispielsweise wird in Art. 18 (5) DA das Recht von Public Bodies vorausgesetzt, einer Ablehnung eines Datenverlangens durch einen Dateninhaber zu widersprechen, ohne dass dieses Recht zuvor ausdrücklich benannt worden wäre. Anwendende sollten sich also nicht auf die Systematik des Kapitel V des Data Act verlassen, sondern stets alle Artikel des Kapitel V des Data Act prüfen, um keine »versteckten« Regelungen unbeachtet zu lassen.

Die Systematik des Kapitel V des Data Act kann beispielsweise dargestellt werden wie folgt: 975

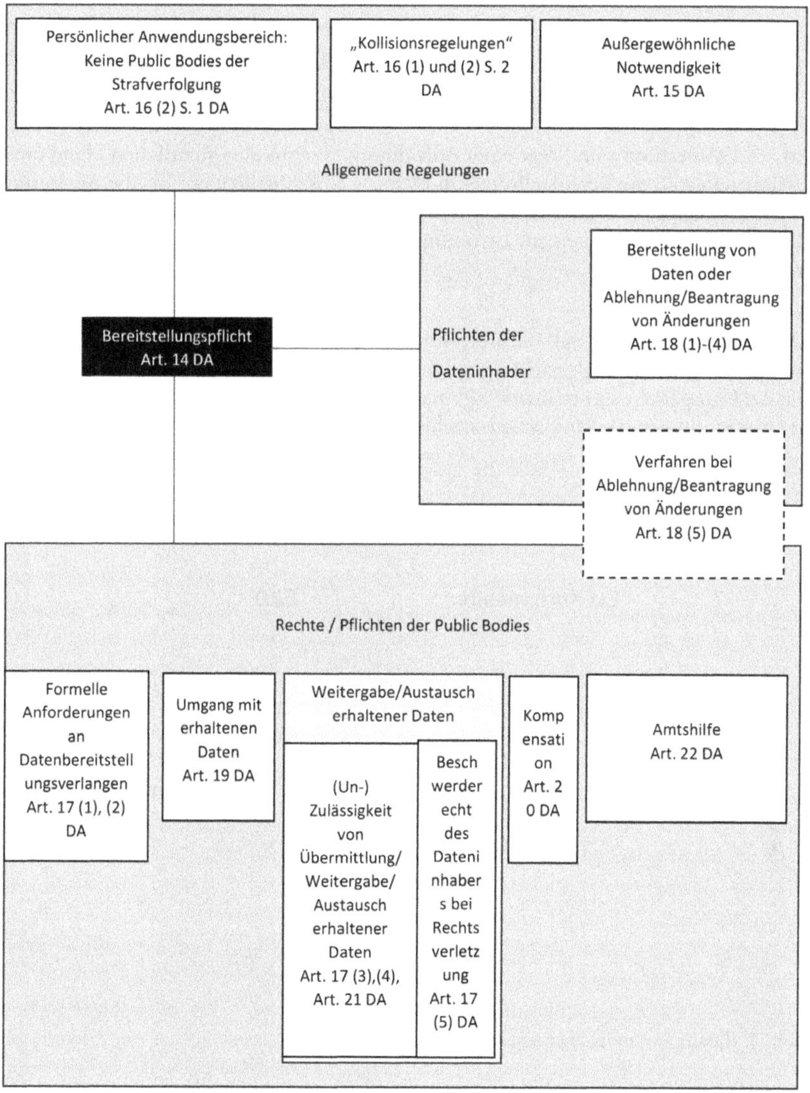


**Abb. 1: Illustration der Systematik des Kapitel V des Data Act**

## B. Umfang der Pflichten aus Art. 14 und 15 DA zur Datenbereitstellung an Public Bodies wegen außergewöhnlicher Notwendigkeit

976 Nachfolgender Abschnitt behandelt das Kernelement des Kapitel V des Data Act, die Pflicht zur Bereitstellung von Daten wegen außergewöhnlicher Notwendigkeit (Art. 14 DA) im Falle der außergewöhnliche Notwendigkeit der Datennutzung (Art. 15 DA).

### I. Berechtigte Antragssteller

977 Art. 14 DA bestimmt im Wege einer Aufzählung, wer aus der öffentlichen Hand qualifiziert sein soll, die Bereitstellung von Daten – einschließlich der für die Auslegung und Nutzung dieser Daten erforderlichen betreffenden Metadaten – wegen außergewöhnlicher Notwendigkeit zur Erfüllung ihrer rechtlichen Aufgaben im öffentlichen Interesse zu beantragen.

978 Genannt werden:
979 (i) Öffentliche Stellen (vgl. nachfolgend lit. a);
980 (ii) die Kommission (vgl. nachfolgend lit. b);
981 (iii) die Europäische Zentralbank (vgl. nachfolgend lit. c); und
982 (iv) Einrichtungen der Union (vgl. nachfolgend lit. d).

983 Nachfolgende Darstellung fasst die möglichen Antragsteller illustrativ zusammen:

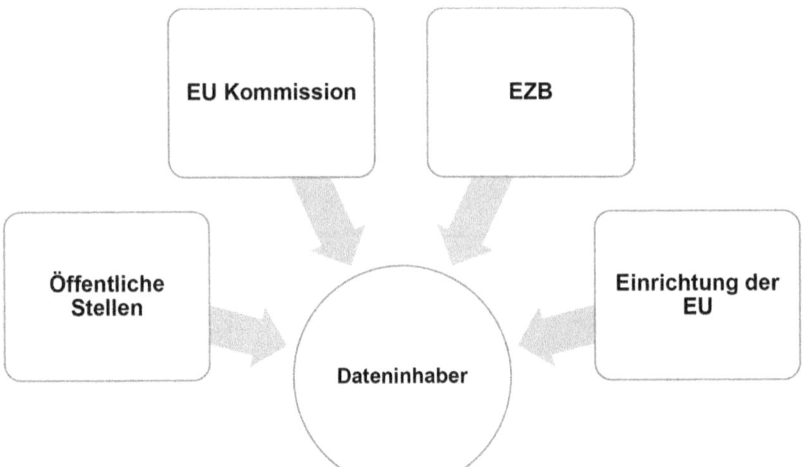


**Abb. 2: Illustration möglicher Antragsteller**

984 Bemerkenswert ist, dass sich der Gesetzgeber dafür entschieden hat, nicht jeder staatlichen Stelle aus Legislative, Exekutive und Judikative auf europäischer und mitglieds-

staatlicher Ebene das Recht der Antragsstellung nach Art. 14 DA einzuräumen.[541] Stattdessen hat sich der Gesetzgeber dafür entschieden, zwei Antragsberechtigte namentlich zu benennen und daneben zwei Kategorien von Antragsberechtigten aufzulisten.

985 Diese Regelungstechnik und der Verzicht des Gesetzgebers auf weitere, vergleichbare Einrichtungen der öffentlichen Hand zu verweisen, sprechen dafür, **Art. 14 DA als Ausnahmevorschrift** zu lesen – die hier namentlich benannten und die Angehörigen der gelisteten Kategorien sollen (anders als sonstige legislative, exekutive und judikative Einrichtungen) ausnahmsweise berechtigt sein, die Bereitstellung von Daten zur Erfüllung ihrer rechtlichen Aufgaben im öffentlichen Interesse aufgrund außergewöhnlicher Notwendigkeit zu beantragen. Da Ausnahmevorschriften in der Regel nicht analogiefähig sind, ist eine **analoge Anwendung von Art. 14 DA auf andere Einrichtungen der öffentlichen Hand regelmäßig ausgeschlossen.**

## 1. Öffentliche Stellen

986 Der Begriff der »öffentlichen Stelle« wird in Art. 2 Nr. 28 DA legaldefiniert. Dabei unterscheidet sich die deutsche Sprachfassung jedoch von der englischen:

987

| Deutsche Sprachfassung | Englische Sprachfassung |
|---|---|
| »öffentliche Stelle« die nationalen, regionalen und lokalen Behörden, Körperschaften und Einrichtungen des öffentlichen Rechts der Mitgliedstaaten oder Verbände, die aus einer oder mehreren dieser Behörden, Körperschaften oder Einrichtungen bestehen; | ›public sector body‹ means national, regional or local authorities of the Member States and bodies governed by public law of the Member States, or associations formed by one or more such authorities or one or more such bodies; |

988 Die englische Sprachfassung stellt deutlicher heraus, dass es sich bei den nationalen, regionalen und lokalen Behörden um solche der Mitgliedsstaaten handeln muss. Der Begriff »*bodies*« wurde in der deutschen Fassung mit »*Körperschaften und Einrichtungen*« übersetzt.

989 Die Begriffe »Behörde«, »Körperschaft« und »Einrichtung« sind dabei unionrechtsautonom auszulegen. Es sind allerdings keine Anhaltspunkte dafür ersichtlich, dass die Datenverordnung die Begriffe grundsätzlich anders versteht als das deutsche Recht. Vielmehr scheint es wahrscheinlich, dass der europäische Gesetzgeber die Begriffe breit verstanden wissen möchte, um die Unterschiede mitgliedsstaatlicher Organisation aufzufangen. Schließlich verbleiben alle der Union nicht in den Verträgen übertragenen Zuständigkeiten gemäß der Art. 4 (1) und Art. 5 (2) EUV bei den Mitgliedstaaten und eine begrenzte Einzelermächtigung der Europäischen Union betreffend die Staatsorganisation der Mitgliedsstaaten liegt nicht vor.

541 So hätte der Gesetzgeber auf europäischer Ebene beispielsweise auf die Liste der Organe der Europäischen Union aus Art. 13 (1) UAbs. 2 EUV verweisen können.

*a) Behörden*

990 Unter den Begriff der nationalen Behörden dürften oberste Bundesbehörden (beispielsweise das Bundespräsidialamt, die Verwaltung des Bundestags, das Sekretariat des Bundesrats, das Bundeskanzleramt und die Bundesministerien), Bundesoberbehörden (beispielsweise das Bundesamt für Migration und Flüchtlinge, das Bundesamt für Bevölkerungsschutz und Katastrophenhilfe, der Bundesnachrichtendienst, das Bundeskriminalamt, das Bundesamt für Sicherheit in der Informationstechnik, das Paul-Ehrlich-Institut und das Robert-Koch-Institut), Bundesmittelbehörden (beispielsweise die Generaldirektion Wasserstraßen und Schifffahrt) und Bundesunterbehörden (beispielsweise die Bundespolizeidirektionen) fallen.

991 Ob es sich bei obersten Landesbehörden (beispielsweise die Staatskanzleien der Länder und die Landesministerien), den Landesoberbehörden (beispielsweise die Landesämter für Verfassungsschutz) und den landesweit tätigen Landesmittelbehörden (beispielsweise den Landesämtern für Steuern) um nationale oder regionale Behörden im Sinne der des Data Act handelt, ist unerheblich, da die Einteilung im Ergebnis keinen Unterschied macht.

992 Aufgrund der im Data Act vorgesehenen Dreigliedrigkeit national-regional-lokal könnte man unter Zugrundelegung des deutschen Behördenaufbaus die regional zuständigen Landesmittelbehörden (bspw. Regierungspräsidien und Bezirksregierungen) als regionale Behörden im Sinne des Data Act verstehen.

993 Die hier vorgeschlagene Unterteilung zugrunde gelegt, wären lokale Behörden dann die unteren Landesbehörden (beispielsweise die Landratsämter).

*b) Körperschaften des öffentlichen Rechts*

994 Der Wortlaut des Data Act nennt nur allgemein Körperschaften des öffentlichen Rechts nach dem öffentlichen Recht der Mitgliedsstaaten.

995 Der Data Act unterscheidet seinem Wortlaut nach nicht zwischen Gebietskörperschaften (beispielsweise die Bundesrepublik Deutschland, die Bundesländer, die Bezirke, die Landkreise und die Gemeinden), Personalkörperschaften (beispielsweise die Industrie- und Handelskammern, die Handwerkskammern und die gesetzlichen Krankenkassen), Verbandskörperschaft (beispielsweise Gemeinde-, Kommunal- und Regionalverbände und die Bundesrechtsanwaltskammer), Realkörperschaften (beispielsweise Deichverbänden) und Kollegial- bzw. Vertretungskörperschaften (beispielsweise der Bundestag und Bundesrat).

996 Stattdessen knüpft der Data Act nur an das öffentliche Recht der Mitgliedsstaaten an, sodass staatsrechtliche Körperschaften des öffentlichen Rechts (beispielsweise die Bundesrepublik Deutschland, die Bundesländer und Gemeinden), bundesunmittelbare Körperschaften des öffentlichen Rechts (beispielsweise die Agentur für Arbeit) und landesunmittelbare Körperschaften des öffentlichen Rechts (beispielsweise Universitäten und Fachhochschulen) umfasst sein dürften.

Fraglich ist jedoch, ob unabhängig von ihren Mitgliedern alle Körperschaften öffentlichen Rechts nach dem Recht der Mitgliedsstaaten zur Beantragung von Daten nach Art. 14 DA berechtigt sein sollen. Besonders deutlich wird diese Frage etwa bei den Religionsgemeinschaften. Auch soweit sie nach deutschem Recht Körperschaften öffentlichen Rechts sind,[542] erscheint es fraglich, ob der europäische Gesetzgeber Religionsgemeinschaften als Körperschaften des öffentlichen Rechts im Sinne des Data Act ansieht. 997

Die Nennung der Körperschaften öffentlichen Rechts gleich nach Behörden spricht dafür, den Begriff der Körperschaften öffentlichen Rechts im Rahmen der Legaldefinition der öffentlichen Stelle in Art. 2 Nr. 28 DA auf solche zu beschränken, die hoheitliche Aufgaben wahrnehmen. Dies erscheint auch zweckmäßig, da die Stelle die Bereitstellung von Daten nach Art. 14 DA nur im Rahmen der Erfüllung rechtlicher Aufgaben im öffentlichen Interesse beantragen kann. Religionsgemeinschaften könnten jedoch auch bereits dadurch ausgeschlossen werden, indem man das Staatskirchenrecht nicht als öffentlichen Recht der Mitgliedsstaaten versteht. Dieselbe Möglichkeit besteht hinsichtlich internationaler Organisationen durch die Nichteinbeziehung von Völkerrecht als mitgliedsstaatliches öffentliches Recht. 998

Verbandskörperschaften sollen möglicherweise ebenfalls nicht vom Begriff der öffentlichen Körperschaften im Sinne von Art. 2 Nr. 28 DA erfasst sein, da sie wohl dem speziellen Begriff der Verbände, die aus einer oder mehreren Behörden, Körperschaften oder Einrichtungen bestehen, zuzuordnen sind. 999

### *c) Einrichtungen des öffentlichen Rechts*

Was die deutsche Sprachfassung mit Einrichtungen öffentlichen Rechts meint, ist nicht klar ersichtlich. Jedenfalls kaum gemeint sein können öffentliche Einrichtungen im kommunalrechtlichen Sinn, da diesen keine Aufgabe(n) zugewiesen sind, sondern sie allenfalls faktisch der Erfüllung einer dem Träger zugewiesenen Aufgabe dienen. 1000

### *d) Verbände, die aus einer oder mehreren Behörden, Körperschaften oder Einrichtungen bestehen*

Es bleibt unklar, welche Art von Verband der europäische Gesetzgeber vor Augen hatte, als er Verbände mit nur einem Mitglied in die Legaldefinition der öffentlichen Stelle in Art. 2 Nr. 28 DA aufgenommen hat. 1001

Zumindest als Verband mit mehreren Mitgliedern denkbar wären die oben bereits angesprochenen Verbandskörperschaften (beispielsweise Gemeinde-, Kommunal- und Regionalverbände). 1002

542 Art. 140 GG in Verbindung mit Art. 137 (5) der deutschen Verfassung vom 11. August 1919 (Weimarer Verfassung).

#### e) Aufgaben

1003 Der europäische Gesetzgeber hat im Data Act thematisch nicht eingeschränkt, bei der Erfüllung welcher rechtlichen Aufgaben die Behörden, Körperschaften und Einrichtungen des öffentlichen Rechts sowie die Verbände, die aus einer oder mehreren Behörden, Körperschaften oder Einrichtungen bestehen, berechtigt sein sollen, die Bereitstellung von Daten – einschließlich der für die Auslegung und Nutzung dieser Daten erforderlichen betreffenden Metadaten – wegen außergewöhnlicher Notwendigkeit zur Erfüllung ihrer rechtlichen Aufgaben im öffentlichen Interesse zu beantragen. Vor diesem Hintergrund sind die Aufgaben, solange sie aus Sicht des europäischen Rechts im öffentlichen Interesse sind, anhand des Rechts der Mitgliedsstaaten zu identifizieren.

### 2. Kommission

1004 Die Europäische Kommission wird in der Datenverordnung mit der im vierten Spiegelstrich von Art. 13 (1) UAbs. 2 EUV festgelegten Abkürzung »Kommission« in der Liste der berechtigten Antragsteller geführt.

1005 Die Aufgaben der Europäischen Kommission ergeben sich aus Art. 17 EUV.

### 3. Europäische Zentralbank

1006 Die Europäische Zentralbank ist das zweite Organ der Europäischen Union[543], welches antragsberechtigt ist im Rahmen von Art. 14 DA.

1007 Die Aufgaben der Europäischen Zentralbank ergeben sich aus Art. 282 AEUV. Die Satzung der Europäischen Union ist dem AEUV als Protokoll 4 beigefügt.

### 4. Einrichtung der Union

1008 Der Begriff der »Einrichtung der Union« wird in Art. 2 Nr. 27 DA legaldefiniert. Dabei unterscheidet sich die deutsche Sprachfassung jedoch von der englischen:

1009

| Deutsche Sprachfassung | Englische Sprachfassung |
|---|---|
| »Einrichtungen der Union« die Einrichtungen, Stellen und Agenturen der Union, die gemäß Rechtsakten eingerichtet wurden, die auf der Grundlage des Vertrags über die Europäische Union, des AEUV oder des Vertrags zur Gründung der Europäischen Atomgemeinschaft angenommen wurden; | ›Union bodies‹ means the Union bodies, offices and agencies set up by or pursuant to acts adopted on the basis of the Treaty on European Union, the TFEU or the Treaty establishing the European Atomic Energy Community; |

1010 Aus der englischen Sprachfassung ergibt sich, dass die Einrichtungen, Stellen und Agenturen der Union nicht nur gemäß, sondern auch unmittelbar durch Rechtsakte

543 Art. 13 (1) UAbs. 2 Spiegelstrich 6 EUV.

eingerichtet worden sein können, die auf der Grundlage des EUV, des AEUV oder des Vertrags zur Gründung der Europäischen Atomgemeinschaft angenommen wurden.

### *a) Einrichtungen der Union*

Die Europäische Union selbst zählt online (wenngleich nicht im Kontext der Datenverordnung, sondern im Rahmen allgemeiner Informationen) als Einrichtungen der Union Folgende auf: den Europäischen Auswärtigen Dienst, den Europäischen Wirtschafts- und Sozialausschuss, den Europäischen Ausschuss der Regionen, die Europäische Investitionsbank, die Europäische Ombudsstelle (auch als Europäischer Bürgerbeauftragter bezeichnet), den Europäischen Datenschutzbeauftragten und den Europäischen Datenschutzausschuss.[544] 1011

Den Einrichtungen der Europäischen Union kommt teilweise die Aufgabe der Beratung der Organe der Europäischen Union zu (etwa dem Europäischen Wirtschafts- und Sozialausschuss und dem Europäischen Ausschuss der Regionen) und teilweise sind sie damit beauftragt, die Einhaltung von Vorschriften und Verfahren durch die Organe der Europäischen Union sicherzustellen (etwa der Europäischer Bürgerbeauftragte und der Europäische Datenschutzbeauftragte).[545] Aufgabe des Auswärtigen Dienstes ist die Pflege der diplomatischen Beziehungen der Europäischen Union sowie die Umsetzung der europäischen Außen- und Sicherheitspolitik.[546] Die Europäische Investitionsbank ist mit der Vergabe von Darlehen zur Projektfinanzierung zwecks Verwirklichung von Zielen der Europäischen Union betraut.[547] Aufgabe des Europäischen Datenschutzausschusses ist die »*Sicherstellung der einheitlichen Anwendung der Datenschutz-Grundverordnung (DSGVO) und der Richtlinie zum Datenschutz bei der Strafverfolgung in allen EU-Mitgliedstaaten sowie in Norwegen, Liechtenstein und Island*«[548]. 1012

544 Europäische Union (Generaldirektion Kommunikation), Welche Organe und Einrichtungen gibt es?, https://european-union.europa.eu/institutions-law-budget/institutions-and-bodies/types-institutions-and-bodies_de (zuletzt abgerufen am 06.07.2024, 7.30 Uhr).

545 Europäische Union (Generaldirektion Kommunikation), Welche Organe und Einrichtungen gibt es?, https://european-union.europa.eu/institutions-law-budget/institutions-and-bodies/types-institutions-and-bodies_de (zuletzt abgerufen am 06.07.2024, 7.30 Uhr).

546 Europäische Union (Generaldirektion Kommunikation), Welche Organe und Einrichtungen gibt es?, https://european-union.europa.eu/institutions-law-budget/institutions-and-bodies/search-all-eu-institutions-and-bodies/european-external-action-service-eeas_de (zuletzt abgerufen am 06.07.2024, 7.35 Uhr).

547 Europäische Union (Generaldirektion Kommunikation), Welche Organe und Einrichtungen gibt es?, https://european-union.europa.eu/institutions-law-budget/institutions-and-bodies/search-all-eu-institutions-and-bodies/european-investment-bank-eib_de (zuletzt abgerufen am 06.07.2024, 7.45 Uhr).

548 Europäische Union (Generaldirektion Kommunikation), Welche Organe und Einrichtungen gibt es?, https://european-union.europa.eu/institutions-law-budget/institutions-and-bodies/search-all-eu-institutions-and-bodies/european-data-protection-board-edpb_de (zuletzt abgerufen am 06.07.2024, 7.30 Uhr).

### b) Stellen der Union

1013 Der Data Act selbst stellt nicht klar, wen oder was er unter den Stellen der Union versteht. Ausgehend vom englischen Wortlaut des Data Act (»*offices*«) könnten die Ämter der Europäischen Union (wie das Amt für Veröffentlichungen der Europäischen Union und das Statistische Amt der Europäischen Union) gemeint sein. Gerade mit Blick auf die in Art. 15 (1) lit. a Nr. i) DA benannte Aufgabe der Erstellung amtlicher Statistiken ergäbe eine Einbeziehung des Statistischen Amts der Europäischen Union in den Anwendungsbereich des Data Act Sinn. Denkbar erscheint es daneben, auch die durch die EU Organe eingerichteten interinstitutionellen Dienste als Stellen der Europäischen Union zu begreifen (zumal die Europäische Union selbst das Amt für Veröffentlichungen den interinstitutionellen Diensten zurechnet[549]). Die vier interinstitutionellen Dienste sind das Amt für Veröffentlichungen, das Europäische Amt für Personalauswahl, die Europäische Verwaltungsakademie und das IT-Notfallteam für die Organe, Einrichtungen und sonstigen Stellen der EU (CERT-EU).[550]

1014 Die Aufgabe des Statistischen Amts der Europäischen Union ist die Versorgung der Institutionen der Europäischen Union und der europäischen Öffentlichkeit mit statistischen Informationen.[551] Aufgabe des IT-Notfallteams ist die Abwehr von Attacken auf die Computersysteme der Institutionen der Europäischen Union, die Unterstützung der IT-Sicherheitsteams dieser Institutionen und die Zusammenarbeit mit den entsprechenden Stellen anderer Public Bodies in den Mitgliedsstaaten.[552]

### c) Agenturen der Union

1015 Die EU hat eine Reihe von Agenturen geschaffen, die in dezentrale Agenturen, Agenturen für die gemeinsame Sicherheits- und Verteidigungspolitik und Exekutivagenturen eingeteilt werden können.[553]

---

549 Europäische Union (Generaldirektion Kommunikation), Welche Organe und Einrichtungen gibt es?, https://european-union.europa.eu/institutions-law-budget/institutions-and-bodies/types-institutions-and-bodies_de (zuletzt abgerufen am 06.07.2024, 7.30 Uhr).

550 Europäische Union (Generaldirektion Kommunikation), Welche Organe und Einrichtungen gibt es?, https://european-union.europa.eu/institutions-law-budget/institutions-and-bodies/types-institutions-and-bodies_de (zuletzt abgerufen am 06.07.2024, 7.30 Uhr).

551 Statistisches Bundesamt, Statistisches Amt der Europäischen Union (Eurostat), https://www.destatis.de/DE/Themen/Laender-Regionen/Internationales/Datenquellen/Eurostat.html (zuletzt abgerufen am 06.07.2024, 8.15 Uhr).

552 Europäische Union (Generaldirektion Kommunikation), Welche Organe und Einrichtungen gibt es?, https://european-union.europa.eu/institutions-law-budget/institutions-and-bodies/types-institutions-and-bodies_de (zuletzt abgerufen am 06.07.2024, 7.30 Uhr).

553 Europäische Union (Generaldirektion Kommunikation), Welche Organe und Einrichtungen gibt es?, https://european-union.europa.eu/institutions-law-budget/institutions-and-bodies/types-institutions-and-bodies_de (zuletzt abgerufen am 06.07.2024, 7.30 Uhr).

Zu den (insgesamt über 30[554]) dezentralen Agenturen gehören beispielsweise die Agentur für die Zusammenarbeit der Energieregulierungsbehörden (ACER), die Agentur der Europäischen Union für Cybersicherheit (ENISA), die Europäische Arzneimittel-Agentur (EMA) und die Europäische Bankenaufsichtsbehörde (EBA).[555] 1016

Die drei Agenturen für die gemeinsame Sicherheits- und Verteidigungspolitik sind die Europäische Verteidigungsagentur, das Institut der Europäischen Union für Sicherheitsstudien und das Satellitenzentrum der Europäischen Union.[556] 1017

Zu den (weil jeweils nur auf bestimmte Zeit eingerichtet) derzeit sechs Exekutivagenturen gehören u.a. die Europäische Exekutivagentur für den Innovationsrat und für KMU (EISMEA) und die Europäische Exekutivagentur für Klima, Infrastruktur und Umwelt (CINEA).[557] 1018

## II. Richtiger Antragsgegner

Antragsgegner ist jeder Dateninhaber. Nach Art. 2 (13) DA ist Dateninhaber jede »natürliche oder juristische Person, die nach dieser Verordnung, nach geltendem Unionsrecht oder nach nationalen Rechtsvorschriften zur Umsetzung des Unionsrechts berechtigt oder verpflichtet ist, Daten – soweit vertraglich vereinbart, auch Produktdaten oder verbundene Dienstdaten – zu nutzen und bereitzustellen, die sie während der Erbringung eines verbundenen Dienstes abgerufen oder generiert hat«. Zu den Einzelheiten des Dateninhaber-Begriffs wird auf Abschnitt 1 Kapitel 2 Abschnitt D verwiesen. 1019

Auch wenn es im Hinblick auf die Anforderung einer außergewöhnlichen Notwendigkeit denkbar erscheint, dass durch einen Antragsteller ggf. eine Vielzahl von Dateninhabern gleichzeitig angesprochen werden sollen, dürfte der Anspruch nach Art. 14 DA eine spezifische Ansprache des Dateninhabers (in der Form einer Antragstellung) erfordern. Dafür spricht neben der Formulierung des letzten Halbsatzes von Art. 14 DA etwa Art. 18 DA, der von einem Erhalten des Datenbereitstellungsverlangens (dort als Datenzugangsverlangen bezeichnet) spricht (»*Dateninhaber, der ein* 1020

554 Europäische Union (Generaldirektion Kommunikation), Welche Organe und Einrichtungen gibt es?, https://european-union.europa.eu/institutions-law-budget/institutions-and-bodies/types-institutions-and-bodies_de (zuletzt abgerufen am 06.07.2024, 7.30 Uhr).

555 Europäische Union (Generaldirektion Kommunikation), Welche Organe und Einrichtungen gibt es?, https://european-union.europa.eu/institutions-law-budget/institutions-and-bodies/search-all-eu-institutions-and-bodies_de?f%5B0%5D=oe_organisation_eu_type%3Ahttp%3A//publications.europa.eu/resource/authority/corporate-body-classification/AGENCY_DEC (zuletzt abgerufen am 06.07.2024, 8.25 Uhr).

556 Europäische Union (Generaldirektion Kommunikation), Welche Organe und Einrichtungen gibt es?, https://european-union.europa.eu/institutions-law-budget/institutions-and-bodies/types-institutions-and-bodies_de (zuletzt abgerufen am 06.07.2024, 7.30 Uhr).

557 Europäische Union (Generaldirektion Kommunikation), Welche Organe und Einrichtungen gibt es?, https://european-union.europa.eu/institutions-law-budget/institutions-and-bodies/types-institutions-and-bodies_de (zuletzt abgerufen am 06.07.2024, 7.30 Uhr).

*Datenzugangsverlangen nach diesem Kapitel erhält«*). Eine allgemeine Veröffentlichung eines Antrags nach Art. 14 DA dürfte daher nicht ausreichend sein. Freilich ist es aber denkbar, dass eine Vielzahl von Dateninhabern identische Anträge im Zusammenhang mit derselben »*außergewöhnlichen Notwendigkeit*« erhalten. Soweit dies für den Dateninhaber erkennbar ist, sollte im Rahmen des Umgangs sichergestellt werden, dass dieser Umstand im Rahmen der Bewertung und Bearbeitung des Datenbereitstellungsverlangens ausreichend berücksichtigt wird (etwa insbesondere, wenn ein solches Datenbereitstellungsverlangens abgelehnt wird).

## III. Erbringung des Nachweises der außergewöhnlichen Notwendigkeit der Nutzung bestimmter Daten

### 1. Begriff der außergewöhnlichen Notwendigkeit

1021 Ein Datenbereitstellungsverlangen erfordert (als eines der Kerntatbestandsmerkmale) eine außergewöhnliche Notwendigkeit. Erwägungsgrund 63 S. 2 definiert dabei, was unter dem Begriff der außergewöhnlichen Notwendigkeit zu verstehen ist: »*Unter einer außergewöhnlichen Notwendigkeit sind – im Gegensatz zu sonstigen Umständen, die möglicherweise geplant oder terminiert sind oder regelmäßig oder häufig eintreten, – Umstände zu verstehen, die nicht vorhersehbar und zeitlich begrenzt sind*«. Wesentlich ist daher, dass es sich (i) um einen nicht-regelmäßigen Umstand handelt, (ii) dieser zeitlich befristet ist und (iii) die betreffende Datennutzung dem Umfang nach begrenzt ist. Mit diesem Dreiklang wird der Ausnahmecharakter der Regelung deutlich. Darüber hinaus ist erforderlich, dass die verlangte Datennutzung entweder (i) zur Bewältigung eines öffentlichen Notstands erforderlich ist und dem Public Body eine anderweite Möglichkeit zur Beschaffung nicht rechtzeitig und wirksam möglich ist (lit. a) oder (ii) andere als solche Umstände vorliegen, nur nicht-personenbezogene Daten betroffen sind und (Var. 1) spezifisch ermittelte Daten erforderlich sind, um eine im öffentlichen Interesse ausgeübte Aufgabe zu erfüllen (wobei amtliche Statistiken sowie die Eindämmung oder Überwindung eines öffentlichen Notstands explizit genannt werden) oder (Var. 2) nach Ausschöpfung aller zur Verfügung stehenden Mittel (etwa der Erwerb von nicht-personenbezogenen Daten auf dem Markt durch Angebot von Markttarifen oder die Inanspruchnahme bestehender Verpflichtungen zur Bereitstellung von Daten oder der Erlass neuer Rechtsvorschriften, die die rechtzeitige Verfügbarkeit der Daten gewährleisten könnten).

### 2. Maßstab der außergewöhnlichen Notwendigkeit

1022 Fraglich ist, auf wen es bei Beurteilung der außergewöhnlichen Notwendigkeit ankommt. Dies muss wohl ein **objektiver Maßstab** sein. Nicht nur, weil dies dem Ausnahmecharakter der Regelung gerecht wird, sondern auch, weil andernfalls ein subjektives Außerachtlassen bzw. Nicht-Vorausschauen den Anspruch für die einzelne öffentliche Stelle erweitern würde. Auch eine mangelhafte personelle Ausstattung sollte wohl außer Acht bleiben, da der Gesetzgeber hier ungewöhnliche Situationen regeln wollte, weshalb **Situationen unberücksichtigt bleiben müssen, die durch adäquate Erfüllung der Aufgaben verhindert werden können.**

Nicht ganz eindeutig ist dabei unter Berücksichtigung von Erwägungsgrund 65 S. 2, wie dies im Hinblick auf die Erstellung amtlicher Statistiken zu bewerten ist und ob hier jede Art von Statistik ausreichen soll, oder (dem Charakter von Kapitel V des Data Act entsprechend) nur solche Statistiken die in Zusammenhang mit besonderen Lagen erstellt werden. 1023

### 3. Auslegung der außergewöhnlichen Notwendigkeit

Wie vorstehend dargestellt (s.a. Erwägungsgrund 65 S. 1) kann eine außergewöhnliche Notwendigkeit auch dann bestehen, wenn kein Notstand vorliegt: »*Eine außergewöhnliche Notwendigkeit kann sich auch aus Situationen ergeben, die keinen Notstand darstellen. In solchen Fällen sollte es einer öffentlichen Stelle, der Kommission, der Europäischen Zentralbank oder einer Einrichtung der Union nur gestattet sein, nicht-personenbezogene Daten zu verlangen.*« 1024

Siehe hierzu auch Erwägungsgrund 63 S. 1: »Im Falle außergewöhnlicher Notwendigkeit kann es erforderlich sein, dass öffentliche Stellen, die Kommission, die Europäische Zentralbank oder Einrichtungen der Union bei der Wahrnehmung ihrer gesetzlichen Pflichten im öffentlichen Interesse vorhandene Daten, gegebenenfalls einschließlich beigefügter Metadaten, die von einem Unternehmen gehalten werden, nutzen, **um auf öffentliche Notlagen oder andere Ausnahmesituationen zu reagieren.**« 1025

Klar erscheint, dass es sich um **restriktiv zu handhabende Ausnahmesituationen** handeln muss (wenngleich dies im Hinblick auf die unterschiedlichen, auch unterschiedlich »schwerwiegenden« Szenarien nicht immer stringent und eindeutig gehandhabt wird); vgl. hierzu etwa Erwägungsgrund 64 S. 1: »Bei öffentlichen Notständen wie Notlagen im Bereich der öffentlichen Gesundheit, Notlagen aufgrund von Naturkatastrophen, einschließlich solcher, die durch den Klimawandel und die Umweltzerstörung noch verschärft werden, sowie von Menschen verursachter schwerer Katastrophen, wie großen Cybersicherheitsvorfällen, wird das öffentliche Interesse an der Verwendung der Daten schwerer wiegen als das Interesse der Dateninhaber, frei über die von ihnen gehaltenen Daten zu verfügen.« 1026

Siehe hierzu auch die Definition in Art. 2 (29) DA: 1027

1028

| **Deutsche Sprachfassung** (Hervorhebung hinzugefügt) | **Englische Sprachfassung** |
|---|---|
| »öffentlicher Notstand« eine zeitlich begrenzte Ausnahmesituation – wie etwa Notfälle im Bereich der öffentlichen Gesundheit, Notfälle infolge von Naturkatastrophen sowie von Menschen verursachte Katastrophen **größeren Ausmaßes**, einschließlich schwerer Cybersicherheitsvorfälle –, die sich negativ auf die Bevölkerung der Union oder eines Mitgliedstaats bzw. eines Teils davon auswirkt, das Risiko schwerwiegender und dauerhafter | ›public emergency‹ means an exceptional situation, limited in time, such as a public health emergency, an emergency resulting from natural disasters, a human-induced major disaster, including a major cybersecurity incident, negatively affecting the population of the Union or the whole or part of a Member State, with a risk of serious and lasting repercussions for living |

| Deutsche Sprachfassung (Hervorhebung hinzugefügt) | Englische Sprachfassung |
|---|---|
| Folgen für die Lebensbedingungen, die wirtschaftliche Stabilität oder die finanzielle Stabilität oder die Gefahr einer erheblichen und unmittelbaren Beeinträchtigung wirtschaftlicher Vermögenswerte in der Union oder in dem betroffenen Mitgliedstaat birgt und die nach den einschlägigen Verfahren des Unionsrechts oder des nationalen Rechts festgestellt und amtlich ausgerufen wurde; | conditions or economic stability, financial stability, or the substantial and immediate degradation of economic assets in the Union or the relevant Member State and which is determined or officially declared in accordance with the relevant procedures under Union or national law; |

1029 Art. 15 (3) DA regelt schließlich, dass ein Public Body dann nicht dazu verpflichtet sein soll nachzuweisen, dass es die betroffenen Daten nicht durch den Erwerb auf dem Markt erhalten konnte, wenn kumulativ zwei Elemente vorliegen, nämlich (i) wenn die im öffentlichen Interesse ausgeübte Aufgabe in der Erstellung von amtlichen Statistiken besteht und (ii) ein Erwerb der betroffenen Daten nach nationalem Recht nicht zulässig ist. Absatz 3 gilt dabei ausdrücklich nur für solche Datenbereitstellungsverlangen, die sich auf nicht-personenbezogene Daten bezieht. Der Gesetzgeber erleichtert dadurch für spezifische Fälle das Datenbereitstellungsverlangen eines Public Body, in dem für solche Fälle, denen ein Erwerb der betroffenen Daten auf dem Market bereits nach nationalem Recht nicht zulässig ist, der Public Body nicht verpflichtet sein soll, einen entsprechenden Nachweis zu führen, wenn die Aufgabe »Erstellung von amtlichen Statistiken« erfüllt wird.

### IV. Notwendigkeit der Nutzung der Daten zur Erfüllung der rechtlichen Aufgaben des Antragsstellers, die im öffentlichen Interesse liegen

1030 Der deutsche Wortlaut von Art. 14 DA verlangt von einem Public Body nicht nur den Nachweis der außergewöhnlichen Notwendigkeit der Nutzung bestimmter Daten, sondern darüber hinaus auch den Nachweis, dass dies im Hinblick auf die Erfüllung ihrer rechtlichen Aufgaben im öffentlichen Interesse geschieht. Demgegenüber lässt der Wortlaut von Art. 17 (1) lit. b DA jedoch innerhalb des Datenbereitstellungsverlangens den Nachweis der außergewöhnlichen Notwendigkeit ausreichen. Betrachtet man, um diesen Umstand aufzulösen, den englischen Wortlaut von Art. 14 DA, fällt auf, dass der englische Wortlaut weniger eindeutig ist, worauf sich die Nachweispflicht des Public Body erstreckt (»*Where a [public body] demonstrates an exceptional need [...] to use certain data, including the relevant metadata [...], to carry out its statutory duties in the public interest, data holders [...], which hold those data shall make them available upon a duly reasoned request*«). Hinweise auf eine mögliche Auflösung ergeben sich aus Erwägungsgrund 65 S. 2 des Data Act, der lautet: »*Die öffentliche Stelle sollte nachweisen, dass die Daten erforderlich sind, um eine bestimmte Aufgabe im öffentlichen Interesse zu erfüllen, die gesetzlich ausdrücklich vorgesehen ist, etwa die Erstellung amtlicher Statistiken oder die Eindämmung oder Überwindung eines öffentlichen Notstands*«. Unter Berücksichtigung dieses Erwägungsgrundes könnte man davon ausgehen, dass der europäische Gesetzgeber den Nachweis der erforderlichen Nutzung der Daten für die Erfüllung der rechtlichen Aufgaben des Public Body im öffentlichen Interesse für wünschenswert hält (»*sollte*« in Erwägungsgrund 65 S. 2 des Data Act), nicht jedoch für zwingend erforderlich für das Stellen eines Datenbereitstellungsverlangens (vgl. Art. 17 [1] lit. b DA).

Sollte sich dieses Verständnis durchsetzen, wäre es vor dem Hintergrund, dass Daten- 1031
inhaber durch die Vorschriften des Kapitel V des Data Act zu einem »gesellschaftlichen Opfer« in Form der Bereitstellung der Daten zur Bewältigung von Fällen außergewöhnlicher Notwendigkeit verpflichtet werden (staatliche Stellen insofern in die Sphäre des Dateninhabers »eingreifen«), zu begrüßen, wenn Public Bodies dem Wunsch des Gesetzgebers nachkommen und – auch wenn dies nicht zwingend erforderlich sein mag – im Datenbereitstellungsverlangen **ausführen, für die Erfüllung welcher im öffentlichen Interesse liegenden Aufgabe die Daten benötigt werden**; dies dürfte letztlich auch zu einem gewissen Maß de facto erforderlich sein, um es dem Dateninhaber seinerseits zu ermöglichen, das Datenbereitstellungsverlangen zu prüfen.

## V. Bereitzustellende Daten

Da Art. 14 DA die Bereitstellung »*bestimmter Daten*« verlangt (eine Terminologie, 1032
die Art. 15 DA aufgreift), stellt sich für Dateninhaber, die ein Datenbereitstellungsverlangen erhalten, die Frage, welche Daten bereitzustellen sind.

Aus dem Wortlaut von Art. 15 DA lässt sich ableiten, dass die Bestimmung der 1033
Daten – vorbehaltlich dem Nachweis der außergewöhnlichen Notwendigkeit der Nutzung – dem Public Body obliegt. So spricht Art. 15 (1) lit. a DA von »*verlangten Daten*« und Art. 15 (1) lit. b Nr. i) DA geht von der Ermittlung von Daten durch den Public Body aus, deren Fehlen die Aufgabenerfüllung verhindert. Dies deckt sich mit der Anforderung aus Art. 17 (1) lit. a DA, der von einem Public Body verlangt, im Datenbereitstellungsverlangen anzugeben, »*welche Daten, einschließlich der für die Auslegung und Nutzung dieser Daten erforderlichen relevanten Metadaten, benötigt werden*«.

Dabei ist nach Auffassung der Autoren eine **präzise Angabe der benötigten Daten und** 1034
**Metadaten zu fordern.** Zwar mag es einem Public Body nicht möglich sein, Datenfelder mit der beim Dateninhaber intern verwendeten Terminologie zu bezeichnen. Die Daten und Metadaten müssen jedoch derart genau umschrieben werden, dass schon vor dem Hintergrund der Pflicht zur unverzüglichen Bereitstellung aus Art. 1 (1) DA keinerlei Zweifel aufkommen, die Bereitstellung welcher Daten verlangt wird. Vor dem Hintergrund, dass Dateninhaber durch die Vorschriften des Kapitel V des Data Act zu einem »gesellschaftlichen Opfer« in Form der Bereitstellung der Daten zur Bewältigung von Fällen außergewöhnlicher Notwendigkeit verpflichtet werden, wäre es unbillig, dem Dateninhaber aufgrund einer unzureichend genauen Bestimmung ein Auswahlrisiko aufzubürden (in den Fällen, in denen auch personenbezogene Daten betroffen sind, letztlich auch, um die datenschutzrechtlichen Implikationen adressieren zu können).

## C. Pflichten der Public Bodies gemäß Art. 17 (1), (2) und (6) DA bei Datenbereitstellungsverlangen

1035 Art. 17 DA beschäftigt sich mit dem Verlangen der Datenbereitstellung nach Art. 14 DA. Dieses Verlangen wird in der Überschrift von Art. 17 DA als Datenbereitstellungsverlangen, in den Absätzen von Art. 17 DA dann nur noch als Datenverlangen (so auch die Überschrift von Art. 18 DA und teilweise in den Regelungen von Art. 18 DA) oder Verlangen (so teilweise in den Regelungen von Art. 18 DA) bezeichnet. In den Regelungen von Art. 18 DA wird darüber hinaus noch der Begriff Datenzugangsverlangen verwendet.

1036 Nachfolgend wird ein Überblick über Art. 17 DA gegeben (s.u. I.) und der Aufbau knapp dargestellt (s.u. II.) bevor die formellen und materiellen Anforderungen an das Datenbereitstellungsverlangen (s.u. III.) erläutert werden.

1037 Die Regelungen zum Austausch erhaltener Daten zwischen Public Bodies (vgl. Art. 17 [4] DA) werden hier ausgeklammert (s. hierzu unten E.). Ebenso wird in diesem Abschnitt das Beschwerderecht des Dateninhabers, wenn dieser der Meinung ist, eine Übermittlung oder Bereitstellung von Daten verletzte seine Rechte (vgl. Art. 17 [5] DA) nicht beleuchtet (s. stattdessen unten D.).

### I. Überblick

1038 Art. 17 DA regelt insbesondere die Anforderungen an den Gegenstand, inhaltliche und formelle Anforderungen an das Datenbereitstellungsverlangen (vgl. Art. 17 [1] und [2] DA). Es bleibt abzuwarten, wie schnell die Europäische Kommission ein Musterformular für Datenbereitstellungsverlangen entwickelt (vgl. Art. 17 [6] DA) und inwiefern sich dieses Muster dann in der Praxis durchsetzt.

1039 Daneben enthält Art. 17 DA noch Regelungen zur Bereitstellung erhaltener Daten durch Public Bodies zur Weiterverwendung (vgl. Art. 17 [3] DA), zum Austausch erhaltener Daten zwischen Public Bodies (vgl. Art. 17 [4] DA) und einem Beschwerderecht des Dateninhabers, wenn dieser der Meinung ist, eine Übermittlung oder Bereitstellung von Daten verletze seine Rechte (vgl. Art. 17 [5] DA). Aufgrund der Sachnähe zu den Regelungen aus den Art. 18, 19 und 21 werden diese Regelungen in diesem Abschnitt nicht betrachtet (s. stattdessen unten D. und E.).

### II. Aufbau

1040 Die sechs Absätze des Art. 17 DA widmen sich zwei Regelungskomplexen. Während die Abätze 1, 2 und 6 die materiellen und formellen Anforderungen an das Datenbereitstellungsverlangen abdecken bzw. eine rechtliche Grundlage für die Entwicklung eines Muster eines Datenbereitstellungsverlangens durch die Europäische Kommission schaffen, widmen sich die Absätze 3, 4 und 5 der Bereitstellung erhaltener Daten durch Public Bodies zur Weiterverwendung, dem Austausch erhaltener Daten zwischen Public Bodies und einem Beschwerderecht des Dateninhabers bei einer Verletzung seiner Rechte durch eine Übermittlung oder Bereitstellung von Daten.

## III. Anforderungen an Gegenstand, Inhalt und Form das Datenbereitstellungsverlangens

Gemäß der Art. 17 (1) und (2) DA müssen Datenbereitstellungsverlangen eine Vielzahl von Anforderungen an den Gegenstand, den Inhalt und die Form erfüllen. 1041

### 1. Anforderungen an den Gegenstand des Datenbereitstellungsverlangens

Art. 17 (2) UAbs. 1 lit. e DA enthält eine Anforderung an den Gegenstand des Datenbereitstellungsverlangens: Das Datenherausgabeverlangen muss grundsätzlich nicht-personenbezogene Daten betreffen. Personenbezogene Daten dürfen nur (und selbst dann nur in pseudonymisierter Form) verlangt werden, wenn sich erweist, dass nicht-personenbezogene Daten nicht ausreichen, um auf die außergewöhnliche Notwendigkeit der Nutzung von Daten gemäß Art. 15 (1) lit. a DA zu reagieren. 1042

Die **Schwelle für das Verlangen personenbezogener Daten** hat der Gesetzgeber mit dem »Erweisen« (in der englischen Sprachfassung des Data Act wird das Wort »demonstrated« verwendet) **hoch angesetzt.** Wenn ein Public Body personenbezogene Daten verlangt, muss er die technischen und organisatorischen Maßnahmen festlegen, die zum Schutz der personenbezogenen Daten ergriffen werden. 1043

### 2. Inhaltliche Anforderungen

Inhaltliche Anforderungen finden sich in Art. 17 (1) DA, der bestimmt: 1044

*»Öffentliche Stellen, die Kommission, die Europäische Zentralbank oder Einrichtungen der Union müssen in ihren Datenverlangen nach Artikel 14* 1045

*a) angeben, welche Daten, einschließlich der für die Auslegung und Nutzung dieser Daten erforderlichen relevanten Metadaten, benötigt werden;* 1046

*b) nachweisen, dass die für das Bestehen einer außergewöhnlichen Notwendigkeit erforderlichen Bedingungen gemäß Artikel 15 für die Zwecke, für die die Daten verlangt werden, erfüllt sind;* 1047

*c) den Zweck des Verlangens, die beabsichtigte Nutzung der verlangten Daten gegebenenfalls auch durch einen Dritten gemäß Absatz 4, und die Dauer dieser Nutzung sowie gegebenenfalls die Art und Weise erläutern, wie die Verarbeitung personenbezogener Daten der außergewöhnlichen Notwendigkeit abhelfen soll;* 1048

*d) nach Möglichkeit angeben, wann die Daten von allen Parteien, die Zugang zu den Daten haben, voraussichtlich gelöscht sein werden;* 1049

*e) die Wahl des Dateninhabers, an den das Verlangen gerichtet ist, begründen;* 1050

*f) alle anderen öffentlichen Stellen oder die Kommission, die Europäische Zentralbank oder Einrichtungen der Union und Dritte angeben, an die die verlangten Daten voraussichtlich weitergegeben werden; – falls personenbezogene Daten verlangt werden – alle technischen und organisatorischen Maßnahmen angeben, die zur Umsetzung der Datenschutzgrundsätze und erforderlichen Garantien erforderlich und verhältnismäßig sind, wie etwa die Pseudonymisierung, und ob der Dateninhaber vor der Bereitstellung der Daten eine Anonymisierung vornehmen kann;* 1051

1052 *g) die Rechtsvorschrift angeben, durch die der anfragenden öffentlichen Stelle, der Kommission, der Europäischen Union oder der Einrichtung der Union die für das Datenverlangen relevante spezifische im öffentlichen Interesse ausgeübte Aufgabe übertragen wird;*

1053 *h) die Frist angeben, innerhalb deren die Daten bereitzustellen sind und die Frist gemäß Artikel 18 Absatz 2, innerhalb deren der Dateninhaber das Verlangen ablehnen oder dessen Änderung beantragen kann;*

1054 *i) sich nach besten Kräften darum bemühen, zu vermeiden, dass die Erfüllung des Datenverlangens zur Haftung des Dateninhabers für Verstöße gegen das Unionsrecht oder nationales Recht führt.«*

1055 Abgesehen von Art. 17 (1) lit. i DA verlangt Art. 17 (1) DA somit verschiedene Angaben, Erläuterungen, Begründungen und Nachweise der Public Bodies, welche die Bereitstellung von Daten gemäß Art. 14 DA verlangen.

1056 Teilweise benötigt der Dateninhaber die Angaben des Public Bodies, um seiner eigenen Pflicht zur Datenherausgabe aus Art. 18 DA nachkommen zu können – wie die Angabe der benötigten Daten (vgl. Art. 17 (1) lit. a DA. Teilweise sollten die Angaben den Dateninhaber in die Lage versetzen, die Rechtmäßigkeit des Datenherausgabeverlangens und den anschließenden Umgang der Public Bodies mit herausgegebenen Daten zu verifizieren. Für die Verifikation des rechtmäßigen Umgangs der Public Bodies mit herausgegebenen Daten dürfte der Zweckbeschreibung nach Art. 17 (1) lit. c DA besondere Bedeutung zukommen, da sie die Nutzung der herausgegebenen Daten beschränkt (vgl. Art. 19 [1] lit. a DA).

1057 Art. 17 (1) lit. i DA stellt einen Fremdkörper in den Regelungen des Art. 17 (1) DA dar, als dass die Anforderung nicht durch die formale Ausgestaltung des Datenbereitstellungsverlangens erfüllt werden kann, sondern eine weit darüberhinausgehende Ausrichtung des Handelns des jeweiligen Public Body an den Compliance-Interessen des Dateninhabers erfordert.

### 3. Formelle Anforderungen

1058 Art. 17 (2) UAbs. 1 DA stellt schließlich formelle Anforderungen an Datenherausgabeverlangen:

1059 *»Ein Datenverlangen nach Absatz 1 dieses Artikels muss*

1060 *a) schriftlich und in klarer, prägnanter, einfacher und für den Dateninhaber verständlicher Sprache abgefasst sein,*

1061 *b) genaue Angaben zur Art der verlangten Daten enthalten und sich auf die Daten beziehen, über die der Dateninhaber zum Zeitpunkt des Verlangens Kontrolle hat;*

1062 *c) im Hinblick auf die Detailstufe und den Umfang der verlangten Daten sowie die Häufigkeit des Zugangs zu den verlangten Daten in einem angemessenen Verhältnis zu der außergewöhnlichen Notwendigkeit stehen und ausreichend begründet sein;*

1063 *d) die rechtmäßigen Ziele des Dateninhabers unter Zusage der Gewährleistung der Wahrung von Geschäftsgeheimnissen gemäß Artikel 19 Absatz 3 und unter Berücksichtigung der Kosten und des nötigen Aufwands für die Bereitstellung der Daten achten;*

*e) […];* 1064

*f) dem Dateninhaber Aufschluss über die Sanktionen geben, die nach Artikel 40 von der nach Artikel 37 benannten zuständigen Behörde verhängt werden, wenn er dem Verlangen nicht nachkommt;* 1065

*g) sofern das Verlangen durch eine öffentliche Stelle erfolgt, dem in Artikel 37 genannten Datenkoordinator des Mitgliedstaats, in dem die anfragende öffentliche Stelle niedergelassen ist, übermittelt werden, der das Verlangen unverzüglich online öffentlich verfügbar macht, es sei denn, die öffentliche Stelle ist der Auffassung, dass diese Veröffentlichung eine Gefahr für die öffentliche Sicherheit darstellen würde;* 1066

*h) sofern das Verlangen durch die Kommission, die Europäische Zentralbank oder eine Einrichtung der Union erfolgt, unverzüglich online verfügbar gemacht werden;* 1067

*i) falls personenbezogene Daten verlangt werden – der für die Überwachung der Anwendung der Verordnung (EU) 2016/679 zuständigen Aufsichtsbehörde im Mitgliedstaat, in dem die öffentliche Stelle niedergelassen ist, unverzüglich gemeldet werden.«* 1068

Eine weitere formelle Anforderung gilt für die Europäische Zentralbank und die Einrichtungen der Union. Verlangen sie die Bereitstellung von Daten, müssen sie die Europäische Kommission informieren (vgl. Art. 17 [2] UAbs. 2 DA). Eine Regelung zu Form und Inhalt der Information der Europäischen Kommission enthält Art. 17 (2) UAbs. 2 DA nicht. 1069

In der deutschen Sprachfassung von Art. 17 (2) UAbs. 1 lit. a DA scheint es klar, dass es sich bei der Klarheit, Prägnanz und Einfachheit der Sprache um objektive Anforderungen handelt und lediglich die Verständlichkeit am Dateninhaber zu messen ist. Die englische Sprachfassung des Data Act lautet insoweit jedoch »*expressed in clear, concise and plain language understandable to the data holder*«. Die englische Sprachfassung lässt mithin auch die Interpretation zu, dass alle vorgenannten Kriterien am Horizont des Dateninhabers zu messen sind. **Unabhängig davon, ob der Maßstab nun objektiv oder subjektiv zu bestimmen ist, ist er wohl streng.** 1070

Vor dem Hintergrund, dass Dateninhaber durch die Vorschriften des Kapitel V des Data Act zu einem »gesellschaftlichen Opfer« in Form der Bereitstellung der Daten zur Bewältigung von Fällen außergewöhnlicher Notwendigkeit verpflichtet werden (staatliche Stellen insofern in die Sphäre des Dateninhabers »eingreifen«), ist es zu begrüßen, dass der der Gesetzgeber hohe Anforderungen an die Public Bodies stellt, die Daten von Dateninhabern verlangen. 1071

## D. Pflichten und Rechte der Dateninhaber gemäß Art. 17 (5) und Art. 18 DA bei Geltendmachung eines Anspruchs nach Art. 14 und 15 DA durch einen Public Body

### I. Überblick

Nachfolgend soll ein Überblick über die Regelungen des Art. 17 (5) und Art. 18 DA gegeben werden, die sich einerseits mit dem Beschwerderecht der Dateninhaber im Zusammenhang mit Kapitel V des Data Act (Art. 17 [5] DA) und andererseits 1072 mit Anforderungen an die Art und Form der Datenbereitstellung im Rahmen eines Datenbereitstellungsverlangens (Art. 18 DA) beschäftigen.

### II. Aufbau

1073 Während Art. 17 (5) DA sich allgemein mit dem Beschwerderecht des anspruchsbelasteten Dateninhabers beschäftigt, regelt Art. 18 DA innerhalb welchen Zeitraums ein Datenbereitstellungsverlangen zu erfüllen ist (Absatz 1), innerhalb welcher Frist ein Datenbereitstellungsverlangen abgelehnt oder dessen Änderung verlangt werden kann (Absätze 2 und 3), der Umgang mit personenbezogenen Daten, die im Rahmen eines Datenbereitstellungsverlangens betroffen sein können (Absatz 4) sowie der Umgang mit einem Widerspruch des Anspruchsstellers gegen eine Ablehnung eines Anspruchsgegners (Absatz 5).

### III. Datenbereitstellungspflicht

1074 Art. 18 DA regelt den zeitlichen Umfang, innerhalb dessen der Dateninhaber ein Datenbereitstellungsverlangen erfüllen muss, wann ein Dateninhaber einem solchen widersprechen (oder zumindest eine Änderungen verlangen) kann und ob ggf. vor einer Erfüllung einer Veränderung der Daten (Anonymisierung oder Pseudonymisierung) erfolgen kann sowie wie im Streitfall ein solcher ggf. gehandhabt werden soll.

#### 1. Zeitpunkt der Datenbereitstellung

1075 Die relevanten Daten sind nach Art. 18 (1) DA **unverzüglich** bereitzustellen. Aus der Systematik und dem Sinn und Zweck nach dürfte sich dabei ergeben, dass hiermit der zeitliche Zusammenhang zwischen dem Verlangen auf Datenbereitstellung und der Erfüllung dieses Anspruchs gemeint ist. Letztlich dürfte damit ähnlich wie im Rahmen der Erfüllung der Betroffenenrechte unter der EU Datenschutzgrundverordnung – s. hier insbesondere Art. 12 (3) S. 1 DS-GVO – ein **Beschleunigungsgebot** zu verstehen sein, wonach es daher nicht im zeitlichen Belieben des Dateninhabers steht, wann er die Daten zugänglich macht.

1076 Klärungsbedürftig bleibt jedoch, was konkret unter »*unverzüglich*« zu verstehen ist und ob sich hieraus ein konkreter zeitlicher Rahmen ableiten lässt. Hier lässt sich zunächst feststellen, dass Art. 18 (1) DA (ebenso wie Art. 4 [1] DA) anders als etwa Art. 12 (3) S. 1 DS-GVO keine konkrete Höchstfrist nennt (zu den in Art. 18 [2] DA genannten Fristen sogleich).

1077 Naheliegend erscheint es für die unionsrechtsautonome Interpretation näherungsweise § 121 Abs. 1 S. 1 BGB heranzuziehen, der »unverzüglich« als »ohne schuldhaftes Zögern« definiert und gemeinhin so verstanden wird, dass **keine sofortige Reaktion erforderlich** ist, sondern der **Zeitraum im individuellen Einzelfall unter Berücksichtigung der Interessen der beteiligten Parteien zu bestimmen** ist,[558] mithin subjektive, einzelfallbezogene Komponenten eine (mit-)entscheidende Komponente darstellen.

558 MüKoBGB/*Armbrüster*, 10. Aufl. 2025, BGB § 121 Rn. 7.

Diese Definition wird jedenfalls im deutschen Recht als allgemeine Definition auch außerhalb des Zivilrechts verstanden. Im Rahmen von Art. 12 (3) S. 1 DS-GVO wird dabei ebenfalls die Wertung von § 121 Abs. 1 S. 1 BGB herangezogen.[559] Ob damit der Grundsatz einer unionsautonomen Auslegung gewahrt ist, braucht an dieser Stelle nicht näher erörtert werden. Zudem scheint auch der Europäische Datenschutzausschuss »Unverzüglichkeit« sehr ähnlich zu verstehen – s. etwa »Leitlinien 01/2022 zu den Rechten der betroffenen Person – Auskunftsrecht« (Rn. 158): 1078

> *»Grundsätzlich muss der Verantwortliche unverzüglich reagieren und die Informationen gemäß Artikel 15 zur Verfügung stellen, d.h., die Informationen sollten so schnell wie möglich erteilt werden.«* 1079

Auch unter einer unionsautonomen Auslegung im Rahmen von Art. 8 (1) DA dürfte mit Blick auf die Handhabung des Begriffs unter der EU Datenschutz-Grundverordnung davon auszugehen sein, dass hier nicht von einem absoluten konkreten Zeitrahmen auszugehen ist, sondern ein subjektiver einzelfallbezogener Maßstab heranzuziehen ist (mit einer objektivierten Höchstgrenze zur Vermeidung von Missbrauchsfällen). 1080

Anders als Art. 4 (1) DA enthält Art. 18 (2) DA im Zusammenhang mit Datenverlangen von Public Bodies, die ebenfalls unverzüglich zu erfüllen sind, Höchstfristen in Form von fünf bzw. 30 Arbeitstagen für eine Ablehnung oder Änderungsforderung. Ob hieraus ein allgemeiner Schluss gezogen werden kann, ist fraglich, indiziert aber wohl doch innerhalb welcher Zeitrahmen solche Datenbereitstellungsverlangen von Public Bodies zu bearbeiten sind. 1081

Teilweise wird vertreten[560], dass wegen des Gesetzeszwecks des Data Act »unverzüglich« als denkbar schnellste Zurverfügungstellung anzusehen ist, was binnen weniger Sekunden oder Sekundenbruchteilen bedeuten kann. Eine solche Auslegung sollte sich allerdings wahrscheinlich nicht als Standard durchsetzen unter Berücksichtigung der Konsequenzen in der Praxis, da beispielsweise nicht von einem »sofort« die Rede ist. Allenfalls in technisch einfach gelagerten Fällen könnte eine solch kurze Zeitspanne im Einzelfall relevant werden (freilich inklusive einer angemessenen Zeit, um das Datenbereitstellungsverlangen inhaltlich und auf Kompatibilität mit Kapitel V des Data Act hin zu prüfen). 1082

In praktischer Hinsicht scheint es jedoch empfehlenswert, Risiken dadurch zu minimieren, dass der Zugang schnellstmöglich gewährt wird. Dies dürfte insbesondere auch mit Blick darauf sinnvoll sein, dass jedenfalls ein üblicher, nicht besondere Schwierigkeiten aufweisender Antrag auf Datenzugang in der Regel einfach und schnell zu erfüllen sein dürfte bzw. die Erwartung dahingehend bestehen dürfte, dass für solche Fälle entsprechende Prozesse und ggf. technische Lösungen vorgehalten werden. 1083

559 BeckOK DatenschutzR/*Quaas*, 50. Ed. 1.8.2024, DS-GVO Art. 12 Rn. 35.

560 *Hartmann/McGuire/Schulte-Nölke*, RDi 2023, 49, 53; ähnlich (Fristen in Art. 4. (1) und 5 (1) DA enger als in Art. 20 DS-GVO): *Richter*, MMR 2023, 163, 166.

## 2. Erforderliche technische, organisatorische und rechtliche Maßnahmen

1084 Die Formulierung »*wobei die technischen, organisatorischen und rechtlichen Maßnahmen berücksichtigt werden*« aus Art. 18 (1) DA scheint von der Formulierung eine Limitierung der Datenbereitstellungspflicht zu sein. Wahrscheinlich ist dies so zu verstehen, dass eine Datenbereitstellung solange »zurückgehalten« werden kann, wie die identifizierten technischen, organisatorischen und rechtlichen Maßnahmen nicht implementiert sind. Nach der Formulierung ist die Beweislast hier nicht eindeutig; grundsätzlich dürfte der Dateninhaber als Zurückhaltender beweisbelastet sein, ist allerdings einerseits auf die »Mithilfe« des Anspruchstellers (etwa in Form von Zusagen, Dokumentation oder Zertifikatsvorlagen) angewiesen und hat andererseits keinen eigenen Einblick in die tatsächliche Situation des Anspruchstellers.

## 3. Ablehnung und Beantragung einer Änderung eines Datenverlangens

1085 Der Dateninhaber hat nach Art. 18 (2) DA unter Umständen das Recht ein Datenbereitstellungsverlangen abzulehnen oder dessen Änderung zu verlangen. Dies ist dann der Fall, wenn einer der nachfolgenden Gründe vorliegt:

1086 *»(...)*

*a) Der Dateninhaber hat keine Kontrolle über die verlangten Daten;*

*b) ein ähnliches Verlangen zu demselben Zweck wurde bereits von einer anderen öffentlichen Stelle oder von der Kommission, der Europäischen Zentralbank oder einer Einrichtung der Union gestellt, und der Dateninhaber wurde nicht gemäß Artikel 19 Absatz 1 Buchstabe c über das Löschen der Daten unterrichtet;*

*c) das Verlangen erfüllt nicht die Voraussetzungen nach Artikel 17 Absätze 1 und 2.«*

1087 Im Zusammenhang mit lit. b ergänzt daneben Art. 18 (3) DA wie folgt:

1088 *»Wenn der Dateninhaber das Verlangen gemäß Absatz 2 Buchstabe b ablehnt oder dessen Änderung beantragt, nennt er die öffentliche Stelle oder die Kommission, die Europäische Zentralbank oder die Einrichtung der Union, die zuvor zu demselben Zweck Daten verlangt hatte.«*

1089 Relativ einfach zu handhaben erscheint zunächst lit. b und lit. c. Während lit. b verhindern möchte, dass ein Dateninhaber mehrfach zu demselben Zweck Daten herausgeben soll, die gleichzeitig noch bei einem vorhergehenden Anspruchssteller vorhanden sind (d.h. die nun Anspruch stellende Stelle daher die Daten auch direkt dort erlangen könnte),[561] ermöglicht lit. c schlicht die Ablehnung (Änderungsforderung), wenn der Anspruchsteller die Anforderungen der Art. 17 (1) und (2) DA (s. hierzu bereits oben) nicht eingehalten hat. Problemtisch erscheint im Hinblick auf lit. b allerdings das Kriterium des »*ähnlichen Verlangen[s]*« sowie die Tatsache, dass – dies muss aber wohl nach Sinn und Zweck so verstanden werden – die Ausnahme

561 Siehe hierzu auch Frage 46 der Frequently Asked Questions zum Data Act der Europäischen Kommission vom 6. September 2024 (Version 1.0), abrufbar unter https://digital-strategy.ec.europa.eu/en/library/commission-publishes-frequently-asked-questions-about-data-act (zuletzt abgerufen am 13.09.2024 um 21.40 Uhr).

zwar die Betroffenheit desselben Zwecks erfordert, nicht aber auch dieselben Daten für explizit erforderlich hält.

Weiterhin problematisch erscheint lit. a dergestalt, dass ein Dateninhaber, der keine Kontrolle über die verlangten Daten hat, eigentlich bereits kein Dateninhaber sein kann und daher die Formulierung zu einem Zirkelschluss führt. Diese dürfte aber in der Praxis schlicht so angewendet werden, dass ein Unternehmen, dass ein Datenbereitstellungsverlangen nach Kapitel V des Data Act erhält, tatsächlich aber kein Dateninhaber im Hinblick auf die verlangten Daten ist, über lit. a ein solches Verlangen ablehnen kann. 1090

Der Anspruchsgegner muss ein Datenbereitstellungsverlangen bei Vorliegen einer der Gründe nach Art. 18 (2) DA unverzüglich ablehnen, wobei Absatz 2 Höchstfristen (ähnlich der Systematik des Art. 12 [3] DS-GVO) festlegt. Soweit das Datenverlangen im Zusammenhang mit der Bewältigung eines öffentlichen Notstands steht, muss der Anspruchsgegner in jedem Fall innerhalb von fünf Arbeitstagen nach Eingang des Datenverlangens sowie in anderen Fällen einer außergewöhnlichen Notwendigkeit in jedem Fall innerhalb von 30 Arbeitstagen nach Eingang des betreffenden Datenverlangens das Datenbereitstellungsverlangen ablehnen oder dessen Änderung beantragen. 1091

Soweit als Ablehnungs- oder Änderungsgrund lit. b relevant ist, hat der Anspruchsgegner die öffentliche Stelle oder die Kommission, die Europäische Zentralbank oder die Einrichtung der Union, die zuvor zu demselben Zweck Daten verlangt hatte, zu nennen (dies dient freilich dem Zweck, dass der Anspruchssteller sich sodann an diese Stelle im Hinblick auf die Daten wenden können soll). 1092

Herausfordernd in der Praxis dürfte der Umgang mit Art. 18 (4) DA sein, in dem Folgendes geregelt wird: 1093

> *»Wenn die verlangten Daten auch personenbezogene Daten enthalten, werden diese vom Dateninhaber ordnungsgemäß anonymisiert, es sei denn, zur Erfüllung des Datenzugangsverlangens einer öffentlichen Stelle, der Kommission, der Europäischen Zentralbank oder einer Einrichtung der Union ist die Offenlegung personenbezogener Daten erforderlich. In diesen Fällen muss der Dateninhaber die Daten pseudonymisieren.«* 1094

Zum einen stellt Art. 18 (4) DA eine grundsätzliche Pflicht auf, personenbezogene Daten zu anonymisieren. Dies dürfte zu Herausforderungen in der Praxis führen, nämlich u.a.: 1095

a. die Sicherung und Dokumentation einer datenschutzrechtlichen Rechtsgrundlage nach der EU Datenschutz-Grundverordnung für die Vornahme der Anonymisierung (insoweit soll der Data Act ja grundsätzlich nicht als datenschutzrechtliche Rechtsgrundlage dienen; was zumindest in diesem Zusammenhang nach dem Wortlaut nicht eindeutig ist, weil eine entsprechende gesetzliche Pflicht definiert wird; wobei datenschutzrechtlich dann wohl auf Art. 6 [1] lit. c) DS-GVO zurückgegriffen werden können sollte); 1096
b. die erheblichen tatsächlichen Herausforderungen, personenbezogene Daten tatsächlich zu anonymisieren und das damit einhergehende Risko, sowohl die Anfor- 1097

derungen des Data Act nicht zu erfüllen, als auch die Datenschutz-Grundverordnung nicht einzuhalten;

1098 c. die – je nach Umfang und Art der verlangten Daten – ggf. erheblichen operativen und zeitlichen Aufwände, die ein Dateninhaber tätigen muss, um eine Anonymisierung zu erreichen (und der Umgang mit diesen).

1099 Soweit für das Datenbereitstellungsverlangen tatsächlich personenbezogene Daten erforderlich sein sollten, soll der Dateninhaber in diesen Fällen nur pseudonymisierte Daten übermitteln; auch hier stellen sich die vorstehenden Herausforderungen an der Schnittstelle zum Datenschutzrecht. Der Gesetzgeber scheint hier auch davon ausgegangen zu sein, dass in jedem Fall keine »Klardaten« übermittelt werden müssen (und daher auch in der Konsequenz – datenschutzrechtlich – kaum übermittelt werden dürften).

1100 Art. 18 (5) DA regelt schließlich, dass für den Fall, dass ein Anspruchsteller beabsichtigt, der Ablehnung des Datenverlangens eines Dateninhabers zu widersprechen (dies scheint daher nicht für reine Änderungsverlangen zu gelten oder ist jedenfalls nach dem Wortlaut unklar), oder wenn der Dateninhaber Einspruch gegen das Verlangen einzulegen beabsichtigt und die Angelegenheit durch eine entsprechende Änderung des Verlangens nicht beigelegt werden kann, die nach Art. 37 DA benannte zuständige Behörde des Mitgliedstaats, in dem der Dateninhaber niedergelassen ist, mit der Angelegenheit befasst wird.

#### 4. Beschwerderecht des Dateninhabers aus Art. 17 (5) DA

1101 Der Dateninhaber hat das Recht, sich bei der nach Art. 37 DA benannten mitgliedsstaatlichen Behörde zu beschweren, wenn er der Ansicht ist, seine Rechte nach Kapitel V des Data Act seien durch die Übermittlung oder Bereitstellung von Daten verletzt worden.

### E. Rechte und Pflichten der Public Bodies hinsichtlich der aufgrund eines Datenherausgabeverlangens erhaltenen Daten, Pflicht der Empfänger bei Weitergabe solcher Daten und das Beschwerderecht des Dateninhabers gegen eine Datenweitergabe gemäß Art. Art. 17 (3) und (4) sowie Art. 19 und 21 DA

1102 Auch wenn Art. 17 überschrieben ist mit »*Datenbereitstellungsverlangen*«, enthält er in den Absätzen 3 und 4 Regelungen zum Umgang und zur Weitergabe von aufgrund eines Datenbereitstellungsverlangens erhaltenen Daten. Art. 19 DA ist überschrieben mit »*Pflichten öffentlicher Stellen, der Kommission, der Europäischen Zentralbank und der Einrichtungen der Union*«. Art. 21 DA steht unter der Überschrift »*Weitergabe von im Zusammenhang mit außergewöhnlichen Notwendigkeiten erhaltenen Daten an Forschungseinrichtungen oder statistische Ämter*«. Nachfolgend wird zunächst ein Überblick über Art. 17 (3) und (4) sowie Art. 19 und 21 DA gegeben (s.u. I.), anschließend wird der Aufbau kurz dargestellt (s.u. II.) bevor abschließend Einzelheiten zum Umgang der Public Bodies mit erhaltenen Daten (s.u. III.), der Empfänger einer Datenweitergabe durch Public Bodies (s.u. IV.) sowie dem Widerspruchsrecht des Dateninhabers gegen eine Datenweitergabe (s.u. V.) betrachtet werden.

## I. Überblick

Art. 17 DA regelt die Datenherausgabeverlangen, enthält in den Absätzen 3 und 4 jedoch auch Regelungen zum Umgang und zur Weitergabe von aufgrund eines Datenbereitstellungsverlangens erhaltenen Daten. 1103

Art. 19 DA regelt der Überschrift nach Pflichten von Public Bodies. Die Pflichten umfassen dabei sowohl den Umgang mit aufgrund eines Datenherausgabeverlangens erhaltenen Daten als auch vorbereitende Pflichten. Daneben enthält Art. 19 DA Regelungen zum Umfang der Erforderlichkeit einer Offenlegung von Geschäftsgeheimnissen (s. hierzu oben B.) und der Verantwortlichkeit für die Sicherheit erhaltener Daten. 1104

Art. 21 DA regelt das Recht von Public Bodies Daten aus einem Datenherausgabeverlangen weiterzugeben und damit zusammenhängende Pflichten der Public Bodies und der Empfänger sowie das Recht von Dateninhabern einer solchen Weitergabe zu widersprechen. 1105

## II. Aufbau

Die insgesamt elf Absätze der Art. 17 (3) und (4) sowie Art. 19 und 21 DA widmen sich – auch innerhalb der beiden ganzen Artikel – verschiedenen Regelungskomplexen. Beispielsweise hätte die Regelung aus Art. 19 (3) S. 1 DA zur Erforderlichkeit der Offenlegung von Geschäftsgeheimnissen gegenüber Public Bodies im Rahmen eines Datenherausgabeverlangens aus systematischen Gründen auch in Art. 15 DA angesiedelt werden können. 1106

## III. Umgang der Public Bodies mit erhaltenen Daten

Der Umgang eines Public Body mit Daten, welche der Public Body aufgrund eines Datenherausgabeverlangens nach Art. 14 DA erhalten hat, unterliegt verschiedenen Beschränkungen (s.u. 1.), doch die Public Bodies haben auch festgelegte Rechte (s.u. 2.). Außerdem sind die Public Bodies für diese Daten verantwortlich (s.u. 3.). 1107

### 1. Pflichten der Public Bodies beim Umgang mit erhaltenen Daten

So ist es Public Bodies gem. Art. 17 (3) S. 1 DA untersagt, die nach Kapitel V des Data Act erlangte Daten zur Weiterverwendung im Sinne des Art. 2 Nr. 2 der Verordnung (EU) 2022/868 (Daten-Governance-Verordnung) oder Art. 2 Nr. 11 der Richtlinie (EU) 2019/1024 (Richtlinie über offene Daten und die Weiterverwendung von Informationen des öffentlichen Sektors) bereitzustellen. Eine Weiterverwendung im Sinne des Art. 2 Nr. 2 der Daten-Governance-Verordnung ist die Nutzung von Daten, die im Besitz öffentlicher Stellen sind, durch natürliche oder juristische Personen für kommerzielle oder nichtkommerzielle Zwecke, die sich von dem ursprünglichen Zweck im Rahmen des öffentlichen Auftrags, für den die Daten erstellt wurden, unterscheiden, abgesehen vom Austausch von Daten zwischen öffentlichen Stellen ausschließlich 1108 im Rahmen der Erfüllung ihres öffentlichen Auftrags. Das Begriffsverständnis von Art. 2 Nr. 11 der Richtlinie über offene Daten und die Weiterverwendung von Informationen des öffentlichen Sektors geht in eine ähnliche Richtung, stellt jedoch auf Dokumente statt Daten ab und trifft eine Sonderregelung für Dokumente im Besitz öffentlicher Unternehmen. Die Daten-Governance-Verordnung und die Richtlinie über offene Daten und die Weiterverwendung von Informationen des öffentlichen Sektors finden gemäß Art. 17 (3) S. 2 DA keine Anwendung auf nach Kapitel V des Data Act erlangte von öffentlichen Stellen gehaltene Daten.

1109 Im Hinblick auf das Verbot aus Art. 17 (3) DA stellt Art. 17 (4) S. 1 DA klar, dass ein Public Body nicht daran gehindert ist, nach Kapitel V des Data Act erlangte Daten mit einem anderen Public Body zwecks Wahrnehmung der in Art. 15 DA genannten Aufgaben auszutauschen, wie in dem Verlangen gemäß Art. 17 (1) lit. f DA angegeben, oder die Daten einem Dritten bereitzustellen, wenn sie im Rahmen einer öffentlich verfügbaren Vereinbarung technische Inspektionen oder andere Aufgaben an diesen Dritten delegiert hat. Wenn ein Public Body die Daten jedoch übermittelt oder bereitstellt, ist dies dem Dateninhaber, von dem Public Body die Daten erhalten hat, unverzüglich mitzuteilen (vgl. Art. 17 [4] S. 3 DA).

1110 Der Public Body darf Daten, die er nach einem Datenherausgabeverlangen erhalten hat, nicht in einer Weise nutzen, die mit dem Zweck des Datenverlangens unvereinbar ist (Art. 19 [1] lit. a DA). Vor diesem Hintergrund ist eine spezifische Zweckbeschreibung aus Gründen der Rechtssicherheit, was mit den erhaltenen Daten gemacht werden darf, essenziell (s.o. C.). Weiter muss der Public Body technische und organisatorische Maßnahmen getroffen haben, die die Vertraulichkeit und Integrität der verlangten Daten und die Sicherheit der Datenübermittlungen – insbesondere bei personenbezogenen Daten – wahren und die Rechte und Freiheiten der betroffenen Personen schützen (Art. 19 [1] lit. b DA). Wie sich aus Erwägungsgrund 8 des Data Act ergibt, ist für diese vorbereitende Pflicht der Stand der Technik zu berücksichtigen. Als Beispiele für technische und organisatorische Maßnahmen nennt Erwägungsgrund 8 des Data Act Pseudonymisierung, Verschlüsselung und den Einsatz von Technik, die es ermöglicht, Algorithmen direkt am Ort der Datengenerierung einzusetzen und wertvolle Erkenntnisse zu gewinnen, ohne dass die Daten zwischen den Parteien übertragen bzw. die Rohdaten oder strukturierten Daten selbst unnötig kopiert werden.

1111 Weiter muss ein Public Body Daten löschen, sobald sie für den angegebenen Zweck nicht mehr erforderlich sind, und demjenigen, dem Daten weitergegeben worden sind, unverzüglich mitteilen, dass die Daten gelöscht worden sind, es sei denn, die Archivierung der Daten ist im Einklang mit Unionsrecht oder nationalem Recht über den Zugang der Öffentlichkeit zu Dokumenten im Rahmen der Transparenzverpflichtungen vorgeschrieben (Art. 19 [1] lit. c) DA).

1112 Außerdem sind Public Bodies nicht berechtigt, Daten oder Erkenntnisse über die wirtschaftliche Lage, die Vermögenswerte und Produktions- oder Betriebsmethoden des Dateninhabers zu nutzen, um ein vernetztes Produkt oder einen verbundenen Dienst zu entwickeln oder zu verbessern, das bzw. die mit dem vernetzten Produkt oder des verbundenen Dienstes des Dateninhabers im Wettbewerb steht (Art. 19 [2] lit. a DA). Auch die Weitergabe an Dritte für diese Zwecke ist untersagt (Art. 19 [2] lit. b DA). Praktisch relevanter dürften diese beiden Regelungen wohl sein für Dritte, denen die Daten durch einen Public Body weitergegeben wird (s. hierzu unten IV.).

Im Hinblick auf erhaltene Geschäftsgeheimnisse sind Public Bodies verpflichtet, 1113
vor der Offenlegung von Geschäftsgeheimnissen alle erforderlichen und geeigneten technischen und organisatorischen Maßnahmen zu treffen, um die Vertraulichkeit der Geschäftsgeheimnisse zu wahren, gegebenenfalls einschließlich der Verwendung von Mustervertragsbestimmungen, technischen Normen und der Anwendung von Verhaltenskodizes (Art. 19 [3] S. 3 DA). Fraglich ist, ob sich der Public Body dabei auf die in Art. 19 (3) S. 2 DA vorgesehene Identifizierung der Geschäftsgeheimnisse durch den Dateninhaber bzw. den Inhaber der Geschäftsgeheimnisse verlassen kann bzw. muss. Dafür spricht, dass die beiden letztgenannten oftmals besser werden einschätzen können, inwieweit es sich um Geschäftsgeheimnisse handelt (freilich muss es bei einer offensichtlichen oder gar absichtlichen Falschdeklarierung dem Public Body erlaubt sein, hierauf hinzuweisen und entweder eine Klarstellung zu fordern, weshalb es sich um Geschäftsgeheimnisse handeln sollte oder aber [in einem nächsten Schritt] solche Daten nicht als solche zu behandeln).

## 2. Rechte der Public Bodies beim Umgang mit erhaltenen Daten

Art. 21 DA regelt demgegenüber Rechte der Public Bodies. So dürfen Public Bodies 1114
nach Kapitel V des Data Act erhaltene Daten an qualifizierte Empfänger weitergeben (Art. 21 [1] DA).

Qualifizierte Empfänger können zum einen Einzelpersonen oder Organisationen sein, 1115
im Hinblick auf die Durchführung wissenschaftlicher Forschungstätigkeiten oder Analysen, die mit dem Zweck des Datenverlangens vereinbar sind (Art. 21 [1] lit. a DA). Zum anderen können qualifizierte Empfänger die nationalen statistischen Ämter und Eurostat zur Erstellung amtlicher Statistiken (Art. 21 [1] lit. b DA) sein. Damit ein Empfänger qualifiziert ist, muss es sich allerdings um eine Person oder Organisation handeln, die gemeinnützig oder im Rahmen einer nach Unionsrecht oder nach nationalem Recht anerkannten Aufgabe von öffentlichem Interesse handelt (Art. 21 [2] S. 1 DA). Keine qualifizierten Empfänger sind Organisationen, die in erheblichem Maße dem Einfluss gewerblicher Unternehmen unterliegen, wodurch diese einen bevorzugten Zugang zu den Forschungsergebnissen erhalten könnten (Art. 21 [2] S. 2 DA).

Wenn ein Public Body beabsichtigt, erhaltene Daten an einen qualifizierten Empfänger 1116
weiterzuleiten, ist der Public Body verpflichtet, dies dem Dateninhaber, von dem die Daten empfangen wurden, unverzüglich mitzuteilen (Art. 21 [5] S. 1 Hs. 1 DA). Da hier bereits die Absicht genügt, ist die Mitteilungsschwelle niedriger als bei Art. 17 (4) S. 3 DA, der nur eine Mitteilung bei Übermittlung oder Bereitstellung verlangt. Die Mitteilung muss verschiedene Informationen enthalten (Art. 21 [5] S. 1 Hs. 2 DA): (i) die Identität und die Kontaktdaten der die Daten empfangenden Organisation oder Einzelperson, (ii) den Zweck der Übermittlung oder Bereitstellung der Daten,

(iii) den Zeitraum, für den die Daten verwendet werden sollen, und, (iv) wenn auch personenbezogene Daten oder Geschäftsgeheimnisse betroffen sind, die getroffenen technischen Schutzmaßnahmen und organisatorischen Maßnahmen.

### 3. Verantwortlichkeit der Public Bodies für erhaltene Daten

1117 Art. 19 (4) DA bestimmt, dass ein Public Body für die Sicherheit der erhaltenen Daten verantwortlich ist. Fraglich ist, ob es sich bei dieser Verantwortungsregelung um eine allgemeine gesetzgeberische Wertung handelt oder der Data Act »nur« die Verantwortlichkeit für die Sicherheit, der nach Kapitel V des Data Act erhaltenen Daten, regeln sollte. Die Art. 19 (1) bis (3) DA nehmen alle Bezug auf andere Vorschriften des Kapitel V des Data Act, sodass die fehlende Bezugnahme in Art. 19 (4) DA im Umkehrschluss als Argument zu Gunsten einer Auslegung als allgemeine gesetzgeberische Wertung angeführt werden könnte. Allerdings bliebe dann die Systematik unberücksichtigt, dass es sich bei Art. 19 (4) DA noch immer um eine Regelung innerhalb des Kapitel V des Data Act handelt. Außerdem ist zu berücksichtigen, dass die Formulierung »der erhaltenen Daten« (im der englischen Sprachfassung des Data Act »*the data it receives*«) an zuvor genauer bezeichnete Daten anknüpft. Dies sind aus sprachlichen Gründen wohl die in den Art. 19 (1) bis (3) DA bezeichneten, auf Kapitel V des Data Act beschränkte Daten. Wären unbestimmt alle Daten gemeint, die ein Public Body erhält (egal ob auf Grundlage des Data Act oder einer anderen Rechtsgrundlage), wäre aus sprachlichen Gründen ein unbestimmter Artikel oder eine offene Formulierung zu erwarten gewesen (etwa »*ist für die Sicherheit erhaltener Daten verantwortlich*«).

## IV. Umgang der Drittempfänger mit erhaltenen Daten

1118 Wie die Public Bodies müssen auch Einzelpersonen und Organisationen, denen durch einen Public Body Daten weitergegeben oder bereitgestellt (im Rahmen dieses Abschnitts nachfolgend als »**Drittempfänger**« bezeichnet) werden, Pflichten zum Umgang mit diesen Daten einhalten. Art. 21 (3) DA verweist insoweit auf die für Public Bodies geltenden Pflichten aus Art. 17 (3) und Art. 19 DA.

1119 Von besonderer praktischer Relevanz dürften wohl die Bestimmungen aus Art. 19 (2) DA sein, die bereits dem Wortlaut von Art. 19 (2) DA für die empfangenden Einzelpersonen und Organisationen gelten: Ebenso wie Public Bodies sind auch Drittempfänger nicht berechtigt, Daten oder Erkenntnisse über die wirtschaftliche Lage, die Vermögenswerte und Produktions- oder Betriebsmethoden des Dateninhabers zu nutzen, um ein vernetztes Produkt oder einen verbundenen Dienst zu entwickeln oder zu verbessern, das bzw. die mit dem vernetzten Produkt oder des verbundenen Dienstes des Dateninhabers im Wettbewerb steht (Art. 19 [2] lit. a DA). Auch die Weitergabe an Dritte für diese Zwecke ist untersagt (Art. 19 [2] lit. b DA).

1120 Art. 17 (4) DA regelt schließlich eine Abweichung der für Drittempfänger geltenden Regelungen von den Regelungen für Public Bodies: Unbeschadet des Art. 19 (1) lit. c DA können Drittempfänger die erhaltenen Daten, nachdem sie vom Public Body gelöscht wurden, für einen Zeitraum von bis zu sechs Monaten für die Zwecke des Datenverlangens aufbewahren.

### V. Beschwerderecht des Dateninhabers gegen eine Datenweitergabe

Art. 21 (5) S. 2 DA legt fest, dass ein Dateninhaber, der mit der Übermittlung oder Bereitstellung von Daten nicht einverstanden ist, bei der nach Art. 37 DA benannten zuständigen mitgliedsstaatlichen Behörde, in dem der Dateninhaber niedergelassen ist, Beschwerde einlegen. 1121

Art. 21 (5) S. 2 DA regelt keine besonderen Rechtsfolgen der Beschwerde. Daher könnte die Bestimmung des Art. 38 (3) S. 1 DA anzuwenden sein. Danach arbeiten die zuständigen Behörden zusammen, um Beschwerden wirksam und fristgemäß zu bearbeiten und zu lösen, und tauschen dazu unter anderem unverzüglich alle relevanten Informationen auf elektronischem Wege aus. 1122

## F. Vergütungs- und Kompensationsansprüche gemäß Art. 20 DA

### I. Überblick

Nachfolgend wird ein Einblick über die Regelungen des Art. 20 DA gegeben. Zum einen regelt dieser Artikel, welche Kosten eine Gegenleistung der öffentlichen Stellen zugunsten des Dateninhabers decken muss. Zum anderen wird geregelt, unter welchen Bedingungen der Dateninhaber ggf. keinen Gegenleistungsanspruch bei Beantwortung eines Datenverlangens nach Kapitel V des Data Act Daten fordern kann. Ziel ist es also einen fairen Ausgleich zu schaffen, sodass Dateninhaber für ihre Aufwendungen in bestimmten Szenarien entschädigt werden, während gleichzeitig der Zugang zu Daten für berechtigte Dritte ermöglicht wird. 1123

### II. Aufbau

Art. 20 DA ist in insgesamt fünf Absätze unterteilt. Während Art. 20 (1) DA die grundsätzlich unentgeltliche Datenbereitstellung zur Bewältigung eines öffentlichen Notstands nach Art. 15 (1) DA festlegt, wird in Absatz 2 und – für Kleinst- und Kleinunternehmen – in Absatz 3 geregelt, dass für bestimmte Datenverlangen bestimmte Kosten (etwa technische und organisatorische) des Dateninhabers ggf. einen Anspruch auf faire Gegenleistung auslösen. Anschließend wird die unentgeltliche Bereitstellung der Daten für die Erstellung amtlicher Statistiken (Absatz 4) und die Möglichkeit einer Beschwerde bei aus Sicht der öffentlichen Stelle zu hohen Ausgleichsforderungen der Dateninhaber festgelegt (Absatz 5). 1124

### III. Vergütungs- und Kompensationsansprüche

Art. 20 (1) DA regelt zunächst die grundsätzliche Unentgeltlichkeit von Datenbereitstellungen zur Bewältigung eines öffentlichen Notstands. Dies gilt allerdings nicht für die Datenbereitstellung durch Kleinst- und Kleinunternehmen. 1125

1126 Nach dem Wortlaut sind somit Public Bodies, die Daten erhalten haben, zu keinen Gegenleistungen oder einem Ausgleich zugunsten der Dateninhaber in diesen Fällen verpflichtet.

1127 Negativ zu bewerten ist, dass potentielle Kosten, die Dateninhaber zur Datenbereitstellung aufbringen, nicht bei allen Angelegenheiten ersetzt werden. Zwar wird der Dateninhaber öffentlich benannt, wenn dieser eine Erwähnung wünscht (Art. 20 [1] S. 2 DA). Dies dürfte in der Regel jedoch nur ein schwacher Ausgleich für getätigte Aufwände sein.

1128 In Art. 20 (2) DA wird mittels Verweis auf die Fälle nach Art. 15 (1) lit. b DA ein Anspruch auf Gegenleistung geregelt; wobei in Art. 20 (4) DA als Rückausnahme kein Recht auf Gegenleistung für die Bereitstellung von Daten zur Erfüllung eines Verlangens gemäß Art. 15 (1) lit. b DA besteht, falls die besondere Aufgabe im öffentlichen Interesse in der Erstellung amtlicher Statistiken besteht und der Erwerb von Daten nach nationalem Recht nicht zulässig ist. Art. 20 (2) DA regelt in den verbleiben Fällen, wann und welchem Umfang dem Dateninhaber ein Anspruch auf einen fairen Ausgleich für die Datenbereitstellung zusteht (dieser Rahmen soll nach Art. 20 (3) DA auch dann gelten, wenn Kleinst- und Kleinunternehmen in den Fällen des Art. 20 (1) DA einen Anspruch auf Gegenleistung haben).

1129 Die Herausgabe der Daten wird in diesen Fällen daher incentiviert durch einen »fairen« Ausgleich. Im Rahmen des Art. 20 (2) DA kann der Dateninhaber dabei zunächst eine aus seiner Sicht »faire« Gegenleistung festsetzen und fordern (und muss auf Verlangen der öffentlichen Stelle ggf. Informationen über die Grundlage der Berechnung und die angemessene Marge offenlegen). Der Public Body kann die geforderte Gegenleistung nach Art. 20 (5) DA nur noch mittels Beschwerde bei der zuständigen Behörde nach Art. 37 DA angreifen.

1130 Nachfolgende Darstellung enthält einen Entscheidungsbaum, nach dem entschieden werden kann, ob ein Dateninhaber für ein Datenverlangen nach Kapitel V des Data Act einen Anspruch auf Gegenleistung hat:

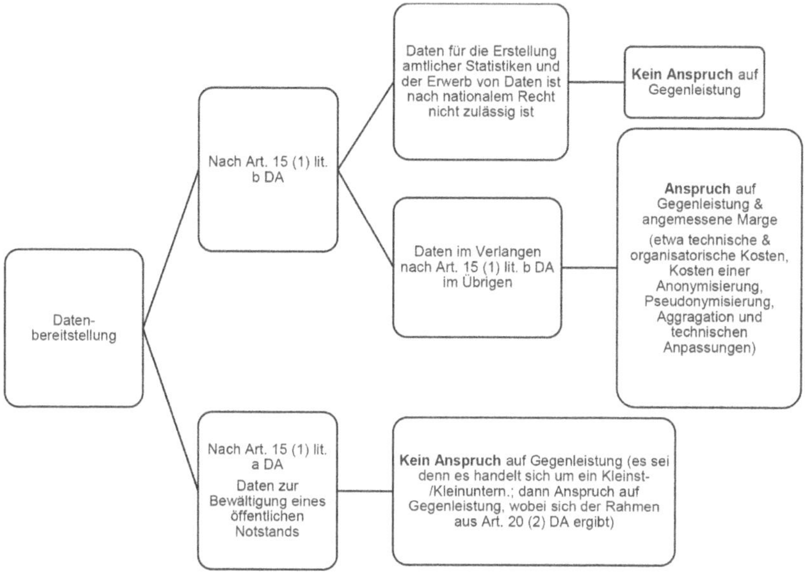


**Abb. 3: Illustration der Prüfung des Anspruchs auf Gegenleistung**

## G. Amtshilfe und grenzüberschreitende Zusammenarbeit gemäß Art. 22 DA

Art. 22 DA regelt die Amtshilfe und grenzüberschreitende Zusammenarbeit. Nachfolgend wird zunächst ein Überblick über Art. 22 DA gegeben (s.u. I.), anschließend wird der Aufbau kurz dargestellt (s.u. II.) bevor abschließend Rechtsfragen zur Amtshilfe und grenzüberschreitenden Zusammenarbeit betrachtet werden (s.u. III.). 1131

### I. Überblick

Art. 22 DA regelt die Pflicht zur kohärenten Umsetzung des Kapitel V des Data Act und gegenseitigen Unterstützung (Art. 22 [1] DA), den Umgang mit Amtshilfe ausgetauschten Daten (Art. 22 [2] DA) sowie das Verfahren bei grenzüberschreitenden Datenverlangen oder solchen von Public Bodies der Europäischen Union (Art. 22 (3) und (4) DA). 1132

Regelungsadressat von Art. 22 DA sind die Public Bodies. 1133

### II. Aufbau

Art. 22 DA bildet den Abschluss des Kapitel V des Data Act. Die drei Regelungskomplexe von Art. 22 DA (s.o. I.) sind auf vier Absätze verteilt. 1134

## III. Rechtsfragen der Amtshilfe und grenzüberschreitenden Zusammenarbeit

1135 Art. 22 (1) DA verpflichtet die Public Bodies auf zweierlei Art zur Zusammenarbeit: Zum einen sind die Public Bodies verpflichtet, »*im Hinblick auf die kohärente Umsetzung*« des Kapitel V des Data Act (mithin den Regeln zur Bereitstellung von Daten für Public Bodies wegen außergewöhnlicher Notwendigkeit) zusammenzuarbeiten. Zum anderen sind die Public Bodies verpflichtet sich, diesbezüglich gegenseitig zu unterstützen. Die englische Sprachfassung des Data Act spricht insofern von »*cooperate and assist [...] to implement this Chapter in a consistent manner*«.

1136 Art. 22 (1) DA enthält keine abschließenden Regeln zur Zusammenarbeit der Public Bodies. So findet sich etwa in Art. 37 (15) DA eine Anordnung, wonach eine zuständige Behörde in einem Mitgliedstaat (ersuchende Behörde) um die Unterstützung oder Vollstreckungsmaßnahmen einer zuständigen Behörde in einem anderen Mitgliedstaat (ersuchte Behörde) ersucht, ein begründetes Ersuchen stellen muss, welches durch die ersuchte Behörde unverzüglich nach dessen Eingang und unter Aufführung der einzelnen ergriffenen oder geplanten Maßnahmen zu beantworten ist.

1137 Der Data Act sieht keine Institutionalisierung der Abstimmung zwischen den nach Art. 37 DA von den Mitgliedsstaaten benannten, für die Anwendung und Durchsetzung des Data Act zuständigen Behörden (und ggf. der Datenkoordinatoren) vor. Das Konzept des Europäischen Datenschutzausschuss aus der Datenschutz-Grundverordnung (vgl. dort die Regelungen in den Art. 68 ff.) wird also nicht in dieser Form wieder aufgegriffen. Es bleibt abzuwarten, ob sich die zuständigen Behörden (und ggf. der Datenkoordinatoren) auch ohne entsprechenden gesetzlichen Auftrag in einer Abstimmungsrunde zusammenfinden, etwa wie sich die unabhängigen Datenschutzbehörden des Bundes und der Länder in Deutschland in der Datenschutzkonferenz zusammengeschlossen haben.

1138 Zwar spricht Art. 22 (1) DA nicht davon, dass die Public Bodies im Rahmen der Amtshilfe und grenzüberschreitenden Zusammenarbeit aufgrund von Datenverlangen erhaltenen Daten austauschen dürfen, sollen oder gar müssen. Art. 22 (2) DA setzt einen solchen Datenaustausch jedoch voraus. Andernfalls ergäbe die Regelung in Art. 22 (2) DA keinen Sinn, wonach Daten, die im Zusammenhang mit einem Amtshilfeersuchen und geleisteter Amtshilfe nach Art. 22 (1) DA ausgetauscht worden sind, nicht in einer Weise genutzt werden dürfen, die mit dem Zweck des Datenverlangens unvereinbar ist.

1139 In Art. 22 (3) und (4) DA ist schließlich das Verfahren bei grenzüberschreitenden Datenverlangen oder solchen von Public Bodies der Europäischen Union geregelt.[562]

---

562 Siehe hierzu auch Frage 44 der Frequently Asked Questions zum Data Act der Europäischen Kommission vom 6. September 2024 (Version 1.0), abrufbar unter https://digital-strategy.ec.europa.eu/en/library/commission-publishes-frequently-asked-questions-about-data-act (zuletzt abgerufen am 13.09.2024 um 21.40 Uhr).

Art. 22 (3) S. 1, 2 DA fokussieren sich auf die Anforderungen an das Einleiten eines solchen Datenverlangens. Danach hat ein Public Body der Europäischen Union ebenso wie eine öffentliche Stelle, die beabsichtigt von einem Dateninhaber, der in einem anderen Mitgliedstaat niedergelassen ist, die Bereitstellung von Daten zu verlangen, diese Absicht zunächst der nach Art. 37 DA benannten zuständigen Behörde jenes Mitgliedstaats mitzuteilen. 1140

Art. 22 (3) S. 3 DA verpflichtet die zuständige Behörde des Mitgliedstaats, in dem der Dateninhaber niedergelassen ist, das Verlangen zu prüfen. Ein Zeitrahmen für die Prüfung gibt Art. 22 DA nicht vor. Art. 22 (4) UAbs. 1 DA bestimmt lediglich, dass die prüfende Behörde nach Abschluss der Prüfung unverzüglich zu handeln hat. Gleichwohl darf sich die prüfende Behörde für die Prüfung wohl nicht beliebig viel Zeit lassen. So ist zu bedenken, dass die anfragende Behörde selbst angibt, es läge ein Fall der außergewöhnlichen Notwendigkeit vor, was Dringlichkeit impliziert. In Verbindung mit dem Gedanken des Prinzips der loyalen Zusammenarbeit aus Art. 4 (3) EUV ist von der prüfenden Behörde eher eine unverzügliche Prüfung zu verlangen. 1141

Der Prüfungsgegenstand ergibt sich aus Art. 22 (4) UAbs. 1 DA. Zu prüfen sind die Anforderungen aus Art. 17 DA (vgl. oben C. Pflichten der Public Bodies gemäß Art. 17 der DA bei Geltendmachung eines Anspruchs nach Art. 14 und 15 der DA). 1142

Art. 22 (4) S. 2 DA schreibt vor, dass die prüfende Behörde nach Abschluss der Prüfung eine der beiden vorgeschriebenen Maßnahmen ergreift. Die eine Möglichkeit besteht in der Übermittlung des Verlangens an den Dateninhaber und gegebenenfalls dem Hinweis gegenüber dem anfragenden Public Body, »*dass sie mit öffentlichen Stellen des Mitgliedstaats, in dem der Dateninhaber niedergelassen ist, zusammenarbeiten muss, um den Verwaltungsaufwand für den Dateninhaber bei der Erfüllung des Verlangens zu verringern*«. Die andere Möglichkeit ist die hinreichend begründete Ablehnung des Verlangens im Einklang mit dem Kapitel V des Data Act. Auch wenn der Data Act nicht vorgibt, welche Maßnahme bei welchem Ergebnis der Prüfung zu ergreifen ist, dürfte eine Ablehnung seitens des Gesetzgebers wohl nur für Fälle vorgesehen sein, in dem die Prüfung nicht erfolgreich abgeschlossen wird. 1143

Der Verordnungstext lässt offen, was genau mit der Ablehnung des Verlangens im Einklang mit dem Kapitel V des Data Act gemeint ist. Denkbar wäre, dass die prüfende Behörde ein Verlangen ablehnen soll, wenn die Anforderungen an das Datenbereitstellungsverlangen aus Art. 17 (1) und (2) DA nicht erfüllt worden sind. Ein umfassender Mechanismus zur Beilegung von Uneinigkeiten zwischen dem anfragenden Public Body und der prüfenden Behörde über die Frage, ob ein Datenverlangen den Anforderungen aus Art. 17 DA genügt, ist in Art. 22 DA nicht vorgesehen. Art. 22 (4) UAbs. 2 DA schreibt »nur« vor, dass der anfragende Public Body dem Hinweis der prüfenden Behörde sowie den von letzterer genannten Gründen der Ablehnung Rechnung trägt, bevor sie, falls zutreffend, weitere Maßnahmen wie die erneute Einreichung des Verlangens ergreift. 1144

1145 Legt man das vorstehend niedergelegte Verständnis zugrunde, kann die grenzüberschreitende Zusammenarbeit und Amtshilfe dargestellt werden wie folgt:

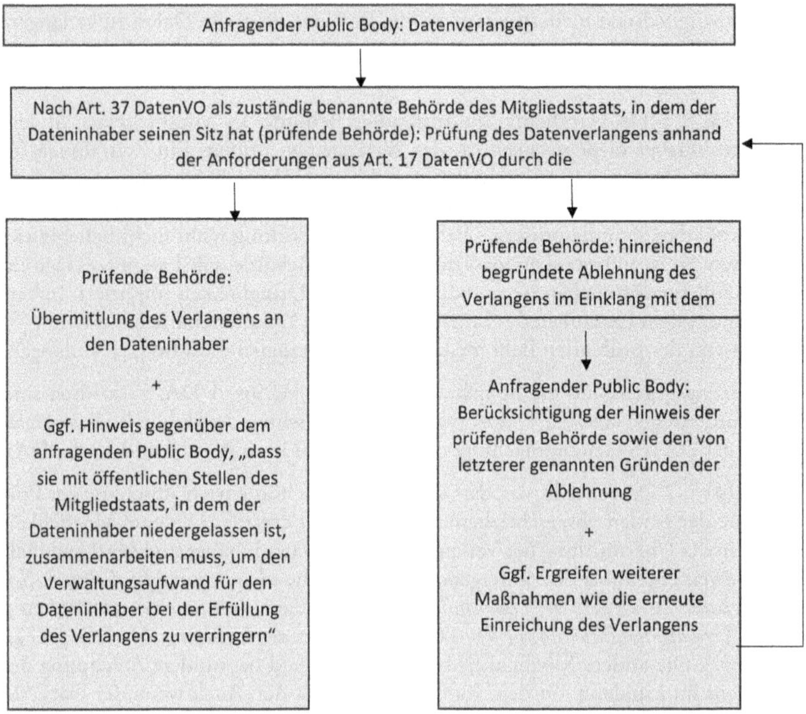


Abb. 4: Illustration der grenzüberschreitenden Zusammenarbeit und Amtshilfe

## Kapitel 6 Implementierung

Im Rahmen der Implementierung bzw. Vorbereitung auf Ansprüche aus dem Kapitel V des Data Act sollten Dateninhaber insbesondere **folgende Fragen berücksichtigen** (wobei dies – etwa durch Veränderung der vorhandenen Daten – grundsätzlich regelmäßig auch zukünftig auf Angemessenheit zu prüfen ist): 1146

(i) Auf Basis der vorhandenen Daten, wie wahrscheinlich erscheinen Ansprüche aus dem Kapitel V des Data Act? 1147

(ii) Hat der Dateninhaber bereits in der Vergangenheit (regelmäßig) Aufforderungen zur Herausgabe von Daten aus dem öffentlichen Sektor erhalten (und erscheinen daher Ansprüche nach Kapitel V des Data Act wahrscheinlich)? 1148

(iii) Inwieweit sind potentiell betroffene Daten personenbezogene Daten (sodass mit der Notwendigkeit einer Anonymisierung bzw. Pseudonymisierung im Rahmen der Erfüllung eines Anspruchs nach Kapitel V des Data Act zu rechnen ist)? 1149

(iv) Inwieweit können (oder sollen) Art. 4/5 DA-Lösungen für die Beantwortung von Datenbereitstellungsverlangen nach Kapitel V des Data Act genutzt werden? 1150

Auch aufgrund der »Trigger« für ein Datenbereitstellungsverlangen nach Kapitel V des Data Act dürfte ein entsprechendes Verlangen in aller Regel **einen erheblichen Teil an adhoc-Befassung** mit sich bringen (insbesondere auch bei Prüfung des Verlangens auf Konformität mit den Anforderungen nach Kapitel V des Data Act). Vor diesem Hintergrund empfiehlt sich wohl eine **vor allem Prozess-, Workflow- und Trainings-bezogene Implementierung bzw. Vorbereitung auf Datenbereitstellungsverlangen** nach Kapitel V des Data Act (s. hierzu sogleich auch in Kapitel 7). 1151

## Kapitel 7 Praxistipps

1152 Legt man das in diesem Abschnitt 2 des Handbuchs dargestellte Verständnis des Kapitel V des Data Act zugrunde, könnte ein Dateninhaber ein **erhaltenes Datenbereitstellungsverlangen prüfen wie folgt:**[563]

▶ Hinweis

1153 (i) Berechtigter Antragsteller (s.o. Kapitel 5 B.1);
(ii) Richtiger Antragsgegner (s.o. Kapitel 5 B.2);
(iii) Erbringung des Nachweises der außergewöhnlichen Notwendigkeit der Nutzung bestimmter Daten (s.o. Kapitel 5 B.3); und
(iv) Einhaltung der weiteren Formvorschriften an den Antrag (s.o. Kapitel 5 B.3).

1154 Wie in Kapitel 6 bereits angesprochen, dürfte ein Datenbereitstellungsverlangen nach Kapitel V des Data Act **regelmäßig** eine **adhoc-Befassung** mit sich bringen und daher eine Vorbereitung in der Praxis eine **vor allem Prozess-, Workflow- und Trainingsbezogene Implementierung bzw. Vorbereitung** erfordern.

1155 Vor diesem Hintergrund sollten Unternehmen – in Abhängigkeit von der erwarteten Exponiertheit – jedenfalls folgende Elemente im Hinblick auf Kapitel V des Data Act in Betracht ziehen:

▶ Hinweis

1156 (i) Implementierung einer Kapitel V Data Act-Policy, in der die Verantwortlichkeiten, Kommunikationswege und Anforderungen definiert werden;
(ii) Standard-Antworten für potentiell betroffene Daten(kategorien);
(iii) Prophylaktische Vor-Dokumentation der datenschutzrechtlichen Aspekte (etwa [vorbereitende] Rechtsgrundlagenprüfung, Schwellwertanalyse bzw. Datenschutzfolgenabschätzung);
(iv) Identifikation der Art. 4/5 Data Act-Maßnahmen, die ggf. ergänzend zur Beantwortung eine Datenbereitstellungsverlangens herangezogen werden können;
(v) Sicherstellung von Trainings und Awareness (insbesondere, um sicherzustellen, dass Datenbereitstellungsverlangen nach Kapitel V des Data Act als solche erkannt und an die richtigen Stellen innerhalb des Unternehmens zur weiteren Bearbeitung weitergegeben werden);
(vi) Durchführung einer (je nach Exponiertheit oder Änderung der vorhanden Daten[kategorien] auch regelmäßigen) »table-top excercise«, um die getroffenen Maßnahmen auf Wirksamkeit zu prüfen und diese ggf. anzupassen.

---

563 Siehe auch Frage 43 der Frequently Asked Questions zum Data Act der Europäischen Kommission vom 6. September 2024 (Version 1.0), abrufbar unter https://digital-strategy.ec.europa.eu/en/library/commission-publishes-frequently-asked-questions-about-data-act (zuletzt abgerufen am 13.09.2024 um 21.40 Uhr).

Letztlich bleibt die **Relevanz der Datenbereitstellungsverlangen in der breiten Praxis abzuwarten** und **die Implementierung** sollte für jedes Unternehmen **in Abhängigkeit von der potentiellen Exponiertheit** hin erfolgen und – jedenfalls in der jüngsten Zukunft – in Abhängigkeit von der sich ggf. **entwickelnden Benchmark und etwaiger Behörden-Guidelines adaptiert** werden. 1157

# Abschnitt 3 Wechsel des IT-Cloudproviders - Interoperabilität

## Kapitel 8 Einführung

Einen weiteren – in der Berichterstattung und den Diskussionen um den Data Act oft unterrepräsentierten – Schwerpunkt des Data Acts bilden die **Regelungen zu Datenverarbeitungsdiensten aus Kapitel VI bis VIII.** 1158

Dies aus gutem Grund: Mit der zunehmenden Digitalisierung und Vernetzung aller Lebensbereiche durch vernetzte Produkte werden Unmengen an Daten generiert die verarbeitet werden müssen, um sie aufzubereiten, darzustellen, zu speichern, zu analysieren, zu teilen etc. Hierzu werden Hersteller/Anbieter von vernetzten Produkten und ggf. damit verbundener Diensten und/oder deren Nutzer[564] **regelmäßig auf cloudbasierte Datenverarbeitungsdienste zurückgreifen.** Anders als im Bereich der die Konnektivität vermittelnden Netze und Protokolle besteht bei den darauf aufsetzenden Datenverarbeitungsdiensten **gegenwärtig keine oder allenfalls bedingte Interoperabilität**, geschweige denn einen Ende-zu-Ende-Verbund. Es handelt sich zum Großteil vielmehr bildlich gesprochen um virtuelle Datenverarbeitungsinseln, die – einmal vom Nutzer mit entsprechendem Aufwand eingerichtet und konfiguriert – u.a. durch fehlende Standardisierung mit mehr oder weniger starken **»Vendor Lock-In«-Effekten** verbunden sind. Diese **schränken** oftmals die **Wechselbereitschaft** sowie **parallele bzw. verteilte Nutzungsszenarien** der Nutzer **faktisch ein**, was sich negativ auf den Wettbewerb zwischen den Datenverarbeitungsdiensten auswirkt. 1159

Da die zuvor initiierten **Selbstregulierungsmechanismen** aus der Verordnung (EU) 2018/1807 im Bereich des Cloud Computings insoweit bislang **nicht zu einer nennenswerten Verbesserung der Situation geführt** haben[565], sah sich der europäischen Gesetzgeber gezwungen, im Data Act auch Datenverarbeitungsdienste nunmehr partiell selbst zu regulieren. 1160

So wurden in **Kapitel VI** Regelungen zum **Abbau der Hürden beim Wechsel von Datenverarbeitungsdiensten** normiert (dazu **A. – C.**), die über Art. 34 DA in Teilen entsprechend auch zur **Erleichterung der Interoperabilität zum Zwecke der parallelen Nutzung von Datenverarbeitungsdiensten** gelten (dazu **E. II.**). 1161

Besonderes Augenmerk wird in **Kapitel VIII** auf die **flankierende technische Spezifizierung und Normierung** insbesondere zur **Schaffung technischer Interoperabilität, Kompatibilität und/oder Portabilität** gelegt (dazu E.). Dies nicht nur in Bezug auf Datenverarbeitungsdienste, sondern auch auf die Daten(dienst)bereitstellung in Datenräumen sowie auf intelligente Verträge. 1162

564 Vgl. zu den diesbezüglichen Definitionen Teil 1, Kap. A, A. II.).
565 Vgl. dazu Erwägr. 7 und 79.

1163 **Kapitel VII** regelt darüber hinaus, unter welchen Anforderungen Anbieter von Datenverarbeitungsdiensten **nicht-personenbezogenen Daten an staatliche Stellen in Drittstaaten übermitteln** dürfen (dazu D.).

# Kapitel 9 Rechtliche Inhalte

Übersicht Rdn.

## A. Definition der Datenverarbeitungsdienste

### I. Legaldefinition Datenverarbeitungsdienste:

Unter dem Begriff »Datenverarbeitungsdienste« werden im Allgemeinen verschiedenste informations- und kommunikationstechnische Leistungen (»IKT-Leistungen«) und Vertriebsmodelle verstanden. Angefangen bei der Lieferung von Hardware über Support für on-premise-Lösungen bis hin zu komplexen Cloud-Lösungen. Indem sich der Data Act bei seiner Definition des Begriffs »Datenverarbeitungsdienst« nah an die Legaldefinition des **Cloud-Computings** des National Institute of Standards and Technology des US Department of Commerce (NIST) anlehnt,[566] beschränkt der Rechtsakt seine Anwendbarkeit. Ein Datenverarbeitungsdienst i.S.d. Data Act ist eine **digitale Dienstleistung, die einem Kunden bereitgestellt wird und einen flächendeckenden und auf Abruf verfügbaren Netzzugang zu einem gemeinsam genutzten Pool konfigurierbarer, skalierbarer und elastischer Rechenressourcen zentralisierter, verteilter oder hochgradig verteilter Art ermöglicht, die mit minimalem Verwaltungsaufwand oder minimaler Interaktion des Diensteanbieters rasch bereitgestellt und freigegeben werden können.**[567] On-Premise-Lösungen sind damit ausgeschlossen. 1164

566 https://nvlpubs.nist.gov/nistpubs/legacy/sp/nistspecialpublication800–145.pdf, zuletzt abgerufen am 28.03.2024.

567 Art. 2 Nr. 8 Data Act.

### 1. Rechenressourcen:

1165 Der Begriff der »Rechenressourcen« ist innerhalb des Cloud-Computings weit zu verstehen und absichtlich generisch gehalten, um eine beträchtliche Zahl von Diensten mit einer sehr großen Bandbreite an unterschiedlichen Anwendungszwecken, Funktionen und technischen Strukturen zu erfassen. Umfasst sind sowohl Netze, Server oder andere virtuelle oder physische Infrastrukturen, Software, einschließlich Softwareentwicklungswerkzeugen, Speicher, Anwendungen und sonstige Dienste. Der Data Act unterscheidet die Dienste, wie auch das NIST, nach ihren **Abstraktionsebenen in Infrastructure-as-a-Service (IaaS), Platform-as-a-Service (PaaS)** und **Software-as-a-Service (SaaS).**[568] Anhand dieser Klassifizierung kann ein großer Teil der bestehenden Geschäftsmodelle üblicherweise eingeordnet werden, wie nachfolgende Abbildung verdeutlicht. Ein Dienst aus einer Schicht höheren Abstraktionsgrades kann auf einen Dienst, der in einer darunterliegenden Schicht realisiert wird, zurückgreifen. Je höher die Ebene, desto komplexer ist der Service, der auf der Ebene bereitgestellt wird und desto komplexer und aufwändiger gestaltet sich auch der Wechsel zu einem anderen Anbieter. Entsprechend reduziert sind in Art. 30 Data Act die Anforderungen an den bisherigen Anbieter beim Wechsel eines reinen IaaS gegenüber einem PaaS- oder SaaS-Wechsel.

1166

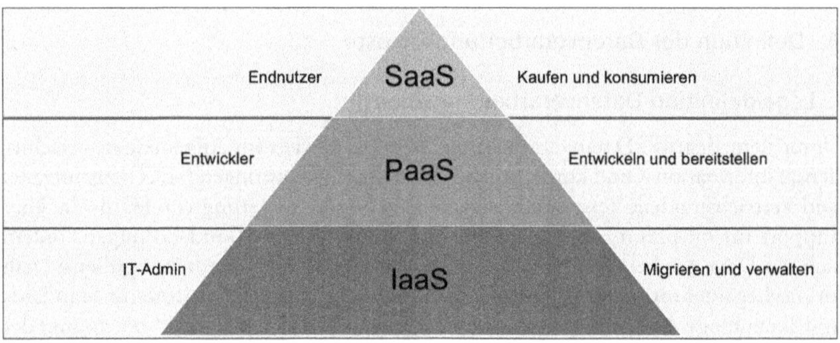


**Abb. 1: Service-Modelle nach Abstraktionsebenen**

1167 Die unterste Abstraktionssicht ist IaaS. Sie stellt Infrastrukturelemente wie Server, Netze und die für den Betrieb der Infrastruktur erforderlichen **virtuellen Ressourcen** zur Verfügung, gewährt jedoch keinen Zugang zu den Betriebsdiensten, zur Software und zu den Anwendungen.[569] PaaS befindet sich auf der nächsten Ebene und kann als Bereitstellung der »Bausteine« charakterisiert werden, die für die Programmierung und Bereitstellung von Anwendungen erforderlich sind, die darauf gehostet werden. SaaS befindet sich an der Spitze der Pyramide und wird im Allgemeinen von Kunden genutzt, wenn sie weniger individuelle Anforderungen haben und lediglich bestimmte

568 Erwgr. 81 Data Act.
569 Art. 30 (1) Data Act.

Funktionalitäten von Anwendungen suchen, die in begrenztem Maße anpassbar sind. Stark vereinfacht könnte man die Nutzung der Ebenen übertragen auf die Beschaffung eines Kleiderschranks bei einem schwedischen Möbelhersteller. IaaS würde den Zugang zum Holzlager gewähren, PaaS zum vollständigen Pax-Programm inklusive Verbindungsstücke und Werkzeug, bei SaaS wäre der Nutzer auf einen vorkonfigurierten Pax-Schrank beschränkt, bei dem er die Höhe der Einlegeböden und der Kleiderstange verstellen kann. Trotz der Verbreitung dieser tripartiten Unterscheidung in der Literatur nutzen Kunden von Cloud-Computing-Diensten diese Taxonomie nicht routinemäßig, um Dienste auszuwählen. Tatsächlich verschwimmen die Grenzen zwischen den jeweiligen **Service-Modellen** zunehmend, und es entstehen neue Modelle, die aufgrund der Branchendynamik zunehmend als »XaaS« bezeichnet werden.[570] Dennoch inkorporiert der Data Act diese Ebenen als entscheidend für die Einordnung von Diensten in die gleich Dienstart (s. Rdn. 1195 ff.). Alle anderen Kriterien sind für die Pflichten der Anbieter nach dem Willen des Gesetzgebers nicht relevant.

## 2. Attribute der adressierten Rechenressourcen[571]

Unter »**Konfigurierbarkeit**«, häufig auch als »**Customizing**« bezeichnet,[572] wird danach die Möglichkeit verstanden, ein bereits installiertes IT-System in gewissen Grenzen an die Bedürfnisse eines Nutzers anzupassen. Generell wird beim Einstellen von Konfigurationsparametern der Programmcode des Systems nicht verändert.[573] Werden bei einem Datenverarbeitungsdienst hingegen die meisten zentralen Funktionen auf die spezifischen Bedürfnisse eines einzelnen Kunden zugeschnitten oder werden alle Komponenten für die Zwecke eines einzelnen Kunden entwickelt und werden diese Datenverarbeitungsdienste dann nicht im größeren kommerziellen Maßstab über den Dienstleistungskatalog der Anbieter von Datenverarbeitungsdiensten angeboten (individuelle Lösung), häufig auch als »**Anpassung von Standardsoftware**« bezeichnet,[574] gestalten sich einige technische Aspekte des Wechsels schwieriger, was der EU-Gesetzgeber mit Art. 31 (1) Data Act anerkannt hat, indem er den Anbieter von einigen der Verpflichtungen freistellt. Aufgrund der vielfältigen Gestaltungsmöglichkeiten, insbesondere auf technischer und vertraglicher Ebene, ist zu erwarten, dass diese Ausnahme in der Praxis von hoher Relevanz sein wird. Trotz aller Bedenken, die der EuGH hat, wenn die **Erwägungsgründe** zu sehr bei der Auslegung berücksichtigt werden, hilft ein Blick in Erwgr. 80 um zu ergründen, was der EU-Gesetzgeber bei der Nennung der weiteren Attribute im Sinn hatte.[575] »**Skalierbar**« sind Rechenressourcen, die unabhängig von ihrem geografischen Standort vom Anbieter von Datenverarbeitungsdiensten flexibel zugewiesen werden, um Nachfrageschwankungen auszugleichen. 1168

570 Erwgr. 81 Data Act.

571 Erwgr. 80 Data Act.

572 Marly, Praxishandbuch Softwarerecht, 7. Aufl. 2018, Rn. 1094.

573 Sarre, Auer-Reinsdorff/Conrad, Handbuch IT- und Datenschutzrecht, 3. Aufl. 2019, § 1 Rn. 629.

574 Marly, Praxishandbuch Softwarerecht, 7. Aufl. 2018, Rn. 686.

575 BeckOK DatenschutzR/Schmidt-Wudy, DA Art. 23 Rn. 31 mit weiteren Nachweisen.

Der Begriff »**ortsunabhängig**« wird verwendet, um zu beschreiben, dass die Bereitstellung der Rechenkapazitäten über das Netz und der Zugang zu ihnen über Mechanismen erfolgt, die den Einsatz heterogener Thin- oder Thick-Client-Plattformen (von Webbrowsern bis hin zu mobilen Geräten und Arbeitsplatzrechnern) fördern. Das Attribut »**elastisch**« dient der Beschreibung von Rechenressourcen, die entsprechend der Nachfrage bereitgestellt und freigegeben werden, um je nach Arbeitsaufkommen zügig verfügbare Ressourcen auf- bzw. abbauen zu können. Mit »**gemeinsam genutzter Pool**« sind Rechenressourcen gemeint, die mehreren Nutzern bereitgestellt werden, die über einen gemeinsamen Zugang auf den Dienst zugreifen, wobei die Verarbeitung jedoch für jeden Nutzer getrennt erfolgt, obwohl der Dienst über dieselbe elektronische Ausrüstung erbracht wird. Der Begriff »**verteilt**« dient zur Beschreibung der Rechenressourcen, die sich auf verschiedenen vernetzten Computern oder Geräten befinden und die untereinander durch Nachrichtenaustausch kommunizieren und sich koordinieren. »**Hochgradig verteilt**« sollen Datenverarbeitungsdienste sein, bei denen die Daten lokal an dem Ort verarbeitet werden, an dem sie generiert oder erhoben werden, bevor sie an zentrale Rechenzentren oder Cloud-Server gesendet werden. Als Beispiel wird **Edge-Computing** genannt.

### 3. Bereichsausnahmen:

1169 Vom Anwendungsbereich der Vorschriften des Data Acts ausgenommen sind Datenverarbeitungsdienste, die nicht als Vollversion, sondern zu **Test- und Bewertungszwecken** (Proof of Concept) für einen begrenzten Zeitraum bereitgestellt werden.[576] Zu dem Zeitpunkt, in dem ein Nutzer herausfinden möchten, ob ein bestimmter Cloud-Dienst seine Prozesse zufriedenstellend unterstützen kann, gibt es naturgemäß noch keinen **Lock-In-Effekt**, den es zu verhindern gilt. Anders sieht dies aus bei **unentgeltlichen On-Top-Angeboten**, die Anbieter gerne innerhalb bestehender Nutzungsverhältnisse bereitstellen. Sie haben gerade den Zweck, Bestandskunden zu binden.[577] Aus diesem Grund erstrecken sich die Pflichten der Anbieter im Zusammenhang mit einem Anbieterwechsel auch auf diese. Einige Verwirrungen gab es im Rahmen des Gesetzgebungsverfahrens hinsichtlich der Frage, ob **Online-Inhaltedienste** vom Anwendungsbereich des Data Act erfasst sein sollen. Online-Inhaltedienste i.S.v. Art. 2 (5) Online-Inhalte-VO[578] sind audiovisuelle Mediendienste oder sonstige Dienste, die den Zugang zu oder die Nutzung von urheberrechtlich und/oder durch verwandte Schutzrechte geschützten Werken Dritter ermöglichen, im Wesentlichen also **Streamingdienste**. Ziel der Online-Inhalte-VO ist es, den bestehenden harmonisierten Rechtsrahmen zum Schutz des Urheberrechts und der verwandten Schutzrechte anzupassen und ein gemeinsames Konzept für die Bereitstellung von Online-Inhaltediensten für Abonnenten, die sich vorübergehend in einem ande-

576 Art. 31 (2) Data Act.

577 Erwgr. 78 Data Act.

578 Verordnung (EU) 2017/1128 des Europäischen Parlaments und des Rates vom 14. Juni 2017 zur grenzüberschreitenden Portabilität von Online-Inhaltediensten im Binnenmarkt (Online-Inhalte-VO).

ren Mitgliedstaat als ihrem Wohnsitzmitgliedstaat aufhalten, zu schaffen, indem die Hindernisse für die grenzüberschreitende Portabilität von Online-Inhaltediensten, die rechtmäßig erbracht werden, beseitigt werden.[579] Es geht somit um die Portabilität der Zugriffsmöglichkeit auf Inhalte Dritter in einen anderen Mitgliedstaat als dem Wohnsitzmitgliedstaat[580]. Bei der Schaffung der Regelungen des Data Act zum Cloud-Switching ging es dem Gesetzgeber hingegen um die Übertragbarkeit eigener oder im Rahmen der Nutzung von Cloud-Services selbst erzeugter Daten auf einen anderen Anbieter. Während im Kommissionsentwurf und in den Vorschlägen des Europäischen Parlaments und des Rates Online-Inhaltedienste noch vom Anwendungsbereich des Data Act ausdrücklich ausgenommen waren,[581] enthält die finale Fassung diese Ausnahme nicht mehr. Hieraus den Rückschluss zu ziehen, dass Online-Inhaltedienste Datenverarbeitungsdienste i.S.d. Art. 2 Nr. 8 Data Act seien, scheint jedoch nicht sachgerecht. Die Streichung dürfte eher der Verzicht auf eine überflüssige Klarstellung sein. Schließlich haben im Gesetzgebungsverfahren zahlreiche Unternehmen über ihre Verbände vorgebracht, dass die Vorgaben zum Wechsel zwischen Datenverarbeitungsdiensten für die industrielle Anwendung auf Grund der Datenmengen und der oft zumindest teilweise maßgeschneiderten Lösungen (Customizing und individuelle Anpassungen) nicht sinnvoll seien.[582] Der Vorschlag, die Regelungen des Kapitel VI Data Act **verbraucherschützend** nur auf B2C-Beziehungen für anwendbar zu erklären, wurde jedoch nicht übernommen. Den Bedenken wurde allerdings mit Art. 31 (1) Data Act Rechnung getragen.

## II. Gleiche Dienstart und Unterkategorien:

### 1. Gleiche Dienstart

Die Bestimmungen des Data Act zur Portabilität basieren auf der Festlegung von Diensten »gleicher Dienstart«. Dies sind nach der Definition des Art. 2 Nr. 9 Data Act eine Reihe von Datenverarbeitungsdiensten, die dasselbe **Hauptziel** und dasselbe **Dienstmodell für die Datenverarbeitung** haben und dieselben **Hauptfunktionen** aufweisen. Sicher hatte der Gesetzgeber bei der Formulierung dieser Definition bestimmte Bedeutungen vor Augen. Diese wenigstens in den Erwägungsgründen niederzulegen, hat er jedoch auf den ersten Blick scheinbar versäumt. Schaut man sich jedoch Erwgr. 81 Data Act an, wird dort ganz selbstverständlich die Unterscheidung von Datenverarbeitungsdiensten nach den erklärten Abstraktionsebenen IaaS, PaaS und SaaS voraussetzt (s. Rdn. 1166). Diese Bezeichnungen finden sich im eigentlichen Text der Verordnung kein einziges Mal. Nimmt man nun an, dass ein Konzept der Portabilität innerhalb der Abstraktionsschichten gewollt ist und dass mit dem Begriff »Dienstmodell für Datenverarbeitung« die Abstraktionsschichten gemeint sind, lösen sich einige der beschriebenen Schwierigkeiten bei der Erklärung der weiteren Merkmale, die zwei 1170

579 Erwgr. 12 Online-Inhalte-VO.

580 Siehe Art. 2 Nr. 5 und 6 Online-Inhalte-VO.

581 2022/0047 (COD).

582 Draft ZVEI Recommendations for Amendments to the Data Act Proposal vom 03.09.2022.

Datenverarbeitungsdienste als Dienste gleicher Dienstart qualifizieren.[583] Lehnt man diese Annahme ab,[584] finden sich kaum Gründe für die Ausführungen in Erwgr. 81 Data Act. Unterstützt wird die hier vertretene Auffassung mit der dann schon fast selbstverständlichen negative Abgrenzung in Satz 5 des Erwgr. 81 Data Act, wonach **operative Merkmale** für die Vergleichbarkeit der Datenverarbeitungsdienste nicht entscheidend sind, denn es ist gleichgültig, wie oder mit welchen Ressourcen (z.B. via Amazon-Infrastruktur oder Microsoft-Infrastruktur) der Anbieter die Hauptziele und -funktionen realisiert solange sie sich in der gleichen Abstraktionsschicht bewegen.[585] Operative Merkmale im Umfeld des Kunden spielen hingegen eine Rolle bei der Festlegung von Hauptzielen eines Cloud-Services. Sie ergeben sich aus den betrieblichen Zwecken der Cloud-Nutzung, z.B. die Zusammenfassung verschiedener Geschäftsprozesse und Arbeitsabläufe in einem Unternehmen an einem Ort zum Zweck der Vereinfachung und Automatisierung (Enterprise Ressource Planning-System – ERP) oder die Organisation elektronischer Dokumente (Dokumentenmanagement-System – DMS).[586] Schließlich gehen im Hinblick auf das Erfordernis der gleichen **Hauptfunktionen** eines Datenverarbeitungsdienstes die Ansichten auseinander, und zwar im Hinblick darauf, ab welchem Abstraktionsgrad die Vergleichbarkeit vorliegen muss. Je abstrakter die Beschreibung ist – z.B. »Speichern von Daten«, oder »Datenbank«[587] desto größer ist die Zahl vergleichbarer Dienstarten. Soweit vertreten wird, dass Hauptfunktionen auf einer recht konkreten Ebene zu beschreiben sind und als Grund dafür angeführt wird, dass kaum ermöglicht werden soll, dass ein Nutzer einer Anwaltssoftware zu einer WEG-Verwaltungssoftware wechseln kann, wird außeracht gelassen, dass die drei Merkmale der gleichen Dienstart kumulativ vorliegen müssen und in diesem Fall eine Vergleichbarkeit dieser Dienste schon wegen ungleicher Hauptziele nicht vorliegen dürfte. Solange der EuGH jedoch keine konkreten und eindeutigen Leitplanken gesetzt hat, werden Unstimmigkeiten bestehen, die zunächst vertraglich zu adressieren sind.

### 2. Unterkategorien

1171 Das Vorliegen der so definierten gleichen Dienstart ist allein entscheidend für die Entstehung der Ansprüche des Kunden auf einfachen und kosteneffizienten Anbieterwechsel und auf Migrationsunterstützung. Andere Merkmale führen lediglich zu Unterkategorien, die keine weitere Relevanz haben. Die ausdrücklich in Erwgr. 81 Data Act genannten Aspekte des Datenverarbeitungsmodells, des Vertriebsmodells und der Anwendungsfälle sowie die Merkmale Leistung, Sicherheit, Robustheit oder

583 Piltz/Zwerschke, CR 2024, 153, Rn. 12; BeckOK DatenschutzR/Schmidt-Wudy, DA Art. 23 Rn. 33.

584 BeckOK DatenschutzR/Schmidt-Wudy, DA Art. 23 Rn. 33, wo vertreten wird, dass nur Anbieter, die ein selbes im Sinne von kongruentes Dienstmodell haben (Cloud vs. Cloud, ASP vs. ASP, On-Premise vs. On-Premise), über »dasselbe Dienstmodell« verfügen.

585 Vgl. Piltz/Zwerschke, CR 2024, 153.

586 BeckOK DatenschutzR/Schmidt-Wudy, DA Art. 23 Rn. 33.

587 Erwgr. 81 Data Act.

Qualität des Dienstes dienen somit lediglich der negativen Abgrenzung und der Klarstellung. Die Begriffe werden weder in den Erwägungsgründen noch im Text der Verordnung erklärt. Der Begriff des **Datenverarbeitungsmodells** wird in der Praxis für verschiedenste Konzepte genutzt. Im Kontext von Cloud-Portabilität dürfte jedoch die Beschreibung von Konzepten und Methoden der Auftragsabwicklung in Informationssystemen gemeint sein. So erfolgt in der Echtzeitverarbeitung die Verarbeitung unmittelbar nach dem Empfang der Daten.[588] Dieses Modell wird häufig in Anwendungen verwendet, bei denen sofortige Ergebnisse erforderlich sind, wie z.B. in Flugüberwachungssystemen. In der Stapel- oder Batchverarbeitung werden Aufträge sequenziell bearbeitet, meist in einer zentralen Organisationseinheit. In der Dialog- oder Onlineverarbeitung werden die Aufgaben von den Benutzern selbst bearbeitet. Es spielen andere Kriterien als bei der Stapelverarbeitung eine Rolle, beispielsweise die Verfügbarkeit der Betriebsmittel, um Störungen im Arbeitsablauf zu vermeiden. Die Benutzer sollen bei der Festlegung der Unterbrechungsmöglichkeiten, deren Häufigkeit, sowie deren Dauer mitwirken. Da die Wahl des Datenverarbeitungsmodells stark vom jeweiligen Hauptziel des Kunden abhängt, wird der Wunsch eines Wechsels des Datenverarbeitungsmodells innerhalb eines Hauptziels eher selten vorkommen.[589] Soweit der Data Act **unterschiedliche Vertriebsmodellen** erwähnt, dürften damit die drei Modelle der Private Cloud, der Public Cloud und der Hybrid Cloud gemeint sein.[590] In einer **Private Cloud** wird die Infrastruktur durch einen Anbieter für die ausschließliche Nutzung durch eine einzelne Organisation bereitgestellt. Die physischen Ressourcen sind im Besitz des Anbieters, während die Dienste über Netze erbracht werden. Hierin liegt der Hauptunterschied zu On-Premise-Lösungen, bei denen sich die physischen Ressourcen in Räumlichkeiten des Nutzers befinden. Diese sind nicht vom Data Act erfasst. In einer **Public Cloud** hingegen ist die physische Infrastruktur für den Zugriff von Nutzern aus verschiedenen Unternehmen oder der Öffentlichkeit konzipiert. In einer **hybriden Cloud** besteht die Infrastruktur aus einer Mischung von Private Cloud und Public Cloud-Ressourcen.[591] Mit der Klarstellung, dass unterschiedliche **Anwendungszwecke** nicht zu einer anderen Dienstart führen, dürfte gemeint sein, dass es z.B. bei einer Dokumentenmanagementlösung nicht darauf ankommt, ob es für das Personalmanagement oder für Kundenbeziehun-

---

588 Nach der Norm ISO/IEC 2382:2015 ist Echtzeit (bzw. Englisch real time) »pertaining to the processing of data by a computer in connection with another process outside the computer according to time requirements imposed by the outside process.« bzw. in der Vorgängernorm DIN 44.300: Unter Echtzeit versteht man den Betrieb eines Rechensystems, bei dem Programme zur Verarbeitung anfallender Daten ständig betriebsbereit sind, derart, dass die Verarbeitungsergebnisse innerhalb einer vorgegebenen Zeitspanne verfügbar sind.

589 So auch der Vorschlag des EP zu Erwgr. 71a Data Act: »Typically, services falling under the same service type also share the same data processing service model.«.

590 Einige Anbieter bezeichnen diese wiederum als Bereitstellungsmodelle, s. z.B. https://www.telekom-mms.com/spotlight/digital-themen-insights/cloud-computing, zuletzt abgerufen am 29.03.2024.

591 James, Leupold/Wiebe/Glossner, IT-Recht, 4. Auflage 2021, Teil 11.2, Abschnitt D.

gen genutzt wird, obwohl möglicherweise die Anforderungen an die **Sicherheit** und **Robustheit** im Bereich des Personalwesens aufgrund der Vorschriften der DSGVO deutlich andere sind. Denn auch diese Merkmale begründen keine andere Dienstart. Bei den Begriffen der Leistung oder der Qualität dürfte es in der Anwendung kaum Schwierigkeiten geben.

### 3. Einwände der Stakeholder

1172 Sind die Begriffe, die der Gesetzgeber verwendet, erstmal definiert, scheint das Konzept aus rechtlicher Sicht schlüssig. Tatsächlich wird die Reduktion der zuletzt genannten Aspekte auf »Unterkategorien« jedoch als eine erhebliche Verkürzung technischer Realitäten empfunden, die durch sich ändernde Kundenbedürfnisse und hohe Serviceinnovation gekennzeichnet ist.[592] Den aus der Praxis geäußerten Bedenken während der Bürgerbeteiligung gegen die technische Machbarkeit aufgrund unterschiedlicher **Datenbank-Architekturen, Datensemantiken, Datenformaten** oder Ausführungsumgebungen oder Bedenken gegen die Vereinbarkeit mit dem Schutz von Geschäftsgeheimnissen oder dem sui generis Recht für Datenbanken wurden dennoch nicht Rechnung getragen.[593] Um diese Probleme zu verstehen und im konkreten Einzelfall »angemessene« Maßnahmen des bisherigen Anbieters von Datenverarbeitungsdiensten abzuleiten, ist ein technisches Grundverständnis insbesondere im Hinblick auf Datenbanken bzw. Datenbankarchitekturen und deren Entwicklung sowie auf die Relevanz der Datensemantik und der Datenformate erforderlich.

1173 **Datenbanken:** Für das gegenseitige Verständnis von Juristen und Technikern sollten zunächst Klarheit zum Verständnis des Begriffs der Datenbanken hergestellt werden. Während § 87a UhrG und Art. 1 (2) der Datenbankrichtlinie[594] den Begriff der Datenbank aus rechtlicher Perspektive als eine Sammlung von Werken, Daten oder anderen unabhängigen Elementen, die systematisch oder methodisch angeordnet und einzeln mit Hilfe elektronischer Mittel oder auf andere Weise zugänglich sind und deren Beschaffung, Überprüfung oder Darstellung eine nach Art oder Umfang wesentliche Investition erfordert, definieren, verstehen Informatiker darunter eine Sammlung nur von Daten, die untereinander in logischer Beziehung stehen und von einem eigenen Datenbankmanagementsystem (DBMS) verwaltet werden.[595] Im Bereich der Informatik ist der Begriff somit auf Daten beschränkt, während der finanzielle Aspekt keine Rolle spielt. Nicht im Widerspruch stehen das rechtliche Tatbestandsmerkmal der Unabhängigkeit der Elemente und das technische Verständnis der logischen

592 Ennis/Evans, Cloud Portability and Interoperability under the EU Data Act: Dynamism versus Equivalence, 29. March 2023, https://thoughtleaders4.com/images/uploads/news/Cloud_Portability_and_Interoperability_under_the_EU_Data_Act__Dynamism.pdf, zuletzt abgerufen am 29.03.2024.

593 Position der Software AG zum Data Act-E der EU-Kommission vom 02.06.2022, zuletzt abgerufen am 21.04.2024.

594 Richtlinie 96/9/EG des Europäischen Parlaments und des Rates vom 11.03.1996 über den rechtlichen Schutz von Datenbanken.

595 Schicker, Datenbanken und SQL, 5. Aufl. 2017, Kapitel 1.1.

Beziehung der Daten untereinander, denn rein äußerliche Zusammenhänge, wie sie sich aufgrund der methodischen oder systematischen (z.B. chronologischen, geografischen, thematischen) Anordnung ergeben können, schließen die Unabhängigkeit der Elemente nicht aus, solange die einzeln zugänglichen Elemente für sich genommen einen jeweils selbstständigen sinnvollen Aussagegehalt besitzen, der durch ihre Trennung voneinander nicht verloren geht.[596]

**Datenmodelle:** Die Basis für die Erstellung von Datenbanken und den qualifizierten 1174 Zugriff auf darin abgelegte Daten bilden die ebenfalls nach ihrem Abstraktionsgrad zu unterscheidende Datenmodelle. Das Verständnis der Datenmodelle ist relevant für die Frage, welche Informationen der bisherige Anbieter im Zuge der Migration offenlegen bzw. in offene Schnittstellen überführen muss und welche nach dem Geschäftsgeheimnisgesetz[597] oder dem Datenbankherstellerrecht[598] geschützt sein könnten (s. Rdn. 1264 ff.). Das **konzeptuelle Datenmodell**[599] ist die höchste Abstraktionsebene und beschreibt die Datenanforderungen eines Anwenders aus fachlicher Perspektive. Im Zentrum steht das Geschäftsobjekt, also ein reales oder virtuelles Element aus den Geschäftsprozessen. Geschäftsobjekte besitzen einen eindeutigen Namen (z.B. Fahrzeug oder Werk) sowie Eigenschaften (z.B. Farbe oder Alter) und Beziehungen zueinander. Sie sind unabhängig von einer technischen Realisierung. Als stabiles Artefakt sorgt das konzeptuelle Datenmodell im Unternehmen für Datenkonsistenz. Das **logische Datenmodell** baut auf dem konzeptuellen Datenmodell auf und liefert Informationen darüber, wie Daten strukturiert sind und wie sie in Beziehung zueinander stehen. Zum Beispiel ermöglicht das logische Datenmodell zu erkennen, dass bestimmte Datenfelder miteinander verbunden sind oder dass bestimmte Entitäten über Beziehungen verknüpft sind. Diese Strukturierung der Daten im logischen Datenmodell trägt zur semantischen Interpretierbarkeit der Daten nach ihrer Ablage in der Datenbank bei. Darüber hinaus kann das logische Datenmodell weitere Daten enthalten, die zusätzliche semantische Informationen über die Daten liefern. Solche zusätzlichen Daten können beispielsweise beschreiben, welche Art von Daten in einem bestimmten Feld erwartet wird. Das logische Datenmodell bildet die Grundlage für die Implementierung in eine Datenbank. Das **physische Datenmodell** beschreibt schließlich die konkrete Implementierung der Datenstrukturen in einer Datenbank. Es definiert, wie die Daten tatsächlich gespeichert und organisiert werden, einschließlich Aspekten wie Datentypen, Indizes, Partitionierung und Speicherungsoptionen. Insgesamt bauen diese drei Datenmodelle aufeinander auf: Das konzeptionelle Datenmodell legt die Grundlage für das logische Datenmodell fest, das wiederum die Grundlage für das physische Datenmodell bildet. Jedes Modell bietet eine zunehmend detaillierte und technisch orientierte Beschreibung der Datenstrukturen und -beziehungen.

596 EuGH, 09.11.2004 – C-444/02, Rn. 35; Wandtke/Bullinger/Hermes, 6. Aufl. 2022, UrhG § 87a Rz. 12.

597 Gesetz zum Schutz von Geschäftsgeheimnissen vom 18. April 2019 (BGBl. I S. 466).

598 Sui-generis-Recht für Datenbanken nach §§ 87a – e UrhG.

599 Auch »konzeptionelles Datenmodell« genannt.

1175

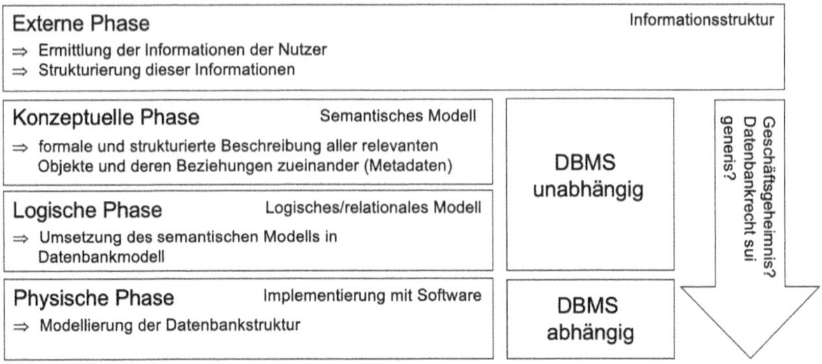


Abb. 2: Datenmodelle nach Abstraktionsschichten

1176 Das physische Datenmodell ist stark von den technischen Details des verwendeten Datenbanksystems und der Hardware abhängig. Aus diesem Grund betrachten Anbieter von Datenbanken dieses i.d.R. als streng vertraulich.[600]

1177 **Datenbankarchitekturen:** Die Entstehung erster Datenbanken ab circa 1960 resultierte aus dem Bedarf, die logischen Zugriffe auf die stetig wachsenden Datenmengen der Großrechner zu vereinfachen und zu standardisieren. Für die Zuverlässigkeit, Flexibilität und spätere Erweiterbarkeit einer Datenbank ist ein korrektes Design gepaart mit wohlüberlegten strukturierten Zugriffen entscheidend. Wird es auf Basis theoretischer Grundlagen und praktischer Erfahrungen optimiert, sorgt es für Konsistenz und Integrität der Datenbank und für fehler- und widerspruchsfreie Datenbestände auf die jederzeit zugegriffen werden kann. Dieses Design wird auch als »Datenbank-Architektur« bezeichnet. Als Beispiel kann die 1975 vom Standards Planning and Requirements Committee (SPARC) des American National Standards Institute (ANSI) entwickelte »**ANSI-3-Ebenenmodell**« dienen, welches Benutzer einer Datenbank vor nachteiligen Auswirkungen von Änderungen in der Datenbankstruktur schützen soll und sich bis heute als Standard für die Architektur von Datenbanksystemen durchgesetzt hat, weil es durch die Trennung des logischen und physischen Datenmodells (s. zuvor) von der externen Ebene die Datenunabhängigkeit bei den klassischen Datenbankmodellen, wie z.B. relationalen Datenbanken (s.u.) gewährleistet.

600 Hinweis: Die verschiedenen Datenmodelle bezeichnet Schmidt in Auer-Reinsdorff/Conrad, 3. Aufl. 2019, § 2 Rn. 229 ff. als »Datenbankschema«.

1178

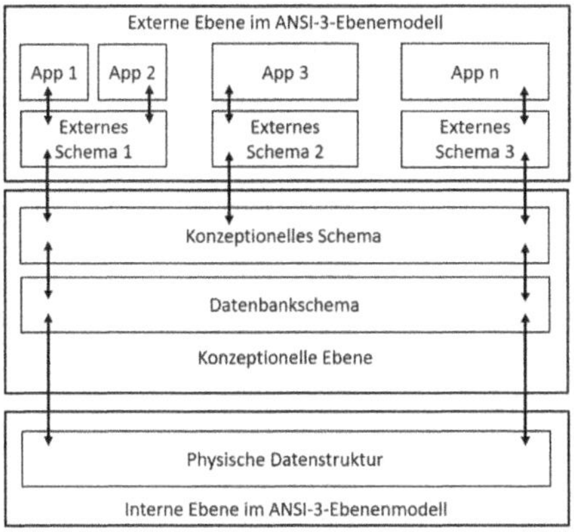


Das ANSI-3-Ebenemodell beschreibt im Wesentlichen die physische Umsetzung der beschriebenen Datenmodelle

So repräsentiert die Externe Ebene das konzeptuelle Datenmodell des Nutzers, die Konzeptionelle Ebene umfasst das logische Datenmodell, die interne Ebene das physische Datenmodell.

**Abb. 3: ANSI-3-Ebenemodell (s. auch: https://www.datenbanken-verstehen.de/lexikon/ansi-drei-ebenenmodell/)**

Die externe Ebene im ANSI-3-Ebenenmodell stellt mehrere externe Schemata für verschiedene Benutzer bereit. Jedes externe Schema beschreibt, wie bestimmte Benutzer oder Anwendungen (App) die Daten in der Datenbank sehen und darauf zugreifen können. Der Rest der Daten und die kompletten Datenmodelle der logischen und der physischen Ebene bleiben in der Regel verborgen. Dadurch wird gewährleistet, dass die Benutzer nur die Informationen bzw. Daten sehen können, die sie auch sehen dürfen. Anpassungen werden meist von Datenbankentwicklern durchgeführt und verwaltet. Die externen Schemata werden anschließend Anwendungen (Apps) zur Verfügung gestellt oder in diese integriert. Die interne Ebene im ANSI-3-Ebenenmodell beschreibt die physischen Speicherstrukturen und Zugriffsmechanismen einer Datenbank (u.a. das physisches Datenmodell). Hierfür implementiert die Ebene ein Schema zur Speicherung und Verwaltung von Daten. Dazu gehören bspw. der Datenaufbau, die Speicherung von Daten und die Zugriffsverfahren, durch die gespeicherte Daten wieder abgerufen werden können. Der Wechsel einer Datenbank-Architektur kann u.a. wegen der Komplexität der Datenmigration oder dem Erfordernis umfangreicher Anpassungen der Anwendungen (App) schwierig sein. 1179

**Datenbankmodelle**: Während sich die Datenbank-Architektur also auf die physische Strukturierung einer Datenbank und ihrer Umgebung bezieht, beschäftigt sich das Datenbankmodell mit der logischen Strukturierung der Daten in einer Datenbank. Allgemein bekannt und verbreitet sind im Wesentlichen 4 Datenbankmodelle, die sich in ihrem logischen Aufbau unterscheiden. Die größte Bedeutung haben derzeit relationale Datenbanken erreicht. Hinzukommen objektorientierte und die älteren hierarchischen und netzwerkartigen Datenbanken. **Relationale Datenbanken** bestehen aus Tabellen (auch Relationen genannt). Tabellen können relativ einfach gelöscht oder hinzugefügt werden. Änderungen und Erweiterungen sind recht einfach möglich. Die Zusammenhänge zwischen den einzelnen Tabellen werden über Beziehungen herge- 1180 stellt, die in den Tabellen mit abgespeichert sind. Relationale Datenbanken sind sehr sicher im Hinblick auf die Integrität von Daten. Die verbreitetsten relationalen Datenbanken sind Oracle, DB2 von IBM, SQL Server von Microsoft sowie MySQL und PostgreSQL als Open-Source-Produkte. Eine **objektorientierte Datenbank** speichert Daten in Form von »Objekten«. Diese Objekte enthalten neben den Daten auch die mit den Daten verbundenen Operationen, wie z.B. die Methoden, um auf diese Daten zuzugreifen und sie zu manipulieren. Objektorientierte Datenbanken bieten einige Vorteile gegenüber relationalen Datenbanken, insbesondere wenn es um komplexe Datenstrukturen und komplexe Beziehungen zwischen Daten geht. Sie ermöglichen eine natürlichere Darstellung von Daten und bieten oft eine bessere Skalierbarkeit und Flexibilität. In der Praxis hat sich mittlerweile eine Mischform zwischen objektorientierten und relationalen Datenbanken entwickelt, die so genannten **objektrelationalen Datenbanken.** Diese erweitern das relationale Modell um objektorientierte Konzepte. Damit werden einige Vorteile beider Modelle miteinander verbunden. Die beiden älteren Modelle, die hierarchische Datenbank und die netzwerkartige Datenbank sind heutzutage nicht mehr zufriedenstellend, da Strukturänderungen aufwendig sind und der Zugriff komplex ist. Dennoch müssen auch diese ab dem 12.09.2025[601] den Wechsel auf ein anderes System ermöglichen. Eine automatisierte Migration wird hier nicht möglich sein. Vielmehr ist ein aufwändiges Re-Engineering durchzuführen, bei dem die Daten in das logische Datenmodell zurückgeführt werden müssen, aus welchem dann das neue physische Datenmodell abzuleiten ist. Um in Zeiten von Big Data die riesigen Datenmengen zu bewältigen, zu speichern und zu analysieren gibt es heute neuere Lösungen, in denen Daten in unstrukturierter Form gespeichert werden, ohne einem festen Schema zu folgen, so genannte nicht-relationale oder »NoSQL« Datenbanken. NoSQL-Systeme sind mit einer Vielzahl von Technologien kompatibel, die die Speicherung von strukturierten, unstrukturierten, halbstrukturierten oder polymorphen Daten ermöglichen. Von Nachteil sind jedoch die eingeschränkte Transaktionssicherheit, mögliche Datenkonsistenzprobleme, die Datensicherheit und nicht zuletzt die begrenzte Erfahrung und Fachkenntnisse in der Industrie. Kritiker, die verschiedene Datenbankmodelle aus den Unterkategorien in die Kategorien von Datenverarbeitungsdiensten verschoben sehen möchten, weisen darauf hin, dass Datenbanken, die das gleiche Datenbankmodell verwenden, oft eine ähnliche Struktur haben, was den Datenmigrationsprozess erleichtert. Die Tabellen, Semantiken, Beziehungen und Datenorganisation sind wahrscheinlich ähnlich, sodass Daten relativ direkt von einer Datenbank zur anderen übertragen werden können. Darüber hinaus verwenden Datenbanken mit dem gleichen Datenbankmodell oft ähnliche oder sogar identische Abfragesprachen und Entwicklungstools. Dies erleichtert die Anpassung von Anwendungen, Skripten und Abfragen an die neue Datenbank und reduziert den Aufwand für die Neuimplementierung oder Umschreibung von Code. Schließlich gibt es eine Vielzahl von Tools und Lösungen, die speziell für die Migration von Daten zwischen Datenbanken mit dem gleichen Modell entwickelt wurden. Diese Tools können den Migrationsprozess automatisieren und die Kom-

601 Art. 50 Data Act.

plexität reduzieren, da sie die Datenstrukturen und -formate besser verstehen und interpretieren können. Im Gegensatz dazu erfordert der Wechsel zu einer Datenbank mit einem anderen Datenbankmodell i.d.R. eine umfassendere Überarbeitung der Datenbankstruktur, der Anwendungen und der Abfragen. Entsprechend umfangreich sind dann die Informationen, die der bisherige Anbieter seinen Kunden offenlegen oder übermitteln muss.

**Datenbankmanagementsysteme**: Die Probleme, die sich beim Cloud-Switching auf 1181
Basis der bisherigen Ausführungen ergeben, lassen sich anhand eines Beispiels für einen Multi-User-Betrieb darstellen, bei dem Benutzer von verschiedenen Rechnern aus gleichzeitig auf einen komplexen Datenbestand zugreifen. Dies könnte ein Online-Shopping-Portal mit einem umfangreichen Produktkatalog sein. Viele Benutzer greifen gleichzeitig auf die Datenbank des Portals zu, um Produkte anzusehen, Preise zu vergleichen und Bestellungen aufzugeben. Die Datenbank muss für alle Benutzer gleichzeitig zugänglich und stets auf dem neuesten Stand sein. Die Situation lässt sich wie folgt darstellen:[602]

1182

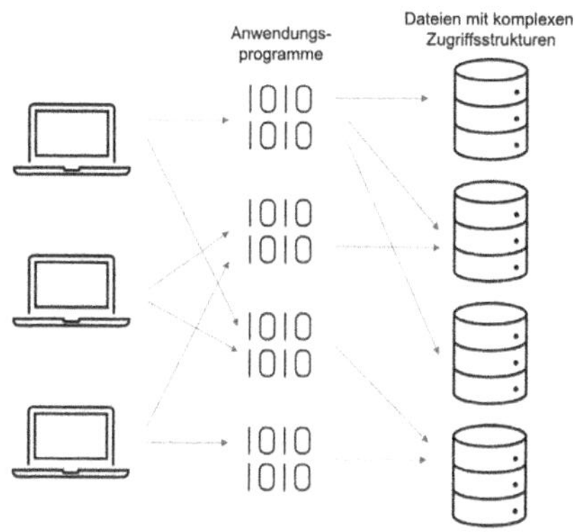


**Abb. 4: Mehrnutzerprinzip nach *Schicker*, Datenbanken und SQL, Abb. 1.1**

Mehrere Nutzer greifen auf die gleichen Datenbestände lesend und schreibend zu. Die 1183
Anwendungsprogramme, die eine benutzerfreundliche Oberfläche bieten, übernehmen die Umwandlung der Eingaben in komplexen Zugriffsbefehle, die der Nutzer nicht kennt. Damit muss das Anwendungsprogramm die physische Struktur aller Daten, auf die zugegriffen wird, exakt kennen, was zu einer enormen Komplexität des Programms führt. Liegen die Dateien auf verschiedenen Servern oder Plattformen, sind sie i.d.R. unterschiedlich gespeichert. Die Anwendungsprogramme müssen folglich auch noch mit allen Hardwarestrukturen interoperabel sein. Entwickeln sich die Technologien, Speichermedien oder Datenstrukturen weiter, ist jeweils eine Anpassung der Anwendungsprogramme erforderlich. Die Kosten dieser Programme und die

602 Idee der Darstellung: Schicker, Datenbanken und SQL, 5. Auf. 2017, Kapitel 1.1.

Kosten für entsprechende Personalschulungen steigen erheblich. Diese zunehmende Komplexität der Programme kann zudem zu Instabilität und höheren Wartungskosten führen. Datenbankmanagementsysteme (DMS) bieten eine Lösung hierfür, indem sie eine einheitliche, abstrahierte logische Schnittstelle zur Datenverwaltung bereitstellen, die Anwendungsprogramme von den Details der physischen Datenstruktur entkoppelt. Dies ermöglicht eine flexiblere Entwicklung, eine einfachere Wartung und eine höhere Zuverlässigkeit der Anwendungen. Im ANSI-3-Ebenenmodell ist das die Schnittstelle zwischen der externen Ebene und der konzeptuellen Ebene, in der nachfolgenden Zeichnung als »Datenbankschnittstelle« bezeichnet:

1184

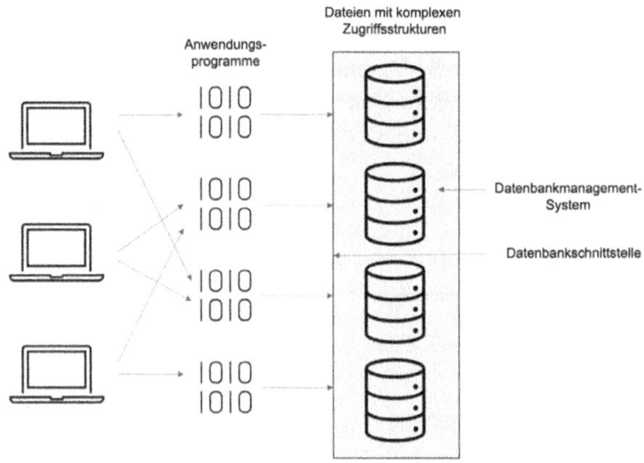


**Abb. 5: Schematischer Zugriff durch Datenbankmanagementsysteme nach *Schicker*, Datenbanken und SQL. Abb. 1.2.**

1185 In dieser Struktur übermittelt das Anwendungsprogramm der Datenbankschnittstelle nur noch, auf welche Daten der Nutzer zugreifen möchte. Das dahinterliegende DMS liefert die erforderlichen Daten dann direkt an die Datenbankschnittstelle. Hiermit könnte man annehmen, dass die Überführung der Daten von einer Datenbank in eine andere aufgrund der Datenbankschnittstelle ein Leichtes wäre. Die Probleme liegen tiefer, und zwar in der schon erwähnten Semantik, die in die physischen Struktur der Datenbankmodelle integriert und ohne die die Daten in den Datenbanken wertlos sind. Nur mit dem Wissen über die Semantik lässt sich aus einem Datenbankmodell das zugrundeliegende Datenmodell wieder ableiten, um es automatisiert in eine neue Datenbank zu übertragen, womit sich die oben getroffene Aussage erklärt, dass die Übertragung in eine andere Datenbank des gleichen Modells einfacher ist als in ein anderes, unbekanntes Datenbankmodell.

1186 **Datensemantik** und »semantische Anreicherung« lassen sich ebenfalls gut am Beispiel relationaler Datenbanken erklären. In relationalen Datenbanken liegen von Nutzern verarbeitete Daten regelmäßig in mehreren Datenbank-Tabellen, Dateien und Servern. Die Tabellen geben mit ihrer Struktur vor, in welcher Form bestimmte Daten in bestimmte Tabellenfelder abgelegt werden (s. Rdn. 1174 zum logischen Datenmodell). Zudem ist in der Tabelle festgelegt, welche Operationen mit den Daten in einem bestimmten Feld durchgeführt werden können. Die »semantische Anreicherung« der Daten bezieht sich auf den Prozess, abgelegte Daten mit zusätzlichen Informationen zu versehen, um ihre einheitliche Bedeutung und konsistente Interpretierbarkeit sicherzustellen. Dies kann durch die Verwendung von Metadaten, Ontologien und anderen semantischen Technologien erreicht werden. In dem Beispiel des Onlineshops könnten das »Name«, »Lieferanschrift«, »Bestelldatum«, »frühere Bestellungen« und Ähnliches sein. An so entstehende komplexe Datenstrukturen knüpft ein DMS mit einer entsprechende Zugriffsmethoden an. Mithilfe einer semantischen Suche, semantisch angereicherten Daten und korrespondierenden Zugriffsmethoden können dem Nutzer relevante Daten effizient in einer Zeit bereitgestellt werden, die dem menschlichen Reaktionsvermögen gleicht. Möchte der Nutzer nun zu einem anderen Anbieter von Datenverarbeitungsdiensten wechseln, der seine Datenbank-Tabellen mit einer anderen Semantik angereichert hat, z.B. die Unterscheidung von »Name« und »Vorname«, müssen die semantischen Konflikte identifiziert und gelöst werden, damit die Daten in dem neuen Datenverarbeitungsdienst konsistent und interpretierbar bleiben. Diesen Prozess nennt man »Mapping«.

▶ Beispiel[603]

//Datenrecord im Originalformat: (Name, Alter) = (»Max Mustermann«, 30) 1187

//Beginn des Mappingprozesses: Vor- und Nachname werden aus dem Namen extrahiert, der Zugriff auf das Alter erfolgt direkt

//Datenrecord nach dem Mapping: »Vorname« = »Max«, »Nachname« = »Mustermann«, »Alter« = 30

Die Datensemantik ist Teil des logischen Datenmodells.

**Datenformate** definieren die Struktur und das Layout von Daten in einer bestimmten 1188 Datei oder einem bestimmten Datenübertragungsformat. Sie legen fest, wie Daten kodiert und gespeichert werden, um von Computersystemen interpretiert und verarbeitet zu werden. Beispiele für Datenformate sind JSON, XML, CSV und Binärformate wie JPEG oder MP3.

Soweit vorgebracht wird, dass unterschiedliche **Ausführungsumgebungen** einen 1189 Anbieterwechsel erschweren, könnte sich das auf den Virtualisierungslayer beziehen. Dieser spielt eine zentrale Rolle bei der Bereitstellung und Verwaltung von virtuellen Umgebungen. Dabei handelt es sich um eine Softwareebene, die zwischen der physischen Hardware und den darauf ausgeführten Betriebssystemen und Anwendungen liegt. Sie dient der Auswahl und Verwaltung der Computing-Infrastruktur, wie z.B. der Leistungsfähigkeit einer CPU, Speichergröße oder Netzwerkressourcen. Die Art

603 https://www.studysmarter.de/schule/informatik/algorithmen-und-datenstrukturen/datenmapping/, zuletzt abgerufen am 21.04.2024.

der Auswahl ist von Anbieter zu Anbieter verschieden, ähnlich dem Konfigurationskatalog für einen Porsche im Gegensatz zum Konfigurationskatalog eines VW Polo.

## B. Wechselmöglichkeit und Anforderungen

### I. Kontext und Zweck der Wechselmöglichkeit

1190 Der Data Act verfolgt mit den Regelungen der Art. 23 bis 31 den Zweck, Kunden von Datenverarbeitungsdiensten (Cloud und Edge Diensten) den Wechsel zwischen Anbietern zu erleichtern. Die Art. 23 bis 31 schaffen dabei jedoch nicht primär Ansprüche der Kunden, sondern legen insbesondere den Anbietern umfangreiche Pflichten auf, damit ein Ökosystem geschaffen wird, das insgesamt Daten und Anwendungen leichter übertragbar macht. Der Data Act ergänzt mit seinen Vorschriften zum Wechsel den bestehenden Selbstregulierungsansatz der Verordnung über den freien Verkehr nicht-personenbezogener Daten.[604]

1191 Auch heute bestehen bereits Möglichkeiten für Kunden, zwischen Datenverarbeitungsdiensten zu wechseln, Daten zu transferieren und Applikationen von einem Hoster zum anderen umzuziehen. Auch wenn der Data Act unter dem Begriff des »Datenverarbeitungsdienstes« offiziell mehr erfassen will als den Cloud-Markt, ist die politische Intention klar eine Neuregelung eben des Cloud-Markts. Zur Ausgestaltung von Cloud-Verträgen ist die EU Kommission bereits seit über einer Dekade überaus aktiv und hat unter anderem verschiedene Studien entwickeln lassen, um Einfluss, Chancen und aber auch Fehlentwicklungen zu untersuchen und insgesamt den Cloud-Markt und die Cloud-Nutzung in der EU voranzubringen.[605] Die Zahl der Cloudanbieter, die den Kunden zur Auswahl stehen, hat sich stetig erhöht: Neben den amerikanischen Hyperscalern AWS, Google, IBM und Microsoft sind T-Systems, IONOS, OVHcloud, Bechtle, STACKIT, CloudSigma sowie PlusServer und viele weitere im Markt aktiv. 82% der Unternehmen in Deutschland verfolgen zudem bereits heute erfolgreich eine Multi-Cloud Strategie[606] und arbeiten dementsprechend je nach Dienst und gewünschtem Produkt/Dienst mit verschiedenen Anbietern zusammen. Der EU-Gesetzgeber erblickt jedoch in bestehenden vorkommerziellen, gewerblichen, technischen, vertraglichen und organisatorischen Hindernissen offenbar dennoch einen eingeschränkten Wettbewerb, dass nunmehr vertragliche Mindestverpflichtungen für die Wechselerleichterungen eingeführt werden.[607] Dies soll Marktzutrittsschranken abbauen, einen stärker wettbewerbsorientierten Markt

604 VO (EU) 2018/1807; Art. 1 Abs. 7.

605 Siehe beispielsweise hier die Untersuchung zu Cloud Verträgen insb. im Kontext von Nutzung durch SMEs: cb0eb740-ccca-4cde-85ff-611b186066f6_en (europa.eu); die Kommunikation zur Cloud Nutzung in der EU EUR-Lex – 52016DC0178 – EN – EUR-Lex (europa.eu) und weitere Studien zu Vertragsklauseln Study on economic detriment from unfair and unbalanced contractual terms – European Commission (europa.eu) (alle Quellen zuletzt abgerufen am 28.04.2024).

606 KPMG Report 2023.

607 Vgl. Erwägungsgrund 79.

schaffen und eine bessere Resilienz sicherstellen.[608] Um Abhängigkeiten abzubauen gelten die Vorschriften auch für entgeltfreie Dienste.[609]

Dass die nun im Data Act geregelten Wechselvorschriften einen starken Fokus auf den (stufenweisen) Wegfall von Wechselentgelten legen, zeigt, dass der EU-Gesetzgeber die Rahmenbedingungen mit einem deutlichen ausgeprägteren Kundenfokus neugestalten will. Er greift damit nun direkt zur Marktregulierung in Geschäftsmodelle und Vertragsgestaltung zwischen Anbietern und Kunden ein.[610] Hauptinhalt der neuen Wechselvorschriften sind daher neben den technischen Anforderungen die zahlreichen Vertragspflichten. 1192

Die praktische Umsetzungs- und Implementierungslast liegt vor allem auf den Anbietern von Datenverarbeitungsdiensten[611], die bis zum Geltungsbeginn des Data Acts am 12.09.2025 die neuen Verpflichtungen in ihre Vertragsvorlagen, Dokumentations- und Informationsmanagementsysteme einarbeiten müssen. Daneben sind z.T. auch technische Umstellungen bzw. Vorbereitungen nötig. 1193

## II. Hindernisbeseitigung für den Wechsel

Art. 23 S. 1 Data Act verweist als Kernvorschrift auf die einzelnen Anforderungen der nachfolgenden Artikel und legt den grundsätzlichen Rahmen für die Beseitigung der Wechselhindernisse fest. Er verpflichtet *»Anbieter von Datenverarbeitungsdiensten,(…) die in Art. 25, 26, 27, 29 und 30 festgelegten Maßnahmen (zu treffen), um es Kunden zu ermöglichen, zu einem Datenverarbeitungsdienst, der die gleiche Dienstart abdeckt, die von einem anderen Anbieter von Datenverarbeitungsdiensten erbracht wird, oder zu IKT-Struktur in eigenen Räumlichkeiten zu wechseln oder gegebenenfalls mehrere Anbieter von Datenverarbeitungsdiensten gleichzeitig in Anspruch zu nehmen.«* 1194

### 1. dieselbe Dienstart

Das Wechselverlangen muss sich also stets auf den Wechsel zu einem Dienst beziehen, der »die gleiche Dienstart abdeckt«. Diese wird in Art. 2 Nr. 9 Data Act definiert als *»eine Reihe von Datenverarbeitungsdiensten, die dasselbe Hauptziel haben und dasselbe Dienstmodell für die Datenverarbeitung sowie dieselben Hauptfunktionen aufweisen.«* 1195

608 Erwägungsgrund 79.
609 Erwägungsgrund 79.
610 Piltz/Zwerschke, CR 2024, 153, 155.
611 Ausschlüsse vom Anwendungsbereich sind in Art. 31 geregelt.

1196 *»Dieselbe Dienstart«* baut demnach auf das kumulative Vorliegen dreier Kriterien auf:

1197 Gleiches Hauptziel + gleiches Dienstmodell + gleiche Hauptfunktionen

1198 *»Dienstmodelle«* lassen sich nach den Abstraktionsebenen in die drei klassischen Modelle Iaas[612], PaaS[613] sowie SaaS[614] aber auch neuere Modellarten wie Storage as a Service sowie Datenbank as a Service klassifizieren.[615]

1199 *»Hauptziele«* sowie *»Hauptfunktionen«* können sich beispielsweise je nach Vertriebsmodell und Anwendungsfällen aber deutlich ausdifferenzieren.[616] Sie ergeben sich in allen gängigen Fällen (auch) aus den vertraglichen Vereinbarungen mit dem Kunden. Da der Data Act bei der Beschreibung der *»gleichen Dienstart«* die Hauptfunktionen auch ausdrücklich als kumulativ notwendige Anforderung neben das *»gleiche Dienstmodell«* gestellt hat, wird deutlich, dass die Hauptfunktionen ein Mehr zum bloßen Modell (also dem reinen Zugriff und Hosting in Form der IaaS, PaaS oder SaaS Dienste) ist.

1200 Das »Wie« der Serviceerbringung wird daher in der Praxis einer der wichtigen Anknüpfungspunkte für die Prüfung sein, ob zwei Dienste die gleiche Dienstart darstellen und unter die Wechselanforderungen fallen.[617] Da viele der Pflichten aus den Art. 23 ff. aber auf die vorbereitende Phase des Wechsels abzielen, befreit dies die Anbieter kaum vom umfangreichen Pflichtenkatalog – sie können schließlich nicht in jedem Fall wissen, ob ein gleichartiger Dienst im Markt existiert oder entwickeln wird, zu dem ein Kunde den Wechsel vollziehen wollen würde.

1201 *»Gleiche Dienstart«* setzt auch bei Vorliegen aller drei Bestandteile (Ziel, Modell, Funktionen) richtigerweise nicht die vollständige Äquivalenz von Leistung, Sicherheit, Robustheit und Qualität voraus[618] – das würde den Zweck konterkarieren, der den Kunden ja insbesondere den Wechsel zu leistungsstärkeren oder auch qualitativ hochwertigeren Diensten erleichtern soll.[619] Gewisse Differenzen vor allem im Funktionsumfang oder verknüpften Dienstleistungen dürften regelmäßige Gründe für ein Wechselverlangen sein, das der EU Gesetzgeber mit den Art. 23ff. begünstigen will.

## 2. Abbau von Wechselhindernissen

1202 Art. 23 Abs. 2 normiert zudem die generelle Verpflichtung, bestimmte vorkommerzielle, gewerbliche, technische, vertragliche und organisatorische Hindernisse abzubauen (und statuiert zugleich das Verbot, dem Kunden solche Hindernisse aufzuzwingen).

612 Infrastructure as a service.
613 Plattform as a service.
614 Software as a service.
615 Erwägungsgrund 81.
616 Erwägungsgrund 81.
617 Vgl. Piltz/Zwerschke, CR 2024, 153, 155.
618 Erwägungsgrund 81.
619 Erwägungsgrund 84.

*a) Überblick*

Der Kunde darf nach Art. 23 S. 2. nicht (mehr) daran gehindert werden: 1203

- Den Vertrag über den Datenverarbeitungsdienst nach der maximalen Kündigungsfrist und nachdem der Wechsel gemäß Art. 25 erfolgreich vollzogen ist, zu kündigen.
- Neue Verträge mit einem anderen Anbieter von Datenverarbeitungsdiensten für die gleiche Dienstart zu schließen.
- Exportierbare Daten des Kunden und digitale Vermögenswerte zu einem anderen Anbieter von Datenverarbeitungsdiensten oder zu einer IKT-Infrastruktur in eigenen Räumlichkeiten zu übertragen, auch nach Inanspruchnahme eines unentgeltlichen Angebots.
- Gemäß Art. 24 die Funktionsäquivalenz bei der Nutzung des neuen Datenverarbeitungsdienstes in der IKT Umgebung eines anderen Anbieters von Datenverarbeitungsdiensten, der die gleiche Dienstart abdeckt, zu erreichen.
- Die in Artikel 30 Abs. 1 genannten Datenverarbeitungsdienste von anderen von dem Anbieter von Datenverarbeitungsdiensten erbrachten Datenverarbeitungsdiensten zu trennen, soweit dies technisch durchführbar ist.

*b) exportierbare Daten und digitale Vermögenswerte*

Nach Art. 23 lit. c müssen exportierbare Daten und digitale Vermögenswerte zu einem 1204
anderen Anbieter umgezogen werden können.

Der Data Act definiert *»exportierbare Daten«* als Eingabe- und Ausgabedaten, ein- 1205
schließlich Metadaten, die direkt oder indirekt durch die Nutzung des Datenverarbeitungsdienstes durch den Kunden erzeugt oder mit erzeugt werden, jedoch ohne Daten oder Vermögenswerte des Datenverarbeitungsdienstes oder Dritter, die durch IP-Rechte geschützt sind oder ein Geschäftsgeheimnis darstellen.[620] Auch auf Cybersicherheitsrisiken muss aber Rücksicht genommen werden, da durch den Wechsel keine Schwächungen der IT-Sicherheit des exportierenden Anbieters entstehen sollen. Daten im Zusammenhang mit der Integrität und Sicherheit des Dienstes, sind daher vom Begriff der exportierbaren Daten ebenfalls ausgenommen.[621]

620 Art. 2 Abs. 18.

621 Erwägungsgrund 82.

1206 Die nicht exportierbaren Daten lassen sich nach Art. 2 Nr. 38 und Erwägungsgrund 82 in fünf Kategorien gliedern:

1207

| |
|---|
| Daten, die nicht vom Kunden generiert werden (als vom Kunden generiert gelten auch gemeinsam generierte Daten) |
| Vermögenswerte oder Daten vom Anbieter oder von einem Dritten |
| Vermögenswerte oder Daten vom Anbiete oder von einem Dritten, die durch Rechte des geistigen Eigentums geschützt sind |
| Geschäftsgeheimnisse des Anbieters oder des Dritten |
| Daten im Zusammenhang mit der Integrität und Sicherheit des Dienstes, wenn der Export ein Cybersicherheitsrisiko auslöst |

1208 Für die Datenverarbeitungsdienstanbieter sprechen gute Gründe dafür, *»exportierbare Daten«* im Allgemeinen so zu lesen, wie sie diese beispielsweise als »Kundendaten« in ihren Servicebedingungen und Leistungsbeschreibungen definieren.

1209 Jedoch könnte der Begriff auch andere Daten umfassen, beispielsweise pseudonymisierte Kundendaten oder Daten, die in Logging-Systemen erfasst werden. Für die Ausübung des Switching-Vorgangs wird die Auslegung und Anwendung des Begriffs der *»exportierbaren Daten«* daher zentral werden. Auf der einen Seite sollten sich Datenverarbeitungsdienstleister darauf einstellen, dass Kunden oder Regulierungsbehörden den Begriff sehr weit fassen und daher darauf vorbereitet sein, zu erklären, warum bestimmte Daten, die grundsätzlich unter die Definition von »exportierbaren Daten« fallen würden nicht für den Kundenexport bereitgestellt werden können, weil sie beispielsweise in den Geltungsbereich des Schutzes von Geschäftsgeheimnissen oder anderen IP-Rechten fallen. Auf der anderen Seite sollten Kunden, die das Wechselverlangen aussprechen, nachvollziehbare Übersichten über ihre dem Datenverarbeitungsdienst übertragenen und mit ihm gemeinsam erzeugten Datenbestände angelegt haben.

1210 *»Digitale Vermögenswerte«* sind z.B. Anwendungen für die der Kunde ein Nutzungsrecht hat.[622] Der Kunde soll für solche Elemente daher ebenfalls die Möglichkeit erhalten, sie zu einem neuen Dienst umzuziehen. Diese Elemente und Anwendungen bzw. das Nutzungsrecht des Kunden daran müssen aber natürlich unabhängig vom Bestehen des Nutzungsvertrags mit dem ursprünglichen Anbieter bestehen und fortdauern und sollen vor allem auch Anwendungen und Metadaten im Zusammenhang mit der Konfiguration und Darstellung von Virtualisierungstechnologien inkludieren, die der Kunde für seine Daten und Anwendungen im Umfeld des übernehmenden Anbieters nutzen kann.[623]

1211 Solche Zusatzdienste und Anwendungen können, müssen aber nicht mit dem Hauptvertrag (Datenverarbeitungsdienstnutzungsvertrag) verknüpft sein. Sind sie jedoch

622 Art. 2 Nr. 32.
623 Art. 2 Nr. 32 und Erwägungsgrund 83.

nicht sinnvoll vom Hauptvertrag lösbar bzw. nur in der Umgebung des ursprünglichen Anbieters nutzbar, müssen die Anwendungen nicht wechselfähig gestaltet werden, da die Regelungen zumindest keinen Vertragszwang zum Anbieten der eigenen Dienste in der Fremdumgebung statuiert und klarstellt, dass das Nutzungsrecht der Anwendungen unabhängig von der vertraglichen Beziehung zum ursprünglichen Anbieter bestehen muss.[624]

## III. Vertragliche Anforderungen

Art. 25 erlegt den Anbietern konkrete Anforderungen hinsichtlich der Vertragsklauseln für den Wechsel auf, die in der Praxis weitreichende Auswirkungen haben werden.[625] 1212

Nach Art. 25 Abs. 1 S. 1 müssen die Rechte des Kunden und die Pflichten des Anbieters von Datenverarbeitungsdiensten in Bezug auf den Wechsel *»eindeutig in einem schriftlichen Vertrag«* festgelegt werden. Der Anbieter muss dem Kunden nach Art. 25 Abs. 1 S. 2 den *»Vertrag vor der Vertragsunterzeichnung so bereitstellen, dass er den Vertrag speichern und reproduzieren kann.«* 1213

### 1. Form

Die Form des *»schriftlichen Vertrags«* ist europarechtlich autonom auszulegen, sodass nicht die Schriftform nach § 126 Abs. 1 BGB gemeint ist, sondern die Textform ausreichend ist. Satz 2 spricht mit dem Wortlaut »speichern und reproduzieren« auch klar für eine digitale Bereitstellungspflicht der Vertragsunterlagen. 1214

### 2. Vertragliche Mindestregelungen

Insgesamt erlegt Art. 25 den Anbietern ein enges Korsett vertraglicher Mindestregelungen auf. Diese werden zukünftig vertragliche Änderungen bei (wahrscheinlich) allen Cloud-Anbietern herbeiführen. 1215

Artikel 25 beschreibt die Klauseln über den Wechsel, die die Anbieter von Datenverarbeitungsdiensten in ihren Verträgen mit allen Kunden aufnehmen müssen. Einige der Klauseln sind dabei von besonderer Relevanz, da sie einerseits bei den meisten Diensteanbietern zu Vertrags-, Produkt-, und Serviceänderungen führen werden und auf der anderen Seite besondere Fragen hinsichtlich ihrer Auslegung aufwerfen. 1216

Hinsichtlich der zukünftigen Vertragsgestaltung sind insbesondere die bestehenden bzw. nun zu überarbeitenden Serviceverträge, bestehende Auftragsverarbeitungsverträge nach Art. 28 DS-GVO sowie weitere Leistungsvereinbarungen heranzuziehen. Art. 25 Abs. 2 stellt zudem ausdrücklich klar, dass die Vertragsbestimmungen neben die für B2C-Verträge geltende Digitale Inhalte Richtlinie[626] treten. 1217

624 Art. 2 Nr. 32 und Erwägungsgrund 83.
625 Insb. auch auf Gestaltung von Cloud-AGB, Bomhard: Auswirkungen des Data Act auf die Geschäftsmodelle von Cloud-Anbietern, MMR 2024, 109, 111.
626 RL (EU) 2019/770.

1218 Die wesentlichen Vorgaben für die zukünftige Vertragsgestaltung von Datenverarbeitungsdiensten im Überblick 8 zu den Einzelheiten s.u.):

1219

| | |
|---|---|
| – Recht des Kunden auf den Anbieterwechsel bzw. zur Übertragung aller Daten in eine kundeneigene IKT-Umgebung oder auf Löschung | – Ankündigungsfrist von maximal zwei Monaten für die Einleitung des Wechsels |
| – Angaben über solche Daten, die für die interne Funktionsweise spezifisch sind und aus Gründen des Geschäftsgeheimnisschutzes nicht übertragen werden | – Recht des Kunden, den Übergangszeitraum zur Übertragung einmalig für einen angemessenen Zeitraum zu verlängern |
| – Pflicht des Anbieters für ein hohes Maß an Sicherheit bei der Datenübertragung zu sorgen | – Informationspflichten zu Standardentgelten sowie Gebühren bei vorzeitiger Vertragsbeendigung |
| – Pflicht des Anbieters eine erschöpfende Liste aller Daten bereitzustellen, die bei einem Wechsel übertragen werden können | – Informationspflichten zu Wechselverfahren, Fristen und Vertragsbeendigung sowie zu Datenformaten und Interoperabilitätsspezifikationen |
| – Bereitstellung des Vertrages mindestens in Textform und in dauerhaft speicherbarer Form | – Informationspflichten zu den ergriffenen Maßnahmen zur Verhinderung internationaler staatlicher Zugriffe auf Daten |

### 3. Wechselfrist und Kündigung

1220 Art. 25 enthält in Abs. 2 lit. a, c, d und g verschiedene Bestimmungen zu Fristen für den Wechsel, den Übergang sowie zur Kündigung. Hierzu sind jeweils Klauseln in den Vertrag aufzunehmen.

1221 Die vorgeschriebene maximale Übergangsfrist für den Wechsel darf zukünftig 30 Kalendertage nicht mehr überschreiten.[627]

1222 Art. 25 sieht jedoch Möglichkeiten der Verlängerung der Übergangsfrist sowohl für den Anbieter als auch für den Kunden vor. Nach Art. 25 Abs. 4 kann der Anbieter, wenn der Wechsel aus technischen Gründen nicht innerhalb von 30 Tagen vollzogen werden kann, einen alternativen Übergangszeitraum angeben. Dieser darf sieben Monate nicht überschreiten.[628] Der Anbieter muss dies dem Kunden innerhalb von 14 Arbeitstagen nach der »Beantragung« (hiermit ist das Wechselverlangen des Kunden gemeint) mitteilen und die Verlängerung begründen. Der Anbieter, auch das stellt Art. 25 Abs. 4 ausdrücklich klar, muss auch während des alternativen Übergangszeitraums die Kontinuität des Dienstes sicherstellen.

1223 Nach Art. 25 Abs. 5 kann auch der Kunde eine Verlängerung des Übergangszeitraums verlangen. Der Vertrag muss daher auch Klauseln enthalten, wonach der Kunde

627 Art. 25 Abs. 2 lit. a.
628 Art. 25 Abs. 4 S. 1.

berechtigt ist, eine einmalige Verlängerung zu verlangen. Zeitlich wird sich diese Verlängerung nach den Umständen des Einzelfalles des Wechselvorgangs richten, da Abs. 5 die Verlängerungsmöglichkeit für einen Zeitraum zulässt, den der Kunde für seine eigenen Zwecke für angemessen hält. Dies wird vor allem für solche Fälle Relevanz entfalten, bei denen es auf Seiten des empfangenen Datenverarbeitungsdienstes zu Verzögerungen bei der Übernahme der Daten kommt.

Die maximale Ankündigungsfrist für die Einleitung des Wechselprozesses darf zukünf- **1224**
tig zwei Monate nicht mehr überschreiten.[629]

Art. 25 Abs. 2 lit. d enthält einen übersetzungsbedingtes Redaktionsversehen, indem **1225**
er von »*maximaler* *<u>Kündigungsfrist</u>*« spricht. Ein Vergleich mit der englischen Sprachfassung zeigt, dass dort von »*notice period*« die Rede ist und somit die vorgeschriebene vertragliche Regelung lediglich festhalten darf, dass keine längere als zweimonatige Ankündigung vom Kunden verlangt werden darf. Dies ergibt sich auch aus systematischen vertraglichen Erwägungen: Wäre hier wirklich von einer zweimonatigen »Kündigungsfrist« die Rede, müsste der damit dann angestoßene Wechselprozess vollständig eine nachvertragliche Pflichterfüllung sein. Viel eher, und auch heute übliche Praxis, wird der Vertrag erst mit dem (vollzogenen) Wechsel beendet. Bis dahin gelten die vertraglichen Pflichten (auch die Entgeltpflicht) weiter.

Hierfür spricht auch der (ebenfalls sprachlich verunglückte) Art. 25 Abs. 2 lit. c, der **1226**
klarstellt, dass der Vertrag als beendet gilt, wenn eine der zwei Konstellationen vorliegt: (sofern einschlägig) nachdem der Wechsel erfolgreich vollzogen ist oder nach Ablauf der maximalen Ankündigungsfrist, wenn der Kunde nicht wechseln, sondern seine exportierbaren Daten und digitalen Vermögenswerte nach Beendigung des Dienstes löschen möchte. Über diese Konstellationen und die Folge der dann eintretenden Vertragsbeendigung ist der Kunde vorab zu informieren.

Nach Art. 25 Abs. 2 lit. g muss der Vertrag zudem eine Regelung zur Mindestfrist **1227**
für den Datenabruf enthalten. Diese Mindestfrist muss mindestens 30 Kalendertage nach Ablauf des Übergangszeitraums für den Wechsel umfassen, sodass dem Kunden mindestens 30 zusätzliche Tage nach Ende der Übergangsfrist gewährt werden müssen, um den Datenabruf vorzunehmen. Art. 25. Abs. 2 lit. g nimmt bei der Bestimmung des Übergangszeitraums zwar lediglich lit. a und Abs. 4 in Bezug und nicht Abs. 5, der eine weitere Verlängerungsoption für den Kunden vorsieht (die zudem auch die für den Anbieter vorgesehen Verlängerung von sieben Monaten übersteigen kann). Da Art. 25 Abs. 5 eine neben Art. 25 Abs. 4 anwendbare Verlängerungsoption enthält, die vor allem auch eine zeitlich sehr flexible Verlängerungsoption enthält, muss der Kunde dann innerhalb des von ihm angesetzten zusätzlichen Zeitraums den Export vollziehen.

629 Art. 25 Abs. 2 lit. a, d.

### 4. Pflichten während des Wechselprozesses

1228 Auch während der Umstellung gelten dezidierte Pflichten für den Anbieter. Der Datenverarbeitungsdienst muss dem Kunden und den am Wechselprozess beteiligten Dritten *»angemessene Unterstützung«* leisten, *»mit der gebotenen Sorgfalt vorgehen, um die Kontinuität des Geschäftsbetriebs aufrechtzuerhalten«*, während er weiterhin die vertragsgemäße Kontinuität bereitstellen, über bekannte Risiken für die unterbrechungsfreie Erbringung der Funktionen oder Dienste unterrichtet und *»sicherstellen soll, dass während des gesamten Umstellungsprozesses ein hohes Sicherheitsniveau aufrechterhalten wird«*.[630]

1229 Der Vertrag muss zu diesen Pflichten daher ebenfalls Vertragsklauseln enthalten und bindet den Anbieter damit umfassend in den Wechselprozess im Interesse des Kunden (und des empfangenen Datenverarbeitungsdienst) ein.

1230 Die verschiedenen verpflichtenden Klauseln spiegeln sich in den verschiedenen Informationspflichten, die zum Teil direkt im Vertrag, teilweise aber auch über andere Medien gegeben werden müssen (hierzu im nächsten Abschnitt).

### 5. Informationspflichten

#### *a) Überblick*

1231 Der Data Act enthält, wie nahezu alle anderen Digitalregulierungsinstrumente der letzten Dekade, zahlreiche zusätzliche Informationspflichten. Für den Wechselprozess sind diese kleinteilig in Art. 26 aufgeführt, aber auch Art. 25 enthält in den Vertragsbestimmungen zahlreiche Pflichten für die Anbieter, ihren (potenziellen) Kunden verschiedenste Informationen bereitzustellen. Daneben gilt noch Art. 28, der gesonderte Informationspflichten im internationalen Kontext festlegt. Auch der Adressatenkreis der verschiedenen Pflichten unterscheidet sich. Während die Informationspflichten aus Art. 25 vor allem vertragliche Informationen umfassen und sich somit vor allem (potenzielle) Kunden gegeben werden müssen, sollen die nach Art. 28 bereitzustellenden Informationen auf einer Webseite und damit der Öffentlichkeit zugänglich gemacht werden.

1232 Aufgrund der Vielzahl und Detailtiefe sowie der Dynamik der erfassten Produkte und Services mit sich verändernden Funktionen und Datenverarbeitungsströmen werden nahezu alle Anbieter faktisch gezwungen sein, zur Erfüllung der Informationspflichten umfangreiche Managementsysteme einzurichten, sofern sie diese nicht schon etabliert haben. Dies gilt insbesondere, weil der Data Act die Anbieter ausdrücklich dazu verpflichtet, die Informationen auf Aktualität zu überprüfen. Piltz und Zwerschke weisen diesbezüglich richtigerweise darauf hin, dass insbesondere die Aktualität der Informationen für die *»allgemeine Beschreibung der technischen, organisatorischen und vertraglichen Maßnahmen, die der Anbieter von Datenverarbeitungsdiensten getroffen hat, um einen internationalen staatlichen Zugang zu oder eine internationale staatli-*

630 Art. 25. Abs. lit. a i-iv.

*che Übermittlung von in der Union gespeicherten nicht-personenbezogenen Daten zu verhindern, wenn ein entsprechender Zugang oder eine entsprechende Übermittlung im Widerspruch im Unionsrecht oder zum nationalen Recht des betreffenden Mitgliedstaats stünde«*[631] einiges an Aufwand auslösen wird, der viele betroffene Anbieter an die umfangreichen Informations- und Umsetzungspflichten für internationale Datentransfers nach der DS-GVO nach Schrems II[632] erinnern dürfte.[633] Anbieter sollten aus Handhabbarkeitsgründen zudem prüfen, wie sie die neuen Informationspflichten sinnvoll mit bestehenden Vertragsinformations- und z.B. auch Datenschutzmanagementsystemen verzahnen können.

### *b) Die einzelnen Informationspflichten nach Art. 25*

Der Data Act enthält zahlreiche neue Informationspflichten, die die Anbieter auf unterschiedlichen Wegen an verschiedene Empfängergruppen kommunizieren müssen. Auch wenn der Art. 26 ausdrücklich die Informationspflichten zu regeln scheint, enthält auch bereits Art. 25 zahlreiche, mit den verpflichtenden Vertragsklauseln verknüpfte Informationspflichten. Die aus Art. 25 abgeleiteten Informationspflichten sind bereits in dem entsprechenden Vertrag zu erfüllen und richten sich daher vor allem an (potenzielle) Kunden. **1233**

Der Vertrag muss Informationen zum Anbieterwechsel einschließlich dessen Umfang und der Fristen enthalten.[634] **1234**

Der Anbieter muss zudem alle »einschlägigen Informationen« zur Unterstützung der Ausstiegsstrategie des Kunden bereitstellen.[635] Da sich die konkrete Ausstiegsstrategie im Regelfall erst während des laufenden Vertragsverhältnisses herausstellen wird, richtet sich diese Informationspflicht vor allem an die bestehenden Kunden und wird sich üblicherweise auch erst nach dem Wechselverlangen konkretisieren. **1235**

Art. 25 Abs. 2 lit. c ist hinsichtlich seines Inhalts und der enthaltenen Informationspflicht in der deutschen Übersetzung des Data Acts sprachlich äußerst missglückt (s.o.). Ein Vergleich mit der englischen Sprachfassung zeigt, dass die Regelung Folgendes meint: Der Vertrag muss eine Klausel enthalten, die festlegt, dass der Vertrag als beendet gilt und der Kunde über diese Beendigung in einem der zwei folgenden Fällen zu informieren ist: sofern der Wechsel erfolgreich vollzogen ist oder nach Ablauf der Ankündigungsfrist aus Art. 25 Abs. 2 lit. d, wenn der Kunde nicht wechseln will, sondern die Beendigung und Löschung der exportierten Daten verlangt hat. **1236**

Art. 25 Abs. 2 lit. e regelt die weitere Informationspflicht, dass der Vertrag eine Klausel mit einer erschöpfenden Auflistung aller Datenkategorien und digitaler Vermögenswerte enthalten muss, die während des Wechselvollzugs übertragen werden können. **1237**

---

631 Art. 28 Abs. 1 lit b.
632 EuGH, 16.07.2020 – C-311/18 (»Schrems II«).
633 Piltz/Zwerschke, CR 2024, 153–57.
634 Art. 25 Abs. 2 lit. a.
635 Art. 25 Abs. 2 lit. b.

Da eine konkrete Auflistung von Projekt- und Leistungsumfang abhängt, wird die Vorab-Information stets generisch ausfallen müssen. Daher enthält die Regelung die Minimalvorgabe, dass zumindest alle exportierbaren Daten aufgelistet werden müssen. Auch diese Beschreibung wird bei den gängigen, nicht-individualisierten Projektverträgen (individualisierte Projektverträge sind von den Switching-Vorgaben ohnehin nach Art. 2 Nr. 8 über die Begriffsbestimmung der Datenverarbeitungsdienste ausgeschlossen) als vorvertragliche Informationspflicht ebenfalls eher wenig detailliert ausfallen müssen.

1238 Art. 25. Abs. 2 lit. f ergänzt die Regelung des Art. 25 Abs. 2 lit. e um eine Informationspflicht über die gegebenenfalls exkludierten Daten. Die Regelung erlegt den Anbietern daher zusätzlich die Pflicht auf, eine erschöpfende Liste der Datenkategorien bereitzustellen, die für die interne Funktionsweise des Datenverarbeitungsdienstes spezifisch sind und von den exportierbaren Daten ausgenommen werden, wenn Geschäftsgeheimnisse betroffen sind. Art. 25 Abs. 2 lit. f führt ergänzend mit auf, dass diese Ausnahmen den Wechsel nicht behindern oder verzögern dürfen und referenziert dabei auf Art. 23 Abs. 2 lit. c, wonach Kunden nicht mehr daran gehindert werden dürfen, ihre exportierbaren Daten zu anderen Anbietern zu übertragen.

1239 Zwar umfasst der Begriff der exportierbaren Daten nach Art. 2 Nr. 38 und Erwägungsgrund 82 Eingabe- und Ausgabedaten einschließlich Metadaten, die unmittelbar oder mittelbar durch die Nutzung des Datenverarbeitungsdienstes durch den Kunden oder gemeinsam generiert werden und schließt damit auch beim Anbieter entstehende Daten mit ein (s. hierzu auch oben unter »exportierbare Daten«). Als exkludierte Datenkategorien erkennt der Data Act in Art. 2 Nr. 38 und Erwägungsgrund 32 folgende Kategorien ausdrücklich an:

- Daten die nicht vom Kunden, auch gemeinsam mit dem Anbieter, generiert werden
- Vermögenswerte oder Daten vom Anbieter oder von einem Dritten
- Vermögenswerte oder Daten vom Anbieter oder von einem Dritten, die durch Rechte des geistigen Eigentums geschützt sind
- Geschäftsgeheimnisse des Anbieters oder des Dritten
- Daten im Zusammenhang mit der Integrität und Sicherheit des Dienstes, bei denen der Anbieter im Falle eines Exports Cybersicherheitsrisiken ausgesetzt ist

1240 Anbieter sollten auf die Beschreibung der Datenkategorien sowie der entsprechenden Ausschlüsse besonderen Wert legen, um einerseits die entsprechende Informationspflicht zu erfüllen, haltbare Ausschlüsse zu formulieren und Klauselformulierungen zu vermeiden, die unter die Verbote des Art. 23 fallen.

### *c) Die einzelnen Informationspflichten nach Art. 26*

1241 Art. 26 beschreibt zusätzliche Informationspflichten für die Anbieter. Diese können abseits des Vertrags erbracht werden und richten sich an (bestehende) Kunden. In die auch vorvertraglich bereits zu erfüllenden Informationspflichten aus dem Art. 25 müssen die in Art. 26 genannten Informationen nicht inkludiert werden.

Nach Art. 26 lit. a muss der Anbieter den Kunden Informationen über die verfügbaren Verfahren für den Wechsel und die Übertragung von Inhalten auf den Datenverarbeitungsdienst, einschließlich Informationen über verfügbare Wechsel- und Übertragungsmethoden und -formate sowie über Einschränkungen und technische Beschränkungen, die dem Anbieter von Datenverarbeitungsdiensten bekannt sind, bereitstellen. 1242

Art. 26 lit. b bezieht ein weiteres Medium mit ein, das bisher wenig spezifiziert ist: Das Online-Register. Der Anbieter muss dem Kunden mittels eines Verweises auf ein aktuelles Online-Register Einzelheiten mitteilen zu allen Datenstrukturen und Datenformaten sowie zu den einschlägigen Normen und offenen Interoperabilitätsspezifikationen[636], in denen die in Artikel 25 Abs. 2 lit. e beschriebenen exportierbaren Daten verfügbar sind. 1243

### 6. Wechselverlangen

Der Wechselprozess soll nach Art. 25 Abs. 2 lit. a durch das »*Verlangen*«[637] des Kunden eingeleitet werden können – bzw. müssen die Verträge künftig Regelungen enthalten, die es dem Kunden ermöglichen, auf »*Verlangen*« zu einem Datenverarbeitungsdienst eines anderen Anbieters zu wechseln. 1244

Das »*Verlangen*« wird jedoch in Art. 25 ff. nicht weiter konkretisiert, sodass in der Praxis die Frage zu klären sein wird, welche Äußerungen des Kunden als ein solches Wechselverlangen verstanden werden können. 1245

Gegebenenfalls können zumindest einige Anleihen aus Art. 4 und Art. 5 gezogen werden. Art. 4 Abs. 1 beschreibt das Verlangen niedrigschwellig im Kontext des Datenzugangs als *»einfaches Verlangen auf elektronischem Wege«*. Art. 5 Abs. 4 umschreibt zumindest grundsätzliche Identifizierungsmechanismen für die Datenübertragungsverlangen zu Nutzern und Dritten. Art. 25 sieht jedoch zumindest keine einschränkenden Tatbestandsmerkmale für das »*Verlangen*« vor, sodass Anbieter gehalten sind, entsprechend auslegbare Äußerungen ihrer Kunden als Wechselverlangen zu interpretieren. Ohne hinreichend konkrete Anforderungen hinsichtlich des zukünftigen Anbieters, zu dem der Kunde wechseln möchte, sowie mindestens ebenso zu den zu übertragenden Daten wird der ursprüngliche Anbieter den Wechsel nicht anstoßen können. 1246

Für die Anbieter kann es sinnvoll sein, die verfügbaren bzw. präferierten Kommunikationskanäle für das Wechselverlangen in ihren Verträgen mit den Kunden niederzulegen. Zwar dürften Einschränkungen nicht zulässig sein, die Verlangen auf anderen Kanälen ausschließen, da Art. 25 insoweit zu weit gefasst ist. Um die eingehenden Verlangen zu strukturieren bzw. über einen dezidierten Kanal zu steuern und ggf. sogar über Formulare die für das Wechselverlangen wesentlichen Informationen abfragen bietet sich jedoch aus praktischen Erwägungen an. 1247

636 Vgl. Art. 30 Abs. 3.

637 In der englischen Fassung *»upon request«*.

### 7. Treu und Glauben nach Art. 27

1248 Für die Umsetzung des Wechselverlangens bezieht der Data Act interessanterweise den zwar in Deutschland mit § 242 BGB explizit geregelten aber europarechtlich bisher nicht einheitlich für das Vertragsrecht geregelten Grundsatz von Treu und Glauben mit ein. Art. 27 verlangt von allen Beteiligten des Wechselprozesses (ursprünglicher Anbieter, Kunde und neuem Anbieter und auch eventuell hinzuziehende Dritte)[638] ein Zusammenarbeiten nach Treu und Glauben, damit der Wechsel effektiv vollzogen wird, Daten rechtzeitig übertragen werden können und die Kontinuität des Datenverarbeitungsdienstes aufrecht erhalten bleibt.

1249 Da Anbieter und Kunden während des Wechselvorgangs unterschiedliche Verantwortlichkeiten haben, ist Kooperation erforderlich,[639] um den Wechsel erfolgreich zu vollziehen. In die Anbietersphäre fällt die Verantwortung, die exportierbaren Daten in ein maschinenlesbares Format zu extrahieren, während der Kunde und der neue Anbieter in die neue Umgebung hochladen müssen, sofern nicht zusätzlich ein Dritter für die Erbringung eingeschaltet wird.[640] Für den erfolgreichen Wechselprozess liegt beispielsweise auch die Verantwortung beim Kunden, seinem ursprünglichen Anbieter deutlich zu kommunizieren, ob er einen Wechsel zu einem neuen Anbieter, einen Wechsel in eine eigene IKT-Umgebung oder die Löschung seiner exportierbaren Daten wünscht.[641]

### 8. Wechselentgelte und weitere Entgeltregelungen nach Art. 29

1250 Der Data Act zielt mit den Regelungen zum Anbieterwechsel insbesondere auch darauf ab, prohibitive Kostenstrukturen aufzubrechen, die den Kunden den Wechsel erschweren. Der EU-Gesetzgeber greift zu diesem Zweck tief in die vertraglichen Konstrukte zwischen Anbietern und Kunden ein und hat unter anderem neue Kostenerhebungsverbote für Wechselentgelte und zusätzliche Transparenzvorgaben für Kosten und sonstige Entgelte eingeführt.

#### *a) Definition der Wechselentgelte*

1251 Wechselentgelte sind dabei solche Entgelte, die für den Wechsel von der eigenen IKT-Struktur zu einem anderen Anbieter oder einer IKT-Umgebung in eigenen Räumlichkeiten des Kunden erhoben werden und nicht Standarddienstentgelte und Sanktionen bei vorzeitiger Kündigung sind.[642] Wechselentgelte können, müssen aber nicht,

---

638 Erwägungsgrund 85 stellt ausdrücklich klar, dass alle im Data Act festgelegten. Rechte und Pflichten des Kunden, einschließlich der Verpflichtung, nach Treu und Glauben zusammenzuarbeiten, so verstanden werden sollen, dass sie unter diesen Umständen auch für den betreffenden Dritten, der beim Wechselprozess unterstützt, gelten.

639 Siehe hierzu auch Bomhard: Auswirkungen des Data Act auf die Geschäftsmodelle von Cloud-Anbietern, MMR 2024, 109, 112.

640 Erwägungsgrund 85.

641 Erwägungsgrund 85.

642 Art. 2 Nr. 36.

Datenextraktionsentgelte sein, da beispielsweise auch spezifische Unterstützungstätigkeiten damit abgegolten werden können.[643] Unter Datenextraktionsentgelten versteht man die direkten Datenübertragungsentgelte, also jene Kosten, die der Anbieter für den Export zur neuen Umgebung aufruft.[644]

### *b) Verbot zukünftiger Wechselentgelte, Übergangsfrist und Transparenz*

Art. 29 enthält detaillierte Regelungen, wann Anbieter von Datenverarbeitungsdiensten für den Vollzug des Wechsels keine Wechselentgelte (häufig auch als switching fee, data transfer fee oder egress fee bezeichnet) mehr erheben dürfen. 1252

| | | |
|---|---|---|
| Fixe Frist für den Wegfall von Wechselentgelten nach Art. 29 Abs. 1 | Ab 12. Januar 2027 dürfen keine Wechselentgelte mehr erhoben werden. | 1253 |

Bis zum in Art. 29 Abs. 1 geregelten gesetzlichen Fristende der Wechselentgelte sieht der Art. 29 Abs. 2 eine gestaffelte Abschaffung in Form von ermäßigten Gebühren vor: vom 11. Januar 2024 bis 12. Januar 2027 dürfen daher nur noch solche Kosten als Wechselgebühren verlangt werden, die dem Anbieter von Datenverarbeitungsdiensten im unmittelbaren Zusammenhang mit dem betreffenden Wechsel entstehen. 1254

Über die (ermäßigten) Wechselentgelte muss der Anbieter die Kunden nach Art. 29 Abs. 4 informieren. 1255

Der Data Act zeigt hinsichtlich der Switching Fees bereits jetzt umfangreiche Wirkungen in der Praxis. Große Anbieter (u.a. AWS, Google, Microsoft) haben bereits Anfang 2024 ihre Wechselentgelte abgeschafft und so einen vorgezogenen Compliance-Schritt für den Data Act getan. 1256

### *c) Transparenz der Standardentgelte, Zusatzentgelte*

Systematisch deplatziert in einem Artikel mit der Überschrift »Schrittweise Abschaffung von Wechselentgelten« und eigentlich inhaltlich überflüssig stellt der Art. 29 Abs. 4 klar, dass die erhobenen Standardentgelte dem Kunden vor Vertragsschluss transparent gemacht werden müssen. Standarddienstentgelte sind die, die für die Erbringung der Datenverarbeitungsdienste selbst aufgerufen werden. Sie sind nicht widerrufsfähig und gelten, bis der Vertrag über die Erbringung des betreffenden Dienstes nicht mehr gilt.[645] 1257

Nicht explizit in Art. 29 aufgeführt sind die Kosten, die für Zusatzdienste anfallen. Dass auch diese (selbstverständlich) im Vorfeld transparent gemacht werden müssen, nur abgerechnet werden können, wenn der Kunde die Erbringung verlangt hat und dem Preis im Vorfeld zugestimmt hat stellt aber Erwägungsgrund 85 zusätzlich klar. 1258

643 Erwägungsgrund 88.
644 Art. 2 Nr. 35.
645 Erwägungsgrund 85.

### d) Wechselverlangen vor Ablauf der Vertragslaufzeit und dafür anfallende Entgelte

1259 Übt der Kunde sein Wechselverlangen vor Ablauf der vereinbarten Vertragsdauer aus und spricht damit eine vorzeitige Kündigung aus, darf sich der Anbieter Sanktionen (im Regelfall werden dies weitere Entgelte sein) vorbehalten.[646] Art. 29 Abs. 4 enthält daher die wichtige Klarstellung, dass das Wechselverlangen eine vorzeitige Kündigung beinhalten kann, der Anbieter aber zum Ausgleich Sanktionen (*early termination fee*) hierfür festlegen kann. Das Durchbrechen der vertraglichen Vereinbarung (durch die Verkürzung der eigentlich vereinbarten Laufzeit) balanciert der Data Act also durch die Sanktionen aus.

1260 In der Praxis wird die Ausgestaltung und Höhe der geltend gemachten Sanktionen im Falle solcher vorzeitiger Vertragsbeendigungen hohe praktische Relevanz erlangen und von verschiedenen Faktoren wie der noch offenen Vertragslaufzeit, ggf. vereinbarten Sonderkonditionen für längere Vertragslaufzeiten und dem Gesamtvertragsvolumen abhängen. Es wird einleuchten, dass ein für beispielsweise 10 Jahre geschlossener Vertrag, der aufgrund der Data Act Vorschriften nun vorzeitig beendet werden kann, ein (ggf. auch für die Bilanzierung) relevanter Leistungs- und Umsatzfaktor beim Anbieter ist und daher ggf. nicht ohne die Erhebung einer Sanktion beendet werden kann.

1261 Faktisch behindern solche *early termination fees* natürlich den Wechsel zwischen Anbietern, sind aber dennoch ausdrücklich zugelassen, weil die EU bei allem Förderwillen des Wettbewerbs zwischen Anbietern von Datenverarbeitungsdiensten die vertragsrechtlichen Grundsätze wie die Vertragstreue und Treu und Glauben weiter gelten lassen wollte (und musste).

### e) weitere Informationspflichten und Informationsmedium

1262 Nach Art. 29 Abs. 5 müssen Anbieter auch besondere Transparenz darüber herstellen, wenn durch die Eigenschaften der konkreten Datenverarbeitungsdienste der Wechsel sehr kompliziert oder kostspielig würde oder ohne nennenswerte Eingriffe in die Daten, digitalen Vermögenswerte oder die Dienstarchitektur unmöglich ist.

1263 Das Informationsmedium für die Transparenzpflichten aus Art. 29 Abs. 4 und Art. 29 Abs. 5 ist gesondert in Art. 29 Abs. 6 geregelt. Seltsamerweise überlässt der Data Act nicht dem Anbieter die Wahl, wie er dem Kunden die Informationen zur Verfügung stellen will, sondern schreibt vor, dass dies in einem »gesonderten Abschnitt auf der Webseite oder eine andere leicht zugängliche Weise« geschehen muss. Die Veröffentlichung auf der Webseite könnte selbstverständlich so ausgelegt werden, dass die Entgelttransparenz öffentlich gemacht werden muss. Dies ist aber nicht zwingend: Die Regelung weist auf einen »gesonderten Webseitenbereich« hin, der beispielsweise auch nur für (potenzielle) Kunden zugänglich sein kann. Die Regelung lässt zudem auch andere Medien zu, solange sie die leichte Erreichbarkeit nicht behindern. Eine

646 Definitorisch ist die auch in Art. 2 Nr. 36 angelegt, der ausdrücklich die Sanktionen bei vorzeitiger Kündigung nicht in den Begriff der Wechselentgelte inkludiert.

Veröffentlichungspflicht ist daher aus Art. 29 Abs. 6 nicht zwingend abzuleiten. Dies zeigt auch der Vergleich mit der Informationspflicht aus Art. 28 Abs. 1, die ebenfalls das Medium der Webseite vorsieht, hier aber die »Bereitstellung der Information auf der Webseite« regelt, ohne weitere Einschränkungen vorzusehen und daher eine Informationspflicht für die Öffentlichkeit beinhaltet. Hätte der EU-Gesetzgeber bei Art. 29 Abs. 6 die gleiche Öffentlichkeit herstellen wollen, hätte er die Formulierung entsprechend angeglichen.

## C. Migrationssupport – Technische Aspekte

### I. Technische und rechtliche Entwicklungen

#### 1. Technische und rechtliche Entwicklungen

Die technischen Anforderungen, die der Data Act an den bisherigen Anbieter von Datenverarbeitungsdiensten stellt, sind derart generisch, dass eine Konkretisierung im Einzelfall anhand der Zielsetzung des Rechtsakts unter Berücksichtigung der unternehmerischen Freiheit des Anbieters nach Art. 16 der Charta der **Grundrechte** der Europäischen Union vorzunehmen ist.[647] Selbst dann, wenn es für einige der technischen Anforderungen des Wechsels gemeinsame Spezifikationen auf der Grundlage offener Interoperabilitätsspezifikationen oder harmonisierter Interoperabilitätsnormen geben wird (»**Secondary Law**«), bleiben zahlreiche Aspekte, für die im Einzelfall eine angemessene Lösung zu finden ist. Hierfür ist ein historischer Rückblick auf die Entwicklung von Software und des korrespondierenden Rechts hilfreich. 1264

Lange Zeit galt die Informationstechnologie (IT) als wettbewerbsdifferenzierender Produktionsfaktor für anwendende Unternehmen. Als häufig individuell entwickelter Business-Enabler war ihr Einsatz eine wichtige strategische Entscheidung. Mittlerweile handelt es sich bei IT um ein Massenprodukt, das zwar geschäftskritisch ist, aber keine Wettbewerbsvorteile mehr mit sich bringt. Sie ist so allgegenwärtig geworden, dass es für ein Unternehmen sogar riskant ist, sie in irgendeiner Form nicht zu nutzen. So wird IT zunehmend an spezialisierte Anbieter ausgelagert, die durch Standardisierung ein höheres Potenzial für positive Skaleneffekte haben (**Industrialisierung der IT**).[648] Eine Standardisierung von Lösungen über ihre eigene Produktpalette hinaus zur Schaffung von mehr Wettbewerb zu Gunsten der Anwender und zur Ermöglichung von Multi-Cloud-Strategien liegt naturgemäß nicht in ihrem Interesse. Vielmehr versuchen Anbieter Strategien zu verwenden, um Kunden an ihre Produkte zu binden und Wettbewerber auszuschließen (Lock-In-Effekt) – dies schon seit einer geraumen Zeit und mit beachtlicher Beharrlichkeit. So scheiterte schon im Jahr 1995 die vom Tool-Anbieter Powersoft initiierte New Information Industry Cooperative Endeavor (NIICE) mit ihrem Bestreben, für herstellerunabhängige Open-Source-Schnittstel- 1265

647 https://eur-lex.europa.eu/legal-content/DE/TXT/PDF/?uri=CELEX:12012P/TXT.
648 Walter/Böhmann/Krcmar, Grundlagen der IT-Industrialisierung, https://cs.emis.de/LNI/Proceedings/Proceedings139/gi-proc-139–003.pdf, zuletzt abgerufen am 06.03.2024.

len für Datenbanksysteme zu sorgen. Nach dem Einstieg des Mitbewerbers Synbase sah sich Oracle veranlasst, aus der Initiative auszusteigen.[649] Gängige Methoden zur Kundenbindung sind u.a. die Verwendung proprietärer Technologien, Schnittstellen oder Datenformate, deren Konvertierung in Standards die Migration erschweren oder zumindest deutlich verteuern, der Abschluss langfristiger Verträge, die Schaffung von Kostenstrukturen mit speziellen Rabatten, die Kunden langfristig an ihre Lösungen bindet sowie die Entwicklung exklusiver, hochspezialisierte Dienste und Funktionen, die nur bei ihnen verfügbar sind. Neben den Playern der IT-Industrialisierung erkannte auch der historische Gesetzgeber früh die Bedeutung des »Computermarktes« und die Relevanz von Schnittstellen und Interoperabilität der Systeme für den freien **Wettbewerb**. So wird in der Begründung des UrhG-Umsetzungsgesetzes[650] von 1992 zur **UrheberrechtsRiLi**[651] von 1991 die Möglichkeit der Zusammenstellung von Datenverarbeitungssystemen aus Komponenten verschiedener Hersteller und das Zusammenwirken dieser Komponenten als besonders bedeutsames Ziel herausgestellt. Im Zuge der Beratungen im EU-Rat standen sich Verfechter des strikten Schutzes des Quellcodes inkl. Schnittstellen einerseits und eines Rechts anderer Softwarehäuser zur Entwicklung interoperabler Computerprogramme gegenüber. Beide mit guten Argumenten. So äußerten Industriekreise die Besorgnis, Kenntnis vom Quellcode eines Computerprogramms könne dazu missbraucht werden, unter Einsparung erheblicher Entwicklungszeit und -kosten ein Konkurrenzprodukt zu entwickeln. Wegen dieses unlauteren Wettbewerbsvorteils könne ein solches Ersatzprogramm das Ursprungsprogramm unter Umständen sogar vom Markt verdrängen. Dem wurde entgegengesetzt, dass die Entwicklung anderer, kompatibler[652] Programme die Kenntnis von Schnittstellen voraussetze. Die Unmöglichkeit der Herstellung von Kompatibilität durch Wettbewerber führe zu Monopolen oder Oligopolen. Es könne nicht diesen vorbehalten bleiben zu entscheiden, wer mit ihren Produkten kompatible Compu-

649 Computerwoche vom 31.03.1995, https://www.computerwoche.de/a/x-open-soll-fuer-herstellerneutralitaet-sorgen-initiative-will-proprietaere-datenbank-tools-abschaffen,1113186, zuletzt abgerufen am 06.03.2024.

650 Entwurf eines Zweiten Gesetzes zur Änderung des Urheberrechtsgesetzes vom 18.12.1992 (nachfolgend »UrhG-Umsetzungsgesetz«), Seite 8.

651 Richtlinie 91/250/EWG des Rates vom 14. Mai 1991 über den Rechtsschutz von Computerprogrammen (ABl. EG Nr. L 122 S. 42)(91/250/EWG), https://eur-lex.europa.eu/legal-content/DE/TXT/PDF/?uri=CELEX:31991L0250, (»UrheberrechtsRiLi«) Erwägungsgründe, Seite 2.

652 Soweit in der Begründung zum korrespondierenden deutschen Umsetzungsgesetz von »Kompatibilität« gesprochen wird, dürfte diese als Teil der so definierten Interoperabilität zu verstehen sein. Heutige Anbieter von Cloud-Lösungen führen ergänzend aus, dass unter Interoperabilität die Fähigkeit von Anwendungen und Systemen verstanden wird, Daten auf der Basis von Standards, Protokollen, Technologien und Mechanismen sicher und automatisch auszutauschen und durch einheitliche Interpretation (s.o. zu Datensemantik) der Daten ihr übergreifendes Verständnis zu ermöglichen. Hierdurch können Softwareanwendungen, die mit unterschiedlichen Programmierrahmen erstellt wurden, nahtlos zusammenarbeiten, https://aws.amazon.com/de/what-is/interoperability/, zuletzt abgerufen am 11.03.2024.

terprogramme entwickeln dürfe. Die komplizierte Formulierung des Art. 6 der UrheberrechtsRiLi, der umstrittensten Bestimmung der Richtlinie insgesamt, stellt einen diffizilen Kompromiss dieser Interessenlagen dar und wurde mit § 69e nahezu wörtlich und vollständig mit Wirkung zum 09.06.1993 in das deutsche **Urheberrechtsgesetz** übernommen. Während § 69a Abs. 2 UrhG die einer Schnittstelle zugrundeliegenden Ideen und Grundsätze vom Urheberrechtsschutz gänzlich ausnimmt, verhindert § 69e die Monopolisierung der Schnittstellen und sonstiger für die Schaffung interoperabler Computerprogramme notwendigen Informationen dadurch, dass sich ein zur Nutzung der Software Berechtigter oder ein in seinem Namen Handelnder diese Informationen im Wege der **Dekompilierung** beschaffen darf, wenn ihm diese Informationen nicht ohne weiteres zugänglich sind. So wird einerseits der Fortschritt der Softwareentwicklung gesichert, andererseits wird das im Quellcode verkörperte Know-how durch Bindung an einen vom Urheber an der Software Berechtigten angemessen geschützt. Es entsteht also kein »Jedermann-Recht«, ähnlich dem Datenzugangsrecht nach Kapitel 2 Data Act.[653]

Die Regelungen im **Urheberrecht** geben dem Kunden nun also das Recht, Schnitt- 1266
stellen zur a) Zusammenstellung von Datenverarbeitungssystemen aus Komponenten verschiedener Hersteller und zur b) Ermöglichung des Zusammenwirkens dieser Komponenten zu dekompilieren. Dies reicht aus, um eine Migration technisch durchführen zu können, das Arbeiten der Anbieter in proprietären Formaten treibt die Kosten eines Wechsels jedoch zu Lasten der Kunden in die Höhe.[654] Muss zudem der Kunde während der Migration damit rechnen, dass die Qualität des bisherigen Services nachlässt[655] oder die Daten beim Transport nicht ausreichend gesichert werden oder muss mangels Standard-Datenformat oder mangels Informationen zu Syntax und Semantik auch noch eine aufwändige Konvertierung mit Daten-Mapping durchgeführt werden, ist ein Wechsel für den Kunden aus rein wirtschaftlicher Sicht oft nicht mehr interessant. Welches Ausmaß die Aufwände mittlerweile angenommen zeigt sich bei einem Blick auf den immer größer werdenden Markt der »IT-Berater« zur Unterstützung beim Systemwechsel und der Hersteller von Migrationsprogram-

653 Schneider, Handbuch des EDV-Recht, 4. Aufl. 2009, Kap. D, Rz. 310; Schuster/Hunzinger, CR 2015, 277.

654 Der Begriff Migration (auch: Transition) beschreibt in der Informationstechnologie ganz allgemein die Überführung von Daten und/oder abgebildeten Geschäftsprozessen von einer Systemumgebung in eine andere. Sind an einer Migration externe Dritte beteiligt, unterscheidet man das so genannte First-Generation-Outsourcing, das Second-Generation-Outsourcing und das In-Sourcing. Dabei bezeichnet das First-Generation-Outsourcing die Übertragung von zuvor durch den Auftraggeber selbst durchgeführten Tätigkeiten an einen externen Anbieter im Rahmen eines Outsourcing-Projekts. Demgegenüber erfolgt beim Second-Generation-Outsourcing die Übertragung von Daten und Prozessen des Kunden zwischen zwei Dritten im Verhältnis zum Kunden: Dem neuen und dem alten Anbieter. Beim In-Sourcing übernimmt der Kunde diese wieder in seine eigene Organisation und Infrastruktur. Der Data Act beschäftigt sich mit der Übertragung von Daten am Ende eines Outsourcing-Vertrages.

655 Ausführlich dazu Borges/*Meents*, Cloud-Computing, 1. Aufl. 2016, § 4 Rn. 228.

men. **Migrationsprogramme** sind Werkzeuge für die Migration von Daten aus einer Systemumgebung in eine andere oder eben von einem Anbieter von Datenverarbeitungsdiensten auf einen anderen; daher werden sie auch als »Migrationstool« bezeichnet. Moderne Migrationstools müssen heute in der Lage sein, Petabytes an Daten und Milliarden von Dateien zu verarbeiten. Gleichzeitig sind sie regelmäßig nur auf einer Seite standardisiert: auf der Seite des Empfänger-Datenverarbeitungsdienstes.

1267 Obwohl das besondere BGB-Vertragsrecht keine Regelungen enthält, fehlen mangels (ausreichend) qualifizierter rechtlicher Beratung regelmäßig dies adressierende Regelungen in IT-Outsourcing-Verträgen.[656] Selbst die Aufrechterhaltung der **Servicequalität** bis zum Abschluss der Migration ist selten ausreichend abgesichert. Fehlen sorgfältige Vereinbarungen zur Abgrenzung der so genannten **SLA** zum Gewährleistungsrecht, kann es für den bisherigen Anbieter durchaus lukrativ sein, sein Personal in der Endphase der Vertragslaufzeit anderweitig einzusetzen, wenn ihm Schlimmeres als der vereinbarte Malus nicht passieren kann. Ansprüche des Kunden können sich dann nur im Einzelfall aus dem Inhalt des Vertrages als Nebenpflicht zur Leistungssicherung (§ 241 Abs. 2 BGB) oder im Wege der ergänzenden Vertragsauslegung (§ 242 BGB) ergeben.[657] **Leistungssicherungspflichten** beziehen sich darauf, alles zu tun, um die erbrachte Leistung zu sichern und alles zu unterlassen, was sie schmälert oder entwertet.[658] Sie sind im Einzelfall auf Basis einer Interessenabwägung zu konkretisieren[659], wobei zu berücksichtigen ist, dass die Risiken und Probleme zumindest eines *In-Sourcing* bei Vertragsbeendigung für den bisherigen Anbieter zum Zeitpunkt des Vertragsschlusses schon erkennbar waren und dass der bisherige Anbieter während der Vertragsdurchführung Maßnahmen zur Risikomitigation treffen konnte. Von den oben aufgeführten Kostentreibern dürfte einzig der Anspruch auf Herausgabe der Daten in einem gängigen Format als einigermaßen gesichert und mit der Vergütung für die Hauptleistungspflichten abgegolten gelten. Hierfür werden verschiedene Vertragsgrundlagen diskutiert.[660] Unterstützen die Dienste des Anbieters jedoch den Export in einen offenen Standard nicht oder sind Schnittstellen nicht vorgesehen, wird vertreten, dass die Leistungssicherungspflichten den Anbieter jedenfalls nicht zu einer umfangreichen und mitunter kostenintensiven Konvertierung oder zur Schaffung von Datenschnittstellen verpflichten.

---

656 Zur Erforderlichkeit: Strittmatter, Auer-Reinsdorff/Conrad, Handbuch IT- und Datenschutzrecht, 3. Aufl. 2019, § 22 Rz. 164 ff.; Borges/*Meents*, Cloud-Computing, 1. Aufl. 2016, § 4 Rz. 228.

657 Für den Anspruch auf Herausgabe der Daten wird gelegentlich auch auf die §§ 667 oder 539 Abs. BGB verwiesen, Schuster/Hunzinger, CR 2015, 277; ähnlich: Schneider, Handbuch EDV-Recht, 5. Aufl. 2017, Abschnitt U, IV, Rz. 229.

658 Ausführlich hierzu: Schuster/Hunzinger, CR 2015, 277.

659 https://www.justiz.nrw.de/JM//justizpol_themen/digitaler_neustart/zt_bericht_arbeitsgruppe/bericht_ag_dig_neustart.pdf.

660 Borges/*Meents*, Cloud-Computing, 1. Aufl. 2016, § 4 Rn. 230 mit den entsprechenden Nachweisen.

Somit konnten letztlich weder die UrheberrechtsRiLi noch gesetzliche Leistungssicherungspflichten den Erfolg der Lock-in-Strategien und damit die Beschränkung des Wettbewerbs aufhalten. Infolgedessen wurden Cloud-Anbieter mit Art. 6 der so genannten »**Free-flow-of-Data-VO**« im Jahr 2018 angehalten, Verhaltensregeln für die Selbstregulierung zu entwickeln und wirksam umzusetzen.[661] Erklärtes Ziel war wiederum die Herstellung von Interoperabilität und die Erleichterung des Anbieterwechsels.[662] Die bisherigen Bemühungen, insbesondere die »Switching Cloud Providers and Porting Data (**SWIPO**)«-Verhaltenskodizes, haben jedoch in der Praxis zu keinen signifikanten Veränderungen geführt. Bis heute fehlt es an Standards und offenen Schnittstellen. So sah man sich schließlich gezwungen, mit dem Data Act regulatorische Mindestverpflichtungen verbindlich festzulegen. Es sollen jene vorkommerziellen, gewerblichen, technischen, vertraglichen und organisatorischen Hindernisse ausgeräumt werden, die im Fall eines Anbieterwechsels des Kunden nicht nur zu einer geminderten Datenübertragungsgeschwindigkeit führen, sondern den effektiven Vollzug des Wechsels zwischen Datenverarbeitungsdiensten verhindern. Zudem kann die Kommission offene Interoperabilitätsspezifikationen in Form gemeinsamer Spezifikationen erlassen, deren Einhaltung von Anbietern zu gewährleisten ist (Secondary Law).[663] Dieses insgesamt schrittweise Vorgehen des EU-Gesetzgebers beweist die Erforderlichkeit der gesetzten Anforderungen, mildere Mittel führten ganz offensichtlich nicht zum Erfolg.[664] 1268

## II. Technische Aspekte – Grundlagen

Die in Kapitel VI Data Act festgelegten Mindestanforderungen an Anbieter von Datenverarbeitungsdiensten beziehen sich zunächst allein auf die Möglichkeit des Anbieterwechsels, also die Portabilität. Die in Art. 23, Art. 24, Art. 25 Abs. 2, lit. a Ziffern ii und iv und lit. e und f sowie Art. 30 Abs. 2, 3, 4 und 5 festgelegten Anforderungen gelten gemäß Art. 34 aus Kapitel VIII (Interoperabilität) jedoch entsprechend zur Erleichterung der parallelen Nutzung von Datenverarbeitungsdiensten (**Multi-Cloud**). Zu beachten ist jedoch, dass die entsprechend anzuwendenden Normen vor dem Hintergrund der jeweiligen Zielsetzung unterschiedlich zu interpretieren sind. 1269

### 1. Abgrenzung Portabilität von Interoperabilität

Das Ziel der Interoperabilität besteht darin, die Interaktion zwischen Nicht-Cloud- und Cloud-Diensten sowie zwischen Cloud-Diensten untereinander zu ermöglichen und damit die dauerhafte, gemeinsame Nutzung von ausgetauschten Daten und Informationen sowie die Zusammensetzung neuer Dienste aus mehreren Diensten. Das Ziel der **Portabilität** besteht darin, es Kunden von Cloud-Diensten zu ermöglichen, 1270

661 Verordnung (EU) 2018/1807 des Europäischen Parlaments und des Rates vom 14. November 2018 über einen Rahmen für den freien Verkehr nicht-personenbezogener Daten in der Europäischen Union (ABl. L 303 vom 28.11.2018, S. 59) – »Free-flow-of-Data-VO«.

662 Art. 6 (1) Verordnung (EU) 2018/1807.

663 Erwgr. 100, Art. 30 (3) Satz 3 Data Act.

664 Erwgr. 79 Data Act.

ihre Daten oder Anwendungen zwischen Nicht-Cloud und einem oder mehreren Cloud-Diensten sowie zwischen Cloud-Diensten einmalig zu verschieben.[665] Interoperabilität der Systeme senkt zwar die Risiken und die Kosten einer Migration, ist aber aus technischer Perspektive nicht zwingende Voraussetzung.

## 2. Die Ausgangssituation beim Kunden

1271 Trägt sich ein Nutzer eines Datenverarbeitungsdienstes mit dem Gedanken an einen Anbieterwechsel, muss er sich zunächst seine eigene Ausgangssituation im Hinblick auf vorhandene technische und fachliche Ressourcen vor Augen führen. Mit dem IT-Outsourcing, dem so genannten »First-Generation-Outsourcing« hat er i.d.R. interne, hochkomplexe IT-Prozesse auf ein anderes Unternehmen übertragen. Damit verlor er nicht nur die maßgebliche Kontrolle über seine Daten und seine IT-Prozesse.

1272 Wurden bisher mit den Aufgaben der Pflege und Administration beschäftigte Mitarbeiter in anderen Bereichen eingesetzt, ging das Know-how im eigenen Unternehmen verloren. Die so genannte »**Retained Organisation**«[666] behält zwar auf Basis ihrer Prozess- und Anwendungsnähe ausreichende Kenntnisse zur Steuerung des externen Anbieters, tiefergehende Kenntnisse gehen ihm jedoch mit zunehmender technischer Entwicklung und den Business-Entscheidungen des Anbieters mehr und mehr verloren. Die Kompetenzen der eigenen Organisation des Kunden reichen für die Durchführung eines Second-Generation-Outsourcing oder In-Sourcings unter Schaffung einer »Funktionsäquivalenz« nicht mehr aus. Genau dies ist den Anbietern von Datenverarbeitungsdiensten bekannt. Dennoch finden sich nur in Ausnahmefällen, aus dem Blickwinkel des Risikomanagements des Kunden jedoch dringend gebotene, vertragliche Klauseln, denen zufolge der Anbieter die IT-Prozesse des Kunden, die er im Zuge der Übernahme der Dienste dokumentiert hat, laufend in einer zumindest für sachkundige Dritte verständlichen Weise fortschreibt.[667] Sofern der Kunde im Zuge des Exit nun entsprechende Informationen zu der gegenwärtigen Gestalt der IT-Prozesse (»**Current Mode of Operation**« oder »**CMO**«) benötigt, muss er dies bisher kostenpflichtig beim Anbieter beauftragen. Ein weiterer Kostentreiber im Interesse des Lock-In-Effektes zu Gunsten des Anbieters.

## 3. Grundsatz der Verhältnismäßigkeit – Treu und Glauben

1273 Die Auslagerung von IT-Services wurde in den letzten Jahren immer komplexer. Nicht nur der bereits genannte technologische Fortschritt, auch die immer tiefere Integra-

665 ISO/IEC 19941–2017-12 (Introduction).

666 Eine »Retained Service Organisation« ist eine Organisationseinheit innerhalb des Kunden-Unternehmens, die für das Management und die Steuerung externer Anbieter verantwortlich ist. Zu den wesentlichen Aufgaben gehören die Anbieterauswahl, das Service-Level-Management, das Finanzmanagement, Governance und Compliance sowie das Vertragsmanagement; s. Thalhofer/Zdanowiecki, Auer-Reinsdorff/Conrad, Handbuch des IT- und Datenschutzrechts, 3. Aufl. 2019, § 19 Rn. 6.

667 Ähnlich: Söbbing, Handbuch IT-Outsourcing, 4. Aufl. 2015, Rn. 1224.

tion in die Systeme der Kunden hat die Abhängigkeiten verstärkt. Während sich die Anbieter auf ihre **unternehmerische Freiheit**[668] und ihre Schutzrechte berufen, sind die unternehmerische Freiheit der Kunden und der freie Wettbewerb[669] unter den Anbietern mittlerweile massiv eingeschränkt. Die Regelungen des Data Act zielen darauf ab, die Verhältnisse wieder auf ein ausgeglichenes Niveau zu bringen. Dabei müssen Anbieter nicht alles in ihrer Macht stehende tun, um den Wechsel für Kunden unter Aufrechterhaltung aller Funktionen sicherzustellen.[670] Die für den Anwender der Norm auf den ersten Blick bedauerlich erscheinende Generik des Rechtakts und die Betonung dessen, dass Anbieter (nur) im Rahmen ihrer Fähigkeiten angemessene Maßnahmen zu treffen und ausreichende Informationen bereitzustellen haben, tragen dem verfassungsrechtlichen Gebot der Verhältnismäßigkeit Rechnung. Ein gesetzlicher Grundrechtseingriff ist nur verhältnismäßig, wenn er (1) einem verfassungsrechtlich legitimem Zweck dient, (2) zur Erreichung des Zwecks geeignet und (3) erforderlich, sowie (4) verhältnismäßig im engeren Sinne, also angemessen ist. Diesem Schema folgt traditionell das BVerfG in ständiger Rechtsprechung.[671] Eine bemerkenswerte Ausprägung dessen ist auch Art. 27 Data Act, wonach alle Beteiligten nach Treu und Glauben zusammenarbeiten sollen, damit der Wechsel effektiv vollzogen wird, Daten rechtzeitig übertragen werden können und die Kontinuität des Datenverarbeitungsdienstes aufrechterhalten wird.[672] Es dürfte Jahre dauern, bis hier eine gefestigte Rechtsprechung Orientierungshilfe geben kann.

### 4. Begrifflichkeiten: »Exportierbare Daten«, »Metadaten«, »Semantik«, »Informationen«

Zum Verständnis des vom bisherigen Anbieter zu leistenden Migrationssupport ist 1274
eine Abgrenzung der Begriffe »Exportierbare Daten« und »Metadaten« von der oben beschriebenen »Semantik« erforderlich, sowie ein Verständnis zur Einordnung der Daten, die für die interne Funktionsweise des Datenverarbeitungsdienstes des Anbieters spezifisch sind. Als »**exportierbare Daten**« definiert Art. 2 Nr. 38 Data Act **Eingabe- und Ausgabedaten einschließlich Metadaten, die unmittelbar oder mittelbar durch die Nutzung des Datenverarbeitungsdienstes durch den Kunden oder gemeinsam generiert werden, mit Ausnahme der Vermögenswerte oder Daten eines Anbieters von Datenverarbeitungsdiensten oder Dritter, die durch Rechte des geistigen Eigentums geschützt sind oder ein Geschäftsgeheimnis darstellen.** »Metadaten« werden in Art. 2 Nr. 2 Data Act definiert als **eine strukturierte Beschreibung der Inhalte oder der Nutzung von Daten, die das Auffinden eben jener Daten bzw. deren Verwendung erleichtert.** Vergleicht man diese Definition mit der Bedeutung der Semantik (s.o.) ergibt sich, dass semantische Daten und mit ihnen das logische Datenmodell

668 Charta der Grundrechte der Europäischen Union (2000/C 364/01), Art. 16.
669 Zum regulierungsrechtlichen Ziel der Wettbewerbsförderung s. z.B. OVG Münster, Urteil vom 01.12.2026 – 13 A 3080/15.
670 Etwas missverständlich hierzu Bomhard, MMR 2024, 109.
671 Lindner, NJW 2024, 564 m.w.N.
672 Erwgr. 92; Siehe z.B. Art. 30 (1) und (2).

eine Teilmenge der so definierten Metadaten sind. Zu diesen Metadaten gehören aber nicht nur semantische Daten. Darunter können auch solche Daten fallen, die für die interne Funktionsweise des Datenverarbeitungsdienstes des Anbieters spezifisch sind. Umgekehrt fallen aber nicht alle **Informationen bezüglich der internen Funktionsweise** des Datenverarbeitungsdienstes unter Metadaten i.S.d. Data Act, und zwar auch dann nicht, wenn der Kunde diese Informationen für den effektiven Wechsel oder zur Herstellung der Funktionsäquivalenz benötig. Für solche Daten sieht der Data Act komplizierte Regelungen vor, die im Ergebnis zu folgendem Bild führen:

1275

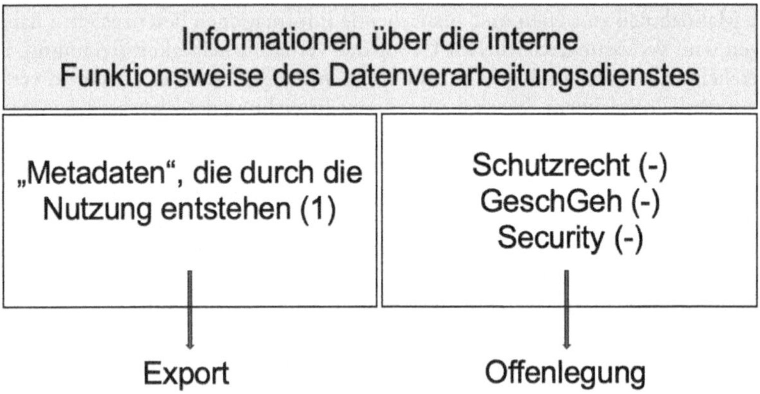


Abb. 6: Pflichten bezüglich Informationen über die Funktionsweise des Datenverarbeitungsdienstes

1276 Werden **Informationen über die interne Funktionsweise** des Dienstes durch die Nutzung des Datenverarbeitungsdienstes generiert und sind sie für einen ungehinderten und effizienten Wechsel notwendig, muss der Anbieter sie zum Export bereitstellen, und zwar auch dann, wenn die Gefahr der Verletzung von Geschäftsgeheimnissen des Anbieters besteht (Abbildung: [1]). Soweit Informationen über die interne Funktionsweise des Dienstes nicht durch die Nutzung des Datenverarbeitungsdienstes generiert, fallen sie nicht unter die Definition von »exportierbare Daten«. Sind sie für einen ungehinderten und effizienten Wechsel notwendig, muss der Anbieter sie offenlegen – es sei denn, es handelt sich um digitale Vermögenswerte die durch Rechte des geistigen Eigentums geschützt sind oder ein Geschäftsgeheimnis darstellen. Der wesentliche Unterschied ist somit, dass exportierbare Daten auch dann in die Verfügungsgewalt des Kunden gelangen müssen, wenn es sich um geschützt Informationen handelt, eine Offenlegung anderer geschützter Informationen – also Informationen, die nicht unter »exportierbare Daten« zu subsumieren sind – kann verweigert werden.

## 5. Art und Weise der Bereitstellung von Informationen, die nicht exportierbare Daten sind

Weiterhin sind die »einschlägigen Informationen« gemäß Art. 25 (2) lit. b. von den »ausreichenden Informationen« nach Art. 30 (2) abzugrenzen. Der bisherige Anbieter hat dem Kunden alle einschlägigen Informationen bereitzustellen, die er für seine **Ausstiegsstrategie** und deren Umsetzung benötigt. Die Art und Weise der Bereitstellung ist nicht festgelegt. Als Teil dieser einschlägigen Informationen sind jene über den vom Wechsel betroffenen Dienst zu betrachten, die »ausreichend« sind, um die Software zu entwickeln, die für die Kommunikation mit den Diensten zu Zwecken der Datenübertragbarkeit und der Interoperabilität erforderlich ist. Dies ist die **Kommunikationsfunktion** eines Migrationstools. Für diese ist als Art der Bereitstellung die Aufnahme in offene Schnittstellen vorgesehen (s. Rdn. 1182). 1277

## 6. Schnittstellen und Protokolle

Zum Verständnis einer Schnittstelle kann ein Vergleich mit der allgemein bekannten E-Mail-Kommunikation gezogen werden. Um mit einer anderen Person per E-Mail Daten oder Datenpakete auszutauschen, ist zunächst die Kenntnis der E-Mail-Adresse erforderlich. Sie gibt an, wohin Daten und Datenpakete gesendet werden können. Darüber hinaus muss der Sender die **Datenformate** (s. Rdn. 1188) für Anhänge kennen, die vom Empfänger verarbeitet und gelesen werden können. Die Information über die E-Mail-Adresse ist vergleichbar mit der Information über die Schnittstelle. Die Informationen zum zulässigen Datenformat der E-Mail-Anhänge sind vergleichbar mit den Datenformaten in dem Datenverarbeitungsdienst. Diese Informationen genügen, um Daten und Datenpakete in einen Datenverarbeitungsdienst einzubringen. Werden sie im Rahmen einer Schnittstelle bereitgestellt, werden sie auch als »Protokolle« bezeichnet. Diese Informationen sind Nutzern von Datenverarbeitungsdiensten im Rahmen der Bereitstellung des Dienstes bekannt. Für die Portabilität reichen diese Informationen nicht. 1278

## 7. Verantwortlichkeiten innerhalb der Abstraktionsebenen

Art. 30 Data Act differenziert bei den technischen Aspekten des Wechsels zwischen IaaS einerseits (Abs. 1) und PaaS/SaaS (Abs. 2 – 4) andererseits, da sich Datenverarbeitungsdienste im Bereich IaaS von den beiden anderen im Hinblick auf die Komplexität des Zusammenwirkens der Ressourcen des Anbieters und Daten bzw. digitalen Vermögenswerten des Kunden unterscheidet. Entsprechend sind die Anforderungen an den bisherigen Anbieter bei IaaS weniger weitreichend, denn die vom Anbieter bereitgestellten Infrastrukturelemente werden vom Kunden selbst bedarfsgerecht angefordert und konfiguriert. Darüber hinaus ist der Kunde für die Bereitstellung, Wartung und Unterstützung der darauf aufbauenden Plattformen und/oder Softwareanwendungen selbst verantwortlich. Hierzu gehören auch Datenbanksysteme mit ihren Architekturen, Semantiken und Formaten (s.o.). Seine Plattformen und Softwareanwendungen sind über Kommunikationsschnittstellen mit der Infrastruktur des Anbieters verbunden. Die Verantwortlichkeiten der Parteien sind klar voneinander abgegrenzt. In der 1279 nachfolgenden Abbildung zum »**Shared-Responsibility-Modell**« sind die einzelnen Verantwortlichkeiten der Beteiligten veranschaulicht.[673]

1280

| Responsibility (Verantwortlichkeit) | SaaS | PaaS | IaaS |
|---|---|---|---|
| Informationen und Daten | AG | AG | AG |
| Endgeräte (PCs und mobile Geräte) | AG | AG | AG |
| Konten und Identitätsverwaltung | AG | AG | AG |
| Identitäts- und Verzeichnisinfrastruktur | Shared | Shared | AG |
| Anwendungen | AN | Shared | AG |
| Netzwerksteuerung und -überwachung | AN | Shared | AG |
| Betriebssystem(e) | AN | AN | AG |
| Physische oder virtuelle Server | AN | AN | AN |
| Netzwerk | AN | AN | AN |
| Rechenzentrum | AN | AN | AN |

**Abb. 7: Shared Responsibility Modell bei Cloud-Computing**

## III. Ausgewählte Anforderungen an den bisherigen Anbieter

### 1. Unterstützung der Ausstiegsstrategie des Kunden

1281 Wie oben ausgeführt verpflichtete der Data Act mit Art. 25 (2) lit. b. den bisherigen Anbieter zur Unterstützung der »**Ausstiegsstrategie**« des Kunden, unter anderem durch Bereitstellung aller »einschlägigen Informationen«. Nicht erklärt wird, was unter einer Ausstiegsstrategie zu verstehen ist. Damit ist auch nicht ohne weiteres verständlich, welche Informationen einschlägig sind. Mit »Ausstiegsstrategie« dürfte ein Teil der Migrationsstrategie des Kunden gemeint sein, eine Art Verfahrenshandbuch für den Anbieterwechsel, welches für den Projekterfolg von entscheidender Bedeutung ist. In der Ausstiegsstrategie könnte u.a. festgelegt werden, welche Daten migriert werden

673 Schultz/Sarre, CR 2022, 281 zur Verantwortlichkeit für die IT-Sicherheit bei der Nutzung von Cloud-Services im Unternehmen.

sollen (»relevante Daten«), wie mit nicht relevanten Daten umzugehen ist (storing), wie relevante Daten zum Zweck der Migration bereinigt werden können und welche Sicherheitsmaßnahmen während des Migrationsprozesses in den Systemen des bisherigen Anbieters zu treffen sind.[674] Darüber hinaus ist mit dem bisherigen Anbieter eine Backup- und Recovery-Strategie zu vereinbaren und der Zeitpunkt, an dem dieser Daten des Kunden löscht. Zur Realisierung seiner Ausstiegsstrategie benötigt der Kunde zudem ein Migrationstool (s. Rdn. 1277).

Für die Entwicklung der Kommunikationsfunktion des Migrationstools sind neben **1282** den aus der Servicenutzung bekannten Informationen über die Schnittstellen und die Datenformate (s. Rdn. 1188) unter anderem semantische Informationen aus dem logischen Datenmodell erforderlich, die als Teil des DMS in Tabellen abgelegt sind.[675] Stehen solche Informationen nicht zu Verfügung, ist ein aufwändiges Re-Engineering erforderlich. Das Konzept, welches das Gesetz an dieser Stelle zur Bewirkung eines einfachen und kosteneffizienten Anbieterwechsels nun anwendet, ist aus rechtlicher Sicht bemerkenswert. Es ordnet ganz lapidar mit Art. 30 (2) Data Act die Überführung derjenigen Informationen in die Exportschnittstellen an, die notwendig sind, um die Kommunikationsfunktion des Migrationstools zu entwickeln. Gleichzeitig sollen diese Schnittstellen künftig offen sein. Als »**offene Schnittstellen**« werden solche bezeichnet, die für jedermann öffentlich verfügbar sind, so dass Dritte auf sie zugreifen und sie verwenden können.[676] Der Geschäftsgeheimnisschutz des Anbieters hierfür endet somit faktisch in dem Moment, in dem er den einfachen und kosteneffizienten Anbieterwechsel behindert.[677] Das geht weit über die oben beschriebenen Anordnungen des § 69e UrhG hinaus, hat sich aber letztlich als erforderlich erwiesen, um die schon dort angestrebte Interoperabilität und den Anbieterwechsel vom bisherigen Anbieter unbehindert und kosteneffizient durchführen zu können. Die Brisanz dieser gesetzlichen Anordnung offenbart sich, wenn man sich bewusst macht, welche Informationen über die Semantik hinaus als erforderlich zur Entwicklung der Kommunikationsfunktion betrachtet werden könnten. Das können z.B. Informationen über Datenvalidierungsregeln im Altsystem, einschließlich der Beschränkungen und Regeln für die Datenintegrität sein, die Logik zur Datenmanipulation und -verarbeitung, Details zu externen Systemen oder Diensten, mit denen das Altsystem verbunden ist, Informationen über Benutzerkonten, Profile, Einstellungen und andere benutzerspezifische Daten, die migriert werden müssen sowie Testdaten aus dem Altsystem, um die Migration gründlich testen zu können und sicherzustellen, dass alle Daten korrekt übertragen werden (Überprüfungsmechanismen). Die Brisanz besteht aber nicht nur für den Anbieter, sondern auch für den Kunden, denn in diesen Informationen stecken auch seine sensiblen Informationen, die er zwar für seine Ausstiegsstrategie

674 Der bisherige Anbieter ist für die Sicherheit der technischen Modalitäten verantwortlich, soweit er sie für den Vollzug des Wechsels bereitstellt, Erwgr. 94 Data Act.

675 Schicker, Datenbanken und SQL, 5. Auflage 2017, Kapitel 5.12.1.

676 »öffentlich« in diesem Sinne bezieht sich nach Art. 30 Abs. 2 Data Act auf alle Kunden und den betreffenden übernehmenden Anbietern von Datenverarbeitungsdiensten.

677 Art. 23 lit. c. und d. Data Act; ähnlich Bomhard/Merkle, RDI 2022, 168.

oder für die Herstellung einer Funktionsäquivalenz benötigt, sicher aber nicht über öffentliche Schnittstellen publiziert wissen möchte. Zu Gunsten des Anbieters sah das Europäische Parlament mit dem Vorschlag der Kommission zu Art. 30 (2) Data Act[678] das Unternehmergrundrecht des bisherigen Anbieters offensichtlich übermäßig beschränkt,[679] denn nach entsprechenden Verhandlungen einigte man sich auf die Einfügung des heutigen Art. 30 (6) Data Act, womit dem ohnehin komplizierten Gesetzestext eine weitere Komplexität hinzugefügt wurde. Von der Offenlegungspflicht via öffentlicher Schnittstelle ausgenommen sind nun »digitale Vermögenswerte des bisherigen Anbieters, die durch Rechte des geistigen Eigentums geschützt sind oder ein Geschäftsgeheimnis darstellen oder deren Offenlegung die Sicherheit und Integrität des Kunden oder des Anbieters selbst beeinträchtigen«. Zudem wird klargestellt, dass der bisherige Anbieter nicht verpflichtet ist, neue Technologien oder Dienste zur Unterstützung des Wechsels zu entwickeln. Welche Informationen nun letztlich in offene Schnittstellen aufzunehmen sind und welche dem Kunden auf andere Weise offenzulegen oder zu übermitteln sind, wird am Ende wohl der EuGH entscheiden. Aus der Formulierung in Art. 30 (1) Data Act könnte man den Schluss ziehen, dass Informationen zur Herstellung einer Funktionsäquivalenz jedenfalls nicht dazu gehören, denn die hat der IaaS-Anbieter jenseits von offenen Schnittstellen zu liefern.

1283 Im Zusammenhang mit Datenbanken ist bei Rechten des geistigen Eigentums an verschiedene Ausschließlichkeitsrechte zu denken: An das investitionsbezogene, von der Originalität unabhängige **Datenbankherstellerrecht** nach §§ 87a–e UrhG[680] (Schutz von Datenbanken z. G. des Investors), bei schöpferischen Datenbanken zusätzlich an das Urheberrecht am Datenbankwerk nach § 4 Abs. 2 UrhG[681] (Schutz von Datenbankwerken z. G. des Schöpfers), bei elektronischen Datenbanken das Urheberrecht nach den §§ 69a–g UrhG an dem zu ihrem Betrieb erforderlichen Computerprogramm, sowie schließlich bei Datenbanken mit urheber- oder leistungsschutzrechtlich geschützten Inhalten die Urheber- und Leistungsschutzrechte an den einzelnen Datenbankinhalten.[682] Dabei bereitet die Bestimmung des Gegenstandes des hier vornehmlich relevanten Sui-generis-Schutzes nach §§ 87a ff. UrhG im Verhältnis zu den in der Datenbank gespeicherten Daten erhebliche Schwierigkeiten. Während

678 Vorschlag der Europäischen Kommission für eine Verordnung des Europäischen Parlaments und des Rates über harmonisierte Vorschriften für einen fairen Datenzugang und eine faire Datennutzung: https://eur-lex.europa.eu/legal-content/DE/TXT/PDF/?uri=CELEX:52022PC0068.

679 Siehe 4-Spalten-Dokument: https://www.europarl.europa.eu/meetdocs/2014_2019/plmrep/COMMITTEES/ITRE/DV/2021/12–06/DGA_ProvisionalAgreedText_EN.pdf, zuletzt abgerufen am 07.04.2024.

680 Leistungsschutzrecht unabhängig von der Schöpfungshöhe; SWD(2018) 147 final: https://data.consilium.europa.eu/doc/document/ST-8467–2018-INIT/de/pdf, zuletzt abgerufen am 15.04.2024.

681 Hermes, Wandtke/Bullinger, Urheberrecht, 6. Auflage 2022, § 87a, Rn. 3.; Erwgr. 58.

682 Siehe auch: Hermes, Wandtke/Bullinger, Urheberrecht, 6. Auflage 2022, Vorbemerkung zu §§ 87a ff., Rn, 19.

sich einerseits gemäß Erwgr. 58[683] der Datenbankrichtlinie[684] der Schutz zwar ausdrücklich auf den Inhalt der Datenbank bezieht[685], darf damit kein Ausschließlichkeitsrecht für den Datenbankhersteller an den Daten selbst einhergehen; insbesondere nicht vor dem Hintergrund, dass er keinen Aufwand für die Beschaffung der vom Nutzer eingegebenen Daten hatte. Soweit hier ein Widerspruch gesehen wird, können einem Urteil des EuGH vom 09.11.2004[686] erste Anhaltspunkte für eine Einordnung entnommen werden. Der EuGH stellt klar, dass der **Sui-generis-Schutz für Datenbanken** der Investition in die Art und Weise der konkreten Darstellung der Daten und Informationen in der Datenbank gewidmet ist. Soweit die Investition in eine Überprüfung des Inhalts der Datenbank zu diesem Schutz führt, geht es um die Verlässlichkeit der in der Datenbank bereits enthaltenden Informationen durch Kontrolle der Richtigkeit der Elemente während des Betriebs, mithin um die in diesem Abschnitt bereits erwähnten Überprüfungsmechanismen. Wendet man diese Prämissen auf die oben dargestellten Datenmodelle an lässt sich vertreten, dass die konkrete Darstellung der Informationen und Daten in der Datenbank dem physischen Datenmodell entspricht. Maßnahmen zur Überprüfung des Inhalts sind in den Tabellen selbst oder im Datenbankmanagementsystem hinterlegt. Während das physische Datenmodell und die Überprüfungsmechanismen somit unter den Schutz der §§ 87a ff. UrhG fallen können, wären die Daten selbst in ihrem kontextuellen Datenmodell und das semantische Datenmodell nicht Gegenstand dieses Leistungsschutzrechts.[687] Mit dieser Sichtweise, die sicher auch der vom EuGH geforderten Interessenabwägung genügen dürfte,[688] löst sich zumindest für Datenbanken im Zusammenhang mit XaaS-Lösungen das Problem des Reflex zum Schutz der Inhalte, der in der Literatur beschrieben wird,[689] sinnvoll auf.

Soweit das sui-generis-Recht für Datenbanken den bisherigen Anbieter nicht vor einer Offenlegungspflicht schützt – z.B. weil im Rahmen des Cloud-Switching kein wesentlicher Teil entnommen würde, der die Amortisation der Investition gefährdet – wäre zu prüfen, ob er sich auf das Vorliegen von **Geschäftsgeheimnissen** stützen kann. Eine Information ist ein »Geschäftsgeheimnis« im Sinne der Geschäftsgeheimnisrichtli- 1284

683 »Neben dem Schutz, der mit dieser Richtlinie der Struktur der Datenbank durch das Urheberrecht und deren Inhalt durch das Recht sui generis, die nicht genehmigte Entnahme und/oder Weiterverwendung zu untersagen, gewährt wird, bleiben andere Rechtsvorschriften der Mitgliedstaaten betreffend das Anbieten von Datenbankprodukten und -diensten weiter anwendbar.«.

684 Richtlinie 96/9/EG des Europäischen Parlaments und des Rates vom 11.03.1996 über den rechtlichen Schutz von Datenbanken (Datenbankrichtlinie).

685 Näher Begründung in EuGH, 08.06.2004, C-203/02, Rn. 34 und 35, *Stix-Hackl* Schlussanträge.

686 EuGH, 09.11.2004, C-203/02, The British Horseracing Board Ltd. u.a./William Hill Organization Ltd.

687 So im Ergebnis auch Hermes, Wandtke/Bullinger, Urheberrecht, 6. Auflage 2022, Vorbemerkung zu §§ 87a ff. Rz. 32.

688 EuGH, 03.06.2021, C-762/19, CV-Online Latvia SIA gegen Melons SIA.

689 Ähnlich Harting, CR 2016, 646.

nie und des Geschäftsgeheimnisgesetzes, wenn sie in dem Sinne geheim ist, dass sie weder in ihrer Gesamtheit noch in der genauen Anordnung und Zusammensetzung ihrer Bestandteile den Personen in den Kreisen, die üblicherweise mit dieser Art von Informationen umgehen, allgemein bekannt oder ohne weiteres zugänglich ist, sie von kommerziellem Wert, weil geheim ist und sie Gegenstand von den Umständen entsprechend angemessenen Geheimhaltungsmaßnahmen durch die Person ist, die die rechtmäßige Kontrolle über die Information besitzt.[690] Im Übrigen sei hierzu auf einschlägige Literatur verwiesen.[691] Im Rahmen der Bürgerbeteiligung zum Data Act war der Schutz von Geschäftsgeheimnissen eines der meistdiskutierten Aspekte. Die Verfechter eines umfassenden Schutzes konnten sich nur teilweise durchsetzen. Dies erklärt sich mit der offensichtlichen Haltung der Kommission, dass der Schutz von Geschäftsgeheimnissen die Verwirklichung der Europäischen Datenstrategie nicht behindern darf. Entsprechend kündigt sie in ihrem Dokument »Regulation establishing a framework for the use of data in the EU« vom 28.05.2021 eine Überprüfung der Geschäftsgeheimnisrichtlinie und der Datenbankrichtlinie an.[692]

### 2. Vermeidung von Ausfallzeiten (Erwgr. 78)

1285 Nicht zu unterschätzen ist die in Art. 25 (2) lit. b. Data Act angesprochene Bedeutung der gleichbleibend hohen Qualität des Cloud-Services durch den bisherigen Anbieter während des Wechsels trotz des mit der Migration verbundenen Aufwands. Vertragliche Regelungen hierzu (**Verfügbarkeit, Reaktionszeiten, Wiederherstellungszeiten**) finden sich häufig nicht in dem zugrundeliegenden Rahmen- oder Hauptvertrag, sondern – in der Annahme, es handele sich nur um einen fachlichen Aspekt – unkoordiniert in Anhängen, den so genannte »Service-Level-Agreements« oder »SLA«. Verfügbarkeitszeiten werden dort in Prozentzahlen, i.d.R. 99,x %/Messperiode angegeben und die Unterschreitung des vereinbarten Sollwerts gestaffelt mit Maluspunkten versehen. Ähnliches gilt für die Vereinbarung von Lösungszeiten in Anhängigkeit von Prioritätsklassen, z.B. Prio 1, 2 und 3.

690 Art. 2 Nr. 1 Richtlinie (EU) 2016/943 vom 08.06.2016 über den Schutz vertraulichen Know-hows und vertraulicher Geschäftsinformationen vor rechtswidrigem Erwerb sowie rechtswidriger Nutzung und Offenlegung (GeschGehRiLi).

691 Partsch/Rump, NJW 2020, 118 ff.; Burghardt-Richter/Bode, BB 2019, 2697 ff.

692 https://eur-lex.europa.eu/legal-content/EN/TXT/PDF/?uri=PI_COM:Ares(2021)3527151, zuletzt abgerufen am 15.04.2024.

▶ Beispiel 1286

| Service Level | Sollwert | Maluspunkte | | Grenzwert |
|---|---|---|---|---|
| | | 1 | 2 | |
| Verfügbarkeit | 99,75% | 99,0% ≤ x < 99,75% | 98,0% ≤ x < 99,0% | < 98,0% |
| Lösungszeit 1 | 4 h | 4 h < x < 6 h | 6 h < x < 8 h | 8 h < |
| Lösungszeit 2 | 48 h | 48 h < x < 54 h | 54 h < x < 60 h | 60 h < |
| Lösungszeit 3 | 72 h | 72 h < x < 84 h | 84 h < x < 96 h | 96 h < |

Abb. 8: Beispiel eines SLA

Kommen die SLA-Vorschläge vom Anbieter, werden i.d.R. nicht Lösungszeiten, son- 1287 dern nur Reaktionszeiten festgelegt. Reaktionszeiten definieren die Zeit, innerhalb derer der Anbieter dem Kunden nach Eingang einer Nachricht mitteilen muss, dass er begonnen hat, sich des Problems anzunehmen – was für den Kunden mäßig nützlich ist. Zudem fehlt die Spalte »Grenzwert« und damit einhergehend eine Regelung, wie mit Leistungen unter dem Grenzwert umzugehen ist. Stattdessen finden sich Klauseln, denen zufolge die Maluspunkte, die in eine Minderung der zu zahlenden Vergütung für den Vertragsmonat umgerechnet werden, die einzigen und ausschließlichen Folgen einer Minderleistung darstellen. Bei einer solchen Regelung handelt es sich um eine unzulässige und somit unwirksame Haftungsbeschränkung i.S.d. § 309 Nr. 7 BGB.[693] Dies ist vielen Anbietern jedoch nicht bewusst und so ziehen sie in der Annahme, schlimmeres als 2 Maluspunkte könne ihnen nicht geschehen, im Falle einer gut bezahlten Exit-Unterstützung Mitarbeiter aus dem Service ab. Die Praxis zeigt, dass Kunden in einer solchen Situation nicht konsequent gegen den Anbieter vorgehen, der u.U. wegen Unkenntnis seines Risikos aus einer unwirksamen AGB-Klausel auch kein Personal hat, mit dem er den Mehraufwand decken kann. Es empfiehlt sich daher, entsprechend wirksame und präzise Klauseln zur Aufrechterhaltung der Servicequalität während eines Wechsels bis zu dessen Abschluss neben Regelungen zur Kontinuität in die Vertragsklauseln nach Art. 25 (2) lit. aa, ii Data Act aufzunehmen, denn unter »Kontinuität« versteht der Anbieter nicht notwendig »kontinuierlich gleichbleibende Qualität«.

## IV. Ergänzende rechtliche Aspekte zum Migrationssupport

### 1. Vorgehen im Falle einer außerordentlichen Kündigung

Nicht schließen lässt sich mit einer nachvertraglichen Leistungspflicht die Lücke, die 1288 nach einer außerordentlichen Kündigung des Vertrags aus einem vom Kunden zu vertretenden wichtigen Grund durch den Anbieter entsteht. Ist dem Anbieter bereits

693 Ausführlich zu dieser Thematik: *Strittmatter*, Auer-Reinsdorff/Conrad, Handbuch IT- und Datenschutzrecht, 3. Aufl. 2019, § 22 Rn. 105 ff.

die Fortführung des Vertrages als solchem bis zur ersten ordentlichen Beendigungsmöglichkeit unzumutbar, gilt dies erst recht für eine nachvertragliche Leistungserbringung. In diesem Fall fehlt es allerdings auch in der Regel an einem schutzwürdigen Interesse des Kunden zur weiteren Leistungserbringung, wenn er selbst durch sein Handeln die Kündigung des Vertrages provoziert hat. Im Rahmen der Gestaltung eines Outsourcing-Vertrages ist die sorgfältige Formulierung von Kündigungsklauseln zu Gunsten des Anbieters damit von erheblicher Bedeutung.

### 2. Beendigung:

1289 Der Wechsel ist erst dann beendet, wenn der Service in der Umgebung des neuen Anbieters getestet und vom Kunden abgenommen ist. In einem Outsourcing-Vertrag sollte der Anbieter für den Fall eines späteren Wechsels verpflichtet werden, während einer Übergangsphase nach dem Anbieterwechsel die Daten des Kunden zu speichern und auf Abruf (entgeltlich) weiteren Support zu leisten. Daneben sollte der Anbieter verpflichten werden, nach Ablauf dieser Übergangsphase sämtliche Kopien der Daten zu vernichten bzw. von seinen Subunternehmen vernichten zu lassen, sobald der Kunde den Empfang bestätigt hat oder, sofern dem Rechte des Anbieters entgegenstehen, mit deren Wegfall. Sofern personenbezogene Daten betroffen sind, ist durch den Kunden ein Zurückbehaltungsrecht insoweit auszuschließen.

### 3. Aufrechterhaltung einer Minimal-Lizenz aus Compliance-Gründen

1290 Treten nach der Migration in der neuen Umgebung Schwierigkeiten auf, mag es hilfreich sein, weiterhin Zugriff auf Support des ursprünglichen Anbieters zu haben. Aus diesem Grund könnte die Aufrechterhaltung einer minimalen Lizenz beim ursprünglichen Anbieter sinnvoll sein. Auf diese Weise könnte die Migration auf die für die aktive Nutzung relevanten Daten beschränkt und daneben ein Supportvertrag mit dem ursprünglichen Anbieter aufrechterhalten werden. Da dies für den ursprünglichen Anbieter wenig attraktiv sein dürfte, empfiehlt es sich für den Kunden, eine solche »Exit-Vereinbarung« schon bei Abschluss des Outsourcing-Vertrages hin zum Anbieter zu verhandeln.

### 4. Haftung

1291 Zum gegenwärtigen Zeitpunkt liegen erste Entwürfe für Standardvertragsklauseln zum Cloud-Switching vor. Korrespondierende Unterlagen gewähren Einblicke in die Überlegungen der Experten. Sie betreffen u.a. ein für deutsche Unternehmen bekanntes Problem: Die Begrenzung der Haftung des bisherigen Anbieters für die Qualität der Daten. Während man auf europäischer Ebene scheinbar wie selbstverständlich die übliche Praxis der Haftungsbegrenzung von Anbietern für einfache Fahrlässigkeit auf den jährlichen oder gar monatlichen Vertragswert hinnimmt, kommt dies für deutsche Anbieter nicht einmal dann in Betracht, wenn sie Distributoren der großen Anbieter sind und sie auf die Performance selbst überhaupt keinen Einfluss haben. Zu diesem Thema sei auf die einschlägige Fachliteratur verwiesen.[694]

## D. Drittlandstransfer/Schutz im internationalen Verkehr

### I. Überblick

Der Data Act widmet ein Kapitel (mit aber nur einer Regelung) dem Thema der internationalen Datentransfers. Neben Art. 32, der direkt im Kapitel VII angesiedelt ist, muss hier auch Art. 28 einbezogen werden, der, systematisch wenig sinnvoll, in Kapitel VI integriert ist, aber dezidiert die Transparenzpflichten in Bezug auf den Zugang und die Übermittlung im internationalen Umfeld regelt. 1292

Datenschutzgeneigte Juristen werden sich sofort in die Schrems II[695], Transfer Impact Assessment Thematik, Art. 45 DSGVO-Prüfungen[696] und die komplexen Fragen der außereuropäischen Zugriffe auf Daten versetzt fühlen. Noch deutlicher als die DSGVO adressiert Kapitel VII des Data Acts aber explizit den unrechtmäßigen staatlichen Zugang und unrechtmäßige Übermittlung von (nicht-personenbezogenen) Daten und sieht hierfür konkrete Schutzmaßnahmen im Falle von Widersprüchen zum EU- oder Mitgliedstaatsrecht vor. Sprachlich ungenau bezieht sich Kapitel VII auf den Zugriff »im internationalen Umfeld«. Unter Heranziehung von Erwägungsgrund 101 und 102 scheinen hiermit aber, wie in der DSGVO, Konstellationen mit »Drittstaaten« gemeint sein und damit mit Ländern außerhalb der EU/des EWR. 1293

Während die DSGVO mit ihrem Kapitel V sämtliche Risiken für personenbezogene Daten im Falle eines internationalen Transfers (in Länder außerhalb der EU/EWR) zu adressieren sucht und dafür verschiedene Transfermechanismen zur Absicherung (insb. Adäquanzentscheidungen, Standardvertragsklauseln, Binding Corporate Rules) vorsieht, will der Data Act vor allem die in der Union gespeicherten Daten vor Fremdzugriffen schützen und einen Ausgleich für die mangelnde Reziprozität der Datenzugriffe im Interesse des Know-How Schutzes etablieren.[697] Der Data Act errichtet damit einen Schutzmechanismus für in der EU gespeicherte Daten, während die DSGVO die Daten nach einem Transfer in Drittländer schützen will. 1294

Die Schutzrichtung des Data Acts bezieht sich teilweise auf den Schutz der Grundrechte des Einzelnen aber auch auf grundlegende Interessen eines Mitgliedstaats im Zusammenhang mit nationaler Sicherheit oder Verteidigung. Daneben wird auch der Schutz sensibler Geschäftsdaten berücksichtigt.[698] Bei der Datenherausgabe bzw. Zugangsgewährung soll zusätzlich auch das Re-Identifizierungsrisiko Berücksichtigung finden, was die Schutzlogik ein Stück weit an den Datenschutz heranrückt.[699] 1295

694 Heydn, BB 2021, 1420 ff..
695 EuGH, 16.07.2020 – C-311/18 (»Schrems II«).
696 Wiebe: Der Data Act – Innovation oder Illusion?, GRUR 2023, 1569, 1577.
697 Wiebe: Der Data Act – Innovation oder Illusion?, GRUR 2023, 1569, 1577.
698 Erwägungsgrund 101.
699 Art. 32 Abs. 3 bezieht die Re-Identifizierung ausdrücklich als Schutzziel mit ein.

1296 Der Anwendungsbereich der Regelung ist dabei ausdrücklich auf die nicht-personenbezogenen Daten beschränkt – für personenbezogene Daten gelten weiterhin die Regelungen der DSGVO.[700] Bei den in der Praxis regelmäßig vorliegenden gemischten Datensätzen[701] ergibt sich für Anbieter die Frage, ob über den Data Act für solche Datensätze nun zusätzliche Anforderungen gelten, da die Vorgaben des Data Acts, auch wenn diese grundsätzlich nur auf die nicht-personenbezogenen Bestände direkt Anwendung finden, quasi einen *spill-over effect* auf die personenbezogenen Daten haben. Zieht man die Vorrangregelung des Art. 1 Abs. 5 heran, nach der die Datenschutzregelungen und insb. die DSGVO Vorrang gegenüber dem Data Act genießen, sowie die Leitlinie der Kommission zur Verordnung über nicht-personenbezogene Daten heran, gilt die DSGVO auch für gemischte Datensätze, falls die nicht-personenbezogenen Daten und die personenbezogenen Daten »untrennbar« miteinander verbunden sind. Dies gilt auch dann, wenn die personenbezogenen Daten nur einen kleinen Teil des Datensatzes ausmachen.[702] In solchen Konstellationen könnten Anbieter daher argumentieren, dass eventuelle strengere Maßnahmen nach dem Data Act nicht einschlägig sind, weil die Vorrangregelung zugunsten der DSGVO greift.

## II. Anforderungen an Herausgabe oder Zugangsgewährung

1297 Art. 32 regelt in den Absätzen 2 und 3 zahlreiche Anforderungen, wann ein Anbieter dem Herausgabe- oder Zugangsgewährungsverlangen aus dem Drittland nachkommen darf und muss.

### 1. internationale Übereinkunft

1298 Der Grundsatz findet sich in Art. 32 Abs. 2, der die Urteile oder Entscheidungen aus Drittländern, die auf Herausgabe oder Zugangsgewährung zu nicht-personenbezogenen Daten gerichtet sind, nur dann anerkannt und gegen den Anbieter vollstreckt werden können, wenn sie auf einer rechtskräftigen internationalen Übereinkunft (vor allem Rechtshilfeabkommen) beruhen. Die Übereinkunft muss zwischen dem anfragenden Drittland und der EU oder dem Mitgliedstaat beruhen.

---

700 Dies gilt schon aufgrund der klaren Beschränkung des Art. 32 auf nicht-personenbezogene Daten, ohne dass es eines Rückgriffs auf die Vorrangregelung der DS-GVO nach Art. 1 Abs. 5 bedarf.

701 Siehe hierzu auch die Leitlinien der Kommission zur Verordnung über einen Rahmen für den freien Verkehr nicht-personenbezogener Daten in der Europäischen Union (COM [2019] 250 final, S. 8): https://eur-lex.europa.eu/legal-content/DE/TXT/PDF/?uri=-COM:2019:250:FIN&from=EN (zuletzt abgerufen am 29.04.2024).

702 Leitlinien der Kommission zur Verordnung über einen Rahmen für den freien Verkehr nicht-personenbezogener Daten in der Europäischen Union (COM [2019] 250 final, S. 9): https://eur-lex.europa.eu/legal-content/DE/TXT/PDF/?uri=COM:2019:250:-FIN&from=EN (zuletzt abgerufen am 29.04.2024).

## 2. keine internationale Übereinkunft

In Fällen, in denen eine solche Übereinkunft nicht vorliegt und der Anbieter im Falle einer Befolgung der Entscheidung gegen Unionsrecht oder nationales Recht des betreffenden Mitgliedstaats verstoßen würde, erfolgt die Übermittlung oder Zugangsgewährung nur, wenn drei Bedingungen kumulativ erfüllt werden: 1299

- Rechtsstaatliche Grundsätze eingehalten: das Rechtssystem des Drittlands muss vorsehen, dass die Entscheidung oder das Urteil eine Begründung enthalten, hinreichende Bestimmtheit aufweisen und verhältnismäßig sein muss.[703]
- Rechtsmittel: Legt der Adressat des Herausgabe- oder Zugangsgewährungsersuchens begründeten Einwand bei einem zuständigen Gericht des Drittlands ein, muss das Ersuchen überprüft werden.[704]
- Richterliche Berücksichtigung: Das zuständige Gericht des Drittlands, das eine Entscheidung oder ein Urteil erlässt oder eine Verwaltungsentscheidung überprüft muss nach dem Recht des Drittlands befugt sein, die rechtlichen Interessen des Bereitstellers der durch Unionsrecht oder nationalen Recht geschützten Daten gebührend zu berücksichtigen.[705]

Über diese drei Kriterien soll sichergestellt werden, dass vor der Datenbereitstellung eine Art Rechtsstaatlichkeitsprüfung des Drittlandes erfolgt (erneut werden sich datenschutzgeneigte Juristen an die Logiken der Adäquanzentscheidungsprüfungen[706] bzw. die Transfer Impact Assessments erinnern), wenn die Schutzzwecke des Data Acts bzw. die übergeordnet genannten Rechtsgüter berührt sind und keine internationale Übereinkunft herangezogen werden kann. Die relevanten Schutzgüter sind teilweise auf den Schutz der Grundrechte des Einzelnen (Recht auf Sicherheit, Recht auf wirksamen Rechtsbehelf) aber auch auf grundlegende Interessen eines Mitgliedstaats im Zusammenhang mit nationaler Sicherheit oder Verteidigung bezogen.[707] Auch dem Schutz sensibler Geschäftsdaten (insb. Geschäftsgeheimnisschutz, Schutz des geistigen Eigentums und vertragliche Vertraulichkeitspflichten) wird Rechnung getragen.[708] Zudem soll auch das Re-Identifizierungsrisiko vor einer Herausgabe bzw. Zugangsgewährung Berücksichtigung finden.[709] 1300

Der Data Act geht davon aus, dass vor allem wenn durch die Zugangsgewährung oder Übermittlung ins Drittland der Schutz sensibler Geschäftsdaten gefährdet sein könnte, der Kunde nach Möglichkeit (sofern Strafverfolgungszwecke nicht beeinträchtigt werden) durch den Anbieter informiert werden sollte.[710] 1301

703 Art. 32 Abs. 3 lit. a.
704 Art. 32 Abs. 3 lit. b.
705 Art. 32 Abs. 3 lit. c.
706 Wiebe: Der Data Act – Innovation oder Illusion?, GRUR 2023, 1569, 1577.
707 Erwägungsgrund 101.
708 Erwägungsgrund 101.
709 Art. 39 Abs. 3 bezieht die Re-Identifizierung ausdrücklich als Schutzziel mit ein.
710 Erwägungsgrund 101.

1302 Die Rechtsstaatlichkeitsprüfung wird nicht (allein) dem Anbieter auferlegt: Er kann eine Stellungnahme der zuständigen nationalen Stelle oder der für die internationale Zusammenarbeit in Rechtssachen zuständigen Behörde einholen, um festzustellen, ob die drei obengenannten Voraussetzungen erfüllt sind.[711] Die hier angerufenen Stellen können ihrerseits die EU-Kommission konsultieren, um eine Entscheidung herbeizuführen.

1303 Aufgrund der Komplexität der zu prüfenden Rechtsfragen und fremder Rechtssysteme werden Anbieter, auch im Interesse ihrer Kunden, häufig die entsprechenden prüfenden Stellen konsultieren. Es ist anzunehmen, dass diese wiederum regelmäßig die Kommission hinzuziehen. Dies ist im Interesse einer einheitlichen Auslegung und Anwendung der internationalen Rechtsfragen auch ratsam, bedeutet aber auf behördlicher Seite, dass eine entsprechende Ausstattung sowohl der nationalen Stellen als auch der Kommission selbst nötig ist. Dies gilt umso mehr, da die regelmäßige Prüffrist nach dem Willen des Data Act 30 Tage nicht überschreiten soll.

1304 Ruft der Anbieter die entsprechenden Stellen zur Klärung an, erhält aber binnen eines Monats keine Antwort oder einen Negativbescheid (die prüfende Stelle stellt fest, dass die in Art. 32 Abs. 3 genannten Voraussetzungen vom Drittland nicht erfüllt werden), kann er die Aufforderung ablehnen.[712]

1305 Der Data Act bleibt Ausführungen zum Fristbeginn schuldig, sodass auf die allgemeinen EU-Regeln zurückgegriffen werden kann.[713] Bezüglich des Nachweises der bei der Behörde eingereichten Klärungsfrage sollten Anbieter für Inhalt und Fristberechnungen entsprechende Dokumentation anlegen.

1306 Art. 32 trifft zudem auch keine Aussagen darüber, welche Folgen eine später eingehende Positivbescheidung beim Anbieter bewirkt. Insbesondere lässt die Regelung auch offen, ob und wer den anfragenden Drittstaat informieren muss, falls auf sein Ersuchen noch ein verspäteter, aber positiver, Bescheid ergangen ist. Stellt der Drittstaat eine gleichlautende Zugangsaufforderung im Nachgang erneut an den Anbieter, ist nicht davon auszugehen, dass dieser der Aufforderung dann auf Basis des früheren Positivbescheid befolgen muss, da in der Zwischenzeit Veränderungen in den Bewertungsfaktoren eingetreten sein können. Es dürfte sich aus Rechtssicherheitserwägungen anbieten, eine erneute Konsultationsanfrage bei der zuständigen Behörde zu stellen, wobei der Anbieter auch auf die frühere Prüfung referenzieren kann. Sollten sich die entscheidenden Bewertungsfaktoren nicht verändert haben, dürfte der Behörde beim

711 Dies soll nach Art. 39 Abs. 3 insbesondere dann möglich sein, wenn der Anbieter der Auffassung ist, dass die Entscheidung möglicherweise Geschäftsgeheimnisse und andere sensible Geschäftsdaten sowie Inhalte, die durch Rechte des geistigen Eigentums geschützt sind, betrifft oder die Übermittlung eine Re-Identifikation ermöglichen könnte. Daneben kann der Anbieter auch Stellungnahmen der zuständigen Stellen anfordern, wenn fraglich ist, ob angeforderte Daten Relevanz für nationale Sicherheit oder Verteidigung haben.

712 Art. 39 Abs. 3.

713 Verordnung (EWG, Euratom) Nr. 1182/71 des Rates vom 3. Juni 1971 zur Festlegung der Regeln für die Fristen, Daten und Termine, EUR-Lex – 31971R1182 – DE (europa.eu).

zweiten Anlauf eine Bewertung innerhalb der 30 Tage leichter möglich sein, da sie die wesentlichen Prüfschritte und Erwägungen bereits durchlaufen hat.

### 3. Auslegung des Herausgabe- oder Zugangsverlangens

Ergeht eine Positiventscheidung oder sind die Voraussetzungen des Art. 32 Abs. 2 1307 oder Abs. 3 anderweitig erfüllt, ist der Anbieter gehalten, die Mindestmenge an Daten bereitzustellen.[714] Die »Mindestmenge« soll sich aus »angemessener Auslegung« des Verlangens ergeben, entweder durch den Anbieter selbst oder die zur Prüfung angerufene Behörde nach Art. 32 Abs. 3. Eine Auslegung der zuständigen Behörde kann der Anbieter in seiner Konsultationsanfrage daher offenbar mitverlangen, auch wenn dies über den eigentlichen Prüfumfang der drei in Art. 39 Abs. 3 genannten Kriterien hinausgeht. Dies dient auch dem Schutzzweck der Regelung, da vor allem aus dem Umfang der Anfrage und dem somit betroffenen Daten bestimmte Gefährdungen verwirklicht werden könnten.

### 4. Information des Kunden

Nach Art. 39 Abs. 5 soll der Anbieter den Kunden über das Ersuchen der Dritt- 1308 lands-Behörden informieren, wenn nicht Interessen der Strafverfolgung entgegenstehen.

## III. Anforderungen an technische, rechtliche, organisatorische und vertragliche Maßnahmen

Unabhängig von den zahlreichen vorstehenden Anforderungen und Mechanismen 1309 zur Prüfung von internationalen Übereinkünften bzw. den Voraussetzungen, sofern ein solches Abkommen nicht besteht verlangt Art. 32 Abs. 1 vom Datenverarbeitungsdienst alle angemessenen technischen, rechtlichen und organisatorischen Maßnahmen, einschließlich vertraglicher Vereinbarungen, um den Zugriff von in der EU gespeicherten nicht-personenbezogenen Daten an Regierungen von Drittländern zu verhindern, wenn eine solche Übermittlung oder ein solcher Zugang zu einem Konflikt mit dem EU Recht oder dem Recht eines Mitgliedstaats führen würde.[715] Die

714 Art. 39 Abs. 4.

715 Auch Art. 39 Abs. 1 ist in der deutschen Übersetzung verunglückt und spricht von der Verhinderung von »staatliche(m) Zugang zu und staatliche(r) Übermittlung von in der Union gespeicherten nicht-personenbezogenen Daten im internationalen Umfeld und durch. Drittländer« und eröffnet so die Interpretationsmöglichkeit, dass eine vom Staat bewirkte Übermittlung neben der Konstellation des staatlichen Zugriffs geregelt würde. Beachtet man aber die Push- and Pull-Logiken, die stets für die Transferprüfungen berücksichtigt werden müssen, wird deutlich, dass keine von Zugang losgelöste Übermittlung seitens des Staats ausgelöst werden kann. Es muss zudem auf Seiten der Anbieterverantwortlichkeiten einen Unterschied machen, ob sie den Transfer auslösen (Push) oder der Datenzugriff ohne ihr Zutun erfolgt (Pull), auch wenn in beiden Fällen im Ergebnis eine Übermittlung erfolgt. Die Konstellation, die hier eigentlich geregelt werden sollte, ist der (unrechtmäßige) staatliche Zugang zu Daten und die daraufhin angestoßene Übermittlung der Daten ins Drittland, wie ein Vergleich mit der klareren

Regelung dient vor allem der Stärkung des Vertrauens in die Datenwirtschaft und der Implementierung starker Schutzmaßnahmen, die Unionsbürgern, der öffentlichen Hand sowie Unternehmen Kontrolle über ihre Daten ermöglichen soll.[716] Unrechtmäßiger staatlicher Zugang von Drittlands-Behörden soll daher anbieterseitig verhindert werden.[717] Sprachlich scheint der Art. 39 Abs. 1 hinsichtlich des Anwendungsbereichs misslungen, da er Konstellationen »im internationalen Umfeld und durch Drittländer« erfasst, da offen lässt, welches »internationale Umfeld« neben den Drittländern eigentlich gemeint sein soll.

1310 Der Data Act regelt dabei nur oberflächlich, welche Arten von Maßnahmen ausreichen würden, um dieser Verpflichtung nachzukommen. Als mögliche Maßnahmen werden lediglich die Verschlüsselung von Daten, häufige Audits, die Überprüfung der Einhaltung der einschlägigen Systeme für die Sicherheitszertifizierung und die Änderung der Unternehmenspolitik genannt.[718] Welche weiteren Maßnahmen in Betracht gezogen werden sollten und ob diese Verpflichtungen restriktiver sein sollen als die bestehenden Vorschriften der DSGVO lässt der Data Act offen, sodass hier einiger Interpretationsspielraum entsteht und Anbieter die Sicherstellung aufgrund eigener Risikoassessments (wie hoch ist das Risiko des Zugriffs) und der darauf basierenden Festlegung angemessener Schutzmaßnahmen umsetzen müssen.

1311 Art. 32 Abs. 1 erlegt dem Anbieter in jedem Fall keine geringe Anforderung auf: Er soll Zugriffe *»verhindern«*, sofern diese im Widerspruch mit Unions- oder Mitgliedstaatsrecht stünden. Die Verhinderungsanordnung geht insofern noch über den Schutzauftrag der DSGVO, selbst unter Berücksichtigung von SchremsII, hinaus, der vor allem auf eine bestmögliche Risikobewertung und entsprechende Risikoadressierung ausgerichtet ist.

1312 Aufgrund des hohen Schutzniveaus der DSGVO werden Anbieter bis anderweitige Konkretisierungen durch Aufsichtsbehörden oder Gerichte vorgenommen werden gut beraten sein, wenn sie die getroffenen Maßnahmen unter dem Data Act an die bisherigen DSGVO Compliance-Maßnahmen koppeln. Dies dürfte einerseits die Implementierung verschlanken, die häufig komplizierte Aufsplittung von personenbezogenen und nicht-personenbezogenen Datensätzen ersparen und den zusätzlichen Engineering-Aufwand gering halten. Die im Data Act angesprochenen Maßnahmen (Verschlüsselung, Audits, Sicherheitszertifizierung) dürften bei den meisten Unternehmen ohnehin als klassische TOMs bereits zumindest teilweise implementiert sein und müssen daher lediglich für weitere Daten nutzbar gemacht werden.

1313 Die Fragestellung, wann ein Zugriff im Widerspruch zum EU-Recht oder zum Recht des Mitgliedstaats stünde, ist aus Anbietersicht überaus komplex. Neben einer Vielzahl an gesetzlichen Regelungen zum staatlichen Zugriff, Kenntnissen zu Rechtshilfever-

englischen Fassung zeigt: »prevent international and third-country governmental access and transfer of non-personal data held in the Union«.

716 Erwägungsgrund 102.

717 Erwägungsgrund 102.

718 Erwägungsgrund 102.

fahren sowie weiteren zwischenstaatlichen Abkommen zu Datenherausgaben müssen Anbieter ggf. auch weitere, z.B. im Land ihres Hauptsitzes geltende *blocking statutes* beachten.[719] Hier ist zu hoffen, dass entsprechende Risikoprüfungsvorlagen der EU Kommission bei der Bewertung der Zugriffsbefugnisse von Drittländern den Anbietern die Anwendung der Vorschrift in Zukunft erleichtern werden.[720] Anbieter müssen in jedem Fall eine Prüfung vornehmen, ob und wann Direktzugriffe von Behörden von Drittländern auf die von ihnen in der EU gespeicherten Daten erfolgen könnten, um dann zu prüfen, ob ein Verstoß gegen EU-Recht oder Mitgliedstaatsrecht vorläge und dieses Risiko dann durch die zusätzlichen Maßnahmen adressieren.

## IV. Umsetzung unter Heranziehung von Transfer Impact Assessment Logiken

Kommt ein Anbieter aufgrund seiner eigenen Prüfung zum Ergebnis, dass die bei ihm gehaltenen Daten dem Zugriff durch Drittländer ausgesetzt sein könnten und die Zugangsgewährung EU-Recht oder Mitgliedstaatsrecht widersprechen würde, muss er konkrete Schutzmaßnahmen für die Daten unter dem Data Act implementieren. Hierbei können Anleihen aus vorhandenen Transfer-Impact-Assessments gezogen werden. Denn auch wenn die Transfer Impact Assessments die Erfüllung der post-Schrems II Anforderungen bei internationalen Datentransfers bezwecken (Datensicherheit bei Push-Vorgängen) und der Data Act den Zugang zu Daten innerhalb der EU adressiert (Datensicherheit bei Pull-Vorgängen), geht es beiden Konstrukten im Kern um den Schutz der Daten vor unrechtmäßigen Zugriffen Dritter. Die Prüfung von Risiken und Implementierung von Schutzmaßnahmen ist daher beiden Systemen gemein, sodass auch dies dafür spricht, bisherige zusätzliche Vertragsklauseln sowie TOMs nutzbar zu machen. 1314

Wie auch schon unter der DSGVO kann es sich anbieten, technische sowie organisatorische Maßnahmen direkt mit dem Vertrag und entsprechenden Zusagen zu verknüpfen. Beispiele hierfür sind vertragliche Zusagen zu bestimmten Verschlüsselungsniveaus oder Durchführung bestimmter Audits oder Prozesse bei Zugriffsersuchen. 1315

Die zusätzlich ergriffenen bzw. vereinbarten Maßnahmen sollten jedoch von den allgemein erforderlichen technisch-organisatorischen Maßnahmen zumindest in einem gesonderten Tool niedergelegt und dokumentiert werden, insbesondere auch, um die Geeignetheit der Maßnahmen zur Reduzierung der besonderen Risiken darzustellen und zu belegen. Auch um die Nachweisbarkeit gegenüber den Aufsichtsbehörden zu 1316

---

719 Siehe zum Konflikt zwischen staatlichen Zugriffen innerhalb der EU-Mitgliedstaaten nach den neuen Regelungen der E-Evidence Verordnung und ggf. entgegenstehenden *blocking statutes* auf Seiten der Drittländern auch: Weiß/Brinkel: Die E-Evidence-Verordnung – ein europäischer CLOUD-Act, RDi 11/2023, 522, 527.

720 Nach Art. 32 Abs. 3 soll der EDIB die Kommission auch bei der Erarbeitung von Leitlinien zur Entscheidung über das Vorliegen der Kriterien aus Art. 32 Abs. 3 zur Prüfung der Drittländer unterstützen. Es böte sich an, daneben generelle Leitlinien bereitzustellen, die die Anbieter bei der Prüfung unterstützen, ob Widersprüche mit EU-Recht oder Mitgliedstaatsrecht vorliegen.

erleichtern, bietet sich eine separierbare Dokumentation und auch die ausdrückliche Referenzierung des Data Acts als Grundlage der Maßnahmen an.

### 1. Maßnahmen und Bausteine im Überblick

1317 Den vertraglichen Zusicherungen zum Umgang mit Zugriffsanfragen wird besondere Bedeutung zukommen, weil im Regelfall nicht alle mögliche Konstellationen vorab abschließend dahingehend bewertet bzw. abgewendet werden können. Ob tatsächlich ein Widerspruch zum EU Recht oder Mitgliedstaatsrecht auftreten würde kann erst im Moment des Erhalts umfassend geprüft werden. Anbieter sollten daher verschiedene vertragliche Bausteine und Prozesse etablieren, die belegen, wie sie mit Herausgabe- oder Übertragungsersuchen umgehen um die entstehenden Risiken zu adressieren.

1318 Im Folgenden werden einige beispielshafte Maßnahmen aufgezählt und beschrieben. Die Vorschläge sind den datenschutzrechtlichen Konzepten der Transfer Impact Assessments entlehnt[721] und machen diese für die Implementierung des Data Acts nutzbar. Anbieter und Kunden (Dateninhaber) sollten stets prüfen, welche Maßnahmen tatsächlich erforderlich sind und diese anhand der konkreten Risiken ausrichten.

1319 Die aufgelisteten Vertragsbausteine sind weder abschließend noch als kumulativ verpflichtende Liste zu verstehen. Die Beispiele können aber einen Überblick geben, welche Bausteine zur Anwendung kommen können. Insgesamt bietet es sich aus Praxissicht an, im Rahmen der Erfüllung der Verpflichtungen aus Kapitel VII intern mit der Datenschutzabteilung sowie der IT-Abteilung Rücksprache zu halten und die Data Act-Verpflichtungen an die Datenschutzcompliance-Strecken anzudocken, um Synergien zu nutzen, Mehraufwand und doppelte Dokumentationen zu vermeiden.

1320 Anbieter und Kunden sollten sich bei der Festlegung und Vereinbarung der zusätzlichen Schutzmaßnahmen stets zunächst die Schutzziele des Data Acts und der Regelung des Art. 32 vor Augen führen. Anders als die DSGVO schützt der Art. 32 gerade nicht die Datenschutzinteressen der betroffenen Personen, sondern stellt den Schutz von Geschäftsgeheimnissen, anderer sensibler Geschäftsdaten oder durch Rechte des geistigen Eigentums geschützte Inhalte sowie vertraglicher Vertraulichkeitspflichten in den Vordergrund.[722] Daneben soll aber auch dem Risiko einer Re-Identifizierung von Personen begegnet werden,[723] sodass mittelbar auch Datenschutzinteressen berührt sind. Auch dies spricht, neben praktischen und technischen Erwägungen, dafür, die bekannten datenschutzrechtlichen Risikomitigierungsmaßnahmen nutzbar zu machen.

---

721 Insbesondere den überarbeiteten Standardvertragsklauseln der EU Kommission (Durchführungsbeschluss (EU) 2021/914) vom 4. Juni 2021, L_2021199DE.01003101.xml (europa.eu) und dem Prüfungs- und Maßnahmenkatalog des Bitkom Transfer Impact Assessment Tool, s. hier: Bitkom Transfer Impact Assessment Tool (BiTIAT) | Bitkom e. V. (zuletzt abgerufen am 16.4.2024).

722 Art. 32 Abs. 3, Erwägungsgrund 101.

723 Art. 32 Abs. 3.

Beispiele für Bausteine zur Risikoadressierung und -mitigierung: 1321

| | | |
|---|---|---|
| Prüfpflichten | Verbindliche vertragliche Prüfungspflichten des Anbieters bei Datenzugangsanfragen staatlicher Stellen aus Drittländern | 1322 |
| Informationspflicht | Verbindliche vertragliche Informationspflicht des Anbieters (ggf. plus Ausführungen, falls die Informationspflicht nicht gegeben werden kann, wenn die Interessen des Strafverfolgungsverfahrens entgegenstehen) | |
| Rechtsmitteleinlegung | Verbindliche vertragliche Pflicht des Anbieters zur Einlegung von Rechtsmitteln gegen die Zugriffsersuchen | |
| Unterstützungspflicht | Verbindliche vertragliche Unterstützungspflicht zur Wahrung der Rechte des Kunden | |
| Transparenzberichte | Verbindliche vertragliche Verpflichtungen zur Erstellung von Transparenzberichten | |
| Warrant-Canary | Verbindliche vertragliche Pflicht des Anbieters zum Warrant-Canary-Verfahren | |
| Audits und Zertifizierungen | Verbindliche vertragliche Pflicht zur Auditierung oder Einhaltung von Sicherheitsmaßnahmen auf Basis von Zertifizierungen | |
| Technische und organisatorische Maßnahmen (TOMs) | Technische Schutzmaßnahmen wie Verschlüsselung und TTE | |

## 2. Transparenz und Offenlegung

Den Transparenzmaßnahmen und -berichten kommt in der Praxis häufig besondere 1323
Bedeutung zu und sie entfalten sowohl eine Außen- als auch eine Innenwirkung. Grundsätzlich können die Berichte z.B. in Form von Statistiken, kundenaccount-gebundenen Dashbords oder Webseitenreports dargestellt werden und sowohl generisch als auch sehr spezifisch und auf die Einzelkonstellationen zugeschnitten sein.

Ziel der Berichte ist es in erster Linie, Transparenz über in der Vergangenheit lie- 1324
genden Zugriffsersuchen bzw. erfolgte Zugriffe öffentlicher Stellen herzustellen. Sie ermöglichen daher auch eine datenbasierte Risikoanalyse über Zugriffshäufigkeiten bzw. entsprechende Szenarien und geben damit Auskunft darüber, ob und in welchem Umfang die zur Speicherung an den Datenverarbeitungsdienst übermittelten Daten von einem Zugriff durch öffentliche Stellen aus Drittländern bedroht sind. Durch Details wie Zugriffshäufigkeit, -zwecke und deren Rechtsgrundlagen sowie Auskünfte darüber, wie viele Zugriffe tatsächlich gewährt wurden, können Kunden eine fundierte Risikoanalyse vornehmen.

Die Innenwirkung der Erstellung solcher Reports zahlt jedoch ebenfalls auf die Schutz- 1325
ziele selbst ein, da die Anbieter hierdurch angehalten werden, entsprechende Prozesse

und Auswertungen zum Umfang der Anfragen und Zugriffe vorzuhalten und interne Überwachungsstrecken bzw. ein Logging für z.B. die automatisiert erfolgenden Zugriffe aufzubauen. Dies ermöglicht den Anbietern zugleich die systematischen Prüfungen der Anfragen, klare Entscheidungswege und – faktoren werden etabliert und Eskalationsstufen eingerichtet, sofern der Zugriff abgelehnt wird. Durch Prozesse zum Umgang mit den Anfragen staatlicher Stellen aus Drittländern wird es dem Anbieter auch leichter möglich sein, systematische Gegenmaßnahmen anzustoßen.

### 3. verbindliche vertragliche Regelungen zur Reaktion auf Zugangsanfragen und Zugriffe

1326 Zur Adressierung des Zugriffsrisikos staatlicher Stellen aus Drittländern bietet es sich an, dass der Anbieter Vereinbarungen mit dem Kunden mittels verbindlicher vertraglicher Regelungen, Selbstverpflichtungen und Standards zur Reaktion und zum Umgang mit Behördenanfragen trifft.[724] Eine solche vertragliche Vereinbarung kann auch in der ausdrücklichen Zusage der Einhaltung des EU-Rechts bestehen. Hierdurch wird einerseits eine einklagbare vertragliche Verpflichtung kreiert und so das Zugriffsrisiko stärker Richtung Anbieter verlagert. In der Praxis wirken sich solche Zusagen häufig durch die Implementierung stärkerer technischer Maßnahmen und der Etablierung klarer Prozesse ggf. zur Abwehr der Ansprüche aus, was die Zugriffsrisiken aktiv mitigiert. Während bei den bekannten datenschutzrechtlichen Mitigierungsprozessen solche Zusagen häufig im Hauptvertrag, den Auftragsverarbeitungsvertag (oder seinen Anhängen) oder Standardvertragsklauselzusätzen vereinbart wird, werden im Kontext des Data Acts Zusatzvereinbarungen zum Servicevertrag wohl der gängige praktische Weg sein. Aus Gründen der Praktikabilität bietet es sich an, Annexe zum Hauptvertrag zu verwenden, da diese leichter abgeändert oder ausgetauscht bzw. auf Kundenbedürfnisse angepasst werden können. Alternativ können die entsprechenden Vereinbarungen aus den Datenschutzvereinbarungen für anwendbar erklärt und in Bezug genommen werden. Hierbei ist auf die entsprechende Vertragshierarchie zu achten und die entsprechenden Regelungen derart einzubeziehen, dass auch bei Widersprüchlichkeiten zwischen den Dokumenten der Vorrang und die Verbindlichkeit der Regelungen sichergestellt wird.

### 4. verbindliche vertragliche Prüfungspflichten des Anbieters bei Zugriffsanfragen

1327 Ein weiterer vertraglicher Baustein kann die Verpflichtung des Anbieters sein, eine detaillierte formelle und (soweit möglich) sachliche Prüfung der Zugriffsanfrage durchzuführen.[725] Die vertragliche Verpflichtung kann auf die Auslegungspflicht des

724 Vergleichbare Verpflichtungen sehen auch die überarbeiteten Standardvertragsklauseln der EU Kommission (Durchführungsbeschluss (EU) 2021/914) vom 4. Juni 2021vor, L_2021199DE.01003101.xml (europa.eu).

725 Vergleichbare Verpflichtungen sehen auch die überarbeiteten Standardvertragsklauseln der EU Kommission (Durchführungsbeschluss (EU) 2021/914) vom 4. Juni 2021vor, L_2021199DE.01003101.xml (europa.eu).

Anbieters aufbauen, da Art. 32 Abs. 4 vom Anbieter ohnehin eine »angemessene Auslegung des Verlangens« fordert. Mit der Prüfungspflicht kann auch eine entsprechende Information an den Kunden (Dateninhaber) verbunden werden. Dieser sollte dann über den Erhalt der entsprechenden Anordnung (soweit zulässig und nicht Gründe der Strafverfolgung entgegenstehen)[726] informiert und die entsprechenden Rechtsgrundlagen benannt werden. Hier kommen neben Strafverfolgungsregelungen wie (soweit die angeforderten Daten und Beweismittel auch nicht personenbezogene-Daten beinhalten) z.B. der CLOUD-Act[727] auch Gründe aus Exportkontrolle und Geldwäsche in Betracht, soweit diese Zugriffe aus Drittländern auf nicht-personenbezogene Daten zulassen. Durch die Prüfungspflicht und Offenlegung gegenüber dem Dateninhaber kann dieser auch in die Lage versetzt werden, Rechtsmittel zu erwägen und ggf. einzulegen.

### 5. verbindliche vertragliche Pflicht des Anbieters zur Einlegung von Rechtsmitteln

Anbieter und Dateninhaber (Kunde) können auch die Pflicht des Anbieters regeln, 1328
gegen Datenzugriffsanfragen für den Kunden Rechtsmittel einzulegen.[728] Diese Pflicht kann verschiedentlich ausgestaltet werden und z.B. auch die Pflicht beinhalten, gegen entsprechende behördliche Anfragen alle Rechtsmittel auszuschöpfen und letztinstanzliche Entscheidungen herbeizuführen. Sie kann zudem auch die gemeinsame Einlegung von Anbieter und Kunde (bei entsprechender Kostenteilung) vorsehen oder auch eine Abtretungsverpflichtung möglicher Ansprüche enthalten. Im Mindestmaß sollte bei einer solchen vertraglichen Verpflichtung vorgesehen werden, dass vorläufiger Rechtsschutz zu suchen ist bzw. die erste Instanz anzurufen ist oder ein Widerspruch eingelegt werden muss (im Zusammenhang mit Rechtshilfeabkommen kann hier regelmäßig auf die Unverhältnismäßigkeit des Zugriffs referenziert werden). Sofern für bestimmte behördliche Zugriffe Schiedsstellen angerufen werden können, kann die vertragliche Bestimmung auch diese mit in Bezug nehmen.

### 6. verbindliche vertragliche Unterstützungspflicht des Anbieters bei der Durchsetzung der Rechte des Kunden

Als Alternative zur Pflicht des Anbieters Rechtsmittel im Interesse des Kunden einzu- 1329
legen, können Anbieter und Dateninhaber (Kunden) auch Unterstützungspflichten des Anbieters bei der Durchsetzung der Rechte des Kunden vereinbaren. Dies kann beispielsweise die Unterstützung der Bestreitung des Zivilrechtswegs oder auch entsprechende Dokumentationspflichten zu den Verfahren umfassen.

726 Art. 32 Abs. 5.

727 Clarifying Lawful Overseas Use of Data Act, Text – S. 2383 – 115th Congress (2017–2018): CLOUD Act | Congress.gov | Library of Congress (zuletzt abgerufen am 29.04.2024).

728 Vergleichbare Verpflichtungen sehen auch die überarbeiteten Standardvertragsklauseln der EU Kommission (Durchführungsbeschluss [EU] 2021/914) vom 4. Juni 2021vor, L_2021199DE.01003101.xml (europa.eu).

### 7. verbindliche vertragliche Maßnahmen und Prozesse im Umgang mit behördlichen Anfragen

1330 Anbieter und Dateninhaber (Kunden) können weitere Maßnahmen und Prozesse zum Umgang mit behördlichen Anfragen vereinbaren. Als weitere Schutzmaßnahmen im Interesse einer möglichst weitreichenden Garantie der dauerhaften Sicherstellung der vereinbarten Maßnahmen können Auditrechte sowie die Einhaltung von Sicherheitsmaßnahmen nach anerkannten Zertifizierungsschemata festgelegt werden.[729] Daneben können operationelle Richtlinien zum Umgang mit den Anfragen von Strafverfolgungsbehörden und Nachrichtendiensten festgelegt werden aber auch Regelungen für Datenherausgabeanfragen in Notfällen (Terrorismus, Gesundheitsschutz). Die vertragliche Festlegung solcher Prozesse gibt dem Kunden mehr Transparenz, insbesondere wenn ihm die verschiedenen Zugriffskonstellationen, mögliche Anforderungen und Grenzen des Zugriffs offen gelegt werden. Darüber hinaus können interne Zugangslimitierungen, Informationskanäle für den Kunden sowie die Definition von Rechten und Rollenkonzepten festgelegt werden.

### 8. Warrant-Canary-Verfahren[730]

1331 Anbieter und Kunde (Dateninhaber) können verbindliche vertragliche Pflichten zum Warrant-Canary-Verfahren vereinbaren. Das Verfahren ist im datenschutzrechtlichen Kontext lange etabliert und löst eine automatisierte, kryptografisch signierte Mitteilung aus, dass der Anbieter innerhalb eines bestimmten Zeitraums keine Anfrage zum Datenzugriff erhalten hat.[731] Die automatisierten Mitteilungen werden üblicherweise im 24-Stunden Takt ausgelöst. Die Entfernung des Warrant-Canarys informiert den Empfänger (trotz Informationsverbot –»Gag order«) darüber, dass eine Zugangsanfrage beim Anbieter vorliegt.

### 9. technische Maßnahme – Verschlüsselung

1332 Den technischen Maßnahmen kommt bei der Risikoadressierung und Verhinderung von Datenzugriffen besondere Bedeutung zu. Sie knüpfen im Regelfall an die ohnehin implementierten Schutzmaßnahmen der sicheren Datenhaltung an und können für den Schutz für Zugriffen herangezogen werden.

---

729 Audits und Zertifizierungen werden auch direkt vom Data Act als mögliche Maßnahmen vorgeschlagen, Erwägungsgrund 102; Vergleichbare Verpflichtungen zu Audits und Zertifizierungen sehen auch die überarbeiteten Standardvertragsklauseln der EU Kommission (Durchführungsbeschluss (EU) 2021/914) vom 4. Juni 2021 vor, L_2021199DE.01003101.xml (europa.eu).

730 In Anlehnung an den Kohlemienen-Kanarienvogel gilt beim Warrant-Canary: Die Gefahr realisiert sich im Moment des Erhalts der Zugriffsanfrage. Wird der Warrant-Canary (die regelmäßig ausgelöste Nachricht) nicht mehr versendet, ist der Gefahrmoment eingetreten (s.a. hier: Was ist ein Warrant Canary? | Cloudflare).

731 Verpflichtungen zur Information bei Erhalt von Zugriffsverlangen sehen auch die überarbeiteten Standardvertragsklauseln der EU Kommission (Durchführungsbeschluss (EU) 2021/914) vom 4. Juni 2021 vor, L_2021199DE.01003101.xml (europa.eu) vor.

Die wahrscheinlich relevanteste Schutzmaßnahme ist die Verschlüsselung (ggf. bei Übertragung zwischen verschiedenen Speicherorten auch die Ende zu Ende Verschlüsselung) und das Schlüsselmanagement. Die Verschlüsselung wird im Data Act auch ausdrücklich als Maßnahme erwähnt.[732] Zur Umsetzung sollte der Anbieter anhand konkreter Anwendungsfälle, Datenkategorien, deren Speicherorten und möglichen Zugriffsrisiken die konkreten technischen Möglichkeiten eruieren und dokumentieren. Hierbei sollten die verschiedenen Verschlüsselungstechniken analysiert und auf Geeignetheit geprüft werden sowie die Schlüsselverwahrung geregelt werden. 1333

Das Schlüsselmanagement ist unter Einhaltung gängiger Sicherheitsanforderungen an kryptografische Schlüssel zu gewährleisten und dabei eine lückenlose, revisionssichere Protokollierung geregelt werden, um eine Kompromittierung frühzeitig zu erkennen. 1334

Die Auswahl des Verschlüsselungsalgorithmus ist ein zentraler Aspekt bei der Durchführung. Es ist eine grundlegende Anforderung an ein Verschlüsselungsverfahren, dass ohne den geheimen Schlüssel keine Inhalte direkt entschlüsselt werden können. Daher ist es von besonderer Bedeutung, dass die eingesetzten Methoden dem aktuellen technologischen Standard entsprechen. Die technische Umsetzung sollte von Fachleuten durchgeführt und regelmäßig von anderen Experten überprüft werden. Zusätzlich sollte untersucht werden, in welchem Maße die gewählte Verschlüsselungsform eine Analyse von Metadaten ermöglicht und welche potenziellen Risiken dies für die geschützten Daten mit sich bringen könnte. 1335

Die Wirksamkeit der Verschlüsselung und des Schlüsselmanagements ist als hoch einzustufen. Durch eine wirksame Verschlüsselung kann der Zugriff bzw. das Auslesen der Daten verhindert und eine Nutzung der Daten ausgeschlossen werden, wenn keine Durchgriffsbefugnisse auf die Schlüsselverwaltung bestehen. 1336

### 10. technische Maßnahme – TTE

Trusted Execution Environments (TEE)[733] können als technische Maßnahme genutzt werden, um Zugriffsrisiken zu mitgieren. 1337

TEE bieten eine spezielle Hardwareumgebung für die Ausführung kritischer Anwendungen, die selbst von Anwendungen oder Nutzern mit privilegierten Rechten nicht manipuliert oder gelesen werden können. Üblicherweise gewährleistet die CPU die Isolierung bestimmter Systembereiche. Sie sichert beispielsweise durch Verschlüsselung den Schutz kritischer Speicherbereiche und den sicheren Übergang von der unsicheren zur vertrauenswürdigen Umgebung durch einen speziellen Befehlssatz. Mit Attestierungen kann nicht nur die Identität einer Anwendung, sondern auch ihre Integrität und die Gewährleistung ihrer Ausführung innerhalb des TEE kryptographisch nachgewiesen werden. 1338

732 Erwgr. 102.

733 Siehe zur Beschreibung hier: Trusted execution environment (TEE) | Microsoft Learn (zuletzt abgerufen am 28.04.2024).

1339 Durch den Einsatz von TEE zur Trennung der Datenverarbeitungsbereiche können kritische(re) Anwendungen auch in Umgebungen ausgeführt werden, in denen das Risiko des Zugriffs weitestmöglich mitigiert und selbst privilegierte Nutzergruppen vom Zugriff ausgeschlossen sein sollen.

### V. Offenlegung der Maßnahmen

1340 Die getroffenen Maßnahmen müssen nach Art. 28 durch eine allgemeine Beschreibung offen gelegt werden, da Anbieter von Datenverarbeitungsdiensten auf ihren Webseiten stets aktuelle Informationen hierüber vorhalten müssen und auf diese Webseiten in allen Verträgen des Anbieters der Datenverarbeitungsdienste verwiesen werden muss.[734]

1341 Art. 28 kombiniert damit eine Mitteilung an die Öffentlichkeit (über die Webseite selbst) als auch die vertragliche Einbeziehung durch die Pflicht, die Seite direkt zu referenzieren.

1342 Auf den Webseiten muss der Anbieter die Kunden (bzw. die Öffentlichkeit) wie folgt informieren

- Über die Gerichtsbarkeit, der die IKT-Infrastruktur unterliegt, die für die Datenverarbeitung der einzelnen Dienste des Anbieters errichtet wurde.[735]
- sowie eine allgemeine Beschreibung der technischen, organisatorischen und vertraglichen Maßnahmen, die der Anbieter getroffen hat, um einen internationalen staatlichen Zugang oder eine internationale staatliche Übermittlung von in der Union gespeicherten Daten zu verhindern, wenn diese Vorgänge im Widerspruch zum Unionsrecht oder zum Mitgliedstaatsrecht stehen würde.[736]

## E. Interoperabilität

1343 Kapitel VIII des Data Acts enthält Regelungen zur **Interoperabilität.** Diese wird in Art. 2 Nr. 40 DA definiert als »*die Fähigkeit von zwei oder mehr Datenräumen oder Kommunikationsnetzen, Systemen, vernetzten Produkten, Anwendungen, Datenverarbeitungsdiensten oder Komponenten, Daten auszutauschen und zu nutzen, um ihre Funktionen auszuführen*«. Interoperabilität in diesem Sinne ist mit anderen Worten die **technische Grundlage** für Datenaustausche und -nutzungen und damit ein, wenn nicht sogar *der*, entscheidende(r) Faktor[737] für die Effektivität zentraler im Data Act geregelter Vorgaben sowie der dahinterstehenden EU-Datenstrategie.[738]

---

734 Art. 28 Abs. 2.

735 Art. 28 Abs. 1 lit. a.

736 Art. 28 Abs. 1 lit. b.

737 Vgl. *Siglmüller*, MMR 2024, 112, 112, der die Vorschriften zur Interoperabilität treffend als »regulatorisches Herzstück zur Schaffung einen Datenbinnenmarkts auf tatsächlicher Ebene« bezeichnet.

738 Vgl. EU-Kommission, Eine europäische Datenstrategie, COM(2020), 66 final, S. 10; zur hohen Bedeutung der Interoperabilitätsvorgaben auch bereits *Schreiber*, ZD 2022, 357, 357.

Die **Bezugspunkte der Interoperabilität** sind nach der Legaldefinition vielschichtig und umfassen neben Datenräumen u.a. auch vernetzte Produkte, Datenverarbeitungsdienste und Anwendungen, für die in bzw. über[739] Art. 33 – 36 DA jeweils wesentliche (Interoperabilitäts-)Anforderungen und/oder Mechanismen zur Schaffung konkreter technischer (Interoperabilitäts-)Spezifikationen statuiert werden. Während sich Art. 33 DA auf Interoperabilität in und von Datenräumen fokussiert (dazu **I.**), zielen die Regelungen in Art. 34 und 35 DA auf die Interoperabilität von Datenverarbeitungsdiensten ab (dazu **II.**). Art. 36 DA enthält schließlich Vorgaben zu intelligenten Verträgen für die Ausführung von Datenweitergabevereinbarungen (dazu **III.**). 1344

## I. Interoperabilität in und von Datenräumen

Art. 33 DA befasst sich mit der **Interoperabilität in und von Datenräumen**. Während Art. 33 Abs. 1 DA materiell-rechtlich wesentliche Interoperabilitätsanforderungen normiert (dazu **1.**), sind die Regelungen in den nachfolgenden Absätzen kompetenz- und verfahrensrechtliche Natur und zielen auf die Schaffung von Mechanismen zur Etablierung (harmonisierter) konkreter technischer Spezifikationen ab (dazu **2.**). 1345

### 1. Wesentliche Interoperabilitätsanforderungen

Art. 33 Abs. 1 DA verpflichtete Teilnehmer an Datenräumen, die anderen Teilnehmern Daten oder Datendienste anbieten, zur Erfüllung **wesentlichen Interoperabilitätsanforderungen**. Bemerkenswert ist, dass der für den persönlichen Anwendungsbereich zentrale Begriff »**Datenraum**« im Data Act nicht legaldefiniert ist.[740] Mit Blick auf den augenscheinlich auf »gemeinsame[] europäische[] Datenräume[]« bezogenen Halbsatz »*bei denen es sich um zweck- oder sektorspezische oder sektorübergreifende interoperable Rahmen für gemeinsame Normen und Verfahren für die Weitergabe oder die gemeinsame Verarbeitung von Daten* [...] *handelt*« kann abgeleitet werden, dass ein »Datenraum« als Oberbegriff grundsätzlich jede (offene) Infrastruktur für den Datenaustausch nach gewissen Regeln und Standards sein kann.[741] Aspekte wie Größe und Art des Betreibers (staatlich vs. privat) dürften hingegen unerheblich sein. Umfasst sind mithin nicht nur die gegenwärtig in der EU bereits entstehenden gemeinsamen europäischen Datenräume in verschiedenen Sektoren[742], wie beispielsweise dem European Health 1346

739 Vgl. Art. 34 DA.

740 Näher dazu und zu möglichen Auslegungsvarianten *Siglmüller*, MMR 2024, 112, 113.

741 Eingehender – wenngleich unabhängig vom Data Act – *Reiberg/Niebel/Kraemer*, Was ist ein Datenraum? Definition des Konzeptes Datenraum, White Paper 1/2022, September 2022, S. 3, abrufbar im Internet unter dem URL: https://www.bmwk.de/Redaktion/DE/Publikationen/Digitale-Welt/whitepaper-definition-des-konzeptes-datenraum.pdf?__blob=publicationFile&v=1 (letzter Abruf: 01.07.2024), die einen Datenraum als eine »*föderierte offene Infrastruktur für souveränen Datenaustausch, die auf gemeinsamen Vereinbarungen, Regeln und Standards beruht*« definieren.

742 Näher dazu EU-Kommission, Commission Staff Working Document on Common European Data Spaces, SWD (2024) 21 final.

Data Space im Gesundheitswesen[743], sondern auch kleinere (nationale) Datenräume, die nur ganz spezifischen Zwecken dienen.

1347 Konkret adressiert werden jedoch nur die **Teilnehmer von solchen Datenräumen, »*die anderen Teilnehmern Daten oder Datendienste anbieten*«**. Der Begriff »**Datendienste**« ist – anders als der Begriff »Datenverarbeitungsdienst« (vgl. Art. 2 Nr. 8 DA) – im Data Act ebenfalls nicht definiert. Gemeint sein dürften damit nur (Annex-)Dienste, die sich auf angebotene Daten beziehen (z.B. Such-, Filter-, Analysefunktionen), also »**datenbasierte Dienste**«[744], nicht hingegen auch etwaige dem Datenraum infrastrukturseitig zugrunde liegende Datenverarbeitungsdienste ohne inhaltlichen Datenbezug. Verpflichtete Teilnehmer können insoweit auch Dateninhaber (vgl. Art. 2 Nr. 13 DA) sein, die über Art. 3 ff. DA gesetzlich verpflichtet sind, Produktdaten bzw. verbundene Dienstdaten bereitzustellen.[745]

1348 Die in Art. 33 Abs. 1 DA aufgelisteten wesentlichen Anforderungen zielen nicht nur auf die Schaffung von **Interoperabilität** der Daten und der Datenweitergabemechanismen und -dienste **innerhalb eines Datenraumes** ab, sondern bezwecken (mittelbar) auf die Förderung der Entstehung gemeinsamer europäischer Datenräume einschließlich deren **Interoperabilität untereinander.**[746] Es handelt sich mithin um **grundlegende »Data Governance« Anforderungen für Datenräume** bzw. deren Daten/Datendienst bereitstellende Teilnehmer.

### *a) Datenbezogene Transparenzanforderungen*

1349 In Art. 33 Abs. 1 S. 1 lit. a) und b) DA werden **datenbezogene Dokumentationspflichten** statuiert. Während sich die Dokumentationsanforderungen aus Art. 33 Abs. 1 S. 1 lit. a) DA auf Inhalte, Qualität im weitesten Sinne (= Datenerhebungsmethoden, Datenqualität und Unsicherheiten) sowie Nutzbarkeit (Nutzungsbeschränkungen; Lizenzen) der bereitgestellten Daten beziehen, zielen die Dokumentationsanforderungen aus Art. 33 Abs. 1 S. 1 lit. b) DA auf formale technische Aspekte der Daten, wie u.a. Datenstrukturen und -formate sowie Klassifizierungssysteme und Taxonomien ab. Die formalen Anforderungen an die jeweilige Dokumentation sind wenig detailliert, teilweise nicht zwingend und uneinheitlich. Während Art. 33 Abs. 1 S. 1 lit. a) DA eine für den Empfänger zum Auffinden, den Datenzugang und die Datennutzbarkeit »hinreichende« Beschreibung, »gegebenenfalls« in einem maschinenlesbaren Format, verlangt, muss die Dokumentation nach Art. 33 Abs. 1 lit. b) DA in einer »öffentlich verfügbaren und einheitlichen Weise« beschrieben werden.

743 Vgl. den Vorschlag der EU-Kommission für eine Verordnung über den europäischen Raum für Gesundheitsdaten, COM(2022), 197 final.

744 Vgl. die Formulierung in Erwägungsgrund 106 DA.

745 Vgl. Erwägungsgrund 103 DA sowie Art. 33 Abs. 1 lit c) DA.

746 Vgl. auch Erwägungsgrund 103 DA (»*Gewährleistung der Interoperabilität innerhalb von und zwischen gemeinsamen europäischen Datenräumen*«).

### *b) Transparenzanforderungen in Bezug auf technische Mittel für den Datenzugang*

Die datenbezogenen Transparenzpflichten werden in Art. 33 Abs. 1 S. 1 lit. c) DA 1350
ergänzt von der Pflicht auch die **technischen Mittel für den Datenzugang**, wie **Anwendungsprogrammierschnittstellen** – einschließlich der diesbezüglichen Nutzungsbedingungen und Dienstqualität – ausreichend zu beschreiben. Dadurch sollen der automatische Datenzugang und die automatische Datenübermittlung, auch kontinuierlich, im Massen-Download oder in Echtzeit in einem maschinenlesbaren Format ermöglicht werden. Eine Verpflichtung zu einer bestimmten oder gar mehrerer dieser Bereitstellungsformen kann aus dieser Transparenzvorschrift jedoch nicht direkt abgeleitet werden. Solche Verpflichtungen können sich jedoch aus anderen Vorschriften des Data Acts ergeben. Aus den Einschränkungen am Ende des Art. 33 Abs. 1 S. 1 lit. c) DA (»*sofern dies technisch machbar und das reibungslose Funktionieren des vernetzten Produkts nicht beeinträchtigt*«) kann abgleitet werden, dass der Gesetzgeber hier offenbar den Datenzugangsanspruch nach Art. 4 Abs. 1 DA vor Augen hatte.

## 2. Weitergehende Spezifizierungs- und Standardisierungsmechanismen

Die in Art. 33 Abs. 1 S. 1 DA normierten wesentlichen Interoperabilitätsanfor- 1351
derungen sind lediglich der sekundärrechtliche Grundanker und werden aufgrund ihrer naturgemäß sehr abstrakt und teils einschränkend gehaltenen Formulierungen in dieser sehr technische geprägten Domäne allein nicht zu hinreichender Interoperabilität führen können. Dementsprechend sind in Art. 33 Abs. 2 – 11 DA **verschiedene Mechanismen zur weitergehenden Spezifizierung- und Standardisierung der wesentlichen Interoperabilitätsanforderungen durch die bzw. auf Initiative der EU-Kommission** geregelt.

### *a) Befugnis der EU-Kommission zum Erlass von delegierten Rechtsakten*

In Art. 33 Abs. 2 S. 1 DA wird der EU-Kommission die – nach Art. 45 Abs. 3 DA 1352
widerrufliche – Befugnis eingeräumt, delegierte Rechtsakte zur **näheren Bestimmung der in Art. 33 Abs. 1 DA festgelegten wesentlichen Anforderungen** zu erlassen. Die Befugnis ist nicht zuletzt aufgrund des Subsidiaritätsprinzips insoweit eingeschränkt, als sie sich nur auf diejenigen Anforderungen bezieht, die »*naturgemäß nicht die beabsichtigte Wirkung entfalten können, sofern sie nicht in verbindlichen Rechtsakten der Union näher spezifiziert werden*«. Insbesondere mit Blick darauf, dass ein erklärtes (End-)Ziel der EU-Digitalstrategie die Schaffung eines Datenbinnenmarktes mit gemeinsamen europäischen Datenräumen ist, dürfte die Befugnis der EU-Kommission jedoch praktisch kaum begrenzt sein.

Inhaltlich müssen solche Spezifizierungen durch die EU-Kommission den **technologi-** 1353
**schen Entwicklungen und Marktentwicklungen Rechnungen tragen** (Art. 33 Abs. 2 S. 1 DA a.E.) und **Wechselwirkungen** mit Anforderungen aus anderem Unionsrecht oder nationalen Recht in vollem Umfang **berücksichtigen** (vgl. Art. 33 Abs. 1 S. 2 DA).

1354 Verfahrensrechtlich besteht beim Erlass solcher delegierten Rechtsakte neben der **Konsultationspflicht aus Art. 45 Abs. 4 DA** auch die Pflicht, den **Rat des EDIB** gemäß Art. 42 lit. c) iii) DA zu **berücksichtigten** (Art. 33 Abs. 2 S. 2 DA).

### *b) Befugnis der Kommission zur Beauftragung der Erarbeitung harmonisierter Normen durch europäische Normungsorganisationen*

1355 Daneben enthält Art. 33 Abs. 4 DA die **Befugnis *und auch Pflicht* der EU-Kommission** eine oder mehrere **europäische Normungsorganisationen**[747] mit der Erarbeitung von Entwürfen für harmonisierte Normen, die den wesentlichen Anforderungen aus Art. 33 Abs. 1 DA genügen, **zu beauftragen**. Dies betrifft mithin die (noch konkretere) technische Normung.

1356 **Harmonisierte Normen** sind nach Art. 2 Nr. 43 DA i.V.m. Art. 2 Nr. 1 lit. b) und c) Verordnung (EU) Nr. 1025/2012 von einer europäischen Normungsorganisation auf Grundlage eines Auftrags der Kommission zur Durchführung von Harmonisierungsrechtsvorschriften der Union – hier Art. 33 Abs. 4 DA – angenommene Normen.

1357 Die **weiteren Anforderungen und das Verfahren** zur Annahme solcher Normen richten sich nach der **Verordnung (EU) Nr. 1015/2012**, insbesondere deren Art. 10.

1358 Sind die **Fundstellen solcher harmonisierten Normen im Amtsblatt der EU veröffentlicht** (vgl. Art. 10 Abs. 6 Verordnung (EU) Nr. 1015/2012), kann die **Vermutungswirkung** nach Art. 33 Abs. 3 DA greifen. Demnach wird Konformität mit den wesentlichen Anforderungen aus Art. 33 Abs. 1 DA vermutet, soweit (i) diese Anforderungen gegenständlich von den harmonisierten Normen erfasst bzw. durch diese konkretisiert sind und (ii) die verpflichteten daten(dienst)bereitstellenden Teilnehmer an Datenräumen die betreffenden harmonisierten Normen einhalten.

### *c) Befugnis der Kommission zum Erlass gemeinsamer Spezifikationen im Wege von Durchführungsrechtsakten*

1359 Darüber hinaus wird die EU-Kommission in Art. 34 Abs. 5 ermächtigt, im Wege von **Durchführungsrechtsakten *selbst* gemeinsame Spezifikationen** zu den wesentlichen Anforderungen nach Art. 33 Abs. 1 DA zu erlassen.

1360 **Gemeinsame Spezifikationen** sind nach Art. 2 Nr. 42 DA legaldefiniert als ein »*Dokument, bei dem es sich nicht um eine Norm*[748] *handelt und das technische Lösungen enthält, die es ermöglichen, bestimmte Anforderungen und Pflichten, die im Rahmen dieser Verordnung festgelegt sind, zu erfüllen*«. Sie stellen in Bezug auf Inhalt und Spezifizierungsgrad folglich eine Art **Substitut der EU-Kommission für Normen von anerkannten europäischen Normungsorganisationen** dar. Art. 33 Abs. 8 DA enthält überdies eine

747 Europäische Normungsorganisationen sind nach Anhang I der Verordnung (EU) Nr. 1025/2012 das Europäische Komitee für Normung (CEN), das Europäische Komitee für elektrotechnische Normung (Cenelec) sowie das Europäische Institut für Telekommunikationsnormen (ETSI).

748 Vgl. Art. 2 Nr. 1 Verordnung (EU) Nr. 1015/2012.

nahezu **identische Vermutungswirkung** im Falle der Einhaltung festgelegter gemeinsamer Spezifikation wie Art. 33 Abs. 3 DA im Falle der Einhaltung veröffentlichter harmonisierter Normen (naher dazu soeben unter Rdn. 1358).

Gleichwohl sind **gemeinsame Spezifikationen subsidiär zu harmonisierten Normen** 1361
sowohl **in Bezug auf deren Erlass als auch auf deren Bestand.** So besteht die Befugnis der EU-Kommission nur unter den Voraussetzungen, dass ein entsprechender Auftrag der EU-Kommission nach Art. 33 Abs. 4 DA i.V.m. Art. 10 Verordnung (EU) Nr. 1025/2012 nicht (innerhalb der gesetzten Frist) angenommen bzw. vorgelegt worden ist oder eine vorgelegte harmonisierte Normen den Auftrag nicht erfüllt und im Amtsblatt der EU auch noch keine Fundstelle für die harmonisierter Normen zu den einschlägigen wesentlichen Anforderungen nach Art. 33 Abs. 1 DA veröffentlicht ist und voraussichtlich auch nicht innerhalb einer angemessenen Frist veröffentlicht wird (Art. 33 Abs. 5 S. 1 DA).[749] Wurden unter diesen Voraussetzungen von der EU-Kommission gemeinsame Spezifikationen im Wege von Durchführungsrechtsakten festgelegt, in deren Anwendungs- bzw. Spezifizierungsbereich im Nachgang harmonisierte Normen angenommen und deren Fundstellen im Amtsblatt der EU veröffentlicht wurden, so sind die entsprechende Durchführungsrechtsakte nach Art. 33 Abs. 9 DA von EU-Kommission ganz oder teilweise aufzuheben.

Verfahrensrechtlich greift über Art. 33 Abs. 5 S. 2 i.V.m. Art. 46 Abs. 2 DA das **Prüf-** 1362
**verfahren** gemäß Art. 5 Verordnung (EU) Nr. 182/2011 beim Erlass entsprechender Durchführungsrechtsakte der Kommission. Art. 33 Abs. 7 DA sieht darüber hinaus **Konsultationspflichten**, insbesondere die **Einholung des Rats des EDIB** (vgl. Art. 42 lit. c) ii) DA) vor.

#### *d) Befugnis zur Annahme von Leitlinien für gemeinsame europäische Datenräume*

Art. 33 Abs. 11 räumt der EU-Kommission schließlich noch die Befugnis zur Annahme 1363
**(unverbindlicher) Leitlinien zur Festlegung von interoperablen Rahmen für gemeinsame Normen und Verfahren** für das Funktionieren gemeinsamer europäischer Datenräume ein. Hierbei ist der **Vorschlag des EDIB** gemäß Art. 30 lit. h) Verordnung (EU) 2022/868 zu berücksichtigen.

### II. Interoperabilität von Datenverarbeitungsdiensten

Zweiter Bezugspunkt der Interoperabilitätsvorgaben aus Kapitel VIII sind Datenver- 1364
arbeitungsdienste. Über Art. 34 DA werden bestimmte Vorschriften aus Kapitel VI über den Wechsel zwischen Datenverarbeitungsdiensten für entsprechend anwendbar erklärt, um Interoperabilität bei der parallelen Nutzung von Datenverarbeitungs-

749 Nach Art. 33 Abs. 6 DA muss die Kommission vor Ausarbeitung des Entwurfs eines entsprechenden Durchführungsrechtsakts den Ausschuss nach Art. 22 Verordnung (EU) Nr. 1025/2012 i.V.m. Verordnung (EU) Nr. 182/2011.

diensten zu erleichtern (dazu **1.**). Art. 35 DA enthält Vorgaben zu verschiedenen Spezifizierungsmechanismen (dazu **2.**).

### 1. Interoperabilität zu Zwecken der parallelen Nutzung von Datenverarbeitungsdiensten

1365 **Interoperabilität bzw. Kompatibilität** spielt bei Datenverarbeitungsdiensten nicht nur beim Wechsel des Anbieters von Datenverarbeitungsdiensten eine wichtige Rolle (vgl. insbesondere Art. 30 DA), sondern auch, wenn nicht sogar noch stärker, bei einer geplanten **parallelen Nutzung**[750] **von Datenverarbeitungsdiensten**, da hier Daten regelmäßiger und i.d.R. auch deutlich zeitkritischer als bei einem Wechseln zwischen den Diensten »synchronisiert«, d.h. von einem Dienst exportiert/extrahiert und bei einem anderen Dienst importiert werden müssen.

1366 Der Gesetzgeber hat gleichwohl – mit Ausnahme der Regelung zu Datenextraktionsentgelten in Art. 34 Abs. 2 DA (dazu sogleich unter Rdn. 1367) – darauf verzichtet, gesonderte materiell-rechtliche Verpflichtung zur Interoperabilität zum Zwecke der parallelen Nutzung von Datenverarbeitungsdiensten zu regeln. Stattdessen erklärt Art. 34 DA **verschiedene Pflichten aus Kapitel VI über den Wechsel von Datenverarbeitungsdiensten für »entsprechend« anwendbar**. Konkret handelt es sich dabei primär um Verpflichtungen zur Schaffung von Vertragsklauseln u.a. zur Aufrechterhaltung der Kontinuität des Geschäftsbetriebs und zur fortgesetzten Erbringung der vertragsgemäßen Funktionen/Diensten (Art. 25 Abs. 2 lit. a) ii) DA), zur Sicherstellung eines hohen Maßes an Datensicherheit (Art. 25 Abs. 2 lit. a) iv) DA) sowie zu einer erschöpfenden Auflistung aller Kategorien von Daten und digitalen Vermögenswerten (vgl. Art. 2 Nr. 32 DA), die übertragen bzw. exportiert werden können (Art. 25 Abs. 2 lit. e) DA). Ein weiterer Schwerpunkt liegt auf der entsprechenden Anwendung von technischen Vorgaben aus Art. 30 DA, konkret u.a. zur Bereitstellung offener Schnittstellen (Art. 30 Abs. 2 DA) sowie zur Kompatibilität mit in der zentralen Datenbank der Union für Normen veröffentlichten gemeinsamen Spezifikationen auf der Grundlage offener Interoperabilitätsspezifikationen[751] oder harmonisierter Interoperabilitätsnormen[752] (Art. 30 Abs. 3 DA).

1367 Für die Datenextraktion können nach Art. 34 Abs. 2 DA **Datenextraktionsentgelte** (vgl. Art. 2 Nr. 35 DA) verlangt werden. Höhenmäßig sind diese auf die »Extraktionskosten« begrenzt. Anders als bei den Wechselentgelten (vgl. Art. 29 DA) ist bei Datenextraktionsentgelte gegenwärtig keine schrittweise Abschaffung vorgesehen.

750 Bei der parallelen Nutzung kann es sich dabei um Nutzung von komplementären Datenverarbeitungsdiensten (z.B. zur Nutzung ergänzender Funktionalität bei einem nachgelagerten Dienst) oder um die (redundante) Nutzung von gleichartigen Datenverarbeitungsdiensten (z.B. zur Erhöhung der Ausfallsicherheit) handeln.

751 Vgl. Art. 35 Abs. 5, 8 DA; näher dazu unter Rdn. 1360.

752 Vgl. Art. 35 Abs. 4, 8 DA; näher dazu unter Rdn. 1360.

## 2. Spezifizierung und Standardisierung der Interoperabilität von Datenverarbeitungsdiensten

Art. 35 DA regelt in den Absätzen 1 – 3 wesentliche Anforderungen und Regelungsgehalte (dazu **b)**) der vorgesehenen Spezifizierungsmechanismen für die Interoperabilität bei Datenverarbeitungsdiensten (dazu **a)**), während die nachfolgenden Absätze kompetenz- und verfahrensrechtlicher Natur sind (dazu **c)**). 1368

### *a) Spezifizierungsinstrumente für die Interoperabilität bei Datenverarbeitungsdiensten*

Für die technische Spezifizierung der Interoperabilität bei Datendiensten sind in Art. 35 DA **drei Instrumente vorgesehen:** Offene Interoperabilitätsspezifikationen, gemeinsame Spezifikationen sowie harmonisierte Normen. 1369

**Offene Interoperabilitätsspezifikationen** sind nach der Legaldefinition in Art. 2 Nr. 41 DA »*technische Spezifikation*[en] *im Bereich der Informations- und Kommunikationstechnologie, die leistungsbezogen darauf ausgerichtet sind, die Interoperabilität zwischen Datenverarbeitungsdiensten herzustellen*«. Es handelt sich mithin um ein Instrument, welches per definitionem spezifisch (nur) auf die Interoperabilität von Datenverarbeitungsdiensten bezogen ist. **Gemeinsame Spezifikationen** (Art. 2 Nr. 42 DA) und **harmonisierte Normen** (Art. 2 Nr. 43 DA) sind hingegen Spezifizierungsinstrumente, die auch bei den Regelungen zur Interoperabilität von Daten, Mechanismen und Diensten für die Weitergabe und gemeinsamen europäischen Datenräumen in Art. 33 DA[753] sowie den Regelungen zu intelligenten Verträgen für die Ausführung von Datenweitergabevereinbarungen in Art. 36 DA[754] Anwendung finden. 1370

### *b) Wesentliche Anforderungen an Spezifizierungsinstrumente*

Alle diese Instrumente müssen die allgemeinen Anforderungen aus Art. 35 Abs. 1 und Abs. 2 DA erfüllen. Für offene Interoperabilitätsspezifikationen und harmonisierte Normen ergibt sich dies direkt aus den genannten Vorschriften, für gemeinsame Spezifikationen durch den Verweis in Art. 35 Abs. 5 DA a.E. sowie indirekt auch dadurch, dass gemeinsame Spezifikationen auf Grundlage offener Interoperabilitätsspezifikationen festgelegt werden. 1371

Art. 35 Abs. 1 lit. a) – c) DA enthalten Anforderungen an die gennannten Spezifizierungsinstrumente in Bezug auf (verschiedene) Datenverarbeitungsdienste, welche die **gleiche Dienstart** abdecken. Unter dem **Vorbehalt der technischen Machbarkeit** sollen sie nicht nur die **Interoperabilität** (Art. 2 Nr. 40 DA) bewirken, sondern konkret auch die **Übertragbarkeit digitaler Vermögenswerte** (Art. 2 Nr. 32 DA; Erwägungsgrund 83) verbessern und die **Funktionsäquivalenz** (Art. 2 Nr. 37 DA) zwischen Datenverarbeitungsdiensten nach Art. 30 Abs. 1 DA (z.B. IaaS) erleichtern. Ziel ist mithin eine möglichst **umfassende Interoperabilität bzw. Kompatibilität unter** 1372

753 Näher dazu bereits oben, Rdn. 1351 ff.
754 Näher dazu sogleich unter Rdn. 1381 ff.

**den Datenverarbeitungsdiensten gleicher Dienstart**, die es ermöglicht, **neben Daten auch Anwendungen sowie Konfigurationen** von Sicherheitseinstellungen, Rollen und Berechtigungen etc. einfach **übertragen** zu können.

1373 Diese positiven Anforderungen werden in Art. 35 Abs. 1 lit. d) DA ergänzt um die negative Anforderung, dass die Spezifikationen die **Sicherheit und Integrität der Datenverarbeitungsdienste und Daten nicht beeinträchtigen** dürfen. Was sich wie eine Selbstverständlichkeit liest, ist von **hoher praktischer Relevanz** und keineswegs trivial, da **zwischen Interoperabilität und Datensicherheit Zielkonflikte** bestehen können, die es zu bedenken und (technisch) zu lösen gilt. Bestes Beispiel hierfür sind die Diskussionen um das Thema Ende-zu-Ende-Verschlüsselung im Zuge der Interoperabilitätsbestrebungen bei marktmächtigen Messenger-Dienste unter dem Digital Markets Act[755].[756]

1374 Art. 35 Abs. 1 lit. e) DA fordert schließlich eine gewisse **Entwicklungsoffenheit**, d.h. die Spezifikationsinstrumente müssen »technisch aufrüstbar« sein und insbesondere neue Funktionen und Innovationen integrieren können.

1375 Flankierend zu den wesentlichen Anforderungen aus Art. 35 Abs. 1 DA werden in Art. 35 Abs. 2 DA **korrespondierende (Mindest-)Regelungsinhalte** festgelegt. Es erfolgt insoweit eine Dreiteilung in Regelungen von Aspekten der **Cloud-Interoperabilität**, der **Cloud-Datenübertragbarkeit** sowie der **Cloud-Anwendungen**. Gefordert werden insoweit jeweils Spezifizierungen in Bezug auf **syntaktische und semantische Interoperabilität** bzw. **Übertragbarkeit von Daten und Anwendung** sowie die **Interoperabilität/Übertragbarkeit von diesbezüglichen Regeln**. Zu den regelungsbedürftigen Aspekten der (übergeordneten) Cloud-Interoperabilität werden in Art. 35 Abs. 2 lit. a) DA darüber hinaus auch die **Transportinteroperabilität** und **verhaltensbezogene Interoperabilität** gezählt.

1376 **Offene Interoperabilitätsspezifikationen** müssen darüber hinaus auch den (hohen) **»Anforderungen für die Identifizierung technischer IKT-Spezifikationen«** aus Anhang II der Verordnung (EU) Nr. 1025/2012 entsprechen. In deren Nr. 2 ist unter anderem geregelt, dass sich solche Spezifikationen nur auf Bereiche beziehen dürfen, in denen während eines angemessenen Zeitraums die Verabschiedung neuer europäischer Normen i.S.d. Art. 2 Nr. 1 lit. b) Verordnung (EU) Nr. 1025/2012 nicht vorgesehen ist, in denen bestehende Normen keine Marktakzeptanz erreichen konnten oder veraltet sind und in denen während eines angemessenen Zeitraums die Umsetzung der technischen Spezifikationen in Dokumenten der europäischen Normung nicht vorgesehen ist. Die betreffenden Spezifikationen müssen darüber hinaus nach Nr. 3 **von einer gemeinnützigen Organisation** (= Berufs-, Industrie- oder Handelsverband oder eine andere Vereinigung, die in ihrem Fachgebiet technische IKT-Spezifikationen entwickelt und keine Normungsorganisation ist) **erarbeitet** worden sein und nach Nr. 1 Marktakzeptanz erreicht haben. Marktteilnehmer – wie in Erwägungsgrund

755 Verordnung (EU) 2022, 1925.
756 Dazu bereits *Schreiber*, ZD 2022, 357, 358.

100 DA gefordert – können daher allenfalls indirekt an der Entwicklung mit Art. 35 Abs. 3 DA konformer offener Interoperabilitätsspezifikationen mitwirken.

*c) Spezifizierung auf Initiative bzw. durch EU-Kommission*

Ähnlich wie in Art. 33 Abs. 4 und 5 DA sowie in Art. 36 Abs. 5 und 6 DA werden der EU-Kommission auch in Art. 35 Abs. 4 und 5 DA Kompetenzen eingeräumt, um eine Spezifizierung durch europäische Normungsorganisationen im Wege von harmonisierten Normen (Art. 2 Nr. 43 DA) zu initiieren bzw. selbst im Wege von Durchführungsrechtsakten gemeinsame Spezifikationen (Art. 2 Nr. 42 DA) festzulegen. 1377

Auffällig ist zunächst, dass – anders als bei Art. 33 und Art. 36 DA – die **Befugnis zur eigenen Festlegung von gemeinsamen Spezifikationen der EU-Kommission** im Wege von Durchführungsrechtsakten hier **nicht subsidiär zur Spezifizierung über harmonisierte Normen von europäischen Normungsorganisationen** ist. Die Kompetenz der EU-Kommission zur Festlegung gemeinsamer Spezifikationen ist jedoch insofern begrenzt, als sie das **Vorliegen offener Interoperabilitätsspezifikation erfordert** (»auf der Grundlage offener Interoperabilitätsspezifikationen«). Erwähnenswert ist auch, dass Art. 35 Abs. 4 DA auch »nur« eine Befugnis der Kommission zur Beauftragung der Erarbeitung von Entwürfen harmonisierter Normen durch europäische Normungsorganisationen regelt und **nicht – wie Art. 33 Abs. 4 DA – auch eine Pflicht.** Ein weiterer Unterschied zu den korrespondierenden Regelungen in Art. 33 und Art. 36 DA besteht schließlich darin, dass für die Konformität mit veröffentlichten harmonisierten Normen bzw. gemeinsamen Spezifikationen **keine entsprechenden Vermutungswirkungen** betreffend die Einhaltungen der wesentlichen Anforderungen aus Art. 35 Abs. 1 und 2 DA statuiert werden. Auch die **Konsultations- und Berücksichtigungspflichten** im Verfahren zum Erlass von Durchführungsrechtsakten zur Festlegung gemeinsamer Spezifikationen in Art. 35 Abs. 6 DA **unterscheiden sich** von jenen aus Art. 33 Abs. 7 DA und Art. 36 Abs. 8 DA. So müssen nach Art. 35 Abs. 6 explizit (auch) die Standpunkte der in Art. 37 Abs. 5 lit. h) genannten einschlägigen zuständigen Behörden (vgl. Art. 37 Abs. 1 DA) berücksichtigt werden, wohingegen die Berücksichtigung des Rats des EDIB nicht erwähnt wird, obwohl der EDIB die EU-Kommission nach Art. 42 lit. c) ii) DA auch hier berät.[757] Ob und inwieweit die benannten Unterschiede lediglich als (eine Vielzahl von) Redaktionsversehen zu qualifizieren und/oder als das Resultat eines politischen Kampfes über die Standardisierungshoheit zu deuten sind[758], lässt sich nur schwer nachvollziehen. 1378

Die **Fundstellen angenommener harmonisierter Normen und festgelegter gemeinsamer Spezifikationen** sind nach Art. 35 Abs. 8 DA von der Kommission in **einer zentralen Datenbank der Union für Normen für die Interoperabilität von Datenverarbeitungsdiensten zu veröffentlichen.** Nach Art. 30 Abs. 3 DA (ggf. i.V.m. Art. 34 DA) haben die Anbieter der betreffenden Datenverarbeitungsdienste die Kompatibilität mit diesen harmonisierten Normen bzw. gemeinsamen Spezifikationen dann 1379

757 Es dürfte sich daher insoweit um ein offensichtliches Redaktionsversehen handeln.
758 In diese Richtung wohl *Siglmüller*, MMR 2024, 112, 116.

spätestens zwölf Monate nach deren Veröffentlichung in der zentralen Datenbank zur gewährleisten.

1380 Soweit ersichtlich wurde die »Datenbank der Union für Normen für Datenverarbeitungsdienste« noch nicht eingerichtet

## III. Anforderungen an intelligente Verträge

1381 Die dritte und letzte Domäne der Interoperabilitätsvorgaben aus Kapitel VIII des Data Acts betrifft in Art. 36 DA **intelligente Verträge für die Ausführung von Datenweitergabe- bzw. Datenbereitstellungsvereinbarungen.** Ein intelligenter Vertrag wird in Art. 2 Nr. 39 DA – technologieneutral – legaldefiniert als *»ein Computerprogramm, dass für die automatisierte Ausführung einer Vereinbarung oder eines Teils davon verwendet wird, wobei eine Abfolge elektronischer Datensätze verwendet wird und die Integrität dieser Datensätze sowie die Richtigkeit ihrer chronologischen Reihenfolge gewährleistet werden«.*

1382 Entsprechend der Regelungssystematik in Art. 33 und Art. 35 DA werden in Art. 36 Abs. 1 DA zunächst wesentliche Anforderungen an intelligente Verträge normiert (dazu **1.**). Anschließend erfolgen in den Absätzen 2 und 3 Vorgaben zu einer Konformitätsbewertung intelligenter Verträge (dazu **2.**). Die Absätze 4 bis 11 enthalten schließlich wieder kompetenz- und verfahrensrechtliche Vorgaben betreffend weitergehende Spezifizierungsinstrumente (dazu **3.**).

### 1. Wesentliche Anforderungen an intelligente Verträge

1383 In Art. 36 Abs. 1 lit. a) – e) DA werden wesentliche Anforderungen an intelligente Verträge gestellt. Zu deren Sicherstellung sind primär die **Anbieter von Anwendungen, in der intelligente Verträge verwendet werden, verpflichtet.** Sofern solche Anbieter nicht existieren, werden **ersatzweise Personen, deren geschäftliche Tätigkeit den Einsatz intelligenter Verträge für Dritte beinhaltet, in die Pflicht genommen.** Gemeint sein dürften damit insbesondere Entwickler/Vertreiber entsprechender (vorgelagerter) Computerprogramme. Selbst wenn ein abweichender übergeordneter Anbieter einer Anwendung, in der die intelligenten Verträge integriert und verwendet werden, existiert, werden bestimmte wesentlichen Anforderungen, die allein im (technischen) Einflussbereich vorgelagerter Entwickler/Vertreiber liegen, faktisch auch von diesen integriert bzw. umgesetzt werden müssen, um die Marktgängigkeit der Lösung zu gewährleisten.

▶ Praxistipp:

1384 Ein nach außen primär verpflichteter Anbieter einer Anwendung, in der intelligente Verträge verwendet werden, sollte daher, soweit er nicht selbst auch der Entwickler der eingesetzten intelligenten Vertragslösung ist, sich beim betreffenden Entwickler/Vertreiber entsprechend (vertraglich) absichern, dass die Lösung die betreffenden Anforderungen aus Art. 36 Abs. 1 DA erfüllt.

1385 Zu den wesentlichen Anforderungen in Art. 36 Abs. 1 gehören:
- Robustheit und Zugangangskontrolle zur Vermeidung von Funktionsfehlern und Manipulationen durch Dritte (lit. a) und lit. d)),
- Beendigungs-, Unterbrechungs- und Rücksetzfunktionalitäten, um insbesondere (künftige) unbeabsichtigte Ausführungen zu vermeiden (lit. b),
- Datenarchivierung und Datenkontinuität zur Sicherstellung der Prüfbarkeit von Vorgängen (lit. c), sowie
- Inhaltliche Kohärenz, d.h. Übereinstimmung des intelligenten Vertrags mit den Bedingungen der Datenweitergabevereinbarung.

## 2. Konformitätsbewertung und -erklärung

1386 Die verpflichteten Anbieter müssen hinsichtlich der Einhaltung der wesentlichen Anforderungen nach Art. 36 Abs. 1 DA eine **Konformitätsbewertung durchführen** und bei Erfüllung der Anforderungen eine **EU-Konformitätserklärung ausstellen** (Art. 36 Abs. 2 DA). Durch die Ausstellung der EU-Konformitätserklärung wird nach Art. 36 Abs. 3 DA die Verantwortung dafür übernommen, dass die wesentlichen Anforderungen aus Art. 36 Abs. 1 DA erfüllt sind. Diese Konformitätsbewertung soll nach Erwägungsgrund 105 DA den allgemeinen Grundsätzen der Verordnung (EG) Nr. 765/2008 und dem Beschluss (EG) Nr. 768/2008 unterliegen.

▶ Praxistipp

1387 Beim Zusammenwirkungen mehrerer Akteure sollte der primär verpflichtete Anbieter der Anwendung, in der intelligente Verträge verwendet werden, im Innenverhältnis auch diese Verpflichtung vertraglich an seine Zulieferer (z.B. Entwickler der integrierten intelligenten Vertragslösung) insoweit weiterreichen, als er nicht selbst technischen Einfluss auf die Erfüllung der betreffenden wesentlichen Anforderungen hat und deren Konformität dementsprechend auch nicht valide bewerten kann, sondern sich insoweit auf die Konformitätsbewertung des entsprechenden Zulieferers verlassen muss.

## 3. Weitergehende Spezifizierungs- und Standardisierungsmechanismen

1388 Die Regelungen in Art. 36 Abs. 4 – 11 DA betreffen den Erlass weitergehender Spezifizierungs- und Standardisierungsmechanismen für intelligente Verträge im Wege von **harmonisierten Normen entwickelt von europäischen Normungsorganisationen** einerseits sowie von **gemeinsamen Spezifikationen festgelegt von der EU-Kommission** andererseits. Die Regelungen sind abgesehen vom Bezugspunkt – anders als jene in Art. 35 DA – inhaltlich nahezu identisch mit den Regelungen aus Art. 33 Abs. 3 – 10 DA, so dass auf die diesbezüglichen Ausführungen oben unter Rdn. 1351 ff. verwiesen werden kann.

### IV. Beobachtung und Implementierung von Interoperabilitätsanforderungen

1389 Auch wenn die **Spezifizierungs- und Standardisierung** der Interoperabilität von Datenräumen, Datenverarbeitungsdiensten und intelligenten Verträgen gegenwärtig noch »in den Kinderschuhen« stecken, sollten Teilnehmer an Datenräumen, die Daten oder Datendienste bereitstellen sowie Anbieter von Datenverarbeitungsdienste und intelligenten Verträgen die **diesbezüglichen weiteren Entwicklungen genau beobachten und im Idealfall durch entsprechende Partizipation (z.B. über Verbände, Gremien etc.) mit begleiten**, um das eigene Angebot frühzeitig entsprechend an neuen technischen Spezifikationen und Standards ausrichten zu können.

1390 Anbieter von PaaS- und SaaS-Datenverarbeitungsdiensten sollten künftig insbesondere die – noch zu etablierende – **Datenbank der Union für Normen für die Interoperabilität von Datenverarbeitungsdiensten im Blick haben**, da Kompatibilität mit darin veröffentlichten gemeinsamen Spezifikationen oder harmonisierter Normen spätestens 12 Monate nach der jeweiligen Veröffentlichung zu gewährleisten ist (vgl. Art. 30 Abs. 3 DA).

1391 Bei der **Implementierung der technisch geprägten Interoperabilitätsvorgaben** werden schwerpunktmäßig die **Product Owner und technischen Entwickler** gefordert sein, **ggf. unterstützt von Juristen**, die entsprechende Umsetzungen in juristischen Dokumenten, insbesondere Vertragsklauseln (vgl. Art. 34 i.V.m. Art. 25 Abs. 2 lit. a) ii) und iv, lit. e) und lit. f) DA) vornehmen müssen.

# Anhang

## VERORDNUNG (EU) 2023/2854 DES EUROPÄISCHEN PARLAMENTS UND DES RATES

**vom 13. Dezember 2023**

**über harmonisierte Vorschriften für einen fairen Datenzugang und eine faire Datennutzung sowie zur Änderung der Verordnung (EU) 2017/2394 und der Richtlinie (EU) 2020/1828 (Datenverordnung)**

**(Text von Bedeutung für den EWR)**

DAS EUROPÄISCHE PARLAMENT UND DER RAT DER EUROPÄISCHEN UNION –

gestützt auf den Vertrag über die Arbeitsweise der Europäischen Union, insbesondere auf Artikel 114,

auf Vorschlag der Europäischen Kommission,

nach Zuleitung des Entwurfs des Gesetzgebungsakts an die nationalen Parlamente,

nach Stellungnahme der Europäischen Zentralbank[1],

nach Stellungnahme des Europäischen Wirtschafts- und Sozialausschusses[2],

nach Stellungnahme des Ausschusses der Regionen[3],

gemäß dem ordentlichen Gesetzgebungsverfahren[4],

in Erwägung nachstehender Gründe:

(1) In den letzten Jahren haben datengetriebene Technologien transformative Wirkung auf alle Wirtschaftssektoren gehabt. Insbesondere die rasche Verbreitung von Produkten, die mit dem Internet vernetzt sind, hat den Umfang und den potenziellen Wert von Daten für Verbraucher, Unternehmen und Gesellschaft erhöht. Hochwertige und interoperable Daten aus verschiedenen Bereichen steigern die Wettbewerbsfähigkeit und Innovation und sorgen für ein nachhaltiges Wirtschaftswachstum. Dieselben Daten können unbegrenzt für verschiedene Zwecke verwendet und weiterverwendet werden, ohne dass dadurch Qualität oder Quantität beeinträchtigt wird.

(2) Hindernisse bei der Datenweitergabe verhindern jedoch eine optimale Verteilung der Daten zum Nutzen der Gesellschaft. Zu diesen Hindernissen gehören der

1 ABl. C 402 vom 19.10.2022, S. 5.
2 ABl. C 365 vom 23.9.2022, S. 18.
3 ABl. C 375 vom 30.9.2022, S. 112.
4 Standpunkt des Europäischen Parlaments vom 9. November 2023 (noch nicht im Amtsblatt veröffentlicht) und Beschluss des Rates vom 27. November 2023.

Mangel an Anreizen für Dateninhaber, freiwillig Vereinbarungen über die Datenweitergabe einzugehen, Unsicherheiten in Bezug auf Rechte und Pflichten in Verbindung mit Daten, die Kosten der Auftragsvergabe in Bezug auf technische Schnittstellen und für deren Einrichtung, die starke Fragmentierung von Informationen in Datensilos, die schlechte Verwaltung von Metadaten, fehlende Normen für die semantische und technische Interoperabilität, Engpässe beim Datenzugang, das Fehlen einheitlicher Verfahren für die Datenweitergabe und der Missbrauch vertraglicher Ungleichgewichte hinsichtlich Datenzugang und Datennutzung.

(3) In Sektoren mit zahlreichen Kleinstunternehmen sowie Kleinunternehmen und mittleren Unternehmen im Sinne von Artikel 2 des Anhangs der Empfehlung 2003/361/EG der Kommission[5] (KMU) mangelt es häufig an digitalen Kapazitäten und Kompetenzen für die Erhebung, Analyse und Nutzung von Daten; zudem ist der Zugang oftmals eingeschränkt, weil ein einziger Akteur im System die Daten hält oder weil Daten oder Datendienste an sich bzw. über Grenzen hinweg nicht interoperabel sind.

(4) Um den Bedürfnissen der digitalen Wirtschaft gerecht zu werden und die Hindernisse für einen reibungslos funktionierenden Binnenmarkt für Daten zu beseitigen, muss ein harmonisierter Rahmen geschaffen werden, in dem festgelegt wird, wer unter welchen Bedingungen und auf welcher Grundlage berechtigt ist, Produktdaten oder verbundene Dienstdaten zu nutzen. Daher sollten die Mitgliedstaaten in den Angelegenheiten, die in den Anwendungsbereich der vorliegenden Verordnung fallen, keine zusätzlichen nationalen Anforderungen annehmen oder aufrechterhalten, sofern das in der vorliegenden Verordnung nicht ausdrücklich vorgesehen ist, da dies ihre direkte und einheitliche Anwendung beeinträchtigen würde. Ferner sollten auf Unionsebene ergriffene Maßnahmen die Verpflichtungen und Zusagen, die sich aus den von der Union geschlossenen internationalen Handelsabkommen ergeben, unberührt lassen.

(5) Mit dieser Verordnung wird sichergestellt, dass die Nutzer eines vernetzten Produkts oder verbundenen Dienstes in der Union zeitnah auf die Daten zugreifen können, die bei der Nutzung dieses vernetzten Produkts oder verbundenen Dienstes generiert werden, und dass diese Nutzer die Daten verwenden und auch an Dritte ihrer Wahl weitergeben können. Sie verpflichtet Dateninhaber, die Daten unter bestimmten Umständen den Nutzern und Dritten ihrer Wahl bereitzustellen. Ferner wird sichergestellt, dass Dateninhaber den Datenempfängern in der Union Daten zu fairen, angemessenen und nichtdiskriminierenden Bedingungen und auf transparente Weise bereitstellen. Privatrechtliche Vorschriften sind im Gesamtrahmen für die Datenweitergabe von entscheidender Bedeutung. Daher werden mit dieser Verordnung die vertragsrechtlichen Vorschriften angepasst und die Ausnutzung vertraglicher Ungleichgewichte verhindert, die einen

5 Empfehlung 2003/361/EG der Kommission vom 6. Mai 2003 betreffend die Definition der Kleinstunternehmen sowie der kleinen und mittleren Unternehmen (ABl. L 124 vom 20.5.2003, S. 36).

fairen Datenzugang und eine faire Datennutzung erschweren. Mit dieser Verordnung wird auch sichergestellt, dass die Dateninhaber den öffentlichen Stellen und der Kommission, der Europäischen Zentralbank oder Einrichtungen der Union die Daten bereitstellen, die im Falle außergewöhnlicher Notwendigkeit zur Wahrnehmung einer spezifischen Aufgabe im öffentlichen Interesse erforderlich sind. Darüber hinaus soll mit dieser Verordnung der Wechsel zwischen Datenverarbeitungsdiensten erleichtert und die Interoperabilität von Daten sowie von Mechanismen und Diensten für die Datenweitergabe in der Union verbessert werden. Diese Verordnung sollte nicht so ausgelegt werden, dass sie Dateninhabern ein neues Recht auf die Nutzung von Daten verleiht, die bei der Nutzung eines vernetzten Produkts oder verbundenen Dienstes generiert werden.

(6) Die Datengenerierung ist das Ergebnis der Handlungen mindestens zweier Akteure, insbesondere des Entwicklers oder Herstellers eines vernetzten Produkts, bei dem es sich in vielen Fällen auch um einen Erbringer verbundener Dienste handeln kann, und des Nutzers des vernetzten Produkts oder des verbundenen Dienstes. Es stellen sich Fragen der Fairness in der digitalen Wirtschaft, da die von solchen vernetzten Produkten oder verbundenen Diensten erfassten Daten ein wichtiges Gut für Folgemarkt-Dienste, Nebendienste und sonstige Dienste sind. Um die wichtigen wirtschaftlichen Vorteile von Daten zu nutzen sowie um Unternehmen in der Union für die Weitergabe von Daten auf der Grundlage freiwilliger Vereinbarungen und für die Entwicklung einer datengetriebenen Wertschöpfung zu gewinnen, ist ein allgemeiner Ansatz für die Zuweisung von Rechten für den Datenzugang und die Datennutzung der Gewährung ausschließlicher Zugangs- und Nutzungsrechte vorzuziehen. In dieser Verordnung sind horizontale Regelungen vorgesehen, denen das Unionsrecht oder das nationale Recht folgen könnten, das die besonderen Gegebenheiten der betreffenden Sektoren Rechnung zu angeht.

(7) Das Grundrecht auf den Schutz personenbezogener Daten wird insbesondere durch die Verordnungen (EU) 2016/679[6] und (EU) 2018/1725[7] des Europäischen Parlaments und des Rates gewahrt. Die Richtlinie 2002/58/EG des Europäischen Parlaments und des Rates[8] schützt darüber hinaus die Privatsphäre und

6 Verordnung (EU) 2016/679 des Europäischen Parlaments und des Rates vom 27. April 2016 zum Schutz natürlicher Personen bei der Verarbeitung personenbezogener Daten, zum freien Datenverkehr und zur Aufhebung der Richtlinie 95/46/EG (Datenschutz-Grundverordnung) (ABl. L 119 vom 4.5.2016, S. 1).

7 Verordnung (EU) 2018/1725 des Europäischen Parlaments und des Rates vom 23. Oktober 2018 zum Schutz natürlicher Personen bei der Verarbeitung personenbezogener Daten durch die Organe, Einrichtungen und sonstigen Stellen der Union, zum freien Datenverkehr und zur Aufhebung der Verordnung (EG) Nr. 45/2001 und des Beschlusses Nr. 1247/2002/EG (ABl. L 295 vom 21.11.2018, S. 39).

8 Richtlinie 2002/58/EG des Europäischen Parlaments und des Rates vom 12. Juli 2002 über die Verarbeitung personenbezogener Daten und den Schutz der Privatsphäre in der elektronischen Kommunikation (Datenschutzrichtlinie für elektronische Kommunikation) (ABl. L 201 vom 31.7.2002, S. 37).

die Vertraulichkeit der Kommunikation, unter anderem mittels Bedingungen für die Speicherung personenbezogener und nicht-personenbezogener Daten auf Endgeräten und den Zugang dazu. Diese Gesetzgebungsakte der Union bilden die Grundlage für eine nachhaltige und verantwortungsvolle Datenverarbeitung, auch wenn Datensätze eine Mischung aus personenbezogenen und nicht-personenbezogenen Daten enthalten. Die vorliegende Verordnung ergänzt das Unionsrecht zum Schutz personenbezogener Daten und zum Schutz der Privatsphäre, insbesondere die Verordnungen (EU) 2016/679 und (EU) 2018/1725 und die Richtlinie 2002/58/EG, und lässt es unberührt. Keine Bestimmung dieser Verordnung sollte dahingehend angewandt oder ausgelegt werden, dass das Recht auf den Schutz personenbezogener Daten oder das Recht auf Privatsphäre und Vertraulichkeit der Kommunikation abgeschwächt oder eingeschränkt wird. Jegliche Verarbeitung personenbezogener Daten nach dieser Verordnung sollte dem Datenschutzrecht der Union entsprechen, einschließlich dem Erfordernis einer gültigen Rechtsgrundlage für die Verarbeitung gemäß Artikel 6 der Verordnung (EU) 2016/679 und gegebenenfalls den Bedingungen des Artikels 9 der genannten Verordnung und des Artikels 5 Absatz 3 der Richtlinie 2002/58/EG. Die vorliegende Verordnung stellt keine Rechtsgrundlage für die Erhebung oder Generierung personenbezogener Daten durch den Dateninhaber dar. Die vorliegende Verordnung verpflichtet die Dateninhaber, Nutzern Dritten seiner Wahl oder auf Anfrage eines Nutzers personenbezogene Daten bereitzustellen. Ein solcher Zugang sollte im Falle personenbezogener Daten gewährt werden, die vom Dateninhaber auf der Grundlage einer der in Artikel 6 der Verordnung (EU) 2016/679 genannten Rechtsgrundlagen verarbeitet werden. Handelt es sich bei dem Nutzer nicht um die betroffene Person, so bietet die vorliegende Verordnung keine Rechtsgrundlage für die Gewährung des Zugangs zu personenbezogenen Daten oder für deren Bereitstellung an Dritte und sollte nicht so verstanden werden, dass sie dem Dateninhaber ein neues Recht auf die Nutzung personenbezogener Daten, die bei der Nutzung eines vernetzten Produkts oder verbundenen Dienstes generiert wurden, verleiht. In diesen Fällen könnte es im Interesse des Nutzers liegen, die Erfüllung der Anforderungen des Artikels 6 der Verordnung (EU) 2016/679 zu ermöglichen. Da die vorliegende Verordnung die Datenschutzrechte der betroffenen Personen nicht beeinträchtigen sollte, kann der Dateninhaber Datenzugangsverlangen in diesen Fällen unter anderem nachkommen, indem er personenbezogene Daten anonymisiert oder, wenn ohne Weiteres verfügbare Daten personenbezogene Daten mehrerer betroffener Personen enthalten, nur personenbezogene Daten des Nutzers übermittelt.

(8) Die Grundsätze der Datenminimierung und des Datenschutzes durch Technikgestaltung und durch datenschutzfreundliche Voreinstellungen sind von wesentlicher Bedeutung, wenn die Verarbeitung erhebliche Risiken für die Grundrechte des Einzelnen mit sich bringt. Unter Berücksichtigung des Stands der Technik sollten alle Parteien, die an der Datenweitergabe – einschließlich der Datenweitergabe im Anwendungsbereich dieser Verordnung – beteiligt sind, technische und organisatorische Maßnahmen zum Schutz dieser Rechte ergreifen. Zu diesen Maßnahmen gehören nicht nur Pseudonymisierung und Verschlüsselung,

sondern auch der Einsatz zunehmend verfügbarer Technik, die es ermöglicht, Algorithmen direkt am Ort der Datengenerierung einzusetzen und wertvolle Erkenntnisse zu gewinnen, ohne dass die Daten zwischen den Parteien übertragen bzw. die Rohdaten oder strukturierten Daten selbst unnötig kopiert werden.

(9) Sofern in der vorliegenden Verordnung nicht anders vorgesehen, lässt sie das nationale Vertragsrecht, einschließlich der Vorschriften über das Zustandekommen von Verträgen, ihre Gültigkeit oder ihre Rechtsfolgen oder über die Auswirkungen der Beendigung eines Vertrags, unberührt. Die vorliegende Verordnung ergänzt das Unionsrecht zur Förderung der Interessen der Verbraucher und zur Gewährleistung eines hohen Verbraucherschutzniveaus sowie zum Schutz ihrer Gesundheit, Sicherheit und wirtschaftlichen Interessen, insbesondere die Richtlinie 93/13/EWG des Rates[9] und der Richtlinien 2005/29/EG[10] und 2011/83/EU[11] des Europäischen Parlaments und des Rates, und lässt es unberührt.

(10) Diese Verordnung berührt nicht Rechtsvorschriften der Union nationale Rechtsvorschriften über die Datenweitergabe, den Datenzugang und die Datennutzung zum Zwecke der Verhütung, Ermittlung, Aufdeckung oder zur Verfolgung von Straftaten oder der Strafvollstreckung oder für Zoll- und Steuerzwecke, unabhängig davon, auf welcher Rechtsgrundlage nach dem Vertrag über die Arbeitsweise der Europäischen Union (AEUV) diese Rechtsvorschriften der Union erlassen wurden, oder Rechtsvorschriften über die internationale Zusammenarbeit in diesem Bereich, insbesondere auf der Grundlage des Übereinkommens des Europarats über Computerkriminalität (ETS Nr. 185), das am 23. November 2001 in Budapest unterzeichnet wurde. Zu diesen Rechtsvorschriften gehören die Verordnungen (EU) 2021/784[12], (EU) 2022/2065[13] und (EU) 2023/1543[14]

9 Richtlinie 93/13/EWG des Rates vom 5. April 1993 über missbräuchliche Klauseln in Verbraucherverträgen (ABl. L 95 vom 21.4.1993, S. 29).

10 Richtlinie 2005/29/EG des Europäischen Parlaments und des Rates vom 11. Mai 2005 über unlautere Geschäftspraktiken von Unternehmen gegenüber Verbrauchern im Binnenmarkt und zur Änderung der Richtlinie 84/450/EWG des Rates, der Richtlinien 97/7/EG, 98/27/EG und 2002/65/EG des Europäischen Parlaments und des Rates sowie der Verordnung (EG) Nr. 2006/2004 des Europäischen Parlaments und des Rates (Richtlinie über unlautere Geschäftspraktiken) (ABl. L 149 vom 11.6.2005, S. 22).

11 Richtlinie 2011/83/EU des Europäischen Parlaments und des Rates vom 25. Oktober 2011 über die Rechte der Verbraucher, zur Abänderung der Richtlinie 93/13/EWG des Rates und der Richtlinie 1999/44/EG des Europäischen Parlaments und des Rates sowie zur Aufhebung der Richtlinie 85/577/EWG des Rates und der Richtlinie 97/7/EG des Europäischen Parlaments und des Rates (ABl. L 304 vom 22.11.2011, S. 64).

12 Verordnung (EU) 2021/784 des Europäischen Parlaments und des Rates vom 29. April 2021 zur Bekämpfung der Verbreitung terroristischer Online-Inhalte (ABl. L 172 vom 17.5.2021, S. 79).

13 Verordnung (EU) 2022/2065 des Europäischen Parlaments und des Rates vom 19. Oktober 2022 über einen Binnenmarkt für digitale Dienste und zur Änderung der Richtlinie 2000/31/EG (Gesetz über digitale Dienste) (ABl. L 277 vom 27.10.2022, S. 1).

14 Verordnung (EU) 2023/1543 des Europäischen Parlaments und des Rates vom 12. Juli 2023 über Europäische Herausgabeanordnungen und Europäische Sicherungsanordnungen für

des Europäischen Parlaments und des Rates und die Richtlinie (EU) 2023/1544 des Europäischen Parlaments und des Rates[15]. Die vorliegende Verordnung gilt nicht für die Erhebung oder das Teilen von oder den Zugang zu oder die Nutzung von Daten gemäß der Verordnung (EU) 2015/847 des Europäischen Parlaments und des Rates[16] sowie der Richtlinie (EU) 2015/849 des Europäischen Parlaments und des Rates[17]. Die vorliegende Verordnung gilt nicht für nicht unter das Unionsrecht fallende Bereiche und berührt nicht die Zuständigkeiten der Mitgliedstaaten in Bezug auf die öffentliche Sicherheit, die Verteidigung oder die nationale Sicherheit, die Zoll- und Steuerverwaltung oder die Gesundheit und Sicherheit der Bürgerinnen und Bürger, unabhängig von der Art des Rechtsträgers, der von den Mitgliedstaaten mit der Wahrnehmung von Aufgaben im Zusammenhang mit diesen Zuständigkeiten betraut wurde.

(11) Sofern nicht ausdrücklich in der vorliegenden Verordnung vorgesehen, sollten Rechtsvorschriften der Union, in denen Anforderungen an die physische Konzeption und die Daten für Produkte, die in der Union in Verkehr gebracht werden sollen, festgelegt werden, von dieser Verordnung unberührt bleiben.

(12) Diese Verordnung ergänzt das Unionsrecht zur Festlegung von Barrierefreiheitsanforderungen für bestimmte Produkte und Dienstleistungen, insbesondere die Richtlinie (EU) 2019/882 des Europäischen Parlaments und des Rates[18], und lässt es unberührt.

(13) Diese Verordnung berührt nicht die Rechtsakte der Union und der Mitgliedstaaten zum Schutz der Rechte des geistigen Eigentums, darunter die Richtlinien

---

elektronische Beweismittel in Strafverfahren und für die Vollstreckung von Freiheitsstrafen nach Strafverfahren (ABl. L 191 vom 28.7.2023, S. 118).

15 Richtlinie (EU) 2023/1544 des Europäischen Parlaments und des Rates vom 12. Juli 2023 zur Festlegung einheitlicher Regeln für die Benennung von benannten Niederlassungen und die Bestellung von Vertretern zu Zwecken der Erhebung elektronischer Beweismittel in Strafverfahren (ABl. L 191 vom 28.7.2023, S. 181).

16 Verordnung (EU) 2015/847 des Europäischen Parlaments und des Rates vom 20. Mai 2015 über die Übermittlung von Angaben bei Geldtransfers und zur Aufhebung der Verordnung (EG) Nr. 1781/2006 (ABl. L 141 vom 5.6.2015, S. 1).

17 Richtlinie (EU) 2015/849 des Europäischen Parlaments und des Rates vom 20. Mai 2015 zur Verhinderung der Nutzung des Finanzsystems zum Zwecke der Geldwäsche und der Terrorismusfinanzierung, zur Änderung der Verordnung (EU) Nr. 648/2012 des Europäischen Parlaments und des Rates und zur Aufhebung der Richtlinie 2005/60/EG des Europäischen Parlaments und des Rates und der Richtlinie 2006/70/EG der Kommission (ABl. L 141 vom 5.6.2015, S. 73).

18 Richtlinie (EU) 2019/882 des Europäischen Parlaments und des Rates vom 17. April 2019 über die Barrierefreiheitsanforderungen für Produkte und Dienstleistungen (ABl. L 151 vom 7.6.2019, S. 70).

2001/29/EG[19], 2004/48/EG[20] und (EU) 2019/790[21] des Europäischen Parlaments und des Rates.

(14) Vernetzte Produkte, die mittels ihrer Komponenten oder Betriebssysteme Daten über ihre Leistung, Nutzung oder Umgebung erlangen, generieren oder erheben und die diese Daten über einen elektronischen Kommunikationsdienst, eine physische Verbindung oder einen geräteinternen Zugang übermitteln können – häufig als Internet der Dinge bezeichnet –, sollten in den Anwendungsbereich dieser Verordnung fallen, mit Ausnahme von Prototypen. Beispiele für solche elektronischen Kommunikationsdienste umfassen insbesondere terrestrische Telefonnetze, Fernsehkabelnetze, Satellitennetze und Nahfeldkommunikationsnetze. Vernetzte Produkte kommen in allen Bereichen der Wirtschaft und Gesellschaft vor, einschließlich in privaten, zivilen oder gewerblichen Infrastrukturen, Fahrzeugen, medizinischer Ausrüstung, Lifestyle-Ausrüstung, Schiffen, Luftfahrzeugen, Haushaltsgeräten und Konsumgütern, Medizin- und Gesundheitsprodukten oder landwirtschaftlichen und industriellen Maschinen und Anlagen. Durch die Entscheidungen der Hersteller bei der Konzeption und gegebenenfalls durch das Unionsrecht oder das nationale Recht, mit dem sektorspezifischer Bedürfnisse und Ziele angegangen werden, oder durch die einschlägigen Entscheidungen der Wettbewerbsbehörden sollte vorgegeben werden, welche Daten von einem vernetzten Produkt bereitgestellt werden können.

(15) Die Daten stellen digitalisierte Nutzerhandlungen und -vorgänge dar und sollten dementsprechend für den Nutzer zugänglich sein. Die Vorschriften für den Zugang zu und die Nutzung von Daten von vernetzten Produkten und verbundenen Diensten im Rahmen dieser Verordnung betreffen sowohl Produktdaten als auch verbundene Dienstdaten. Produktdaten bezeichnet Daten, die durch die Nutzung eines vernetzten Produkts generiert werden und die der Hersteller so konzipiert hat, dass sie von einem Nutzer, Dateninhaber oder Dritten – gegebenenfalls einschließlich des Herstellers – aus dem vernetzten Produkt abgerufen werden können. Verbundene Dienstdaten bezeichnet Daten, die ebenfalls die Digitalisierung von Nutzerhandlungen oder -vorgängen im Zusammenhang mit dem vernetzten Produkt darstellen und während der Erbringung eines verbundenen Dienstes durch den Anbieter generiert werden. Unter Daten, die bei der Nutzung eines vernetzten Produkts oder verbundenen Dienstes generiert werden, sollten absichtlich aufgezeichnete Daten oder Daten verstanden werden, die indirekt durch Nutzerhandlungen generiert werden, wie z.B. Daten über die Umgebung oder Interaktionen des vernetzten Produkts. Diese Daten sollten

19 Richtlinie 2001/29/EG des Europäischen Parlaments und des Rates vom 22. Mai 2001 zur Harmonisierung bestimmter Aspekte des Urheberrechts und der verwandten Schutzrechte in der Informationsgesellschaft (ABl. L 167 vom 22.6.2001, S. 10).

20 Richtlinie 2004/48/EG des Europäischen Parlaments und des Rates vom 29. April 2004 zur Durchsetzung der Rechte des geistigen Eigentums (ABl. L 157 vom 30.4.2004, S. 45).

21 Richtlinie (EU) 2019/790 des Europäischen Parlaments und des Rates vom 17. April 2019 über das Urheberrecht und die verwandten Schutzrechte im digitalen Binnenmarkt und zur Änderung der Richtlinien 96/9/EG und 2001/29/EG (ABl. L 130 vom 17.5.2019, S. 92).

Daten über die Nutzung eines vernetzten Produkts einschließen, die von einer Benutzerschnittstelle oder über einen verbundenen Dienst generiert werden, und sollten sich nicht auf die Information beschränken, dass ein Produkt oder Dienst genutzt wurde, sondern alle Daten umfassen, die das vernetzte Produkt infolge einer solchen Nutzung generiert, wie z.B. automatisch von Sensoren generierte Daten und Daten, die von eingebetteten Anwendungen aufgezeichnet werden, einschließlich Anwendungen, die den Hardwarestatus und Funktionsstörungen angeben. Zu diesen Daten sollten auch Daten gehören, die von dem vernetzten Produkt oder verbundenen Dienst generiert werden, während der Nutzer inaktiv ist, etwa wenn er beschließt, ein vernetztes Produkt für einen bestimmten Zeitraum nicht zu verwenden, sondern es im Bereitschaftszustand zu belassen oder sogar auszuschalten, da sich der Status eines vernetzten Produkts oder seiner Komponenten, beispielsweise seiner Batterien, ändern kann, wenn sich das vernetzte Produkt im Bereitschaftszustand befindet oder ausgeschaltet ist. Daten, die nicht wesentlich verändert werden, d.h. Daten in Rohform, auch als Quell- oder Primärdaten bezeichnet, die sich auf Datenpunkte beziehen, die ohne jegliche weitere Form der Verarbeitung automatisch generiert werden, sowie Daten, die vor der Weiterverarbeitung und Auswertung aufbereitet wurden, um sie verständlich und nutzbar zu machen, fallen in den Anwendungsbereich dieser Verordnung. Dazu gehören Daten, die von einem einzelnen Sensor oder einer Gruppe miteinander verbundener Sensoren erhoben wurden, um die erfassten Daten für vielfältigere Anwendungsfälle verständlich zu machen, indem eine physikalische Größe oder Eigenschaft oder die Veränderung einer physikalischen Größe, wie Temperatur, Druck, Durchflussmenge, Ton, pH-Wert, Flüssigkeitsstand, Position, Beschleunigung oder Geschwindigkeit, bestimmt wird. Der Begriff »aufbereitete Daten« sollte nicht so ausgelegt werden, dass der Dateninhaber dazu verpflichtet ist, wesentliche Investitionen in die Bereinigung und Transformation der Daten vorzunehmen. Die Daten, die bereitzustellen sind, sollten die einschlägigen Metadaten, einschließlich ihres grundlegenden Kontexts und Zeitstempels, umfassen, um die Daten in Kombination mit anderen Daten, z.B. Daten, die sortiert und mit anderen, mit ihnen verbundenen Datenpunkten klassifiziert wurden oder die in ein gängiges Format umformatiert wurden, nutzbar zu machen. Derartige Daten sind potenziell wertvoll für den Nutzer und unterstützen Innovationen und die Entwicklung digitaler und anderer Dienste zum Schutz der Umwelt, der Gesundheit und der Kreislaufwirtschaft, unter anderem indem sie die Wartung und Reparatur der betreffenden vernetzten Produkte erleichtern. Dagegen sollten aus solchen Daten gefolgerte oder abgeleitete Informationen, die das Ergebnis zusätzlicher Investitionen in die Zuweisung von Werten oder Erkenntnissen aus den Daten sind (insbesondere mittels komplexer proprietärer Algorithmen, einschließlich solcher, die Teil proprietärer Software sind), nicht in den Anwendungsbereich dieser Verordnung fallen, und somit sollten Dateninhaber bei diesen Daten auch nicht dazu verpflichtet sein, sie einem Nutzer oder Datenempfänger bereitzustellen, es sei denn, der Nutzer und der Dateninhaber haben etwas anderes vereinbart. Zu diesen Daten könnten insbesondere Informationen gehören, die durch Sensorfusion gewonnen werden, bei der Daten von mehreren Sensoren abgeleitet oder gefolgert werden, die in dem vernetzten Produkt unter Verwendung komplexer proprietärer Algorithmen erhoben werden und möglicherweise Rechten des geistigen Eigentums unterliegen.

(16) Diese Verordnung ermöglicht es Nutzern vernetzter Produkte, Folgemarkt-Dienste, Nebendienste und sonstige Dienste zu nutzen, die auf Daten basieren, die von in diese Produkte eingebetteten Sensoren erhoben werden, wobei die Erhebung dieser Daten von potenziellem Nutzen für die Verbesserung der Leistung der vernetzten Produkte ist. Es ist wichtig, einerseits die Märkte für die Bereitstellung solcher mit Sensoren ausgestatteter vernetzter Produkte und damit verbundener Dienste und andererseits die Märkte für nicht verwandte Software und Inhalte wie Text-, Audio- oder audiovisuelle Inhalte, die häufig Rechten des geistigen Eigentums unterliegen, voneinander abzugrenzen. Daher sollten Daten, die von solchen mit Sensoren ausgestatteten vernetzten Produkten generiert werden, wenn ihre Nutzer Inhalte – unter anderem zur Nutzung durch einen Online-Dienst – aufzeichnen, übermitteln, anzeigen lassen oder abspielen, sowie die Inhalte selbst, die häufig Rechten des geistigen Eigentums unterliegen, nicht unter diese Verordnung fallen. Diese Verordnung sollte auch nicht für Daten gelten, die von dem vernetzten Produkt für die Zwecke der Speicherung oder Verarbeitung im Namen anderer Parteien, die keine Nutzer sind, erlangt oder generiert wurden oder auf die über das vernetzte Produkt zugegriffen wurde oder die an es übermittelt wurden, wie es etwa bei Servern oder Cloud-Infrastrukturen, die von ihren Eigentümern ausschließlich im Auftrag Dritter betrieben werden, unter anderem zur Nutzung durch einen Online-Dienst, der Fall sein kann.

(17) Für Produkte, die zum Zeitpunkt des Erwerbs, der Anmietung oder des Leasings so mit einem verbundenen Dienst vernetzt sind, dass das vernetzte Produkt ohne diesen Dienst eine oder mehrere seiner Funktionen nicht ausführen könnte, oder der anschließend vom Hersteller oder von einem Dritten mit dem Produkt vernetzt wird, um die Funktionen des vernetzten Produkts zu ergänzen oder anzupassen, müssen Vorschriften festgelegt werden. Im Rahmen solcher verbundenen Dienste werden Daten zwischen dem vernetzten Produkt und dem Diensteanbieter ausgetauscht, das heißt, sie sollten als Dienste verstanden werden, die ausdrücklich mit dem Betrieb der Funktionen des vernetzten Produkts verknüpft sind, wie im Fall von Diensten, die gegebenenfalls Befehle an das vernetzte Produkt übermitteln, die sich wiederum auf dessen Aktivität oder Verhalten auswirken können. Dienste, die sich nicht auf den Betrieb des vernetzten Produkts auswirken und durch die keine Daten oder Befehle des Diensteanbieters an das vernetzte Produkt übermittelt werden, sollten nicht als verbundene Dienste gelten. Zu solchen Diensten könnten z.B. zusätzliche Beratungs-, Analyse- oder Finanzdienstleistungen oder regelmäßige Reparatur- und Wartungsdienste gehören. Verbundene Dienste können als Teil eines Kauf-, Miet- oder Leasingvertrags angeboten werden. Verbundene Dienste könnten auch für Produkte derselben Art erbracht werden, und Nutzer sollten ihre Erbringung – unter Berücksichtigung der Beschaffenheit des vernetzten Produkts und öffentlicher Erklärungen,

die im Vorfeld des Vertragsschlusses von dem Verkäufer oder im Auftrag des Verkäufers, Vermieters, Leasinggebers oder anderer Personen in vorgelagerten Gliedern der Vertragskette, einschließlich des Herstellers, abgegeben wurden – vernünftigerweise erwarten können. Diese verbundenen Dienste können, unabhängig von den Datenerhebungsmöglichkeiten des vernetzten Produkts, mit dem sie verbunden sind, selbst Daten generieren, die für den Nutzer von Wert sind. Diese Verordnung sollte auch für verbundene Dienste gelten, die nicht vom Verkäufer, Vermieter oder Leasinggeber selbst, sondern von einem Dritten erbracht werden. Bei Zweifeln, ob die Erbringung des Dienstes Teil des Kauf-, Miet- oder Leasingvertrags ist, sollte diese Verordnung Anwendung finden. Weder die Stromversorgung noch die Bereitstellung der Konnektivität sind nach dieser Verordnung als verbundene Dienste auszulegen.

(18) Unter dem Nutzer eines vernetzten Produkts sollte eine natürliche oder juristische Person, z.B. ein Unternehmen, ein Verbraucher oder eine öffentliche Stelle, verstanden werden, die Eigentümer eines vernetzten Produkts oder – beispielsweise durch einen Miet- oder Leasingvertrag – Inhaber bestimmter befristeter Rechte auf Zugang zu Daten aus dem vernetzten Produkt oder auf deren Nutzung ist oder verbundene Dienste für das vernetzte Produkt in Anspruch nimmt. Diese Zugangsrechte sollten in keiner Weise eine Änderung der oder einen Eingriff in die Rechte betroffener Personen, die möglicherweise mit einem vernetzten Produkt oder einem verbundenen Dienst interagieren, in Bezug auf die von dem vernetzten Produkt oder während der Erbringung verbundener Dienste generierten personenbezogenen Daten bewirken. Der Nutzer trägt die Risiken und genießt die Vorteile der Nutzung des vernetzten Produkts und sollte auch Zugang zu den von ihm generierten Daten haben. Er sollte daher berechtigt sein, aus den von diesem vernetzten Produkt und allen verbundenen Diensten generierten Daten Nutzen zu ziehen. Ein Eigentümer, Mieter oder Leasingnehmer sollte ebenfalls als Nutzer gelten, auch in Fällen, in denen mehrere Rechtsträger als Nutzer gelten können. Im Falle mehrerer Nutzer kann jeder einzelne Nutzer auf unterschiedliche Weise zur Datengenerierung beitragen und ein Interesse an verschiedenen Formen der Nutzung haben; Beispiele sind das Flottenmanagement für ein Leasingunternehmen oder Mobilitätslösungen für Einzelpersonen, die einen Car-Sharing-Dienst nutzen.

(19) Der Begriff »Datenkompetenz« bezeichnet die Fähigkeiten, das Wissen und das Verständnis, die/das es Nutzern, Verbrauchern und Unternehmen, insbesondere KMU, die in den Anwendungsbereich dieser Verordnung fallen, ermöglichen, sich des potenziellen Werts der von ihnen generierten, produzierten und weitergegebenen Daten bewusst zu werden, und sie dazu motivieren, im Einklang mit den einschlägigen Rechtsvorschriften Zugang zu ihren Daten anzubieten und zu gewähren. Datenkompetenz sollte über den Erwerb von Wissen über Instrumente und Technologien hinausgehen und darauf abzielen, Bürgerinnen und Bürger und Unternehmen in die Lage zu versetzen und zu befähigen, aus einem inklusiven und fairen Datenmarkt Nutzen zu ziehen. Die Verbreitung von Maßnahmen zur Datenkompetenz und die Einführung angemessener Folgemaßnahmen könnten dazu beitragen, die Arbeitsbedingungen zu verbessern, und letztlich die

Konsolidierung und den Innovationspfad der Datenwirtschaft in der Union unterstützen. Die zuständigen Behörden sollten Instrumente fördern und Maßnahmen ergreifen, um die Datenkompetenz von Nutzern und Rechtsträgern, die in den Anwendungsbereich dieser Verordnung fallen, zu verbessern und sie für ihre Rechte und Pflichten aus dieser Verordnung zu sensibilisieren.

(20) In der Praxis sind nicht alle Daten, die durch vernetzte Produkte oder verbundene Dienste generiert werden, für ihre Nutzer leicht zugänglich, und es gibt häufig nur begrenzte Möglichkeiten in Bezug auf die Übertragbarkeit von Daten, die durch mit dem Internet vernetzte Produkte generiert werden. Die Nutzer sind daher nicht in der Lage, die Daten zu erlangen, die erforderlich sind, um Reparatur- und andere Dienste in Anspruch zu nehmen, und Unternehmen sind nicht in der Lage, innovative, bequeme und effizientere Dienste anzubieten. In vielen Sektoren können die Hersteller, da sie die Kontrolle über die technische Konzeption der vernetzten Produkte oder verbundener Dienste haben, bestimmen, welche Daten generiert werden und wie darauf zugegriffen werden kann, obwohl sie keinen Rechtsanspruch auf diese Daten haben. Daher muss sichergestellt werden, dass vernetzte Produkte so konzipiert und hergestellt sowie damit verbundene Dienste so konzipiert und erbracht werden, dass die Produktdaten und die verbundenen Dienstdaten, einschließlich der entsprechenden Metadaten, die zur Auslegung und Nutzung dieser Daten erforderlich sind, und zwar auch, um die Daten abrufen, nutzen oder weitergeben zu können, für einen Nutzer stets leicht und sicher zugänglich sind, und dies kostenlos, in einem umfassenden, strukturierten, gängigen und maschinenlesbaren Format. Produktdaten und verbundene Dienstdaten, die ein Dateninhaber rechtmäßig von dem vernetzten Produkt oder verbundenen Dienst erhält oder erhalten kann, etwa aufgrund der Konzeption des vernetzten Produkts, des Vertrags des Dateninhabers mit dem Nutzer über die Erbringung verbundener Dienste und seiner technischen Mittel für den Datenzugang ohne unverhältnismäßig hohen Aufwand, werden als »ohne Weiteres verfügbare Daten« bezeichnet. Von ohne Weiteres verfügbaren Daten ausgenommen sind Daten, die bei der Produktnutzung generiert werden, sofern das vernetzte Produkt nicht dafür ausgelegt ist, dass solche Daten außerhalb der Komponente, in der sie generiert werden, oder des vernetzten Produkts als Ganzem gespeichert oder übermittelt werden. Diese Verordnung sollte daher nicht dahingehend ausgelegt werden, dass die Verpflichtung zur Speicherung von Daten auf der zentralen Rechnereinheit eines vernetzten Produkts besteht. Das Fehlen einer solchen Verpflichtung sollte den Hersteller oder Dateninhaber nicht daran hindern, solche Anpassungen auf freiwilliger Basis mit dem Nutzer zu vereinbaren. Die Konzeptionspflichten nach Maßgabe dieser Verordnung lassen auch den Grundsatz der Datenminimierung nach Artikel 5 Absatz 1 Buchstabe c der Verordnung (EU) 2016/679 unberührt und sollten nicht so verstanden werden, dass vernetzte Produkte und verbundene Dienste derart konzipiert werden müssen, dass damit auch andere als die für die Zwecke ihrer Verarbeitung erforderlichen personenbezogenen Daten gespeichert oder anderweitig verarbeitet werden. Es könnte Unionsrecht oder nationales Recht eingeführt werden, um weitere Besonderheiten festzulegen, wie etwa die Pro-

duktdaten, die über vernetzte Produkte oder verbundene Dienste zugänglich sein sollten, da diese Daten für den effizienten Betrieb, die Reparatur oder die Wartung dieser vernetzten Produkte oder verbundenen Dienste von wesentlicher Bedeutung sein können. Führen spätere Aktualisierungen oder Änderungen eines vernetzten Produkts oder eines verbundenen Dienstes durch den Hersteller oder eine andere Partei zu zusätzlichen zugänglichen Daten oder zu einer Einschränkung ursprünglich zugänglicher Daten, so sollten diese Änderungen dem Nutzer im Rahmen der Aktualisierung oder Änderung mitgeteilt werden.

(21) Gelten mehrere Personen oder Rechtsträger als Nutzer, beispielsweise im Falle gemeinschaftlichen Eigentums oder wenn ein Eigentümer, Mieter oder Leasingnehmer gemeinsame Rechte am Datenzugang oder an der Datennutzung besitzt, so sollte die Konzeption des vernetzten Produkts oder verbundenen Dienstes oder der entsprechenden Schnittstelle jedem Nutzer den Zugang zu den von diesen generierten Daten ermöglichen. Die Nutzung von vernetzten Produkten, die Daten generieren, erfordert in der Regel, dass ein Nutzerkonto eingerichtet wird. Ein solches Konto ermöglicht es dem Nutzer, durch den Dateninhaber, bei dem es sich um den Hersteller handeln kann, identifiziert zu werden. Es kann auch als Kommunikationsmittel und zur Einreichung und Bearbeitung von Datenzugangsverlangen verwendet werden. Haben mehrere Hersteller oder Erbringer verbundener Dienste gemeinsam vernetzte Produkte an denselben Nutzer verkauft, vermietet oder verleast bzw. integrierte Dienste für diesen erbracht, so sollte sich der Nutzer an jede der Parteien wenden, mit der er einen Vertrag geschlossen hat. Hersteller oder Entwickler eines vernetzten Produkts, das in der Regel von mehreren Personen verwendet wird, sollten die erforderlichen Mechanismen einrichten, die gegebenenfalls die Einrichtung getrennter Nutzerkonten für einzelne Personen oder die Nutzung desselben Nutzerkontos durch mehrere Personen ermöglichen. Kontobezogene Lösungen sollten es den Nutzern ermöglichen, ihre Konten und die damit verbundenen Daten zu löschen, und könnten für Nutzer insbesondere in Fällen, in denen das Eigentum an dem Produkt auf andere Personen übergeht oder andere Personen das vernetzte Produkt nutzen, die Möglichkeit vorsehen, den Datenzugang, die Datennutzung oder die Datenweitergabe zu beenden oder deren Einstellung zu beantragen. Der Zugang sollte dem Nutzer auf der Grundlage einfacher Antragsverfahren gewährt werden, die eine automatische Ausführung ermöglichen und keine Prüfung oder Freigabe durch den Hersteller oder Dateninhaber erfordern. Dies bedeutet, dass die Daten nur bereitgestellt werden sollten, wenn der Nutzer tatsächlich Zugang wünscht. Ist die automatische Ausführung des Datenzugangsverlangens, beispielsweise über ein Nutzerkonto oder die mit dem vernetzten Produkt oder dem verbundenen Dienst bereitgestellte mobile Anwendung, nicht möglich, so sollte der Hersteller dem Nutzer mitteilen, wie auf die Daten zugegriffen werden kann.

(22) Die vernetzten Produkte können so konzipiert sein, dass bestimmte Daten direkt von einem Datenspeicher auf dem Gerät oder von einem entfernten Server, an den die Daten übermittelt werden, zugänglich gemacht werden. Der Zugang zu Datenspeichern auf dem Gerät kann über kabelgebundene oder drahtlose lokale Funknetze ermöglicht werden, die mit einem öffentlich verfügbaren elektroni-

schen Kommunikationsdienst oder Mobilfunknetz verbunden sind. Bei dem Server kann es sich um die eigenen lokalen Serverkapazitäten des Herstellers oder um die eines Dritten oder eines Cloud-Diensteanbieters handeln. Auftragsverarbeiter im Sinne von Artikel 4 Nummer 8 der Verordnung (EU) 2016/679 gelten nicht als Dateninhaber. Sie können jedoch ausdrücklich vom Verantwortlichen im Sinne von Artikel 4 Nummer 7 der Verordnung (EU) 2016/679 beauftragt werden, Daten bereitzustellen. Vernetzte Produkte können so konzipiert sein, dass der Nutzer oder ein Dritter die Daten auf dem vernetzten Produkt, auf einer Rechnerinstanz des Herstellers oder in einer von dem Nutzer oder Dritten ausgewählten Informations- und Kommunikationstechnologie-(IKT)-Umgebung verarbeiten kann.

(23) Virtuelle Assistenten spielen eine immer wichtigere Rolle bei der Digitalisierung des Verbraucherumfelds und des beruflichen Umfelds und dienen als benutzerfreundliche Schnittstelle für die Wiedergabe von Inhalten, das Erlangen von Informationen oder die Aktivierung von Produkten, die mit dem Internet verbunden sind. Virtuelle Assistenten können beispielsweise in einer Smart-Home-Umgebung als zentrales Zugangstor dienen und erhebliche Mengen relevanter Daten darüber erfassen, wie Nutzer mit Produkten interagieren, die mit dem Internet verbunden sind, einschließlich solcher, die von Dritten hergestellt werden, und können die Nutzung der vom Hersteller bereitgestellten Schnittstellen, wie Touchscreens oder Smartphone-Apps, ersetzen. Unter Umständen möchte der Nutzer diese Daten Drittherstellern bereitstellen, um neuartige intelligente Dienste zu aktivieren. Virtuelle Assistenten sollten unter das in dieser Verordnung vorgesehene Datenzugangsrecht fallen. Unter das in dieser Verordnung vorgesehene Datenzugangsrecht sollten auch Daten fallen, die generiert werden, wenn ein Nutzer über einen virtuellen Assistenten, der von einem anderen Rechtsträger als dem Hersteller des vernetzten Produkts bereitgestellt wird, mit einem vernetzten Produkt interagiert. Allerdings sollten nur die aus der Interaktion zwischen dem Nutzer und einem vernetzten Produkt oder verbundenen Dienst über den virtuellen Assistenten anfallenden Daten von dieser Verordnung gedeckt sein. Vom virtuellen Assistenten erstellte Daten, die nicht mit der Verwendung eines vernetzten Produkts oder verbundenen Dienstes zusammenhängen, sind nicht von dieser Verordnung gedeckt.

(24) Vor Abschluss eines Kauf-, Miet- oder Leasingvertrags für ein vernetztes Produkt sollte der Verkäufer, Vermieter oder Leasinggeber – bei dem es sich auch um den Hersteller handeln kann – dem Nutzer Informationen zu den Produktdaten die das vernetzte Produkt generieren kann, einschließlich der Art, des Formats und der geschätzten Datenmenge, auf klare und verständliche Weise bereitstellen. Dies könnte, soweit verfügbar, Informationen über Datenstrukturen, Datenformate, Vokabulare, Klassifizierungssysteme, Taxonomien und Codelisten sowie klare und ausreichende Informationen einschließen, die für die Ausübung der Nutzerrechte relevant sind, und darüber, wie die Daten gespeichert oder abgerufen werden können oder wie auf sie zugegriffen werden kann, einschließlich der Nutzungsbedingungen und der Dienstqualität von Anwendungsprogrammierschnittstellen oder gegebenenfalls der Bereitstellung von Software Develop-

ment Kits. Diese Pflicht sorgt für Transparenz in Bezug auf die generierten Produktdaten und vereinfacht den Zugang für den Nutzer. Der Informationspflicht könnte beispielsweise dadurch nachgekommen werden, dass eine stabile URL-Adresse im Internet unterhalten wird, die als Weblink oder QR-Code verbreitet werden kann und zu den einschlägigen Informationen führt, die der Verkäufer, der Vermieter oder der Leasinggeber – bei dem es sich auch um den Hersteller handeln kann – dem Nutzer vor Abschluss eines Kauf-, Miet- oder Leasingvertrags für ein vernetztes Produkt bereitstellen könnte. Der Nutzer muss die Informationen in jedem Fall so speichern können, dass sie in der Folge eingesehen werden können und die unveränderte Wiedergabe der gespeicherten Informationen möglich ist. Zwar kann vom Dateninhaber nicht erwartet werden, dass er die Daten mit Blick auf die Bedürfnisse des Nutzers des vernetzten Produkts unbegrenzt speichert, jedoch sollte er eine angemessene Regelung in Bezug auf die Dauer der Datenspeicherung anwenden, gegebenenfalls im Einklang mit dem Grundsatz der Speicherbegrenzung nach Artikel 5 Absatz 1 Buchstabe e der Verordnung (EU) 2016/679, die die wirksame Anwendung der Datenzugangsrechte gemäß dieser Verordnung ermöglicht. Die Informationspflicht berührt nicht die Pflicht des Verantwortlichen, der betroffenen Person Informationen gemäß den Artikeln 12, 13 und 14 der Verordnung (EU) 2016/679 zu übermitteln. Die Pflicht, vor Abschluss eines Vertrags über die Erbringung eines verbundenen Dienstes die entsprechenden Informationen bereitzustellen, sollte beim potenziellen Dateninhaber liegen, unabhängig davon, ob der Dateninhaber einen Kauf-, Miet- oder Leasingvertrag für ein vernetztes Produkt abschließt. Ändern sich die Informationen während der Lebensdauer des vernetzten Produkts oder der Vertragslaufzeit für den verbundenen Dienst, einschließlich wenn sich der Zweck, zu dem diese Daten verwendet werden sollen, gegenüber dem ursprünglich vorgesehenen Zweck ändert, so sollten diesbezügliche Informationen auch dem Nutzer bereitgestellt werden.

(25) Diese Verordnung sollte nicht so verstanden werden, dass sie Dateninhabern ein neues Recht auf die Nutzung von Produktdaten oder verbundener Dienstdaten verleiht. Ist der Hersteller eines vernetzten Produkts der Dateninhaber, so sollte ein Vertrag zwischen dem Hersteller und dem Nutzer die Grundlage für die Nutzung nichtpersonenbezogener Daten durch den Hersteller bilden. Ein solcher Vertrag könnte Teil einer Vereinbarung über die Erbringung des verbundenen Dienstes sein, die zusammen mit dem Kauf-, Miet- oder Leasingvertrag für das vernetzte Produkt getroffen werden kann. Jede Vertragsklausel, nach der der Dateninhaber die Produktdaten oder verbundenen Dienstdaten nutzen darf, sollte für den Nutzer transparent sein, auch in Bezug auf die Zwecke, zu denen der Dateninhaber die Daten zu verwenden beabsichtigt. Zu diesen Verwendungszwecken könnten die Verbesserung der Funktionsweise des vernetzten Produkts oder verbundener Dienste, die Entwicklung neuer Produkte oder Dienste oder die Aggregation von Daten mit dem Ziel, die sich daraus ergebenden abgeleiteten Daten Dritten bereitzustellen, gehören, sofern diese abgeleiteten Daten es nicht ermöglichen, einzelne Daten zu ermitteln, die von dem vernetzten Produkt an den Dateninhaber übermittelt wurden, und es Dritten nicht ermöglichen,

diese Daten aus dem Datensatz abzurufen. Jede Vertragsänderung sollte der fundierten Zustimmung des Nutzers bedürfen. Diese Verordnung hindert die Parteien nicht daran, Vertragsklauseln zu vereinbaren, die bewirken, dass die Nutzung von nicht-personenbezogenen Daten oder bestimmten Kategorien nicht-personenbezogenen Daten durch einen Dateninhaber ausgeschlossen oder eingeschränkt wird. Sie hindert die Parteien auch nicht daran, zu vereinbaren, dass Produktdaten oder verbundene Dienstdaten Dritten direkt oder indirekt, einschließlich sofern einschlägig über einen anderen Dateninhaber, bereitgestellt werden können. Darüber hinaus steht diese Verordnung auch sektorspezifischen Regulierungsanforderungen nach Unionsrecht oder nach mit dem Unionsrecht im Einklang stehendem nationalen Recht nicht entgegen, die die Nutzung bestimmter Daten durch den Dateninhaber aus genau festgelegten Gründen der öffentlichen Ordnung ausschließen oder einschränken würden. Ferner steht diese Verordnung dem nicht entgegen, dass Nutzer im Falle von Geschäftsbeziehungen zwischen Unternehmen Dritten oder Dateninhabern unter jeglichen rechtmäßigen Vertragsklauseln Daten bereitstellen, unter anderem indem sie vereinbaren, eine erneute Weitergabe dieser Daten zu begrenzen oder einzuschränken, oder dass Nutzer beispielsweise für den Verzicht auf ihr Recht, diese Daten zu verwenden oder weiterzugeben, eine angemessene Gegenleistung erhalten. Obwohl der Begriff »Dateninhaber« öffentliche Stellen im Allgemeinen nicht einschließt, kann er jedoch öffentliche Unternehmen einschließen.

(26) Um das Entstehen liquider, fairer und effizienter Märkte für nicht-personenbezogene Daten zu fördern, sollten die Nutzer vernetzter Produkte Daten mit minimalem rechtlichem und technischem Aufwand, auch für kommerzielle Zwecke, an andere weitergeben können. Für Unternehmen ist es derzeit oft schwierig, die Personal- oder EDV-Kosten zu rechtfertigen, die anfallen, um nicht-personenbezogene Datensätze oder Datenprodukte aufzubereiten und sie potenziellen Gegenparteien über Datenvermittlungsdienste, einschließlich Datenmarktplätze, anzubieten. Ein wesentliches Hindernis für die Weitergabe nicht-personenbezogener Daten durch Unternehmen ergibt sich daher aus der fehlenden Vorhersehbarkeit des wirtschaftlichen Ertrags von Investitionen in die Aufbereitung und Bereitstellung von Datensätzen oder Datenprodukten. Damit in der Union liquide, faire und effiziente Märkte für nicht-personenbezogene Daten entstehen können, muss geklärt werden, welche Partei das Recht hat, solche Daten auf einem Markt anzubieten. Nutzer sollten daher das Recht haben, nicht-personenbezogene Daten zu kommerziellen und nichtkommerziellen Zwecken an Datenempfänger weiterzugeben. Eine solche Datenweitergabe könnte direkt durch den Nutzer, auf Verlangen des Nutzers über einen Dateninhaber oder durch Datenvermittlungsdienste erfolgen. Datenvermittlungsdienste im Sinne der Verordnung (EU) 2022/868 des Europäischen Parlaments und des Rates[22] könnten der Datenwirtschaft dienen, indem sie Geschäftsbeziehungen

22 Verordnung (EU) 2022/868 des Europäischen Parlaments und des Rates vom 30. Mai 2022 über europäische Daten-Governance und zur Änderung der Verordnung (EU) 2018/1724

zwischen Nutzern, Datenempfängern und Dritten herstellen und die Nutzer bei der Ausübung ihres Datennutzungsrechts unterstützen, etwa indem sie die Anonymisierung der personenbezogenen Daten oder die Aggregation des Zugangs zu Daten von einer Vielzahl einzelner Nutzer sicherstellen. Sind Daten von der Verpflichtung eines Dateninhabers, sie Nutzern oder Dritten bereitzustellen, ausgenommen, so könnte der Umfang dieser Daten in dem zwischen dem Nutzer und dem Dateninhaber geschlossenen Vertrag über die Erbringung eines verbundenen Dienstes festgelegt werden, sodass die Nutzer leicht feststellen können, welche Daten ihnen für die Weitergabe an Datenempfänger oder Dritte bereitstehen. Dateninhaber sollten Dritten nicht-personenbezogene Produktdaten weder zu kommerziellen noch zu nichtkommerziellen Zwecken bereitstellen, außer es geht um die Erfüllung ihres Vertrags mit dem Nutzer; dies sollte die rechtlichen Anforderungen nach dem Unionsrecht oder dem nationalen Recht an einen Dateninhaber für die Bereitstellung von Daten unberührt lassen. Gegebenenfalls sollten Dateninhaber Dritte vertraglich dazu verpflichten, die von ihnen erhaltenen Daten nicht erneut weiterzugeben.

(27) In konzentrierten Sektoren, in denen die Endnutzer durch eine kleine Zahl von Herstellern mit vernetzten Produkten versorgt werden, stehen den Nutzern unter Umständen nur begrenzte Möglichkeiten für den Datenzugang, die Datennutzung und die Weitergabe von Daten zur Verfügung. Unter diesen Umständen reichen vertragliche Vereinbarungen möglicherweise nicht aus, um das Ziel der Stärkung der Handlungsfähigkeit der Nutzer zu erreichen, was es den Nutzern erschwert, aus den Daten, die mit den von ihnen gekauften, gemieteten oder geleasten vernetzen Produkten generiert werden, Wert zu schöpfen. Folglich ist das Potenzial für innovative kleinere Unternehmen, datengestützte Lösungen auf wettbewerbsfähige Weise anzubieten, und für eine vielfältige Datenwirtschaft in der Union begrenzt. Diese Verordnung sollte daher auf den jüngsten Entwicklungen in bestimmten Sektoren aufbauen, wie dem Verhaltenskodex für die Weitergabe von Agrardaten im Wege eines Vertrags. Unionsrecht oder nationales Recht kann erlassen werden, um sektorspezifischen Bedürfnissen und Zielen Rechnung zu tragen. Darüber hinaus sollten Dateninhaber ohne Weiteres verfügbare Daten, bei denen es sich um nicht-personenbezogene Daten handelt, nicht verwenden, um Einblicke in die wirtschaftliche Lage, die Vermögenswerte oder die Produktionsmethoden des Nutzers oder in die Nutzung durch den Nutzer auf jegliche andere Art zu erlangen, die die gewerbliche Position dieses Nutzers auf den Märkten, auf denen dieser tätig ist, untergraben könnte. Dazu könnte gehören, dass Wissen über die Gesamtleistung eines Unternehmens oder eines landwirtschaftlichen Betriebs in Vertragsverhandlungen mit dem Nutzer über den potenziellen Erwerb des Produkts oder landwirtschaftlicher Erzeugnisse des Nutzers zu seinem Nachteil eingesetzt würde oder dass solche Informationen in größere aggregierte Datenbanken über bestimmte Märkte – z.B. Datenbanken über Ernteerträge für die kommende Erntesaison – eingegeben würden, da sich

(Daten-Governance-Rechtsakt) (ABl. L 152 vom 3.6.2022, S. 1).

eine solche Verwendung indirekt negativ auf den Nutzer auswirken könnte. Dem Nutzer sollte die für die Verwaltung der Berechtigungen erforderliche technische Schnittstelle bereitgestellt werden, vorzugsweise mit fein abgestuften Berechtigungsoptionen (z.B. »Zugriff einmalig zulassen« oder »Zugriff nur während der Nutzung der App oder des Dienstes zulassen«), einschließlich der Möglichkeit, solche Berechtigungen zu widerrufen.

(28) Bei Verträgen zwischen einem Dateninhaber und einem Verbraucher als Nutzer eines vernetzten Produkts oder verbundenen Dienstes, das bzw. der Daten generiert, gilt das Verbraucherrecht der Union, insbesondere die Richtlinien 93/13/EWG und 2005/29/EG, damit ein Verbraucher keinen missbräuchlichen Vertragsklauseln unterliegt. Für die Zwecke dieser Verordnung sollten missbräuchliche Vertragsklauseln, die einem Unternehmen einseitig auferlegt werden, für das betreffende Unternehmen nicht verbindlich sein.

(29) Dateninhaber können eine geeignete Nutzeridentifizierung verlangen, um die Berechtigung eines Nutzers auf Zugang zu den Daten zu überprüfen. Im Falle personenbezogener Daten, die von einem Auftragsverarbeiter im Auftrag des Verantwortlichen verarbeitet werden, sollten die Dateninhaber sicherstellen, dass das Zugangsverlangen vom Auftragsverarbeiter entgegengenommen und bearbeitet wird.

(30) Dem Nutzer sollte es freistehen, die Daten zu jedem rechtmäßigen Zweck zu verwenden. Dazu gehören die Bereitstellung der Daten, die der Nutzer im Rahmen der Ausübung seiner Rechte nach dieser Verordnung erhalten hat, für einen Dritten, der einen Folgemarkt-Dienst anbietet, der möglicherweise mit einem von einem Dateninhaber bereitgestellten Dienst im Wettbewerb steht, oder die Anweisung hierzu an den Dateninhaber. Das Zugangsverlangen sollte vom Nutzer oder von einem bevollmächtigten Dritten gestellt werden, der im Namen eines Nutzers handelt, einschließlich von einem Erbringer eines Datenvermittlungsdienstes. Dateninhaber sollten sicherstellen, dass die einem Dritten bereitgestellten Daten so genau, vollständig, zuverlässig, relevant und aktuell sind wie die bei der Nutzung des vernetzten Produkts oder verbundenen Dienstes generierten Daten, auf die der Dateninhaber selbst zugreifen kann oder darf. Rechte des geistigen Eigentums sollten bei der Verarbeitung der Daten gewahrt werden. Es ist wichtig, dass weiter Anreize für Investitionen in Produkte bestehen, deren Funktionen auf der Nutzung der Daten von in diese Produkte eingebauten Sensoren basieren.

(31) Nach der Richtlinie (EU) 2016/943 des Europäischen Parlaments und des Rates[23] gilt der Erwerb, die Nutzung oder die Offenlegung eines Geschäftsgeheimnisses unter anderem dann als rechtmäßig, wenn der betreffende Erwerb oder die betreffende Nutzung oder Offenlegung nach Unionsrecht oder nationalem Recht vor-

23 Richtlinie (EU) 2016/943 des Europäischen Parlaments und des Rates vom 8. Juni 2016 über den Schutz vertraulichen Know-hows und vertraulicher Geschäftsinformationen (Geschäftsgeheimnisse) vor rechtswidrigem Erwerb sowie rechtswidriger Nutzung und Offenlegung (ABl. L 157 vom 15.6.2016, S. 1).

geschrieben oder zulässig ist. Nach dieser Verordnung sind Dateninhaber zwar dazu verpflichtet, bestimmte Daten gegenüber Nutzern oder vom Nutzer ausgewählten Dritten offenzulegen, selbst wenn diese Daten unter den Schutz des Geschäftsgeheimnisses fallen, doch sollte dies so ausgelegt werden, dass der Schutz von Geschäftsgeheimnissen nach Maßgabe der Richtlinie (EU) 2016/943 gewahrt wird. In diesem Zusammenhang sollten Dateninhaber dem Nutzer oder vom Nutzer ausgewählten Dritten die Wahrung der Vertraulichkeit von Daten, die als Geschäftsgeheimnisse gelten, vorschreiben können. Daher sollten Dateninhaber die Geschäftsgeheimnisse vor deren Offenlegung ermitteln und die Möglichkeit haben, mit Nutzern oder vom Nutzer ausgewählten Dritten notwendige Maßnahmen zur Wahrung ihrer Vertraulichkeit zu vereinbaren, unter anderem durch die Verwendung von Mustervertragsklauseln, Vertraulichkeitsvereinbarungen, strengen Zugangsprotokollen, technischen Standards und die Anwendung von Verhaltenskodizes. Neben der Verwendung der von der Kommission zu entwickelnden und zu empfehlenden Mustervertragsklauseln könnte auch die Festlegung von Verhaltenskodizes und technischen Standards in Bezug auf den Schutz von Geschäftsgeheimnissen bei der Verarbeitung der Daten dazu beitragen, das Ziel dieser Verordnung zu erreichen, und sollte daher vorangetrieben werden. Besteht keine Vereinbarung über die notwendigen Maßnahmen oder setzt ein Nutzer oder ein vom Nutzer ausgewählter Dritter diese vereinbarten Maßnahmen nicht um oder verstößt gegen die Vertraulichkeit von Geschäftsgeheimnissen, so sollte es dem Dateninhaber möglich sein, die Weitergabe der als Geschäftsgeheimnisse eingestuften Daten zu verweigern oder auszusetzen. In solchen Fällen sollte der Dateninhaber dem Nutzer oder dem Dritten seine Entscheidung unverzüglich schriftlich mitteilen und die nationale zuständige Behörde des Mitgliedstaats, in dem der Dateninhaber niedergelassen ist, davon unterrichten, dass er die Weitergabe von Daten verweigert oder ausgesetzt hat, und angeben, welche Maßnahmen nicht vereinbart oder umgesetzt wurden und – sofern relevant – bei welchen Geschäftsgeheimnissen die Vertraulichkeit verletzt wurde. Grundsätzlich können Dateninhaber ein Datenzugangsverlangen gemäß dieser Verordnung nicht allein aufgrund dessen ablehnen, dass bestimmte Daten als Geschäftsgeheimnisse gelten, da dies die beabsichtigte Wirkung dieser Verordnung untergraben würde. In Ausnahmefällen sollte es einem Dateninhaber, der Inhaber eines Geschäftsgeheimnisses ist, jedoch möglich sein, im Einzelfall ein Datenzugangsverlangen für die betreffenden spezifischen Daten abzulehnen, wenn er gegenüber dem Nutzer oder dem Dritten nachweisen kann, dass durch die Offenlegung dieses Geschäftsgeheimnisses trotz von dem Nutzer oder dem Dritten vorgenommener technischer und organisatorischer Maßnahmen mit hoher Wahrscheinlichkeit ein schwerer wirtschaftlicher Schaden entsteht. Ein schwerer wirtschaftlicher Schaden geht mit schweren irreparablen wirtschaftlichen Verlusten einher. Der Dateninhaber sollte seine Weigerung gegenüber dem Nutzer oder dem Dritten unverzüglich in schriftlicher Form ordnungsgemäß begründen und die zuständige Behörde hiervon in Kenntnis setzen. Eine solche Begründung sollte sich auf objektive Fakten stützen, aus denen hervorgeht, dass durch die Offenlegung bestimmter Daten die konkrete Gefahr eines schweren wirtschaftlichen Schadens zu erwarten ist, und weshalb die zum Schutz der verlangten Daten ergriffenen Maßnahmen als nicht ausreichend erachtet werden. In diesem Zusammenhang kann etwaigen negativen Auswirkungen auf die Cybersicherheit Rechnung getragen werden. Unbeschadet des Rechts, vor einem Gericht eines Mitgliedstaats Rechtsmittel einzulegen, kann der Nutzer oder der Dritte, der die Entscheidung des Dateninhabers, die Weitergabe von Daten abzuweisen oder zu verweigern oder auszusetzen, anfechten möchte, bei der zuständigen Behörde Beschwerde einlegen, die sodann unverzüglich entscheiden sollte, ob und unter welchen Bedingungen die Weitergabe der Daten beginnen oder wieder aufgenommen werden sollte, oder der Nutzer oder der Dritte kann mit dem Dateninhaber vereinbaren, eine Streitbeilegungsstelle mit der Angelegenheit zu befassen. Die in dieser Verordnung vorgesehenen Ausnahmen von den Datenzugangsrechten sollten in keiner Weise die Rechte der betroffenen Personen auf Zugang und Datenübertragbarkeit gemäß der Verordnung (EU) 2016/679 beschränken.

(32) Das Ziel dieser Verordnung besteht nicht nur darin, die Entwicklung neuer, innovativer vernetzter Produkte oder verbundener Dienste zu fördern und Innovationen auf den Folgemärkten voranzutreiben, sondern auch darin, die Entwicklung völlig neuartiger Dienste unter Nutzung der betreffenden Daten anzuregen, auch auf der Grundlage von Daten aus einer Vielzahl von vernetzten Produkten oder verbundenen Diensten. Gleichzeitig soll mit der vorliegenden Verordnung verhindert werden, dass die Anreize für Investitionen in die Art vernetzter Produkte, von denen die Daten erlangt werden, verloren gehen, etwa wenn Daten zur Entwicklung eines konkurrierenden vernetzten Produkts genutzt werden, das insbesondere aufgrund seiner Merkmale, seines Preises und seines Verwendungszwecks von den Nutzern als austauschbar oder ersetzbar betrachtet wird. Diese Verordnung sieht kein Verbot der Entwicklung eines verbundenen Dienstes unter Nutzung der im Rahmen dieser Verordnung erlangten Daten vor, da dies eine unerwünschte abschreckende Wirkung auf Innovationen hätte. Die Innovationsanstrengungen der Dateninhaber werden durch das Verbot geschützt, Daten, zu denen im Rahmen dieser Verordnung Zugang besteht, für die Entwicklung eines vernetzten Konkurrenzprodukts zu nutzen. Ob ein vernetztes Produkt mit dem vernetzten Produkt, von dem die Daten stammen, im Wettbewerb steht, hängt davon ab, ob die beiden vernetzten Produkte auf demselben Produktmarkt miteinander konkurrieren. Dies ist auf der Grundlage der bewährten Grundsätze des Wettbewerbsrechts der Union zur Bestimmung des einschlägigen Produktmarkts zu entscheiden. Allerdings könnte ein rechtmäßiger Zweck der Nutzung der Daten, soweit die Anforderungen der vorliegenden Verordnung, des Unionsrechts oder des nationalen Rechts dabei erfüllt sind, Reverse Engineering (Nachkonstruktion) umfassen. Dabei kann es sich um Zwecke der Reparatur oder der Verlängerung der Lebensdauer eines vernetzten Produkts oder der Erbringung von Folgemarkt-Diensten für vernetzte Produkte handeln.

(33) Ein Dritter, dem Daten bereitgestellt werden, kann eine natürliche oder juristische Person, wie etwa ein Verbraucher, ein Unternehmen, eine Forschungseinrichtung, eine gemeinnützige Organisation oder ein in beruflicher Eigenschaft

handelnder Rechtsträger, sein. Wenn ein Dateninhaber dem Dritten die Daten bereitstellt, sollte er seine Position nicht missbrauchen, um einen Wettbewerbsvorteil auf Märkten zu erlangen, auf denen der Dateninhaber und der Dritte möglicherweise in direktem Wettbewerb stehen. Der Dateninhaber sollte ohne Weiteres verfügbare Daten daher nicht dazu nutzen, um Einblicke in die wirtschaftliche Lage, die Vermögenswerte oder Produktionsmethoden des Dritten oder die Nutzung durch den Dritten auf jegliche andere Weise zu erlangen, die die gewerbliche Position des Dritten auf den Märkten, auf denen dieser tätig ist, untergraben könnte. Der Nutzer sollte in der Lage sein, nichtpersonenbezogene Daten zu kommerziellen Zwecken an Dritte weiterzugeben. Nach Zustimmung des Nutzers und vorbehaltlich der Bestimmungen dieser Verordnung sollten Dritte die vom Nutzer eingeräumten Datenzugangsrechte auf andere Dritte übertragen können, auch gegen Entgelt. Datenmittler zwischen Unternehmen und Personal Information Management Systemen (personal information management systems, PIMS), die in der Verordnung (EU) 2022/868 als Datenvermittlungsdienste bezeichnet werden, können Nutzer oder Dritte bei der Aufnahme von Geschäftsbeziehungen mit einer unbestimmten Zahl potenzieller Gegenparteien zu jedem in den Anwendungsbereich dieser Verordnung fallenden rechtmäßigen Zweck unterstützen. Sie könnten eine entscheidende Rolle bei der Aggregation des Zugangs zu Daten spielen, sodass Big-Data-Analysen oder maschinelles Lernen erleichtert werden können, vorausgesetzt dass die Nutzer die volle Kontrolle darüber behalten, ob sie ihre Daten zu einer solchen Aggregation bereitstellen und unter welchen kommerziellen Bedingungen ihre Daten zu nutzen sind.

(34) Bei der Nutzung eines vernetzten Produkts oder verbundenen Dienstes können, insbesondere wenn es sich bei dem Nutzer um eine natürliche Person handelt, Daten generiert werden, die sich auf eine betroffene Person beziehen. Die Verarbeitung solcher Daten unterliegt den Vorschriften der Verordnung (EU) 2016/679, auch wenn personenbezogene und nicht-personenbezogene Daten in einem Datensatz untrennbar miteinander verbunden sind. Die betroffene Person kann der Nutzer oder eine andere natürliche Person sein. Zugang zu personenbezogenen Daten darf nur von einem Verantwortlichen oder einer betroffenen Person verlangt werden. Der Nutzer, der die betroffene Person ist, ist unter bestimmten Umständen gemäß der Verordnung (EU) 2016/679 berechtigt, auf die jenen Nutzer betreffenden personenbezogenen Daten zuzugreifen; diese Rechte bleiben von der vorliegenden Verordnung unberührt. Nach der vorliegenden Verordnung hat ein Nutzer, der eine natürliche Person ist, ferner das Recht auf Zugang zu allen durch die Nutzung eines vernetzten Produkts generierten Daten, ob personenbezogen oder nicht-personenbezogen. Handelt es sich beim Nutzer nicht um die betroffene Person, sondern um ein Unternehmen, einschließlich eines Einzelunternehmers, und wird das Produkt nicht gemeinsam in einem Haushalt verwendet, so gilt der Nutzer als Verantwortlicher. Dementsprechend benötigt ein Nutzer, der als Verantwortlicher Zugang zu personenbezogenen Daten, die bei der Nutzung eines vernetzten Produkts oder verbundenen Dienstes generiert werden, zu verlangen beabsichtigt, für die Verarbeitung der

Daten eine Rechtsgrundlage gemäß Artikel 6 Absatz 1 der Verordnung (EU) 2016/679, wie etwa die Einwilligung der betroffenen Person oder die Erfüllung eines Vertrags, dessen Vertragspartei die betroffene Person ist. Dieser Nutzer sollte sicherstellen, dass die betroffene Person angemessen über die spezifischen, eindeutigen und rechtmäßigen Zwecke der Verarbeitung dieser Daten und darüber informiert wird, wie die betroffene Person ihre Rechte wirksam ausüben kann. Handelt es sich bei dem Dateninhaber und dem Nutzer um gemeinsam Verantwortliche im Sinne des Artikels 26 der Verordnung (EU) 2016/679, so müssen sie in einer Vereinbarung in transparenter Form festlegen, wer von ihnen die einschlägigen Pflichten zur Einhaltung der genannten Verordnung erfüllt. Es sollte davon ausgegangen werden, dass ein solcher Nutzer, sobald Daten bereitgestellt wurden, seinerseits Dateninhaber werden kann, wenn jener Nutzer die Kriterien dieser Verordnung erfüllt, und damit seinerseits den Pflichten zur Bereitstellung von Daten im Rahmen dieser Verordnung unterliegen kann.

(35) Produktdaten oder verbundene Dienstdaten sollten Dritten nur auf Verlangen des Nutzers bereitgestellt werden. Dementsprechend ergänzt die vorliegende Verordnung das in Artikel 20 der Verordnung (EU) 2016/679 verankerte Recht einer betroffenen Personen, die sie betreffenden personenbezogenen Daten in einem strukturierten, gängigen, maschinenlesbaren und interoperablen Format zu erhalten und sie auch einem anderen Verantwortlichen zu übertragen, wenn diese Daten mithilfe automatisierter Verfahren auf der Grundlage von Artikel 6 Absatz 1 Buchstabe a oder Artikel 9 Absatz 2 Buchstabe a oder eines Vertrags gemäß Artikel 6 Absatz 1 Buchstabe b der genannten Verordnung verarbeitet werden. Betroffene Personen haben ebenfalls das Recht, zu erwirken, dass die personenbezogenen Daten von einem Verantwortlichen direkt an einen anderen Verantwortlichen übermittelt werden, jedoch nur sofern dies technisch machbar ist. In Artikel 20 der Verordnung (EU) 2016/679 wird präzisiert, dass dies Daten betrifft, die die betroffene Person bereitgestellt hat, ohne jedoch anzugeben, ob dies ein aktives Verhalten der betroffenen Person erfordert oder ob dies auch in Fällen gilt, in denen ein vernetztes Produkt oder verbundener Dienst durch seine Konzeption das Verhalten einer betroffenen Person oder andere Informationen in Bezug auf eine betroffene Person passiv erfasst. Die in dieser Verordnung enthaltenen Rechte ergänzen das Recht, personenbezogene Daten gemäß Artikel 20 der Verordnung (EU) 2016/679 auf verschiedene Weise zu erhalten und zu übertragen. Die vorliegende Verordnung gewährt Nutzern das Recht auf Zugang und darauf, einem Dritten alle Produktdaten oder verbundenen Dienstdaten bereitzustellen, unabhängig davon, ob es sich um personenbezogene Daten handelt, sowie unabhängig von der Unterscheidung zwischen aktiv bereitgestellten oder passiv erfassten Daten und von der Rechtsgrundlage für die Verarbeitung. Im Gegensatz zu Artikel 20 der Verordnung (EU) 2016/679 wird mit der vorliegenden Verordnung die technische Machbarkeit des Zugangs Dritter zu allen Arten von Daten, die in ihren Anwendungsbereich fallen – ob personenbezogen oder nicht-personenbezogen –, vorgeschrieben und gewährleistet, womit sichergestellt wird, dass technische Hindernisse den Zugang zu diesen Daten nicht mehr behindern oder verhindern. Außerdem ermöglicht sie es Dateninhabern,

eine angemessene Gegenleistung für Kosten festlegen, die durch die Bereitstellung des direkten Zugangs zu den vom vernetzten Produkt des Nutzers generierten Daten entstehen, die von Dritten, nicht aber vom Nutzer zu tragen ist. Wenn ein Dateninhaber und ein Dritter nicht in der Lage sind, Bedingungen für einen solchen direkten Zugang zu vereinbaren, sollte die betroffene Person in keiner Weise daran gehindert werden, die in der Verordnung (EU) 2016/679 festgelegten Rechte, einschließlich des Rechts auf Datenübertragbarkeit, durch Einlegung von Rechtsbehelfen gemäß der genannten Verordnung auszuüben. In diesem Zusammenhang gilt, dass im Einklang mit der Verordnung (EU) 2016/679 durch einen Vertrag nicht die Verarbeitung besonderer Kategorien personenbezogener Daten durch den Dateninhaber oder den Dritten gestattet werden kann.

(36) Der Zugang zu auf Endgeräten gespeicherten von über Endgeräte zugänglichen Daten unterliegt der Richtlinie 2002/58/EG und erfordert die Einwilligung des Teilnehmers oder Nutzers im Sinne der genannten Richtlinie, es sei denn, der Datenzugang ist unbedingt für die Bereitstellung eines vom Nutzer oder vom Teilnehmer ausdrücklich verlangten Dienstes der Informationsgesellschaft oder zum alleinigen Zweck der Übertragung einer Nachricht erforderlich. Die Richtlinie 2002/58/EG schützt die Integrität der Endgeräte eines Nutzers im Hinblick auf die Nutzung von Verarbeitungs- und Speicherfunktionen und die Sammlung von Informationen. Geräte des Internets der Dinge gelten als Endgeräte, wenn sie direkt oder indirekt mit einem öffentlichen Kommunikationsnetz verbunden sind.

(37) Um zu verhindern, dass Nutzer ausgenutzt werden, sollten Dritte, denen die Daten auf Verlangen des Nutzers bereitgestellt wurden, diese Daten nur zu den mit dem Nutzer vereinbarten Zwecken verarbeiten und sie nur an andere Dritte weitergeben, wenn der Nutzer seine Einwilligung zu dieser Datenweitergabe gegeben hat.

(38) Im Einklang mit dem Grundsatz der Datenminimierung sollten Dritte nur auf solche Informationen zugreifen, die für die Erbringung des vom Nutzer verlangten Dienstes erforderlich sind. Nachdem der Dritte Zugang zu den Daten erhalten hat, sollte er diese zu den mit dem Nutzer vereinbarten Zwecken verarbeiten, ohne dass der Dateninhaber eingreift. Es sollte für den Nutzer genauso einfach sein, den Zugang Dritter zu den Daten zu verweigern oder zu beenden, wie es für ihn ist, den Zugang zu den Daten zu gestatten. Weder Dritte noch Dateninhaber sollten die Ausübung der Wahlmöglichkeiten oder Rechte der Nutzer unangemessen erschweren, auch nicht, indem sie ihnen Wahlmöglichkeiten auf nicht neutrale Weise anbieten, oder den Nutzer zwingen, täuschen oder manipulieren, oder indem sie – auch mittels einer digitalen Benutzerschnittstelle oder eines Teils davon –, die Autonomie, Entscheidungsfähigkeit oder freie Wahlmöglichkeiten des Nutzers untergraben oder beeinträchtigen. In diesem Zusammenhang sollten Dritte oder Dateninhaber bei der Gestaltung ihrer digitalen Schnittstellen nicht auf sogenannte »Dark Patterns« zurückgreifen. »Dark Patterns« sind Gestaltungstechniken, die dazu dienen, Verbraucher zu Entscheidungen, die

negative Folgen für sie haben, zu verleiten oder sie zu täuschen. Diese manipulativen Techniken können eingesetzt werden, um Nutzer, insbesondere schutzbedürftige Verbraucher, zu unerwünschtem Verhalten zu bewegen und zu täuschen, indem sie zu Entscheidungen über die Datenoffenlegung angeregt werden, sowie um die Entscheidungsfindung der Nutzer des Dienstes unverhältnismäßig in einer Weise zu beeinflussen, die ihre Autonomie, Entscheidungsfähigkeit oder Wahlmöglichkeiten untergräbt oder beeinträchtigt. Übliche und rechtmäßige Geschäftspraktiken, die mit dem Unionsrecht im Einklang stehen, sollten an sich nicht als »Dark Patterns« angesehen werden. Dritte und Dateninhaber sollten ihren Pflichten nach dem einschlägigen Unionsrecht nachkommen, insbesondere den Anforderungen der Richtlinien 98/6/EG[24] und 2000/31/EG[25] des Europäischen Parlaments und des Rates sowie der Richtlinien 2005/29/EG und 2011/83/EU.

(39) Dritte sollten auch davon absehen, Daten, die in den Anwendungsbereich dieser Verordnung fallen, für das Profiling einer Person zu verwenden, es sei denn, solche Verarbeitungstätigkeiten sind unbedingt erforderlich, um den vom Nutzer verlangten Dienst zu erbringen, einschließlich im Kontext der automatisierten Entscheidungsfindung. Die Anforderung, Daten zu löschen, wenn diese für den mit dem Nutzer vereinbarten Zweck nicht mehr erforderlich sind, ergänzt – sofern in Bezug nicht-personenbezogene Daten nichts anderes vereinbart wurde – das Recht der betroffenen Person auf Löschung gemäß Artikel 17 der Verordnung (EU) 2016/679. Wenn ein Dritter ein Anbieter eines Datenvermittlungsdienstes ist, gelten die in der Verordnung (EU) 2022/868 für die betroffene Person vorgesehenen Schutzvorkehrungen. Der Dritte kann die Daten für die Entwicklung eines neuen und innovativen vernetzten Produkts oder verbundenen Dienstes, nicht aber für die Entwicklung eines konkurrierenden vernetzten Produkts verwenden.

(40) Start-ups, kleine Unternehmen und Unternehmen, die nach Artikel 2 des Anhangs der Empfehlung 2003/361/EG als mittlere Unternehmen einzustufen sind, sowie Unternehmen aus traditionellen Branchen mit weniger entwickelten digitalen Fähigkeiten haben Schwierigkeiten, Zugang zu einschlägigen Daten zu erlangen. Ziel dieser Verordnung ist es, diesen Rechtsträgern den Zugang zu Daten zu erleichtern und gleichzeitig sicherzustellen, dass die entsprechenden Pflichten so verhältnismäßig wie möglich sind, um eine Übervorteilung zu vermeiden. Durch die Anhäufung und Aggregation gewaltiger Datenmengen und die technologische Infrastruktur für ihre Monetarisierung ist in der digitalen Wirtschaft gleichzeitig eine kleine Zahl sehr großer Unternehmen mit beträchtlicher wirtschaft-

24 Richtlinie 98/6/EG des Europäischen Parlaments und des Rates vom 16. Februar 1998 über den Schutz der Verbraucher bei der Angabe der Preise der ihnen angebotenen Erzeugnisse (ABl. L 80 vom 18.3.1998, S. 27).

25 Richtlinie 2000/31/EG des Europäischen Parlaments und des Rates vom 8. Juni 2000 über bestimmte rechtliche Aspekte der Dienste der Informationsgesellschaft, insbesondere des elektronischen Geschäftsverkehrs, im Binnenmarkt (»Richtlinie über den elektronischen Geschäftsverkehr«) (ABl. L 178 vom 17.7.2000, S. 1).

licher Macht entstanden. Zu diesen sehr großen Unternehmen gehören Betreiber zentraler Plattformdienste, die ganze Plattformökosysteme in der digitalen Wirtschaft kontrollieren, sodass es bestehenden oder neuen Marktteilnehmern nicht möglich ist, ihnen ihre Position streitig zu machen oder mit ihnen in Wettbewerb zu treten. Die Verordnung (EU) 2022/1925 des Europäischen Parlaments und des Rates[26] zielt darauf ab, diese Ineffizienzen und Ungleichgewichte zu beheben, indem die Kommission ein Unternehmen als »Torwächter« benennen kann und diesen Torwächtern eine Reihe von Pflichten auferlegt wird, darunter das Verbot, bestimmte Daten ohne Einwilligung zusammenzuführen, und die Pflicht, wirksames Rechte auf Datenübertragbarkeit gemäß Artikel 20 der Verordnung (EU) 2016/679 zu gewährleisten. Gemäß der Verordnung (EU) 2022/1925 und angesichts der einzigartigen Fähigkeit dieser Unternehmen, Daten zu erwerben, ist es zur Erreichung des Ziels der vorliegenden Verordnung nicht erforderlich und somit in Bezug auf die den entsprechenden Pflichten unterliegenden Dateninhaber unverhältnismäßig, solchen Torwächtern ein Datenzugangsrecht einzuräumen. Ihre Einbeziehung dürfte auch die Vorteile einschränken, die die vorliegende Verordnung im Zusammenhang mit der gerechten Verteilung der Datenwertschöpfung unter den Marktteilnehmern für KMU bewirken kann. Dies bedeutet, dass ein als Torwächter benanntes Unternehmen, das zentrale Plattformdienste betreibt, auf der Grundlage der vorliegenden Verordnung keinen Zugang zu Nutzerdaten verlangen oder erhalten kann, die bei der Nutzung eines vernetzten Produkts oder verbundenen Dienstes oder eines virtuellen Assistenten generiert werden. Darüber hinaus dürfen Dritte, denen Daten auf Verlangen des Nutzers bereitgestellt werden, die Daten keinem Torwächter bereitstellen. Beispielsweise darf der Dritte keinen Torwächter mit der Erbringung des Dienstes beauftragen. Dies hindert Dritte jedoch nicht daran, Datenverarbeitungsdienste in Anspruch zu nehmen, die von einem Torwächter angeboten werden. Außerdem hindert es diese Unternehmen nicht daran, dieselben Daten auf andere rechtmäßige Weise zu erlangen und zu nutzen. Die Zugangsrechte gemäß der vorliegenden Verordnung tragen zu einer größeren Auswahl an Dienstleistungen für die Verbraucher bei. Da freiwillige Vereinbarungen zwischen Torwächtern und Dateninhabern hiervon unberührt bleiben, würde eine Beschränkung der Zugangsgewährung für Torwächter diese nicht vom Markt ausschließen oder daran hindern, ihre Dienste anzubieten.

(41) Angesichts des derzeitigen Stands der Technik wäre es zu aufwendig, Kleinstunternehmen und Kleinunternehmen weitere Konzeptionspflichten für vernetzte Produkte, die von ihnen hergestellt oder konzipiert, oder verbundene Dienste, die von ihnen erbracht werden, aufzuerlegen. Dies ist jedoch nicht der Fall, wenn ein Kleinstunternehmen oder Kleinunternehmen ein Partnerunternehmen oder

26 Verordnung (EU) 2022/1925 des Europäischen Parlaments und des Rates vom 14. September 2022 über bestreitbare und faire Märkte im digitalen Sektor und zur Änderung der Richtlinien (EU) 2019/1937 und (EU) 2020/1828 (Gesetz über digitale Märkte) (ABl. L 265 vom 12.10.2022, S. 1).

ein verbundenes Unternehmen im Sinne von Artikel 3 des Anhangs der Empfehlung 2003/361/EG hat, das nicht als Kleinstunternehmen oder Kleinunternehmen gilt, und das mit der Herstellung oder Konzeption eines vernetzten Produkts oder mit der Erbringung eines verbundenen Dienstes beauftragt wird. In solchen Fällen ist das Unternehmen, das einem Kleinstunternehmen oder Kleinunternehmen den Herstellungs- oder Konzeptionsauftrag erteilt hat, in der Lage, dem Auftragnehmer angemessenen zu entschädigen. Ein Kleinstunternehmen oder Kleinunternehmen kann jedoch als Dateninhaber den Anforderungen dieser Verordnung unterliegen, wenn es nicht der Hersteller des vernetzten Produkts oder ein Erbringer verbundener Dienste ist. Für ein Unternehmen, das seit weniger als einem Jahr als mittleres Unternehmen eingestuft ist, sowie für von einem mittleren Unternehmen vor weniger als einem Jahr auf den Markt gebrachte vernetzte Produkte sollte eine Übergangszeit gelten. Dieser Zeitraum von einem Jahr erlaubt es einem mittleren Unternehmen, sich anzupassen und vorzubereiten, bevor es auf dem Dienstleistungsmarkt für die von ihm hergestellten vernetzten Produkte auf Grundlage der Zugangsrechte gemäß dieser Verordnung dem Wettbewerb ausgesetzt ist. Diese Übergangszeit gilt nicht, wenn ein solches mittleres Unternehmen ein Partnerunternehmen oder ein verbundenes Unternehmen hat, das nicht als Kleinstunternehmen oder Kleinunternehmen gilt, oder wenn ein solches mittleres Unternehmen mit der Herstellung oder Konzeption eines vernetzten Produkts oder der Erbringung eines verbundenen Dienstes beauftragt wurde.

(42) Unter Berücksichtigung der Vielzahl von vernetzten Produkten, mit denen hinsichtlich Art, Umfang und Häufigkeit unterschiedliche Daten generiert werden, die mit unterschiedlichen Daten- und Cybersicherheitsrisiken einhergehen und wirtschaftliche Chancen von unterschiedlichem Wert bieten, und um die Kohärenz der Verfahren für die Datenweitergabe im Binnenmarkt, auch sektorübergreifend, sicherzustellen und faire Verfahren für die Datenweitergabe selbst in jenen Bereichen zu fördern und voranzubringen, in denen ein solches Recht auf Datenzugang nicht vorgesehen ist, enthält diese Verordnung horizontale Vorschriften über die Ausgestaltung des Datenzugangs in all jenen Fällen, in denen ein Dateninhaber nach dem Unionsrecht oder nationalen Rechtsvorschriften, die im Einklang mit Unionsrecht erlassen wurden, verpflichtet ist, einem Datenempfänger Daten bereitzustellen. Ein solcher Zugang sollte auf fairen, angemessenen, nichtdiskriminierenden und transparenten Bedingungen beruhen. Diese allgemeinen Zugangsvorschriften gelten nicht für Datenbereitstellungspflichten gemäß der Verordnung (EU) 2016/679. Die freiwillige Datenweitergabe bleibt von diesen Vorschriften unberührt. Die unverbindlichen Mustervertragsklauseln für die Datenweitergabe zwischen Unternehmen, die die Kommission erarbeiten und empfehlen wird, können den Parteien dabei helfen, Verträge zu schließen, die faire, angemessene und nichtdiskriminierende Bedingungen enthalten und in transparenter Weise umgesetzt werden sollen. Der Abschluss von Verträgen, die die unverbindlichen Mustervertragsklauseln beinhalten können, sollte nicht bedeuten, dass das Recht auf Weitergabe von Daten an Dritte in irgendeiner Weise an das Bestehen eines solchen Vertrags geknüpft ist. Sollten

die Parteien – auch mit Unterstützung von Streitbeilegungsstellen – nicht in der Lage sein, einen Vertrag über die Datenweitergabe zu schließen, so ist das Recht, Daten an Dritte weiterzugeben, vor nationalen Gerichten einklagbar.

(43) Auf der Grundlage des Grundsatzes der Vertragsfreiheit sollte es den Parteien freistehen, in ihren Verträgen im Rahmen der allgemeinen Zugangsvorschriften für die Bereitstellung von Daten die genauen Bedingungen für die Bereitstellung von Daten auszuhandeln. Die Bedingungen solcher Verträge könnten sich auch auf technische und organisatorische Maßnahmen, auch in Bezug auf die Datensicherheit, erstrecken.

(44) Um sicherzustellen, dass die Bedingungen für einen obligatorischen Datenzugang für beide Vertragsparteien fair sind, sollten die allgemeinen Vorschriften über Datenzugangsrechte auf die Vorschrift zur Vermeidung missbräuchlicher Vertragsklauseln Bezug nehmen.

(45) In Vereinbarungen über die Bereitstellung von Daten, die im Rahmen der Geschäftsbeziehungen zwischen Unternehmen abgeschlossen werden, sollte unabhängig davon, ob es sich um große Unternehmen oder KMU handelt, nicht zwischen vergleichbaren Kategorien von Datenempfängern unterschieden werden. Zum Ausgleich des Mangels an Informationen über die in verschiedenen Verträgen enthaltenen Bedingungen, der es dem Datenempfänger erschwert, zu beurteilen, ob die Bedingungen für die Bereitstellung der Daten nichtdiskriminierend sind, sollte es in der Verantwortung der Dateninhaber liegen, nachzuweisen, dass eine Vertragsklausel nichtdiskriminierend ist. Es liegt keine rechtswidrige Diskriminierung vor, wenn der Dateninhaber für die Bereitstellung von Daten unterschiedliche Vertragsklauseln vorsieht, sofern diese Unterschiede aus objektiven Gründen gerechtfertigt sind. Diese Pflichten gelten unbeschadet der Verordnung (EU) 2016/679.

(46) Um weitere Investitionen in die Generierung und Bereitstellung wertvoller Daten zu fördern, einschließlich Investitionen in einschlägige technische Instrumente, zugleich aber unverhältnismäßige Belastungen bei Datenzugang und Datennutzung zu vermeiden, da die Datenweitergabe dadurch wirtschaftlich nicht mehr tragfähig wäre, enthält diese Verordnung den Grundsatz, dass Dateninhaber eine angemessene Gegenleistung verlangen können, wenn sie gemäß Unionsrecht oder nationalem Recht, das im Einklang mit Unionsrecht erlassen wurde, verpflichtet sind, einem Datenempfänger im Rahmen von Geschäftsbeziehungen zwischen Unternehmen Daten bereitzustellen. Diese Gegenleistung sollte nicht als Bezahlung für die Daten selbst verstanden werden. Die Kommission sollte Leitlinien erlassen, anhand derer eine angemessene Gegenleistung in der Datenwirtschaft berechnet werden kann.

(47) Erstens kann eine angemessene Gegenleistung für die Erfüllung der Verpflichtung gemäß Unionsrecht oder nationalen Rechtsvorschriften, die im Einklang mit Unionsrecht erlassen wurden, einem Datenzugangsverlangen nachzukommen, einen Ausgleich für die Kosten umfassen, die mit der Bereitstellung der Daten verbunden sind. Dies können technische Kosten sein, beispielsweise Kosten, die für die Wiedergabe, die elektronische Verbreitung und die Speicherung

von Daten erforderlich sind, nicht aber die Kosten der Datensammlung oder -produktion. Die technischen Kosten könnten ferner die Kosten für die Verarbeitung umfassen, die im Vorfeld der Bereitstellung der Daten erforderlich ist, einschließlich der mit der Formatierung der Daten verbundenen Kosten. Kosten im Zusammenhang mit der Bereitstellung der Daten können auch die Kosten für die Erleichterung konkreter Datenweitergabeverlangen umfassen. In Abhängigkeit von der Datenmenge sowie von den für die Bereitstellung der Daten getroffenen Vereinbarungen können diese Kosten zudem unterschiedlich hoch ausfallen. Durch langfristige Vereinbarungen zwischen Dateninhabern und Datenempfängern, z.B. über ein Abonnementmodell oder die Verwendung von intelligenten Verträgen, können die Kosten im Rahmen regelmäßiger oder wiederholter Transaktionen in einer Geschäftsbeziehung niedriger sein. Kosten im Zusammenhang mit der Bereitstellung von Daten beziehen sich entweder auf ein bestimmtes Verlangen oder decken mehrere Verlangen ab. Im letzteren Fall sollten die Kosten für die Bereitstellung der Daten nicht von einem einzelnen Datenempfänger in voller Höhe getragen werden. Zweitens kann die angemessene Gegenleistung auch eine Marge umfassen, außer in Bezug auf KMU und gemeinnützige Forschungseinrichtungen. Die Marge kann in Abhängigkeit von den Faktoren, die mit den Daten selbst im Zusammenhang stehen, etwa Menge, Format oder Art der Daten, unterschiedlich bemessen sein. Sie kann die Kosten für die Erhebung der Daten berücksichtigen. Daher kann die Marge geringer ausfallen, wenn der Dateninhaber die Daten für sein eigenes Unternehmen erhoben hat, ohne wesentliche Investitionen zu tätigen, oder aber höher ausfallen, wenn in die Datenerhebung für die Zwecke des Unternehmens des Dateninhabers stark investiert werden muss. In Fällen, in denen sich die Nutzung der Daten durch den Datenempfänger nicht auf die eigenen Tätigkeiten des Dateninhabers auswirkt, kann die Marge begrenzt oder sogar ausgeschlossen werden. Außerdem könnte die Gegenleistung dadurch, dass die Daten von einem vernetzten Produkt, das Eigentum des Nutzers ist oder von ihm gemietet oder geleast wird, mitgeneriert werden, vergleichsweise niedriger ausfallen als in anderen Fällen, in denen die Daten, etwa bei der Erbringung eines verbundenen Dienstes, vom Dateninhaber generiert werden.

(48) Ein Eingreifen ist nicht erforderlich, wenn Daten zwischen großen Unternehmen weitergegeben werden oder wenn es sich beim Dateninhaber um ein kleines oder mittleres Unternehmen und beim Datenempfänger um ein großes Unternehmen handelt. In diesen Fällen wird davon ausgegangen, dass die Unternehmen in der Lage sind, innerhalb angemessener und nichtdiskriminierender Grenzen eine Gegenleistung auszuhandeln.

(49) Um KMU vor übermäßigen wirtschaftlichen Belastungen zu schützen, die ihnen die Entwicklung und den Betrieb innovativer Geschäftsmodelle übermäßig erschweren würden, sollte die von ihnen zu tragende angemessene Gegenleistung für die Bereitstellung von Daten die mit der Bereitstellung der Daten direkt verbundenen Kosten nicht übersteigen. Mit der Bereitstellung direkt verbundene Kosten sind jene Kosten, die den einzelnen Datenzugangsverlangen zuzurechnen sind, wobei zu berücksichtigen ist, dass der Dateninhaber die erforderlichen

technischen Schnittstellen oder die erforderliche Software und Netzanbindung dauerhaft einzurichten hat. Dieselbe Regelung sollte für gemeinnützige Forschungseinrichtungen gelten.

(50) In hinreichend begründeten Fällen, auch wenn es notwendig ist, die Beteiligung der Verbraucher und den Wettbewerb zu gewährleisten oder Innovationen auf bestimmten Märkten zu fördern, kann Unionsrecht oder in nationalem Recht, das im Einklang mit Unionsrecht erlassen wurde, eine festgelegte Gegenleistung für die Bereitstellung bestimmter Arten von Daten vorgeschrieben werden.

(51) Transparenz ist ein wichtiger Grundsatz, um sicherzustellen, dass die von einem Dateninhaber verlangte Gegenleistung angemessen ist oder, falls es sich bei dem Datenempfänger um ein KMU oder eine gemeinnützige Forschungseinrichtung handelt, dass die Gegenleistung nicht die Kosten übersteigt, die direkt mit der Bereitstellung der Daten für den Datenempfänger verbunden und jeweils dem einzelnen Verlangen zuzurechnen sind. Damit Datenempfänger beurteilen und überprüfen können, ob die Gegenleistung den Anforderungen dieser Verordnung entspricht, sollte der Dateninhaber dem Datenempfänger ausreichend detaillierte Informationen für die Berechnung der Gegenleistung bereitstellen.

(52) Alternative Möglichkeiten zur Beilegung innerstaatlicher und grenzüberschreitender Streitigkeiten im Zusammenhang mit der Bereitstellung von Daten sollten Dateninhabern und Datenempfängern gleichermaßen zur Verfügung stehen, sodass das Vertrauen in die Datenweitergabe gestärkt wird. Falls sich die Parteien nicht auf faire, angemessene und nichtdiskriminierende Bedingungen für die Bereitstellung von Daten einigen können, sollten die Streitbeilegungsstellen den Parteien eine einfache, schnelle und kostengünstige Lösung anbieten. Während in dieser Verordnung nur die Bedingungen festgelegt sind, die Streitbeilegungsstellen erfüllen müssen, um zertifiziert zu werden, steht es den Mitgliedstaaten frei, spezifische Vorschriften für das Zertifizierungsverfahren, einschließlich des Ablaufs oder des Widerrufs der Zertifizierung, zu erlassen. Die in dieser Verordnung enthaltenen Bestimmungen über die Streitbeilegung sollten die Mitgliedstaaten nicht dazu verpflichten, Streitbeilegungsstellen einzurichten.

(53) Das Streitbeilegungsverfahren im Rahmen dieser Verordnung ist ein freiwilliges Verfahren, das es Nutzern, Dateninhabern und Datenempfängern ermöglicht, zu vereinbaren, Streitbeilegungsstellen mit ihren Streitigkeiten zu befassen. Daher sollte es den Parteien freistehen, sich an eine Streitbeilegungsstelle ihrer Wahl zu wenden, sei es innerhalb oder außerhalb der Mitgliedstaaten, in denen diese Parteien niedergelassen sind.

(54) Um zu vermeiden, dass – insbesondere in einer grenzüberschreitenden Situation – zwei oder mehr Streitbeilegungsstellen mit derselben Streitigkeit befasst werden, sollte ein Ersuchen zur Streitbeilegung von einer Streitbeilegungsstelle ablehnt werden können, wenn es bereits bei einer anderen Streitbeilegungsstelle oder einem Gericht eines Mitgliedstaats eingereicht wurde.

(55) Um die einheitliche Anwendung dieser Verordnung zu gewährleisten, sollten die Streitbeilegungsstellen die von der Kommission zu entwickelnden und zu empfehlenden unverbindlichen Mustervertragsklauseln sowie Unionsrecht oder nati-

onales Recht zur Festlegung der Verpflichtungen zur Weitergabe von Daten oder Leitlinien der einschlägigen Fachbehörden für die Anwendung dieses Rechts berücksichtigen.

(56) Die Parteien eines Streitbeilegungsverfahrens sollten nicht daran gehindert werden, ihre Grundrechte auf einen wirksamen Rechtsbehelf und ein faires Verfahren auszuüben. Daher sollte die Entscheidung, eine Streitbeilegungsstelle mit einer Streitigkeit zu befassen, diesen Parteien nicht das Recht nehmen, bei einem Gericht eines Mitgliedstaats Rechtsmittel einzulegen. Die Streitbeilegungsstellen sollten jährliche Tätigkeitsberichte öffentlich verfügbar machen.

(57) Dateninhaber können geeignete technische Schutzmaßnahmen anwenden, um die unrechtmäßige Offenlegung von oder den unrechtmäßigen Zugang zu Daten zu verhindern. Diese Maßnahmen sollten jedoch weder zwischen Datenempfängern unterscheiden noch den Zugang zu Daten und deren Nutzung für Nutzer oder Datenempfänger beeinträchtigen. Im Falle missbräuchlicher Praktiken eines Datenempfängers, wie Irreführung des Dateninhabers durch Bereitstellung falscher Informationen in der Absicht, die Daten für unrechtmäßige Zwecke zu nutzen, einschließlich der Entwicklung eines konkurrierenden vernetzten Produkts auf der Grundlage der Daten, kann der Dateninhaber und gegebenenfalls, falls es sich nicht um die gleiche Person handelt, der Inhaber eines Geschäftsgeheimnisses oder der Nutzer den Dritten oder den Datenempfänger auffordern, unverzüglich Korrektur- oder Abhilfemaßnahmen zu ergreifen. Derartige Aufforderungen, insbesondere Aufforderungen zur Einstellung der Herstellung, des Angebots oder des Inverkehrbringens von Waren, abgeleiteten Daten oder Dienstleistungen sowie Aufforderungen zur Beendigung der Einfuhr, Ausfuhr und Lagerung rechtsverletzender Waren bzw. zu deren Vernichtung, sollten im Hinblick darauf bewertet werden, ob sie in Bezug auf die Interessen des Dateninhabers, des Inhabers des Geschäftsgeheimnisses oder des Nutzers verhältnismäßig sind.

(58) Wenn sich eine Partei in einer stärkeren Verhandlungsposition befindet, besteht die Gefahr, dass sie diese Position bei Verhandlungen über den Zugang zu Daten zum Nachteil der anderen Vertragspartei ausnutzen könnte, mit dem Ergebnis, dass der Zugang zu Daten wirtschaftlich weniger tragfähig und bisweilen untragbar ist. Solche vertraglichen Ungleichgewichte schaden allen Unternehmen, die nicht wirklich in der Lage sind, die Bedingungen für den Zugang zu Daten auszuhandeln, und die unter Umständen keine andere Wahl haben, als nicht verhandelbare Vertragsklauseln zu akzeptieren. Daher sollten missbräuchliche Vertragsklauseln in Bezug auf den Datenzugang und die Datennutzung oder die Haftung und Rechtsbehelfe bei Verletzung oder Beendigung datenbezogener Pflichten für Unternehmen nicht bindend sein, wenn diese Bedingungen diesen Unternehmen einseitig auferlegt wurden.

(59) Bei den Vorschriften über Vertragsklauseln sollte der Grundsatz der Vertragsfreiheit als wesentliches Konzept in den Geschäftsbeziehungen zwischen Unternehmen berücksichtigt werden. Daher sollten nicht alle Vertragsklauseln einer Missbräuchlichkeitsprüfung unterzogen werden, sondern nur jene Klauseln, die einseitig auferlegt werden. Dies betrifft Situationen ohne Verhandlungsspielraum,

in denen eine Partei eine bestimmte Vertragsklausel einbringt und das andere Unternehmen den Inhalt dieser Klausel trotz Verhandlungsversuchs nicht beeinflussen kann. Vertragsklauseln, die lediglich von einer Partei eingebracht und von dem anderen Unternehmen akzeptiert werden, oder Klauseln, die zwischen den Vertragsparteien ausgehandelt und anschließend in geänderter Form vereinbart werden, sollten nicht als einseitig auferlegt gelten.

(60) Darüber hinaus sollten die Vorschriften über missbräuchliche Vertragsklauseln nur für diejenigen Bestandteile eines Vertrags gelten, die sich auf die Bereitstellung von Daten beziehen, d.h. Vertragsklauseln über den Datenzugang und die Datennutzung sowie die Haftung oder Rechtsbehelfe bei Verletzung und Beendigung datenbezogener Pflichten. Andere Teile desselben Vertrags, die nicht mit der Bereitstellung von Daten zusammenhängen, sollten nicht der in dieser Verordnung festgelegten Missbräuchlichkeitsprüfung unterliegen.

(61) Kriterien für die Ermittlung missbräuchlicher Vertragsklauseln sollten nur auf überzogene Vertragsklauseln angewandt werden, bei denen eine stärkere Verhandlungsposition missbraucht wurde. Die überwiegende Mehrheit der Vertragsklauseln, die für eine Partei wirtschaftlich günstiger sind als für die andere, einschließlich derjenigen, die in Verträgen zwischen Unternehmen üblich sind, sind ein normaler Ausdruck des Grundsatzes der Vertragsfreiheit und gelten weiterhin. Für die Zwecke dieser Verordnung würde eine grobe Abweichung von der guten Geschäftspraxis unter anderem bedeuten, dass die Partei, der die Bedingung einseitig auferlegt wurde, in ihrer Fähigkeit, ihr berechtigtes geschäftliches Interesse an den betreffenden Daten zu schützen, objektiv beeinträchtigt wird.

(62) Um für Rechtssicherheit zu sorgen, wird in dieser Verordnung eine Liste von Klauseln festgelegt, die stets als missbräuchlich gelten und eine Liste von Klauseln, bei denen davon ausgegangen wird, dass sie missbräuchlich sind. Im letzteren Fall sollte das Unternehmen, das die Vertragsklausel vorschreibt, in der Lage sein, die Vermutung der Missbräuchlichkeit zu widerlegen, indem es nachweist, dass eine in dieser Verordnung aufgeführte Vertragsklausel im konkreten Fall nicht missbräuchlich ist. Ist eine Vertragsklausel nicht in der Liste der Klauseln aufgeführt, die stets als missbräuchlich gelten oder bei denen davon ausgegangen wird, dass sie missbräuchlich sind, so findet die allgemeine Missbräuchlichkeitsbestimmung Anwendung. In diesem Zusammenhang sollten die in dieser Verordnung als missbräuchlich aufgeführten Vertragsklauseln als Maßstab für die Auslegung der allgemeinen Missbräuchlichkeitsbestimmung dienen. Schließlich können von der Kommission erstellte und empfohlene unverbindliche Mustervertragsklauseln für Verträge über die Datenweitergabe zwischen Unternehmen für Wirtschaftsunternehmen auch bei der Aushandlung von Verträgen hilfreich sein. Wird eine Vertragsklausel für missbräuchlich erklärt, so sollte der betreffende Vertrag ohne diese Klausel weiterhin gelten, es sei denn, die missbräuchliche Klausel ist nicht von den übrigen Vertragsklauseln abtrennbar.

(63) Im Falle außergewöhnlicher Notwendigkeit kann es erforderlich sein, dass öffentliche Stellen, die Kommission, die Europäische Zentralbank oder Einrichtungen

der Union bei der Wahrnehmung ihrer gesetzlichen Pflichten im öffentlichen Interesse vorhandene Daten, gegebenenfalls einschließlich beigefügter Metadaten, die von einem Unternehmen gehalten werden, nutzen, um auf öffentliche Notlagen oder andere Ausnahmesituationen zu reagieren. Unter einer außergewöhnlichen Notwendigkeit sind – im Gegensatz zu sonstigen Umständen, die möglicherweise geplant oder terminiert sind oder regelmäßig oder häufig eintreten, – Umstände zu verstehen, die nicht vorhersehbar und zeitlich begrenzt sind. Während der Begriff »Dateninhaber« öffentliche Stellen im Allgemeinen nicht einschließt, kann er öffentliche Unternehmen umfassen. Forschungseinrichtungen und Forschungsförderungseinrichtungen könnten auch als öffentliche Stellen oder Einrichtungen des öffentlichen Rechts eingerichtet sein. Um die Belastung der Unternehmen zu begrenzen, sollten Kleinstunternehmen und Kleinunternehmen nur dann verpflichtet sein, öffentlichen Stellen, der Kommission, der Europäischen Zentralbank oder Einrichtungen der Union Daten bereitzustellen, wenn solche Daten in Fällen außergewöhnlicher Notwendigkeit erforderlich sind, um auf einen öffentlichen Notstand zu reagieren und öffentliche Stellen, die Kommission, die Europäische Zentralbank oder die Einrichtungen der Union solche Daten unter gleichwertigen Bedingungen auf andere Weise nicht rechtzeitig und wirksam beschaffen können.

(64) Bei öffentlichen Notständen wie Notlagen im Bereich der öffentlichen Gesundheit, Notlagen aufgrund von Naturkatastrophen, einschließlich solcher, die durch den Klimawandel und die Umweltzerstörung noch verschärft werden, sowie von Menschen verursachter schwerer Katastrophen, wie großen Cybersicherheitsvorfällen, wird das öffentliche Interesse an der Verwendung der Daten schwerer wiegen als das Interesse der Dateninhaber, frei über die von ihnen gehaltenen Daten zu verfügen. In einem solchen Fall sollten die Dateninhaber verpflichtet werden, die Daten öffentlichen Stellen, der Kommission, der Europäischen Zentralbank oder Einrichtungen der Union auf deren Verlangen bereitzustellen. Das Vorliegen eines öffentlichen Notstands sollte in Übereinstimmung mit dem Unionsrecht oder nationalen Recht und auf der Grundlage der jeweils einschlägigen Verfahren, einschließlich der Verfahren der einschlägigen internationalen Organisationen festgestellt oder erklärt werden. In solchen Fällen sollte die öffentliche Stelle nachweisen, dass die Daten, die Gegenstand des Verlangens sind, nicht auf andere Weise rechtzeitig und wirksam und unter gleichwertigen Bedingungen erlangt werden konnten, beispielsweise durch die freiwillige Bereitstellung von Daten durch ein anderes Unternehmen oder Abfragen einer öffentlichen Datenbank.

(65) Eine außergewöhnliche Notwendigkeit kann sich auch aus Situationen ergeben, die keinen Notstand darstellen. In solchen Fällen sollte es einer öffentlichen Stelle, der Kommission, der Europäischen Zentralbank oder einer Einrichtung der Union nur gestattet sein, nicht-personenbezogene Daten zu verlangen. Die öffentliche Stelle sollte nachweisen, dass die Daten erforderlich sind, um eine bestimmte Aufgabe im öffentlichen Interesse zu erfüllen, die gesetzlich ausdrücklich vorgesehen ist, etwa die Erstellung amtlicher Statistiken oder die Eindämmung oder Überwindung eines öffentlichen Notstands. Darüber hinaus kann

ein solches Verlangen nur gestellt werden, wenn die öffentliche Stelle, die Kommission, die Europäische Zentralbank oder eine Einrichtung der Union spezifische Daten ermittelt hat, die sie auf andere Weise nicht rechtzeitig und wirksam und unter gleichwertigen Bedingungen erlangen könnte, und nur, wenn sie alle anderen zur Verfügung stehenden Mittel ausgeschöpft hat, um diese Daten zu erlangen, wie etwa die Beschaffung der Daten über freiwillige Vereinbarungen, einschließlich des Erwerbs von nicht-personenbezogenen Daten auf dem Markt, wobei der jeweilige Marktkurs geboten wird, oder durch Rückgriff auf bestehende Verpflichtungen zur Bereitstellung von Daten oder den Erlass neuer Rechtsvorschriften, die die rechtzeitige Verfügbarkeit der Daten gewährleisten könnten. Ferner sollten die Bedingungen und Grundsätze für Verlangen etwa in Bezug auf Zweckbindung, Verhältnismäßigkeit, Transparenz und Befristung gelten. Werden Daten verlangt, die für die Erstellung amtlicher Statistiken erforderlich sind, so sollte die anfragende öffentliche Stelle auch nachweisen, ob sie nach nationalem Recht befugt ist, nicht-personenbezogene Daten auf dem Markt zu erwerben.

(66) Diese Verordnung sollte weder für freiwillige Vereinbarungen über den Datenaustausch zwischen privaten und öffentlichen Stellen, einschließlich der Bereitstellung von Daten durch KMU, gelten noch diesen vorgreifen, und sie lässt Rechtsakte der Union unberührt, die verbindliche Auskunftsersuchen öffentlicher Stellen an private Einrichtungen vorsehen. Die den Dateninhabern auferlegten Pflichten zur Bereitstellung von Daten, die nicht auf einer außergewöhnlichen Notwendigkeit beruhen, insbesondere wenn die Datengrundlage und die Dateninhaber bekannt sind oder die Daten regelmäßig genutzt werden können, wie im Falle von Berichtspflichten und sich aus dem Binnenmarkt ergebenden Pflichten, sollten von dieser Verordnung nicht berührt werden. Datenzugangsanforderungen, die dazu dienen, die Einhaltung der geltenden Vorschriften zu überprüfen, sollten von dieser Verordnung ebenfalls nicht berührt werden, auch in Fällen, in denen öffentliche Stellen die Aufgabe der Überprüfung der Einhaltung der Vorschriften anderen als öffentlichen Stellen übertragen.

(67) Diese Verordnung ergänzt das Unionsrecht und das nationale Recht, die den Zugang zu Daten für statistische Zwecke und deren Nutzung für statistische Zwecke regeln, insbesondere die Verordnung (EG) Nr. 223/2009 des Europäischen Parlaments und des Rates[27] und die nationalen Rechtsakte im Zusammenhang mit amtlichen Statistiken, und lässt diese unberührt.

27 Verordnung (EG) Nr. 223/2009 des Europäischen Parlaments und des Rates vom 11. März 2009 über europäische Statistiken und zur Aufhebung der Verordnung (EG, Euratom) Nr. 1101/2008 des Europäischen Parlaments und des Rates über die Übermittlung von unter die Geheimhaltungspflicht fallenden Informationen an das Statistische Amt der Europäischen Gemeinschaften, der Verordnung (EG) Nr. 322/97 des Rates über die Gemeinschaftsstatistiken und des Beschlusses 89/382/EWG, Euratom des Rates zur Einsetzung eines Ausschusses für das Statistische Programm der Europäischen Gemeinschaften (ABl. L 87 vom 31.3.2009, S. 164).

(68) Bei der Wahrnehmung ihrer Aufgaben in den Bereichen Verhütung, Ermittlung, Aufdeckung oder Verfolgung von Straftaten oder Ordnungswidrigkeiten oder der Vollstreckung strafrechtlicher und verwaltungsrechtlicher Sanktionen sowie der Erhebung von Daten für Steuer- oder Zollzwecke sollten sich öffentliche Stellen, die Kommission, die Europäische Zentralbank oder Einrichtungen der Union auf ihre Befugnisse im Rahmen des Unionsrechts oder des nationalen Rechts stützen. Diese Verordnung berührt daher nicht die Gesetzgebungsakte für die Datenweitergabe, den Datenzugang und die Datennutzung in diesen Bereichen.

(69) Im Einklang mit Artikel 6 Absätze 1 und 3 der Verordnung (EU) 2016/679 ist ein verhältnismäßiger, begrenzter und vorhersehbarer Rahmen auf Unionsebene erforderlich, wenn es um die Wahl der Rechtsgrundlage für die Bereitstellung von Daten durch Dateninhaber für öffentliche Stellen, die Kommission, die Europäische Zentralbank und die Einrichtungen der Union im Fall außergewöhnlicher Notwendigkeit geht, um sowohl Rechtssicherheit zu gewährleisten als auch den Verwaltungsaufwand für Unternehmen so gering wie möglich zu halten. Zu diesem Zweck sollten Datenverlangen öffentlicher Stellen, der Kommission, der Europäischen Zentralbank oder der Einrichtungen der Union an Dateninhaber hinsichtlich ihres Umfangs und ihrer Detailstufe spezifisch, transparent und verhältnismäßig sein. Der Zweck des Verlangens und die beabsichtigte Nutzung der verlangten Daten sollten konkret und eindeutig erläutert werden, wobei der anfragenden Stelle eine angemessene Flexibilität bei der Wahrnehmung ihrer Aufgaben im öffentlichen Interesse einzuräumen ist. Das Verlangen sollte auch den berechtigten Interessen der Dateninhaber, an die es gerichtet wird, Rechnung tragen. Der Aufwand für die Dateninhaber sollte so gering wie möglich gehalten werden, indem die anfragenden Stellen verpflichtet werden, den Einmaligkeitsgrundsatz einzuhalten, der verhindert, dass dieselben Daten mehrmals oder von mehreren öffentlichen Stellen, der Kommission, der Europäischen Zentralbank oder den Einrichtungen der Union verlangt werden. Zur Gewährleistung der Transparenz sollten Datenverlangen, die von der Kommission, der Europäischen Zentralbank oder Einrichtungen der Union gestellt werden, unverzüglich von der die Daten verlangenden Stelle veröffentlicht werden. Die Europäische Zentralbank und die Einrichtungen der Union sollten die Kommission über ihre Verlangen unterrichten. Wenn das Datenverlangen von einer öffentlichen Stelle gestellt wurde, sollte diese Stelle auch den Datenkoordinator des Mitgliedstaats, in dem die öffentliche Stelle niedergelassen ist, unterrichten. Es sollte sichergestellt werden, dass alle Verlangen online öffentlich verfügbar sind. Nach einer solchen Unterrichtung über ein Datenverlangen kann die zuständige Behörde beschließen, die Rechtmäßigkeit des Verlangens zu bewerten, und ihre Aufgaben im Zusammenhang mit der Durchsetzung und Anwendung dieser Verordnung wahrnehmen. Der Datenkoordinator sollte sicherstellen, dass alle von öffentlichen Stellen gestellten Verlangen online öffentlich verfügbar sind.

(70) Mit der Datenbereitstellungspflicht soll sichergestellt werden, dass öffentliche Stellen, die Kommission, die Europäische Zentralbank oder Einrichtungen der

Union über das erforderliche Wissen zur Bewältigung oder Verhinderung öffentlicher Notstände oder zu deren Überwindung oder zur Aufrechterhaltung der Kapazitäten zur Erfüllung bestimmter, gesetzlich ausdrücklich vorgesehener Aufgaben verfügen. Bei den von diesen Stellen erlangten Daten kann es sich um Geschäftsgeheimnisse handeln. Daher sollten weder die Verordnung (EU) 2022/868 noch die Richtlinie (EU) 2019/1024 des Europäischen Parlaments und des Rates[28] für Daten gelten, die im Rahmen der vorliegenden Verordnung bereitgestellt werden, und diese Daten sollten nicht als offene Daten betrachtet werden, die Dritten zur Weiterverwendung zur Verfügung stehen. Dies sollte jedoch die Anwendbarkeit der Richtlinie (EU) 2019/1024 auf die Weiterverwendung amtlicher Statistiken, für deren Erstellung gemäß dieser Verordnung erlangte Daten verwendet wurden, unberührt lassen, sofern sich die Weiterverwendung nicht auf die zugrunde liegenden Daten erstreckt. Darüber hinaus sollte dies die Möglichkeit der Weitergabe der Daten zu Forschungszwecken oder für die Entwicklung, Erstellung und Verbreitung amtlicher Statistiken unberührt lassen, sofern die in der vorliegenden Verordnung festgelegten Bedingungen erfüllt sind. Öffentliche Stellen sollten auch Daten, die sie gemäß der vorliegenden Verordnung erlangt haben, mit anderen öffentlichen Stellen, der Kommission, der Europäischen Zentralbank oder Einrichtungen der Union austauschen dürfen, um die außergewöhnliche Notwendigkeit auszuräumen, wegen der sie verlangt wurden.

(71) Dateninhaber sollten die Möglichkeit haben, je nach Art der in dem Verlangen geltend gemachten außergewöhnlichen Notwendigkeit unverzüglich und in jedem Fall spätestens innerhalb von fünf oder 30 Arbeitstagen entweder eine Änderung des Verlangens einer öffentlichen Stelle, der Kommission, der Europäischen Zentralbank oder einer Einrichtung der Union abzulehnen oder dieses zu beantragen. Gegebenenfalls sollte der Dateninhaber diese Gelegenheit haben, wenn er keine Kontrolle über die verlangten Daten hat, d.h. wenn er keinen unmittelbaren Zugang zu den Daten hat und deren Verfügbarkeit nicht feststellen kann. Die Nichtbereitstellung der Daten sollte sich begründen lassen, wenn nachgewiesen werden kann, dass das Verlangen mit einem zuvor von einer anderen öffentlichen Stelle oder von der Kommission, der Europäischen Zentralbank oder einer Einrichtung der Union zu demselben Zweck eingereichten Verlangen vergleichbar ist und der Dateninhaber nicht über die Löschung der Daten gemäß dieser Verordnung informiert wurde. Wenn ein Dateninhaber das Verlangen ablehnt oder dessen Änderung beantragt, sollte er die Ablehnung gegenüber der öffentlichen Stelle, der Kommission, der Europäischen Zentralbank oder der Einrichtung der Union, die das Verlangen gestellt hat, begründen. Wenn in Bezug auf die verlangten Datensätze die Datenbankrechte sui generis gemäß der Richtlinie 96/9/

28 Richtlinie (EU) 2019/1024 des Europäischen Parlaments und des Rates vom 20. Juni 2019 über offene Daten und die Weiterverwendung von Informationen des öffentlichen Sektors (ABl. L 172 vom 26.6.2019, S. 56).

EG des Europäischen Parlaments und des Rates[29] Anwendung finden, sollten die Dateninhaber ihre Rechte in einer Weise ausüben, die die öffentliche Stelle, die Kommission, die Europäische Zentralbank oder Einrichtung der Union nicht daran hindert, die Daten im Einklang mit dieser Verordnung zu erlangen oder weiterzugeben.

(72) Im Falle einer außergewöhnlichen Notwendigkeit im Zusammenhang mit öffentlichen Notstandsmaßnahmen sollten öffentliche Stellen nach Möglichkeit nicht-personenbezogene Daten verwenden. Im Falle von Verlangen, die auf einer außergewöhnlichen Notwendigkeit beruhen, die nicht im Zusammenhang mit einem öffentlichen Notstand steht, können keine personenbezogenen Daten verlangt werden. Wenn personenbezogene Daten Gegenstand des Verlangens sind, sollte der Dateninhaber die Daten stets anonymisieren. Ist es unbedingt erforderlich, mit den Daten für eine öffentliche Stelle, die Kommission, die Europäische Zentralbank oder eine Einrichtung der Union auch personenbezogene Daten bereitzustellen oder erweist sich eine Anonymisierung als unmöglich, so sollte die Stelle, die die Daten verlangt, die strikte Notwendigkeit und die besonderen und begrenzten Zwecke der Verarbeitung nachweisen. Die geltenden Vorschriften über den Schutz personenbezogener Daten sollten eingehalten werden. Die Bereitstellung der Daten und ihre anschließende Nutzung sollten mit Schutzvorkehrungen für die Rechte und Interessen der von diesen Daten betroffenen Personen einhergehen.

(73) Daten, die öffentlichen Stellen, der Kommission, der Europäischen Zentralbank oder Einrichtungen der Union wegen einer außergewöhnlichen Notwendigkeit bereitgestellt werden, sollten nur für die Zwecke des Datenverlangens genutzt werden, es sei denn, der Dateninhaber, der die Daten bereitgestellt hat, hat ausdrücklich zugestimmt, dass die Daten für andere Zwecke genutzt werden. Sofern nichts anderes vereinbart wurde, sollten die Daten gelöscht werden, sobald sie für den im Verlangen genannten Zweck nicht mehr erforderlich sind, und der Dateninhaber sollte davon in Kenntnis gesetzt werden. Diese Verordnung baut auf den bestehenden Zugangsregelungen der Union und der Mitgliedstaaten auf und bewirkt keine Änderung des nationalen Rechts für den Zugang der Öffentlichkeit zu Dokumenten im Zusammenhang mit Transparenzpflichten. Daten sollten gelöscht werden, sobald sie nicht mehr benötigt werden, um diesen Transparenzpflichten nachzukommen.

(74) Bei der Weiterverwendung von Daten, die von Dateninhabern bereitgestellt werden, sollten öffentliche Stellen, die Kommission, die Europäische Zentralbank oder Einrichtungen der Union sowohl geltendes Unionsrecht oder nationales Recht als auch die vertraglichen Pflichten des Dateninhabers einhalten. Sie sollten sowohl davon absehen, ein vernetztes Produkt oder einen verbundenen Dienst zu entwickeln oder zu verbessern, das/die mit dem vernetzten Produkt oder des verbundenen Dienstes des Dateninhabers im Wettbewerb steht, als auch davon,

29 Richtlinie 96/9/EG des Europäischen Parlaments und des Rates vom 11. März 1996 über den rechtlichen Schutz von Datenbanken (ABl. L 77 vom 27.3.1996, S. 20).

die Daten zu diesen Zwecken an Dritte weiterzugeben. Außerdem sollten sie einen Dateninhaber auf dessen Ersuchen hin öffentlich anerkennen und für die Gewährleistung der Sicherheit der erhaltenen Daten verantwortlich sein. Ist die Offenlegung von Geschäftsgeheimnissen des Dateninhabers gegenüber öffentlichen Stellen, der Kommission, der Europäischen Zentralbank oder Einrichtungen der Union unbedingt erforderlich, um den Zweck zu erfüllen, für den die Daten verlangt wurden, so sollte dem Dateninhaber die Vertraulichkeit dieser Daten vor deren Offenlegung zugesichert werden.

(75) Wenn es um den Schutz eines bedeutenden öffentlichen Gutes geht, wie etwa die Bewältigung öffentlicher Notstände, sollte von der öffentlichen Stelle, der Kommission, der Europäischen Zentralbank oder der betreffenden Einrichtung der Union nicht erwartet werden, dass sie den Unternehmen für die erlangten Daten eine Gegenleistung gewähren. Öffentliche Notstände sind seltene Ereignisse, und nicht alle derartigen Notstände erfordern die Nutzung von Daten, die von Unternehmen gehalten werden. Gleichzeitig könnte die Verpflichtung zur Bereitstellung von Daten für Kleinstunternehmen und Kleinunternehmen eine erhebliche Belastung darstellen. Diese Unternehmen sollten daher selbst im Kontext öffentlicher Notstandsmaßnahmen eine Gegenleistung verlangen können. Es ist nicht wahrscheinlich, dass die Geschäftstätigkeit der Dateninhaber durch die Inanspruchnahme dieser Verordnung durch öffentliche Stellen, die Kommission, die Europäische Zentralbank oder Einrichtungen der Union beeinträchtigt wird. Da Fälle einer außergewöhnlichen Notwendigkeit, bei denen es sich nicht um die Bewältigung eines öffentlichen Notstands handelt, jedoch unter Umständen häufiger sind, sollten Dateninhaber in diesen Fällen Anspruch auf eine angemessene Gegenleistung haben, die die mit der Erfüllung des Verlangens verbundenen technischen und organisatorischen Kosten nicht übersteigen sollte, sowie auf die angemessene Marge, die zur Bereitstellung der Daten für die öffentliche Stelle, die Kommission, die Europäische Zentralbank oder die Einrichtung der Union erforderlich ist. Die Gegenleistung sollte nicht als Bezahlung für die Daten selbst und nicht als obligatorisch verstanden werden. Dateninhaber sollten keine Gegenleistung verlangen können, wenn die nationalen statistischen Ämter oder andere für die Erstellung von Statistiken zuständige nationale Behörden Dateninhabern aufgrund des nationalen Rechts keine Gegenleistung für die Bereitstellung von Daten gewähren dürfen. Die öffentliche Stelle, die Kommission, die Europäische Zentralbank oder die betreffende Einrichtung der Union sollte in der Lage sein, die Höhe der vom Dateninhaber geforderten Gegenleistung anzufechten, indem sie die zuständige Behörde des Mitgliedstaats, in dem der Dateninhaber niedergelassen ist, mit der Angelegenheit befassen.

(76) Die öffentliche Stelle, die Kommission, die Europäische Zentralbank oder eine Einrichtung der Union sollte befugt sein, die Daten, die sie aufgrund des Verlangens erlangt hat, an andere Stellen oder Personen weiterzugeben, wenn dies zur Durchführung wissenschaftlicher oder analytischer Tätigkeiten erforderlich ist, die sie nicht selbst durchführen kann, sofern diese Tätigkeiten mit dem Zweck des Datenverlangens vereinbar sind. Sie sollte den Dateninhaber rechtzeitig über eine solche Weitergabe unterrichten. Die Daten können unter den gleichen

Umständen auch zur Entwicklung, Erstellung und Verteilung amtlicher Statistiken an die nationalen statistischen Ämter und Eurostat weitergegeben werden. Die betreffenden Forschungstätigkeiten sollten jedoch mit dem Zweck des Datenverlangens vereinbar sein, und der Dateninhaber sollte über die Weitergabe der von ihm bereitgestellten Daten informiert werden. Einzelpersonen, die Forschung betreiben, oder Forschungsorganisationen, an die diese Daten weitergegeben werden können, sollten entweder gemeinnützig sein oder in staatlich anerkanntem Auftrag im öffentlichen Interesse handeln. Organisationen sollten für die Zwecke dieser Verordnung nicht als Forschungsorganisationen gelten, wenn sie in erheblichem Maße dem Einfluss gewerblicher Unternehmen unterliegen, die aufgrund der strukturellen Gegebenheiten Kontrolle ausüben können und dadurch einen bevorzugten Zugang zu den Forschungsergebnissen erhalten könnten.

(77) Zur Bewältigung eines grenzüberschreitenden öffentlichen Notstands oder einer anderen außergewöhnlichen Notwendigkeit können Datenverlangen an Dateninhaber in anderen Mitgliedstaaten als dem der anfragenden öffentlichen Stelle gerichtet werden. In diesem Fall sollte die anfragende öffentliche Stelle die zuständige Behörde des Mitgliedstaats unterrichten, in dem der Dateninhaber niedergelassen ist, damit diese das Verlangen anhand der in der vorliegenden Verordnung festgelegten Kriterien prüfen kann. Dies sollte auch für Verlangen der Kommission, der Europäischen Zentralbank oder einer Einrichtung der Union gelten. Falls personenbezogene Daten verlangt werden, sollte die öffentliche Stelle die für die Überwachung der Anwendung der Verordnung (EU) 2016/679 zuständige Aufsichtsbehörde in dem Mitgliedstaat, in dem die öffentliche Stelle niedergelassen ist, informieren. Die betreffende zuständige Behörde sollte befugt sein, die öffentliche Stelle, die Kommission, die Europäische Zentralbank oder die Einrichtung der Union darauf hinzuweisen, dass sie mit den öffentlichen Stellen des Mitgliedstaats zusammenarbeiten muss, in dem der Dateninhaber niedergelassen ist, um den Verwaltungsaufwand für den Dateninhaber zu minimieren. Hat die zuständige Behörde hinsichtlich der Vereinbarkeit des Verlangens mit dieser Verordnung triftige Einwände, so sollte sie das Verlangen der öffentlichen Stelle, der Kommission, der Europäischen Zentralbank oder der Einrichtung der Union ablehnen, die diesen Einwänden ihrerseits Rechnung tragen sollte, bevor sie weitere Maßnahmen – einschließlich der erneuten Einreichung des Verlangens – ergreift.

(78) Die Fähigkeit der Kunden von Datenverarbeitungsdiensten, einschließlich Cloud- und Edge-Diensten, von einem Datenverarbeitungsdienst unter Wahrung eines Mindestumfangs von Dienstfunktionen – und ohne dass es zu Ausfallzeiten kommt – zu einem anderen zu wechseln oder ohne unangemessene Erschwernisse und Datenübertragungskosten Dienste mehrerer Anbieter zu nutzen, ist eine wesentliche Voraussetzung für einen stärker wettbewerbsorientierten Markt mit geringeren Marktzutrittsschranken für neue Anbieter von Datenverarbeitungsdiensten sowie für die Sicherstellung einer besseren Resilienz der Nutzer dieser Dienste. Kunden, die von unentgeltlichen Angeboten profitieren, sollten auch von den in dieser Verordnung festgelegten Bestimmungen für den Wechsel

profitieren, damit diese Angebote nicht zu einer Abhängigkeitssituation für die Kunden führen.

(79) Mit der Verordnung (EU) 2018/1807 des Europäischen Parlaments und des Rates[30] werden Anbieter von Datenverarbeitungsdiensten angehalten, Verhaltensregeln für die Selbstregulierung zu entwickeln und wirksam umzusetzen, die bewährte Verfahren umfassen, unter anderem zur Erleichterung des Wechsels des Anbieters von Datenverarbeitungsdiensten und der Übertragung von Daten. Da die Verbreitung daraufhin entwickelter Selbstregulierungsrahmen zurückhaltend ausfiel und es generell an offenen Standards und Schnittstellen mangelt, muss für Anbieter von Datenverarbeitungsdiensten eine Reihe regulatorischer Mindestverpflichtungen festgelegt werden, um jene vorkommerziellen, gewerblichen, technischen, vertraglichen und organisatorischen Hindernisse auszuräumen, die im Fall eines Anbieterwechsels des Kunden nicht nur zu einer geminderten Datenübertragungsgeschwindigkeit führen, sondern den effektiven Vollzug des Wechsels zwischen Datenverarbeitungsdiensten verhindern.

(80) Datenverarbeitungsdienste sollten Dienste umfassen, die den ortsunabhängigen und bedarfsgesteuerten Netzzugang zu einem konfigurierbaren, skalierbaren und elastischen gemeinsam genutzten Pool verteilter Ressourcen ermöglichen. Zu diesen Rechenressourcen zählen Ressourcen wie etwa Netze, Server oder sonstige virtuelle oder physische Infrastrukturen, Software – einschließlich Tools zur Entwicklung von Software –, Speicher, Anwendungen und Dienste. Dass sich Kunden von Datenverarbeitungsdiensten selbst, ohne Interaktion mit dem Anbieter von Datenverarbeitungsdiensten Rechenkapazitäten wie Serverzeit oder Netzwerkspeicherplatz zuweisen können, könnte als minimaler Verwaltungsaufwand und minimale Interaktion zwischen Anbieter und Kunde beschrieben werden. Der Begriff »ortsunabhängig« wird verwendet, um zu beschreiben, dass die Bereitstellung der Rechenkapazitäten über das Netz und der Zugang zu ihnen über Mechanismen erfolgt, die den Einsatz heterogener Thin- oder Thick-Client-Plattformen (von Webbrowsern bis hin zu mobilen Geräten und Arbeitsplatzrechnern) fördern. Der Begriff »skalierbar« bezeichnet Rechenressourcen, die unabhängig von ihrem geografischen Standort vom Anbieter von Datenverarbeitungsdiensten flexibel zugewiesen werden, um Nachfrageschwankungen auszugleichen. Der Begriff »elastisch« dient zur Beschreibung der Rechenressourcen, die entsprechend der Nachfrage bereitgestellt und freigegeben werden, um je nach Arbeitsaufkommen zügig verfügbare Ressourcen auf- bzw. abbauen zu können. Der Begriff »gemeinsam genutzter Pool« dient zur Beschreibung der Rechenressourcen, die mehreren Nutzern bereitgestellt werden, die über einen gemeinsamen Zugang auf den Dienst zugreifen, wobei die Verarbeitung jedoch für jeden Nutzer getrennt erfolgt, obwohl der Dienst über dieselbe elektronische Ausrüstung erbracht wird. Der Begriff »verteilt« dient zur Beschreibung der Rechenressourcen, die sich auf

30 Verordnung (EU) 2018/1807 des Europäischen Parlaments und des Rates vom 14. November 2018 über einen Rahmen für den freien Verkehr nicht-personenbezogener Daten in der Europäischen Union (ABl. L 303 vom 28.11.2018, S. 59).

verschiedenen vernetzten Computern oder Geräten befinden und die untereinander durch Nachrichtenaustausch kommunizieren und sich koordinieren. Der Begriff »hochgradig verteilt« dient zur Beschreibung der Datenverarbeitungsdienste, bei denen Daten näher an dem Ort verarbeitet werden, an dem sie generiert oder erhoben werden, z.B. in einem vernetzten Datenverarbeitungsgerät. Edge-Computing, eine Form dieser hochgradig verteilten Datenverarbeitung, dürfte neue Geschäftsmodelle und Cloud-Dienste hervorbringen, die von Anfang an offen und interoperabel sein sollten.

(81) Der generische Begriff »Datenverarbeitungsdienste« umfasst eine beträchtliche Zahl von Diensten mit einer sehr großen Bandbreite an unterschiedlichen Anwendungszwecken, Funktionen und technischen Strukturen. Nach allgemeinem Verständnis von Anbietern und Nutzern und im Einklang mit weit verbreiteten Standards fallen Datenverarbeitungsdienste unter eines oder mehrere der folgenden drei Modelle für die Bereitstellung von Datenverarbeitungsdiensten, nämlich »Infrastructure-as-a-Service« (IaaS), »Platform-as-a-Service« (PaaS) und »Software-as-a-Service« (SaaS). Bei diesen Modellen für die Bereitstellung von Diensten handelt es sich um eine spezifische, vorgefertigte Kombination von IKT-Ressourcen, die von einem Anbieter von Datenverarbeitungsdiensten angeboten wird. Diese drei grundlegenden Bereitstellungsmodelle für Datenverarbeitungsdienste werden weiter durch neue Variationen ergänzt, die jeweils eine ganz bestimmte Kombination von IKT-Ressourcen aufweisen, wie z.B. »Storage-as-a-Service« und »Database-as-a-Service«. Datenverarbeitungsdienste können detaillierter kategorisiert und in eine nicht erschöpfende Liste von Datenverarbeitungsdiensten unterteilt werden, die dasselbe Hauptziel und dieselben Hauptfunktionen sowie dieselbe Art von Datenverarbeitungsmodellen haben, die nicht mit den operativen Merkmalen des Dienstes (gleiche Dienstart) in Zusammenhang stehen. Dienste, die der gleichen Dienstart angehören, können zwar dasselbe Modell für die Bereitstellung von Datenverarbeitungsdiensten aufweisen, doch während zwei Datenbanken dem Anschein nach dasselbe Hauptziel haben können, könnten sie nach Berücksichtigung ihres Datenverarbeitungsmodells, ihres Vertriebsmodells und der Anwendungsfälle, auf die sie ausgerichtet sind, in eine detailliertere Unterkategorie vergleichbarer Dienste fallen. Dienste der gleichen Dienstart können unterschiedliche und konkurrierende Merkmale wie Leistung, Sicherheit, Robustheit und Qualität des Dienstes aufweisen.

(82) Wenn der ursprüngliche Anbieter von Datenverarbeitungsdiensten die Extraktion der dem Kunden gehörenden exportierbaren Daten behindert, kann das die Wiederherstellung der Dienstfunktionen in der Infrastruktur des übernehmenden Anbieters von Datenverarbeitungsdiensten behindern. Um die Ausstiegsstrategie des Kunden zu erleichtern, unnötige und aufwändige Aufgaben zu vermeiden und sicherzustellen, dass der Kunde keine seiner Daten durch den Vollzug des Wechsels verliert, sollte der ursprüngliche Anbieter von Datenverarbeitungsdiensten den Kunden im Voraus über den Umfang der Daten unterrichten, die exportiert werden können, sobald dieser Kunde beschließt, zu einem anderen Dienst, der von einem anderen Anbieter von Datenverarbeitungsdiensten angeboten wird, oder zu einer IKT-Infrastruktur in eigenen Räumlichkeiten

zu wechseln. Der Begriff »exportierbare Daten« sollte zumindest die Eingabe- und Ausgabedaten – einschließlich Metadaten –, die durch die Nutzung des Datenverarbeitungsdienstes durch den Kunden unmittelbar oder mittelbar generiert oder gemeinsam generiert werden, umfassen, mit Ausnahme der Vermögenswerte oder Daten von dem Anbieter von Datenverarbeitungsdiensten oder von einem Dritten. Vermögenswerte oder Daten von dem Anbieter von Datenverarbeitungsdiensten oder von einem Dritten, die durch Rechte des geistigen Eigentums geschützt sind oder Geschäftsgeheimnisse dieses Anbieters oder Dritten darstellen, oder Daten im Zusammenhang mit der Integrität und Sicherheit des Dienstes, bei denen der Anbieter von Datenverarbeitungsdiensten im Falle eines Exports Cybersicherheitsrisiken ausgesetzt ist, sollten von den exportierbaren Daten ausgenommen sein. Diese Ausnahmen sollten den Vollzug des Wechsels weder behindern noch verzögern.

(83) Digitale Vermögenswerte beziehen sich auf Elemente in digitaler Form, für die der Kunde das Nutzungsrecht hat, einschließlich Anwendungen und Metadaten im Zusammenhang mit der Konfiguration von Einstellungen, der Sicherheit und der Verwaltung von Zugangs- und Kontrollrechten, sowie andere Elemente wie Darstellungen von Virtualisierungstechnologien, einschließlich virtueller Maschinen und Container. Digitale Vermögenswerte können übertragen werden, sofern der Kunde ein Nutzungsrecht hat, das unabhängig von der vertraglichen Beziehung mit dem Datenverarbeitungsdienst, den er wechseln möchte, besteht. Die vorstehend genannten anderen Elemente sind die Voraussetzung dafür, dass der Kunde seine Daten und Anwendungen im Umfeld des übernehmenden Anbieters von Datenverarbeitungsdiensten effektiv nutzen kann.

(84) Ziel dieser Verordnung ist es, den Wechsel zwischen Datenverarbeitungsdiensten zu erleichtern, wozu die Bedingungen und Maßnahmen gehören, die notwendig sind, damit ein Kunde in der Lage ist, einen Vertrag für einen Datenverarbeitungsdienst zu kündigen, einen oder mehrere neue Verträge mit verschiedenen Anbietern von Datenverarbeitungsdiensten zu schließen, seine exportierbaren Daten und digitalen Vermögenswerte zu übertragen und gegebenenfalls von Funktionsäquivalenz zu profitieren.

(85) Der Wechsel ist ein Vorgang, der vom Kunden ausgeht und aus mehreren Schritten – einschließlich Datenextraktion – besteht, was das Herunterladen der Daten aus dem Ökosystem des ursprünglichen Anbieters von Datenverarbeitungsdiensten bezeichnet, die Umwandlung der Daten, wenn diese so strukturiert sind, dass sie nicht in das Schema des Zielspeicherorts passen, sowie das Hochladen der Daten in einen neuen Zielspeicherort. In bestimmten, in dieser Verordnung beschriebenen Situationen sollte es auch als Wechsel gelten, wenn ein bestimmter Dienst aus dem Vertrag herausgelöst und zu einem anderen Anbieter verlegt wird. Der Wechsel wird manchmal von einem Dritten im Namen des Kunden vollzogen. Dementsprechend sollten alle in dieser Verordnung festgelegten Rechte und Pflichten des Kunden, einschließlich der Verpflichtung, nach Treu und Glauben zusammenzuarbeiten, so verstanden werden, dass sie unter diesen Umständen auch für den betreffenden Dritten gelten. Anbieter von Datenver-

arbeitungsdiensten und Kunden tragen in Abhängigkeit vom Verfahrensschritt ein unterschiedliches Maß an Verantwortung. So ist beispielsweise der ursprüngliche Anbieter von Datenverarbeitungsdiensten dafür verantwortlich, die Daten in ein maschinenlesbares Format zu extrahieren, während der Kunde und der übernehmende Anbieter von Datenverarbeitungsdiensten die Daten in die neue Umgebung hochladen müssen, sofern kein spezieller professioneller Übergangsdienst in Anspruch genommen wird. Ein Kunde, der beabsichtigt, die in dieser Verordnung vorgesehenen Rechte im Zusammenhang mit dem Wechsel auszuüben, sollte den ursprünglichen Anbieter von Datenverarbeitungsdiensten von der Entscheidung, entweder zu einem anderen Anbieter von Datenverarbeitungsdiensten oder zu einer IKT-Infrastruktur in eigenen Räumlichkeiten zu wechseln oder die Vermögenswerte und exportierbaren Daten des Kunden zu löschen, in Kenntnis setzen.

(86) Funktionsäquivalenz bedeutet, dass nach einem Wechsel ein Mindestfunktionsumfang auf der Grundlage der exportierbaren Daten und digitalen Vermögenswerte des Kunden in der Umgebung des neuen Datenverarbeitungsdienstes der gleichen Dienstart wiederhergestellt wird, wobei der übernehmende Datenverarbeitungsdienst bei gemeinsam genutzten Funktionen, die dem Kunden im Rahmen des Vertrags bereitgestellt werden, ein im Wesentlichen vergleichbares Ergebnis liefert. Von Anbietern von Datenverarbeitungsdiensten kann nur erwartet werden, dass sie die Funktionsäquivalenz in Bezug auf die Funktionen ermöglichen, die sowohl vom ursprünglichen als auch vom übernehmenden Datenverarbeitungsdienst unabhängig voneinander angeboten werden. Anbieter von Datenverarbeitungsdiensten sind nach der vorliegenden Verordnung nur zur Erleichterung der Funktionsäquivalenz verpflichtet, wenn sie Dienste des Bereitstellungsmodells IaaS anbieten.

(87) Datenverarbeitungsdienste werden in verschiedenen Bereichen verwendet und weisen hinsichtlich ihrer Komplexität und der Dienstart Unterschiede auf. Dies ist insbesondere mit Blick auf den Übertragungsvorgang und den entsprechenden Zeitrahmen zu berücksichtigen. Eine Verlängerung des Übergangszeitraums geltend zu machen, wenn der Wechsel aus technischen Gründen nicht in der vorgesehenen Zeit abgeschlossen werden kann, sollte aber dessen ungeachtet nur in hinreichend begründeten Fällen geltend gemacht werden können. Die Beweislast sollte in dieser Hinsicht vollständig beim Anbieter des betreffenden Datenverarbeitungsdienstes liegen. Dies gilt unbeschadet des ausschließlichen Rechts des Kunden, den Übergangszeitraum einmal um einen Zeitraum zu verlängern, der seines Erachtens seinen eigenen Zwecken besser entspricht. Der Kunde kann sich vor oder während des Übergangszeitraums auf dieses Recht auf Verlängerung berufen, wobei zu berücksichtigen ist, dass der Vertrag während des Übergangszeitraums weiterhin gilt.

(88) Wechselentgelte sind Entgelte, die Anbieter von Datenverarbeitungsdiensten bei ihren Kunden für den Vollzug des Wechsels erheben. Üblicherweise sollen mit diesen Entgelten die Kosten, die dem ursprünglichen Anbieter von Datenverarbeitungsdiensten durch den Wechsel entstehen können, an den Kunden, der den

Wechsel wünscht, weitergegeben werden. Gängige Beispiele für Wechselentgelte sind mit der Datenübertragung von einem Anbieter von Datenverarbeitungsdiensten zu einem anderen oder von einem Anbieter zu einer IKT-Infrastruktur in den eigenen Räumlichkeiten verbundene Kosten (»Datenextraktionsentgelte«) oder durch spezifische Unterstützungstätigkeiten während des Vollzugs des Wechsels anfallende Kosten. Unangemessen hohe Datenextraktionsentgelte und andere ungerechtfertigte Entgelte, die in keinem Zusammenhang mit den tatsächlichen Kosten des Wechsels stehen, behindern Anbieterwechsel seitens des Kunden, schränken den freien Datenfluss ein, können den Wettbewerb einschränken und zu Abhängigkeitsverhältnissen des Kunden in Bezug auf einen bestimmten Dienst führen, da Anreize, sich für einen anderen oder weiteren Diensteanbieter zu entscheiden, verringert werden. Daher sollten Wechselentgelte nach drei Jahren nach dem Tag des Inkrafttretens dieser Verordnung abgeschafft werden. Anbieter von Datenverarbeitungsdiensten sollten bis zu diesem Zeitpunkt ermäßigte Wechselentgelte erheben können.

(89) Der ursprüngliche Anbieter von Datenverarbeitungsdiensten sollte bestimmte Aufgaben auslagern und Dritten für die Erfüllung der in dieser Verordnung festgelegten Verpflichtungen eine Gegenleistung erbringen können. Die Kosten für die vom ursprünglichen Anbieter von Datenverarbeitungsdiensten beschlossene Auslagerung von Diensten während des Vollzugs des Wechsels sollte nicht der Kunde tragen, und diese Kosten sollten als ungerechtfertigt gelten, es sei denn, sie decken Leistungen, die der Anbieter von Datenverarbeitungsdiensten auf Bitte des Kunden um zusätzliche Unterstützung beim Wechsel hin erbringt, die über die in dieser Verordnung ausdrücklich festgelegten Pflichten des Anbieters beim Wechsel hinausgehen. Diese Verordnung hindert Kunden nicht daran, Dritten für die Unterstützung im Migrationsprozess eine Gegenleistung zu erbringen, bzw. sie hindert Parteien nicht daran, im Einklang mit dem Unionsrecht oder dem nationalen Recht Verträge über Datenverarbeitungsdienste mit fester Laufzeit zu vereinbaren, einschließlich verhältnismäßiger Sanktionen für die vorzeitige Kündigung dieser Verträge. Zur Förderung des Wettbewerbs sollte die schrittweise Abschaffung der mit dem Wechsel von Datenverarbeitungsdiensten verbundenen Entgelte insbesondere die Abschaffung der Datenextraktionsentgelte umfassen, die von einem Anbieter von Datenverarbeitungsdiensten beim Kunden erhoben werden. Standarddienstentgelte für die Erbringung der Datenverarbeitungsdienste selbst sind keine Wechselentgelte. Diese Standarddienstentgelte sind nicht widerrufsfähig und gelten, bis der Vertrag über die Erbringung des betreffenden Dienstes nicht mehr gilt. Kunden können nach dieser Verordnung die Erbringung zusätzlicher Dienste verlangen, die über die nach dieser Verordnung bestehenden Pflichten des Anbieters beim Wechsel hinausgehen. Diese zusätzlichen Dienste können vom Anbieter erbracht und in Rechnung gestellt werden, wenn sie auf Verlangen des Kunden erbracht werden und der Kunde dem Preis dieser Dienste im Voraus zustimmt.

(90) Um einer Bindung an bestimmte Anbieter zu Lasten des Wettbewerbs und der Entwicklung neuer Dienste entgegenzuwirken, bedarf es eines ambitionierten und innovationsfördernden regulatorischen Konzepts für Interoperabilität. Die

Interoperabilität zwischen Datenverarbeitungsdiensten erfordert mehrere Schnittstellen und Infrastrukturebenen sowie Software und beschränkt sich selten auf die einfache Frage, ob sie erreicht werden kann oder nicht. Der Aufbau der nötigen Interoperabilität ist vielmehr von einer Kosten-Nutzen-Analyse abhängig, mit der ermittelt wird, ob es sinnvoll ist, die vernunftgemäß vorhersehbaren Ergebnisse anzustreben. Die Norm ISO/IEC 19941:2017 ist eine wichtige internationale Norm, die einen wichtigen Bezugspunkt hinsichtlich der Verwirklichung der Ziele dieser Verordnung bildet, da sie technische Erwägungen zur Klärung der Komplexität eines solchen Verfahrens umfasst.

(91) Wenn Anbieter von Datenverarbeitungsdiensten ihrerseits Kunden von Datenverarbeitungsdiensten sind, die von einem Dritten erbracht werden, können sie selbst vom wirksameren Vollzug des Wechsels profitieren, während sie in Bezug auf eigene Dienstangebote weiter an die Pflichten nach dieser Verordnung gebunden bleiben.

(92) Anbieter von Datenverarbeitungsdiensten sollten verpflichtet sein, im Rahmen ihrer Fähigkeiten und in einem angemessenen Verhältnis zu ihren jeweiligen Verpflichtungen jede Hilfe und Unterstützung zu leisten, die erforderlich ist, um den Wechsel zum Dienst eines anderen Anbieters von Datenverarbeitungsdiensten erfolgreich, effektiv und sicher zu vollziehen. Diese Verordnung verpflichtet Anbieter von Datenverarbeitungsdiensten nicht dazu, neue Kategorien von Datenverarbeitungsdiensten, auch nicht innerhalb der IKT-Infrastruktur verschiedener Anbieter von Datenverarbeitungsdiensten oder auf deren Grundlage zu entwickeln, um die Funktionsäquivalenz in einer anderen als der eigenen Umgebung zu gewährleisten. Der ursprüngliche Anbieter von Datenverarbeitungsdiensten hat weder Zugang zur noch Einblick in die Umgebung des übernehmenden Anbieters von Datenverarbeitungsdiensten. Funktionsäquivalenz sollte also nicht dahingehend verstanden werden, dass sie den ursprünglichen Anbieter von Datenverarbeitungsdiensten zur Wiederherstellung des betreffenden Dienstes innerhalb der Infrastruktur des übernehmenden Anbieters von Datenverarbeitungsdiensten verpflichtet. Der ursprüngliche Anbieter von Datenverarbeitungsdiensten sollte vielmehr im Rahmen seiner Befugnisse alle ihm vernünftigerweise zur Verfügung stehenden Maßnahmen ergreifen, um die Verwirklichung der Funktionsäquivalenz zu ermöglichen, indem er Kapazitäten, angemessene Informationen, Dokumentation, technische Unterstützung und gegebenenfalls die erforderlichen Instrumente bereitstellt.

(93) Anbieter von Datenverarbeitungsdiensten sollten zudem dazu verpflichtet werden, bestehende Hindernisse auszuräumen und keine neuen Hindernisse zu schaffen; dies gilt auch in Bezug auf Kunden, die zu einer IKT-Infrastruktur in eigenen Räumlichkeiten wechseln möchten. Hindernisse können unter anderem vorkommerzieller, gewerblicher, technischer, vertraglicher oder organisatorischer Art sein. Anbieter von Datenverarbeitungsdiensten sollten ferner dazu verpflichtet werden, Hindernisse für die Herauslösung eines bestimmten einzelnen Dienstes aus anderen, im Rahmen eines Vertrags erbrachten Datenverarbeitungsdiensten zu beseitigen und einen Wechsel für den betreffenden Dienst zu ermöglichen,

wenn einer solchen Herauslösung keine größeren, nachweislichen technischen Hindernisse entgegenstehen.

(94) Während des gesamten Vollzugs des Wechsels sollte ein hohes Maß an Sicherheit gewahrt werden. Das bedeutet, dass der ursprüngliche Anbieter von Datenverarbeitungsdiensten das Sicherheitsniveau, zu dem er sich in Bezug auf den Dienst verpflichtet hat, auf alle technischen Modalitäten – wie Netzverbindungen oder physische Geräte – ausdehnen sollte, für die er während des Vollzugs des Wechsels verantwortlich ist. Bestehende Rechte im Zusammenhang mit der Kündigung von Verträgen, einschließlich derjenigen, die mit der Verordnung (EU) 2016/679 und der Richtlinie (EU) 2019/770 des Europäischen Parlaments und des Rates[31] eingeführt wurden, sollten davon unberührt bleiben. Die vorliegende Verordnung darf nicht so verstanden werden, dass ein Anbieter von Datenverarbeitungsdiensten daran gehindert wird, Kunden neue und verbesserte Dienste, Merkmale und Funktionen anzubieten oder auf dieser Grundlage mit anderen Anbietern von Datenverarbeitungsdiensten in Wettbewerb zu treten.

(95) Die Informationen, die Anbieter von Datenverarbeitungsdiensten Kunden bereitstellen müssen, könnten die Ausstiegsstrategie der Kunden unterstützen. Die Informationen sollten Folgendes umfassen: Verfahren für die Einleitung des Wechsels vom Datenverarbeitungsdienst, die maschinenlesbaren Datenformate, in die die Nutzerdaten exportiert werden können, die Instrumente für den Datenexport – einschließlich offener Schnittstellen – und Informationen zur Kompatibilität mit harmonisierten Normen oder gemeinsamen Spezifikationen auf der Grundlage offener Interoperabilitätsspezifikationen, Informationen über bekannte technische Beschränkungen und Einschränkungen, die sich auf den Vollzug des Wechsels auswirken könnten, und die geschätzte Zeit, die erforderlich ist, um den Wechsel zu vollziehen.

(96) Um die Interoperabilität und den Wechsel zwischen Datenverarbeitungsdiensten zu erleichtern, sollten Nutzer und Anbieter von Datenverarbeitungsdiensten die Verwendung von Instrumenten für die Umsetzung und die Einhaltung der Vorschriften in Erwägung ziehen, vor allem derjenigen, die von der Kommission in Form eines EU-Regelwerks für die Cloud sowie eines Leitfadens für die Vergabe öffentlicher Aufträge für Datenverarbeitungsdiensten veröffentlicht wurden. Insbesondere Standardvertragsklauseln sind geeignet, da sie das Vertrauen in Datenverarbeitungsdienste stärken, ein ausgewogeneres Verhältnis zwischen Nutzern und Anbietern von Datenverarbeitungsdiensten schaffen und die Rechtssicherheit in Bezug auf die Bedingungen für den Wechsel zu anderen Datenverarbeitungsdiensten erhöhen. In diesem Zusammenhang sollten Nutzer und Anbieter von Datenverarbeitungsdiensten die Verwendung der Standardvertragsklauseln oder anderer Instrumente für die Einhaltung von Vorschriften durch Selbstregulierung – sofern diese den Anforderungen dieser Verordnung entsprechen –, in

31 Richtlinie (EU) 2019/770 des Europäischen Parlaments und des Rates vom 20. Mai 2019 über bestimmte vertragsrechtliche Aspekte der Bereitstellung digitaler Inhalte und digitaler Dienstleistungen (ABl. L 136 vom 22.5.2019, S. 1).

Erwägung ziehen, die von einschlägigen Gremien oder Sachverständigengruppen, die nach Unionsrecht eingerichtet wurden, ausgearbeitet wurden.

(97) Um den Wechsel zwischen Datenverarbeitungsdiensten zu erleichtern, sollten alle beteiligten Parteien, einschließlich des ursprünglichen und des übernehmenden Anbieters von Datenverarbeitungsdiensten, nach Treu und Glauben zusammenarbeiten, um den Vollzug des Wechsels wirksam zu gestalten, und die sichere und fristgemäße Übertragung der erforderlichen Daten in einem gängigen, maschinenlesbaren Format über eine offene Schnittstelle zu ermöglichen und dabei die Dienstkontinuität zu wahren.

(98) Datenverarbeitungsdienste für Dienste, bei denen die meisten Hauptmerkmale speziell auf konkrete Vorgaben eines einzelnen Kunden zugeschnitten sind oder bei denen alle Komponenten für die Zwecke eines einzelnen Kunden entwickelt wurden, sollten von einigen der für den Wechsel zwischen Datenverarbeitungsdiensten geltenden Verpflichtungen ausgenommen werden. Dienste, die der Anbieter von Datenverarbeitungsdiensten über seinen Dienstleistungskatalog im großen kommerziellen Maßstab anbietet, sollten nicht dazu gehören. Es gehört zu den Verpflichtungen des Anbieters von Datenverarbeitungsdiensten, potenzielle Kunden solcher Dienste vor Abschluss eines Vertrags ordnungsgemäß über diejenigen in dieser Verordnung festgelegten Verpflichtungen zu informieren, die nicht für die betreffenden Dienste gelten. Der Anbieter von Datenverarbeitungsdiensten ist nicht daran gehindert, solche Dienste letztlich in großem Maßstab einzuführen; in diesem Fall müsste er jedoch alle in dieser Verordnung festgelegten Verpflichtungen für den Wechsel erfüllen.

(99) Im Einklang mit der Mindestanforderung, den Wechsel von Anbietern von Datenverarbeitungsdiensten zu ermöglichen, zielt diese Verordnung auch darauf ab, die Interoperabilität für die parallele Nutzung mehrerer Datenverarbeitungsdienste durch ergänzende Funktionen zu verbessern. Dies betrifft Situationen, in denen Kunden einen Vertrag im Hinblick auf den Wechsel zu einem anderen Anbieter von Datenverarbeitungsdiensten nicht kündigen, sondern mehrere Dienste verschiedener Anbieter parallel und interoperabel genutzt werden, um die ergänzenden Funktionen der verschiedenen Dienste in der Systemkonfiguration des Kunden nutzen zu können. Im Gegensatz zu der einmaligen Extraktion, die beim Vollzug eines Wechsels erforderlich ist, kann die Datenextraktion von einem zu einem anderen Anbieter von Datenverarbeitungsdiensten mit dem Ziel, die parallele Nutzung von Diensten zu erleichtern, jedoch bekanntlich ein fortlaufender Vorgang sein. Anbieter von Datenverarbeitungsdiensten sollten daher für die Datenextraktion zu Zwecken der parallelen Nutzung nach drei Jahren nach dem Tag des Inkrafttretens der vorliegenden Verordnung weiterhin Datenextraktionsentgelte erheben können, die die anfallenden Kosten nicht übersteigen. Dies ist unter anderem für die erfolgreiche Einführung von Multi-Cloud-Strategien wichtig, die es Kunden ermöglichen, zukunftssichere IT-Strategien umzusetzen, und die Abhängigkeit von einzelnen Anbietern von Datenverarbeitungsdiensten verringern. Durch die Erleichterung eines Multi-Cloud-Ansatzes für Kunden von Datenverarbeitungsdiensten kann außer-

dem – wie in der Verordnung (EU) 2022/2554 des Europäischen Parlaments und des Rates[32] in Bezug auf Anbieter von Finanzdienstleistungen festgestellt – dazu beigetragen werden, die Betriebsstabilität der digitalen Systeme der Kunden zu stärken.

(100) Offene Interoperabilitätsspezifikationen und -normen, die gemäß Anhang II der Verordnung (EU) Nr. 1025/2012 des Europäischen Parlaments und des Rates[33] im Bereich der Interoperabilität und Übertragbarkeit entwickelt wurden, werden voraussichtlich eine Cloud-Umgebung mit mehreren Anbietern ermöglichen, was eine wesentliche Voraussetzung für offene Innovation in der europäischen Datenwirtschaft ist. Da die Akzeptanz festgelegter Normen auf dem Markt im Rahmen der 2016 abgeschlossenen Initiative zur Koordinierung der Cloud-Normung (CSC) zurückhaltend ausfiel, muss sich die Kommission auch darauf verlassen, dass die Marktteilnehmer einschlägige offene Interoperabilitätsspezifikationen entwickeln, um mit dem raschen technologischen Fortschritt in dieser Branche Schritt zu halten. Solche offenen Interoperabilitätsspezifikationen können dann von der Kommission in Form gemeinsamer Spezifikationen erlassen werden. Wenn ferner nicht nachgewiesen wurde, dass gemeinsame Spezifikationen oder Normen, die eine wirksame Cloud-Interoperabilität der Verarbeitung von Daten auf PaaS- und SaaS-Ebene erleichtern, durch marktgesteuerte Verfahren festgelegt werden können, sollte die Kommission auf der Grundlage der vorliegenden Verordnung und im Einklang mit der Verordnung (EU) Nr. 1025/2012 in der Lage sein, europäische Normungsgremien mit der Entwicklung solcher Normen für bestimmte Dienstarten zu beauftragen, für die solche Normen noch nicht existieren. Darüber hinaus wird die Kommission die Marktteilnehmer anhalten, einschlägige offene Interoperabilitätsspezifikationen zu entwickeln. Im Anschluss an eine Konsultation der Interessenträger sollte die Kommission im Wege von Durchführungsrechtsakten durch einen Verweis in einer zentralen Datenbank der Union für Normen für die Interoperabilität von Datenverarbeitungsdiensten vorschreiben können, dass für bestimmte Dienstarten harmonisierte Normen für die Interoperabilität oder gemeinsame Interoperabilitätsspezifikationen verwendet werden. Anbieter von Datenverarbeitungsdiensten sollten die Kompatibilität mit diesen harmonisierten Normen und gemeinsamen Spezifikationen auf der Grundlage offener Interoperabilitätsspe-

32 Verordnung (EU) 2022/2554 des Europäischen Parlaments und des Rates vom 14. Dezember 2022 über die digitale operationale Resilienz im Finanzsektor und zur Änderung der Verordnungen (EG) Nr. 1060/2009, (EU) Nr. 648/2012, (EU) Nr. 600/2014, (EU) Nr. 909/2014 und (EU) 2016/1011 (ABl. L 333 vom 27.12.2022, S. 1).

33 Verordnung (EU) Nr. 1025/2012 des Europäischen Parlaments und des Rates vom 25. Oktober 2012 zur europäischen Normung, zur Änderung der Richtlinien 89/686/EWG und 93/15/EWG des Rates sowie der Richtlinien 94/9/EG, 94/25/EG, 95/16/EG, 97/23/EG, 98/34/EG, 2004/22/EG, 2007/23/EG, 2009/23/EG und 2009/105/EG des Europäischen Parlaments und des Rates und zur Aufhebung des Beschlusses 87/95/EWG des Rates und des Beschlusses Nr. 1673/2006/EG des Europäischen Parlaments und des Rates (ABl. L 316 vom 14.11.2012, S. 12).

zifikationen sicherstellen, die die Sicherheit oder die Integrität der Daten nicht beeinträchtigen sollten. Auf harmonisierte Normen für die Interoperabilität von Datenverarbeitungsdiensten und gemeinsame Spezifikationen auf der Grundlage offener Interoperabilitätsspezifikationen wird nur verwiesen, wenn sie den in dieser Verordnung festgelegten Kriterien entsprechen, die denselben Stellenwert haben wie die Anforderungen in Anhang II der Verordnung (EU) Nr. 1025/2012 und die in der internationalen Norm ISO/IEC 19941:2017 definierten Interoperabilitätsaspekte. Darüber hinaus sollte bei der Normung den Bedürfnissen von KMU Rechnung getragen werden.

(101) Drittländer können Gesetze, Verordnungen und sonstige Rechtsakte erlassen, die darauf ausgerichtet sind, dass nichtpersonenbezogene Daten, die – auch in der Union – außerhalb der Landesgrenzen gespeichert sind, übertragen werden können bzw. staatliche Stellen direkten Zugang zu solchen Daten haben. In Drittländern ergangene Gerichtsurteile oder Entscheidungen anderer Justiz- oder Verwaltungsbehörden, einschließlich Strafverfolgungsbehörden, mit denen eine solche Übertragung von oder ein solcher Zugang zu nicht-personenbezogenen Daten gefordert wird, sollten vollstreckbar sein, wenn sie sich auf eine internationale Vereinbarung, etwa ein Rechtshilfeabkommen, stützen, das zwischen dem anfragenden Drittland und der Union oder einem Mitgliedstaat besteht. Mitunter kann es auch dazu kommen, dass die sich aus dem Recht eines Drittlands ergebende Verpflichtung zur Übertragung von oder Gewährung des Zugangs zu nicht-personenbezogenen Daten einer nach Unionsrecht oder nach dem nationalen Recht des betreffenden Mitgliedstaats bestehenden Verpflichtung zum Schutz dieser Daten entgegensteht, insbesondere, was den Schutz der Grundrechte des Einzelnen, wie das Recht auf Sicherheit und das Recht auf einen wirksamen Rechtsbehelf, oder die grundlegenden Interessen eines Mitgliedstaats im Zusammenhang mit der nationalen Sicherheit oder Verteidigung sowie den Schutz sensibler Geschäftsdaten, einschließlich des Schutzes des Geschäftsgeheimnisses, und den Schutz von Rechten des geistigen Eigentums, darunter auch vertragliche Vertraulichkeitspflichten nach einem solchen Gesetz, betrifft. Besteht keine internationale Vereinbarung zur Regelung dieser Fragen, so sollte die Übertragung von oder der Zugang zu nicht-personenbezogenen Daten nur gestattet sein, wenn überprüft wurde, dass das Rechtssystem des betreffenden Drittlands die Begründung und die Verhältnismäßigkeit sowie die hinreichende Bestimmtheit der gerichtlichen Anordnung oder Entscheidung vorschreibt und dem Adressaten die Möglichkeit einräumt, dem zuständigen Gericht des Drittlands, das zur gebührenden Berücksichtigung der einschlägigen rechtlichen Interessen des Bereitstellers der Daten befugt ist, seinen begründeten Einwand zur Überprüfung vorzulegen. Nach Möglichkeit sollte der Anbieter von Datenverarbeitungsdiensten den Kunden, dessen Daten verlangt werden, im Rahmen des Datenzugangsverlangens der Behörde des Drittlands vor der Gewährung des Zugangs zu diesen Daten unterrichten können, um zu überprüfen, ob ein solcher Zugang möglicherweise gegen Unionsrecht oder nationales Recht verstößt, wie etwa ein solches über den Schutz sensibler Geschäftsdaten, einschließlich des Schutzes

des Geschäftsgeheimnisses und der Rechte des geistigen Eigentums sowie vertraglicher Vertraulichkeitspflichten.

(102) Um das Vertrauen in Daten weiter zu stärken, ist es wichtig, dass Schutzvorkehrungen, die Unionsbürgern, der öffentlichen Hand und Unternehmen die Kontrolle über ihre Daten gewährleisten sollen, so weit wie möglich umgesetzt werden. Darüber hinaus sollten das Recht, die Werte und die Standards der Union unter anderem in Bezug auf Sicherheit, Datenschutz und Privatsphäre sowie Verbraucherschutz gewahrt werden. Um einen unrechtmäßigen staatlichen Zugang der Behörden von Drittländern zu nicht-personenbezogenen Daten zu verhindern, sollten dieser Verordnung unterliegende Anbieter von Datenverarbeitungsdiensten wie Cloud- und Edge-Diensten alle zumutbaren Maßnahmen ergreifen, um den Zugang zu Systemen zu verhindern, in denen nichtpersonenbezogenen Daten gespeichert werden, gegebenenfalls auch durch die Verschlüsselung von Daten, häufige Audits, die Überprüfung der Einhaltung der einschlägigen Systeme für die Sicherheitszertifizierung und die Änderung der Unternehmenspolitik.

(103) Normung und semantische Interoperabilität sollten eine wichtige Rolle bei der Bereitstellung technischer Lösungen zur Gewährleistung der Interoperabilität innerhalb von und zwischen gemeinsamen europäischen Datenräumen spielen, bei denen es sich um zweck- oder sektorspezifische oder sektorübergreifende interoperable Rahmen für gemeinsame Normen und Verfahren für die Weitergabe oder die gemeinsame Verarbeitung von Daten, unter anderem für die Entwicklung neuer Produkte und Dienste, wissenschaftliche Forschung oder zivilgesellschaftliche Initiativen, handelt. In dieser Verordnung sollten bestimmte wesentliche Interoperabilitätsanforderungen festgelegt werden. Teilnehmer an Datenräumen, die anderen Teilnehmern Daten oder Datendienste anbieten und bei denen es sich um Stellen handelt, die die Weitergabe von Daten innerhalb gemeinsamer europäischer Datenräume erleichtern oder daran beteiligt sind, einschließlich Dateninhaber, sollten diese Anforderungen erfüllen, soweit sie Elemente betreffen, die ihrer Kontrolle unterliegen. Die Einhaltung dieser Vorschriften kann durch die Einhaltung der in dieser Verordnung festgelegten wesentlichen Anforderungen gewährleistet oder aufgrund der Einhaltung von harmonisierten Normen oder gemeinsamen Spezifikationen im Rahmen einer Konformitätsvermutung vermutet werden. Um die Konformität mit den Interoperabilitätsanforderungen zu erleichtern, muss eine Konformitätsvermutung für die Interoperabilitätslösungen vorgesehen werden, die ganz oder teilweise den harmonisierten Normen gemäß der Verordnung (EU) Nr. 1025/2012 entsprechen, welche den Standardrahmen für die Erarbeitung der Normen, nach denen solche Konformitätsvermutungen vorgesehen werden, bildet. Die Kommission sollte die Hindernisse für die Interoperabilität bewerten und den Normungsbedarf priorisieren, sodass sie auf dieser Grundlage gemäß der Verordnung (EU) Nr. 1025/2012 eine oder mehrere europäische Normungsorganisationen damit beauftragen kann, Entwürfe für harmonisierte Normen zu erarbeiten, die die in der vorliegenden Verordnung festgelegten wesentlichen Anforderungen erfüllen. Führen solche Aufträge nicht zu harmonisierten Normen oder reichen

solche harmonisierten Normen nicht aus, um die Konformität mit den wesentlichen Anforderungen der vorliegenden Verordnung zu gewährleisten, so sollte die Kommission, sofern sie dabei die Rolle und die Funktionen der Normungsorganisationen gebührend achtet, in der Lage sein, gemeinsame Spezifikationen in den genannten Bereichen zu erlassen. Gemeinsame Spezifikationen sollten nur als außergewöhnliche Ausweichlösung erlassen werden, um die Einhaltung der wesentlichen Anforderungen dieser Verordnung zu erleichtern, oder wenn der Normungsprozess blockiert ist, oder bei Verzögerungen bei der Festlegung geeigneter harmonisierter Normen. Ist eine Verzögerung auf die technische Komplexität der betreffenden Norm zurückzuführen, so sollte die Kommission dies berücksichtigen, bevor sie die Festlegung gemeinsamer Spezifikationen in Erwägung zieht. Gemeinsame Spezifikationen sollten offen und inklusiv erarbeitet werden und gegebenenfalls dem Rat des gemäß der Verordnung (EU) 2022/868 eingerichteten Europäischen Dateninnovationsrates (EDIB) Rechnung tragen. Darüber hinaus könnten in den verschiedenen Sektoren – auf der Grundlage ihrer jeweiligen besonderen Bedürfnisse – auch gemeinsame Spezifikationen im Einklang mit Unionsrecht oder nationalem Recht erlassen werden. Darüber hinaus sollte die Kommission in die Lage versetzt werden, die Erarbeitung harmonisierter Normen für die Interoperabilität von Datenverarbeitungsdiensten in Auftrag zu geben.

(104) Um die Interoperabilität von Instrumenten für die automatisierte Durchführung von Vereinbarungen über die Datenweitergabe zu fördern, müssen wesentliche Anforderungen an intelligente Verträge festgelegt werden, die Fachkräfte für andere erstellen oder in Anwendungen integrieren, die die Umsetzung von Vereinbarungen über die Datenweitergabe unterstützen. Um die Konformität solcher intelligenten Verträge mit diesen wesentlichen Anforderungen zu erleichtern, muss eine Konformitätsvermutung für die intelligenten Verträge vorgesehen werden, die ganz oder teilweise den harmonisierten Normen gemäß der Verordnung (EU) Nr. 1025/2012 entsprechen. Der Begriff »intelligenter Vertrag« in der vorliegenden Verordnung ist technologieneutral. Intelligente Verträge können beispielsweise mit einem elektronischen Vorgangsregister verbunden werden. Die wesentlichen Anforderungen sollten nur für Anbieter intelligenter Verträge gelten, nicht aber dann, wenn sie intern intelligente Verträge, die ausschließlich für den internen Gebrauch bestimmt sind, ausarbeiten. Die wesentliche Anforderung, sicherzustellen, dass intelligente Verträge ausgesetzt und beendet werden können, setzt die gegenseitige Zustimmung der Parteien zu der Vereinbarung über die Datenweitergabe voraus. Die Anwendbarkeit der einschlägigen Vorschriften des Zivil-, Vertrags- und Verbraucherschutzrechts auf Vereinbarungen über die Datenweitergabe bleibt von der Nutzung intelligenter Verträge für die automatisierte Ausführung solcher Vereinbarungen unberührt oder sollte davon unberührt bleiben.

(105) Zum Nachweis, dass die wesentlichen Anforderungen dieser Verordnung erfüllt sind, sollte der Anbieter eines intelligenten Vertrags – oder in dessen Ermangelung die Person, deren gewerbliche, geschäftliche oder berufliche Tätigkeit die Einführung intelligenter Verträge für Andere im Zusammenhang mit der Durch-

führung einer Vereinbarung oder Teilen davon über die Bereitstellung von Daten im Kontext der vorliegenden Verordnung beinhaltet, – eine Konformitätsbewertung durchführen und eine EU-Konformitätserklärung ausstellen. Diese Konformitätsbewertung sollte den allgemeinen Grundsätzen nach der Verordnung (EG) Nr. 765/2008 des Europäischen Parlaments und des Rates[34] und dem Beschluss (EG) Nr. 768/2008 des Europäischen Parlaments und des Rates[35] unterliegen.

(106) Abgesehen davon, dass professionelle Entwickler intelligenter Verträge zur Erfüllung wesentlicher Anforderungen verpflichtet werden müssen, ist es auch wichtig, diejenigen Teilnehmer in Datenräumen, die anderen Teilnehmern innerhalb von gemeinsamen europäischen Datenräumen und über diese Datenräume Daten oder datenbasierte Dienste anbieten, dazu anzuhalten, die Interoperabilität von Instrumenten für die Datenweitergabe – einschließlich intelligenter Verträge – zu unterstützen.

(107) Um die Anwendung und Durchsetzung dieser Verordnung zu gewährleisten, sollten die Mitgliedstaaten eine oder mehrere zuständige Behörden benennen. Benennt ein Mitgliedstaat mehr als eine zuständige Behörde, so sollte er unter ihnen auch einen Datenkoordinator benennen. Die zuständigen Behörden sollten miteinander zusammenarbeiten. Durch die Ausübung ihrer Ermittlungsbefugnisse im Einklang mit den geltenden nationalen Verfahren sollten die zuständigen Behörden in der Lage sein, Informationen zu suchen und zu erhalten, insbesondere in Bezug auf die Tätigkeiten von Stellen in ihrem Zuständigkeitsbereich und – auch im Rahmen gemeinsamer Untersuchungen – unter gebührender Berücksichtigung des Umstands, dass Aufsichts- und Durchsetzungsmaßnahmen in Bezug auf in die Zuständigkeit eines anderen Mitgliedstaats fallende Rechtsträger von der zuständigen Behörde dieses anderen Mitgliedstaats, gegebenenfalls im Einklang mit den Verfahren für die grenzüberschreitende Zusammenarbeit, erlassen werden sollten. Die zuständigen Behörden sollten einander rechtzeitig unterstützen, insbesondere wenn eine zuständige Behörde in einem Mitgliedstaat über relevante Informationen für eine von den zuständigen Behörden in anderen Mitgliedstaaten durchgeführte Untersuchung verfügt oder solche Informationen sammeln kann, zu denen die zuständigen Behörden in dem Mitgliedstaat, in dem die Einrichtung niedergelassen ist, keinen Zugang haben. Die zuständigen Behörden und die Datenkoordinatoren sollten in einem von der Kommission geführten öffentlichen Register aufgeführt werden. Der Datenkoordinator könnte im Hinblick auf die Erleichterung der Zusammenarbeit in grenzüberschreitenden Situationen zusätzliche Hilfe bieten, wenn etwa einer zustän-

---

34 Verordnung (EG) Nr. 765/2008 des Europäischen Parlaments und des Rates vom 9. Juli 2008 über die Vorschriften für die Akkreditierung und Marktüberwachung im Zusammenhang mit der Vermarktung von Produkten und zur Aufhebung der Verordnung (EWG) Nr. 339/93 des Rates (ABl. L 218 vom 13.8.2008, S. 30).

35 Beschluss Nr. 768/2008/EG des Europäischen Parlaments und des Rates vom 9. Juli 2008 über einen gemeinsamen Rechtsrahmen für die Vermarktung von Produkten und zur Aufhebung des Beschlusses 93/465/EWG des Rates (ABl. L 218 vom 13.8.2008, S. 82).

digen Behörde eines bestimmten Mitgliedstaats nicht bekannt ist, an welche Behörde sie sich im Mitgliedstaat des Datenkoordinators wenden sollte, wenn beispielsweise der Fall mehr als eine zuständige Behörde oder mehr als einen Sektor betrifft. Der Datenkoordinator sollte als zentrale Anlaufstelle für alle Fragen im Zusammenhang mit der Anwendung dieser Verordnung handeln. Wurde kein Datenkoordinator benannt, so sollte die zuständige Behörde die dem Datenkoordinator gemäß dieser Verordnung übertragenen Aufgaben übernehmen. Die für die Überwachung der Einhaltung des Datenschutzrechts zuständigen Behörden und die nach Unionsrecht oder nationalem Recht benannten zuständigen Behörden sollten in ihren Zuständigkeitsbereichen für die Anwendung dieser Verordnung verantwortlich sein. Um Interessenkonflikte zu vermeiden, sollten die Behörden, die im Bereich der Bereitstellung von Daten im Anschluss an ein Verlangen aufgrund einer außergewöhnlichen Notwendigkeit für die Anwendung und Durchsetzung dieser Verordnung zuständig sind, nicht das Recht haben, ein solches Verlangen zu stellen.

(108) Zur Durchsetzung ihrer Rechte gemäß dieser Verordnung sollten natürliche und juristische Personen das Recht haben, bei Verletzung ihrer Rechte aus dieser Verordnung durch Beschwerdeeinlegung Rechtsmittel einzulegen. Der Datenkoordinator sollte natürlichen und juristischen Personen auf Anfrage alle erforderlichen Informationen bereitstellen, damit sie bei der betreffenden zuständigen Behörde Beschwerde einlegen können. Diese Behörden sollten zur Zusammenarbeit verpflichtet sein, damit die Beschwerde angemessen bearbeitet und wirksam und zügig beschieden werden kann. Um den Mechanismus des Netzwerks für die Zusammenarbeit im Verbraucherschutz zu nutzen und Verbandsklagen zu ermöglichen, werden mit dieser Verordnung die Anhänge der Verordnung (EU) 2017/2394 des Europäischen Parlaments und des Rates[36] und der Richtlinie (EU) 2020/1828 des Europäischen Parlaments und des Rates[37] geändert.

(109) Die zuständigen Behörden sollten sicherstellen, dass für Verstöße gegen die in dieser Verordnung festgelegten Pflichten Sanktionen gelten. Solche Sanktionen könnten finanzielle Sanktionen, Verwarnungen, Verweise oder Anordnungen, die Geschäftspraxis mit den in dieser Verordnung festgelegten Verpflichtungen in Einklang zu bringen, einschließen. Die von den Mitgliedstaaten festgelegten Sanktionen sollten wirksam, verhältnismäßig und abschreckend sein und den Empfehlungen des EDIB Rechnung tragen und somit dazu beitragen, dass bei der Festlegung und Anwendung von Sanktionen ein Höchstmaß an Kohärenz erreicht wird. Die zuständigen Behörden sollten gegebenenfalls einstweilige Maßnahmen ergreifen, um die Auswirkungen eines mutmaßlichen Verstoßes zu

36 Verordnung (EU) 2017/2394 des Europäischen Parlaments und des Rates vom 12. Dezember 2017 über die Zusammenarbeit zwischen den für die Durchsetzung der Verbraucherschutzgesetze zuständigen nationalen Behörden und zur Aufhebung der Verordnung (EG) Nr. 2006/2004 (ABl. L 345 vom 27.12.2017, S. 1).

37 Richtlinie (EU) 2020/1828 des Europäischen Parlaments und des Rates vom 25. November 2020 über Verbandsklagen zum Schutz der Kollektivinteressen der Verbraucher und zur Aufhebung der Richtlinie 2009/22/EG (ABl. L 409 vom 4.12.2020, S. 1).

begrenzen, solange die Untersuchung dieses Verstoßes noch nicht abgeschlossen ist. Dabei sollten sie unter anderem Art, Schwere, Ausmaß und Dauer der Pflichtverletzung im Hinblick auf das betreffende öffentliche Interesse, den Umfang und die Art der ausgeübten Tätigkeiten und die wirtschaftliche Leistungsfähigkeit de verstoßenden Partei berücksichtigen. Sie sollten auch berücksichtigen, ob der Rechtsverletzer seinen Pflichten aus dieser Verordnung systematisch oder wiederholt nicht nachkommt. Um die Einhaltung des Grundsatzes ne bis in idem zu gewährleisten und insbesondere zu vermeiden, dass ein und derselbe Verstoß gegen die Pflichten aus dieser Verordnung mehr als einmal geahndet wird, sollte ein Mitgliedstaat, der beabsichtigt, seine Zuständigkeit in Bezug auf eine verstoßende Partei auszuüben, die nicht in der Union niedergelassen ist und keinen Vertreter in der Union benannt hat, unverzüglich alle Datenkoordinatoren und die Kommission unterrichten.

(110) Der EDIB sollte die Kommission bei der Koordinierung der nationalen Verfahren und Strategien zu den unter diese Verordnung fallenden Themen sowie bei der Verwirklichung ihrer Ziele in Bezug auf die technische Normung zur Verbesserung der Interoperabilität beraten und unterstützen. Er sollte auch eine Schlüsselrolle übernehmen, wenn es darum geht, zwischen den zuständigen Behörden umfassende Gespräche über die Anwendung und Durchsetzung der vorliegenden Verordnung auf den Weg zu bringen. Der betreffende Informationsaustausch soll den wirksamen Zugang zur Justiz sowie die Durchsetzung und justizielle Zusammenarbeit in der gesamten Union verbessern. Neben anderen Aufgaben sollten die zuständigen Behörden den EDIB als Plattform für die Bewertung, Koordinierung und Annahme von Empfehlungen zur Festlegung von Sanktionen für Verstöße gegen diese Verordnung nutzen. Er sollte es den zuständigen Behörden ermöglichen, mit Unterstützung der Kommission einen optimalen Ansatz für die Festlegung und Verhängung solcher Sanktionen abzustimmen. Dieser Ansatz verhindert eine Fragmentierung und räumt den Mitgliedstaaten gleichzeitig Flexibilität ein, und er sollte zu wirksamen Empfehlungen führen, die die einheitliche Anwendung dieser Verordnung unterstützen. Außerdem sollte dem EDIB bei den Normungsverfahren und der Annahme gemeinsamer Spezifikationen im Wege von Durchführungsrechtsakten und bei der Annahme delegierter Rechtsakte zur Einführung eines Überwachungsmechanismus für die von den Anbietern von Datenverarbeitungsdiensten erhobenen Wechselentgelte und zur weiteren Präzisierung der wesentlichen Anforderungen an die Interoperabilität von Daten, von Mechanismen und Diensten für die Datenweitergabe sowie an die gemeinsamen europäischen Datenräume eine beratende Rolle zukommen. Ferner sollte er die Kommission bei der Annahme der Leitlinien zur Festlegung von Interoperabilitätsspezifikationen für das Funktionieren der gemeinsamen europäischen Datenräume beraten und unterstützen.

(111) Um Unternehmen bei der Ausarbeitung und Aushandlung von Verträgen zu unterstützen, sollte die Kommission unverbindliche Mustervertragsklauseln für Verträge über die Datenweitergabe zwischen Unternehmen erstellen und empfehlen, erforderlichenfalls unter Berücksichtigung der Bedingungen in bestimmten Sektoren und bestehender Verfahren mit freiwilligen Datenweitergabeme-

chanismen. Diese Mustervertragsklauseln sollten in erster Linie eine praktische Handhabe bieten, um insbesondere KMU den Abschluss eines Vertrags zu erleichtern. Werden die Mustervertragsbestimmungen umfassend und durchgehend verwendet, so dürften sie sich auch positiv auf die Gestaltung von Verträgen über den Datenzugang und die Datennutzung auswirken und somit insgesamt zu faireren Vertragsbeziehungen beim Datenzugang und bei der Datenweitergabe führen.

(112) Damit nicht das Risiko besteht, dass die Inhaber von Daten, die durch physische Komponenten wie Sensoren eines vernetzten Produkts und eines verbundenen Dienstes erlangt oder generiert wurden, oder anderen maschinengenerierten Daten in Datenbanken das Schutzrecht sui generis gemäß Artikel 7 der Richtlinie 96/9/EG geltend machen und dadurch insbesondere die wirksame Ausübung des Rechts der Nutzer auf Datenzugang und Datennutzung sowie des Rechts auf die Weitergabe von Daten an Dritte gemäß dieser Verordnung behindern, sollte klargestellt werden, dass das Schutzrecht sui generis für solche Datenbanken nicht gilt. Dies berührt nicht die mögliche Anwendung des Schutzrechts sui generis gemäß Artikel 7 der Richtlinie 96/9/EG auf Datenbanken, die Daten enthalten, die nicht in den Anwendungsbereich dieser Verordnung fallen, sofern die Schutzanforderungen gemäß Absatz 1 jenes Artikels erfüllt sind.

(113) Damit den technischen Aspekten von Datenverarbeitungsdiensten Rechnung getragen wird, sollte der Kommission die Befugnis übertragen werden, gemäß Artikel 290 AEUV Rechtsakte zur Ergänzung dieser Verordnung zu erlassen, um einen Überwachungsmechanismus der von den Anbietern von Datenverarbeitungsdiensten auf dem Markt verlangten Wechselentgelte einzuführen, und um die wesentlichen Anforderungen im Hinblick auf die Interoperabilität für Teilnehmer von Datenräumen, die anderen Teilnehmern an Datenräumen Daten oder Datendienste anbieten, weiter zu präzisieren. Es ist von besonderer Bedeutung, dass die Kommission im Zuge ihrer Vorbereitungsarbeit angemessene Konsultationen, auch auf der Ebene von Sachverständigen, durchführt, die mit den Grundsätzen in Einklang stehen, die in der Interinstitutionellen Vereinbarung vom 13. April 2016 über bessere Rechtsetzung[38] niedergelegt wurden. Um insbesondere für eine gleichberechtigte Beteiligung an der Vorbereitung delegierter Rechtsakte zu sorgen, erhalten das Europäische Parlament und der Rat alle Dokumente zur gleichen Zeit wie die Sachverständigen der Mitgliedstaaten, und ihre Sachverständigen haben systematisch Zugang zu den Sitzungen der Sachverständigengruppen der Kommission, die mit der Vorbereitung der delegierten Rechtsakte befasst sind.

(114) Zur Gewährleistung einheitlicher Bedingungen für die Durchführung dieser Verordnung sollten der Kommission Durchführungsbefugnisse eingeräumt werden bezüglich der Annahme gemeinsamer Spezifikationen zur Sicherstellung der Interoperabilität der Daten, der Mechanismen und Diensten für die Datenweitergabe und der gemeinsamen europäischen Datenräume, bezüglich gemeinsamer

38 ABl. L 123 vom 12.5.2016, S. 1.

Spezifikationen für die Interoperabilität von Datenverarbeitungsdiensten und bezüglich gemeinsamer Spezifikationen für die Interoperabilität intelligenter Verträge. Auch sollten der Kommission Durchführungsbefugnisse eingeräumt werden bezüglich der Veröffentlichung der Bezugnahmen auf harmonisierten Normen und gemeinsamen Spezifikationen für die Interoperabilität von in der zentralen Datenbank der Union für Normen für die Interoperabilität von Datenverarbeitungsdiensten. Diese Befugnisse sollten im Einklang mit der Verordnung (EU) Nr. 182/2011 des Europäischen Parlaments und des Rates[39] ausgeübt werden.

(115) Diese Verordnung sollte Vorschriften unberührt lassen, die besonderen Bedürfnissen einzelner Sektoren oder Bereichen von öffentlichem Interesse Rechnung tragen. Solche Vorschriften können zusätzliche Anforderungen an die technischen Aspekte des Datenzugangs, wie Schnittstellen für den Datenzugang, oder an die Art und Weise umfassen, wie der Datenzugang gewährt werden könnte, z.B. direkt über das Produkt oder über Datenvermittlungsdienste. Ebenso können solche Vorschriften Beschränkungen der Rechte der Dateninhaber auf Zugang zu oder Nutzung von Nutzerdaten oder andere Aspekte betreffen, die über den Datenzugang und die Datennutzung hinausgehen, wie z.B. Governance-Aspekte oder Sicherheitsanforderungen, einschließlich Anforderungen an die Cybersicherheit. Diese Verordnung sollte auch spezifischere Vorschriften im Zusammenhang mit der Entwicklung gemeinsamer europäischer Datenräume oder – vorbehaltlich der in dieser Verordnung festgelegten Ausnahmen – Unionsrecht oder nationales Recht zur Zugänglichmachung von Daten und zur Genehmigung ihrer Nutzung für die Zwecke der wissenschaftlichen Forschung unberührt lassen.

(116) Diese Verordnung sollte die Anwendung der Wettbewerbsvorschriften, insbesondere der Artikel 101 und 102 AEUV unberührt lassen. Die in dieser Verordnung vorgesehenen Vorschriften dürfen nicht dazu verwendet werden, den Wettbewerb entgegen den Vorschriften des AEUV einzuschränken.

(117) Damit sich die Teilnehmer, die in den Anwendungsbereich dieser Verordnung fallen, an die neuen Vorschriften dieser Verordnung anpassen und die notwendigen technischen Vorkehrungen treffen können, sollten diese Vorschriften erst ab dem 12. September 2025 anwendbar werden.

(118) Der Europäische Datenschutzbeauftragte und der Europäische Datenschutzausschuss wurden gemäß Artikel 42 Absätze 1 und 2 der Verordnung (EU) 2018/1725 angehört und haben am 4. Mai 2022 ihre Stellungnahmen abgegeben.

(119) Da die Ziele dieser Verordnung, nämlich die Gewährleistung einer fairen Aufteilung des Wertes von Daten auf die Akteure der Datenwirtschaft und Förderung eines fairen Zugangs zu Daten und ihrer Nutzung, um zur Schaffung eines

39 Verordnung (EU) Nr. 182/2011 des Europäischen Parlaments und des Rates vom 16. Februar 2011 zur Festlegung der allgemeinen Regeln und Grundsätze, nach denen die Mitgliedstaaten die Wahrnehmung der Durchführungsbefugnisse durch die Kommission kontrollieren (ABl. L 55 vom 28.2.2011, S. 13).

echten Binnenmarktes für Daten beizutragen, von den Mitgliedstaaten nicht ausreichend verwirklicht werden können, sondern vielmehr wegen des Umfangs und der Wirkungen der Maßnahme und der grenzüberschreitenden Nutzung der Daten auf Unionsebene besser zu verwirklichen sind, kann die Union im Einklang mit dem in Artikel 5 des Vertrags über die Europäische Union verankerten Subsidiaritätsprinzip tätig werden. Entsprechend dem in demselben Artikel genannten Grundsatz der Verhältnismäßigkeit geht diese Verordnung nicht über das für die Verwirklichung dieser Ziele erforderliche Maß hinaus –

HABEN FOLGENDE VERORDNUNG ERLASSEN:

## KAPITEL I ALLGEMEINE BESTIMMUNGEN

### Artikel 1
### Gegenstand und Anwendungsbereich

(1) Diese Verordnung enthält harmonisierte Vorschriften unter anderem über

a) die Bereitstellung von Produktdaten und verbundenen Dienstdaten für den Nutzer des vernetzten Produkts oder verbundenen Dienstes,
b) die Bereitstellung von Daten durch Dateninhaber für Datenempfänger,
c) die Bereitstellung von Daten durch Dateninhaber für öffentliche Stellen, die Kommission, die Europäische Zentralbank und Einrichtungen der Union, soweit eine außergewöhnliche Notwendigkeit der Nutzung dieser Daten zur Wahrnehmung einer spezifischen Aufgabe von öffentlichem Interesse besteht,
d) die Erleichterung des Wechsels zwischen Datenverarbeitungsdiensten,
e) die Einführung von Schutzmaßnahmen gegen den unrechtmäßigen Zugang Dritter zu nicht-personenbezogenen Daten und
f) die Entwicklung von Interoperabilitätsnormen für Daten, die abgerufen, übertragen und genutzt werden sollen.

(2) Die vorliegende Verordnung erstreckt sich auf personenbezogene und nicht-personenbezogene Daten, einschließlich der folgenden Arten von Daten, in den folgenden Zusammenhängen:

a) Kapitel II gilt für Daten, mit Ausnahme von Inhalten, die die Leistung, Nutzung und Umgebung von vernetzten Produkten und verbundenen Diensten betreffen;
b) Kapitel III gilt für alle Daten des Privatsektors, die rechtlichen Verpflichtungen mit Blick auf die Datenweitergabe unterliegen;
c) Kapitel IV gilt für alle Daten des Privatsektors, die auf der Grundlage von Verträgen zwischen Unternehmen abgerufen und genutzt werden;
d) Kapitel V gilt für alle Daten des Privatsektors mit Schwerpunkt auf nicht-personenbezogenen Daten;
e) Kapitel VI gilt für alle von Anbietern von Datenverarbeitungsdiensten verarbeiteten Daten und Dienste;
f) Kapitel VII gilt für alle nicht-personenbezogenen Daten, die in der Union von Anbietern von Datenverarbeitungsdiensten gehalten werden.

(3) Diese Verordnung gilt für

a) Hersteller vernetzter Produkte, die in der Union in Verkehr gebracht werden, und Anbieter verbundener Dienste, unabhängig vom Ort der Niederlassung dieser Hersteller oder Anbieter;
b) die Nutzer der unter Buchstabe a genannten vernetzten Produkte oder verbundenen Dienste in der Union;
c) Dateninhaber, unabhängig vom Ort ihrer Niederlassung, die Datenempfängern in der Union Daten bereitstellen;
d) Datenempfänger in der Union, denen Daten bereitgestellt werden;
e) öffentliche Stellen, die Kommission, die Europäische Zentralbank und Einrichtungen der Union, die von Dateninhabern verlangen, Daten bereitzustellen, soweit eine außergewöhnliche Notwendigkeit der Nutzung dieser Daten zur Wahrnehmung einer speziellen Aufgabe im öffentlichen Interesse besteht, sowie die Dateninhaber, die solche Daten auf ein solches Verlangen hin bereitstellen;
f) Anbieter von Datenverarbeitungsdiensten, unabhängig vom Ort ihrer Niederlassung, die Kunden in der Union solche Dienste anbieten;
g) Teilnehmer an Datenräumen und Anbieter von Anwendungen, die intelligente Verträge verwenden, und Personen, deren gewerbliche, geschäftliche oder berufliche Tätigkeit die Einführung intelligenter Verträge für andere im Zusammenhang mit der Durchführung einer Vereinbarung umfasst.

(4) Wird in dieser Verordnung auf vernetzte Produkte oder verbundene Dienste Bezug genommen, so gilt, dass diese Bezugnahmen auch virtuelle Assistenten einschließen, soweit diese mit einem vernetzten Produkt oder verbundenen Dienst interagieren.

(5) Diese Verordnung gilt unbeschadet des Unionsrechts und des nationalen Rechts über den Schutz personenbezogener Daten, die Privatsphäre, die Vertraulichkeit der Kommunikation und die Integrität von Endgeräten, die für personenbezogene Daten gelten, die im Zusammenhang mit den in der vorliegenden Verordnung festgelegten Rechten und Pflichten verarbeitet werden, insbesondere der Verordnungen (EU) 2016/679 und (EU) 2018/1725 und der Richtlinie 2002/58/EG, einschließlich der Befugnisse und Zuständigkeiten der Aufsichtsbehörden und der Rechte der betroffenen Personen. Soweit Nutzer betroffene Personen sind, ergänzen die in Kapitel II dieser Verordnung festgelegten Rechte das Auskunftsrecht von betroffenen Personen und das Recht auf Datenübertragbarkeit gemäß Artikel 15 bzw. Artikel 20 der Verordnung (EU) 2016/679. Im Falle eines Widerspruchs zwischen der vorliegenden Verordnung und dem Unionsrecht in Bezug auf den Schutz personenbezogener Daten bzw. der Privatsphäre oder den im Einklang mit dem Unionsrecht erlassenen nationalen Rechtsvorschriften haben das Unionsrecht oder das nationale Recht zum Schutz personenbezogener Daten bzw. der Privatsphäre Vorrang.

(6) Die vorliegende Verordnung gilt weder für freiwillige Vereinbarungen über den Datenaustausch zwischen privaten und öffentlichen Stellen – insbesondere freiwillige Vereinbarungen über die Datenweitergabe –, noch greift sie ihnen vor.

Die vorliegende Verordnung berührt nicht die Rechtsakte der Union und die nationalen Rechtsakte über die Datenweitergabe, den Datenzugang und die Datennutzung zum Zwecke der Verhütung, Ermittlung, Aufdeckung oder Verfolgung von Straftaten oder der Strafvollstreckung, oder für Zoll- und Steuerzwecke insbesondere die Verordnungen (EU) 2021/784, (EU) 2022/2065 und (EU) 2023/1543 und die Richtlinie (EU) 2023/1544 oder die internationale Zusammenarbeit in diesem Bereich. Die vorliegende Verordnung gilt nicht für die Datenerhebung, die Datenweitergabe, die Datennutzung oder den Datenzugang gemäß der Verordnung (EU) 2015/847 und der Richtlinie (EU) 2015/849. Die vorliegende Verordnung gilt nicht in den nicht unter das Unionsrecht fallenden Bereichen und berührt keinesfalls die Zuständigkeiten der Mitgliedstaaten in Bezug auf die öffentliche Sicherheit, die Verteidigung oder die nationale Sicherheit, unabhängig von der Art der Einrichtung, die von den Mitgliedstaaten mit der Wahrnehmung von Aufgaben im Zusammenhang mit diesen Zuständigkeiten betraut wurde, oder ihre Befugnis, andere wesentliche staatliche Funktionen zu wahren, einschließlich der Gewährleistung der territorialen Unversehrtheit des Staates und der Aufrechterhaltung der öffentlichen Ordnung. Die vorliegende Verordnung berührt nicht die Zuständigkeiten der Mitgliedstaaten in Bezug auf die Zoll- und Steuerverwaltung oder die Gesundheit und Sicherheit der Bürger.

(7) Mit der vorliegenden Verordnung wird der Selbstregulierungsansatz der Verordnung (EU) 2018/1807 ergänzt, indem allgemein geltende Verpflichtungen in Bezug auf den Cloud-Wechsel hinzugefügt werden.

(8) Diese Verordnung berührt nicht die Rechtsakte der Union und die nationalen Rechtsakte zur Gewährleistung des Schutzes der Rechte des geistigen Eigentums, insbesondere die Richtlinien 2001/29/EG, 2004/48/EG und (EU) 2019/790.

(9) Die vorliegende Verordnung ergänzt, und berührt nicht, das Unionsrecht, mit dem die Interessen der Verbraucher gefördert und ein hohes Verbraucherschutzniveau sichergestellt sowie die Gesundheit, Sicherheit und wirtschaftlichen Interessen der Verbraucher geschützt werden, insbesondere die Richtlinien 93/13/EWG, 2005/29/EG und 2011/83/EU.

(10) Diese Verordnung steht dem Abschluss freiwilliger rechtmäßiger Verträge über die Datenweitergabe – einschließlich auf der Grundlage der Gegenseitigkeit geschlossener Verträge –, die den Anforderungen dieser Verordnung entsprechen, nicht entgegen.

**Artikel 2**
**Begriffsbestimmungen**

Für die Zwecke dieser Verordnung bezeichnet der Ausdruck

1. »Daten« jede digitale Darstellung von Handlungen, Tatsachen oder Informationen sowie jede Zusammenstellung solcher Handlungen, Tatsachen oder Informationen auch in Form von Ton-, Bild- oder audiovisuellem Material;
2. »Metadaten« eine strukturierte Beschreibung der Inhalte oder der Nutzung von Daten, die das Auffinden eben jener Daten bzw. deren Verwendung erleichtert;
3. »personenbezogene Daten« personenbezogene Daten im Sinne des Artikels 4 Nummer 1 der Verordnung (EU) 2016/679;
4. »nicht-personenbezogene Daten« Daten, die keine personenbezogenen Daten sind;

5. »vernetztes Produkt« einen Gegenstand, der Daten über seine Nutzung oder Umgebung erlangt, generiert oder erhebt und der Produktdaten über einen elektronischen Kommunikationsdienst, eine physische Verbindung oder einen geräteinternen Zugang übermitteln kann und dessen Hauptfunktion nicht die Speicherung, Verarbeitung oder Übertragung von Daten im Namen einer anderen Partei – außer dem Nutzer – ist;
6. »verbundener Dienst« einen digitalen Dienst, bei dem es sich nicht um einen elektronischen Kommunikationsdienst handelt, – einschließlich Software –, der zum Zeitpunkt des Kaufs, der Miete oder des Leasings so mit dem Produkt verbunden ist, dass das vernetzte Produkt ohne ihn eine oder mehrere seiner Funktionen nicht ausführen könnte oder der anschließend vom Hersteller oder einem Dritten mit dem Produkt verbunden wird, um die Funktionen des vernetzten Produkts zu ergänzen, zu aktualisieren oder anzupassen;
7. »Verarbeitung« jeden mit oder ohne Hilfe automatisierter Verfahren ausgeführten Vorgang oder jede solche Vorgangsreihe im Zusammenhang mit Daten oder Datensätzen, wie etwa das Erheben, das Erfassen, die Organisation, das Ordnen, die Speicherung, die Anpassung oder Veränderung, der Abruf, das Abfragen, die Nutzung, die Offenlegung durch Übermittlung, Verbreitung oder eine andere Form der Bereitstellung, der Abgleich oder die Verknüpfung, die Einschränkung, das Löschen oder die Vernichtung;
8. »Datenverarbeitungsdienst« eine digitale Dienstleistung, die einem Kunden bereitgestellt wird und einen flächendeckenden und auf Abruf verfügbaren Netzzugang zu einem gemeinsam genutzten Pool konfigurierbarer, skalierbarer und elastischer Rechenressourcen zentralisierter, verteilter oder hochgradig verteilter Art ermöglicht, die mit minimalem Verwaltungsaufwand oder minimaler Interaktion des Diensteanbieters rasch bereitgestellt und freigegeben werden können;
9. »gleiche Dienstart« eine Reihe von Datenverarbeitungsdiensten, die dasselbe Hauptziel haben und dasselbe Dienstmodell für die Datenverarbeitung sowie dieselben Hauptfunktionen aufweisen;
10. »Datenvermittlungsdienst« einen Datenvermittlungsdienst im Sinne von Artikel 2 Nummer 11 der Verordnung (EU) 2022/868;
11. »betroffene Person« eine betroffene Person gemäß Artikel 4 Nummer 1 der Verordnung (EU) 2016/679;
12. »Nutzer« eine natürliche oder juristische Person, die ein vernetztes Produkt besitzt oder der vertraglich zeitweilige Rechte für die Nutzung des vernetzten Produkts übertragen wurden oder die verbundenen Dienste in Anspruch nimmt;
13. »Dateninhaber« eine natürliche oder juristische Person, die nach dieser Verordnung, nach geltendem Unionsrecht oder nach nationalen Rechtsvorschriften zur Umsetzung des Unionsrechts berechtigt oder verpflichtet ist, Daten – soweit vertraglich vereinbart, auch Produktdaten oder verbundene Dienstdaten – zu nutzen und bereitzustellen, die sie während der Erbringung eines verbundenen Dienstes abgerufen oder generiert hat;
14. »Datenempfänger« eine natürliche oder juristische Person, die zu Zwecken innerhalb ihrer gewerblichen, geschäftlichen, handwerklichen oder beruflichen Tätigkeit handelt, ohne Nutzer eines vernetzten Produktes oder verbundenen Dienstes zu

sein, und dem vom Dateninhaber Daten bereitgestellt werden, einschließlich eines Dritten, dem der Dateninhaber auf Verlangen des Nutzers oder im Einklang mit einer rechtlichen Verpflichtung aus anderem Unionsrecht oder aus nationalen Rechtsvorschriften, die im Einklang mit Unionsrecht erlassen wurden, Daten bereitstellt;

15. »Produktdaten« Daten, die durch die Nutzung eines vernetzten Produkts generiert werden und die der Hersteller so konzipiert hat, dass sie über einen elektronischen Kommunikationsdienst, eine physische Verbindung oder einen geräteinternen Zugang von einem Nutzer, Dateninhaber oder Dritten – gegebenenfalls einschließlich des Herstellers – abgerufen werden können;
16. »verbundene Dienstdaten« Daten, die die Digitalisierung von Nutzerhandlungen oder Vorgängen im Zusammenhang mit dem vernetzten Produkt darstellen und vom Nutzer absichtlich aufgezeichnet oder als Nebenprodukt der Handlung des Nutzers während der Bereitstellung eines verbundenen Dienstes durch den Anbieter generiert werden;
17. »ohne Weiteres verfügbare Daten« Produktdaten und verbundene Dienstdaten, die ein Dateninhaber ohne unverhältnismäßigen Aufwand rechtmäßig von dem vernetzten Produkt oder verbundenen Dienst erhält oder erhalten kann, wobei über eine einfache Bearbeitung hinausgegangen wird;
18. »Geschäftsgeheimnis« ein Geschäftsgeheimnis im Sinne von Artikel 2 Nummer 1 der Richtlinie (EU) 2016/943;
19. »Inhaber eines Geschäftsgeheimnisses« den Inhaber eines Geschäftsgeheimnisses im Sinne von Artikel 2 Nummer 2 der Richtlinie (EU) 2016/943;
20. »Profiling« Profiling im Sinne des Artikels 4 Absatz 4 der Verordnung (EU) 2016/679;
21. »Bereitstellung auf dem Markt« jede entgeltliche oder unentgeltliche Abgabe eines vernetzten Produkts zum Vertrieb, Verbrauch oder zur Verwendung auf dem Unionsmarkt im Rahmen einer Geschäftstätigkeit;
22. »Inverkehrbringen« die erstmalige Bereitstellung eines vernetzten Produkts auf dem Unionsmarkt;
23. »Verbraucher« jede natürliche Person, die zu Zwecken handelt, die außerhalb ihrer gewerblichen, geschäftlichen, handwerklichen oder beruflichen Tätigkeit liegen;
24. »Unternehmen« eine natürliche oder juristische Person, die in Bezug auf von dieser Verordnung erfasste Verträge und Vorgehensweisen zu Zwecken im Zusammenhang mit ihrer gewerblichen, geschäftlichen, handwerklichen oder beruflichen Tätigkeit handelt;
25. »Kleinunternehmen« ein Kleinunternehmen im Sinne des Artikels 2 Absatz 2 des Anhangs der Empfehlung 2003/361/EG;
26. »Kleinstunternehmen« ein Kleinstunternehmen im Sinne des Artikels 2 Absatz 3 des Anhangs der Empfehlung 2003/361/EG;
27. »Einrichtungen der Union« die Einrichtungen, Stellen und Agenturen der Union, die gemäß Rechtsakten eingerichtet wurden, die auf der Grundlage des Vertrags über die Europäische Union, des AEUV oder des Vertrags zur Gründung der Europäischen Atomgemeinschaft angenommen wurden;

28. »öffentliche Stelle« die nationalen, regionalen und lokalen Behörden, Körperschaften und Einrichtungen des öffentlichen Rechts der Mitgliedstaaten oder Verbände, die aus einer oder mehreren dieser Behörden, Körperschaften oder Einrichtungen bestehen;
29. »öffentlicher Notstand« eine zeitlich begrenzte Ausnahmesituation – wie etwa Notfälle im Bereich der öffentlichen Gesundheit, Notfälle infolge von Naturkatastrophen sowie von Menschen verursachte Katastrophen größeren Ausmaßes, einschließlich schwerer Cybersicherheitsvorfälle –, die sich negativ auf die Bevölkerung der Union oder eines Mitgliedstaats bzw. eines Teils davon auswirkt, das Risiko schwerwiegender und dauerhafter Folgen für die Lebensbedingungen, die wirtschaftliche Stabilität oder die finanzielle Stabilität oder die Gefahr einer erheblichen und unmittelbaren Beeinträchtigung wirtschaftlicher Vermögenswerte in der Union oder in dem betroffenen Mitgliedstaat birgt und die nach den einschlägigen Verfahren des Unionsrechts oder des nationalen Rechts festgestellt und amtlich ausgerufen wurde;
30. »Kunde« eine natürliche oder juristische Person, die mit einem Anbieter von Datenverarbeitungsdiensten eine vertragliche Beziehung eingegangen ist, um einen oder mehrere Datenverarbeitungsdienste in Anspruch zu nehmen;
31. »virtuelle Assistenten« Software, die Aufträge, Aufgaben oder Fragen verarbeiten kann, auch aufgrund von Eingaben in Ton- und Schriftform, mit Gesten oder Bewegungen, und die auf der Grundlage dieser Aufträge, Aufgaben oder Fragen den Zugang zu anderen Diensten gewährt oder die Funktionen von vernetzten Produkten steuert;
32. »digitale Vermögenswerte« Elemente in digitaler Form – einschließlich Anwendungen –, für die der Kunde ein Nutzungsrecht hat, unabhängig von der vertraglichen Beziehung mit dem Datenverarbeitungsdienst, den er wechseln möchte;
33. »IKT-Infrastruktur in eigenen Räumlichkeiten« IKT-Infrastruktur und Rechenressourcen, die im Eigentum des Kunden stehen oder vom Kunden gemietet oder geleast werden und die sich im Rechenzentrum des Kunden befinden und von ihm oder einem Dritten betrieben wird bzw. werden;
34. »Wechsel« den Prozess, an dem ein Quellenanbieter von Datenverarbeitungsdiensten, ein Kunde eines Datenverarbeitungsdienstes und gegebenenfalls ein übernehmender Anbieter von Datenverarbeitungsdiensten beteiligt sind und bei dem der Kunde eines Datenverarbeitungsdienstes von der Nutzung eines Datenverarbeitungsdienstes zur Nutzung eines anderen Datenverarbeitungsdienstes der gleichen Dienstart oder eines anderen Dienstes, der von einem anderen Anbieter von Datenverarbeitungsdiensten angeboten wird oder der einem einer IKT-Infrastruktur in eigenen Räumlichkeiten angeboten wird, auch durch Extraktion, Umwandlung und Hochladen der Daten, wechselt;
35. »Datenextraktionsentgelte« Datenübertragungsentgelte, die den Kunden dafür in Rechnung gestellt werden, dass ihre Daten über das Netz aus der IKT-Infrastruktur eines Anbieters von Datenverarbeitungsdiensten in die Systeme anderer Anbieter oder in IKT-Infrastruktur in eigenen Räumlichkeiten extrahiert werden;
36. »Wechselentgelte« andere Entgelte als Standarddienstentgelte oder Sanktionen bei vorzeitiger Kündigung, die ein Anbieter von Datenverarbeitungsdiensten bei einem

Kunden für die Handlungen erhebt, die in dieser Verordnung für den Wechsel zu den Systemen eines anderen Anbieters oder IKT-Infrastruktur in eigenen Räumlichkeiten vorgeschrieben sind, einschließlich Datenextraktionsentgelten;

37. »Funktionsäquivalenz« die Wiederherstellung – auf der Grundlage der exportierbaren Daten und digitalen Vermögenswerte des Kunden – eines Mindestmaßes an Funktionalität in der Umgebung eines neuen Datenverarbeitungsdienstes der gleichen Dienstart nach dem Wechsel, wenn der übernehmende Datenverarbeitungsdienst als Reaktion auf dieselbe Eingabe für gemeinsame Funktionen, die dem Kunden im Rahmen des Vertrags bereitgestellt werden, ein materiell vergleichbares Ergebnis erbringt;
38. »exportierbare Daten« für die Zwecke von den Artikeln 23 bis 31 und Artikel 35 die Eingabe- und Ausgabedaten einschließlich Metadaten, die unmittelbar oder mittelbar durch die Nutzung des Datenverarbeitungsdienstes durch den Kunden oder gemeinsam generiert werden, mit Ausnahme der Vermögenswerte oder Daten eines Anbieters von Datenverarbeitungsdiensten oder Dritter, die durch Rechte des geistigen Eigentums geschützt sind oder ein Geschäftsgeheimnis darstellen;
39. »intelligenter Vertrag« ein Computerprogramm, das für die automatisierte Ausführung einer Vereinbarung oder eines Teils davon verwendet wird, wobei eine Abfolge elektronischer Datensätze verwendet wird und die Integrität dieser Datensätze sowie die Richtigkeit ihrer chronologischen Reihenfolge gewährleistet werden;
40. »Interoperabilität« die Fähigkeit von zwei oder mehr Datenräumen oder Kommunikationsnetzen, Systemen, vernetzten Produkten, Anwendungen, Datenverarbeitungsdiensten oder Komponenten, Daten auszutauschen und zu nutzen, um ihre Funktionen auszuführen;
41. »offene Interoperabilitätsspezifikationen« eine technische Spezifikation im Bereich der Informations- und Kommunikationstechnologie, die leistungsbezogen darauf ausgerichtet sind, die Interoperabilität zwischen Datenverarbeitungsdiensten herzustellen;
42. »gemeinsame Spezifikationen« ein Dokument, bei dem es sich nicht um eine Norm handelt und das technische Lösungen enthält, die es ermöglichen, bestimmte Anforderungen und Pflichten, die im Rahmen dieser Verordnung festgelegt worden sind, zu erfüllen;
43. »harmonisierte Norm« eine harmonisierte Norm im Sinne des Artikels 2 Nummer 1 Buchstabe c der Verordnung (EU) Nr. 1025/2012.

## KAPITEL II DATENWEITERGABE VON UNTERNEHMEN AN VERBRAUCHER UND ZWISCHEN UNTERNEHMEN

### Artikel 3
### Pflicht der Zugänglichmachung von Produktdaten und verbundenen Dienstdaten für den Nutzer

(1) Vernetzte Produkte werden so konzipiert und hergestellt und verbundene Dienste werden so konzipiert und erbracht, dass die Produktdaten und verbundenen Dienstdaten – einschließlich der für die Auslegung und Nutzung dieser Daten erforderlichen relevanten Metadaten – standardmäßig für den Nutzer einfach, sicher, unentgeltlich

in einem umfassenden, strukturierten, gängigen und maschinenlesbaren Format und, soweit relevant und technisch durchführbar, direkt zugänglich sind.

(2) Vor Abschluss eines Kauf-, Miet- oder Leasingvertrags für ein vernetztes Produkt werden dem Nutzer vom Verkäufer, Vermieter oder Leasinggeber – wobei es sich auch um den Hersteller handeln kann – mindestens folgende Informationen in klarer und verständlicher Art und Weise bereitgestellt:
a) die Art, das Format und der geschätzte Umfang der Produktdaten, die das vernetzte Produkt generieren kann;
b) die Angabe, ob das vernetzte Produkt in der Lage ist, Daten kontinuierlich und in Echtzeit zu generieren;
c) die Angabe, ob das vernetzte Produkt in der Lage ist, Daten auf einem Gerät oder einem entfernten Server zu speichern, gegebenenfalls einschließlich der vorgesehenen Speicherungsdauer;
d) die Angabe, wie der Nutzer auf die Daten zugreifen, sie abrufen oder gegebenenfalls löschen kann, einschließlich der technischen Mittel hierfür sowie die betreffenden Nutzungsbedingungen und die betreffende Dienstqualität.

(3) Vor Abschluss eines Vertrags für die Erbringung eines verbundenen Dienstes stellt der Anbieter eines solchen verbundenen Dienstes dem Nutzer mindestens folgende Informationen in einer klaren und verständlichen Art und Weise bereit:
a) die Art, der geschätzte Umfang und die Häufigkeit der Erhebung der Produktdaten, die der potenzielle Dateninhaber voraussichtlich erhalten wird, und gegebenenfalls die Modalitäten, nach denen der Nutzer auf diese Daten zugreifen oder sie abrufen kann, einschließlich der Modalitäten des künftigen Dateninhabers in Bezug auf die Speicherung und der Dauer der Aufbewahrung von Daten;
b) die Art und der geschätzte Umfang der zu generierenden verbundenen Dienstdaten sowie die Modalitäten, nach denen der Nutzer auf diese Daten zugreifen oder sie abrufen kann, einschließlich der Modalitäten des künftigen Dateninhabers in Bezug auf die Speicherung und der Dauer der Aufbewahrung von Daten;
c) die Angabe, ob der potenzielle Dateninhaber erwartet, ohne Weiteres verfügbare Daten selbst zu verwenden, und die Zwecke, zu denen diese Daten verwendet werden sollen, und ob er beabsichtigt, einem oder mehreren Dritten zu gestatten, die Daten zu mit dem Nutzer vereinbarten Zwecken zu verwenden;
d) die Identität des potenziellen Dateninhabers, z.B. sein Handelsname und die Anschrift des Ortes, an dem er niedergelassen ist, sowie gegebenenfalls anderer Datenverarbeitungsparteien;
e) die Kommunikationsmittel, über die der potenzielle Dateninhaber schnell kontaktiert und effizient mit ihm kommuniziert werden kann;
f) die Angabe, wie der Nutzer darum ersuchen kann, dass die Daten an einen Dritten weitergegeben werden, und wie er die Datenweitergabe gegebenenfalls beenden kann;
g) das Recht des Nutzers, bei der in Artikel 37 genannten zuständigen Behörde Beschwerde wegen eines Verstoßes gegen eine der Bestimmungen dieses Kapitels einzulegen;

h) die Angabe, ob ein potenzieller Dateninhaber Inhaber von Geschäftsgeheimnissen ist, die in den Daten enthalten sind, die über das vernetzte Produkt zugänglich sind oder die bei der Erbringung eines verbundenen Dienstes generiert werden, und, wenn der potenzielle Dateninhaber nicht Inhaber von Geschäftsgeheimnissen ist, die Identität des Inhabers des Geschäftsgeheimnisses;
i) die Dauer des Vertrags zwischen dem Nutzer und dem potenziellen Dateninhaber sowie die Ausgestaltung für die vorzeitige Beendigung eines solchen Vertrags.

**Artikel 4**
**Rechte und Pflichten von Nutzern und Dateninhabern in Bezug auf den Zugang zu sowie die Nutzung und die Bereitstellung von Produktdaten und verbundenen Dienstdaten**

(1) Soweit der Nutzer nicht direkt vom vernetzten Produkt oder verbundenen Dienst aus auf die Daten zugreifen kann, stellen die Dateninhaber dem Nutzer ohne Weiteres verfügbare Daten einschließlich der zur Auslegung und Nutzung der Daten erforderlichen Metadaten unverzüglich, einfach, sicher, unentgeltlich, in einem umfassenden, gängigen und maschinenlesbaren Format und – falls relevant und technisch durchführbar – in der gleichen Qualität wie für den Dateninhaber kontinuierlich und in Echtzeit bereit. Dies geschieht auf einfaches Verlangen auf elektronischem Wege, soweit dies technisch durchführbar ist.

(2) Nutzer und Dateninhaber können den Zugang zu sowie die Nutzung oder die erneute Weitergabe von Daten vertraglich beschränken, wenn eine solche Verarbeitung die im Unionsrecht oder im nationalen Recht festgelegten Sicherheitsanforderungen des vernetzten Produkts beeinträchtigen und damit zu schwerwiegenden nachteiligen Auswirkungen auf die Gesundheit oder die Sicherheit von natürlichen Personen führen könnte. Die für die betreffenden Sektoren zuständigen Behörden können den Nutzern und Dateninhabern in diesem Zusammenhang technisches Fachwissen bereitstellen. Verweigert der Dateninhaber die Weitergabe von Daten gemäß diesem Artikel, so teilt er dies der gemäß Artikel 37 benannten zuständigen Behörde mit.

(3) Unbeschadet des Rechts des Nutzers, jederzeit vor einem Gericht eines Mitgliedstaats Rechtsmittel einzulegen, kann der Nutzer im Zusammenhang mit einer Streitigkeit mit dem Dateninhaber in Bezug auf die in Absatz 2 genannten vertraglichen Beschränkungen oder Verbote
a) gemäß Artikel 37 Absatz 5 Buchstabe b eine Beschwerde bei der zuständigen Behörde einlegen oder
b) mit dem Dateninhaber vereinbaren, gemäß Artikel 10 Absatz 1 eine Streitbeilegungsstelle mit der Angelegenheit zu befassen.

(4) Die Dateninhaber dürfen die Ausübung der Wahlmöglichkeiten oder Rechte durch den Nutzer nach diesem Artikel nicht unangemessen erschweren, auch nicht dadurch, dass sie dem Nutzer in nicht neutraler Weise Wahlmöglichkeiten anbieten oder die Autonomie, die Entscheidungsfreiheit oder die Wahlfreiheit des Nutzers durch die Struktur, die Gestaltung, die Funktion oder die Funktionsweise einer digitalen Benutzerschnittstelle oder eines Teils davon unterlaufen oder beeinträchtigen.

(5) Um zu überprüfen, ob eine natürliche oder juristische Person als Nutzer für die Zwecke von Absatz 1 einzustufen ist, verlangt der Dateninhaber von dieser Person keine Informationen, die über das erforderliche Maß hinausgehen. Dateninhaber bewahren keine Informationen über den Zugang des Nutzers zu den verlangten Daten – insbesondere keine Protokolldaten – auf, die über das hinausgehen, was für die ordnungsgemäße Ausführung des Zugangsverlangens des Nutzers und für die Sicherheit und Pflege der Dateninfrastruktur erforderlich ist.

(6) Geschäftsgeheimnisse werden gewahrt und nur offengelegt, wenn vom Dateninhaber und vom Nutzer vor der Offenlegung alle Maßnahmen getroffen worden sind, die erforderlich sind, um die Vertraulichkeit der Geschäftsgeheimnisse, insbesondere gegenüber Dritten, zu wahren. Der Dateninhaber oder, wenn sie nicht dieselbe Person sind, der Inhaber des Geschäftsgeheimnisses ermittelt, auch in den relevanten Metadaten, die als Geschäftsgeheimnisse geschützten Daten und vereinbart mit dem Nutzer angemessene technische und organisatorische Maßnahmen, die erforderlich sind, um die Vertraulichkeit der weitergegebenen Daten, insbesondere gegenüber Dritten, zu wahren; dies gilt etwa für Mustervertragsklauseln, Vertraulichkeitsvereinbarungen, strenge Zugangsprotokolle, technische Normen und die Anwendung von Verhaltenskodizes.

(7) Wenn keine Einigung über die in Absatz 6 genannten erforderlichen Maßnahmen erzielt wird oder wenn vom Nutzer die gemäß Absatz 6 vereinbarten Maßnahmen nicht umgesetzt werden oder die Vertraulichkeit der Geschäftsgeheimnisse verletzt wird, kann der Dateninhaber die Weitergabe von Daten, die als Geschäftsgeheimnisse eingestuft wurden, verweigern oder gegebenenfalls aussetzen. Die Entscheidung des Dateninhabers ist ordnungsgemäß zu begründen und dem Nutzer unverzüglich schriftlich mitzuteilen. In solchen Fällen teilt der Dateninhaber der gemäß Artikel 37 benannten zuständigen Behörde mit, dass er die Weitergabe von Daten verweigert oder ausgesetzt hat, und gibt an, welche Maßnahmen nicht vereinbart oder umgesetzt wurden und bei welchen Geschäftsgeheimnissen die Vertraulichkeit untergraben wurde.

(8) Wenn unter außergewöhnlichen Umständen der Dateninhaber, der Inhaber eines Geschäftsgeheimnisses ist, nachweisen kann, dass er trotz der vom Nutzer gemäß Absatz 6 des vorliegenden Artikels getroffenen technischen und organisatorischen Maßnahmen mit hoher Wahrscheinlichkeit einen schweren wirtschaftlichen Schaden durch die Offenlegung von Geschäftsgeheimnissen erleiden wird, kann er ein Datenzugangsverlangen für die betreffenden speziellen Daten im Einzelfall ablehnen. Dieser Nachweis ist auf der Grundlage objektiver Fakten, insbesondere der Durchsetzbarkeit des Schutzes von Geschäftsgeheimnissen in Drittländern, der Art und des Vertraulichkeitsgrads der verlangten Daten sowie der Einzigartigkeit und Neuartigkeit des vernetzten Produkts hinreichend zu begründen und dem Nutzer unverzüglich schriftlich vorzulegen. Verweigert der Dateninhaber die Weitergabe von Daten gemäß vorliegendem Absatz, so teilt er dies der gemäß Artikel 37 benannten zuständigen Behörde mit.

(9) Unbeschadet des Rechts eines Nutzers, jederzeit vor einem Gericht eines Mitgliedstaats Rechtsmittel einzulegen, kann die Entscheidung eines Dateninhabers, die

Weitergabe von Daten gemäß den Absätzen 7 und 8 abzulehnen, zu verweigern oder auszusetzen, von einem Nutzer angefochten werden, indem er

a) gemäß Artikel 37 Absatz 5 Buchstabe b eine Beschwerde bei der zuständigen Behörde einreicht, die unverzüglich entscheidet, ob und unter welchen Bedingungen die Weitergabe der Daten beginnt oder wieder aufgenommen wird, oder
b) mit dem Dateninhaber vereinbart, gemäß Artikel 10 Absatz 1 eine Streitbeilegungsstelle mit der Angelegenheit zu befassen.

(10) Der Nutzer darf die aufgrund eines Verlangens nach Absatz 1 erlangten Daten weder zur Entwicklung eines vernetzten Produkts nutzen, das mit dem vernetzten Produkt, von dem die Daten stammen, im Wettbewerb steht, noch darf er diese Daten mit dieser Absicht an einen Dritten weitergeben oder nutzen, um Einblicke in die wirtschaftliche Lage, die Vermögenswerte und die Produktionsmethoden des Herstellers oder gegebenenfalls des Dateninhabers zu erlangen.

(11) Der Nutzer darf keine Zwangsmittel einsetzen oder Lücken in der zum Schutz der Daten bestehenden technischen Infrastruktur eines Dateninhabers ausnutzen, um Zugang zu Daten zu erlangen.

(12) Handelt es sich bei dem Nutzer nicht um die betroffene Person, deren personenbezogene Daten verlangt werden, so darf der Dateninhaber personenbezogene Daten, die bei der Nutzung eines vernetzten Produktes oder verbundenen Dienstes generiert werden, dem Nutzer nur dann bereitstellen, wenn es für die Verarbeitung eine gültige Rechtsgrundlage gemäß Artikel 6 der Verordnung (EU) 2016/679 gibt und gegebenenfalls die Bedingungen des Artikels 9 jener Verordnung sowie des Artikels 5 Absatz 3 der Richtlinie 2002/58/EG erfüllt sind.

(13) Der Dateninhaber darf ohne Weiteres verfügbare Daten, bei denen es sich um nicht-personenbezogene Daten handelt, nur auf der Grundlage eines Vertrags mit dem Nutzer nutzen. Der Dateninhaber darf solche Daten nicht verwenden, um daraus Einblicke in die wirtschaftliche Lage, Vermögenswerte und Produktionsmethoden des Nutzers oder in die Nutzung durch den Nutzer auf jegliche andere Art, die die gewerbliche Position dieses Nutzers auf Märkten, auf denen dieser tätig ist, untergraben könnte, zu erlangen.

(14) Dateninhaber dürfen nicht-personenbezogene Produktdaten Dritten zu keinen anderen kommerziellen oder nichtkommerziellen Zwecken als zur Erfüllung ihres Vertrags mit dem Nutzer bereitstellen. Gegebenenfalls werden Dritte von Dateninhabern vertraglich verpflichtet, die von ihnen erhaltenen Daten nicht erneut weiterzugeben.

### Artikel 5
### Recht des Nutzers auf Weitergabe von Daten an Dritte

(1) Auf Verlangen eines Nutzers oder einer im Namen eines Nutzers handelnden Partei stellt der Dateninhaber einem Dritten ohne Weiteres verfügbare Daten sowie die für die Auslegung und Nutzung dieser Daten erforderlichen Metadaten unverzüglich, für den Nutzer unentgeltlich, in derselben Qualität, die dem Dateninhaber zur Verfügung steht, einfach, sicher, für den Nutzer unentgeltlich, in einem umfas-

senden, strukturierten, gängigen und maschinenlesbaren Format und, soweit relevant und technisch durchführbar, kontinuierlich und in Echtzeit bereit. Die Daten werden durch den Dateninhaber für den Dritten gemäß den Artikeln 8 und 9 bereitgestellt.

(2) Absatz 1 gilt nicht für ohne Weiteres verfügbare Daten im Zusammenhang mit der Prüfung neuer vernetzter Produkte, Stoffe oder Verfahren, die noch nicht in Verkehr gebracht werden, es sei denn, ihre Verwendung durch Dritte ist vertraglich genehmigt.

(3) Ein Unternehmen, das gemäß Artikel 3 der Verordnung (EU) 2022/1925 als Torwächter benannt wurde, gilt nicht als im Sinne des vorliegenden Artikels zugelassener Dritter und ist daher nicht berechtigt,

a) einen Nutzer dazu aufzufordern oder durch geschäftliche Anreize in irgendeiner Weise, auch durch eine finanzielle oder sonstige Gegenleistung, dafür zu gewinnen, Daten, die vom Nutzer aufgrund eines Verlangens nach Artikel 4 Absatz 1 erlangt wurden, für einen seiner Dienste bereitzustellen;
b) einen Nutzer dazu aufzufordern oder durch geschäftliche Anreize dafür zu gewinnen, vom Dateninhaber zu verlangen, gemäß Absatz 1 dieses Artikels Daten für einen seiner Dienste bereitzustellen;
c) von einem Nutzer Daten zu erhalten, die der Nutzer aufgrund eines Verlangens nach Artikel 4 Absatz 1 erlangt hat.

(4) Für die Zwecke der Überprüfung, ob eine natürliche oder juristische Person für die Zwecke von Absatz 1 als Nutzer oder als Dritter einzustufen ist, werden vom Dateninhaber oder Dritten keine Informationen verlangt, die über das erforderliche Maß hinausgehen. Die Dateninhaber bewahren keine Informationen über den Zugang des Dritten zu den verlangten Daten auf, die über das hinausgehen, was für die ordnungsgemäße Ausführung des Zugangsverlangens des Dritten und für die Sicherheit und Pflege der Dateninfrastruktur erforderlich ist.

(5) Der Dritte darf keine Zwangsmittel verwenden oder Lücken in der zum Schutz der Daten bestehenden technischen Infrastruktur des Dateninhabers ausnutzen, um Zugang zu Daten zu erlangen.

(6) Der Dateninhaber darf ohne Weiteres verfügbare Daten nicht verwenden, um daraus Einblicke in die wirtschaftliche Lage, Vermögenswerte und Produktionsmethoden des Dritten oder in die Nutzung durch den Dritten auf jegliche andere Art, die die gewerbliche Position des Dritten auf den Märkten, auf denen dieser tätig ist, untergraben könnte, zu erlangen, es sei denn, der Dritte hat eine solche Nutzung genehmigt und hat die technische Möglichkeit, diese Genehmigung jederzeit einfach zu widerrufen.

(7) Handelt es sich bei dem Nutzer nicht um die betroffene Person, deren personenbezogene Daten verlangt werden, so dürfen personenbezogene Daten, die bei der Nutzung eines vernetzten Produktes oder verbundenen Dienstes generiert werden, nur dann vom Dateninhaber dem Dritten bereitgestellt werden, wenn es für die Verarbeitung eine gültige Rechtsgrundlage gemäß Artikel 6 der Verordnung (EU) 2016/679 gibt und gegebenenfalls die Bedingungen des Artikels 9 jener Verordnung sowie des Artikels 5 Absatz 3 der Richtlinie 2002/58/EG erfüllt sind.

(8) Die Ausübung der Rechte der betroffenen Person gemäß der Verordnung (EU) 2016/679 und insbesondere des Rechts auf Datenübertragbarkeit gemäß Artikel 20 jener Verordnung darf durch Versäumnisse seitens des Dateninhabers oder des Dritten, Vorkehrungen für die Übermittlung der Daten zu treffen, nicht behindert, verhindert oder beeinträchtigt werden.

(9) Geschäftsgeheimnisse werden gewahrt und Dritten gegenüber nur insoweit offengelegt, als diese Offenlegung für den zwischen dem Nutzer und dem Dritten vereinbarten Zweck unbedingt erforderlich ist. Der Dateninhaber oder, wenn sie nicht dieselbe Person sind, der Inhaber des Geschäftsgeheimnisses ermittelt, auch in den relevanten Metadaten, die als Geschäftsgeheimnisse geschützten Daten und vereinbart mit dem Dritten alle angemessenen technischen und organisatorischen Maßnahmen, die erforderlich sind, um die Vertraulichkeit der weitergegebenen Daten zu wahren; dies gilt etwa für Mustervertragsklauseln, Vertraulichkeitsvereinbarungen, strenge Zugangsprotokolle, technische Normen und die Anwendung von Verhaltenskodizes.

(10) Wenn keine Einigung über die in Absatz 9 des vorliegenden Artikels genannten erforderlichen Maßnahmen erzielt wird oder wenn von dem Dritten die gemäß Absatz 9 des vorliegenden Artikels vereinbarten Maßnahmen nicht umgesetzt werden oder die Vertraulichkeit der Geschäftsgeheimnisse verletzt wird, kann der Dateninhaber die Weitergabe von Daten, die als Geschäftsgeheimnisse ermittelt wurden, verweigern oder gegebenenfalls aussetzen. Die Entscheidung des Dateninhabers ist ordnungsgemäß zu begründen und dem Dritten unverzüglich schriftlich mitzuteilen. In solchen Fällen teilt der Dateninhaber der gemäß Artikel 37 benannten zuständigen Behörde mit, dass er die Weitergabe von Daten verweigert oder ausgesetzt hat, und gibt an, welche Maßnahmen nicht vereinbart oder umgesetzt wurden und bei welchen Geschäftsgeheimnissen die Vertraulichkeit verletzt wurde.

(11) Wenn unter außergewöhnlichen Umständen der Dateninhaber, der Inhaber eines Geschäftsgeheimnisses ist, nachweisen kann, dass er trotz der vom Dritten gemäß Absatz 9 des vorliegenden Artikels getroffenen technischen und organisatorischen Maßnahmen mit hoher Wahrscheinlichkeit einen schweren wirtschaftlichen Schaden durch eine Offenlegung von Geschäftsgeheimnissen erleiden wird, kann er das Datenzugangsverlangen für die betreffenden speziellen Daten im Einzelfall ablehnen. Dieser Nachweis ist auf der Grundlage objektiver Fakten, insbesondere der Durchsetzbarkeit des Schutzes von Geschäftsgeheimnissen in Drittländern, der Art und des Grads der Vertraulichkeit der verlangten Daten sowie der Einzigartigkeit und Neuartigkeit des vernetzten Produkts hinreichend zu begründen und Dritten unverzüglich schriftlich vorzulegen. Verweigert der Dateninhaber die Weitergabe von Daten gemäß diesem Absatz, so teilt er dies der gemäß Artikel 37 benannten zuständigen Behörde mit.

(12) Unbeschadet des Rechts Dritter, jederzeit vor einem Gericht eines Mitgliedstaats Rechtsmittel einzulegen, kann ein Dritter, der eine Entscheidung des Dateninhabers, die Weitergabe von Daten gemäß den Absätzen 10 und 11 abzulehnen, zu verweigern oder auszusetzen, anfechten möchte:

a) gemäß Artikel 37 Absatz 5 Buchstabe b eine Beschwerde bei der zuständigen Behörde einreichen, die unverzüglich entscheidet, ob und unter welchen Bedingungen die Weitergabe der Daten beginnt oder wieder aufgenommen wird, oder
b) mit dem Dateninhaber vereinbaren, gemäß Artikel 10 Absatz 1 eine Streitbeilegungsstelle mit der Angelegenheit zu befassen.

(13) Das Recht gemäß Absatz 1 darf die Rechte betroffener Personen gemäß dem geltenden Unionsrecht und nationalen Recht über den Schutz personenbezogener Daten nicht beeinträchtigen.

**Artikel 6**
**Pflichten Dritter, die Daten auf Verlangen des Nutzers erhalten**

(1) Ein Dritter verarbeitet die ihm nach Artikel 5 bereitgestellten Daten nur zu den Zwecken und unter den Bedingungen, die er mit dem Nutzer vereinbart hat und gemäß dem geltenden Unionsrecht und nationalen Recht über den Schutz personenbezogener Daten, einschließlich der Rechte der betroffenen Person, soweit personenbezogene Daten betroffen sind. Der Dritte löscht die Daten, sobald sie für den vereinbarten Zweck nicht mehr benötigt werden, sofern mit dem Nutzer in Bezug auf nicht-personenbezogene Daten nichts anderes vereinbart wurde.

(2) Dem Dritten ist untersagt,
a) den Nutzern die Ausübung ihrer Wahlmöglichkeiten oder ihrer Rechte gemäß Artikel 5 und dem vorliegenden Artikel übermäßig zu erschweren, auch nicht, indem er den Nutzern Wahlmöglichkeiten auf nicht neutrale Weise anbietet, oder die Nutzer in irgendeiner Weise zwingt, täuscht oder manipuliert oder – auch mittels einer digitalen Benutzerschnittstelle oder eines Teils davon – die Autonomie, Entscheidungsfähigkeit oder Wahlmöglichkeiten des Nutzers zu untergraben oder zu beeinträchtigen;
b) unbeschadet des Artikels 22 Absatz 2 Buchstaben a und c der Verordnung (EU) 2016/679, die erhaltenen Daten für das Profiling zu nutzen, es sei denn, dies ist erforderlich, um den vom Nutzer gewünschten Dienst zu erbringen;
c) die erhaltenen Daten einem anderen Dritten bereitzustellen, es sei denn, die Daten werden auf der Grundlage eines Vertrags mit dem Nutzer bereitgestellt, und vorausgesetzt, der andere Dritte trifft alle zwischen dem Dateninhaber und dem Dritten vereinbarten Maßnahmen, die erforderlich sind, um die Vertraulichkeit von Geschäftsgeheimnissen zu wahren;
d) die erhaltenen Daten einem Unternehmen, das gemäß Artikel 3 der Verordnung (EU) 2022/1925 als Torwächter benannt wurde, bereitzustellen;
e) die erhaltenen Daten zu nutzen, um ein Produkt zu entwickeln, das mit dem vernetzten Produkt, von dem die Daten stammen, im Wettbewerb steht, oder die Daten zu diesem Zweck an einen anderen Dritten weiterzugeben. Dritten ist ferner untersagt, ihnen bereitgestellte nicht-personenbezogene Produktdaten oder verbundene Dienstdaten zu nutzen, um Einblicke in die wirtschaftliche Lage, die Vermögenswerte und die Produktionsmethoden des Dateninhabers oder die Nutzung durch den Dateninhaber zu gewinnen;

f) die erhaltenen Daten in einer Weise zu verwenden, die nachteilige Auswirkungen auf die Sicherheit des vernetzten Produkts oder des verbundenen Dienstes haben;
g) die mit dem Dateninhaber oder dem Inhaber der Geschäftsgeheimnisse gemäß Artikel 5 Absatz 9 vereinbarten Maßnahmen zu missachten und die Vertraulichkeit von Geschäftsgeheimnissen zu untergraben;
h) den Nutzer, bei dem es sich um einen Verbraucher handelt, daran zu hindern – einschließlich auf der Grundlage eines Vertrags –, die erhaltenen Daten anderen Parteien bereitzustellen.

### Artikel 7
### Umfang der Pflichten zur Datenweitergabe von Unternehmen an Verbraucher und zwischen Unternehmen

(1) Die Pflichten nach diesem Kapitel gelten nicht für Daten, die bei der Nutzung von vernetzten Produkten generiert werden, die von einem Kleinstunternehmen oder einem Kleinunternehmen hergestellt oder konzipiert werden oder die bei der Nutzung von verbundenen Diensten generiert werden, die von einem solchen Unternehmen erbracht werden, sofern dieses Unternehmen kein Partnerunternehmen oder kein verbundenes Unternehmen im Sinne des Artikels 3 des Anhangs der Empfehlung 2003/361/EG hat, das nicht als Kleinstunternehmen oder Kleinunternehmen gilt, und sofern das Kleinstunternehmen oder Kleinunternehmen nicht als Unterauftragnehmer mit der Herstellung oder der Konzeption eines vernetzten Produkts oder der Erbringung eines verbundenen Dienstes beauftragt wurde.

Das Gleiche gilt für Daten, die durch die Nutzung von vernetzten Produkten generiert werden, die von einem Unternehmen hergestellt werden, das seit weniger als einem Jahr als mittleres Unternehmen Sinne des Artikels 2 des Anhangs der Empfehlung 2003/361/EG eingestuft ist, oder für verbundene Dienste, die von einem solchen Unternehmen erbracht werden, und für vernetzten Produkte für ein Jahr nach dem Zeitpunkt ihres Inverkehrbringens durch ein mittleres Unternehmen.

(2) Vertragsklauseln, die zum Nachteil des Nutzers die Anwendung der Rechte des Nutzers nach diesem Kapitel ausschließen, davon abweichen oder die Wirkung dieser Rechte abändern, sind für den Nutzer nicht bindend.

## KAPITEL III PFLICHTEN DER DATENINHABER, DIE GEMÄSS DEM UNIONSRECHT VERPFLICHTET SIND, DATEN BEREITZUSTELLEN

### Artikel 8
### Bedingungen, unter denen Dateninhaber Datenempfängern Daten bereitstellen

(1) Ist im Rahmen von Geschäftsbeziehungen zwischen Unternehmen ein Dateninhaber nach Artikel 5 oder nach anderem anwendbaren Unionsrecht oder nach im Einklang mit dem Unionsrecht erlassenen nationalen Recht verpflichtet, einem Datenempfänger Daten bereitzustellen, so vereinbart er mit einem Datenempfänger die Ausgestaltung für die Bereitstellung der Daten und stellt diese zu fairen, ange-

messenen und nichtdiskriminierenden Bedingungen und in transparenter Weise im Einklang mit dem vorliegenden Kapitel und dem Kapitel IV bereit.

(2) Eine Vertragsklausel in Bezug auf den Datenzugang und die Datennutzung oder die Haftung und Rechtsbehelfe bei Verletzung oder Beendigung datenbezogener Pflichten ist nicht bindend, wenn sie eine missbräuchliche Vertragsklausel im Sinne des Artikels 13 darstellt oder wenn sie zum Nachteil des Nutzers die Ausübung der Rechte des Nutzers nach Kapitel II ausschließt, davon abweicht oder deren Wirkung abändert.

(3) Ein Dateninhaber darf in Bezug auf die Modalitäten der Bereitstellung von Daten nicht zwischen vergleichbaren Kategorien von Datenempfängern, einschließlich Partnerunternehmen oder verbundenen Unternehmen, diskriminieren.

Ist ein Datenempfänger der Ansicht, dass die Bedingungen, unter denen ihm Daten bereitgestellt werden, diskriminierend sind, so stellt der Dateninhaber dem Datenempfänger auf dessen begründetes Ersuchen unverzüglich Informationen bereit, aus denen hervorgeht, dass keine Diskriminierung vorliegt.

(4) Daten dürfen einem Datenempfänger vom Dateninhaber – auch exklusiv – nur dann bereitgestellt werden, wenn der Nutzer dies gemäß Kapitel II verlangt hat.

(5) Dateninhaber und Datenempfänger müssen keine Informationen herausgeben, die über das hinausgehen, was erforderlich ist, um die Einhaltung der für die Datenbereitstellung vereinbarten Mustervertragsklauseln oder die Erfüllung ihrer Pflichten aus dieser Verordnung oder aus anderem anwendbaren Unionsrecht oder aus im Einklang mit Unionsrecht erlassenen nationalen Recht zu überprüfen.

(6) Eine Pflicht, einem Datenempfänger Daten bereitzustellen, verpflichtet nicht zur Offenlegung von Geschäftsgeheimnissen, es sei denn, im Unionsrecht, einschließlich des Artikels 4 Absatz 6 und des Artikels 5 Absatz 9 der vorliegenden Verordnung, oder in im Einklang mit Unionsrecht erlassenen nationalen Rechtsvorschriften ist etwas anderes vorgesehen.

**Artikel 9**
**Gegenleistung für die Bereitstellung von Daten**

(1) Jede Gegenleistung, die zwischen einem Dateninhaber und einem Datenempfänger für die Bereitstellung von Daten im Rahmen von Geschäftsbeziehungen zwischen Unternehmen vereinbart wird, muss diskriminierungsfrei und angemessen sein, und darf eine Marge enthalten.

(2) Bei der Einigung auf eine Gegenleistung berücksichtigen der Dateninhaber und der Datenempfänger insbesondere Folgendes:
a) angefallene Kosten für die Bereitstellung der Daten, einschließlich insbesondere der notwendigen Kosten für die Formatierung der Daten, die Verbreitung auf elektronischem Wege und die Speicherung;
b) gegebenenfalls Investitionen in die Erhebung und Generierung von Daten, wobei berücksichtigt wird, ob andere Parteien zur Beschaffung, Generierung oder Erhebung der betreffenden Daten beigetragen haben.

(3) Die in Absatz 1 genannte Gegenleistung kann auch von Umfang, Format und Art der Daten abhängen.

(4) Ist der Datenempfänger ein KMU oder eine gemeinnützige Forschungseinrichtung und hat der betreffende Datenempfänger keine Partnerunternehmen oder verbundenen Unternehmen, die nicht als KMU gelten, so darf eine Gegenleistung die in Absatz 2 Buchstabe a aufgeführten Kosten nicht übersteigen.

(5) Die Kommission erlässt Leitlinien für die Berechnung einer angemessenen Gegenleistung unter Berücksichtigung des Rates des in Artikel 42 genannten Europäischen Dateninnovationsrates (EDIB).

(6) Dieser Artikel steht dem nicht entgegen, dass Unionsrecht oder im Einklang mit Unionsrecht erlassene nationale Rechtsvorschriften eine Gegenleistung für die Bereitstellung von Daten ausschließen oder eine geringere Gegenleistung vorsehen.

(7) Der Dateninhaber stellt dem Datenempfänger Informationen bereit, in denen die Grundlage für die Berechnung der Gegenleistung so detailliert dargelegt ist, dass der Datenempfänger beurteilen kann, ob die Anforderungen der Absätze 1 bis 4 erfüllt sind.

**Artikel 10**
**Streitbeilegung**

(1) Nutzer, Dateninhaber und Datenempfänger haben Zugang zu einer gemäß Absatz 5 des vorliegenden Artikels zertifizierten Streitbeilegungsstelle für die Beilegung von Streitigkeiten nach Artikel 4 Absatz 3 und Absatz 9 und Artikel 5 Absatz 12 sowie Streitigkeiten im Zusammenhang mit den fairen, angemessenen und nichtdiskriminierenden Bedingungen für die Bereitstellung von Daten und die transparente Art und Weise der Bereitstellung von Daten gemäß dem vorliegenden Kapitel und Kapitel IV.

(2) Die Streitbeilegungsstellen teilen den betroffenen Parteien die Entgelte oder die zur Festsetzung der Entgelte verwendeten Methoden mit, bevor diese Parteien eine Entscheidung beantragen.

(3) Bei Streitigkeiten, die einer Streitbeilegungsstelle nach Artikel 4 Absatz 3 zugewiesen wurden, gilt, wenn die Streitbeilegungsstelle eine Streitigkeit zugunsten des Nutzers oder Datenempfängers entscheidet, dass der Dateninhaber alle von der Streitbeilegungsstelle erhobenen Gebühren trägt und dem betreffenden Nutzer oder Datenempfänger alle sonstigen angemessenen Ausgaben, die diesem im Zusammenhang mit der Streitbeilegung entstanden sind, erstattet. Entscheidet die Streitbeilegungsstelle eine Streitigkeit zugunsten des Dateninhabers, so ist der Nutzer oder der Datenempfänger nicht verpflichtet, Gebühren oder sonstige Kosten zu erstatten, die der Dateninhaber im Zusammenhang mit der Streitbeilegung gezahlt hat oder zu zahlen hat, es sei denn, die Streitbeilegungsstelle stellt fest, dass der Nutzer oder der Datenempfänger offensichtlich bösgläubig gehandelt hat.

(4) Kunden und Anbieter von Datenverarbeitungsdiensten haben Zugang zu einer Streitbeilegungsstelle, die gemäß Absatz 5 des vorliegenden Artikels zugelassen ist, um Streitigkeiten im Zusammenhang mit Verletzungen der Rechte der Kunden und

der Pflichten der Anbieter von Datenverarbeitungsdiensten entsprechend Artikeln 23 bis 31 beizulegen.

(5) Der Mitgliedstaat, in dem die Streitbeilegungsstelle niedergelassen ist, lässt diese Stelle auf deren Antrag hin zu, nachdem sie nachgewiesen hat, dass sie alle folgenden Bedingungen erfüllt:
a) Sie ist unparteiisch und unabhängig und trifft ihre Entscheidungen nach klaren, diskriminierungsfreien und fairen Verfahrensregeln;
b) sie verfügt über das erforderliche Fachwissen, insbesondere in Bezug auf faire, angemessene und nichtdiskriminierende Bedingungen, einschließlich Gegenleistungen, über die transparente Bereitstellung von Daten, die es ihr ermöglicht, diese Bedingungen effektiv festzulegen;
c) sie ist über elektronische Kommunikationsmittel leicht erreichbar;
d) sie ist in der Lage, ihre Entscheidungen rasch, effizient und kostengünstig in mindestens einer Amtssprache der Union zu erlassen.

(6) Die Mitgliedstaaten teilen der Kommission die nach Absatz 5 zugelassenen Streitbeilegungsstellen mit. Die Kommission veröffentlicht auf einer eigens hierfür eingerichteten Website eine Liste dieser Stellen und hält diese auf dem neuesten Stand.

(7) Eine Streitbeilegungsstelleverweigert die Bearbeitung eines Streitbeilegungsantrags, der bereits bei einer anderen Streitbeilegungsstelle oder einem Gericht eines Mitgliedstaats eingereicht wurde.

(8) Eine Streitbeilegungsstelle bietet den Parteien die Möglichkeit, sich innerhalb einer angemessenen Frist zu den Angelegenheiten zu äußern, in denen sich diese Parteien an die betreffende Stelle gewandt haben. In diesem Zusammenhang werden jeder Partei die Schriftsätze der anderen Partei und etwaige Erklärungen von Sachverständigen bereitgestellt. Den Parteien wird die Möglichkeit geboten, zu diesen Schriftsätzen und Erklärungen Stellung zu nehmen.

(9) Eine Streitbeilegungsstelle entscheidet in einer Angelegenheit, die ihr vorgelegt wird, spätestens 90 Tage nach Erhalt eines Antrags gemäß den Absätzen 1 bis 4. Diese Entscheidung erfolgt schriftlich oder auf einem dauerhaften Datenträger und wird mit einer Begründung versehen.

(10) Die Streitbeilegungsstellen erstellen und veröffentlichen jährliche Tätigkeitsberichte. Diese Jahresberichte müssen insbesondere die folgenden allgemeinen Angaben umfassen:
a) eine Zusammenstellung der Ergebnisse von Streitigkeiten;
b) den durchschnittlichen Zeitaufwand für die Lösung von Streitigkeiten;
c) die häufigsten Gründe für Streitigkeiten.

(11) Um den Austausch von Informationen und bewährten Verfahren zu erleichtern, kann eine Streitbeilegungsstelle beschließen, in den in Absatz 10 genannten Bericht Empfehlungen dazu aufzunehmen, wie Probleme zu vermeiden oder zu beheben sind.

(12) Die Entscheidung einer Streitbeilegungsstelle ist für die Parteien nur dann bindend, wenn die Parteien vor Beginn des Streitbeilegungsverfahrens dem bindenden Charakter ausdrücklich zugestimmt haben.

(13) Dieser Artikel berührt nicht das Recht der Parteien, wirksame Rechtsmittel bei einem Gericht eines Mitgliedstaats einzulegen.

**Artikel 11**
**Technische Schutzmaßnahmen über die unbefugte Nutzung oder Offenlegung von Daten**

(1) Ein Dateninhaber kann geeignete technische Schutzmaßnahmen, einschließlich intelligenter Verträge und Verschlüsselung, anwenden, um den unbefugten Zugang zu Daten, einschließlich Metadaten, zu verhindern und die Einhaltung der Artikel 5, 6, 8 und 9 sowie der für die Datenbereitstellung vereinbarten Mustervertragsklauseln sicherzustellen. Bei solchen technischen Schutzmaßnahmen dürfen weder Datenempfänger unterschiedlich behandelt werden noch dürfen Nutzer an der Ausübung ihres Rechts, eine Kopie der Daten zu erhalten, Daten abzurufen, zu verwenden oder auf diese zuzugreifen oder Dritten nach Artikel 5 Daten bereitzustellen, oder Dritte an der Ausübung ihrer Rechte nach dem Unionsrecht oder den nationalen Rechtsvorschriften, die im Einklang mit dem Unionsrecht angenommen wurden, gehindert werden. Nutzer, Dritte und Datenempfänger dürfen solche technischen Schutzmaßnahmen nur ändern oder aufheben, wenn der Dateninhaber dem zugestimmt hat.

(2) Unter den in Absatz 3 genannten Umständen kommt der Dritte oder der Datenempfänger den Aufforderungen des Dateninhabers und gegebenenfalls des Inhabers des Geschäftsgeheimnisses – wenn es sich nicht um dieselbe Person handelt – oder des Nutzers unverzüglich nach:

a) die vom Dateninhaber bereitgestellten Daten und alle etwaigen Kopien davon zu löschen;
b) das Herstellen, Anbieten, Inverkehrbringen oder Verwenden von Waren, abgeleiteten Daten oder Dienstleistungen, die auf den mit den Daten erlangten Kenntnissen beruhen, oder das Einführen, Ausführen oder Lagern von in diesem Sinne rechtsverletzenden Waren einzustellen und alle rechtsverletzenden Waren zu vernichten, wenn die ernsthafte Gefahr besteht, dass die unrechtmäßige Verwendung dieser Daten dem Dateninhaber, dem Inhaber des Geschäftsgeheimnisses oder dem Nutzer einen erheblichen Schaden zufügt, bzw. sofern eine solche Maßnahme im Hinblick auf die Interessen des Dateninhabers, des Inhabers des Geschäftsgeheimnisses oder des Nutzers nicht unverhältnismäßig wäre;
c) den Nutzer über die unbefugte Nutzung oder Offenlegung der Daten und über die Maßnahmen, die ergriffen wurden, um die unbefugte Nutzung oder Offenlegung der Daten zu unterbinden, zu unterrichten;
d) die Partei, die durch den Missbrauch oder die Offenlegung dieser unrechtmäßig abgerufenen oder genutzten Daten geschädigt wurde, zu entschädigen.

(3) Absatz 2 findet Anwendung, wenn ein Dritter oder ein Datenempfänger

a) zwecks Erlangung der Daten einem Dateninhaber falsche Informationen gegeben, Täuschungs- oder Zwangsmittel eingesetzt oder Lücken in der zum Schutz der Daten bestehenden technischen Infrastruktur der Daten missbraucht hat,
b) die bereitgestellten Daten für nicht genehmigte Zwecke, einschließlich der Entwicklung eines konkurrierenden vernetzten Produkts im Sinne von Artikel 6 Absatz 2 Buchstabe e, genutzt hat,
c) unrechtmäßig Daten an eine andere Partei weitergegeben hat,
d) die gemäß Artikel 5 Absatz 9 vereinbarten technischen und organisatorischen Maßnahmen nicht aufrechterhalten hat oder
e) die vom Dateninhaber gemäß Absatz 1 des vorliegenden Artikels angewandten technischen Schutzmaßnahmen ohne Zustimmung des Dateninhabers verändert oder aufgehoben hat.

(4) Absatz 2 gilt ebenfalls, wenn ein Nutzer die vom Dateninhaber angewandten technischen Schutzmaßnahmen ändert oder aufhebt oder die vom Nutzer im Einvernehmen mit dem Dateninhaber oder, wenn sie nicht dieselbe Person sind, dem Inhaber des Geschäftsgeheimnisses getroffenen technischen und organisatorischen Maßnahmen zur Wahrung von Geschäftsgeheimnissen nicht aufrechterhält, sowie für jede andere Partei, die die Daten von dem Nutzer unter Verstoß gegen diese Verordnung erhält.

(5) Hat der Datenempfänger gegen Artikel 6 Absatz 2 Buchstabe a oder b verstoßen, so haben die Nutzer dieselben Rechte wie Dateninhaber gemäß Absatz 2 des vorliegenden Artikels.

### Artikel 12
### Umfang der Pflichten der Dateninhaber, die nach dem Unionsrecht verpflichtet sind, Daten bereitzustellen

(1) Dieses Kapitel gilt, wenn ein Dateninhaber im Rahmen von Geschäftsbeziehungen zwischen Unternehmen nach Artikel 5 oder nach geltendem Unionsrecht oder nach im Einklang mit Unionsrecht erlassenen nationalen Rechtsvorschriften verpflichtet ist, einem Datenempfänger Daten bereitzustellen.

(2) Eine Vertragsklausel in einer Datenweitergabevereinbarung, die zum Nachteil einer Partei oder gegebenenfalls zum Nachteil des Nutzers die Anwendung dieses Kapitels ausschließt, davon abweicht oder seine Wirkung abändert, ist für diese Partei nicht bindend.

## KAPITEL IV MISSBRÄUCHLICHE VERTRAGSKLAUSELN IN BEZUG AUF DEN DATENZUGANG UND DIE DATENNUTZUNG ZWISCHEN UNTERNEHMEN

### Artikel 13
### Missbräuchliche Vertragsklauseln, die einem anderen Unternehmen einseitig auferlegt werden

(1) Vertragsklauseln in Bezug auf den Datenzugang und die Datennutzung oder die Haftung und Rechtsbehelfe bei Verletzung oder Beendigung datenbezogener Pflich-

ten, die ein Unternehmen einem anderen Unternehmen einseitig auferlegt, sind für letzteres Unternehmen nicht bindend, wenn sie missbräuchlich sind.

(2) Wenn Vertragsklauseln zwingenden Bestimmungen des Unionsrechts oder bei Fehlen von Vertragsklauseln zur Regelung der Angelegenheit geltenden Bestimmungen des Unionsrechts entsprechen, gelten sie nicht als missbräuchlich.

(3) Vertragsklauseln sind missbräuchlich, wenn ihre Anwendung eine grobe Abweichung von der guten Geschäftspraxis bei Datenzugang und Datennutzung darstellt oder gegen das Gebot von Treu und Glauben verstößt.

(4) Eine Vertragsklausel gilt insbesondere dann als missbräuchlich im Sinne des Absatzes 3, wenn sie Folgendes bezweckt oder bewirkt:
a) den Ausschluss oder die Beschränkung der Haftung der Partei, die die Klausel einseitig auferlegt hat, für vorsätzliche oder grob fahrlässige Handlungen;
b) den Ausschluss der Rechtsbehelfe, die der Partei, der die Klausel einseitig auferlegt wurde, bei Nichterfüllung von Vertragspflichten zur Verfügung stehen, oder den Ausschluss der Haftung der Partei, die die Klausel einseitig auferlegt hat, bei einer Verletzung dieser Pflichten;
c) das ausschließliche Recht der Partei, die die Klausel einseitig auferlegt hat, zu bestimmen, ob die gelieferten Daten vertragsgemäß sind, oder Vertragsklauseln auszulegen.

(5) Eine Vertragsklausel gilt als missbräuchlich im Sinne des Absatzes 3, wenn sie Folgendes bezweckt oder bewirkt:
a) eine unangemessene Beschränkung der Rechtsmittel bei Nichterfüllung von Vertragspflichten oder der Haftung bei einer Verletzung dieser Pflichten oder eine Erweiterung der Haftung des Unternehmens, dem die Klausel einseitig auferlegt wurde;
b) das Recht der Partei, die die Klausel einseitig auferlegt hat, auf Zugang zu Daten der anderen Vertragspartei und deren Nutzung in einer Weise, die den berechtigten Interessen der anderen Vertragspartei erheblich schadet, insbesondere, wenn diese Daten sensible Geschäftsdaten enthalten oder durch das Geschäftsgeheimnis oder durch Rechte des geistigen Eigentums geschützt sind;
c) die Hinderung der Partei, der die Klausel einseitig auferlegt wurde, daran, die von ihr während der Vertragslaufzeit bereitgestellten oder generierten Daten zu nutzen, oder eine Beschränkung der Nutzung dieser Daten insofern, als diese Partei nicht berechtigt ist, diese Daten in angemessener Weise zu nutzen, zu erfassen, darauf zuzugreifen oder sie zu kontrollieren oder zu verwerten;
d) die Hinderung der Partei, der die Klausel einseitig auferlegt wurde, daran, die Vereinbarung innerhalb einer angemessenen Frist zu kündigen;
e) die Hinderung der Partei, der die Klausel einseitig auferlegt wurde, daran, während der Vertragslaufzeit oder innerhalb einer angemessenen Frist nach Kündigung des Vertrags eine Kopie der von ihr bereitgestellten oder generierten Daten zu erhalten;
f) die Möglichkeit, dass die Partei, die die Klausel einseitig auferlegt hat, den Vertrag mit unangemessen kurzer Frist kündigen darf, und zwar unter Berücksichtigung jeglicher realistischen Möglichkeit für die andere Vertragspartei, zu einem anderen,

vergleichbaren Dienst zu wechseln, und des durch die Kündigung verursachten finanziellen Nachteils, außer bei Vorliegen schwerwiegender Gründe;

g) die Möglichkeit, dass die Partei, die die Klausel einseitig auferlegt hat, den vertraglich vereinbarten Preis oder eine andere wesentliche Bedingung in Bezug auf Art, Format, Qualität oder Menge der weiterzugebenden Daten ohne eine im Vertrag spezifizierte stichhaltige Begründung wesentlich abändert, ohne dass der anderen Partei das Recht eingeräumt wird, den Vertrag im Falle einer solchen Abänderung zu kündigen.

Unterabsatz 1 Buchstabe g berührt nicht Klauseln, nach denen sich die Partei, die die Klausel einseitig auferlegt hat, das Recht vorbehält, die Bedingungen eines unbefristeten Vertrags einseitig zu ändern, sofern eine in diesem Vertrag spezifizierte stichhaltige Begründung vorliegt, wonach die Partei, die die Klausel einseitig auferlegt hat, verpflichtet ist, die andere Vertragspartei innerhalb einer angemessenen Frist von solch einer beabsichtigten Änderung in Kenntnis zu setzen, und es der anderen Vertragspartei freisteht, den Vertrag im Falle einer solchen Änderung unentgeltlich zu kündigen.

(6) Vertragsklauseln gelten im Sinne dieses Artikels als einseitig auferlegt, wenn sie von einer Vertragspartei eingebracht werden und die andere Vertragspartei ihren Inhalt trotz des Versuchs, hierüber zu verhandeln, nicht beeinflussen kann. Die Vertragspartei, die die Vertragsklausel eingebracht hat, trägt die Beweislast dafür, dass diese Klausel nicht einseitig auferlegt wurde. Die Vertragspartei, die die beanstandete Klausel eingebracht hat, kann sich nicht darauf berufen, dass es sich um eine missbräuchliche Vertragsklausel handelt.

(7) Ist die missbräuchliche Vertragsklausel von den übrigen Bedingungen des Vertrags abtrennbar, so bleiben die übrigen Vertragsklauseln bindend.

(8) Dieser Artikel gilt weder für Vertragsklauseln, in denen der Hauptgegenstand des Vertrags festgelegt wird, noch für die Angemessenheit des Preises für die als Gegenleistung weitergegebenen Daten.

(9) Die Parteien eines unter Absatz 1 fallenden Vertrags dürfen die Anwendung dieses Artikels nicht ausschließen, nicht davon abweichen und dessen Wirkungen nicht abändern.

## KAPITEL V BEREITSTELLUNG VON DATEN FÜR ÖFFENTLICHE STELLEN, DIE KOMMISSION, DIE EUROPÄISCHE ZENTRALBANK UND EINRICHTUNGEN DER UNION WEGEN AUSSERGEWÖHNLICHER NOTWENDIGKEIT

### Artikel 14
### Pflicht zur Bereitstellung von Daten wegen außergewöhnlicher Notwendigkeit

Wenn eine öffentliche Stelle, die Kommission, die Europäische Zentralbank oder eine Einrichtung der Union den Nachweis dafür erbringt, dass im Hinblick auf die Erfüllung ihrer rechtlichen Aufgaben im öffentlichen Interesse die außergewöhnliche Notwendigkeit der Nutzung bestimmter Daten – einschließlich der für die Auslegung und Nutzung dieser Daten erforderlichen betreffenden Metadaten – gemäß Artikel 15 besteht, stellen die Dateninhaber, bei denen sich diese Daten befinden und bei denen es sich um andere juristische Personen als öffentliche Stellen handelt, diese Daten auf ordnungsgemäß begründeten Antrag bereit.

**Artikel 15**
**Außergewöhnliche Notwendigkeit der Datennutzung**

(1) Die außergewöhnliche Notwendigkeit der Nutzung bestimmter Daten im Sinne dieses Kapitels ist zeitlich befristet und im Umfang begrenzt und gilt nur unter einem der folgenden Umstände als gegeben, wenn:
a) die verlangten Daten zur Bewältigung eines öffentlichen Notstands erforderlich sind und die öffentliche Stelle, die Kommission, die Europäische Zentralbank oder die Einrichtung der Union diese Daten unter gleichwertigen Bedingungen auf andere Weise nicht rechtzeitig und wirksam beschaffen kann;
b) nicht von Buchstabe a erfassten Umstände vorliegen, und nur soweit nicht-personenbezogene Daten betroffen sind, wenn
   i) eine öffentliche Stelle, die Kommission, die Europäische Zentralbank oder eine Einrichtung der Union auf der Grundlage des Unionsrechts oder des nationalen Rechts tätig wird und spezifische Daten ermittelt hat, deren Fehlen sie daran hindert, eine bestimmte im öffentlichen Interesse ausgeübte Aufgabe zu erfüllen, die rechtlich ausdrücklich vorgesehen ist, wie etwa amtliche Statistiken zu erstellen oder einen öffentlichen Notstand einzudämmen oder zu überwinden, und
   ii) die öffentliche Stelle, die Kommission, die Europäische Zentralbank oder die Einrichtung der Union alle anderen ihr zur Verfügung stehenden Mittel ausgeschöpft hat, um solche Daten zu erlangen, darunter der Erwerb von nicht-personenbezogenen Daten auf dem Markt durch Angebot von Markttarifen oder die Inanspruchnahme bestehender Verpflichtungen zur Bereitstellung von Daten oder der Erlass neuer Rechtsvorschriften, die die rechtzeitige Verfügbarkeit der Daten gewährleisten könnten.

(2) Absatz 1 Buchstabe b dieses Artikels gilt nicht für Kleinstunternehmen und Kleinunternehmen.

(3) Die Verpflichtung, nachzuweisen, dass die öffentliche Stelle nicht in der Lage war, nicht-personenbezogene Daten durch den Erwerb auf dem Markt zu erhalten, gilt nicht, wenn die spezifische Aufgabe, die im öffentlichen Interesse ausgeübt wird, in der Erstellung amtlicher Statistiken besteht und der Erwerb solcher Daten nach nationalem Recht nicht zulässig ist.

**Artikel 16**
**Verhältnis zu anderen Pflichten zur Bereitstellung von Daten für öffentliche Stellen, die Kommission, die Europäische Zentralbank und Einrichtungen der Union**

(1) Dieses Kapitel berührt nicht die im Unionsrecht oder im nationalen Recht festgelegten Pflichten in Bezug auf die Berichterstattung, die Erfüllung von Informati-

onszugangsverlangen oder den Nachweis und die Überprüfung der Einhaltung rechtlicher Pflichten.

(2) Dieses Kapitel gilt nicht für öffentliche Stellen, die Kommission, die Europäische Zentralbank und die Einrichtungen der Union, die Tätigkeiten zur Verhütung, Ermittlung, Aufdeckung oder Verfolgung von Straftaten oder Ordnungswidrigkeiten oder der Strafvollstreckung durchführen, oder für die Zoll- oder Steuerverwaltung. Dieses Kapitel berührt nicht das anwendbare Unionsrecht und das anwendbare nationale Recht über die Verhütung, Ermittlung, Aufdeckung oder Verfolgung von Straftaten oder Ordnungswidrigkeiten oder über die Vollstreckung von Strafen oder verwaltungsrechtlichen Sanktionen oder über die Zoll- oder Steuerverwaltung.

**Artikel 17**
**Datenbereitstellungsverlangen**

(1) Öffentliche Stellen, die Kommission, die Europäische Zentralbank oder Einrichtungen der Union müssen in ihren Datenverlangen nach Artikel 14
a) angeben, welche Daten, einschließlich der für die Auslegung und Nutzung dieser Daten erforderlichen relevanten Metadaten, benötigt werden;
b) nachweisen, dass die für das Bestehen einer außergewöhnlichen Notwendigkeit erforderlichen Bedingungen gemäß Artikel 15 für die Zwecke, für die die Daten verlangt werden, erfüllt sind;
c) den Zweck des Verlangens, die beabsichtigte Nutzung der verlangten Daten gegebenenfalls auch durch einen Dritten gemäß Absatz 4, und die Dauer dieser Nutzung sowie gegebenenfalls die Art und Weise erläutern, wie die Verarbeitung personenbezogener Daten der außergewöhnlichen Notwendigkeit abhelfen soll;
d) nach Möglichkeit angeben, wann die Daten von allen Parteien, die Zugang zu den Daten haben, voraussichtlich gelöscht sein werden;
e) die Wahl des Dateninhabers, an den das Verlangen gerichtet ist, begründen;
f) alle anderen öffentlichen Stellen oder die Kommission, die Europäische Zentralbank oder Einrichtungen der Union und Dritte angeben, an die die verlangten Daten voraussichtlich weitergegeben werden;
g) – falls personenbezogene Daten verlangt werden – alle technischen und organisatorischen Maßnahmen angeben, die zur Umsetzung der Datenschutzgrundsätze und erforderlichen Garantien erforderlich und verhältnismäßig sind, wie etwa die Pseudonymisierung, und ob der Dateninhaber vor der Bereitstellung der Daten eine Anonymisierung vornehmen kann;
h) die Rechtsvorschrift angeben, durch die der anfragenden öffentlichen Stelle, der Kommission, der Europäischen Union oder der Einrichtung der Union die für das Datenverlangen relevante spezifische im öffentlichen Interesse ausgeübte Aufgabe übertragen wird;
i) die Frist angeben, innerhalb deren die Daten bereitzustellen sind und die Frist gemäß Artikel 18 Absatz 2, innerhalb deren der Dateninhaber das Verlangen ablehnen oder dessen Änderung beantragen kann;

j) sich nach besten Kräften darum bemühen, zu vermeiden, dass die Erfüllung des Datenverlangens zur Haftung des Dateninhabers für Verstöße gegen das Unionsrecht oder nationales Recht führt.

(2) Ein Datenverlangen nach Absatz 1 dieses Artikels muss
a) schriftlich und in klarer, prägnanter, einfacher und für den Dateninhaber verständlicher Sprache abgefasst sein,
b) genaue Angaben zur Art der verlangten Daten enthalten und sich auf die Daten beziehen, über die der Dateninhaber zum Zeitpunkt des Verlangens Kontrolle hat;
c) im Hinblick auf die Detailstufe und den Umfang der verlangten Daten sowie die Häufigkeit des Zugangs zu den verlangten Daten in einem angemessenen Verhältnis zu der außergewöhnlichen Notwendigkeit stehen und ausreichend begründet sein;
d) die rechtmäßigen Ziele des Dateninhabers unter Zusage der Gewährleistung der Wahrung von Geschäftsgeheimnissen gemäß Artikel 19 Absatz 3 und unter Berücksichtigung der Kosten und des nötigen Aufwands für die Bereitstellung der Daten achten;
e) nicht-personenbezogene Daten betreffen, und nur dann, wenn sich erweist, dass dies nicht ausreicht, um auf die außergewöhnliche Notwendigkeit der Nutzung von Daten gemäß Artikel 15 Absatz 1 Buchstabe a zu reagieren, personenbezogene Daten in pseudonymisierter Form verlangen und die technischen und organisatorischen Maßnahmen festlegen, die zum Schutz der Daten ergriffen werden;
f) dem Dateninhaber Aufschluss über die Sanktionen geben, die nach Artikel 40 von der nach Artikel 37 benannten zuständigen Behörde verhängt werden, wenn er dem Verlangen nicht nachkommt;
g) sofern das Verlangen durch eine öffentliche Stelle erfolgt, dem in Artikel 37 genannten Datenkoordinator des Mitgliedstaats, in dem die anfragende öffentliche Stelle niedergelassen ist, übermittelt werden, der das Verlangen unverzüglich online öffentlich verfügbar macht, es sei denn, die öffentliche Stelle ist der Auffassung, dass diese Veröffentlichung eine Gefahr für die öffentliche Sicherheit darstellen würde;
h) sofern das Verlangen durch die Kommission, die Europäische Zentralbank oder eine Einrichtung der Union erfolgt, unverzüglich online verfügbar gemacht werden;
i) – falls personenbezogene Daten verlangt werden – der für die Überwachung der Anwendung der Verordnung (EU) 2016/679 zuständigen Aufsichtsbehörde im Mitgliedstaat, in dem die öffentliche Stelle niedergelassen ist, unverzüglich gemeldet werden.

Die Europäische Zentralbank und die Einrichtungen der Union informieren die Kommission über ihre Verlangen.

(3) Eine öffentliche Stelle, die Kommission, die Europäische Zentralbank oder eine Einrichtung der Union dürfen nach diesem Kapitel erlangte Daten nicht zur Weiterverwendung im Sinne des Artikels 2 Nummer 2 der Verordnung (EU) 2022/868 oder Artikel 2 Nummer 11 der Richtlinie (EU) 2019/1024 bereitstellen. Die Verordnung

(EU) 2022/868 und die Richtlinie (EU) 2019/1024 finden keine Anwendung auf nach diesem Kapitel erlangte von öffentlichen Stellen gehaltene Daten.

(4) Durch Absatz 3 dieses Artikels wird eine öffentliche Stelle, die Kommission, die Europäische Zentralbank oder eine Einrichtung der Union nicht daran gehindert, nach diesem Kapitel erlangte Daten mit einer anderen öffentlichen Stelle oder mit der Kommission, der Europäischen Zentralbank oder einer Einrichtung der Union zwecks Wahrnehmung der in Artikel 15 genannten Aufgaben auszutauschen, wie in dem Verlangen gemäß Absatz 1 Buchstabe f des vorliegenden Artikels angegeben, oder die Daten einem Dritten bereitzustellen, wenn sie im Rahmen einer öffentlich verfügbaren Vereinbarung technische Inspektionen oder andere Aufgaben an diesen Dritten delegiert hat. Die Pflichten öffentlicher Stellen gemäß Artikel 19, insbesondere die Garantien zur Wahrung der Vertraulichkeit von Geschäftsgeheimnissen, gelten auch für diese Dritten. Wenn eine öffentliche Stelle, die Kommission, die Europäische Zentralbank oder eine Einrichtung der Union Daten nach diesem Absatz übermittelt oder bereitstellt, teilt sie dies dem Dateninhaber, von dem sie die Daten erhalten hat, unverzüglich mit.

(5) Ist der Dateninhaber der Ansicht, dass seine Rechte nach diesem Kapitel durch die Übermittlung oder Bereitstellung von Daten verletzt wurden, so kann er bei der nach Artikel 37 benannten zuständigen Behörde des Mitgliedstaats, in dem der Dateninhaber niedergelassen ist, Beschwerde einlegen.

(6) Die Kommission entwickelt ein Musterformular für Verlangen gemäß dem vorliegenden Artikel.

**Artikel 18**
**Erfüllung von Datenverlangen**

(1) Ein Dateninhaber, der ein Datenzugangsverlangen nach diesem Kapitel erhält, stellt der anfragenden öffentlichen Stelle, der Kommission, der Europäischen Zentralbank oder einer Einrichtung der Union die Daten unverzüglich bereit, wobei die erforderlichen technischen, organisatorischen und rechtlichen Maßnahmen berücksichtigt werden.

(2) Unbeschadet besonderer Erfordernisse bezüglich der Verfügbarkeit von Daten, die in Unionsrecht oder nationalem Recht festgelegt sind, kann ein Dateninhaber Datenzugangsverlangen im Sinne dieses Kapitels im Falle von Daten, die zur Bewältigung eines öffentlichen Notstands erforderlich sind, unverzüglich und in jedem Fall innerhalb von fünf Arbeitstagen nach Eingang des Datenverlangens sowie in anderen Fällen einer außergewöhnlichen Notwendigkeit unverzüglich und in jedem Fall innerhalb von 30 Arbeitstagen nach Eingang des betreffenden Datenverlangens aus einem der folgenden Gründe ablehnen oder deren Änderung beantragen:

a) Der Dateninhaber hat keine Kontrolle über die verlangten Daten;
b) ein ähnliches Verlangen zu demselben Zweck wurde bereits von einer anderen öffentlichen Stelle oder von der Kommission, der Europäischen Zentralbank oder

einer Einrichtung der Union gestellt, und der Dateninhaber wurde nicht gemäß Artikel 19 Absatz 1 Buchstabe c über das Löschen der Daten unterrichtet;

c) das Verlangen erfüllt nicht die Voraussetzungen nach Artikel 17 Absätze 1 und 2.

(3) Wenn der Dateninhaber das Verlangen gemäß Absatz 2 Buchstabe b ablehnt oder dessen Änderung beantragt, nennt er die öffentliche Stelle oder die Kommission, die Europäische Zentralbank oder die Einrichtung der Union, die zuvor zu demselben Zweck Daten verlangt hatte.

(4) Wenn die verlangten Daten auch personenbezogene Daten enthalten, werden diese vom Dateninhaber ordnungsgemäß anonymisiert, es sei denn, zur Erfüllung des Datenzugangsverlangens einer öffentlichen Stelle, der Kommission, der Europäischen Zentralbank oder einer Einrichtung der Union ist die Offenlegung personenbezogener Daten erforderlich. In diesen Fällen muss der Dateninhaber die Daten pseudonymisieren.

(5) Wenn die öffentliche Stelle, die Kommission, die Europäische Zentralbank oder die Einrichtung der Union beabsichtigt, der Ablehnung des Datenverlangens eines Dateninhabers zu widersprechen, oder wenn der Dateninhaber Einspruch gegen das Verlangen einzulegen beabsichtigt und die Angelegenheit durch eine entsprechende Änderung des Verlangens nicht beigelegt werden kann, wird die nach Artikel 37 benannte zuständige Behörde des Mitgliedstaats, in dem der Dateninhaber niedergelassen ist, mit der Angelegenheit befasst.

**Artikel 19**
**Pflichten öffentlicher Stellen, der Kommission, der Europäischen Zentralbank und der Einrichtungen der Union**

(1) Eine öffentliche Stelle, die Kommission, die Europäische Zentralbank oder eine Einrichtung der Union, die Daten aufgrund eines Verlangens nach Artikel 14 erhalten hat,

a) darf die Daten nicht in einer Weise nutzen, die mit dem Zweck des Datenverlangens unvereinbar ist;
b) muss technische und organisatorische Maßnahmen getroffen haben, die die Vertraulichkeit und Integrität der verlangten Daten und die Sicherheit der Datenübermittlungen – insbesondere bei personenbezogenen Daten – wahren und die Rechte und Freiheiten der betroffenen Personen schützen;
c) muss die Daten löschen, sobald sie für den angegebenen Zweck nicht mehr erforderlich sind, und dem Dateninhaber sowie den Einzelpersonen oder Organisationen, die die Daten gemäß Artikel 21 Absatz 1 erhalten haben, unverzüglich mitteilen, dass die Daten gelöscht worden sind, es sei denn, die Archivierung der Daten ist im Einklang mit Unionsrecht oder nationalem Recht über den Zugang der Öffentlichkeit zu Dokumenten im Rahmen der Transparenzverpflichtungen vorgeschrieben.

(2) Eine öffentliche Stelle, die Kommission, die Europäische Zentralbank oder eine Einrichtung der Union oder Dritte, die Daten gemäß diesem Kapitel erhalten, sind nicht berechtigt,

a) die Daten oder Erkenntnisse über die wirtschaftliche Lage, die Vermögenswerte und Produktions- oder Betriebsmethoden des Dateninhabers zu nutzen, um ein vernetztes Produkt oder einen verbundenen Dienst zu entwickeln oder zu verbessern, das bzw. die mit dem vernetzten Produkt oder des verbundenen Dienstes des Dateninhabers im Wettbewerb steht;
b) die Daten für die unter Buchstabe a genannten Zwecke an einen anderen Dritten weiterzugeben.

(3) Die Offenlegung von Geschäftsgeheimnissen gegenüber einer öffentlichen Stelle, der Kommission, der Europäischen Zentralbank oder einer Einrichtung der Union gilt nur in dem Maße als erforderlich, in dem dies für den Zweck eines Verlangens gemäß Artikel 15 unerlässlich ist. In diesem Fall muss der Dateninhaber oder, falls es sich dabei nicht um dieselbe Person handelt, der Inhaber des Geschäftsgeheimnisses die Daten, die als Geschäftsgeheimnisse geschützt sind, einschließlich der einschlägigen Metadaten, identifizieren. Die öffentliche Stelle, die Kommission, die Europäische Zentralbank oder die Einrichtung der Union treffen vor der Offenlegung von Geschäftsgeheimnissen alle erforderlichen und geeigneten technischen und organisatorischen Maßnahmen, um die Vertraulichkeit der Geschäftsgeheimnisse zu wahren, gegebenenfalls einschließlich der Verwendung von Mustervertragsbestimmungen, technischen Normen und der Anwendung von Verhaltenskodizes.

(4) Eine öffentliche Stelle, die Kommission, die Europäische Zentralbank oder eine Einrichtung der Union sind für die Sicherheit der erhaltenen Daten verantwortlich.

**Artikel 20**
**Ausgleich im Falle einer außergewöhnlichen Notwendigkeit**

(1) Dateninhaber, bei denen es sich nicht um Kleinstunternehmen und Kleinunternehmen handelt, stellen die zur Bewältigung eines öffentlichen Notstands nach Artikel 15 Absatz 1 Buchstabe a erforderlichen Daten unentgeltlich bereit. Die öffentliche Stelle, die Kommission, die Europäische Zentralbank oder die Einrichtung der Union, die die Daten erhalten haben, erkennen den Beitrag des Dateninhabers auf dessen Ersuchen hin öffentlich an.

(2) Der Dateninhaber hat Anspruch auf eine faire Gegenleistung für die Bereitstellung von Daten im Einklang mit einem Verlangen gemäß Artikel 15 Absatz 1 Buchstabe b. Diese Gegenleistung deckt mindestens die technischen und organisatorischen Kosten, die durch die Erfüllung des Verlangens entstehen, gegebenenfalls einschließlich der Kosten einer Anonymisierung, Pseudonymisierung, Aggregation und technischen Anpassung, und einer angemessenen Marge. Auf Verlangen der öffentlichen Stelle, der Kommission, der Europäischen Zentralbank oder der Einrichtung der Union übermittelt der Dateninhaber Informationen über die Grundlage der Kostenberechnung und die angemessene Marge.

(3) Absatz 2 gilt auch, wenn Kleinstunternehmen und Kleinunternehmen für die Bereitstellung von Daten eine Gegenleistung beanspruchen.

(4) Dateninhaber haben kein Recht auf Gegenleistung für die Bereitstellung von Daten zur Erfüllung eines Verlangens gemäß Artikel 15 Absatz 1 Buchstabe b, falls die besondere Aufgabe im öffentlichen Interesse in der Erstellung amtlicher Statistiken durchgeführt wird und der Erwerb von Daten nach nationalem Recht nicht zulässig ist. Die Mitgliedstaaten unterrichten die Kommission, wenn der Erwerb von Daten für die Erstellung amtlicher Statistiken nach nationalem Recht nicht zulässig ist.

(5) Ist die öffentliche Stelle, die Kommission, die Europäische Zentralbank oder die Einrichtung der Union mit der Höhe der vom Dateninhaber geforderten Gegenleistung nicht einverstanden, so kann sie bei der nach Artikel 37 benannten zuständigen Behörde des Mitgliedstaats, in dem der Dateninhaber niedergelassen ist, Beschwerde einlegen.

**Artikel 21**
**Weitergabe von im Zusammenhang mit außergewöhnlichen Notwendigkeiten erhaltenen Daten an Forschungseinrichtungen oder statistische Ämter**

(1) Eine öffentliche Stelle, die Kommission, die Europäische Zentralbank oder eine Einrichtung der Union ist berechtigt, die nach diesem Kapitel erhaltenen Daten weiterzugeben
a) an Einzelpersonen oder Organisationen im Hinblick auf die Durchführung wissenschaftlicher Forschungstätigkeiten oder Analysen, die mit dem Zweck des Datenverlangens vereinbar sind, oder
b) an nationale statistische Ämter oder an Eurostat zur Erstellung amtlicher Statistiken.

(2) Personen oder Organisationen, die Daten nach Absatz 1 erhalten, müssen gemeinnützig oder im Rahmen einer nach Unionsrecht oder nach nationalem Recht anerkannten Aufgabe von öffentlichem Interesse handeln. Dies umfasst keine Organisationen, die in erheblichem Maße dem Einfluss gewerblicher Unternehmen unterliegen, wodurch diese einen bevorzugten Zugang zu den Forschungsergebnissen erhalten könnten.

(3) Einzelpersonen oder Organisationen, die Daten nach Absatz 1 des vorliegenden Artikels erhalten, müssen die gleichen Verpflichtungen erfüllen, die für öffentliche Stellen, die Kommission, die Europäische Zentralbank oder die Einrichtungen der Union nach Artikel 17 Absatz 3 und Artikel 19 gelten.

(4) Unbeschadet des Artikels 19 Absatz 1 Buchstabe c können Einzelpersonen oder Organisationen, die Empfänger der Daten gemäß Absatz 1 dieses Artikels sind, die erhaltenen Daten, nachdem sie von den öffentlichen Stellen, der Kommission, der Europäischen Zentralbank und den Einrichtungen der Union gelöscht wurden, für einen Zeitraum von bis zu sechs Monaten für die Zwecke des Datenverlangens aufbewahren.

(5) Beabsichtigt eine öffentliche Stelle, die Kommission, die Europäische Zentralbank oder eine Einrichtung der Union, Daten gemäß Absatz 1 des vorliegenden Artikels

zu übermitteln oder bereitzustellen, so teilt sie dies dem Dateninhaber, von dem die Daten empfangen wurden, unverzüglich mit, unter Angabe der Identität und der Kontaktdaten der die Daten empfangenden Organisation oder Einzelperson, des Zwecks der Übermittlung oder Bereitstellung der Daten, des Zeitraums, für den die Daten verwendet werden sollen, und der getroffenen technischen Schutzmaßnahmen und organisatorischen Maßnahmen, auch wenn personenbezogene Daten oder Geschäftsgeheimnisse betroffen sind. Ist der Dateninhaber mit der Übermittlung oder Bereitstellung von Daten nicht einverstanden, so kann er bei der nach Artikel 37 benannten zuständigen Behörde des Mitgliedstaats, in dem der Dateninhaber niedergelassen ist, Beschwerde einlegen.

**Artikel 22**
**Amtshilfe und grenzüberschreitende Zusammenarbeit**

(1) Öffentliche Stellen, die Kommission, die Europäische Zentralbank und die Einrichtungen der Union arbeiten im Hinblick auf die kohärente Umsetzung dieses Kapitels zusammen und unterstützen sich diesbezüglich gegenseitig.

(2) Daten, die im Zusammenhang mit einem Amtshilfeersuchen und geleisteter Amtshilfe nach Absatz 1 ausgetauscht worden sind, dürfen nicht in einer Weise genutzt werden, die mit dem Zweck des Datenverlangens unvereinbar ist.

(3) Beabsichtigt eine öffentliche Stelle, von einem Dateninhaber, der in einem anderen Mitgliedstaat niedergelassen ist, die Bereitstellung von Daten zu verlangen, so teilt sie diese Absicht zunächst der nach Artikel 37 benannten zuständigen Behörde jenes Mitgliedstaats mit. Diese Anforderung gilt auch für Zugangsverlangen der Kommission, der Europäischen Zentralbank sowie von Einrichtungen der Union. Das Verlangen wird von der zuständigen Behörde des Mitgliedstaats, in dem der Dateninhaber niedergelassen ist, geprüft.

(4) Nach Prüfung des Verlangens im Lichte der in Artikel 17 festgelegten Anforderungen ergreift die jeweils zuständige Behörde unverzüglich eine der folgenden Maßnahmen:

a) Sie übermittelt das Verlangen an den Dateninhaber und weist die anfragende öffentlichen Stelle, die Kommission, die Europäische Zentralbank oder die Einrichtung der Union gegebenenfalls darauf hin, dass sie mit öffentlichen Stellen des Mitgliedstaats, in dem der Dateninhaber niedergelassen ist, zusammenarbeiten muss, um den Verwaltungsaufwand für den Dateninhaber bei der Erfüllung des Verlangens zu verringern;
b) sie lehnt das Verlangen aus hinreichend begründeten Gründen im Einklang mit diesem Kapitel ab.

Die anfragende öffentliche Stelle, die Kommission, die Europäische Zentralbank oder die Einrichtung der Union trägt dem Hinweis der jeweils zuständigen Behörde sowie den von dieser genannten Gründen gemäß Unterabsatz 1 Rechnung, bevor sie, falls zutreffend, weitere Maßnahmen wie die erneute Einreichung des Verlangens ergreift.

## KAPITEL VI WECHSEL ZWISCHEN DATENVERARBEITUNGSDIENSTEN

### Artikel 23
### Beseitigung von Hindernissen für einen wirksamen Wechsel

Anbieter von Datenverarbeitungsdiensten treffen die in den Artikeln 25, 26, 27, 29 und 30 vorgesehenen Maßnahmen, um es Kunden zu ermöglichen, zu einem Datenverarbeitungsdienst, der die gleiche Dienstart abdeckt, die von einem anderen Anbieter von Datenverarbeitungsdiensten erbracht wird, oder zu IKT-Infrastruktur in eigenen Räumlichkeiten zu wechseln oder gegebenenfalls mehrere Anbieter von Datenverarbeitungsdiensten gleichzeitig in Anspruch zu nehmen. Insbesondere dürfen Anbieter von Datenverarbeitungsdiensten keine vorkommerziellen, gewerblichen, technischen, vertraglichen und organisatorischen Hindernisse aufzwingen und müssen solche Hindernisse beseitigen, wenn sie die Kunden daran hindern,

a) den Vertrag über den Datenverarbeitungsdienst nach der maximalen Kündigungsfrist und nachdem der Wechsel gemäß Artikel 25 erfolgreich vollzogen ist, zu kündigen;
b) neue Verträge mit einem anderen Anbieter von Datenverarbeitungsdiensten für die gleiche Dienstart zu schließen;
c) exportierbare Daten des Kunden und digitale Vermögenswerte zu einem anderen Anbieter von Datenverarbeitungsdiensten oder zu einer IKT-Infrastruktur in eigenen Räumlichkeiten zu übertragen, auch nach Inanspruchnahme eines unentgeltlichen Angebots;
d) gemäß Artikel 24 die Funktionsäquivalenz bei der Nutzung des neuen Datenverarbeitungsdienstes in der IKT-Umgebung eines anderen Anbieters von Datenverarbeitungsdiensten, der die gleiche Dienstart abdeckt, zu erreichen;
e) die in Artikel 30 Absatz 1 genannten Datenverarbeitungsdienste von anderen von dem Anbieter von Datenverarbeitungsdiensten erbrachten Datenverarbeitungsdiensten zu trennen, soweit dies technisch durchführbar ist.

### Artikel 24
### Tragweite der technischen Verpflichtungen

Die Verantwortung von Anbietern von Datenverarbeitungsdiensten gemäß der Artikel 23, 25, 29, 30 und 34 gilt nur für die Dienste, Verträge oder Geschäftsgepflogenheiten, die vom ursprünglichen Anbieter der Datenverarbeitungsdienste angeboten wurden.

### Artikel 25
### Vertragsklauseln für den Wechsel

(1) Die Rechte des Kunden und die Pflichten des Anbieters von Datenverarbeitungsdiensten in Bezug auf den Wechsel zwischen Anbietern solcher Dienste oder gegebenenfalls zu einer IKT-Infrastruktur in eigenen Räumlichkeiten werden eindeutig in einem schriftlichen Vertrag festgelegt. Der Anbieter von Datenverarbeitungsdiensten stellt dem Kunden diesen Vertrag vor der Vertragsunterzeichnung so bereit, dass er den Vertrag speichern und reproduzieren kann.

(2) Unbeschadet der Richtlinie (EU) 2019/770 enthält der in Absatz 1 dieses Artikels genannte Vertrag mindestens Folgendes:

a) Klauseln, die es dem Kunden ermöglichen, auf Verlangen zu einem Datenverarbeitungsdienst zu wechseln, der von einem anderen Anbieter von Datenverarbeitungsdiensten angeboten wird, oder alle exportierbaren Daten und digitalen Vermögenswerte unverzüglich und in keinem Fall zu einem späteren Zeitpunkt als nach Ablauf der verbindlichen Übergangsfrist von höchstens 30 Kalendertagen ab Ablauf der in Buchstabe d genannten maximalen Kündigungsfrist auf eine IKT-Infrastruktur in eigenen Räumlichkeiten zu übertragen, wobei der Anbieter von Datenverarbeitungsdiensten in dieser Frist
   i) dem Kunden und von ihm autorisierten Dritten beim Vollzug des Wechsels angemessene Unterstützung leistet;
   ii) mit der gebotenen Sorgfalt handelt, um die Kontinuität des Geschäftsbetriebs aufrechtzuerhalten und die Erbringung der vertragsmäßigen Funktionen oder Dienste fortzusetzen;
   iii) eindeutig über bekannte Risiken für die unterbrechungsfreie Erbringung der Funktionen oder Dienste unterrichtet, die auf den ursprünglichen Anbieter der Datenverarbeitungsdienste zurückgehen;
   iv) während der Wechsel vollzogen wird, für ein hohes Maß an Sicherheit sorgt; dies gilt insbesondere für die Sicherheit der Daten während ihrer Übertragung und die kontinuierliche Sicherheit der Daten während des in Buchstabe g genannten Abrufzeitraums im Einklang mit dem geltenden Unionsrecht oder dem nationalen Recht;

b) die Verpflichtung des Anbieters von Datenverarbeitungsdiensten, die für die vertraglich vereinbarten Dienste relevante Ausstiegsstrategie des Kunden zu unterstützen, unter anderem durch Bereitstellung aller einschlägigen Informationen;

c) eine Klausel, in der festgelegt ist, dass der Vertrag als beendet gilt und der Kunde über die Kündigung in einem der folgenden Fälle unterrichtet wird:
   i) gegebenenfalls, nachdem der Wechsel erfolgreich vollzogen ist;
   ii) nach Ablauf der in Buchstabe d genannten maximalen Kündigungsfrist, wenn der Kunde nicht wechseln, sondern seine exportierbaren Daten und digitalen Vermögenswerte nach Beendigung des Dienstes löschen möchte,

d) eine maximale Kündigungsfrist für die Einleitung des Wechsels, die zwei Monate nicht überschreiten darf;

e) eine erschöpfende Auflistung aller Kategorien von Daten und digitalen Vermögenswerten, die während des Wechselvollzugs übertragen werden können, einschließlich mindestens aller exportierbaren Daten;

f) eine erschöpfende Liste der Datenkategorien, die für die interne Funktionsweise des Datenverarbeitungsdienstes des Anbieters spezifisch sind und von den exportierbaren Daten gemäß Buchstabe e des vorliegenden Absatzes ausgenommen werden, wenn die Gefahr einer Verletzung von Geschäftsgeheimnissen des Anbieters besteht, vorausgesetzt solche Ausnahmen behindern oder verzögern den Wechsel nach Artikel 23 Buchstabe c nicht;

g) eine Mindestfrist für den Datenabruf von mindestens 30 Kalendertagen, der nach dem Ablauf des zwischen dem Kunden und dem Anbieter der Datenverarbeitungsdienste gemäß Buchstabe a des vorliegenden Absatzes und Absatz 4 vereinbarten Übergangszeitraums beginnt;

h) eine Klausel, die garantiert, dass alle exportierbaren Daten und digitalen Vermögenswerte, die direkt vom Kunden generiert werden oder sich direkt auf den Kunden beziehen, nach Ablauf des unter Buchstabe g genannten Abrufzeitraums oder nach Ablauf eines vereinbarten alternativen Zeitraums zu einem späteren Zeitpunkt als dem Ablaufdatum des in Buchstabe g genannten Abrufzeitraums vollständig gelöscht werden, sofern der Wechsel erfolgreich vollzogen ist;
i) Wechselentgelte, die von Anbietern von Datenverarbeitungsdiensten gemäß Artikel 29 erhoben werden können.

(3) Der in Absatz 1 genannte Vertrag muss Klauseln enthalten, wonach der Kunde den Anbieter von Datenverarbeitungsdiensten nach Ablauf der maximalen Kündigungsfrist gemäß Absatz 2 Buchstabe d über seine Entscheidung unterrichten kann, eine oder mehrere der folgenden Maßnahmen durchzuführen:
a) Wechsel zu einem anderen Anbieter von Datenverarbeitungsdiensten, wobei der Kunde in diesem Fall die erforderlichen Angaben zu diesem Anbieter macht;
b) Wechsel zu einer IKT-Infrastruktur in eigenen Räumlichkeiten;
c) Löschung seiner exportierbaren Daten und digitalen Vermögenswerte.

(4) Ist der verbindliche maximale Übergangszeitraum nach Absatz 2 Buchstabe a technisch nicht durchführbar, so teilt der Anbieter von Datenverarbeitungsdiensten dies dem Kunden innerhalb von 14 Arbeitstagen nach der Beantragung des Wechsels mit und begründet ordnungsgemäß die technische Undurchführbarkeit und gibt einen alternativen Übergangszeitraum an, der sieben Monate nicht überschreiten darf. Im Einklang mit Absatz 1 wird die Kontinuität des Dienstes während des alternativen Übergangszeitraums gegebenenfalls sichergestellt.

(5) Unbeschadet des Absatzes 4 enthält der in Absatz 1 genannte Vertrag Klauseln, wonach der Kunde berechtigt ist, den Übergangszeitraum einmal um einen Zeitraum zu verlängern, den er für seine eigenen Zwecke für angemessener hält.

**Artikel 26**
**Informationspflicht der Anbieter von Datenverarbeitungsdiensten**

Der Anbieter von Datenverarbeitungsdiensten stellt dem Kunden Folgendes bereit:
a) Informationen über die verfügbaren Verfahren für den Wechsel und die Übertragung von Inhalten auf den Datenverarbeitungsdienst, einschließlich Informationen über verfügbare Wechsel- und Übertragungsmethoden und -formate sowie über Einschränkungen und technische Beschränkungen, die dem Anbieter von Datenverarbeitungsdiensten bekannt sind;
b) einen Verweis auf ein aktuelles Online-Register der Anbieter von Datenverarbeitungsdiensten mit Einzelheiten zu allen Datenstrukturen und Datenformaten sowie zu den einschlägigen Normen und offenen Interoperabilitätsspezifikationen, in denen die in Artikel 25 Absatz 2 Buchstabe e beschriebenen exportierbaren Daten verfügbar sind.

**Artikel 27**
**Verpflichtung zum Handeln nach Treu und Glauben**

Alle Beteiligten, einschließlich der übernehmenden Anbieter von Datenverarbeitungsdiensten, arbeiten nach Treu und Glauben zusammen, damit der Wechsel effektiv vollzogen wird, Daten rechtzeitig übertragen werden können und die Kontinuität des Datenverarbeitungsdienstes aufrechterhalten wird.

**Artikel 28**
**Vertragliche Transparenzpflichten in Bezug auf den Zugang und die Übermittlung im internationalen Umfeld**

(1) Anbieter von Datenverarbeitungsdiensten stellen auf ihren Websites folgende Informationen bereit und halten diese Informationen auf dem neuesten Stand:
a) die Gerichtsbarkeit, der die IKT-Infrastruktur unterliegt, die für die Datenverarbeitung der einzelnen Dienste der Anbieter errichtet wurde;
b) eine allgemeine Beschreibung der technischen, organisatorischen und vertraglichen Maßnahmen, die der Anbieter von Datenverarbeitungsdiensten getroffen hat, um einen internationalen staatlichen Zugang zu oder eine internationale staatliche Übermittlung von in der Union gespeicherten nicht-personenbezogenen Daten zu verhindern, wenn ein entsprechender Zugang oder eine entsprechende Übermittlung im Widerspruch zum Unionsrecht oder zum nationalen Recht des betreffenden Mitgliedstaats stünde.

(2) Die in Absatz 1 genannten Websites werden in dem Vertrag für alle Datenverarbeitungsdienste, die von Anbietern von Datenverarbeitungsdiensten angeboten werden, aufgeführt.

**Artikel 29**
**Schrittweise Abschaffung von Wechselentgelten**

(1) Ab dem 12. Januar 2027 dürfen Anbieter von Datenverarbeitungsdiensten für den Vollzug des Anbieterwechsels keine Wechselentgelte mehr erheben.

(2) Vom 11. Januar 2024 bis zum 12. Januar 2027 dürfen Anbieter von Datenverarbeitungsdiensten bei den Kunden für den Vollzug des Wechsels ermäßigte Wechselentgelte erheben.

(3) Die in Absatz 2 genannten ermäßigten Wechselentgelte dürfen die Kosten, die dem Anbieter von Datenverarbeitungsdiensten im unmittelbaren Zusammenhang mit dem betreffenden Wechsel entstehen, nicht übersteigen.

(4) Vor dem Abschluss eines Vertrags mit einem Kunden unterrichten Anbieter von Datenverarbeitungsdiensten den potenziellen Kunden eindeutig über die möglicherweise erhobenen Standarddienstentgelte und die bei vorzeitiger Kündigung möglicherweise auferlegten Sanktionen sowie über die ermäßigten Wechselentgelte, die während des in Absatz 2 genannten Zeitrahmens erhoben werden könnten.

(5) Gegebenenfalls stellen Anbieter von Datenverarbeitungsdiensten einem Kunden Informationen über Datenverarbeitungsdienste bereit, durch die der Wechsel sehr kompliziert oder kostspielig wird oder ohne nennenswerte Eingriffe in die Daten, digitalen Vermögenswerte oder die Dienstarchitektur unmöglich ist.

(6) Anbieter von Datenverarbeitungsdiensten veröffentlichen die in den Absätzen 4 und 5 genannten Informationen für Kunden gegebenenfalls auf einem gesonderten Abschnitt ihrer Website oder auf eine andere leicht zugängliche Weise.

(7) Der Kommission wird die Befugnis übertragen, gemäß Artikel 45 delegierte Rechtsakte zur Ergänzung dieser Verordnung zu erlassen, indem ein Überwachungsmechanismus eingerichtet wird, mit dem die Kommission die von Anbietern von Datenverarbeitungsdiensten auf dem Markt verlangten Wechselentgelte überwachen kann, um sicherzustellen, dass die Wechselentgelte gemäß den Absätzen 1 und 2 des vorliegenden Artikels innerhalb der in diesen Absätzen festgelegten Fristen abgeschafft und verringert werden.

**Artikel 30**
**Technische Aspekte des Wechsels**

(1) Was Datenverarbeitungsdienste für skalierbare und elastische Rechenressourcen betrifft, die auf Infrastrukturelemente wie Server, Netze und die für den Betrieb der Infrastruktur erforderlichen virtuellen Ressourcen beschränkt sind, aber keinen Zugang zu den Betriebsdiensten, zur Software und zu den Anwendungen gewähren, die auf diesen Infrastrukturelementen gespeichert sind, anderweitig verarbeitet oder eingesetzt werden, ergreifen Anbieter im Einklang mit Artikel 27 alle ihnen zur Verfügung stehenden angemessenen Maßnahmen, um zu ermöglichen, dass der Kunde, nachdem er zu einem Dienst der gleichen Dienstart gewechselt ist, bei der Nutzung des übernehmenden Datenverarbeitungsdienstes Funktionsäquivalenz erreicht. Der ursprüngliche Anbieter von Datenverarbeitungsdiensten ermöglicht den Wechsel, indem er Kapazitäten, angemessene Informationen, Dokumentationsmaterial, technische Unterstützung und gegebenenfalls die erforderlichen Instrumente bereitstellt.

(2) Andere als die in Absatz 1 genannten Anbieter von Datenverarbeitungsdiensten stellen allen ihren Kunden und den betreffenden übernehmenden Anbietern von Datenverarbeitungsdiensten unentgeltlich offene Schnittstellen bereit, um den Wechsel zu ermöglichen. Diese Schnittstellen müssen ausreichende Informationen über den betreffenden Dienst enthalten, damit die Software entwickelt werden kann, die für die Kommunikation mit den Diensten zu Zwecken der Datenübertragbarkeit und der Interoperabilität erforderlich ist.

(3) Bei anderen als den in Absatz 1 des vorliegenden Artikels genannten Datenverarbeitungsdiensten gewährleisten Anbieter von Datenverarbeitungsdiensten die Kompatibilität mit gemeinsamen Spezifikationen auf der Grundlage offener Interoperabilitätsspezifikationen oder harmonisierter Interoperabilitätsnormen, und zwar mindestens zwölf Monate, nachdem die Bezugnahmen auf diese gemeinsamen Inte-

roperabilitätsspezifikationen oder harmonisierten Normen für die Interoperabilität von Datenverarbeitungsdiensten – im Anschluss an die Veröffentlichung der zugrunde liegenden Durchführungsrechtsakte im *Amtsblatt der Europäischen Union* – in der zentralen Datenbank der Union für Normen für Datenverarbeitungsdienste im Einklang mit Artikel 35 Absatz 8 veröffentlicht wurden.

(4) Anbieter von Datenverarbeitungsdiensten, die nicht in Absatz 1 dieses Artikels genannt sind, aktualisieren das in Artikel 26 Buchstabe b genannte Online-Register im Einklang mit ihren Verpflichtungen gemäß Absatz 3 des vorliegenden Artikels.

(5) Im Falle eines Wechsels zwischen Diensten der gleichen Dienstart, für die in der zentralen Datenbank der Union für die Interoperabilität von Datenverarbeitungsdiensten gemäß Artikel 35 Absatz 8 keine gemeinsamen Spezifikationen oder die in Absatz 3 des vorliegenden Artikels genannten harmonisierten Normen für die Interoperabilität veröffentlicht wurden, exportiert der Anbieter der Datenverarbeitungsdienste auf Verlangen des Kunden alle exportierbaren Daten in einem strukturierten, gängigen und maschinenlesbaren Format.

(6) Anbieter von Datenverarbeitungsdiensten sind nicht verpflichtet, neue Technologien oder Dienste zu entwickeln oder digitale Vermögenswerte, die durch Rechte des geistigen Eigentums geschützt sind oder ein Geschäftsgeheimnis darstellen, gegenüber einem Kunden oder einem anderen Anbieter von Datenverarbeitungsdiensten offenzulegen oder die Sicherheit und Integrität des Kunden oder Anbieters zu beeinträchtigen.

**Artikel 31**
**Spezifische Regelung für bestimmte Datenverarbeitungsdienste**

(1) Die in Artikel 23 Buchstabe d, Artikel 29 und Artikel 30 Absätze 1 und 3 festgelegten Verpflichtungen gelten nicht für Datenverarbeitungsdienste, bei denen die meisten zentralen Funktionen auf die spezifischen Bedürfnisse eines einzelnen Kunden zugeschnitten wurden, oder wenn alle Komponenten für die Zwecke eines einzelnen Kunden entwickelt wurden und wenn diese Datenverarbeitungsdienste nicht im größeren kommerziellen Maßstab über den Dienstleistungskatalog der Anbieter von Datenverarbeitungsdiensten angeboten werden.

(2) Die in diesem Kapitel festgelegten Verpflichtungen gelten nicht für Datenverarbeitungsdienste, die nicht als Vollversion, sondern zu Test- und Bewertungszwecken und für einen begrenzten Zeitraum bereitgestellt werden.

(3) Vor dem Abschluss eines Vertrags über die Erbringung der in diesem Artikel genannten Datenverarbeitungsdienste unterrichtet der Anbieter von Datenverarbeitungsdiensten den potenziellen Kunden über die Verpflichtungen aus diesem Kapitel, die nicht gelten.

## KAPITEL VII UNRECHTMÄSSIGER STAATLICHER ZUGANG ZU UND UNRECHTMÄSSIGE STAATLICHE ÜBERMITTLUNG VON NICHT-PERSONENBEZOGENEN DATEN IM INTERNATIONALEN UMFELD

### Artikel 32
### Staatlicher Zugang und staatliche Übermittlung im internationalen Umfeld

(1) Unbeschadet der Absätze 2 oder 3 treffen Anbieter von Datenverarbeitungsdiensten alle angemessenen technischen, organisatorischen und rechtlichen Maßnahmen, einschließlich Verträgen, um den staatlichen Zugang zu und die staatliche Übermittlung von in der Union gespeicherten nicht-personenbezogenen Daten im internationalen Umfeld und durch Drittländer zu verhindern, wenn dies im Widerspruch zum Unionsrecht oder zum nationalen Recht des betreffenden Mitgliedstaats stehen würde.

(2) Für jegliche Entscheidung bzw. jegliches Urteil eines Gerichts eines Drittlands und jegliche Entscheidung einer Verwaltungsbehörde eines Drittlands, die Anbieter von Datenverarbeitungsdiensten auffordern, in den Anwendungsbereich dieser Verordnung fallende nicht-personenbezogene Daten zu übermitteln oder Zugang zu diesen Daten zu gewähren, gilt, dass sie unabhängig von der Art und Weise nur anerkannt werden bzw. vollstreckbar sind, wenn sie auf einer rechtskräftigen internationalen Übereinkunft, etwa auf einem Rechtshilfeabkommen zwischen dem anfragenden Drittland und der Union oder einer solcher Übereinkunft zwischen dem anfragenden Drittland und einem Mitgliedstaat, beruhen.

(3) Wenn keine internationale Übereinkunft gemäß Absatz 2 besteht und an einen Anbieter von Datenverarbeitungsdiensten eine Entscheidung bzw. ein Urteil eines Gerichts eines Drittlands oder eine Entscheidung einer Verwaltungsbehörde eines Drittlands ergeht, wonach unter diese Verordnung fallende in der Union gespeicherte nichtpersonenbezogene Daten zu übermitteln sind oder Zugang zu diesen Daten zu gewähren ist, und der Adressat eines solchen Urteils oder einer solchen Entscheidung im Falle der Folgeleistung gegen das Unionsrecht oder das nationale Recht des betreffenden Mitgliedstaats verstoßen würde, erfolgt die Übermittlung von oder die Gewährung des Zugangs zu diesen Daten an bzw. für die betreffende Drittlandsbehörde nur, wenn

a) das Rechtssystem des Drittlands vorschreibt, dass die Entscheidung oder das Urteil zu begründen ist und verhältnismäßig sein muss, und vorsieht, dass die Entscheidung oder das Urteil eine hinreichende Bestimmtheit aufweisen muss, indem darin z.B. eine hinreichende Bezugnahme auf bestimmte verdächtige Personen oder Rechtsverletzungen erfolgt,
b) der begründete Einwand des Adressaten von einem zuständigen Gericht des Drittlands überprüft wird und
c) das zuständige Gericht des Drittlands, das die Entscheidung oder das Urteil erlässt oder die Entscheidung einer Verwaltungsbehörde überprüft, nach dem Recht dieses Drittlands befugt ist, die einschlägigen rechtlichen Interessen des Bereitstellers der durch das Unionsrecht oder das nationale Recht des betreffenden Mitgliedstaats geschützten Daten gebührend zu berücksichtigen.

Der Adressat der Entscheidung oder des Urteils kann die Stellungnahme der zuständigen nationalen Stelle oder der für die internationale Zusammenarbeit in Rechtssachen zuständigen Behörde einholen, um festzustellen, ob die in Unterabsatz 1 festgelegten Bedingungen erfüllt sind, insbesondere wenn er der Auffassung ist, dass die Entscheidung möglicherweise Geschäftsgeheimnisse und andere sensible Geschäftsdaten sowie Inhalte, die durch Rechte des geistigen Eigentums geschützt sind, betrifft oder die Übermittlung eine Re-Identifikation ermöglichen könnte. Die zuständige nationale Stelle oder Behörde kann die Kommission konsultieren. Ist der Adressat der Auffassung, dass die Entscheidung oder das Urteil die nationale Sicherheit oder die Verteidigungsinteressen der Union oder ihrer Mitgliedstaaten beeinträchtigen könnte, so holt er die Stellungnahme der einschlägigen nationalen Stellen oder Behörden ein, um festzustellen, ob die verlangten Daten die nationale Sicherheit oder die Verteidigungsinteressen der Union oder ihrer Mitgliedstaaten betreffen. Hat der Adressat binnen eines Monats keine Antwort erhalten oder gelangt eine solche Stelle oder Behörde in ihrer Stellungnahme zu dem Schluss, dass die in Unterabsatz 1 festgelegten Bedingungen nicht erfüllt sind, so kann der Adressat die Aufforderung zur Übermittlung von oder zum Zugang zu nicht-personenbezogenen Daten aus diesen Gründen ablehnen.

Der in Artikel 42 genannte EDIB berät und unterstützt die Kommission bei der Ausarbeitung von Leitlinien für die Bewertung, ob die in Unterabsatz 1 dieses Absatzes genannten Bedingungen erfüllt sind.

(4) Sind die Voraussetzungen nach Absatz 2 oder Absatz 3 erfüllt, so stellt der Anbieter von Datenverarbeitungsdiensten die Mindestmenge an Daten bereit, die auf der Grundlage einer angemessenen Auslegung dieses Verlangens durch den Anbieter oder die in Absatz 3 Unterabsatz 2 genannte einschlägige nationale Stelle oder Behörde als Reaktion auf das Verlangen zulässig ist.

(5) Der Anbieter von Datenverarbeitungsdiensten teilt dem Kunden mit, dass für seine Daten ein Datenzugangsverlangen einer Behörde eines Drittlands vorliegt, bevor er das Verlangen erfüllt, außer in Fällen, in denen das Verlangen Strafverfolgungszwecken dient und solange zur Wahrung der Wirksamkeit der Strafverfolgungsmaßnahmen erforderlich ist.

## KAPITEL VIII INTEROPERABILITÄT

### Artikel 33
**Wesentliche Anforderungen an die Interoperabilität von Daten, von Mechanismen und Diensten für die Datenweitergabe sowie von gemeinsamen europäischen Datenräumen**

(1) Teilnehmer an Datenräumen, die anderen Teilnehmern Daten oder Datendienste anbieten, müssen die folgenden wesentlichen Anforderungen zur Erleichterung der Interoperabilität von Daten, von Mechanismen und Diensten für die Datenweitergabe sowie von gemeinsamen europäischen Datenräumen erfüllen, bei denen es sich um zweck- oder sektorspezifische oder sektorübergreifende interoperable Rahmen für gemeinsame Normen und Verfahren für die Weitergabe oder die gemeinsame

Verarbeitung von Daten – unter anderem für die Entwicklung neuer Produkte und Dienste, wissenschaftliche Forschung oder Initiativen der Zivilgesellschaft – handelt:

a) Datensatzinhalte, Nutzungsbeschränkungen, Lizenzen, Datenerhebungsmethoden, Datenqualität und Unsicherheiten sind – gegebenenfalls in maschinenlesbarem Format – hinreichend beschrieben, um dem Empfänger das Auffinden der Daten, den Datenzugang und die Datennutzung zu ermöglichen;
b) die Datenstrukturen, Datenformate, Vokabulare, Klassifizierungssysteme, Taxonomien und Codelisten, sofern verfügbar, werden in einer öffentlich verfügbaren und einheitlichen Weise beschrieben;
c) die technischen Mittel für den Datenzugang, wie etwa Anwendungsprogrammierschnittstellen, sowie ihre Nutzungsbedingungen und die Dienstqualität sind ausreichend beschrieben, um den automatischen Datenzugang und die automatische Datenübermittlung zwischen den Parteien, auch kontinuierlich, im Massen-Download oder in Echtzeit in einem maschinenlesbaren Format zu ermöglichen, sofern dies technisch machbar ist und das reibungslose Funktionieren des vernetzten Produkts nicht beeinträchtigt;
d) es werden gegebenenfalls die Mittel bereitgestellt, mit denen die Interoperabilität von Tools für die Automatisierung der Ausführung von Verträgen über die Datenweitergabe, wie intelligenten Verträgen, ermöglicht wird.

Die Anforderungen können allgemeiner Art sein oder bestimmte Sektoren betreffen, müssen aber die Wechselwirkungen mit Anforderungen aus anderem Unionsrecht oder aus nationalem Recht in vollem Umfang berücksichtigen.

(2) Der Kommission wird die Befugnis übertragen, gemäß Artikel 45 dieser Verordnung delegierte Rechtsakte zur Ergänzung dieser Verordnung durch die nähere Bestimmung der in Absatz 1 des vorliegenden Artikels festgelegten wesentlichen Anforderungen zu erlassen, und zwar in Bezug auf diejenigen Anforderungen, die naturgemäß nicht die beabsichtigte Wirkung entfalten können, sofern sie nicht in verbindlichen Rechtsakten der Union näher spezifiziert werden, und mit Ziel, den technologischen Entwicklungen und Marktentwicklungen angemessen Rechnung zu tragen.

Die Kommission berücksichtigt den Rat des EDIB gemäß Artikel 42 Buchstabe c, wenn sie delegierte Rechtsakte erlässt.

(3) Bei Teilnehmern an Datenräumen, die Daten oder Datendienste für andere Teilnehmer an Datenräumen anbieten, die ganz oder teilweise den harmonisierten Normen entsprechen, deren Fundstellen im *Amtsblatt der Europäischen Union* veröffentlicht werden, wird die Konformität mit den in Absatz 1 festgelegten wesentlichen Anforderungen vermutet, soweit diese Anforderungen durch diese harmonisierten Normen oder Teile dieser harmonisierten Normen erfasst werden.

(4) Die Kommission beauftragt gemäß Artikel 10 der Verordnung (EU) Nr. 1025/2012 eine oder mehrere europäische Normungsorganisationen damit, Entwürfe für harmonisierte Normen zu erarbeiten, die den in Absatz 1 des vorliegenden Artikels festgelegten wesentlichen Anforderungen genügen.

(5) Die Kommission kann im Wege von Durchführungsrechtsakten gemeinsame Spezifikationen erlassen, die einige oder alle in Absatz 1 festgelegten wesentlichen Anforderungen erfassen, sofern folgende Voraussetzungen erfüllt sind:

a) Die Kommission hat gemäß Artikel 10 Absatz 1 der Verordnung (EU) Nr. 1025/2012 eine oder mehrere europäische Normungsorganisationen damit beauftragt, eine harmonisierte Norm zu erarbeiten, die den in Absatz 1 des vorliegenden Artikels festgelegten wesentlichen Anforderungen genügt, und
   i) der Auftrag wurde entweder nicht angenommen,
   ii) die harmonisierten Normen für diesen Auftrag sind nicht innerhalb der gemäß Artikel 10 Absatz 1 der Verordnung (EU) Nr. 1025/2012 gesetzten Frist vorgelegt worden oder
   iii) die harmonisierten Normen erfüllen den Auftrag nicht, und
b) im *Amtsblatt der Europäischen Union* ist für die harmonisierten Normen, die die einschlägigen, in Absatz 1 des vorliegenden Artikels festgelegten wesentlichen Anforderungen erfassen, keine Fundstelle gemäß der Verordnung (EU) Nr. 1025/2012 veröffentlicht, und wird eine solche Fundstelle voraussichtlich auch nicht innerhalb einer angemessenen Frist veröffentlicht werden.

Diese Durchführungsrechtsakte werden gemäß dem in Artikel 46 Absatz 2 genannten Prüfverfahren erlassen.

(6) Vor der Ausarbeitung eines Entwurfs des in Absatz 5 des vorliegenden Artikels genannten Durchführungsrechtsakts teilt die Kommission dem in Artikel 22 der Verordnung (EU) Nr. 1025/2012 genannten Ausschuss mit, dass die Bedingungen von Absatz 5 des vorliegenden Artikels ihres Erachtens erfüllt sind.

(7) Bei der Ausarbeitung des Entwurfs des in Absatz 5 genannten Durchführungsrechtsakts berücksichtigt die Kommission den Rat des EDIB und die Standpunkte anderer einschlägiger Gremien oder Expertengruppen und konsultiert ordnungsgemäß alle einschlägigen Interessenträger.

(8) Bei Teilnehmern an Datenräumen, die Daten oder Datendienste für andere Teilnehmer an Datenräumen anbieten, die ganz oder teilweise den gemeinsamen Spezifikationen entsprechen, die gemäß den in Absatz 5 genannten Durchführungsrechtsakten festgelegt wurden, wird die Konformität mit den in Absatz 1 festgelegten wesentlichen Anforderungen vermutet, soweit diese Anforderungen ganz oder teilweise durch diese gemeinsamen Spezifikationen erfasst werden.

(9) Wird eine harmonisierte Norm von einer europäischen Normungsorganisation angenommen und der Kommission für die Zwecke der Veröffentlichung ihrer Fundstelle im *Amtsblatt der Europäischen Union* vorgeschlagen, so bewertet die Kommission die harmonisierte Norm gemäß der Verordnung (EU) Nr. 1025/2012. Wird die Fundstelle einer harmonisierten Norm im *Amtsblatt der Europäischen Union* veröffentlicht, so werden die in Absatz 5 des vorliegenden Artikels genannten Durchführungsrechtsakte, die dieselben wesentlichen Anforderungen erfassen, wie sie von dieser harmonisierten Norm erfasst sind, von der Kommission ganz oder teilweise aufgehoben.

(10) Ist ein Mitgliedstaat der Auffassung, dass eine gemeinsame Spezifikation den in Absatz 1 festgelegten wesentlichen Anforderungen nicht vollständig entspricht, so setzt er die Kommission durch die Übermittlung einer ausführlichen Erläuterung davon in Kenntnis. Die Kommission bewertet die ausführliche Erläuterung und kann gegebenenfalls den Durchführungsrechtsakt ändern, durch den die fragliche gemeinsame Spezifikation festgelegt wurde.

(11) Die Kommission kann unter Berücksichtigung des Vorschlags des EDIB gemäß Artikel 30 Buchstabe h der Verordnung (EU) 2022/868 zur Festlegung von interoperablen Rahmen für gemeinsame Normen und Verfahren für das Funktionieren gemeinsamer europäischer Datenräume Leitlinien annehmen.

**Artikel 34**
**Interoperabilität zu Zwecken der parallelen Nutzung von Datenverarbeitungsdiensten**

(1) Die in Artikel 23, Artikels 24, Artikels 25 Absatz 2 Buchstabe a Ziffern ii und iv und Buchstaben e und f sowie Artikel 30 Absätze 2, 3, 4 und 5 festgelegten Anforderungen gelten entsprechend auch für Anbieter von Datenverarbeitungsdiensten, um die Interoperabilität zu Zwecken der parallelen Nutzung von Datenverarbeitungsdiensten zu erleichtern.

(2) Wenn ein Datenverarbeitungsdienst parallel mit einem anderen Datenverarbeitungsdienst genutzt wird, können die Anbieter von Datenverarbeitungsdiensten Datenextraktionsentgelte verlangen, aber nur zur Weitergabe der entstandenen Extraktionskosten, ohne diese Kosten zu übersteigen.

**Artikel 35**
**Interoperabilität von Datenverarbeitungsdiensten**

(1) Offene Interoperabilitätsspezifikationen und harmonisierte Normen für die Interoperabilität von Datenverarbeitungsdiensten
a) bewirken, soweit dies technisch machbar ist, die Interoperabilität zwischen verschiedenen Datenverarbeitungsdiensten, die die gleiche Dienstart abdecken;
b) verbessern die Übertragbarkeit digitaler Vermögenswerte zwischen verschiedenen Datenverarbeitungsdiensten, die die gleiche Dienstart abdecken;
c) erleichtern, soweit dies technisch machbar ist, die Funktionsäquivalenz zwischen den in Artikel 30 Absatz 1 genannten Datenverarbeitungsdiensten, die die gleiche Dienstart abdecken;
d) beeinträchtigen Sicherheit und Integrität der Datenverarbeitungsdienste und Daten nicht;
e) sind für die Möglichkeit einer technischen Aufrüstung und die Einbindung neuer Funktionen und Innovationen in Datenverarbeitungsdiensten ausgelegt.

(2) Offene Interoperabilitätsspezifikationen und harmonisierte Normen für die Interoperabilität von Datenverarbeitungsdiensten müssen Folgendes angemessen regeln:
a) die Aspekte der Cloud-Interoperabilität in Bezug auf die Transportinteroperabilität, die syntaktische Interoperabilität, die semantische Dateninteroperabilität, die ver-

haltensbezogene Interoperabilität und die Interoperabilität der Regeln und Vorgaben;

b) die Aspekte der Cloud-Datenübertragbarkeit in Bezug auf die syntaktische Datenübertragbarkeit, die semantische Datenübertragbarkeit und die Übertragbarkeit der Datenregeln;

c) die Aspekte der Cloud-Anwendungen in Bezug auf die syntaktische Übertragbarkeit von Anwendungen, die Übertragbarkeit von Anwendungsbefehlen, die Übertragbarkeit von Anwendungsmetadaten, die Übertragbarkeit des Anwendungsverhaltens und die Übertragbarkeit der Anwendungsregeln.

(3) Offene Interoperabilitätsspezifikationen müssen Anhang II der Verordnung (EU) Nr. 1025/2012 entsprechen.

(4) Nach Berücksichtigung einschlägiger internationaler und europäischer Normen und Selbstregulierungsinitiativen kann die Kommission gemäß Artikel 10 Absatz 1 der Verordnung (EU) Nr. 1025/2012 eine oder mehrere europäische Normungsorganisationen damit beauftragen, Entwürfe für harmonisierte Normen, die in den Absätzen 1 und 2 des vorliegenden Artikels festgelegten wesentlichen Anforderungen genügen, zu erarbeiten.

(5) Die Kommission kann im Wege von Durchführungsrechtsakten gemeinsame Spezifikationen auf der Grundlage offener Interoperabilitätsspezifikationen festlegen, die alle in den Absätzen 1 und 2 des vorliegenden Artikels festgelegten wesentlichen Anforderungen erfassen.

(6) Die Kommission berücksichtigt bei der Ausarbeitung des in Absatz 5 dieses Artikels genannten Entwurfs des Durchführungsrechtsakts die Standpunkte der in Artikel 37 Absatz 5 Buchstabe h genannten einschlägigen zuständigen Behörden sowie anderer einschlägiger Gremien oder Expertengruppen und konsultiert ordnungsgemäß alle einschlägigen Interessenträger.

(7) Ist ein Mitgliedstaat der Auffassung, dass eine gemeinsame Spezifikation den wesentlichen Anforderungen gemäß den Absätzen 1 und 2 nicht vollständig entspricht, so setzt er die Kommission durch Übermittlung einer ausführlichen Erläuterung davon in Kenntnis. Die Kommission bewertet die ausführliche Erläuterung und kann gegebenenfalls den Durchführungsrechtsakt, durch den die betreffende gemeinsame Spezifikation festgelegt wurde, ändern.

(8) Für die Zwecke des Artikels 30 Absatz 3 veröffentlicht die Kommission im Wege von Durchführungsrechtsakten die Fundstellen harmonisierter Normen und gemeinsamer Spezifikationen für die Interoperabilität von Datenverarbeitungsdiensten in einer zentralen Datenbank der Union für Normen für die Interoperabilität von Datenverarbeitungsdiensten.

(9) Die in diesem Artikel genannten Durchführungsrechtsakte werden gemäß dem in Artikel 46 Absatz 2 genannten Prüfverfahren erlassen.

**Artikel 36**
**Wesentliche Anforderungen an intelligente Verträge für die Ausführung von Datenweitergabevereinbarungen**

(1) Der Anbieter einer Anwendung, in der intelligente Verträge verwendet werden, oder – in dessen Ermangelung – die Person, deren gewerbliche, geschäftliche oder berufliche Tätigkeit den Einsatz intelligenter Verträge für Dritte im Zusammenhang mit der vollständigen oder teilweisen Ausführung einer Datenbereitstellungsvereinbarung beinhaltet, muss sicherstellen, dass diese intelligenten Verträge die folgenden wesentlichen Anforderungen erfüllen:

a) Robustheit und Zugangskontrolle, zur Gewährleistung, dass der intelligente Vertrag so konzipiert wurde, dass er Zugangskontrollmechanismen und ein sehr hohes Maß an Robustheit bietet, um Funktionsfehler zu vermeiden und Manipulationen durch Dritte standzuhalten;
b) sichere Beendigung und Unterbrechung, zur Gewährleistung, dass es einen Mechanismus gibt, mit dem die weitere Ausführung von Transaktionen beendet werden kann und dass der intelligente Vertrag interne Funktionen enthält, mit denen der Vertrag zurückgesetzt oder die Anweisung ausgegeben werden kann, den Betrieb zu beenden oder zu unterbrechen, insbesondere um eine künftige unbeabsichtigte Ausführung zu vermeiden;
c) Datenarchivierung und Datenkontinuität, zur Gewährleistung, dass in Situationen, in denen ein intelligenter Vertrag beendet oder deaktiviert werden muss, ist die Möglichkeit der Archivierung der Transaktionsdaten, der Logik und des Programmcodes des intelligenten Vertrags besteht, damit Aufzeichnungen über Vorgänge vorliegen (Prüfbarkeit), die in der Vergangenheit mit den Daten durchgeführt wurden,
d) Zugangskontrolle, zur Gewährleistung, dass ein Intelligenter Vertrag durch strenge Zugangskontrollmechanismen auf der Governance-Ebene und der Ebene des intelligenten Vertrags geschützt ist, und
e) Kohärenz, zur Gewährleistung der Übereinstimmung mit den Bedingungen der Datenweitergabevereinbarung, die mit dem intelligenten Vertrag umgesetzt wird.

(2) Der Anbieter eines intelligenten Vertrags oder – in dessen Ermangelung – die Person, deren gewerbliche, geschäftliche oder berufliche Tätigkeit den Einsatz intelligenter Verträge für Dritte im Zusammenhang mit einer Durchführung einer Datenbereitstellungsvereinbarung oder Teilen davon beinhaltet, führt im Hinblick auf die Erfüllung der in Absatz 1 festgelegten wesentlichen Anforderungen eine Konformitätsbewertung durch und stellt bei Erfüllung dieser Anforderungen eine EU-Konformitätserklärung aus.

(3) Mit der Ausstellung der EU-Konformitätserklärung übernimmt der Anbieter einer Anwendung, in der intelligente Verträge verwendet werden, oder – in dessen Ermangelung – die Person, deren gewerbliche, geschäftliche oder berufliche Tätigkeit den Einsatz intelligenter Verträge für Dritte im Zusammenhang mit der Durchführung einer Datenbereitstellungsvereinbarung oder Teilen davon beinhaltet, die Verantwortung dafür, dass die in Absatz 1 festgelegten wesentlichen Anforderungen erfüllt sind.

(4) Bei einem intelligenten Vertrag, der den harmonisierten Normen oder deren einschlägigen Teilen dieser Normen, deren Fundstellen im *Amtsblatt der Europäischen Union* veröffentlicht werden, entspricht, wird eine Konformität mit den in Absatz 1 festgelegten wesentlichen Anforderungen vermutet, soweit diese Anforderungen durch diese harmonisierten Normen erfasst sind.

(5) Die Kommission beauftragt gemäß Artikel 10 der Verordnung (EU) Nr. 1025/2012 eine oder mehrere europäische Normungsorganisationen, Entwürfe für harmonisierte Normen zu erarbeiten, die den in Absatz 1 des vorliegenden Artikels genannten wesentlichen Anforderungen genügen.

(6) Die Kommission kann im Wege von Durchführungsrechtsakten gemeinsame Spezifikationen erlassen, die einige oder alle der wesentlichen Anforderungen gemäß Absatz 1 erfassen, sofern die folgenden Voraussetzungen erfüllt sind:

a) Die Kommission hat gemäß Artikel 10 Absatz 1 der Verordnung (EU) Nr. 1025/2012 eine oder mehrere europäische Normungsorganisationen damit beauftragt, eine harmonisierte Norm zu erarbeiten, die den in Absatz 1 des vorliegenden Artikels festgelegten wesentlichen Anforderungen genügt, und
   i) der Auftrag wurde nicht angenommen,
   ii) die harmonisierten Normen für diesen Auftrag sind nicht innerhalb der gemäß Artikel 10 Absatz 1 der Verordnung (EU) Nr. 1025/2012 gesetzten Frist vorgelegt worden oder
   iii) die harmonisierten Normen erfüllen den Auftrag nicht, und
b) im *Amtsblatt der Europäischen Union* ist für die harmonisierten Normen, die die einschlägigen, in Absatz 1 des vorliegenden Artikels festgelegten wesentlichen Anforderungen erfassen, keine Fundstelle gemäß der Verordnung (EU) Nr. 1025/2012 veröffentlicht, und eine solche Fundstelle wird voraussichtlich auch nicht innerhalb einer angemessenen Frist veröffentlicht werden.

Diese Durchführungsrechtsakte werden gemäß dem in Artikel 46 Absatz 2 genannten Prüfverfahren erlassen.

(7) Vor der Ausarbeitung eines Entwurfs des in Absatz 6 des vorliegenden Artikels genannten Durchführungsrechtsakts teilt die Kommission dem in Artikel 22 der Verordnung (EU) Nr. 1025/2012 genannten Ausschuss mit, dass die Bedingungen des Absatzes 6 des vorliegenden Artikels ihres Erachtens erfüllt worden sind.

(8) Bei der Ausarbeitung des Entwurfs des in Absatz 6 genannten Durchführungsrechtsakts berücksichtigt die Kommission den Rat des EDIB und die Standpunkte anderer einschlägiger Gremien oder Expertengruppen und konsultiert ordnungsgemäß alle einschlägigen Interessenträger.

(9) Beim Anbieter eines intelligenten Vertrags oder – in dessen Ermangelung – bei der Person, deren gewerbliche, geschäftliche oder berufliche Tätigkeit den Einsatz intelligenter Verträge für Dritte im Zusammenhang mit der Durchführung einer Datenbereitstellungsvereinbarung oder Teilen davon umfasst, die die mit den in Absatz 6 genannten Durchführungsrechtsakten vollständig oder teilweise festgelegten gemeinsamen Spezifikationen erfüllt, wird eine Konformität mit den in Absatz 1 festgeleg-

ten wesentlichen Anforderungen vermutet, soweit diese Anforderungen durch diese gemeinsamen Spezifikationen ganz oder teilweise erfasst werden.

(10) Wird eine harmonisierte Norm von einer europäischen Normungsorganisation angenommen und der Kommission zur Veröffentlichung ihrer Fundstelle im *Amtsblatt der Europäischen Union* vorgeschlagen, so bewertet die Kommission diese harmonisierte Norm gemäß der Verordnung (EU) Nr. 1025/2012. Wird die Fundstelle einer harmonisierten Norm im *Amtsblatt der Europäischen Union* veröffentlicht, so werden die in Absatz 6 dieses Artikels genannten Durchführungsrechtsakte, die dieselben wesentlichen Anforderungen erfassen, wie sie von dieser harmonisierten Norm erfasst sind, von der Kommission ganz oder teilweise aufgehoben.

(11) Ist ein Mitgliedstaat der Auffassung, dass eine gemeinsame Spezifikation den in Absatz 1 genannten wesentlichen Anforderungen nicht vollständig entspricht, so setzt er die Kommission durch Übermittlung einer ausführlichen Erläuterung davon in Kenntnis. Die Kommission bewertet die ausführliche Erläuterung und kann gegebenenfalls den Durchführungsrechtsakt, durch den die betreffende gemeinsame Spezifikation festgelegt wurde, ändern.

## KAPITEL IX ANWENDUNG UND DURCHSETZUNG

### Artikel 37
### Zuständige Behörden und Datenkoordinatoren

(1) Jeder Mitgliedstaat benennt eine oder mehrere zuständige Behörden, die für die Anwendung und Durchsetzung dieser Verordnung (im Folgenden »zuständige Behörden«) verantwortlich sind. Die Mitgliedstaaten können eine oder mehrere neue Behörden einrichten oder sich auf bestehende Behörden stützen.

(2) Benennt ein Mitgliedstaat mehr als eine zuständige Behörde, so benennt er einen Datenkoordinator aus ihrer Mitte, um die Zusammenarbeit zwischen den zuständigen Behörden zu erleichtern und die Stellen, die in den Anwendungsbereich dieser Verordnung fallen, in allen Fragen im Zusammenhang mit ihrer Anwendung und Durchsetzung zu unterstützen. Die zuständigen Behörden arbeiten bei der Wahrnehmung der ihnen nach Absatz 5 übertragenen Aufgaben und Befugnisse zusammen.

(3) Die für die Überwachung der Anwendung der Verordnung (EU) 2016/679 zuständigen Aufsichtsbehörden sind bezüglich des Schutzes personenbezogener Daten auch für die Überwachung der Anwendung der vorliegenden Verordnung zuständig. Die Kapitel VI und VII der Verordnung (EU) 2016/679 finden sinngemäß Anwendung.

Der Europäische Datenschutzbeauftragte ist für die Überwachung der Anwendung dieser Verordnung zuständig, insofern die Kommission, die Europäische Zentralbank oder Einrichtungen der Union davon betroffen sind. Artikel 62 der Verordnung (EU) 2018/1725 gilt gegebenenfalls sinngemäß.

Die in diesem Absatz genannten Aufsichtsbehörden nehmen ihre Aufgaben und Befugnisse im Hinblick auf die Verarbeitung personenbezogener Daten wahr.

(4) Unbeschadet des Absatzes 1 gilt Folgendes:

a) Bei besonderen sektoralen Angelegenheiten des Datenzugangs und der Datennutzung im Zusammenhang mit der Anwendung dieser Verordnung bleibt die Zuständigkeit der sektoralen Behörden gewahrt;
b) die für die Anwendung und Durchsetzung der Artikel 23 bis 31 und der Artikel 34 und 35 verantwortliche zuständige Behörde muss über Erfahrungen auf dem Gebiet Daten und elektronische Kommunikationsdienste verfügen.

(5) Die Mitgliedstaaten sorgen dafür, dass die Aufgaben und Befugnisse der zuständigen Behörden eindeutig festgelegt werden und Folgendes umfassen:

a) Förderung der Datenkompetenz und der Sensibilisierung von Nutzern und Stellen, die in den Anwendungsbereich dieser Verordnung fallen, in Bezug auf die Rechte und Pflichten aus dieser Verordnung;
b) Bearbeitung von Beschwerden über mutmaßliche Verstöße gegen diese Verordnung, einschließlich Bezug auf Geschäftsgeheimnisse, und angemessene Untersuchung des Beschwerdegegenstands sowie regelmäßige Unterrichtung des Beschwerdeführers – gegebenenfalls im Einklang mit nationalem Recht – innerhalb einer angemessenen Frist über den Fortgang und das Ergebnis der Untersuchung, insbesondere, wenn eine weitere Untersuchung oder die Abstimmung mit einer anderen zuständigen Behörde notwendig ist;
c) Durchführung von Untersuchungen über Fragen der Anwendung dieser Verordnung, einschließlich auf der Grundlage von Informationen einer anderen zuständigen Behörde oder sonstigen Behörde;
d) Verhängung wirksamer, verhältnismäßiger und abschreckender finanzieller Sanktionen, die auch Zwangsgelder und Geldstrafen mit Rückwirkung umfassen können, oder Einleitung von Gerichtsverfahren zur Verhängung von Geldbußen;
e) Beobachtung technologischer und einschlägiger wirtschaftlicher Entwicklungen, die für die Bereitstellung und Nutzung von Daten von Bedeutung sind;
f) Zusammenarbeit mit den zuständigen Behörden anderer Mitgliedstaaten und gegebenenfalls mit der Kommission oder dem EDIB, um die einheitliche und effiziente Anwendung dieser Verordnung zu gewährleisten, einschließlich des unverzüglichen Austauschs aller relevanten Informationen auf elektronischem Wege, einschließlich in Bezug auf Absatz 10 des vorliegenden Artikels;
g) Zusammenarbeit mit den einschlägigen zuständigen Behörden, die für die Anwendung anderer Rechtsakte der Union oder nationaler Rechtsakte zuständig sind, einschließlich mit auf dem Gebiet Daten und elektronische Kommunikationsdienste zuständigen Behörden, mit der für die Überwachung der Anwendung der Verordnung (EU) 2016/679 zuständigen Aufsichtsbehörde oder mit sektoralen Behörden, um sicherzustellen, dass diese Verordnung im Einklang mit anderem Unionsrecht und nationalem Recht durchgesetzt wird;
h) Zusammenarbeit mit den einschlägigen zuständigen Behörden zur Gewährleistung der Durchsetzung der Artikel 23 bis 31 und der Artikel 34 und 35 im Einklang mit anderem Unionsrecht und mit der Selbstregulierung, die für Anbieter von Datenverarbeitungsdiensten gelten;

i) Gewährleistung der Abschaffung von Wechselentgelten gemäß Artikel 29;
j) Prüfung von Datenverlangen nach Kapitel V.

Wird ein Datenkoordinator benannt, so erleichtert er die in Unterabsatz 1 Buchstaben f, g und h genannte Zusammenarbeit und unterstützt die zuständigen Behörden auf deren Ersuchen.

(6) Falls eine solche zuständige Behörde benannt wurde, hat der Datenkoordinator folgende Aufgaben:
a) Er fungiert als zentrale Anlaufstelle für alle Fragen im Zusammenhang mit der Anwendung dieser Verordnung;
b) Er gewährleistet die öffentliche Verfügbarkeit der von öffentlichen Stellen im Fall außergewöhnlicher Notwendigkeit nach Kapitel V gestellten Datenzugangsverlangen und fördert freiwillige Datenweitergabevereinbarungen zwischen öffentlichen Stellen und Dateninhabern;
c) unterrichtet die Kommission jährlich über die nach Artikel 4 Absatz 2 und Absatz 8 und Artikel 5 Absatz 11 mitgeteilten Ablehnungen.

(7) Die Mitgliedstaaten teilen der Kommission die Namen der zuständigen Behörden und ihre Aufgaben und Befugnisse sowie gegebenenfalls den Namen des Datenkoordinators mit. Die Kommission führt ein öffentliches Register dieser Behörden.

(8) Bei der Wahrnehmung ihrer Aufgaben und Befugnisse gemäß dieser Verordnung handeln die zuständigen Behörden unparteiisch und unterliegen keiner direkten oder indirekten Einflussnahme von außen und dürfen von anderen Behörden oder von privaten Parteien im Einzelfall keine Weisungen einholen oder entgegennehmen.

(9) Die Mitgliedstaaten sorgen dafür, dass die zuständigen Behörden personell und technisch mit ausreichenden Mitteln und dem einschlägigen Fachwissen ausgestattet sind, damit sie ihre Aufgaben gemäß dieser Verordnung wirksam wahrnehmen können.

(10) Rechtsträger, die in den Anwendungsbereich dieser Verordnung fallen, unterliegen der Zuständigkeit des Mitgliedstaats, in dem der Rechtsträger niedergelassen ist. Ist der Rechtsträger in mehr als einem Mitgliedstaat niedergelassen, so wird davon ausgegangen, dass er in die Zuständigkeit des Mitgliedstaats fällt, in dem er seine Hauptniederlassung hat, d.h. in dem der Rechtsträger seinen Hauptsitz oder eingetragenen Sitz hat, von dem aus die wichtigsten finanziellen Tätigkeiten und die betriebliche Kontrolle erfolgen.

(11) Jeder in den Anwendungsbereich dieser Verordnung fallende Rechtsträger, der in der Union vernetzte Produkte bereitstellt oder Dienste anbietet und nicht in der Union niedergelassen ist, benennt einen Vertreter in einem der Mitgliedstaaten.

(12) Damit die Einhaltung dieser Verordnung sichergestellt ist, beauftragt ein in den Anwendungsbereich dieser Verordnung fallender Rechtsträger, der in der Union vernetzte Produkte bereitstellt oder Dienste anbietet, einen Vertreter, an den sich die zuständigen Behörden in allen Fragen im Zusammenhang mit diesem Rechtsträger zusätzlich oder an seiner Stelle wenden. Dieser Vertreter arbeitet mit den zuständigen Behörden zusammen und erbringt gegenüber den zuständigen Behörden auf Anfrage

den umfassenden Nachweis für die Maßnahmen und die Bestimmungen, die von dem in den Anwendungsbereich dieser Verordnung fallenden Rechtsträger, der in der Union vernetzte Produkte bereitstellt oder Dienste anbietet, zur Gewährleistung der Einhaltung dieser Verordnung ergriffen bzw. aufgestellt wurden.

(13) Für in den Anwendungsbereich dieser Verordnung fallende Rechtsträger, die in der Union vernetzte Produkte bereitstellen oder Dienste anbieten, gilt, dass sie der Zuständigkeit des Mitgliedstaats unterliegen, in dem ihr jeweiliger Vertreter ansässig ist. Die Benennung eines Vertreters durch diesen Rechtsträger erfolgt unbeschadet der Haftung eines solchen Rechtsträgers und etwaiger rechtlicher Schritte, die gegen einen solchen Rechtsträger angestrengt werden könnten. Bis ein Rechtsträger einen Vertreter gemäß diesem Artikel benennt, fällt er für die Zwecke der Sicherstellung der Anwendung und Durchsetzung dieser Verordnung gegebenenfalls in die Zuständigkeit aller Mitgliedstaaten. Jede zuständige Behörde kann ihre Zuständigkeit – einschließlich durch Verhängung wirksamer, verhältnismäßiger und abschreckender Sanktionen – ausüben, sofern der Rechtsträger nicht bereits Gegenstand eines durch eine andere zuständige Behörde in derselben Sache eingeleiteten Durchsetzungsverfahrens nach dieser Verordnung ist.

(14) Die zuständigen Behörden sind befugt, von Nutzern, Dateninhabern oder Datenempfängern oder deren Vertretern, die in die Zuständigkeit ihres Mitgliedstaats fallen, alle Informationen zu verlangen, die nötig sind, um die Einhaltung dieser Verordnung zu überprüfen. Jedes Informationsverlangen muss in angemessenem Verhältnis zur Wahrnehmung dieser Aufgabe stehen und begründet sein.

(15) Ersucht eine zuständige Behörde in einem Mitgliedstaat um die Unterstützung oder Vollstreckungsmaßnahmen einer zuständigen Behörde in einem anderen Mitgliedstaat, so stellt sie ein begründetes Ersuchen. Eine zuständige Behörde beantwortet ein solches Ersuchen unverzüglich nach dessen Eingang, wobei sie die einzelnen ergriffenen oder geplanten Maßnahmen aufführt.

(16) Die zuständigen Behörden wahren den Grundsatz der Vertraulichkeit und des Berufs- und Geschäftsgeheimnisses und schützen personenbezogene Daten nach Maßgabe des Unionsrechts oder des nationalen Rechts. Alle Informationen, die im Zusammenhang mit einem Amtshilfeersuchen ausgetauscht und nach diesem Artikel bereitgestellt werden, dürfen nur für die Zwecke dieses Ersuchens verwendet werden.

**Artikel 38**
**Recht auf Beschwerde**

(1) Unbeschadet eines anderen verwaltungsrechtlichen oder gerichtlichen Rechtsbehelfs haben natürliche und juristische Personen das Recht, einzeln oder gegebenenfalls gemeinsam bei der jeweils zuständigen Behörde des Mitgliedstaats ihres gewöhnlichen Aufenthaltsorts, ihres Arbeitsplatzes oder ihrer Niederlassung Beschwerde einzulegen, wenn sie der Ansicht sind, dass ihre Rechte nach dieser Verordnung verletzt wurden. Der Datenkoordinator stellt natürlichen und juristischen Personen auf Anfrage alle

erforderlichen Informationen bereit, damit sie bei der zuständigen Behörde Beschwerde einlegen können.

(2) Die zuständige Behörde, bei der die Beschwerde eingelegt wurde, unterrichtet den Beschwerdeführer im Einklang mit dem nationalen Recht über den Stand des Verfahrens und die getroffene Entscheidung.

(3) Die zuständigen Behörden arbeiten zusammen, um Beschwerden wirksam und fristgemäß zu bearbeiten und zu lösen, und tauschen dazu unter anderem unverzüglich alle relevanten Informationen auf elektronischem Wege aus. Diese Zusammenarbeit berührt nicht das Verfahren für die Zusammenarbeit gemäß den Kapiteln VI und VII der Verordnung (EU) 2016/679 und gemäß der Verordnung (EU) 2017/2394.

**Artikel 39**
**Recht auf einen wirksamen gerichtlichen Rechtsbehelf**

(1) Unbeschadet anderer verwaltungsrechtlicher oder außergerichtlicher Rechtsbehelfe hat jede betroffene natürliche oder juristische Person das Recht auf einen wirksamen gerichtlichen Rechtsbehelf gegen rechtsverbindliche Entscheidungen zuständiger Behörden.

(2) Wenn eine zuständige Behörde in Bezug auf eine Beschwerde untätig bleibt, hat jede davon betroffene natürliche oder juristische Person im Einklang mit dem nationalen Recht entweder das Recht auf einen wirksamen gerichtlichen Rechtsbehelf oder Zugang zur Nachprüfung durch eine unparteiische Stelle mit entsprechender Sachkenntnis.

(3) Verfahren nach diesem Artikel werden bei den Gerichten des Mitgliedstaats der zuständigen Behörde eingeleitet, gegen die sich der Rechtsbehelf, der von einer einzelnen natürlichen oder juristischen Person oder gegebenenfalls von den Vertretern einer oder mehrerer natürlicher oder juristischer Personen eingelegt wurde, richtet.

**Artikel 40**
**Sanktionen**

(1) Die Mitgliedstaaten erlassen Vorschriften über Sanktionen, die bei Verstößen gegen diese Verordnung zu verhängen sind, und treffen alle für die Anwendung der Sanktionen erforderlichen Maßnahmen. Die vorgesehenen Sanktionen müssen wirksam, verhältnismäßig und abschreckend sein.

(2) Die Mitgliedstaaten teilen der Kommission diese Vorschriften und Maßnahmen bis zum 12. September 2025 mit und melden ihr unverzüglich alle späteren diesbezüglichen Änderungen. Die Kommission führt ein leicht zugängliches öffentliches Register dieser Maßnahmen und aktualisiert es regelmäßig.

(3) Bei der Verhängung von Sanktionen aufgrund von Verstößen gegen diese Verordnung berücksichtigen die Mitgliedstaaten die Empfehlungen des EDIB und die folgenden nicht erschöpfenden Kriterien:

a) Art, Schwere, Umfang und Dauer des Verstoßes;
b) Maßnahmen, die die verstoßende Partei ergriffen hat, um den durch den Verstoß verursachten Schaden zu mindern oder zu beheben;
c) frühere Verstöße der verstoßenden Partei;
d) die finanziellen Vorteile, die die verstoßende Partei durch den Verstoß erzielt, oder die Verluste, die sie durch ihn vermieden hat, sofern diese Vorteile oder Verluste zuverlässig festgestellt werden können;
e) sonstige erschwerende oder mildernde Umstände des jeweiligen Falls;
f) den Jahresumsatz der verstoßenden Partei im vorangegangenen Geschäftsjahr in der Union.

(4) Bei Verstößen gegen die Pflichten der Kapitel II, III und V dieser Verordnung können die für die Überwachung der Anwendung der Verordnung (EU) 2016/679 zuständigen Aufsichtsbehörden innerhalb ihres Zuständigkeitsbereichs Geldbußen im Einklang mit Artikel 83 der Verordnung (EU) 2016/679 bis zu dem in Artikel 83 Absatz 5 der Verordnung genannten Betrag verhängen.

(5) Bei Verstößen gegen die Pflichten des Kapitels V dieser Verordnung kann der Europäische Datenschutzbeauftragte innerhalb seines Zuständigkeitsbereichs Geldbußen im Einklang mit Artikel 66 der Verordnung (EU) 2018/1725 bis zu dem in Artikel 66 Absatz 3 der Verordnung genannten Betrag verhängen.

**Artikel 41**
**Mustervertragsklauseln und Standardvertragsklauseln**

Die Kommission erstellt und empfiehlt vor dem 12. September 2025 unverbindliche Mustervertragsklauseln für den Datenzugang und die Datennutzung – einschließlich Bedingungen für eine angemessene Gegenleistung und den Schutz von Geschäftsgeheimnissen sowie nicht verbindliche Standardvertragsklauseln für Verträge über Cloud-Computing –, um die Parteien bei der Ausarbeitung und Aushandlung von Verträgen mit fairen, angemessenen und nichtdiskriminierenden vertraglichen Rechten und Pflichten zu unterstützen.

**Artikel 42**
**Rolle des EDIB**

Der gemäß Artikel 29 der Verordnung (EU) 2022/868 von der Kommission als Expertengruppe eingesetzte EDIB, in dem die zuständigen Behörden vertreten sind, unterstützt die einheitliche Anwendung dieser Verordnung durch
a) Beratung und Unterstützung der Kommission in Bezug auf die Entwicklung einer kohärenten Praxis der zuständigen Behörden bei der Durchsetzung der Kapitel II, III, V und VII,
b) Erleichterung der Zusammenarbeit zwischen den zuständigen Behörden durch Kapazitätsaufbau und Informationsaustausch, insbesondere durch die Festlegung von Methoden für den effizienten Austausch von Informationen über die Durchsetzung der Rechte und Pflichten nach den Kapiteln II, III und V in grenzüber-

schreitenden Fällen, einschließlich der Abstimmung in Bezug auf die Festlegung von Sanktionen,

c) Beratung und Unterstützung der Kommission in Bezug auf
   i) die Beantwortung der Frage, ob um die Erarbeitung harmonisierter Normen gemäß Artikel 33 Absatz 4, Artikel 35 Absatz 4 und Artikel 36 Absatz 5 ersucht werden soll,
   ii) die Ausarbeitung der Durchführungsrechtsakte gemäß Artikel 33 Absatz 5, Artikel 35 Absätze 5 und 8 sowie Artikel 36 Absatz 6,
   iii) die Ausarbeitung der in Artikel 29 Absatz 7 und Artikel 33 Absatz 2 genannten delegierten Rechtsakte und
   iv) die Annahme der Leitlinien zur Festlegung von interoperablen Rahmen für gemeinsame Normen und Verfahren für das Funktionieren gemeinsamer europäischer Datenräume gemäß Artikel 33 Absatz 11.

## KAPITEL X SCHUTZRECHT SUI GENERIS NACH DER RICHTLINIE 96/9/EG

### Artikel 43
### Datenbanken, die bestimmte Daten enthalten

Das in Artikel 7 der Richtlinie 96/9/EG festgelegte Schutzrecht *sui generis* findet keine Anwendung, wenn Daten mittels eines in den Anwendungsbereich der vorliegenden Verordnung – und insbesondere der Artikel 4 und 5 dieser Verordnung – fallenden vernetzten Produkts oder verbundenen Dienstes erlangt oder erzeugt wurden.

## KAPITEL XI SCHLUSSBESTIMMUNGEN

### Artikel 44
### Andere Rechtsakte der Union zur Regelung von Rechten und Pflichten in Bezug auf den Datenzugang und die Datennutzung

(1) Die besonderen Pflichten zur Bereitstellung von Daten zwischen Unternehmen, zwischen Unternehmen und Verbrauchern sowie ausnahmsweise zwischen Unternehmen und öffentlichen Stellen aufgrund von Rechtsvorschriften der Union, die bis zum 11. Januar 2024 in Kraft getreten sind, und darauf beruhenden delegierten Rechtsakten oder Durchführungsrechtsakten bleiben unberührt.

(2) Diese Verordnung berührt nicht das Unionsrecht, in denen hinsichtlich der Bedürfnisse eines Sektors, eines gemeinsamen europäischen Datenraums oder eines Gebietes von öffentlichem Interesse weitere Anforderungen festgelegt werden, insbesondere in Bezug auf

a) technische Aspekte des Datenzugangs,
b) Beschränkungen der Rechte des Dateninhabers auf Zugang zu bestimmten von Nutzern bereitgestellten Daten und auf deren Nutzung,
c) Aspekte, die über den Datenzugang und die Datennutzung hinausgehen.

(3) Diese Verordnung – mit Ausnahme des Kapitels V – berührt nicht das Unionsrecht und das nationale Recht, das den Zugang zu Daten und die Genehmigung ihrer Nutzung zu Zwecken der wissenschaftlichen Forschung vorsieht.

**Artikel 45**
**Ausübung der Befugnisübertragung**

(1) Die Befugnis zum Erlass delegierter Rechtsakte wird der Kommission unter den in diesem Artikel festgelegten Bedingungen übertragen.

(2) Die Befugnis zum Erlass delegierter Rechtsakte gemäß Artikel 29 Absatz 7 und Artikel 33 Absatz 2 wird der Kommission auf unbestimmte Zeit ab dem 11. Januar 2024 übertragen.

(3) Die Befugnisübertragung gemäß Artikel 29 Absatz 7 und Artikel 33 Absatz 2 kann vom Europäischen Parlament oder vom Rat jederzeit widerrufen werden. Der Beschluss über den Widerruf beendet die Übertragung der in diesem Beschluss angegebenen Befugnis. Er wird am Tag nach seiner Veröffentlichung im *Amtsblatt der Europäischen Union* oder zu einem im Beschluss über den Widerruf angegebenen späteren Zeitpunkt wirksam. Die Gültigkeit von delegierten Rechtsakten, die bereits in Kraft sind, wird von dem Beschluss über den Widerruf nicht berührt.

(4) Vor dem Erlass eines delegierten Rechtsakts konsultiert die Kommission die von den einzelnen Mitgliedstaaten benannten Sachverständigen im Einklang mit den in der Interinstitutionellen Vereinbarung vom 13. April 2016 über bessere Rechtsetzung enthaltenen Grundsätzen.

(5) Sobald die Kommission einen delegierten Rechtsakt erlässt, übermittelt sie ihn gleichzeitig dem Europäischen Parlament und dem Rat.

(6) Ein delegierter Rechtsakt, der gemäß Artikel 29 Absatz 7 oder Artikel 33 Absatz 2 erlassen wurde, tritt nur in Kraft, wenn weder das Europäische Parlament noch der Rat innerhalb einer Frist von drei Monaten nach Übermittlung dieses Rechtsakts an das Europäische Parlament und den Rat Einwände erhoben haben oder wenn vor Ablauf dieser Frist das Europäische Parlament und der Rat beide der Kommission mitgeteilt haben, dass sie keine Einwände erheben werden. Auf Initiative des Europäischen Parlaments oder des Rates wird diese Frist um drei Monate verlängert.

**Artikel 46**
**Ausschussverfahren**

(1) Die Kommission wird von dem Ausschuss, der durch die Verordnung (EU) 2022/868 eingesetzt wurde, unterstützt. Dieser Ausschuss ist ein Ausschuss im Sinne der Verordnung (EU) Nr. 182/2011.

(2) Wird auf diesen Absatz Bezug genommen, so gilt Artikel 5 der Verordnung (EU) Nr. 182/2011.

**Artikel 47**
**Änderung der Verordnung (EU) 2017/2394**

Im Anhang der Verordnung (EU) 2017/2394 wird folgende Nummer angefügt:

„29. Verordnung (EU) 2023/2854 des Rates und des Europäischen Parlaments vom 13. Dezember 2023 über harmonisierte Vorschriften für einen fairen Datenzugang und eine faire Datennutzung sowie zur Änderung der Verordnung (EU) 2017/2394 und der Richtlinie (EU) 2020/1828 (Datenverordnung) (ABl. L, 2023/2854, 22.12.2023, ELI: http://data.europa.eu/eli/reg/2023/2854/oj).«

**Artikel 48**
**Änderung der Richtlinie (EU) 2020/1828**

In Anhang I der Richtlinie (EU) 2020/1828 wird folgende Nummer angefügt:
„68. Verordnung (EU) 2023/2854 des Rates und des Europäischen Parlaments vom 13. Dezember 2023 über harmonisierte Vorschriften für einen fairen Datenzugang und eine faire Datennutzung sowie zur Änderung der Verordnung (EU) 2017/2394 und der Richtlinie (EU) 2020/1828 (Datenverordnung) (ABl. L, 2023/2854, 22.12.2023, ELI: http://data.europa.eu/eli/reg/2023/2854/oj).«

**Artikel 49**
**Bewertung und Überprüfung**

(1) Bis zum 12. September 2028 führt die Kommission eine Bewertung dieser Verordnung durch und übermittelt dem Europäischen Parlament und dem Rat sowie dem Europäischen Wirtschafts- und Sozialausschuss einen Bericht über ihre wichtigsten Ergebnisse. Bei dieser Bewertung wird insbesondere Folgendes bewertet:

a) Situationen, die für die Zwecke des Artikels 15 der vorliegenden Verordnung und die praktische Anwendung von Kapitel V der vorliegenden Verordnung als Fälle außergewöhnlicher Notwendigkeit angesehen werden, insbesondere die Erfahrungen mit der Anwendung von Kapitel V der vorliegenden Verordnung durch öffentliche Stellen, die Kommission, die Europäische Zentralbank und Einrichtungen der Union; von den zuständigen Behörden gemeldete Anzahl und Ergebnisse der Verfahren, die bei der zuständigen Behörde gemäß Artikel 18 Absatz 5 in Bezug auf die Anwendung von Kapitel V der vorliegenden Verordnung eingeleitet wurden; die Auswirkungen anderer Verpflichtungen, die im Unionsrecht oder im nationalen Recht für die Zwecke der Erfüllung von Informationszugangsverlangen festgelegt sind; die Auswirkungen von Mechanismen für die freiwillige Datenweitergabe, wie die von gemäß der Verordnung (EU) 2022/868 anerkannten datenaltruistischen Organisationen eingeführten, auf die Verwirklichung der Ziele des Kapitels V der vorliegenden Verordnung und die Rolle personenbezogener Daten im Zusammenhang mit Artikel 15 der vorliegenden Verordnung, einschließlich der Entwicklung von Technologien zur Verbesserung des Schutzes der Privatsphäre;
b) die Auswirkungen dieser Verordnung auf die Nutzung von Daten in der Wirtschaft, auch auf Dateninnovation, Datenmonetarisierungspraxis und Datenvermittlungsdienste, sowie auf die Weitergabe von Daten innerhalb der gemeinsamen europäischen Datenräume;
c) die Zugänglichkeit und die Nutzung der verschiedenen Kategorien und Arten von Daten;
d) der Ausschluss bestimmter Kategorien von Unternehmen als Begünstigte nach Artikel 5,
e) das Nichtbestehen von Auswirkungen auf die Rechte des geistigen Eigentums;

f) die Auswirkungen auf Geschäftsgeheimnisse, auch auf den Schutz vor dem rechtswidrigen Erwerb sowie der rechtswidrigen Nutzung und Offenlegung von Geschäftsgeheimnissen, sowie die Auswirkungen des Mechanismus, in dessen Rahmen der Dateninhaber das Datenzugangsverlangen des Nutzers gemäß Artikel 4 Absatz 8 und Artikel 5 Absatz 11 ablehnen kann, dabei wird, soweit möglich, einer etwaigen Überarbeitung der Richtlinie (EU) 2016/943 Rechnung getragen;
g) die Frage, ob die Liste missbräuchlicher Vertragsklauseln gemäß Artikel 13 angesichts neuer Geschäftsgepflogenheiten und der rasch voranschreitenden Marktinnovation noch aktuell ist;
h) Änderungen der Vertragspraxis von Anbietern von Datenverarbeitungsdiensten und die Frage, ob Artikel 25 angesichts dieser Änderungen noch ausreichend eingehalten wird;
i) die Senkung der Entgelte, die Anbieter von Datenverarbeitungsdiensten für den Vollzug des Wechsels verlangen, im Einklang mit der schrittweisen Abschaffung von Wechselentgelten nach Artikel 29;
j) das Zusammenwirken dieser Verordnung mit anderen Rechtsakten der Union, die für die Datenwirtschaft von Bedeutung sind;
k) die Verhinderung des unrechtmäßigen staatlichen Zugangs zu nicht-personenbezogenen Daten;
l) die Wirksamkeit der Durchsetzungsregelung nach Artikel 37;
m) die Auswirkung der vorliegenden Verordnung auf KMU im Hinblick auf deren Innovationsfähigkeit und der Verfügbarkeit von Datenverarbeitungsdiensten für Nutzer in der Union sowie auf mit der Einhaltung der neuen Verpflichtungen verbundene Belastungen.

(2) Bis zum 12. September 2028 führt die Kommission eine Bewertung dieser Verordnung durch und übermittelt dem Europäischen Parlament und dem Rat sowie dem Europäischen Wirtschafts- und Sozialausschuss, zusätzlich zu ihrem Bericht gemäß Absatz 1, einen Bericht über ihre wichtigsten Ergebnisse. Bei dieser Bewertung werden die Auswirkungen der Artikel 23 bis 31, des Artikels 34 und des Artikels 35 – insbesondere in Bezug auf die Preisgestaltung und die Vielfalt der in der Union angebotenen Datenverarbeitungsdienste, unter besonderer Berücksichtigung von KMU-Anbietern – bewertet.

(3) Die Mitgliedstaaten übermitteln der Kommission alle zur Ausarbeitung der in den Absätzen 1 und 2 genannten Berichte erforderlichen Informationen.

(4) Die Kommission kann dem Europäischen Parlament und dem Rat auf der Grundlage der in den Absätzen 1 und 2 genannten Berichte gegebenenfalls einen Gesetzgebungsvorschlag zur Änderung dieser Verordnung vorlegen.

**Artikel 50**
**Inkrafttreten und Geltungsbeginn**

Diese Verordnung tritt am zwanzigsten Tag nach ihrer Veröffentlichung im *Amtsblatt der Europäischen Union* in Kraft.

Sie gilt ab dem 12. September 2025.

Die Verpflichtung gemäß Artikel 3 Absatz 1 gilt für vernetzte Produkte und die mit ihnen verbundenen Dienste, die nach dem 12. September 2026 in Verkehr gebracht wurden.

Kapitel III gilt nur in Bezug auf Datenbereitstellungspflichten nach dem Unionsrecht oder nach im Einklang mit Unionsrecht erlassenen nationalen Rechtsvorschriften, die nach dem 12. September 2025 in Kraft treten.

Kapitel IV gilt für Verträge, die nach dem 12. September 2025 geschlossen wurden.

Kapitel IV gilt ab dem 12. September 2027 für Verträge, die am oder vor dem 12. September 2025 geschlossen wurden, sofern
a) sie unbefristet sind oder
b) ihre Geltungsdauer frühestens 10 Jahre nach dem 11. Januar 2024 endet.

Diese Verordnung ist in allen ihren Teilen verbindlich und gilt unmittelbar in jedem Mitgliedstaat.

Geschehen zu Straßburg, am 13. Dezember 2023.

| | |
|---|---|
| *Im Namen des Europäischen Parlaments* | *Im Namen des Rates* |
| *Die Präsidentin* | *Der Präsident* |
| R. METSOLA | P. NAVARRO RÍOS |

# Stichwortverzeichnis

Die fettgedruckten Zahlen beziehen sich auf die Kapitel, die mageren Zahlen auf die Randnummern.